Claasens Claass Clabes Clabs Claes Claesger
Classe Classen Classens Classing Classmann C
r Clausinck Clausing Clausius Cläusken Clauss
Clawa Clawe Clawes Cläwi Cläwin Claws Clawus Clees Cles
wis Clobe Cloese Close Closel Closeman Closs Cloß Clossen
Collasius Colles Eitelklaus Farklas Filznickel Fränznick Gehlhaas
ais Glas Glase Glasel Gläsel Glasen Gläsgen Glasmeyer Glass
ees Gleiser Gleissle Gles Glesgen Gleuel Gleye Globus Gloe
Grossnikolaus Grotklags Heinickel Honickel Jungclas Jungclaus
Kelas Kelaus Klaas Klaasen Klabe Klabes Klabis Klaffs Klafgen
Klahe Klähe Klail Klaile Klailler Klais Klaiss Klaj K amann
Kläsing Klask Kläslin Klasmeyer Klasohm Kläss Klasse Klässig
Klaue Klauka Klauke Klaule Klaus Klausch Kläuschen Klause
ier Klausmann Klauß Klaussen Klaussmaier Klausung Klauwisch
Klawke Klaws Kleb Klebe Klebes Klebis Klebl Klebser Klee
eiser Kleiss Kleissl Kleissler Kleps Kles Klesel Klesen Klesgen
eweli Klewelin Klewes Klewi Klewinghaus Klews Kley Kleylein
s Klos Klös Klose Klösel Kloseman Klosemann Kloser Klöser
Klößer Klossmann Kloßmann Klouwe Klus Klusen Klusmann
znickel Laabs Laas Labes Lages Laile Lais Langklas Langnickel
le Läule Laus Lause Läuseli Lausen Lauser Lausmann Lauss
ssmann Leule Leus Leuser Liebemickel Lienenklaus Loes Lohs
Lossen Lossl Mickan Micklich Micklisch Micklischs Micklischs
Nehls Netzsch Nezsch Nicclos Nicclosdorf Nichlass Nicholaus
Nickell Nickelmann Nickels Nickelsen Nickerl Nickisch Nickl
icklitsch Nicklitzsch Nickol Nickolaus Nicks Nicksch Nickschen
s Niclos Nicol Nicola Nicolai Nicolaisen Nicolas Nicolassen
lman Nicolovius Nicze Niczke Niczsche Niegel Nieglas Niels
tzsche Nietzschmann Nietzschold Nigg Niggelen Niggeloh Niggl
asch Niklasdorf Niklass Niklassen Niklaus Niklösel Niko Nikol
owski Niksch Nikusch Nilges Nilles Nils Nilsen Nis Nitchke
d Nitz Nitze Nitzke Nitzman Nitzsche Nitzschke Nitzschke

Manfred
Becker-Huberti

DER HEILIGE NIKOLAUS

Leben, Legenden
und Bräuche

GREVEN VERLAG KÖLN

Bildnachweis

Autorenarchiv   9, 17, 18, 19, 27, 37, 39, 44, 45, 59, 68, 69, 70, 73, 75, 77, 79, 88, 93, 94, 95,
146, 149, 150, 151, 153, 156, 157, 159, 163, 164, 166, 168/169, 173, 177, 183 - Markus Bol-
len/PEK   91 - Diözesanmuseum Köln   85 - Margarete Franke, Gelsenkirchen   49-53 - Ernst
Freihoff GmbH, Coesfeld   160, 161, 162, 165, 167 - Ikonenmuseum Recklinghausen   16,
22, 25, 35 - Michael Jeiter, Merzenich   84/85 - Levante Editori Figli di Marco Cavalli srl, Bari   35, 36 - Elisabeth Mensing, Bonn   102-107 - Roman Mensing, Münster   42, 64, 66, 181,
187 - Niederrheinisches Museum für Volkskunde, Kevelaer   65 - Werner Persy   89 -
Presseamt des Erzbistums Köln   182, 185, 188 - Kathrin Rick, Billerbeck   189 - Sammler-
gilde St. Gabriel, Pfarrer Hans G. Schönen, Roncalliplatz 2, 41569 Rommerskirchen   108-
145 - uccello - gut zu hören, Seefeld   189 links (aus der CD "St. Nikolaus") - Verlagsarchiv
12, 14/15, 26, 28/29, 34, 41, 43, 63, 72, 74, 76, 78, 82, 83, 87, 97, 98, 148, 155, 156 oben, 170,
182 oben, 184, 185, 190 - Westfälisches Landesmuseum für Kunst und Kulturgeschichte,
Münster   100 - Ottfried Zielke   44. Nicht alle Rechteinhaber konnten ermittelt werden.
Wir bitten, sich gegebenenfalls mit dem Verlag in Verbindung zu setzen.

© Greven Verlag Köln GmbH 2005

www.Greven-Verlag.de

Gestaltung: Thomas Neuhaus, Billerbeck

Lithographie: Medien- und Drucktechnik Ahler GmbH, Ahaus

Druck und Bindung: Passavia Druckservice GmbH & Co. KG, Passau

ISBN 3-7743-0371-1

Vorwort

„Sie Weihnachtsmann!" – das versteht wohl keiner als ein besonderes Kompliment. Es ist, als ob es die Menschen ahnten: Der Weihnachtsmann ist ein Falsifikat, eine Hülle ohne Inhalt, ein sinnentleertes Imitat, ein Klon. Hinter ihm aber steht unübersehbar das Original – der heilige Nikolaus.

Und der hat es in sich, wahrscheinlich seit mehr als 1600 Jahren! Er lässt Kinderaugen leuchten, Bäckchen rot werden. Er macht warm ums Herz, verbreitet weihevolle Stimmung und ist geradezu die personifizierte Güte. Wenn er in eigener Person in Erscheinung tritt, kommt er gewissermaßen „aus dem Himmel". Deshalb weiß er auch alles; manchmal auch das, was ein Kind ziemlich blass werden lassen und ihm den Angstschweiß auf die Stirn treiben kann. Aber wie auch immer das Gespräch mit dem Heiligen ausgeht und selbst dann, wenn er gar nicht in eigener Person in Erscheinung getreten ist – zurück bleibt immer etwas, was nach mehr als nur nach Plätzchen schmeckt: Geschmack des himmlischen Paradieses, Geruch von ein wenig Ewigkeit, Erinnerung an gütige Worte, die Empfindung einer Hand, die man eigentlich nie mehr loslassen will, und im Gedächtnis ein Anblick, der sich für Jahrzehnte und manchmal für ein Leben tief einbrennt.

Die Inszenierung des heiligen Nikolaus auf allen sinnlichen Ebenen am Vorabend seines Gedenktages ist der Ausdruck einer unstillbaren Sehnsucht nach Vollkommenheit, nach Ganzheit und Zeitlosigkeit – nach immerwährenden himmlischen Zuständen eben. Und diesen Himmel holt der heilige Nikolaus für die, die ihn zu verstehen versuchen, wenigstens für einige Momente auf die Erde. Und wenn auch dieser himmlische Moment nicht andauernd erhalten bleibt, bleibt anhaltend die tiefe Sehnsucht danach in jedem Herzen, das den Heiligen so erlebt hat.

Die hohle Kommerz-Ikone mit der Jahreszeitansage im Namen, der Weihnachtsmann, der unter Aufbietung aller geistigen Kräfte einmal eben ein nichtssagendes „Ho-ho-ho" hervorröhrt, verblasst gegenüber

dem Heiligen zu einem nichtigen Nichts. Der heilige Nikolaus dagegen vermag in den Menschen die Sehnsucht nach dem ewigen Guten, dem Wahren und dem Schönen zu wecken. Von diesem Nikolaus, der über sich selbst hinaus auf den weist, der uns alle geschaffen und mit Freiheit ausgestattet hat, ist in diesem Buch die Rede. Es baut eine Brücke zu diesem Apostelgleichen und Überheiligen, wie ihn die Tradition nennt. Lassen Sie, liebe Leserin, lieber Leser, sich hineinführen in eine Welt, die wir als Kinder erleben und als Erwachsene nicht verlieren möchten.

Und weil sich kein Buch von alleine schreibt, sondern jedes Wissen die Erkenntnisse anderer voraussetzt, sei allen gedankt, deren Bücher und Schriften für dieses Buch Voraussetzung waren, nicht zuletzt – wie schon manches Mal – der besten aller Ehefrauen, die die zeitraubende Leidenschaft des Autors mit stoischer Ruhe ertragen hat.

Dr. theol. Manfred Becker-Huberti

Gebet zum
heiligen Nikolaus

Heiliger Nikolaus,
du hast den Menschen deiner Zeit
in vielfältiger Form ihr Leben neu geschenkt:
Drei Mädchen hast du vor dem Abstieg gerettet,
Seefahrer vor dem Untergang,
Soldaten vor ungerechtem Urteil und Tod,
ein Kind aus der Versklavung,
drei ermordete Schüler hast du sogar
wieder zum Leben erweckt.

Wenn du uns am Nikolausabend beschenkst,
willst du auch uns über unser Leben hinaus beschenken:
Indem du uns deine Güte und Liebe spüren lässt,
indem du uns zurück auf den guten Weg hilfst,
indem du dich um unser Leben sorgst,
willst du, dass wir am Ende unseres irdischen Lebens
das ewige Leben empfangen können.

Hilf uns, an deiner Hand den Weg zum Guten zu gehen,
und lass uns für andere auch zum Halt werden.

Nikolaus-Ikone,
datiert 1295
Nowgorod (Russland)

Die Nikolaus-Legenden

1. Legenden aus dem Griechischen

Die Stratelatenlegende

Zur Zeit des Kaisers Konstantin des Großen brachen in Phrygien Unruhen aus. Da schickte der Kaiser drei Feldherren mit Namen Nepotianus, Ursus und Eupoleo mit einem Heer zur Beilegung des Aufstandes aus. Ungünstige Winde jedoch trieben sie nach Lykien, und sie landeten bei einem kleinen Flecken bei Myra, dem Hafenort Andriake. Die Soldaten fingen an, das Land zu verwüsten und die Einwohner auszuplündern, jedoch nicht ohne Widerstand durch die Bewohner; ein kleines Gefecht fand statt, wäre aber jedenfalls den Einwohnern zum Verderben ausgeschlagen, wenn nicht Nikolaus herbeigeeilt wäre und mit Hilfe jener drei Feldherren die Ruhe wiederhergestellt hätte. Darauf lud er diese bei sich zum Mahl ein. Sie kamen gerade zur rechten Zeit nach Myra zurück, um ein großes Verbrechen zu verhüten. Eustachius nämlich, der Provinzialpräfekt von Myra, hatte, durch Geld bestochen, drei Männer unschuldig zum Tode verurteilt; schon war man im Begriff, den Spruch zu vollziehen, als Nikolaus davon hörte. In Begleitung der drei Hauptleute eilte er hastig zum Richtplatz, riss dem Liktor das Schwert aus der Hand und führte die drei Unschuldigen nach dem Haus des Präfekten, den er hart anging wegen seiner schnöden Verräterei. Sein geheimes Tun entdeckt sehend, gestand jener zerknirscht sein Vergehen und erhielt auf Bitten der Hauptleute Verzeihung. Nachdem die drei Feldherren den Aufstand ohne Blutvergießen niedergeworfen hatten, kehrten sie zurück und wurden vom Kaiser mit Auszeichnung empfangen. Von dem Prätor Ablavius aber des Verrates angeklagt, wurden sie auf Befehl des Kaisers in einen dunklen Kerker geworfen und ungehört zum Tode verurteilt. Als nun die drei in strenger Haft ihrem Ende entge-

Illustration zur
Stratelatenlegende,
Gemälde von
Fra Angelico (um 1387–1455),
Perugia

gensahen, erinnerten sie sich an den heiligen Nikolaus, wie er jene drei zum Tode verdammten unschuldigen Männer befreit hatte, und riefen ihn flehentlich um seinen Beistand an.

In derselben Nacht hatte Kaiser Konstantin einen Traum: Ein Mann, der sich Nikolaus, Bischof von Myra, nannte, erschien ihm und forderte ihn auf, die drei Hauptleute sofort zu befreien, da sie unschuldig im Kerker schmachteten; komme er seinem Befehl nicht nach, so werde Gott ihm einen Krieg erregen, in dem er elendiglich umkommen und den Vögeln zum Fraß dienen werde. Eine ähnliche Erscheinung hatte auch Ablavius. Durch den Traum erschreckt, ließ der Kaiser am nächsten Morgen die Gefangenen vor sich führen und warf ihnen vor, durch verruchte Zauberkünste seine nächtliche Ruhe gestört zu haben. Sie wussten nicht, was sie davon denken sollten, und konnten nichts tun, als von neuem ihre Unschuld zu beteuern. Da fragte sie der Kaiser, ob ihnen ein Bischof Nikolaus bekannt sei. Jetzt fiel es den Hauptleuten wie Schuppen von den Augen, sie wussten, wer für sie gesprochen und ihre Unschuld ans Licht gebracht hatte. Der Kaiser setzte sie sofort in Freiheit und schickte sie mit reichen Geschenken nach Myra. Nikolaus aber wies allen Dank zurück und lobte Gott, der solche Wundertaten durch ihn vollbracht hatte.

Nikolaus spendet die Mitgift, Fresko in Sancta Sanctorum, Rom, 1278/79

Die Legende von der Ausstattung der drei verarmten Jungfrauen

Ein vornehmer Mann, der völlig verarmt ist, beabsichtigt, seine drei Töchter, die er nicht ebenbürtig verheiraten kann, als Prostituierte arbeiten zu lassen, um daraus seinen und ihren

Nikolaus rettet die Seeleute,
Sockelmalerei, Köln,
erste Hälfte 14. Jahrhundert

Lebensunterhalt zu bestreiten. Der junge Nikolaus, eben Erbe eines großen Vermögens geworden, hört davon und wirft nachts dreimal einen Beutel voll Geld ins Haus der Verarmten. Jeder Beutel bildet die Mitgift für eine der Töchter und ermöglicht ihre Verheiratung. Beim dritten Mal holt der Vater den enteilenden Wohltäter ein und dankt ihm unter Tränen.

Die Stillung des Seesturms

Schiffer, die in Seenot geraten sind, erinnern sich des heiligen Bischofs, von dessen Ruhm sie gehört haben. Von ihnen angerufen, erscheint Nikolaus, spricht ihnen Mut zu, greift selbst überall ein und verschwindet nach Vollbringung des Rettungswerkes. Die Matrosen erkennen in der Kirche von Myra in dem ihnen bisher unbekannten Bischof Nikolaus sofort ihren Retter und danken ihm, während dieser sie vor sündigem Lebenswandel warnt.

Die wunderbare Kornvermehrung

Während einer Hungersnot in Lykien landen in Andriake alexandrinische Kornschiffe. Nikolaus, von Myra herbeigeeilt, bittet die Schiffer, etwas von ihrer Ladung abzugeben. Sie lehnen das mit der Begründung ab, dass die Ladung genau gewogen sei. Der Heilige jedoch sichert ihnen Straflosigkeit zu und heißt sie, von jedem Schiff hundert Scheffel abzugeben. In Konstantinopel fehlt nichts am Gewichte. Das von Nikolaus verteilte Getreide reicht wunderbar für zwei Jahre aus und langt auch noch zur Aussaat.

Die wunderbare
Kornvermehrung,
Ausschnitt aus einem
Triptychon von
Jan Provoost,
Brügge, um 1515/20

Die Rückführung des verschleppten Kindes

Cethron, der Gemahl der Euphrosina in Excoranda, hatte sich nach Myra begeben, um dort den heiligen Nikolaus um seinen Segen zu bitten. Er kam aber zu einem Zeitpunkt in Myra an, als man eben im Begriff war, die Leiche des verstorbenen Bischofs zu bestatten. Doch erhält er auf seinen dringende Bitte „unum de linteaminibus", ein leinenes Wäschestück des Heiligen. Nach seiner Heimat zurückgekehrt, und im Vertrauen darauf, dass ihm die Kraft der Reliquien den heiß

ersehnten Sohn schenken werde, baut Cethron auf Bitten seiner Gattin dem heiligen Nikolaus außerhalb der Stadt eine Kirche. Der Ortsbischof Apollonius weiht sie, das in der Kirche aufbewahrte, Wohlgeruch ausströmende „linteamen" wirkt Wunder. Am 6. Dezember wird dem Ehepaar ein Sohn geboren, der den Namen „Adeodatus" erhält. Seitdem feiert die Familie jedes Jahr das Nikolausfest am Jahrestag der Geburt ihres Sohnes. Als der Knabe sieben Jahre alt wird und man gerade wieder das Fest des Heiligen begeht, fallen die Agarener (das sind Araber) ins Land ein, nehmen mit anderen Bewohnern der Stadt auch den jungen Adeodatus gefangen und führen alle nach Babylonien. Bei der Verteilung der Gefangenen kommt Adeodatus als Mundschenk in den Palast des Königs Marmorinus. Nach einem Jahr, als wieder der Tag des heiligen Nikolaus ge-

Nikolaus bringt den Knaben zurück, Ausschnitt aus einer Ikone, Nordrussland, 15. Jahrhundert

kommen ist und eben der König dem unglücklichen Knaben versichert hat, dass keine Macht der Welt ihn je seinen Händen wieder entreißen könne, wird Adeodatus plötzlich mit dem gefüllten Becher, den er dem König zu reichen im Begriff war, in die Luft entrückt und in seine Heimat zurückgebracht.

Das Wannen- und Säuglingswunder

Eine Mutter lässt ihr kleines Kind in der mit heißem Wasser gefüllten Badewanne auf dem Feuer stehen, während sie selbst der mehrere Stunden andauernden Inthronisation des neuen Bischofs Nikolaus in Myra beiwohnt. Als sie nach Hause kommt, findet sie das Kind, das der Heilige auf wunderbare Weise vor dem Tode des Verbrühens bewahrt hat, wohlbehalten noch in der Badewanne sitzend vor.

Das wundertätige Nikolausbild

Vandalen aus Afrika fielen in Kalabrien ein, plünderten und führten viele Gefangene mit sich fort. Einer von den Räubern, ein Zöllner, fand unter seiner Beute ein kunstvolles Bild. Er ließ sich von einem Gefangenen belehren, dass es den heiligen Nikolaus darstelle und dass der Besitzer so lange in Glück und Reichtum lebe, wie er das Bild ehre und hochachte. Der Heide, hocherfreut über einen so kostbaren Fund, glaubte ihn nicht besser anwenden zu können, als wenn er ihn zum Hüter seiner Schätze einsetzte, in der Meinung, dass diese so am besten geborgen seien. Trotzdem wurden sie ihm gestohlen. Darüber ergrimmte er so, dass er den armen Heiligen heftig ausschalt und ihm gewaltige Prügel androhte, falls er ihm die Schätze nicht wieder zur Stelle schaffe. Der Heilige, der nicht dulden konnte, dass sein Bild misshandelt würde, erschien auch wirklich den Räubern in dem Au-

17

Wundertätiges Nikolausbild,
Glasmalerei,
Freiburger Münster,
um 1320/30

genblick, wo sie die Schätze teilen wollten, und befahl ihnen, dieselben sofort zurückzubringen, widrigenfalls er sie den Richtern in die Hände liefern und ihren schmählichen Tod durch den Strick bewirken würde. Die dadurch eingeschüchterten Diebe trugen den Raub zurück; auf den Heiden aber machte diese Begebenheit einen solchen Eindruck, dass er das Bild küsste und sich mit seinem ganzen Haus zum Christentum bekehrte und dem heiligen Nikolaus zu Ehren eine Kirche baute. So wurde Nikolaus auch in Afrika berühmt.

Die Vernichtung des Öls der Diana

Als Pilger aus weiter Ferne sich anschicken, die Seefahrt nach Myra anzutreten, um das Grab des heiligen Nikolaus zu besuchen, naht ihnen in Frauengestalt ein Dämon, der einst in dem von Nikolaus zerstörten Artemistempel von Myra gehaust hatte, und übergibt ihnen

Das Öl der Diana,
Tafelbild von Sebastian Daig,
Ulm, um 1525/30

18

ein mit Öl gefülltes Gefäß mit der Bitte, das Öl in die Lampen der Nikolauskirche zu gießen. Auf hoher See erscheint der Heilige einem der Pilger im Schlaf und befiehlt, das Gefäß ins Meer zu werfen. Als anderen Morgens der Befehl ausgeführt wird, erheben sich auf dem Meer Feuerflammen, Rauch und Gestank, das Meer gerät in solche Wallung, dass nur die Hilfe des Heiligen das Schiff vor dem Untergang bewahrt. Da erkennen die Wallfahrer den dämonischen Trug und danken Gott und dem heiligen Nikolaus.

Die Rettung des ertrunkenen Sohnes

Ein vornehmes Ehepaar wurde auf Fürbitte des heiligen Nikolaus mit einem Sohn beglückt, nachdem der Vater gelobt hatte, mit diesem gemeinsam eine Pilgerfahrt nach Myra zu unternehmen und dort auf dem Altar des heiligen Nikolaus einen goldenen Becher zu opfern. Als der Knabe herangewachsen war und der Goldschmied den in Auftrag gegebenen Becher dem Vater überreichte, fand dieser ihn so ausgezeichnet, dass er beschloss, ihn zu seinem eigenen Gebrauch zu verwenden. Er bestellte deshalb bei dem Goldschmied einen ähnlichen, um mit diesem sein Gelübde zu erfüllen. Während der Überfahrt nach Myra bat der Vater den Sohn, ihm mit dem ersten Becher Wasser aus dem Meer zu schöpfen. Dabei fiel aber der Knabe mit dem Becher ins Meer und verschwand in den Wellen. Als der Vater, der tieftraurig die Reise fortgesetzt hatte, in der Kirche des Heiligen in Myra den zweiten Becher opfern wollte, fiel dieser, wie von einer geheimnisvollen Macht zurückgestoßen, vom Altar herab. Auch ein zweiter Versuch, ihn auf dem Altar niederzusetzen, scheiterte. Während man sich noch über dieses merkwürdige Ereignis verwunderte, erschien plötzlich der ins Meer gefallene Knabe wohlbehalten und gesund, mit dem ersten Becher in der Hand, in der Kirche. Er erzählte der staunenden Menge, dass ihm der heiligen Nikolaus zu Hilfe ge-

Bestrafung eines
Betrügers,
Fresko,
Klerant (Südtirol),
um 1475

kommen sei und ihn vor dem sicheren Tod bewahrt habe. Voller Freude über die wunderbare Errettung seines geliebten Sohnes opferte der Vater nun beide Becher dem heiligen Nikolaus.

Die Bestrafung und Begnadigung eines Betrügers

Ein Christ, der sich in großer Not befand, wandte sich an einen Juden um ein Darlehen und schwur über einem Bild des heiligen Nikolaus, das entliehene Geld pünktlich an einem festgesetzten Tag zurückzuliefern. Als die Frist um war, verlangte der Jude sein Geld, der Christ aber schwur hoch und teuer, dass er ihm nichts schulde und ihm deshalb auch nichts wiedergeben werde. Der Gläubiger machte die Sache bei Gericht anhängig, die streitenden Parteien wurden vorgeladen. Der Christ aber, ein verschmitzter Geselle, barg das geliehene Geld in einem hohlen Stock, und als er seinen Schwur ablegen sollte, hieß er den Juden den Stock halten, worauf er schwur, dass er jenem all sein Gut zurückgegeben hätte. Der Jude bekam Unrecht und verließ den Saal, auf den heiligen Nikolaus scheltend. Aber die Strafe sollte nicht ausbleiben. Als der Betrüger heimkehrte, überfiel ihn eine unwiderstehliche Schlafsucht, die ihn zwang, sich mitten auf dem Weg niederzulegen. Niemand war imstande, ihn von der Stelle zu bringen. So wurde er dann von einem in scharfem Trab daher kommenden Wagen überfahren und erlitt einen qualvollen Tod; zugleich aber hatte der Wagen auch den mit Gold gefüllten Stock zerbrochen und den reichen Inhalt bloßgelegt. Der herbeigeholte Jude erkannte zwar das Gold als das seinige an, weigerte sich aber, es zu nehmen, wenn St. Nikolaus nicht den Christen wieder zum Leben erwecken würde. Kaum war das Wort gesprochen, so erhob sich jener; der Jude aber, durch dieses Wunder bekehrt, ließ sich mit seinem ganzen Hause taufen.

Nikolaus bewahrt einen
Knaben vor dem Ertrinken,
Ausschnitt aus einer Ikone,
Nordrussland,
15. Jahrhundert

Die Erweckung eines Knaben

Durch einen schweren Traum seiner Gattin erschreckt, besucht ein
frommer Mann aus der Lombardei mit ihr am Nikolaustag die Kirche. Während ihrer Abwesenheit wird ihr Knabe, der allein zu Hause
geblieben war, vom Teufel, der in der Gestalt eines Pilgers zu dem
Haus gekommen war, getötet. Die zurückkehrende Mutter sieht darin die Erfüllung ihres Traums. Aber trotzdem feiern die Eltern wie
alljährlich das Fest des Heiligen. Viele Geistliche sind dazu versammelt. Sie sollen nichts von dem toten Kinde erfahren. Die Leiche wird
deshalb in einem Nebenraum verborgen. Da kommt der ebenfalls als
Pilger verkleidete heiligen Nikolaus zu dem Haus und wird aufgefor-
dert, am Fest teilzunehmen. Er wünscht aber in dem Raum zu speisen, in dem das tote Kind liegt. Als Nikolaus es findet, erweckt er es
wieder zum Leben und verschwindet. Darauf erzählt der Knabe, wie
es ihm ergangen war.

Die Auferweckung der drei
getöteten Schüler

Drei wandernde Schüler nehmen in einem einsam gelegenen Hause
Herberge. Der Wirt, der bei den Schülern Schätze vermutet, ermordet sie mit Hilfe seiner Frau in der Nacht und pökelt die Leichname
in Fässern ein. Da kommt der heiligen Nikolaus in der Gestalt eines
Bettlers, bittet um Unterkunft und überführt die Schuldigen unter
dem Vorwande, frisches Fleisch haben zu wollen, ihres Verbrechens.
Auf ein Gebet des Heiligen erscheint ein Engel und verkündigt, dass
die drei Schüler zum Leben zurückgekehrt seien.

Nikolaus erweckt die
drei Schüler,
Ausschnitt aus einem Gemälde
von Gentile da Fabriano,
15. Jahrhundert

23

2. Sekundärlegenden

Der Zisterziensermönch Caesarius von Heisterbach hat um 1220 – wahrscheinlich im Kloster Heisterbach (1192–1803) – seinen „Dialogus miraculorum", eine Sammlung von Beispielgeschichten und Wundererzählungen, verfasst. Die drei folgenden Legenden sind entnommen aus: Von Geheimnissen und Wundern des Caesarius von Heisterbach. Ein Lesebuch von Helmut Herles, Bonn, 3. Auflage 1992.

Nikolaus und die
drei Schüler,
Skulptur an der
ehem. Abteikirche
Brauweiler

Vom Zahn des heiligen Nikolaus in Brauweiler

Als die Mönche von Brauweiler ihre Kirche erweitern wollten, schickten sie den Zahn ihres Schutzherrn, des heiligen Priesters Nikolaus, mit einigen Weltpriestern, die sich aufs Reden verstanden und Geld herauszulocken wussten, in verschiedene Gegenden. Er war in einen Kristall eingeschlossen. Als eines Tages diese gemieteten Prediger beim Umhertragen des Reliquienbehälters sich unehrbietig benahmen, da platzte der Kristall, als könnte der ehrwürdige Bischof ihre Lästerungen nicht ertragen. Als die Mönche dies Wunder sahen, brachten sie den Zahn zurück und litten seitdem nicht wieder, dass er zu solchem Zweck ausgesandt würde. Ich habe den Riss im Kristall gesehen.

Wie der heilige Nikolaus einem Knaben seinen Tod voraussagte

Im Dorf Leichlingen, ungefähr zwei Meilensteine von Köln, ist vor sieben Jahren geschehen, was ich erzählen will. Ein einfacher Knabe hütete dort das Vieh einer Frau. Dieser liebte den heiligen Nikolaus so sehr, dass er täglich die Hälfte seines Brotes ihm zu Ehren an die Armen verteilte. Auch rief er fortwährend im Gebet sein Erbarmen an. Da der heilige Bischof an diesem frommen Dienst Gefallen fand, erschien er ihm eines Tages auf dem Feld, in Gestalt und Kleidung eines ehrwürdigen Greises, und sagte: Lieber Knabe, führe die Herde heim. Er antwortete: Herr, es ist noch zu früh, täte ich es, so würde meine Herrin scheiten. Darauf der Heilige: Tu, wie ich gesagt habe, denn heute vor Sonnenuntergang wirst du sterben. Der Knabe erschrak bei diesem Wort und fragte ihn: Herr, wer bist du? Er antwortete ihm: Ich bin der Bischof Nikolaus, zu dem du immer betest und mit dem du dein Frühstück zu teilen pflegst. Ich bin gekommen, um dich zu belohnen. Geh also nach deiner Herberge, nimm den Leib des Herrn und bereite dich, denn heute, wie gesagt, wirst du sterben. Darauf verschwand er. Als der Knabe mit den Schafen heimkam und seine Herrin fragte, warum er so früh komme, antwortete er: Ich musste, denn vor der Nacht soll ich sterben. Darauf jene: Du faselst. Führe die Herde wieder auf die Weide, du wirst nicht sterben. Er aber legte sich gleich zu Bett und verlangte nach einem Priester. Dieser kam, und die Frau sagte zu ihm: Ich fürchte, dieser Knabe hat irgendeinen Spuk gesehen, fragt ihn sorglich, was er gesehen hat, was ihm fehlt und warum er so redet. Der Priester tat so, und der Knabe erzählte ihm das Gesicht. Er empfing aus seinen Händen das Abendmahl und starb zur vorhergesagten Stunde.

Von dem Bild des heiligen Nikolaus zu Burtscheid

Nikolaus-Ikone
von Burtscheid,
Byzanz, 10. Jahrhundert

Im Kloster Burtscheid bei Aachen ist ein ellengroßes Bild, das den seligen Bischof Nikolaus vom Nabel an aufwärts darstellt. Der selige Gregorius, der Sohn des Königs von Griechenland, jenes Klosters erster Abt und Gründer, hat es hingebracht. Es soll dasselbe Bild sein, das ein Barbar, wie man in den Wundern des heiligen Nikolaus liest, raubte und zur Behütung seines Zollhauses bestimmte, wodurch er dann zum Glauben bekehrt ward, da er seine Habe verlor und sie, als er das Bild schlug, wiedererhielt. Oft hat sich seine Kraft gezeigt, besonders bei Schwangeren. Als es einst in das Haus einer angesehenen Frau, die in Wehen lag, gebracht ward, wo man es ihr gegenüber an die Wand hängte, da sahen alle Anwesenden, wie im Augenblick der Geburt das Bild, um die Gebärende nicht zu betrachten, sich umdrehte. Es ist auf diesem Bilde das Antlitz lang und mager, sehr ernst und ehrwürdig. Die Stirn ist kahl, die Haare des Kopfes wie des Bartes grau. Als jüngst die Mönche den Ort verließen, erhielten ihn Nonnen unseres Ordens zugleich mit dem Bilde.

Stratelatenlegende,
Flügel des Nikolaus-Altars
in Orsoy,
Werkstatt Co ijn de Coter,
Brüssel, um 1500

Der Finger des heiligen Nikolaus

Der heilige Nikolaus hätte es sich zu seinen Lebzeiten nicht träumen
lassen, dass nach seinem Tode mit einem seiner Finger einmal Miss-
brauch getrieben würde, und zwar geschah das im Kölner Erzbistum.
Als da im Jahre 1028 das Kloster zu Brauweiler gegründet wurde,
weihte man es dem heiligen Nikolaus, und als kostbarsten Schatz barg
es einen Finger seines Namenspatrons, der in einem kristallenen Behälter lag.
Eines Tages schickte Abt Bertram einige Kölner Studenten durchs
Erzbistum, die sollten in Stadt und Land beredsam um Almosen bitten, damit das Kloster ausgebaut werden könnte; um zu bezeugen,
dass sie von ihm gesandt worden waren, gab er ihnen die kostbare Reliquie mit.
Wohin nun die Bittsteller kamen, fanden sie Herzen und Hände offen. Je mehr aber die frommen Spenden sich häuften, um so stärker
fühlten sich die Sammler versucht, in die ledernen Beutel zu greifen,
und schließlich geschah es auch einmal, zweimal und dann bei jeder
Gelegenheit. Statt aber eifrig den Finger des Heiligen weiter durchs
Land zu tragen, saßen sie jetzt oft Stunden in Herbergen und Trink-
stuben herum, gaben sich recht weltlich und manchmal auch sünd-
haft dazu.
Endlich duldete es der Heilige nicht mehr, dass die Burschen Miß-
brauch trieben mit seinem Finger. Als sie wieder irgendwo mit heuch-
lerischen Worten und Gebärden um eine Spende baten und die Reliquie zum Segen erhoben, zersprang der Behälter. Der Finger fiel auf
die Erde, fing an zu bluten, und das Blut ließ sich nicht stillen, bis der
Abt selber von Brauweiler kam und den Finger in ein neues Behältnis
legte.
Reumütig bekannten die Burschen, wie sie es getrieben hatten. Sie
wurden mit Schimpf und Schande davongejagt. Von den Neunmal-

St. Maria Lyskirchen,
Gewölbemalerei mit Szenen
aus der Nikolaus-Legende,
Köln, um 1270

klugen, die es zu allen Zeiten gibt, wollten einige wissen, dabei habe sich der Finger in seinem neuen Behältnis bewegt, als hätte er drohen wollen.

Manchmal war der Finger auch noch zu etwas anderem nutz. So standen zu Fastnacht 1347 die Wasser des Rheines so hoch in den Kölner Gassen, wie es noch nie gewesen war seit Menschengedenken. Wochenlang ging die Flut nicht zurück. Häuser und Gehöfte stürzten zusammen. Vieh und Menschen ertranken. Seuchen verbreiteten sich. In Kirchen und Kapellen flehten die geängstigten Kölner den Himmel an. Bittprozessionen zogen nach Sankt Severin und Sankt Mechtern, um die Patrone der beiden Kirchen um Fürsprache bei Gott anzurufen. Trotzdem stiegen die Wasser Tag um Tag, als wollte Gott die Sündflut erneuern.

Da, in der höchsten Not, erinnerte sich ein Fischer des heiligen Nikolaus, der ihm und seinen Gefährten schon öfter geholfen hatte in Wassers Not; er wusste auch, dass in Brauweiler ein Finger des Heiligen war. Davon erzählte er jetzt, und die es hörten, rieten, vors Rathaus zu ziehen und zu bitten, den Finger herbeizuholen. Sie taten es, und der Rat sandte sogleich Boten zu den Brauweiler Mönchen, der Stadt den Finger des Heiligen auszuleihen.

Der Prior selbst ritt in scharfem Trab mit dem Klostervogt und einigen Knechten gen Köln. Am Hahnentor erwartete sie eine Menge Volks und zog unter Singen und Beten hinter der Reliquie her durch die Stadt an den Rhein.

Stand da am Malzbüchel die kleine Elze, des Herrn Konstantin von Lyskirchens Töchterlein. Kaum elf Jahre war das Kind. Gläubigfromm sah es mit seinen blauen Augen die Prozession durch die Straße kommen. Der Prior bemerkte Elzelein mit seinem schmalen blassen Engelsgesicht und dachte, als hätte ein guter Geist es ihm eingegeben, solche Unschuld könne vielleicht den Heiligen am ehesten rühren, für die Not leidende Stadt um Gottes Hilfe zu bitten. Er hielt an, stieg vom Pferd, gab dem erschrockenen Kind das Reliquien-

Nikolaus-Büste in der
ehem. Abteikirche, Brauweiler

gefäß in die Hände und hieß es, damit vor den vielen Kindern in der
Prozession der Flut entgegenzuschreiten.

Elzelein schritt und schritt, hob die Reliquie wie beschwörend in seinen Händen und hielt auch im Schreiten nicht inne, als das Wasser
schon seine Füße netzte. Dann erscholl es mit einemmal silberhell
aus seinem Mund: „Kyr leis! Kyr leis!" Und nun stimmten zuerst die
Kinder und nach und nach auch das ganze Volk mit ein, und so
schwoll der Ruf des Erbarmens mit brausender Gewalt zum grauen
Himmel hinan und erhob sich auch wie ein Damm gegen die tücki-
sche Flut. „Kyr leis! Kyr leis!"

Plötzlich gellte irgendwo eine Stimme auf: „Das Wasser fällt!" Da wurde es kirchenstill. Elzelein hielt in seinem Schreiten inne, wandte die
Augen von der Reliquie und blickte verwundert an sich hinab. Jetzt
erst bemerkte es, dass es bis an die Knie im Wasser stand, sah zugleich
aber, wie das Wasser merklich rückwärts ging und schließlich auch
von seinen Füßen wich. Da hob es die Reliquie noch einmal wie segnend empor und stimmte dann ein in das Lied, das aus aller Munde
dankend zum Himmel drang. Weiter und weiter fiel jetzt die Flut,
und nach zwei Tagen hatte sie sich völlig verlaufen.

Im Jahr 1505 weilte Kaiser Maximilian im Brauweiler Kloster. Dem
hohen Gast wurde alles gezeigt, was die Schatzkammer an Reliquien
barg: die Haare der Gottesmutter, der Bart des heiligen Petrus, der
Zahn des heiligen Johannes, die Rippen der heiligen Benedikt, die
Schuhe des heiligen Philipp, die Feder aus den Flügeln des Erzengels
Michael und was sonst frommer Eifer gesammelt hatte.

Der Kaiser lächelte belustigt und ging schnell vorüber. Den Finger des
heiligen Nikolaus aber betrachtete er voller Ehrfurcht und bat den
Abt, er möge ihn damit segnen. Der Abt willfahrte seinem Wunsch,
fragte dann aber, warum gerade dieser Reliquie er seine Gunst bezeige.
Da erzählte Maximilian:

„Ich wollte 1476 den Neusser Krieg beenden und hatte mit Karl, dem
Herzog von Burgund, verhandelt. Wir konnten uns aber nicht eini-

gen, und so ritt ich unwillig von dannen. Unweit von Brauweiler geriet ich mit meinen Begleitern auf freiem Feld in ein heftiges Wetter. ‚Das hat uns der nasse Nikolaus von Brauweiler beschert', scherzte einer. ‚Dann wollen wir uns bei ihm beschweren gehen', lachte ich, wenn es mir zum Lachen auch nicht zumute war. Wir kehrten also im Kloster ein und fanden eine prächtige Unterkunft.

Wenig später traf auch der Bischof von Toul hier ein, der unterwegs war zu seinem Herrn, dem Herzog von Burgund. Wir besprachen uns, und ich ließ ihn wissen, dass ich sehr unwillig sei, weil ich mich nicht mit seinem Herrn hätte einigen können. Der Bischof bat mich darauf, ich möchte noch einen Tag verweilen, er wolle zwischen dem Herzog und mir zu vermitteln suchen.

Es gelang ihm. Wir verhandelten noch einmal und schlossen Frieden. Außerdem erhielt ich des Herzogs Wort, das mir seine Tochter Maria versprach. Zwar dauerte es noch, bis Karl 1477 vor Nancy dem vereinigten Heer der Schweizer und Lothringer unterlag und auf der Flucht getötet wurde. So kam ich durch den nassen Nikolaus zur schönen Frau und zum schönsten Land; brachte mir meine Gemahlin als Heiratsgabe doch die Niederlande zu.“

Der Text dieser Legende ist entnommen aus: Zwischen Dom und Münster. Sagen, Legenden, Märchen und Schwänke aus Landschaften zwischen Köln und Aachen, neu erzählt von Paul Weitershagen, Köln 1959.

Nikolaus-Skulptur
in der
ehem. Abteikirche,
Brauweiler

Geschichte der
Nikolaus-Verehrung

Völlig unbewiesen sind legendarische Angaben, wonach der heilige Nikolaus, nachmals Bischof von Myra in Lykien, um 270 in Patras als Kind wohlhabender Eltern geboren worden sein soll. Seine Teilnahme am Konzil von Nizäa ist mehr als zweifelhaft, sein Tod um 342 als Bischof von Myra ohne Beleg. Wissenschaftlich gesichert ist nur, dass es als wahrscheinlich gelten kann, dass es einen Bischof mit Namen Nikolaus in Myra gegeben hat, von dem zunächst in Myra, dann seitdem 4./5. Jahrhundert in der Ostkirche und spätestens seit dem 7./8. Jahrhundert in der Westkirche Wunderberichte umliefen und der kultisch verehrt wurde.

Nikolaus-Kirche von Myra,
Blick zum Altar

Bei diesen Legenden vom heiligen Nikolaus lässt sich nachweisen, dass sie eine Kompilation von zwei Personen mit Namen Nikolaus darstellen: einmal jenes Nikolaus von Myra und zum anderen von einem gleichnamigen Abt von Sion, Bischof von Pinora, gestorben am 10. Dezember 564 in Lykien. Seine Lebensgeschichte wurde mit der des Nikolaus von Myra unentwirrbar verwoben. Es ist nicht sicher,

Der Tod des heiligen Nikolaus,
griechische Ikone

dass Nikolaus der richtige Name des Bischofs von Myra war. Es könnte sich auch um eine Ehrenbezeichnung handeln, denn „nikos" bedeutet im Griechischen „Sieg", „lacs" das „Volk". „Nikolaos" meint somit „Sieg des Volkes". „Nikolaus" könnte also jemanden bezeichnen,
der das Böse besiegt und dem Volk gezeigt hat, wie das Gute siegreich
bleibt. Eben dies könnte auf den Bischof Nikolaus zutreffen, der das
Christentum gegen den tradierten Kult der Artemis (lat. Diana) ver-
teidigt hat.

Die älteste Legende des Nikolaus ist die sogenannte Stratelatenlegende, die Erzählung von der Rettung von drei Feldherren (griech. „stratelatoi": Feldherren). Sie lässt sich auf das
Ende des 5. bzw. den Verlauf des 6. Jahrhunderts datieren.
Das Außerordentliche dieses Wunders sah die Antike darin, dass Nikolaus es zu Lebzeiten wirkte und dabei, während er leiblich in Myra weilte, dem Kaiser in Konstantinopel im Traum erschien. Dieses Ereignis machte Nikolaus
nicht nur zu einem „thaumaturgos" (griech. Wundertäter),
sondern zum „hyperhagios", einem „Überheiligen", einer Gestalt,
die „normale" Heilige überragte. Der nach legendarischer Auffassung
schon zu Lebzeiten unter die Engel versetzte Nikolaus starb eines natürlichen Todes, also nicht mehr den gewaltsamen Tod eines Blutzeu-
gen oder Märtyrers. So wie Martin von Tours in der Westkirche, wurde Nikolaus in der Ostkirche der erste „confessor", ein Bekenner, der
durch sein lebenslanges Bekenntnis Zeugnis für Gott abgelegt hatte.
Der „Hagios Nikolaos", gewann eine derart überragende Bedeutung,
daß ihm die „Apostelgleichheit" zuerkannt wurde. Die griechisch-
orthodoxe Kirche, die bis heute einzelne Wochentage bestimmten
Heilsereignissen gewidmet hat, ordnet Nikolaus den Donnerstag zu.
Er ist der einzige Heilige, der außer der Gottesmutter und den Apos-
teln zu dieser Ehre gelangt ist. Ein bulgarisches Sprichwort sagt:
„Wenn Gott stirbt, dann wählen wir den heiligen Nikolaus zu seinem
Nachfolger!"

Nikolaus erscheint dem
Kaiser Konstantin im Traum,
Ausschnitt aus einer Ikone
Nordrussland
15. Jahrhundert

35

Die Überführung
des heiligen Nikolaus
von Myra nach Bari,
russische Ikone

Der Heilige drohte nach 1000 der westlichen Christenheit „verloren zu gehen". Als die muslimischen Eroberer ihren Siegeszug durch Kleinasien erfolgreich fortsetzten, reifte in Süditalien, wo griechisch-stämmige Bevölkerung lebte, die Idee, die Gebeine des übermächtigen Schutzheiligen vor den „Ungläubigen" zu „retten". 1071 hatten die Muslime den Byzantinern eine schwere Niederlage zugefügt, waren in Kleinasien eingedrungen und zogen plündernd durch Lykien. Die Bevölkerung von Myra war ins Gebirge geflüchtet. Kaufleuten von Bari gelang es in dieser Situation, sich in Myra in den Besitz der Reliquien des heiligen Nikolaus zu bringen und diese am 8. Mai 1087 nach Hause zu schaffen. Am 9. Mai 1087 verehrten die Bareser zum ersten Mal die heiligen Gebeine. Bis auf den heutigen Tag wird deshalb in Bari der Translation der Reliquien des heiligen Nikolaus am 9. Mai gedacht; bis 1969 hatte dieses Fest in der gesamten Weltkirche Geltung. Die eine oder andere Kirchengemeinde bewahrt noch die Erinnerung an diesen alten Gedenktag. In Wipperfürth zum Beispiel wird zu Ehren des heiligen Nikolaus in jedem Jahr am ersten Sonntag nach dem 9. Mai eine Maiprozession zu Ehren des Pfarrpatrons durchgeführt.

Die wichtigste Innovation des lateinischen Abendlandes hinsichtlich der Weiterentwicklung der Grundlegenden des heiligen Nikolaus ist die Wundererzählung von der Auferweckung der getöteten Schüler. Die älteste Fassung liegt im 12. Jahrhunderts in dramatisierter Form in der Hildesheimer Handschrift „Liber sancti Godehardi" vor. Die Forschung vermutet die Entstehung dieser Schülerlegende in Nordfrankreich. Die Schülerlegende ergänzt nicht nur die im Mittelmeerraum entstandenen Legenden, sondern prägt den Typ von Nikolaus, der als himmlischer Kinderfreund und Geschenkebringer in zahlreichen zeitabhängigen Metamorphosen bis in die Gegenwart fortlebt. Kult, Hagiographie, Ikonographie und Brauchentwicklung erhielten von hier eine nach wie vor ungebrochene Vitalität, die sich im Gegensatz zur in Frage gestellten kanonischen Unantastbarkeit erhalten hat.

Nikolaus und die
drei Schüler,
Stundenbuch,
Frankreich, 408

37

Im 12./13. Jahrhundert bildete die Schülerlegende in Lothringen ein neues Zentrum. In dem unbedeutenden Marktflecken Port entstand eine gotische Nikolauskirche, und der Ort nannte sich hinfort Saint-Nicolas-de-Port. Der Legende nach wurde die Kirche von einem Ritter begründet, der durch Nikolaus aus den Ketten muslimischer Gefangenschaft erlöst worden war und nun seine Ketten dem Patron der Kirche verehrte. Im Mittelalter hieß es, die Zahl der Ketten, die dem heiligen Nikolaus von Menschen verehrt worden seien, sei so groß gewesen, dass man sie auf zahlreichen Fuhrwerken kaum habe abtransportieren können. Dem mittelalterlichen Menschen kam bei der Betrachtung der Ketten die „Ketten lösende" Macht des Heiligen in den Sinn. Zu unterscheiden, ob der Einzelne nun tatsächlich aus körperlich erlittener Gefangenschaft oder aus seiner Befangenheit in sich selbst befreit worden war, war dabei nicht wichtig.

Der heilige Nikolaus hat in Deutschland vielfältige Spuren hinterlassen. Als zur Ehre der Altäre Erhobener ist er nicht nur durch Legenden, kirchliche Verehrung, Bilder und Plastiken präsent, er dient auch als Altarpatron oder Kirchenpatron, und seine Beliebtheit zeigt sich objektiv an der Anzahl der Patrozinien zu seiner Ehre. Für das Jahr 2004 lassen sich noch knapp 400, also 3,3 Prozent, von 12.000 katholischen Pfarrkirchen oder Seelsorgstellen als unter dem Patronat des Nikolaus nachweisen. Rechnet man die Pfarrkirchen hinzu, die in Folge der Reformation verloren gingen, und addiert man dazu die noch existierenden und die untergegangenen Klöster und Kapellen unter seinem Namen, dann steigt die absolute und die relative Zahl der Nikolaus-Patrozinien noch erheblich an.

Der heilige Nikolaus findet sich darüber hinaus aber auch auf Brücken und in Häfen und auf Schiffen. Als „Brückenheiliger" ist er der Vorgänger des heiligen Johannes Nepomuk, der ihn im 18. Jahrhun-

38

Lampe in Schiffsform,
Bronze,
Byzanz,
4./5. Jahrhundert

dert abgelöst hat. In Häfen und auf Schiffen hat sich Nikolaus vielfach gehalten, weil er seiner Legende nach Schiffsfahrern beigestanden hat. Ihr Patron ist er ebenso auf hoher See wie auf Binnengewässern. Die Kölner Schifferkirche St. Maria Lyskirchen hat nicht nur einen Nikolausaltar und Fresken mit der Legende des heiligen Nikolaus. Von ihrer Kirche aus pilgerten die Schiffer auch jedes Jahr einmal zum Benediktinerkloster Brauweiler, einem Nikolauskloster. Und da eine gute Wallfahrt nicht nur die Seele, sondern auch den Leib in Schuss halten muss, lag neben der Klosterkirche natürlich eine Gaststätte. Mitten im Binnenland trug diese Kneipe stolz den Namen „Zum Anker", eine Reminiszenz an die Kölner Schiffer, die hier sicher gern nach erwiesener Frömmigkeit „vor Anker" gingen.

Überall da, wo man als Schiffer oder Kaufmann der Hanse wirklich vor Anker gehen konnte, in den Hafenstädten an den großen schiffbaren Flüssen, an Nord- und Ostsee, gab es dem Nikolaus geweihte Kirchen, die – wie in Berlin das Nikolai-Viertel – auch noch einem Stadtteil zum Namen verhelfen konnte.

Wie kam Nikolaus nach Deutschland?

Die Verehrung des Nikolaus lässt sich bereits im 7./8. Jahrhundert in der Westkirche nachweisen, sicherlich entstanden durch die griechischen Kolonien in Italien. Wenn es richtig ist, dass die Legenden Voraussetzung der kultischen Verehrung sind, kann man durchaus auch schon eine frühere Verehrung vermuten. Für den Raum nördlich der Alpen nimmt man meist an, dass die Nikolaus-Verehrung auch hier schon im 9. Jahrhundert belegbar ist, ein „Nikolaus-Boom" aber erst durch die byzantinische Prinzessin Theophanu (959/960–991) initiiert wurde, die 972 in das ottonische Kaiserhaus einheiratete und Gemahlin Kaiser Ottos II. (973–983) und Mutter Ottos III. (98–1002) war.

Aber während Theophanu die Ehre gebührt, den Nikolaus-Kult in Deutschland populär gemacht zu haben, besitzt ein anderer die Ehre, Nikolaus erstmals öffentlich nördlich der Alpen geehrt zu haben:

Bischof Liudger
mit Modell der
Nikolauskirche,
Billerbeck

Liudger (742–809), Gründerbischof des Bistums Münster. Höchstwahrscheinlich hat er in Italien bei den Benediktinern auf Monte Cassino, wo er sich ca. 784–787 aufhielt, Nikolaus kennen gelernt. Noch vor 800 weihte er in Billerbeck eine Kirche dem heiligen Nikolaus. Nördlich der Alpen war dies die älteste Nikolauskirche; 1074 wurde sie durch einen Nachfolgebau ersetzt. Liudger ist indes vermutlich keine Ausnahme, und es hat zu seiner Zeit wohl auch andere Träger des Nikolauskultes gegeben, von denen uns aber nichts überliefert wurde. Ein Beweis für diese Annahme kann die Übernahme der Stratelatenlegende in einen Reichenauer Codex vor 842 und die Erwähnung des heiligen Nikolaus in einem zwischen 755 und 770 erstellten Reliquienverzeichnis in der römischen Kirche Sant' Angelo in Pescheria sein.

Auch wenn also die Kaiserin Theophanu, bestattet in St. Pantaleon in Köln, nicht die erste bekannte Nikolaus-Verehrerin in Deutschland war, hat sie doch großen Anteil an der Verbreitung des Nikolaus-Kultes. Die Ottonen, in deren Geschlecht sie eingeheiratet hat, haben den heiligen Nikolaus zu ihrem „Hausheiligen" gemacht: Fast alle von ihnen gegründeten Kirchen, vor allem die Memorialstiftungen zu Ehren der verstorbenen Theophanu, wurden dem heiligen Nikolaus geweiht. So gründete Kaiser Otto III. 997 als Memorialstiftung für seine Mutter Theophanu die Benediktinerabtei Burtscheid, seit 1138 reichsunmittelbar, 1220 von Zisterzienserinnen übernommen, 1802 säkularisiert. Die ehemalige Abteikirche St. Johann Baptist ist heute Aufbewahrungsort der ältesten bekannten Nikolausdarstellung nördlich der Alpen: einer aus dem 10.–12. Jahrhundert stammenden byzantinischen Mosaik-Ikone des Heiligen in einem silbervergoldeten Rahmen des 13. Jahrhunderts.

Für die Herkunft der Ikone gibt es zwei legendäre Überlieferungen und eine wissenschaftliche Erklärung: Eine Tradition will wissen, die Ikone stamme aus dem Brautschatz der Theophanu. Dies ist auf Grund stilkritischer Untersuchungen auszuschließen. Nach einer

Nikolaus-Ikone von Burtscheid, Byzanz, 10. Jahrhundert (Ausschnitt)

Fest der Reliquientranslation in Bari: Einzug des Heiligen in die Basilika

von Caesarius von Heisterbach überlieferten Legende (Dialogus miraculorum, dist. VIII, cap. 76) ist die Ikone nach dem lebenden Nikolaus gemalt worden und von dem Gründerabt, einem legendären griechischen Königssohn Gregor, nach Burtscheid gebracht worden. Die
Wissenschaft vermutet dagegen eine Entstehung im 12. Jahrhundert
in einer Konstantinopeler Werkstatt. Nach Burtscheid ist die Ikone
sehr wahrscheinlich 1220 im Zusammenhang mit der Übernahme
des Klosters durch die Zisterzienserinnen gekommen.

Das Reliquiengrab im Altar der Krypta der Basilika von Bari

Seit dem 8./9. Jahrhundert wurde im Westen das Fest des heiligen
Nikolaus am 6. Dezember – „Natalis S. Nicolai" – begangen.
Nach der Translatio der Gebeine des Heiligen nach Bari wurde
zusätzlich der 9. Mai zum Gedächtnistag – „Translatio S. Nicolai". Mit der Reform des kirchlichen Festkalenders 1969 fiel die
weltweite Verpflichtung zur Feier eines Gedächtnistages für
den heiligen Nikolaus fort. Wenn auch der Heilige im römischen
Generalkalender seitdem gestrichen ist, im deutschsprachigen Re-
gionalkalender wird sein Fest nach wie vor geführt.

Mit Beginn des 9. Jahrhunderts wird der heilige Nikolaus in Deutschland kultisch und liturgisch verehrt. Zu dieser Zeit feierten die Schüler der Kloster- und Bischofsschulen das Knabenabts- oder Knabenbischofsspiel, „ludus episcopi puerorum", eines jener Spiele der
umgekehrten Ordnung, „sociétés joyeuses" werden sie in der Fach-
sprache genannt, am 28. Dezember, dem Fest der Unschuldigen Kinder. Im 13. Jahrhundert beginnt sich dieses Kinderfest mit dem des
heiligen Nikolaus zu verknüpfen. Der Festauftakt des Knabenbi-
schofsspiels wird auf den 6. Dezember verlegt, die Abschlussfeier am
28. Dezember begangen. Der Nikolausabend, der 5. Dezember, wird
gleichfalls zu einem Festtag für Kinder, denn wie in seiner Legende
besucht der Heilige unerkannt die Kinder und hinterlässt kleine Geschenke – Nüsse, Äpfel, Gebäck. Dieser Einstreubrauch wird mit der
Zeit zum Einlegebrauch und der Nikolaus zum etablierten Gabenbringer und Kinderbeschenker.

Erst die Reformation bringt einen Bruch, da für die Reformatoren Heilige als Heilsmittler obsolet wurden. Um dem populären Nikolaus den Garaus zu machen, löste Luther das Schenken von Nikolaus und übertrug es auf Weihnachten. Er fand für dieses Fest auch einen neuen Gabenbringer: das Christkind, von dem nicht sicher ist, wer oder was es ist, außer, dass es das Kind in der Krippe nicht sein kann. Die Katholiken haben natürlich an ihrem Nikolaus festgehalten; jahrhundertelang war er ein konfessionsscheidendes Merkmal. Doch nicht nur die Katholiken hielten an Nikolaus fest. Auch einige Protestanten protestierten gegen Luthers Nikolausattentat: Die Niederländer ließen sich ihren Nikolaus nicht nehmen. Bis heute bringt er in den Niederlanden die Geschenke, ist der Nikolaustag der lang erwartete Feiertag der ganzen Familie.

Die Niederländer haben nicht nur an Nikolaus festgehalten. Sie haben ihn auch mitgenommen, wohin ihr Schicksal sie trieb. So zum Beispiel auch in die „Neue Welt", nach Amerika. Und eine von ihnen gegründete Stadt, Neu Amsterdam, hatte – natürlich – den heiligen Nikolaus zum Stadtpatron. Als die Engländer den Niederländern diese Stadt abnahmen, verloren die Niederlande zwar ihre Niederlassung in Nordamerika und die Stadt ihren Namen. Aber die in New York umgetaufte holländische Gründung behielt Nikolaus – übrigens bis heute – als Patron. Wenngleich, doch davon ist später die Rede, der Ärmste entwürdigende Metamorphosen über sich ergehen lassen musste.

Bereits im 17. Jahrhundert finden sich schon die ersten Nikolauskarikaturen. Mit ihnen kündigt sich die Entsakralisierung des Heiligen in der Aufklärung im 19. Jahrhundert an. Der „böse Niklas" aus dem „Struwwelpeter" oder der „Herr Winter" (Holzschnitt von Moritz von Schwind, 1847) reduzieren den ursprünglich apostelgleichen und überheiligen Bischof auf einen Geschenkebringer mit zwiespältigem Charakter, in dem der säkularisierte Heilige und sein teuflischer Begleiter

Der „böse Niklas" aus dem „Struwwelpeter"

verschmolzen sind. Er findet sich wieder in dem im 20. Jahrhundert aus Amerika nach Europa importierten Typ, den die Holländer einst als heiligen Nikolaus nach Amerika exportierten. Von Santa Claas über Santa und Father Christmas wurde er zu dem „Ho-Ho-Ho" grunzenden rot-weißen Kerl, der in den weihnachtlichen Einkaufs- passagen herumlümmelt und, eine Glocke schwingend, Konsumter- ror ausübt.

In Deutschland hatten die Katholiken ihren Nikolaus nicht nur gegen die Reformation behalten, sondern sein Brauchtum umgeformt. Aus dem heimlichen Besucher wird nun ein bischöflicher Visitator, der in quasi himmlischer Herrlichkeit erscheint und von den Kindern Re- chenschaft verlangt. Wer sich an die gegebenen Regeln gehalten hat, darf reiche Gaben erwarten. Diese Inszenierung hatte großen Erfolg.

„Der Nikolaus kommt",
nach einer Zeichnung von
Karl Jauslin,
Ulm,
erste Hälfte 19. Jahrhundert

Das Schenken war in katholischen Gegenden bis um 1900 mit Nikolaus verbunden. Erst ab dem Deutsch-Französischen Krieg 1870/71 begann eine Brauchvermischung, die bis zur Mitte des 20. Jahrhunderts dafür sorgte, dass die bislang kon- fessionsscheidenden Bräuche diese Wirkung verloren. Mehr noch: Was bislang „typisch evangelisch" war, wie zum Beispiel das Christkind, „konvertierte". Das Christkind ist heute nach mehrheitlicher Auffassung der Katholiken katholisch, und zwar erzkatholisch. Auf der evangelischen Seite hat der im- portierte Weihnachtsmann, also das, was die Amerikaner aus dem heiligen Nikolaus gemacht haben, das Christkind abge- löst. Das Schenken, leider nicht mehr in der Art des Nikolaus- Schenkens, ist für beide Konfessionen gemeinsam auf Weih- nachten abgewandert.

In Alpennähe hat sich das Nikolausbrauchtum mit dämonischen Elementen verbunden. Die „Perchten", Höllengeister, treten auf und versetzen die Menschen in Angst und Schrecken. Als Touristen- attraktion werden sie heute gehegt und gepflegt. In der Schweiz ist der heilige Nikolaus zum „Samichlaus" geworden. Beim Nikolaus-

44

umzug tragen die Teilnehmer als „Kläuse" riesengroße, kunstvoll gearbeitete „Lichterkappen" über ihren Köpfen, die bis zu 15 Kilogramm wiegen und bis zu zwei Metern hoch ragen. Genau besehen sind es Mitren, also Bischofshüte. In Küssnacht nennt man sie „Iffele" oder „Inful(a)", Begriffe, die die verballhorrte Inful, das Synonym für Mitra, erkennen lassen. Der größte dieser Züge findet alljährlich am 5. Dezember in Küssnacht am Rigi statt. Begleitet wird der Samichlaus vom „Schmutzli", der eidgenössischen Variante des Hans Muff.

Der Stellenwert von Samichlaus und Schmutzli in der heutigen Schweiz ergibt sich sinnenfällig aus einem Artikel der „Neue Züricher Zeitung" aus dem Jahr 1999, wo über die Tagung der Zürcher St.-Nikolaus-Gesellschaft berichtet wird. Dort heißt es: „Wie soll der Samichlaus in der Übungsstunde eines Damenturnvereins auftreten? Darf er selbst auf die Bareen steigen, oder sollte er den Damen zusehen, bis sie die Übung beendet haben? Solche Fragen behandelten rund 35 Samichläuse und Schmutzlis an der Tagung der St.-Nikolaus-

Gesellschaft der Stadt Zürich. Ein moderner Samichlaus hat nach Ansicht der Teilnehmer für Unterhaltung und eine feierliche Stimmung zu sorgen: Er könnte die Turnhalle verdunkeln und eine Laterne mitbringen. Teilt er dann Lob und Tadel aus, sollte er die möglichen Tücken der Vereinslebens kennen, um kein Mitglied zu kränken. Es soll niemand sagen können, er habe sich wie ein ‚alter Chlaus' benommen."

Eine Merkwürdigkeit völlig anderer Art findet sich im niederländischen Örtchen Grou. Man fühlt sich an Asterix und Obelix erinnert, wenn man formulieren kann: In den ganzen Niederlanden wird am Vorabend des 6. Dezember Nikolaus gefeiert. Nur ein kleines Dorf im hohen Norden wiedersetzt sich seit Jahrhunderten dieser Tradition. Das friesische Grou feiert als einziger Ort der Welt weder an Nikolaus noch an Weihnachten. Erst am 21. Februar begeht man dort „Sint Piter", und bei dieser Gelegenheit gibt es Gebäck, Lieder und Geschenke. Warum das 5.000-Seelen-Dörfchen aus der weltweiten Tradition ausgeschieden ist, lässt sich historisch nicht gesichert erklären. Die einen meinen, der Ort sei eben lange abgelegen gewesen und habe ein Eigenleben konserviert, das früher auch in anderen Orten üblich gewesen sei: Der 21. Februar sei ursprünglich ein Frühlingsfest gewesen, an dem Wintergeister vertrieben wurden. Als die Begeisterung für dieses Fest abflaute, habe zu Beginn des 20. Jahrhunderts eine Lehrerin die alte Tradition als Kinderfest wieder verlebendigt und unter die Tradition des „Sint Piter" gestellt. Viel schöner als diese Erklärung ist die über 300 Jahre alte Legende, wonach der aus Spanien in die Niederlande gekommene heilige Nikolaus auf seiner Reise die Abzweigung nach Grou verpasst hat, weil dieser Fischerort ziemlich einsam und versteckt lag. Erst später habe er darum seinen Bruder Peter mit Geschenken nach Grou gesandt.

Nikolaus wird auch in Deutschland nach wie vor gefeiert. Aber viele können zwischen dem Heiligen und seinem Klon, dem entheiligten

Weihnachtsmann, nicht mehr unterscheiden. Man feiert Nikolaus, erlebt aber, wie unter dem Namen des Weihnachtsmanns das Weihnachtsgeschäft angekurbelt wird. Die Konsumikone Weihnachtsmann macht sich lange vor dem Advent, ja schon im Spätsommer bemerkbar. Die Plätze in den Supermarktregalen sind fast noch klebrig von den schokoladigen Muttertagsherzen, wenn die ersten Weihnachtsmänner in Schokolade aufmarschieren. Den heiligen Nikolaus in Schokolade gibt es aber auch schon wieder. Und er hat seine feste Fangemeinde, die darauf achtet, dass sein Erscheinen in zeitgemäßer Form stattfindet.

Wer ermessen will, welche Bedeutung der heilige Nikolaus einmal für unsere Vorfahren hatte, kann viele unterschiedliche Beispiele anführen. Wenn schon entscheidend ist, was man alles nach ihm benannt hat, dann ist es noch einmal bedeutender, wenn man sich selbst nach Nikolaus nennt. Ein Indikator für die lange wirkende Volkstümlichkeit eines Heiligen ist die Übernahme seines Namens – als Wahlname, Vor-, Familien- oder Ortsname. Der heilige Nikolaos, der zum Nikolaus wurde, erhielt zunächst einmal landschaftlich unterschiedliche Namen: Aschenklas (Westfalen); Busseklas, Boklaus (Braunschweig), Fasenickel, Hatscha, Helije Mann (Kölner Bereich), Hel-Niklos (Franken), Herrscheklaus (Rhön), Hirscha, Hutscheklas, Klaas, Klas, Klasbur, Klasen, Klaubauf, Klaus, Klausi, Klawes (Hannover), Klos (Schwaben), Kräst, Krast, Kristman, Nickel, Nicki, Niels, Nikelos, Niki, Niklo, Nikolo (Bayern, Österreich), Nikolai, Nikolaos (Griechenland), Nikolaus, Nikelos (Mittel- und Oberrhein), Noel Baba (Türkei), Pelznickel (Bergisches Land, evgl.), Ruhklas (Mecklenburg), Sankt Niklas (Oberschwaben), Saint Nicolas (Frankreich), Kris Kringle (Nordamerika), Class, Sinta Class, Santa Claus (Nordamerika, England), Santiklaus, Santi Klaus (Schwaben), Sin, Sintaklas, Sinte Klaas, Sinterklaas (niederl.), Strohmichel, Sinterklasen (Ameland); Sünnerklas (Ostfriesland), Zinterklos (Nördl. Rheinland), Pelzmichel.

Als weiblicher Name leitet sich im Deutschen Ni[c]kola wahrscheinlich von der frz. Nicole ab.

Fünf Päpste (und ein Gegenpapst) haben den Namen des heiligen Nikolaus zu ihrem Regierungsnamen gewählt: Nikolaus I. (24.4.858 bis 13.11.867), Nikolaus II. (6.[?]12.1058–19./27.7.1061), Nikolaus III. (25.11.1277–22.8.1280), Nikolaus IV. (22.2.1288 bis 4.4.1292), Nikolaus V., Gegenpapst (12.5.1328–25.8.1330), Nikolaus V. (6.3.1447–24.3.1455). Zwei russische Zaren haben den Heiligen als Namensgeber gewählt: Zar Nikolaus I. Pawlowitsch (1825 bis 1855) und Zar Nikolaus II. Alexandrowitsch (1868–1918), ermordet von den Bolschewiken. Weitere berühmte Namensträger sind: Nikolaos Studites (793–868), Abt und Heiliger; Nikolaus von Tolentino (1245–1305), Asket, Wundertäter, Heiliger; Nikolaus von Autrecourt († nach 1350), spätscholastischer Theologe und Philosoph; Nikolaus von Oresme (um 1320–1382), französischer Theologe und Naturphilosoph, Bischof von Lisieux; Nikolaus von Kues (1401–1464), Kanonist, Mathematiker, Philosoph, Theologe, Bischof, Kardinal; Nikolaus von Flüe (1417–1487), Familienvater, Mystiker, Heiliger.

Aber nicht nur für Prominente war Nikolaus ein respektabler Name. Auch der „kleine Mann" hat sich den Nikolausnamen in kaum vorstellbarer Varianz zu Eigen gemacht. Der Vorname „Nikolaus" verbreitete sich besonders stark durch das Patronat des Heiligen für die Schiffer und Kaufleute. 1481/1497 ist Nikolaus in Bamberg der fünfthäufigste Vorname. 1361–1400 steht in Breslau Nikolaus mit 26,4 Prozent noch vor Johannes mit 20 Prozent auf der Beliebtheitsskala, vielleicht wegen der großen Nikolausverehrung im slawischen Umkreis.

Der Name Nikolaus hat im Laufe der Jahrhunderte vielfältige Ausformungen erfahren, von denen einige heutzutage kaum mehr auf den Heiligen zu verweisen scheinen. Wer vermutet schon hinter dem Namen „Klauke" den heiligen Nikolaus?

Aus dem Rufnamen Nikolaus oder Nikolaus oder Klaus haben sich mindestens knapp 500 Familiennamen entwickelt. Einige Namen

Detail aus dem Nikolaus-Fenster der katholischen Kirche auf Baltrum, Margarete Franke, 1956

sind durch das Zusammenfügen von Namen mit Adjektiven, Verben oder Substantiven entstanden, die sie näher beschreiben, so bilden z. B. „jung" und „Nikolaus" „Jungnickel".

Nicolaus bildet:
Nicholaus
Nikolausen
Nicolaisen
Nicolaysen
Nicolai
Nicolay
Nicoley
Nicolas
Nicolassen
Nicolovius
Niels
Nielsen
Niggeloh
Nils
Nis

Nikolaus bildet:
Grossniklaus
Nücklaus
Niclaisen
Nicklas
Niclaes
Nicklassen
Niklass
Niklasch
Niklaus
Nikolai

Nicklasch
Nieglas
Nickles
Niglis
Nicklisch
Nikusch

Nicolo bildet:
Nikola
Nicole
Nicol

Nikol bildet:
Altnikol
Nicolman
Nicholl
Nichols

Nickelaus bildet:
Nickel(l)
Nickele
Nickelmann
Nückel
Niegel
Niggeler
Nickelsen
Nickels
Nickl

Nicladoni
Niklasch
Nickling
Nickli(tz)sch
Nicksch
Nickisch
Nickusch
Niggel
Niggli
Niggl
Nigl
Altnickel
Jungnickel
Grasnickel
Heinickel
Honickel
Kunznickel
Langnickel
Nickol
Nikita
Lehrmickel
Liebemickel

Nikolaus bildet:
Niko
Nicke
Nick
Fränznick

Szenen aus dem
Nikolaus-Fenster der
katholischen Kirche
auf Baltrum,
Margarete Franke,
1956

Nickchen
Nickerl
Nigg

Nitz bildet:
Nis
Jungnitz
Nitsch
Jungnitsch
Nitschke
Ni(e)tsch(e)
Nietzsch(e)
Nitzsche
Nitz(e)
Nitzke
Nit(s)chke
Nitzschke
Nietzke
Nizze
Nietz
Ne(t)zsch
Ni(e)tzschmann

Nikolaus bildet:
Kohlhaus

Nicolas bildet:
Colas
Kohhas
Kolhas
Kohlhaas
Kolaas

Collas
Gollas
Collasch
Collasius
Colles

Nikelaus bildet:
Kelaus

Nikelas bildet:
Kelas
Gehlhaas
Köhlhas
Kölla

*Niklaus und
Nikolaus bilden:*
Klaus
Brunklaus
Eitelklaus
Grossklaus
Jungclaus
Jungclaussen
Kleinklaus
Lienenklaus
Claus
Glaus
Clauss
Clauß
Klauß
Glauss
Klausmann

Klaussmaier
Clausius
Klausen
Clausen
Klause
Glause
Clauisse
Claussen,
Klausel
Clausing
Kla(u)sing, -ung
Klauser
Clauser
Lauser
Cläus, Kläusli
Kläuser
Kleuss
Leuser
Leus, Läuseli
Klais
Klaiss
Lais
Glais
Kleeis
Kleis, Kleisle
Kleisl, Kleissl
Gleiser, Gleissle
Kleiser, Kleissler
Leis, Leissler
Laus
Lausmann
Junglaus

Lauss	Class	Kläss
Lausen	Klasing, Classing	Klässing
Lause	Glass	Klässig
	Lass, Lasske	Lässig, Lässing
Niklas bildet:	Klassmann	Cless
Klas, Klask	Classmann	Jungles
Farklas	Lassmann	Gles
Langklas	Classen	Lessmann, Lessel
Jungklas	Classens	Lessle
Klasmeyer	Glase	Klesse
Clas	Klasse	
Clasohm	Classe	*Niclos bildet:*
Glas, Glasel	Lasse	Klos, Closel
Glasmeyer	Claesy	Kloske
Las	Claes	Grossklos
Jungclas	Kläs, Kläslin	Lautenklos
Klasen	Gläsel, Kläsgen	Glos
Clasen	Kläsing, Kläsig	Los, Loselein
Glasen	Kleb(e), Kleeb	Loske
Classen	Klebis	Clossen
Lassen	Kles, Klesel	Lossen
Klaas	Kleß	Kloos
Claas	Klesen	Cloos
Glaas	Clesius	Loos
Laas	Klees	Lohs
Claes	Glees	Kloss(e)
Claesgen	Clees	Klossmann
Clais	Lees	Gloss
Claasen	Kleese	Clossius
Claasens	Klesel	Loss, Lossl
Klaasen	Klesgen	Klose
Claassen	Klesi	Lose, Lohse

Kloser
Klös, Klösel,
Klöß, Klösli
  Lösel, Lösl
  Lösgen
Klosemann
Kloßmann

Nikla bildet:
  Gla
  Klamann

Clawus bildet:
  Glabus
  Klobus
  Globus
  Klobes

Niclaves bildet:
  Clawes, Klawe
  Glawe
    Lawe
  Claws
    Laws
  Klamann
  Glauwis
  Klaua
  Klaue, Glaue
  Klau, Klaule
    Laule, Laul
  Klauka
  Klauck(e), Klauke

Klawis
Klabis
Clavius
Claves
Claven, Klavehn
Clavel
Klausch
Klawisch
Klauwisch
Klafs
Klafgen
Klafke
Klaffs
Laves
Clabes
Klabes, Klabe
Glabe, Glab,
Glaab
Clabs
Glabsch
Klapps, Klapsing
  Labes
  Laabs
Klages, Klage
Klagemann, Glage
Klahe, Glahe
Klags
Grotklags
    Lages, Kleinlagel

Clewis, Clewin bilden:
Klewe, Gläwe
Cleweli(n)
Kleweli(n)
Klewinghaus
Klähe, Klehe
Klee, Glee
Klaj, Kleu
Kleuel, Gleuel
Gleye, Kleie, Klei
Kley, Kleylein, Klaile
Klail, Klailler
  Leule, Laile
Klews
Klebes
Kleb, Kleeb
Klebl
Klebser
Kleps

Kloes, Kloe bilden:
Gloe, Gloel
Klohe, Glohe
Klomann
Klomen

Klus bildet:
Klusen
Clusen
Klusmann
Kluss
Klussmann

Mikan (slaw.) bildet:
Mickan
Micklich
Migligk
Mücklich
Micklisch
Micklischs
Mikolajczak
Mikolayczak

(Zusammengestellt nach: Konrad Kunze: dtv-Atlas Namenskunde. dtv 1999. Horst Naumann: Das große Buch der Familiennamen. München 1999. Hans Bahlow: Deutsches Namenlexikon. suhrkamp 1985, TB 65.)

Außer für Vornamen und Familiennamen dient Nikolaus auch zur Bildung von Scherz- und Schimpfwörtern, die „inflationäre" Namen bevorzugen, um durch die Zugabe von Begriffen (meist Adjektiven) Unverwechselbarkeit zu erreichen. Aus Nikolaus wird u. a. Bösnickel, Filznickel, Giftnickel, Saunickel, Schweinnickel (letzteres eventuell im Zusammenhang mit Schweinigel). Die Bezeichnung des Metalls Nickel geht dagegen auf ein entsprechendes Schimpfwort der Bergleute für wertloses Erz/Metall zurück. Mit „Nis" (von Nikolaus) wird in Schleswig-Holstein ein Hausgeist bezeichnet.
Es dürfte keinen anderen Heiligen geben, der sich auf die Namengebung derart kreativ ausgewirkt hat. (Siehe das vordere Vorsatzpapier.) Natürlich hat der Heilige auch bei den deutschen Ortsnamen seine Spuren hinterlassen. Mit Sicherheit sind mindestens gut hundert deutsche Ortsbezeichnungen dem Heiligen zuzuordnen. Aber der heilige Nikolaus ist nicht nur in Deutschland heimisch geworden, er ist ein wirklicher global player. Wenigstens 250 internationale Ortsnamen gehen auf ihn zurück. (Siehe das hintere Vorsatzpapier.)

Die Phrygische Mütze – mehr als eine Kopfbedeckung

Ein Hut überhöht seinen Träger, lässt ihn sprichwörtlich größer werden. Als „Ritualhut" ist er ein Kennzeichen der Herren und Herrschenden. Eine Mütze dagegen signalisiert den niederen Stand. Eine ganz bestimmte Mützenform, die bis in die Gegenwart lebendig ist, hat eine jahrhundertelange, ungewöhnliche Karriere hinter sich: die phrygische Mütze. Über den mythischen König Midas und die Heiligen Drei Könige gelangte diese Kopfzierde auch auf den Klon des heiligen Nikolaus, den Weihnachtsmann.

Von dem sagenhaften König von Phrygien, Midas I., wird berichtet, er sei vom Gott Apoll mit Eselsohren bestraft worden, weil er in einem musischen Wettstreit dem Gott widersprochen habe. Eselsohren waren auch schon in der Antike für einen König eine eher unangemessene körperliche Ausstattung. Midas, dem der Sage nach alles zu Gold wurde, was er anfasste, ließ sich deshalb listig eine besondere Mütze anfertigen, die die Eselsohren verdeckte. Das besondere Kennzeichen dieser spitz zulaufenden Mütze war der nach vorn geneigte Zipfel. Die Geheimhaltung scheiterte aber schon bald am königlichen Friseur. Trotz strengster Strafandrohung plauderte dieser Figaro sein Wissen um die königlichen Ohren aus und lieferte die Begründung gleich hinterher.

Aber was sich wie ein Lauffeuer als Allgemeinwissen verbreitete, führte nicht zur Lächerlichkeit des Königs. Im Gegenteil. Die Mütze wurde zum Symbol für den offenen Widerspruch des kleinen Mannes und „derer da unten" gegen die Bevormundung derer „von oben". Das aufrührerische, obrigkeitskritische und oft sogar illegale Tun dieser so Bemützten wurde im Lauf der Geschichte vielfach dargestellt. Unter der phrygischen Mütze erscheinen die Amazonen, die geborenen Feinde der – damals – geltenden patriarchalischen Ordnung. Paris, der Prinz von Troja, wird mit phrygischer Mütze dargestellt, hat er doch Helena mit illegalen magischen Mitteln verführt. Die Altarbilder in den römischen Mithräen zeigen den Stiertöter Mithras mit phrygischer Mütze. Bereits in etruskischer Zeit gelangte die Symbol-

mütze der Phryger als Erkennungszeichen freiheitsbewusster Lebenshaltung nach Italien.

Das christliche Abendland und die christliche Ikonographie kamen schon recht früh mit der phrygischen Mütze in Berührung. Zuerst taucht die gezipfelte Mütze als Kopfbedeckung der Heiligen Drei Könige auf. Weil die in der Erzählung von der Geburt Jesu erwähnten Magier aus dem Osten kamen, erhielten sie – lange bevor sie zu Königen wurden – phrygische Mützen, so zu finden auf Sargreliefs des 3. und 4. Jahrhunderts und auf den berühmten Mosaiken in Ravenna aus dem 6. Jahrhundert. Hier kennzeichnen die phrygischen Mützen die Herkunft der Mützenträger aus Kleinasien und ihren Stand, die Zugehörigkeit zu den Priestern. Unter die phrygische Mütze der drei Weisen passt sicher auch noch die Unvereinbarkeit ihrer – nicht näher bekannten – religiösen Auffassungen mit Judentum und Christentum.

Während der Renaissance erhält die phrygische Mütze zwei Geschwister: die Baskenmütze und das Barett – nicht zu verwechseln mit der priesterlichen Kopfbedeckung, dem Birett. Baskenmütze und Barett wurden Kennzeichen der von Natur aus liberalen Künstler. Auch die nationalbewussten Freiheitskämpfer wie etwa Garibaldi trugen noch im 19. Jahrhundert demonstrativ das Barett, das bei anderen schon zu einer alltäglichen häuslichen und damit bedeutungslosen Kopfbedeckung verkommen war. Typisch für alle drei Mützen: Man zieht sie nicht mit mehr oder minder großer Geste beim Grüßen wie einen Hut, sondern behält sie auf dem Kopf. Während der Hut, zumindest beim Herrn von Welt, korrekt mittig getragen wird, sitzen Baskenmütze und Barett betont asymmetrisch und damit provozierend auf dem Kopf. Sie drücken erkennbar die Geisteshaltung ihres Trägers aus, sinnfällig beim Baskenmützenträger Heinrich Böll oder Arbeitgeberhut-Träger Thomas Mann erkennbar.

Und was hat der heilige Nikolaus mit der phrygischen Mütze zu tun? Eine ganze Menge. Als der Heilige im 19. Jahrhundert säkularisiert

und entmystifiziert wurde, als der religiöse Bezug dieser Gestalt für viele Menschen verloren ging, da verlor Nikolaus auch alle Attribute, die ihn als Bischof kennzeichneten: Messgewand oder Chormantel, Bischofsstab und Brustkreuz – und natürlich auch die Mitra. Er wurde auch äußerlich zu einem weltlichen Mann und erhielt einen langen Mantel – oft in Braun-Grün oder Rot – und vor allem eine nach vorn geneigte Zipfelmütze. Die phrygische Mütze wird hier zum – verborgenen – letzten Kennzeichen für die Herkunft aus Kleinasien und die Zugehörigkeit zum priesterlichen Stand.

Dieser neue Typ, der säkularisierte Nikolaus, wird von dem Arzt Heinrich Hoffmann (1809–1894) in seinem selbst gezeichneten Bilderbuch „Struwwelpeter", das 1845 erstmals gedruckt erschien, als Archetyp dargestellt. Der „Niklas" von Hoffmann zeigt durch sein Handeln seine Wandlung: Als die Buben seiner Mahnung nicht folgen, wird er „bös und wild" und „er tunkt sie in die Tinte tief". Interessanterweise sind es drei Jungen – die Symbolzahl des heiligen Nikolaus, der drei Feldherren (Stratelaten), drei Jungfrauen mit drei Goldklumpen und drei eingepökelte Studenten rettet. Während aber der Heilige vor Tod und Verderben rettet, übt der böse Niklas Rache. In dieser säkularen Personifikation ist nicht mehr allein der heilige Bischof enthalten, sondern auch die strafende Teufelsfigur, die je nach Landschaft unterschiedliche Namen trug.

Der Niklas des Arztes lag durchaus im Trend der Zeit, ist keineswegs typologisch ein Unikat. Zipfelmützige Träger langer Mäntel und langer Bärte gibt es um die Mitte des 19. Jahrhunderts zu Hauf. Moritz von Schwind zum Beispiel veröffentlicht 1847 eine solche Figur, die einen mit brennenden Kerzen bestückten Tannenzweig über einen städtischen Platz trägt. Diesem säkularisierten Nikolaus wurde gleich auch noch der Name wegsäkularisiert. Er heißt „Herr Winter" und liefert damit die Vorlage zur Verzweigung der Nikolausgenealogie in die antichristliche Ideologie des Kommunismus, wo er bald als „Väterchen Frost" in den Dienst genommen wurde.

Der Niklas wurde bös und wild, —
Du siehst es hier auf diesem Bild!
Er packte gleich die Buben fest,
Beim Arm, beim Kopf, bei Rock und West',
Den Wilhelm und den Ludewig,
Den Kaspar auch; der wehrte sich.
Er tunkt' sie in die Tinte tief,
Wie auch der Kaspar: Feuer! rief.
Bis über'n Kopf ins Tintenfaß
Tunkt sie der große Nikolas.

(7)

Niklas taucht die bösen
Buben ins Tintenfass,
Bildseite aus der Erstausgabe
des „Struwwelpeter",
Frankfurt 1845

59

Weihnachtsmann
von Coca-Cola

Der von den Niederländern, die als Reformierte bis heute nicht vom heiligen Nikolaus gelassen haben, nach Amerika exportierte Nikolaus gedieh dort zunächst auch als Heiliger. Er wurde z. B. Patron von Neu Amsterdam, das dann – von den Engländern in Besitz genommen – zu New York mutierte. Ähnliches geschah nun dem heiligen Nikolaus. Zunächst noch als Saint Claus im Bewusstsein der Menschen, gerät er durch das Fehlen des liturgischen und konfessionellen Hintergrunds schnell ins Abseits. Er wird zum „Father Christmas", der Eingangsfigur der immer weiter nach vorn verlängerten Weihnachtszeit und zum Symbol weihnachtlicher Kauforgien und Konsumräusche.

Der bei Hoffmann noch eher asketisch wirkende Nikolaus wird nun zum gemütlichen Dickerchen. Freundliche Schläue und altersmüde Trotteligkeit bieten Anlass zur Bildung zahlreicher neuer säkularer Legenden. Er versorgt „liebe Kinder" mit den obligatorischen Geschenken zu Weihnachten, die nicht mehr den Charakter von Symbolgeschenken haben, also nicht mehr das Paradies im Jenseits im Heute aufleuchten lassen. Der Weihnachtsmann arbeitet an der Verwirklichung des Paradieses auf Erden. In dieser Funktion taucht er auch in den 1930er Jahren erstmals in der Werbung von Coca-Cola auf. Rot-weiß gewandet in den Hausfarben des Limonadenkonzerns, prägt sich dieser Typ weltweit als aktueller Weihnachtsmanntyp ein – und behält als untrügliches Kennzeichen seiner Herkunft die phrygische Mütze.

Wenige Jahrzehnte vor Hoffmanns Niklas-Zeichnung haben die politischen Ideologen der Aufklärung und Säkularisation, die französischen Jakobiner, die phrygische Mütze als die ihnen artgemäße Kopfbedeckung wieder entdeckt. In der Jakobinermütze ist die kleinasiatische Mütze unschwer zu erkennen. Kein Sturm auf die Bastille ohne Jakobinermütze, die – nach dem Sieg der Revolution – unter den neuen Machthabern ganz schnell wieder aus dem Verkehr gezogen wurde. Symbole der Aufmüpfigkeit sind nicht mehr gefragt, wenn die Aufmüpfigen selber herrschen.

Santa Claus mit „Little Helpers"

Die Jakobinermütze wird ihrerseits zur Vorlage der modernen Narrenkappe. Das 19. Jahrhundert folgerte aus dem alten Sprichwort „gleiche Brüder, gleiche Kappen" für die Narren „gleiche Narren, gleiche Kappen". Die Ehre, die moderne Narrenkappe vorgeschlagen zu haben, besitzt kein Alemanne, Bayer oder gar Rheinländer, sondern – man höre und staune – ein Preuße. Generalmajor Baron von Czettritz und Neuhaus hat 1827 die Einführung dieser Kappe in Köln vorgeschlagen. Markant für die ersten „modernen" Narrenkappen wie für die gegenwärtigen ist die – wenigstens an einer Stelle – nach vorn gebogene Spitze, wie sie eben für die phrygische Mütze typisch ist. Die „Verzierung" mit langen Fasanenschwanzfedern, mit bunten Steinen etc. symbolisiert die lächerliche Eitelkeit des Narren. Man kann sich oft des Eindrucks nicht erwehren, dass einzelne Kappenträger vergessen haben, dass ihre Kopfbedeckung die Eitelkeit lächerlich machen, nicht aber erneut vorführen soll.

Der von manchen Zeitgenossen hoch geschätzte Gartenzwerg kann für sich in Anspruch nehmen, eine Mutation des säkularen Nikolaus darzustellen. Die Verzwergung des Heiligen zum Inbegriff der Heile-Welt-Vorstellung „kleiner Leute" entstand um 1880 in Thüringen und wirkt bis heute nach – in Ton, in Plastik und auf Papier. In Amerika gab es eine parallele Entwicklung: Der amerikanische Santa Claus tritt gelegentlich zusammen mit en miniature geklonten „Little Helpers" auf. Natürlich tragen die Little Helpers ebenso wie die Gartenzwerge rote phrygische Mützen. In den „Schlümpfen" haben diese säkularisierten Miniatur-Nikoläuse schon wieder eine neue Spezies gebildet. Wer glaubt, dass damit die Geschichte der phrygischen Mütze am Ende angekommen ist, muss sich eines Besseren belehren lassen. Die phrygische Mütze kann man ohne Stoff und sogar ohne Mütze nachbilden. Die Punks, die ihre Haare bis auf einen Kamm scheren, rot färben und aufgerichtet nach vorn geneigt tragen, ahnen sicher nicht, dass sie mit ihren Haaren die phrygische Mütze nachbilden. König Midas würde sich sicher wundern, sähe er seine Epigonen.

61

Der säkularisierte Nikolaus – bloß ein Weihnachtsmann

Die Aufklärung brachte eine „Persönlichkeitsspaltung" des heiligen Nikolaus. Im kirchlich-katholischen Bereich blieb der Heilige erhalten; von ihm spaltete sich aber der „böse Nikolaus" ab, der Nikolaus und Knecht Ruprecht in einer Person darstellt. Für seine eigenen Kinder zeichnete der Frankfurter Arzt Heinrich Hoffmann den 1845 erstmals im Druck erschienenen „Struwwelpeter", der bis heute in zweistelliger Millionenauflage verbreitet wurde. Diese von zeitgemäß bürgerlicher Anpassungs- und Drohpädagogik gespeiste Bildgeschichte greift die Figur des Nikolaus (nur noch am Namen und der roten Farbe des Mantels und der Zipfelmütze erkennbar) auf, füllt ihn inhaltlich aber völlig anders: „Niklas", „bös und wild", steckt Kinder in ein Tintenfass, statt ihnen zu helfen.

Die Niederländer importierten ihren Nikolaus in die von ihnen besiedelte „neue Welt". Aus Sinte Klaas wurde Saint Claus und schließlich Father Christmas. Diese Figur wurde geprägt durch eine säkularisierte deutsche Ex-Nikolausfigur, den deutschen, oberpfälzischen Vater Winter: Pausbäckig mit Bäuchlein, gemütlich und weißbebärtet, stellt er eine Mischung aus Nikolaus, Großvater und Landgerichtspräsident dar. Aus dem schlanken, asketischen Nikolaus wurde ein „weltlicher Herr". Die inhaltliche Metamorphose wurde äußerlich in seiner Erscheinung nachgeholt. Der „Macher" dieser neuen Figur ist der 1840 in der Pfalz geboren und 1846 mit seiner Mutter in die USA ausgewanderte Thomas Nast. Während des amerikanischen Bürgerkriegs (1861 – 1865) kreierte er aus dem Pelznickel seiner Kindheit und dem in niederländischer Tradition stehenden Santa Claus den amerikanischen Weihnachtsmann. Der von Coca-Cola „adoptierte" Weihnachtsmann in den rot-weißen „Hausfarben" von Coca-Cola wünschte in einer USA-weiten Plakat-Aktion neben einem Gabenstrumpf eine „erfrischende Pause". Seit diesem außerordentlich erfolgreichen Werbefeldzug ist der Weihnachtsmann standardisiert. Das zum Auftauchen des Weihnachtsmannes

"Thanks for the pause that refreshes"

passende Lied „Morgen kommt der Weihnachtsmann" hatte übrigens 1835 kein Geringerer als Hoffmann von Fallersleben verfasst.

Der nach Deutschland und Europa reimportierte Weihnachtsmann hat in evangelischen Familien weitgehend das ursprünglich evangelische Christkind abgelöst, das dafür in den katholischen Familien, die die Kinderbeschenkung zu Weihnachten nachvollzogen haben, Asyl gefunden hat. Im überwiegend katholischen Süden und Westen Deutschlands glaubten die Kinder nach einer volkskundlichen Befragung 1932 vorzugsweise an das Christkind, im Norden und Osten dagegen an den Weihnachtsmann. Im Ausland (Frankreich: Papa Noel; Italien: Baba Noel; Türkei: Aba Noel) hat der Weihnachtsmann weitgehend die Rolle des weihnachtlichen Gabenbringers übernommen, sofern zu Weihnachten beschert wird.

Das einst ausgesprochen positive Aufklärungsimage des Weihnachtsmannes hat sich gewandelt: Die Titulierung „Sie Weihnachtsmann" gilt nicht gerade als Belobigung, und wer als „ein (richtiger) Weihnachtsmann" etikettiert wird, ist ein ein wunderlicher, einfältiger Mensch. Als diese Redewendung um 1920 aufkam, sollte sie die Vollbartträger verächtlich machen. „Noch an den Weihnachtsmann glauben" meint einfältig, unaufgeklärt, unerfahren sein. Diese Redewendung ist gleichfalls um 1920 aufgekommen und entspricht dem französischen „croire encore au Père Noël".

In den Niederlanden führte der Einzelhandelsverband 1995 eine Aktion durch und verbuchte einen klaren Punktsieg für Sankt Nikolaus gegen den Weihnachtsmann. Auf der einen Seite formieren sich die Sinterklaas-Fans, die keinen Weihnachtsmann auf niederländischem Territorium dulden wollen, und auf der anderen Seite stehen die Anhänger des – angeblich deutschen – Weihnachsmannes. Wie einen Kultursieg verkünden die Eiferer: „Sinterklaas kommt in diesem Jahr in 3,8 Millionen Haushalte, der Weihnachtsmann nur in 2,8 Millionen Familien". Bürgermeister haben ihre Gemeinden zu „Weihnachtsmann-freien Zonen" erklärt und gleich das passende Schild neben das Ortsschild gehängt. Geschäftsleute, die sich nicht an die „Regel" halten, müssen mit Ärger rechnen: Ihnen wird ein „Weihnachtsmann-Verbotsschild" – ein mit rotem Balken durchgestrichener Weihnachtsmann – auf die Schaufensterscheibe geklebt. Geschäftstüchtige Niederländer sehen diesen „Kulturkampf" mit großem Vergnügen und heizen ihn immer wieder an: Schließlich darf man darauf hoffen, dass demnächst in den Niederlanden außer am 6. Dezember auch noch am 25. Dezember geschenkt (und damit vorher gekauft!) wird.

In Deutschland hat der heilige Nikolaus inzwischen auch einen Fanclub, den der Jesuit P. Eckhard Bieger anführt. Die dem holländischen Vorbild nachempfundenen Nikolaus-Aufkleber verbreitet das Bonifatiuswerk in Paderborn – und kann oft nicht so schnell drucken, wie die Aufkleber verlangt werden.

Und was lehrt uns die Biographie des unheiligen Weihnachtsmannes? Sie zeigt, wie religiös nicht genutzte Ikons geplündert und ausgeweidet und passend „umgestylt" werden. Und dies hat nicht bloß eine historische Dimension, es geschieht auch in der Gegenwart. Zum derzeitigen Engelsboom in Literatur, Film und bildlicher Darstellung gehört seine „Nutzung" in der Werbung. So taucht der Engel bei einer landesweit tätigen Versicherung auf, deren Vertreter in einer Fachdiskussion sich zu der Formulierung verstieg: „Der Schutzengel gehört

„Merry Old Santa Claus",
nach einer Zeichnung von
Thomas Nast, 1881

uns." Und bei aller Kritik an einer solchen Aussage: Stimmt es nicht
dann sogar, wenn das Christentum als eigentlicher „Eigentümer" der
Engel nicht mehr über sie spricht?

Einem gnadenlos verkitschten Nikolaus, reduziert auf die Rolle als ri-
tueller Geschenkelieferant und pädagogischer Zeigefinger, mag es da
nicht anders gehen – wenn nicht wieder neu der Heilige entdeckt
wird.

Der heilige Nikolaus in Brauchtum und Volksfrömmigkeit

Flasche zur Aufbewahrung
des Nikolaus-Manna

Nachdem das alte Myra in die Hände der Muslime gefallen war, waren die Reliquien des heiligen Nikolaus 1087 nach Bari „gerettet" worden. Bari entwickelte sich zu einem Wallfahrtsort, war aber für eine Ausstrahlung nördlich der Alpen zu weit abgelegen. Pilger brachten aus Bari „Oleum Sancti Nicolai" mit, gewonnen aus dem Sarkophag des heiligen Nikolaus. Der Tradition nach ist diese Substanz bereits in Myra gesammelt worden, „Myron-Wunder" heißt das Phänomen. Der Begriff ist doppeldeutig: Zum einen nimmt er Bezug auf Myra, zum anderen kann er auch „Salbe" oder „wohlriechendes Öl" bedeuten. Seit Jahrhunderten wird jährlich eine Flüssigkeit in der Menge von 7–8 Litern aufgefangen, die als „Oleum Sancti Nicolai" oder auch als „Nikolaus-Manna" oder „Manna di S. Nicola" bezeichnet wird. Die – erheblich verdünnt vermarktete – Substanz gilt als wunderwirkend. Seit Ende des 12. Jahrhunderts entwickelte sich ein neuer Nikolaus-Wallfahrtsort in Saint-Nicolas-de-Port, südlich von Metz bei Nancy, heute an der Route Nationale 59 gelegen. Von ihm war im Zusammenhang mit den Nikolaus-Legenden schon die Rede. Noch heute steht in dem jetzt kleinen Städtchen eine riesige, spätgotische Basilika, zu der früher Hunderttausende pilgerten. Auslöser des Kultes war eine Fingerreliquie des Heiligen, die während bzw. nach seiner Übertragung nach Bari „erworben" wurde. In dieser Kirche beteten sowohl Jeanne d'Arc als auch 1477 der Lothringer Herzog René II., der anschließend das Heer des Burgunderkönigs Karls des Kühnen schlug. Das alte und neue Nikolaus-Brauchtum zeigt Elemente aus dem Mittelalter bis zu den verweltlichten Elementen der Gegenwart. Das älteste Nikolaus-Brauchtum stammt aus dem Mittelalter und ist älter als die Nikolaus-Verehrung: das Kinderbischofsspiel. Das vorreformatorische Brauchtum, der Wurf- oder Streuabend und das Einlegebrauchtum, verbunden mit dem Nikolaus-Schiff, werden nach der Reformation durch das Einkehrbrauchtum abgelöst. Wer weiß heute noch, dass unser Schenken zu Weihnachten vom Nikolaus-Brauchtum herstammt und dass die Nikolaus-Begleiter Höllengestalten sind?

Regionale Verbreitung der
Nikolaus-Namen

Rubbi
Robber
SUNNER
KLAJS   Pulterklas
RUHKLAS
SÜNNERKLAS   Schnabuck
Bullerklas

Aschenmann
Schimmelreiter
Klapperbock

W E I H N A C H T S M A N N

Zwarte Pitt   KLAWES
SENTE KLOAS   Klas Bur   Busseklas
ZINTER-   Booklaus
KLOS
HELIJE MANN

PELZBOCK

N I C K E L

Hans
Muff   Beelzebub   HERRSCHE-   RUPRECHT
BOOZENICKEL   KLOS   BORNKINDL
Düvel   Pelzebock   Zemper   Ale Josef
Höseker PELZNICKEL   Thama NIGLO
Kibo   **K L A U S**   HEL NIKLOS   Luzia
Hans   Pelzmärte   Bercht
Trapp
SANTE   BUDLFRAU   NIGLO
Butz   SENEKLOS   **N I G L O**   Krampus
NIKOLO   Leutfresser
Rumpelklas
SAMICHLAUS   KLAUBAUF
Düsseli   KLOS
Schmutzli   Wubartl
Bartl

Gotische
Nikolaus-Skulptur

Dem kultisch-liturgischen Stellenwert des Heiligen, dessen Verehrung vom 12. bis zum 16. Jahrhundert unvergleichlich blühte, entsprechen kaum überschaubare Auswirkungen auf das volksfromme
Brauchtum, aber auch Ausformungen von Bruderschaften, Wallfahrten, Reliquienverehrung und eine unschätzbare Anzahl bildlicher
und plastischer Darstellungen. Der hohe liturgische Rang des Nikolaustages hatte profane Folgen: Was innerlich wirksam war, sollte äußerlich auch erlebbar sein. Die Festtagsküche stellte darum durch ihre Produkte sinnlich unter Beweis, welche übersinnlichen Qualitäten
der jeweilige Festtag hatte. Produziert wurde für die Familie oder die

67

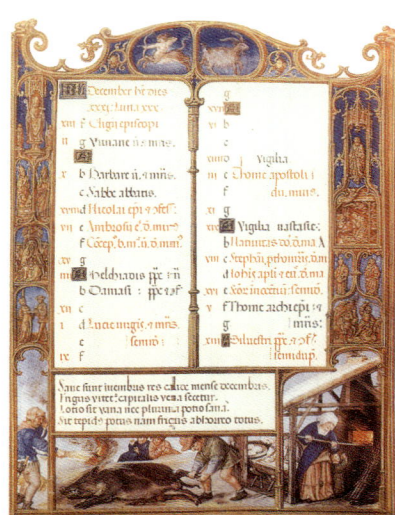

Kalenderseite des Dezember
aus dem
„Breviarium Grimani",
um 1510/20

Klostergemeinschaft, aber auch für das Gesinde, Verwandte, Besucher, Freunde, Gäste, Bettelnde und Heischende. Das liturgische Fest weitete sich aus zu einem Gesamterlebnis, wurde ganzheitlich erfahrbar. Alles, was heute in der Advent- und Weihnachtszeit und darüber hinaus an Speisen und Gebäck angeboten wird, hat seinen Ursprung im Weihnachts- und Nikolausfest und kam deshalb nur an diesen Tagen selbst auf den Tisch. In ganz früher Zeit, als die Adventzeit noch strenge Fastenzeit war, stellte der Nikolaustag ein unvergessliches Erlebnis dar: Traditionell war er Schlachttag und bot Wellfleisch und Würste, Suppen und Reste, wo sonst nur Brei und Rosenkranz den Tag erhellten. Der „ludus episcopi puerorum", das Kinderbischofspiel, Knabenbischofspiel, Schülerbischofspiel oder – in Klöstern – Kinderabtspiel, scheint ein uralter Brauch zu sein. Bereits 867/870, auf dem Konzil von Konstantinopel, wird das „festum puerorum", „festum stultorum", die „fêtes des fous", verboten. Es ist also bereits vor dem Nikolausbrauchtum bekannt und in Gebrauch und vermischt sich dann damit. Ursprünglich wurde dieses Spiel am Tag der Unschuldigen Kinder (28. Dezember) als ein Narrenfest gefeiert, das möglicherweise in der Tradition orientalischer Narrenkönige, römischer Saturnalien und eventuell auch keltischer Tiervermummung stand. Weder das Verbot des Konzils von Konstantinopel noch die Verbote der Konzilien von Basel oder Trient haben das „Spiel der umgekehrten Ordnung" abgeschafft. Im 11. Jahrhundert lässt sich das „festum puerorum" im Abendland, in Rouen, erstmals nachweisen und hält sich dort bis in das 18. Jahrhundert. Seit dem 13. Jahrhundert, mit der Popularität des Nikolaus als Schülerpatron, bürgert sich der 6. Dezember als Festauftakt ein, wobei die gesamte Feier entweder bis zum 28. Dezember dauert oder aber am 28. Dezember abschließend Feierlichkeiten stattfinden. Das eigentliche Spiel bestand darin, dass die Schüler an Kloster-, Stift- und Domschu-

len, mancherorts sogar die Kleriker selbst, einen „Abt" oder „Bischof"
wählten, der ein pompöses Fest und pomphafte Umzüge durchführte.
Mancherorts wurde bei diesen Feiern die Liturgie nicht ausgespart: In
den Kirchen fanden Feiern unter Leitung des Kinderbischofs statt.
Ausgestattet war der Knabenbischof wie ein Bischof: mit Chorkleidung, Mitra und Stab. Zum Teil oder aber für eine bestimmte Zeit
galt auch die Regel, dass die eigentlichen Bischöfe den Anordnungen
der Knabenbischöfe zu folgen hatten. Einige Volkskundler nehmen

Kinderbischof mit
zwei Ministranten,
kolorierte Zeichnung,
Bamberg, 1581/83

als Auslöser von Brauchtumsformen liturgische Festtagstexte an. Unter Hinweis auf das „Magnifikat", in dem es heißt: „… er stürzt die Mächtigen vom Thron und erhöht die Niedrigen" (vgl. Lk 1,52; Ez 21,31; Ps 147,6; Hiob 5,11; 12,19), wird ein Bezug zwischen dem Knabenbischofsspiel und dem Magnifikat hergestellt. Das Magnifikat ist jedoch kein typisches Gebet für das Fest der Unschuldigen Kinder. Mit der gleichen Berechtigung ließe sich verweisen auf Mt 23, 12: „Wer sich selbst erhöht, wird erniedrigt, und wer sich selbst erniedrigt, wird erhöht werden" (vgl. Lk 14,11; 18,14).

Es ist wahrscheinlicher, dass eines der Tagesgebete aus der Liturgie, die nur am Fest der Unschuldigen Kinder gebetet wurden, Auslöser war. Vor der jüngsten Liturgiereform hieß es zum Beispiel im Introitus: „Aus dem Mund von Kindern und Säuglingen, o Gott, verschaffst du dir Lob Deinen Feinden zum Trotz" (Ps 8,2). Oder im Tagesgebet: „Gott, am heutigen Tage haben die Unschuldigen Kinder Dein Lob verkündet…". Im Advent gab es im Mittelalter einen dem Knabenbischofsspiel vergleichbaren Brauch, dass an bestimmten Tagen die Knechte und Mägde das „Sagen" hatten und die Rolle der

Backmodel,
vermutlich Zürich,
16. Jahrhundert

Herrschaft spielten, während diese die Rolle der Mägde und Knechte übernahm. Bei dieser Gelegenheit wurde ein würziger Fladenkuchen, der Lebkuchen, gebacken und verteilt. Auch Arme erhielten ihn als Geschenk.

Als Vorläufer des Einlege- und des Einkehrbrauchs wurden am Nikolausabend Äpfel, Nüsse, Gebäck und Süßigkeiten in einen Raum geworfen, in dem sich die Kinder der Familie aufhielten, oder es wurden über Nacht Geschenke ausgelegt. Diese Form der Nikolaus-Bescherung wird als Wurf- oder Streuabend bezeichnet. Später wurden die Geschenke wohl in die Schuhe gesteckt, die Futter für den Esel des heiligen Nikolaus enthielten. Auch wurden im Haus Strümpfe zu diesem Zweck aufgehängt. Das Nikolaus-Schiffchen war ein von den Kindern gebastelter Gabenteller. Auf diese Weise wurde die Legende von

den drei Jungfrauen nachgespielt, die von Nikolaus jeweils einen Beutel voll Geld empfingen. Wie in der Legende schenkte Nikolaus in diesen Brauchformen unerkannt, trat nie persönlich in Erscheinung. Für 1836 wird aus Münster berichtet, dass dort die Waisenkinder der Stadt in der früheren Nikolaikapelle auf dem Domhof versammelt wurden; durch eine Öffnung im Gewölbe regneten Gaben auf die Kinder herab. Dieser Form des Nikolausbrauchtums entsprach in Holland der Korbschüttetag. Hier stellten die Kinder die gesammelten Äpfel, Nüsse und das Gebäck in Körben dicht neben das Feuer. Sobald die Körbe Feuer zu fangen drohten, wurden die Körbe ausgeschüttet, und alle Kinder stürzten sich auf die Gaben. Die brennenden Körbe sind dabei Symbole des vergangenen Sommers, der nun unwiederbringlich „verbrannt" ist, der aber seine Früchte ausgeschüttet hat. Als Nikolaus-Schiff oder Schiffchensetzen wurde der mindestens seit dem 15. Jahrhundert bekannte Brauch genannt, aus Papier Nikolaus-Schiffchen oder Nikolaus-Schiffe zu basteln, in die der Heilige seine Gaben legen sollte.

Hintergrund für diesen Brauch dürfte das Schifferpatronat des Heiligen sein. Das Nikolaus-Schiffchen wurde später durch den Stiefel, Schuh und Strumpf und dann der Gabenteller abgelöst. Die vor allen Dingen im angelsächsischen Lebensraum verbreitete und in andere Bereiche importierte Sitte, wonach der ungesehene nächtliche Besucher Nikolaus seine Geschenke und Naschereien in Schuhe und Strümpfe steckte, empfinden manche als unangenehm. Hygienische Bedenken gehen hier jedoch ebenso an der Sache vorbei wie die Annahme, „größere Geschenke" fänden in so kleinen Behältnissen keinen Platz! Der Brauch, die Gaben in ein eigenes Gefäß oder Behältnis zu legen (der Gabenteller hat in mehrfacher Hinsicht seine Nähe zu einer „Opferschale"), ist so jung wie der Besitz solcher Gerätschaften in bürgerlichen Haushalten. Der mittelalterliche Mensch besaß kaum Schüsseln, keine individuellen Essteller. Man aß „aus einer Schüssel", verfügte vielleicht über eine Aushöhlung im Holztisch. Sollten aber nächtlich Gaben durch einen unsichtbaren Nikolaus individuell zugewiesen werden, was lag da näher, als persönliche Kleidungsstücke zu benutzen, die zum Trocknen aufgehängt oder aufgestellt waren: Strümpfe und Schuhe. Individuelle Behältnisse für Nikolausgeschenke, ob Strümpfe, Schuhe, Nikolaus-Schiff oder Gabenteller, kennzeichnen die Nikolausbrauchtumsphase nach den Wurf- und Streuabenden, also die Zeit des Einlege- und des Einkehrbrauchs.

Den Einlegebrauch des heiligen Nikolaus in der Nacht vom 5. auf den 6. Dezember, dem heiligen Nikolaus zugeschrieben, hat selbst Martin Luther noch bis 1535 in seiner Familie praktiziert. Das heimliche Einlegen von Äpfeln, Nüssen und Süßigkeiten fiel mit der Verlegung des Schenktermins auf Weihnachten jedoch in den meisten protestantischen Regionen fort oder übertrug sich auf Weihnachten und das Christkind. In katholischen Regionen wurde im 17. Jahrhundert der Einlegebrauch durch den Einkehrbrauch abgelöst.

Nachdem das Nikolausfest durch die Reformation als Kinderbeschenktag obsolet geworden war, reagierte die Gegenreformation, indem sie dem Fest ein katechetisch-pädagogisches Gepräge gab. Der heilige Bischof Nikolaus und Gefolge kehrten nun in eigener Person in jedes Haus mit Kindern ein, und der heilige Bischof examinierte diese. Abgefragt wurde, ob die Kinder ihre Gebete verrichtet hatten und den Anordnungen der Eltern gefolgt waren. Die Guten wurden belohnt und die Säumigen verwarnt. Nicht zu verkennen ist, dass hier im Brauchtum die kirchenrechtlich vorgeschriebene Visitation des Bischofs in einer Pfarrgemeinde zum Vorbild des Einkehrbrauchs wurde. Das „Gericht", das Nikolaus abhielt, spiegelt das Weltgericht Gottes in der Ewigkeit wider. Verankert kann der Einkehrbrauch in der Epistel des Nikolaustages – vor der Liturgiereform – sein, in der auf die Richtschnur des heiligen Nikolaus verwiesen wurde, zwischen Gut und Böse zu unterscheiden: „Gedenket eurer Vorsteher, die euch das Wort Gottes verkündet haben! Schauet auf den Ausgang ihres Lebens und ahmet ihren Glauben nach" (Hebr 13,17). Das Evan-

72

„Nikolaus st nicht so schlimm", Holzstich von Heinrich J. Schneider, 1850

gelium vom Nikolaustag war das Gleichnis von den Talenten (Mt 25,14–23). Wie im Gleichnis der Herr Rechenschaft von seinen Knechten fordert, fragte der als heiliger Nikolaus einkehrende Erwachsene die Kinder das gelernte Glaubenswissen ab und belohnte die Fleißigen und strafte die Faulen.

Der Einkehrbrauch hat durch die vielfach komödienhafte Inszenierung und die Ausnutzung als „Angstmacher" gelitten. Dennoch hat sich der Einkehrbrauch nicht überlebt, vielerorts wird er noch inszeniert. Auch heute noch kann man ihn verantwortlich praktizieren, wenn man mit ihm keine Angst auslöst und die Kinder die Güte des Heiligen erleben lässt. Gemäß pädagogischen Erkenntnissen sollte das Gute verstärkt und das nicht so Gute negiert werden. Es empfiehlt sich, eine den Kindern bekannte Person als „Nikolaus" einzusetzen oder aber wenigstens die Verkleidung vor Kindern im Kindergartenalter selbst durchzuführen. Knecht Ruprecht darf nicht als Angstmacher bedrohlich werden. Ein Sack, in den Kinder gesteckt werden (könnten), hat mit dem Heiligen nichts zu tun.

Beim Einkehrbrauch des heiligen Nikolaus übernimmt der heilige Nikolaus die Rolle eines gütigen Richters, der aus katechetischen Gründen lobt oder straft. Seinen Wissensschatz bezieht er aus dem „Goldenen Buch" (mancherorts hat sich das Buch bereits dualisiert zu einem „Goldenen" und einem „Schwarzen Buch"). Die Idee himmlischer, von Gott oder den Göttern geführter Bücher ist eine orientalische Tradition. Der ägyptische Götterhimmel hatte in Thot, der babylonische in Nabo eigene Schreibergötter. Die Heilige Schrift kennt Bücher gleich in fünffacher Bedeutung: Wenn vom „Buch des Lebens" die Rede ist, wird es beim „göttlichen Gericht" aufgeschlagen. Es enthält das vorgezeichnete Lebensschicksal. Daneben spricht die Schrift von einem versiegelten Buch der „göttlichen Ratschlüsse". Die Propheten erhalten ihre „Offenbarungen" ebenfalls unter dem Bild eines Buches. Thomas von Aquin setzte das „Buch des Lebens" konsequenterweise gleich mit „Auserwählung" (Summa theologiae I, Quae-

stio 24, Artikel 1). In der Offenbarung des Johannes ist in der Gerichtsszene noch von anderen Büchern als nur dem „Buch des Lebens" die Rede: „Die Toten werden nach ihren Werken gerichtet, wie es in den Büchern aufgezeichnet war" (Offb 20,12; vgl. Dan 7,10). Das biblische Symbol des Buches für die Allwissenheit Gottes, der die Menschen nach ihrem Tun individuell richtet, wurde volkstümlich zu einem realen Buch (bzw. zwei Büchern), in dem gute und schlechte Taten fein säuberlich verzeichnet sind. Das reale Gericht erfolgt aber nicht erst am Lebensende, sondern – aus didaktisch leicht erkennbaren Gründen – jährlich am Nikolaustag. Auch unsere Altvorderen kannten schon die psychologische Regel von der positiven Verstärkung, auch wenn sie den einen oder anderen Begriff noch nie gehört hatten. Dass aus der religionspädagogisch sinnvollen Absicht, durch Lob zu bestätigen und durch milde Strafe vom bösen Weg abzubringen, mit der Zeit ein den Kindern oft Angst einjagendes Spektakel zur Belustigung Erwachsener wurde, lag nicht im Interesse der Erfinder. Vielleicht liegt auch eine der Schwierigkeiten, die wir heute mit diesem Brauch haben, darin begründet, dass unser Verhältnis zur Schuld weniger eindeutig ist und die Verhältnisse schwieriger geworden sind, als dass sie sich einfach nur den Kategorien „gut" und „böse" zuordnen ließen.

Während heutzutage das Schenken fast so etwas wie eine Pflicht, Statusverteidigung oder Selbstdarstellung zu sein scheint, hatte es früher – wenigstens im Ursprung – Symbolcharakter: Den Armen schenkte man existentiell Notwendiges und – damit sie mitfeiern konnten – etwas zum Essen und Trinken. Der Kreis der Armen, für den vor Weihnachten gesammelt wurde („Christkindl einläuten"), wurde ab der Reformation um die Kinder erweitert, deren Kinderbeschenktag zu Nikolaus damit entfallen sollte. Bis zur Reformation schenkten Erwachsene sich untereinander nichts, außer dass der Dienstherr verpflichtet war, seinen Dienstboten eine Kleinigkeit zu schenken. Das Beschenken der Erwachsenen unterei-

74

Sankt Nikolausfest,
Gemälde von Jan Steen,
1665/68

nander begann erst mit dem Verständnis von Weihnachten als Familienfest.

Als „norddeutsch-protestantische Sitte" wird der Gabentisch am Heiligabend in einer bayerischen Chronik von 1860 bezeichnet, „welche nur in München, seit den Tagen der Königin Caroline eingeführt, in den höheren Ständen festen Fuß gewonnen hat". Geschenke waren dabei manchmal symbolisch gemeint (Julklapp), aber immer etwas, was über die „Grundversorgung" mit Notwendigem hinausging, ein „superadditum": ein Buch, Süßigkeiten oder Spiele. Das Geschenk sollte die Freude vermitteln, die der Festtag bot, der ein Ereignis der „Übernatur" feierte. Der qualitative, tiefer gehende Sinn der Geschenke stand früher stärker vor Augen. Dabei leitet sich das Schenken von der Jungfrauenlegende des heiligen Nikolaus ab: Der heilige Nikolaus schenkt heimlich und unerkannt. Er gibt aus seinem Privatvermögen, um den Mädchen ein Leben in Würde und die ewige Seligkeit zu erhalten. Schenken im christlichen Sinn will also ein Ausblick auf den Himmel sein, das Paradies schon auf Erden ein wenig vorkosten lassen.

Kinderbeschenktag war im frühen Mittelalter – und dafür mag die elterliche Hoffnung die Begründung sein – das Fest der Unschuldigen Kinder (28. Dezember). In dem Maße, wie der heilige Nikolaus populär und Patron der Schüler und Kinder wurde, verlagerte sich im 13. Jahrhundert der Kinderbeschenktag für Jungen auf den Festtag des heiligen Nikolaus (6. Dezember). Im 14. Jahrhundert ist der 6. Dezember als Geschenktermin allgemein üblich. Mancherorts scheint parallel das Fest der heiligen Lucia (13. Dezember) zum Kinderbeschenktag für die Mädchen geworden zu sein. Weihnachten war um 1500 als Schenktermin oder Kinderfest unbekannt.

Die Reformation hat sowohl den heiligen Nikolaus als Geschenkebringer als natürlich auch den 6. Dezember als Termin bekämpft. Heilige als Mittler göttlicher Gnade waren nach reformatorischer Lehre überflüssig. Neuer Schenktermin – zunächst in protestanti-

schen Gegenden, nach 1900 allmählich in ganz Deutschland flächendeckend – wurde Weihnachten. (In Neuss am Rhein und in weiten Teilen des Rheinlandes wird um 1900 noch am Nikolaustag beschert.) Geschenkebringer wurde die von Martin Luther propagierte Kunstfigur „Christkind", die es aber als nicht näher definierten Nikolaus-Begleiter oder als Gabenbringer schon vorher gab. In den protestantischen Ländern ließ sich dieser Wandel nicht überall durchsetzen: Die Niederlande hielten, wie schon gesagt, am alten Schenktermin und am heiligen Nikolaus fest.

Was bleibt an Nikolaus und dem mit ihm verbundenen Brauchtum aktuell? Ohne Zweifel sind die ältesten legendarischen Überlieferungen von Nikolaus die wichtigsten Elemente. Hier beweist sich einer als Christ, indem er anderen das Leben rettet: den Jungfrauen das ewige, den Feldherren und Schiffbrüchigen das physische Leben. Mit der Zeit wird dieses Element verstärkt: Nikolaus bewahrt nicht nur das Leben, verlorenes Leben kann er – mit Gottes Hilfe – wieder erwecken – so bei den drei Schülern. Nikolaus schenkt nicht eigennützig, um sich Lob zu erwerben. Er verbirgt sich, will gar nicht in Erscheinung treten.
Wenn wir also zum Fest des Heiligen oder auch zu Weihnachten in seiner Tradition stehend schenken, sollten wir es tun wie Nikolaus: ein Stück vom Himmel auf die Erde holen, das Ideelle über das Materielle stellen, die Seele des Beschenkten mehr schätzen als seine Physis. Und das Nikolaus-Brauchtum soll man pflegen und mit Sinn und Verstand begehen, damit es den erschließen hilft, der dahinter steht.

„Sinterklas reitet über
die Dächer",
aus einem niederländischen
Bilderbogen,
18. Jahrhundert

Der heilige Nikolaus
in der Kunst

Nikolaus-Ikone,
italo-kretisch,
18. Jahrhundert

Die breite Verehrung, die Nikolaus in liturgischen Festen und weltlicher Feier als Patron und Namensgeber fand, hat seine Entsprechung in seiner bildlichen und plastischen Darstellung. Seit Papst Gregor dem Großen (590–604) hatte die Darstellung von Glaubenswahrheiten und Heiligen im Kirchenraum für Analphabeten den gleichen Rang wie das Buch für einen Lesekundigen. Bilder und Plastiken waren „biblia pauperum", Buch und Heilige Schrift für arme Leseunkundige. Johannes Balbi von Genua (gest. um 1298) faltete im 13. Jahrhundert diese Lehre aus, indem er der sakralen Darstellung drei Funktionen zuwies: 1. die Schriftunkundigen zu unterweisen, 2. die Inkarnation und die Heiligenbeispiele stärker wirken zu lassen und 3. Empfindungen der Frömmigkeit auszulösen, die eben durch die Augen leichter zu erreichen sind als durch die Ohren. – Die geradezu prophetische Weit- und Einsicht dieses Gelehrten überrascht gerade uns heute, die wir die Wahrheit der dritten Erkenntnis in einer fernsehbewegten Zeit tagtäglich erleben!

Der byzantinische Darstellungstyp des Nikolaus wurde durch einen westlichen abgelöst, der dem östlichen nachgebildet war. Dargestellt wurde bis in das 14. Jahrhundert ein idealtypischer Bischof in Pontifikalgewändern, mit einem Buch in seiner Linken und der zum Segensgruß nach westlicher Art erhobenen rechten Hand: Daumen, Zeigefinger und Mittelfinger gestreckt, Ringfinger und kleiner Finger gebeugt. Gelegentlich wird das Buch in der Linken durch den Bischofsstab ersetzt, oft trägt der Heilige auch eine Mitra. Seit dem 15. Jahrhundert erscheint Nikolaus – wie allgemein üblich – im Philonion. Die ältesten Darstellungen stehen unter byzantinischem Einfluß und zeigen den Heiligen mit einem an das östliche Omophorion angelehnten Pallium, dem bischöflichen Würdezeichen.

Alle Darstellungen des heiligen Nikolaus beziehen sich auf seine Funktion als Nothelfer; sie lassen sich deshalb fast alle anhand der beigegebenen Attribute einer der drei Rollen zuordnen:

Heiliger Nikolaus,
Meister der Lucialegende,
um 1486/93

1. Nikolaus als Retter in der Not,
2. Nikolaus als Beschützer und
3. Nikolaus als Gnadenmittler, Gebender, Helfer.

Das häufigste Attribut, mit dem Nikolaus dargestellt wird, sind die drei goldenen Kugeln auf einem Buch, gebildet nach den Goldklumpen der Jungfrauenlegende. Nur selten wurden diese drei Kugeln ersetzt durch drei Goldbarren, Goldäpfel, Geldbeutel, Geldsäckchen oder drei Brote. Eine weitere außerordentlich häufige Darstellungsform ist die mit drei Scholaren oder Schülern, wobei Nikolaus immer

Die Goldspende des heiligen Nikolaus, Gentile da Fabriano, Florenz 1425

ohne die drei Goldkugeln, aber mit Segensgeste auftritt. Die Scholaren befinden sich zu Füßen des Bischofs, oft in zeittypisch verkleinertem Maßstab wiedergegeben, selten kniend, meist in einem Bottich stehend oder aus ihm steigend. Relativ selten wird Nikolaus als Bischof mit den drei Jungfrauen oder mit den drei Jungfrauen und den drei Scholaren gemeinsam dargestellt. Als Patron der Seeleute zeigt sich Nikolaus mit einem Anker oder einem Schiff. Falls Nikolaus überhaupt in einer Heiligengruppe dargestellt wird, rechnet er zu den Vierzehn Nothelfern.

Nach dem (nur szenisch auftretenden) Motiv des auserwählten Kindes – ein seine Heiligkeit begründender Bezug – sind die wichtigsten Szenen der Vita und Legende im Westen:

1. Geburt; am Tage (oder 3 Tage) nach der Geburt kann Nikolaus bereits im Badezuber stehen, verweigert die Annahme der Mutterbrust am Freitag;
2. Er wird von einem Bischof erzogen;
3. Nikolaus wirft drei goldene Kugeln (Geldbeutel) in das Zimmer der drei Jungfrauen;

Nikolaus,
Tafelgemälde des
Conrad von Soest,
Nikolauskapelle
in Soest, um 1400

4. Als der Bischof von Myra stirbt, soll der Erste, der am nächsten Morgen die Kirche betritt, sein Nachfolger werden; das ist Nikolaus;

5. Bischofsweihe;

6. Nikolaus erscheint Seeleuten und errettet sie aus Seenot (während er gleichzeitig am Konzil von Nizäa teilnimmt); die Seeleute erreichen Myra und erkennen Nikolaus als Retter;

7. Nikolaus errettet ein Kleinkind aus kochendem Badewasser;

8. Nikolaus erweckt drei Schüler, die von einem Wirt umgebracht und in Fässern eingepökelt worden waren;

9. Nikolaus fällt einen Baum, der dem Kult der Diana (griech. Artemis) geweiht ist;

10. Pilgern, die eine Phiole mit Öl von Diana in Gestalt einer Nonne erhielten, um es in der Kirche des heiligen Nikolaus auszugießen, erscheint er und lässt es ins Meer schütten, worauf es in Flammen aufgeht;

11. Nikolaus verhindert die Hinrichtung dreier Unschuldiger;

12. Nikolaus befreit drei Feldherren (Ursus, Nepotian, Apilion) aus dem Gefängnis, indem er Kaiser Konstantin im Traum erscheint, worauf dieser die Feldherren freilässt und mit Geschenken zu Nikolaus sendet;

13. Während einer Hungersnot in seiner Diözese schickt er Kornschiffe in eine Stadt und lässt das Korn verteilen; als die Schiffe weiterfahren, fehlt nichts an der Ladung;

14. Tod des Nikolaus; Engel führen seine Seele zum Himmel;

15. Ein Jude hat sein Geld dem Schutz des Heiligen anvertraut; es wird gestohlen, und er schlägt die Statue des Heiligen; Nikolaus erscheint den Dieben; sie geben das Geld zurück, und der Jude läßt sich taufen;

16. Ein Mann wünscht sich einen Sohn und gelobt Nikolaus dafür einen goldenen Becher (oder eine ebensolche Schale); sein Wunsch wird erfüllt, aber der Becher gefällt ihm so gut, dass er für Nikolaus einen anderen anfertigen lässt; er bittet seinen Sohn, ihm Wasser in dem Becher zu holen; der Sohn ertrinkt dabei;

Heiliger Nikolaus,
Köln,
erste Hälfte 14. Jahrhundert

Nikolaus-Statue an der Einfahrt zum Duisburger Hafen, Wolf Spitzer, 1990

17. Ein vornehmer Jüngling (lat. Adeodatus, d. h. „von Gott geschenkt") wird von einem heidnischen Fürsten gefangen und zu dessen Mundschenk ernannt; er trauert über sein Los und ruft Nikolaus an, der ihn an den Haaren ergreift und seinem Vater zurückbringt;
18. Ein Knabe wird vom Teufel, in Gestalt eines Bettlers, erwürgt; Nikolaus erweckt ihn wieder zum Leben;
19. Bürgschaft des Nikolaus für einen betrügerischen Christen, der von einem Wagen überrollt und auf Verlangen des betrogenen Juden von Nikolaus wieder erweckt wird;
20. Öl fließt aus dem Kopfende des Nikolaus-Grabes;
21. Heilung von Lahmen am Grab des Nikolaus.

Der Übergang von der sakralen zur profanen Ikonographie, die nur noch an das Brauchtum des Nikolaustages – und meist auch nur an dessen äußere Erscheinungsformen – gebunden ist, lässt sich bis in das 16./17. Jahrhundert zurückverfolgen, z. B. anhand der Sitzfigur des Heiligen mit seinem schwarzen Diener, zu seinen Füßen der Esel und drei Kinder (St. Niklaasgang, Brügge). Von hier aus differenzieren sich die Darstellungen des beschenkenden Nikolaus, der zum Warenzeichen des kommerzialisierten Nikolausfestes wurde. Im Zusammenhang mit Nikolaus und seinem schwarzen Knecht, der das Nikolausbrauchtum zu einer pädagogischen Aktion mit erhobenem Zeigefinger ummünzt, entsteht auch der „drohende" Nikolaus, ein Motiv, das in der sakralen Ikonographie völlig fehlt: In Hoffmanns „Struwwelpeter" steckt der Heilige 1845 die bösen Buben in ein Tintenfass, statt sie aus einem Pökelfass zu befreien und zum Leben wiederzuerwecken. Der hier dem heiligen Nikolaus nur noch äußerlich ähnliche profanisierte Niklas handelt auch nach völlig profanen Prinzipien. Hoffmanns Figur ist der Prototyp der säkularisierten, profanisierten und „modernen" Nikoläuse, die zwar noch „irgendwie" die äußere Form des heiligen Nikolaus übernehmen, aber anderen Interessen dienen. Wer einen solchen Nikolaus warum und für wen

„St. Nikolaus",
Farbsiebdruck von
Werner Persy

einsetzt, sind nun die Fragen, die bei jedem neuen Nikolaustyp neu geklärt werden müssen.

Die Ausfaltung der profanen auf Kosten der sakralen Nikolausverehrung, der Rückgang der religiösen Verehrung des Heiligen und seines kirchlichen Kultes zu Gunsten volkstümlicher Brauchformen erfolgt ab dem 16./17. Jahrhundert. Sind 1600 noch rund 200 000 Pilger für Saint-Nicolas-de-Port in Lothringen nachzuweisen, so wirkt der Ort kaum eine Generation später wie verlassen. Gründe hierfür liefert nicht allein der Dreißigjährige Krieg, sondern auch ein Wandel der kirchlichen Auffassungen. Im Protestantismus verloren die Heiligen ihre Daseinsberechtigung als Gnadenmittler. Wenn allein der Glaube („sola fide") Gnade bewirken kann, sind Heilige überflüssig. Nach reformatorischer Lehre braucht der Mensch weder gute Werke (z. B. Almosengeben) noch Heilsmittler (z. B. Heilige), um die Gnade Gottes zu erwerben.

In der katholischen Kirche wurde die Heilsmittlertätigkeit der Heiligen zwar nicht aufgegeben, doch begann sich mit dem Konzil von Trient ein neuer „Heiligentyp" durchzusetzen, der durch sein eigenes Leben ein Beispiel dafür gab, wie man selbst sein Leben in den Griff nehmen muss. Die Heiligen Ignatius von Loyola (1491–1156), der Gründer der Jesuiten, oder Karl Borromäus (1538–1584), reformfreudiger Bischof von Mailand, bieten Beispiele dafür, wie man erfolgreich und tatkräftig in dieser Welt handeln kann, ohne der Illusion zu erliegen, man könne schon in dieser Welt das Paradies verwirklichen. Renaissance und Aufklärung taten ebenfalls ihren Teil, um die mittelalterliche Heiligenverehrung schon im 16./17. Jahrhundert als gestrig aussehen zu lassen.

Erst die Kinderpädagogik des 19. Jahrhunderts konservierte und aktualisierte jenen heiligen Nikolaus wieder neu, der sich für die meisten Menschen nun nicht mehr deutlich in den Heiligen und Bischof einerseits und in den sinnentleerten Geschenkebringer oder gar den geklonten Nikolaus, den Weihnachtsmann, andererseits scheiden

lässt. Hierzu passt die gnadenlose Verkitschung des Heiligen als in Schokolade gegossene weibliche Variante „Nicola", die es auch aberwitzigerweise mit Federflügeln zu kaufen gibt, und die Präsentation des Heiligen als knackig-smarten Jungmannes in Lifestyle-Outfit. Vielleicht bedenklicher noch als diese kommerziellen Verirrungen ist der Umstand, dass Nikolausdarstellungen namhafter moderner Künstler eher nicht existieren.

Der böse Mann,
das Höllentor, der Sack
und die Segensgerte

Beim Einkehrbrauch wird der heilige Nikolaus nahezu immer von einer Figur begleitet, die als gezähmter Teufel oder „dienstverpflichteter" Höllengeist deutbar ist: oft ein in Ketten gelegter, geschwärzter Poltergeist, zu dessen Ausrüstung meist Rute und Sack oder Kiepe gehören. Bei der Inszenierung übernimmt diese Figur die Präsenz des Bösen, die jedoch Böses und Böse straft, sich dabei aber fest in der Gewalt des Guten, nämlich des heiligen Nikolaus, befindet.

Die Namen für diese Figur variieren. Relativ verbreitet ist der Name Knecht Ruprecht, rauher Knecht Ruprecht oder rauher Percht. Der letzte Begriff verweist einerseits auf den Teufel und andererseits auf die Entstehung des Namens Ruprecht. Teuflische Begriffe sind auch Düvel oder Bock oder der biblische Begriff Beelzebub. Namen wie zum Beispiel Böser Klaus zeigen die Auflösung und kontraproduktive Inszenierung der Heiligenlegende. Andere Figuren sind mittelalterliche Allegorien, die menschliche Laster verkörpern, Bären, Esel, Böcke und die rauhe Perchta, die als domina perchta Hoffart, Völlerei und Unzucht verkörpert. Bezeichnungen für die Figuren sind: Knecht Ruprecht (im gesamten deutschsprachigen Raum), Ascheklas, Bullerklas, Klas Bur (Westfalen, Norddeutschland), Zwarter Piet, Pietermann, Swarte Piet (Niederlande), Pulterklas (Diethmarschen), Ruklas, Rupsack (Mecklenburg), Hans Muff (= der muffige Hans), Heiliger Mann, Düvel, Zink Muff, Zink Knatsch (Niederrhein), Belzebub, Pelzebock (Eifel und Mosel), Pelzebub (Baden), Pelznickel (Pfalz und Saar), Butz (Schwaben), Rumpelklas (Allgäu), Schmutzli, Düsseli (Schweiz), Semper, Klaubauf (Bayern), Krampus (Österreich), Schiachtperchten (Salzburger Land), Partl, Bartl (Kärnten, Steiermark), Leutfresser (Ostalpen), Père Fouttard (Frankreich), Hans Trapp (Elsass, Pfalz), Biggesel, Böser Klaus, Einspeiber, Gangerln, Kläuse, Klosen, Busebrecht, Buzebercht, Kehraus, Klausmänneken, Klausenpicker, Klombsack, Spitzbartl, schwarz Käsperchen, Rollebuwe, Battenmänner, Bullkater, Dollochs, Erbsbär. Im Gurktal, Österreich, taucht der Nikolo mit dem Spitzbartel auf, der in schwar-

„Knecht Ruprecht",
Radierung von
Joseph Franz von Goez,
1784

Santiklaus mit Belznikel
und Ministrant,
Lithographie von
Nepomuk Heinemann,
1852

zer Maske mit Kuhglocke und einer Bucklkraxn (= Kiepe) erscheint.
Die Buttmandeln, Treichler und peitschenschwingenden Geißel-
chlöpfer treiben in den Alpen ihre rauhen Späße.

Eine andere Interpretation will den heiligen Nikolaus in seiner Rolle
als Schifferheiliger als christlichen Poseidon verstehen, als „Nachfolger" des griechischen Meeresgottes Poseidon (röm.: Neptun). Als
„Meeresgott der Christen" habe Nikolaus ein Begleiter zugestanden,
wie ihn Poseidon in seinem als Menschenschreck agierenden Sohn
Triton gehabt habe. Knecht Ruprecht, der gezähmte Teufel, stehe in
der Tradition des Triton. Die neuere Forschung sieht alle Schreckensgestalten aus dem Reich des Bösen der civitas diaboli entstiegen und
erklärt damit ihr Vorhandensein ohne Rückgriffe auf germanisches
Brauchtum.

Unsere friesischen Nachbarn gen Westen, die Niederländer, pflegen
im Rahmen ihres gegen Martin Luther bewahrten Nikolausbrauchtums auch den Swarten Piet. Mag sein, dass in den Niederlanden das
Wissen um die Hölle abhanden gekommen ist oder die politcal cor-
rectness noch merkwürdigere Pirouetten zieht als in Deutschland:
Seit Jahren brodelt die Diskussion, ob denn der Nikolausbegleiter
schwarze Haut haben müsse, weil damit doch die Dunkelhäutigen
insgesamt diskriminiert würden.

Eine besondere Variante stellt Hans Trapp dar, wie im Elsass und in
der Pfalz der schwarz-böse Nikolausbegleiter benannt wird. Hinter
diesem Namen verbirgt sich die Erinnerung an eine konkrete Person:
Hans von Throta (alias Hans von Drodt oder Hans Trapp), Heerführer des pfälzischen Kurfürsten Friedrich I. und Bruder des 41. Bischofs von Merseburg, Thilo von Throta. 1479 besetzte der Kurfürst
in Auseinandersetzungen mit der Benediktinerabtei Weißenburg die
im südpfälzischen Wasgau gelegene Burg Berwartstein, seit 1347 im
Besitz der Abtei, und belehnte 1480/1485 mit ihr seinen Marschall
und Heerführer Hans von Drodt, damit er den Besitz „auf Kosten der
Weißenburg mehre". Dies ist der Grund, warum Hans von Throta in

Kinderfresser,
kolorierter Holzschnitt,
Augsburg,
spätes 17. Jahrhundert

die Landesgeschichte als Ritter Hans Trapp eingegangen ist und im Elsass unartigen Kindern mit dem Erscheinen des „schwarzen Ritters" gedroht wird. Er wurde mit unzähligen Taten im Rahmen der Auseinandersetzung mit der Abtei Weißenburg bekannt, der gegenüber er die kurfürstliche Landesherrschaft demonstrierte. Unter anderem wird berichtet, habe er das Wasser der Lauter oberhalb Weißenburgs aufstauen lassen, was Mühlen und Flößerei zum Stillstand brachte. Später zerstörte er den Damm wieder, indem er die Wehre abrechen ließ, so dass die Wassermassen nach Weißenburg stürzten und dort Kloster und Land überschwemmten.

Abt Heinrich von Weißenburg beklagte sich beim Papst, der über den Kurfürsten und Hans von Throta den Kirchenbann verhängte, dem der Kaiser noch die Reichsacht hinzufügte. 1499 vor das päpstliche Gericht geladen, verweigerte Throta sein Erscheinen und schrieb statt dessen Papst Alexander VI., dem berüchtigten Borgia-Papst, einen bemerkenswert freimütig-kühnen Brief, in dem er diesem sehr unmissverständlich die eigene Sittenlosigkeit vorhielt.

Throta blieb in der Gunst seines Kurfürsten und erfuhr auch als Diplomat hohe Ehre: Er wurde Chevalier d'Or, Ritter des Goldenen Vlieses, und starb 1503 unbesiegt und ungebeugt. Erst zwei Jahre nach seinem Tod wurde der Kirchenbann durch den Bischof von Speyer aufgehoben. Hans von Throta ist in der St.-Anna-Kapelle zu Füßen des Berwartsteins nahe bei Niederschlettenbach begraben worden.

Knecht Ruprecht alias Hans Muff alias ... zeichnet sich nicht nur durch seine Bösartigkeit und Schwärze und durch seine – als Prügel- statt Segnungsinstrument missverstandene – Rute als Teufel aus. Das Berühren (kindeln, pfeffern, pfitzeln, schlagen) mit einer grünen Gerte ist eine alte Fruchtbarkeits- und Segensgeste. Übertragen wird die frische Kraft der Natur, bei der Fruchtbarkeit Segen bedeutet. Noch vielmehr als vor der Rute fürchten sich die Kinder vor dem Sack, der je nach Landschaft auch eine Kiepe sein kann. In diesem

Sack schleppt der Schwarze nicht nur murrend die Geschenke des
Heiligen heran. Sprichwörtlich darf er auch die „in den Sack stecken"
die nach Auffassung des heiligen Nikolaus ihre religiösen und häusli-
chen Pflichten nicht erfüllt haben. Sack oder Kiepe werden hier zum
Höllenschlund, in den nach mittelalterlicher Auffassung fiel, wer vor
Gottes Gericht keine Gnade fand. Wer beim Nikolaus-Besuch, einem
„Mini-Weltgericht für Minis", durchfiel, der landete eben symbolisch
im Sack. Diese brachial-pädagogische Methode von zweifelhafter, da-
für aber derb-deutlicher „Güte" hat ein Vorbild im mittelalterlichen
Seelenfresser, der die dem Satan verfallenen Seelen fraß, ein anderes
Vorbild in einer Form des Ringkampfes, bei dem der Gegner in den
Sack gesteckt werden musste. Die Kinderfresser im Nikolaus-
Brauchtum im süddeutschen Raum, wo der Bezug zum Heiligen
selbst und zu seiner Legende immer undeutlicher geworden ist,
üben ihre Faszination durch Bedrohung, Abtransport des
Angegriffenen und Loskaufriten aus. Für unbetroffene Be-
trachter ist das Ganze ein voyeuristisches Schauspiel. Die
Kindlifresser, Kinderfresser, heute im Süddeutschen ein gepflegtes folkloristisches Phänomen, haben es im 16. Jahrhundert bereits zu Denkmalehren gebracht, zum Beispiel am Berner Kindlifresser-Brunnen (1544). 1663
definiert sich literarisch ein „Kinderfresser": „Ich bin der
alte böse Mann, der alle Kinder fressen kann."
Der Sack, den der Nikolaus-Begleiter mit sich trägt, hat
zwei Funktionen: Er transportiert zum Besuch hin die
Geschenke für die „guten" Kinder und nach dem Besuch die „bösen" Kinder ab. In bildlichen Darstellungen war dieser Abtransport von Kindern im Sack gegenwärtig, denn das nachreformatorische Brauchtum nahm
ein sehr viel älteres Bild auf: „Einen in den Sack stecken" im
heutigen Sinne von z. B. „jemandem an körperlichen oder
geistigen Kräften überlegen sein" hat seinen Ursprung

„Chindlifresser",
Brunnenfigur,
Bern, um 1520

in einer besonderen Form von Ringkämpfen, die im 16. Jahrhundert noch üblich waren, bei denen der Besiegte wirklich in den Sack gestoßen oder gesteckt wurde. Literarisch lässt sich das realistische In-den-Sack-Stecken gleich mehrfach belegen: In einem alten Lügenmärchen heißt es: „Er liuget, er saehe ûf einer wise, daz ein getwerc (Zwerg) unde ein rise die rungen einen halben tac. Do nam daz getwerc einen sac, da stiez ez den risen in." Ein Volkslied von 1400 formuliert: „Und wer den andern übermag, Der schieb in fürbaß in den Sack." Das „In-den-Sack-Stecken" spielt auch in vielen Volkserzählungen, insbesondere Märchen, eine Rolle: Der Geisterbanner steckt den Geist in einen Sack; der Meisterdieb zeigt seine Geschicklichkeit, indem er Pfarrer und Küster in seinen Sack lockt, ebenso beweist das Bürle (Brüder Grimm) seine List, indem es sich durch einen leichtgläubigen Wanderer aus dem Sack befreien lässt. Das Gleiche gilt für den Bruder Lustig (Brüder Grimm), der alles in seinen Sack springen lässt. Mit großer Wahrscheinlichkeit kann auch der schweizerische Familienname „Springinsack" aus dem 15. Jahrhundert mit dieser Kampfart in Verbindung gebracht werden. Die Redewendung ist auch im 17. Jahrhundert, als die Katholische Reform und mit ihr der Einkehrbrauch Fuß fasste, noch üblich. 1639 heißt es: „Wer den andern vermag, der steckt ihn in Sack". Als Kaiser Maximilian II. (1564–1566) sich nicht entscheiden konnte, ob sein Kriegsrat, ein wegen seiner Körpergröße und Stärke berühmter Ritter, oder ein vornehmer Spanier die Hand seiner natürlichen Tochter erhalten sollte, beschloss er, die Entscheidung durch einen Ringkampf herbeiführen zu lassen. Sieger sollte sein, wer den anderen in den Sack steckte. Als der Kriegsrat den Spanier in den Sack steckte, hatte er damit auch im übertragenen Sinne den Kaiser, die schöne Braut und die reiche Mitgift „im Sack", denn Sack bedeutet oberdeutsch auch Tasche. Schon bei Agricola (1528) findet sich die Wendung: „Wer Meister wird, steckt den andern in den Sack". Die Redewendung vom In-den-Sack-Stecken ist nicht im 17. Jahrhundert mit

Höllenschlur d,
aus dem Stundenbuch
der Katharina von Kleve,
um 1440

dem Nikolaus-Einkehrbrauch erstarrt, sondern lebt weiter. So hauen auch wir heute u. a. „in den Sack".

Kinderfresser oder Sack – beide symbolisieren den Höllenschlund und damit die Hölle als Ort ewiger Verderbnis, Bestimmungsort aller, die bei Gottes Gericht verworfen werden und in ewiger Gottesferne vegetieren müssen. Die Bibel verortet zeitgemäß die Hölle als Raum unterhalb der Erdkruste, in der ständige Feuerqualen zu erleiden sind. Die moderne Theologie versteht die Hölle als den Zustand der Gottesferne, den der Mensch sich durch die grundsätzliche Leugnung Gottes selbst „erwirbt". Das Höllenfeuer wird symbolisch gedeutet. Der Zustand der ewigen Gottesferne nach dem Tod ist eine Folge der menschlichen Freiheit, sich auch gegen Gott entscheiden zu können.

Diese Sicht der Dinge, der Nikolausbesuch als kleine bischöfliche Visitation und modellhafte Vorwegnahme des Weltgerichts, bei dem auch die Hölle drohen kann, verdeutlichen auch ältere Nikolauslieder, wie zum Beispiel die aus dem Rheinfelsischen Gesang-Buch von 1666 (siehe Kapitel „Lieder zum Nikclausabend"). In evangelischem Umfeld wirbt dieses Gesang-Buch nicht durch jubilierende Nikolauslieder, sondern durch die Tugenden, die mit Nikolaus verbunden sind, z. B. die Einhaltung der zehn Gebote, und durch die Angst vor dem Jüngsten Gericht.

Vom Sinn des Schenkens

Der Kölner Erzbischof und langjährige Vorsitzende der Deutschen Bischofskonferenz, Joseph Kardinal Höffner, erzählte einmal vergnügt in kleiner Runde, wie er durch eine große Menschenansammlung feierlich zu einer Firmung in eine Kirche eingezogen sei. Groß und Klein betrachteten das unalltägliche, feierliche Gepränge mit Interesse, so auch ein kleiner Junge, der auf den Schultern seines Vaters den richtigen Überblick hatte. Angesichts des Mannes mit Mitra und Stab schrie der Kleine plötzlich laut: „Papa, Papa, da kommt sogar der heilige Nikolaus!"

Der kleine Mann mag zwar einen guten Überblick gehabt haben, am Durchblick musste er noch arbeiten. Das Bild des heiligen Nikolaus, des Kinderbeschenkers, war für ihn so wirkmächtig, dass eine bischöfliche Erscheinung von ihm immer dem Heiligen zugeordnet wurde.

Den meisten von uns ist ein Unbehagen beim Schenken anzumerken. Es steht die Frage im Raum: Warum schenken wir eigentlich? Was hat Schenken für einen Sinn? Und dann: Was schenkt man denen, die doch schon alles haben? Wenn man das vielleicht wüsste, könnte man es neu definieren. Schließlich hat das keine Zukunft, was keine Herkunft hat.

Es mag vielleicht erstaunen: Aber das Schenken zu Weihnachten hat keine alte Tradition. In katholischen Gegenden gibt es noch alte Menschen, die erzählen können, dass in ihren Kindertagen zwar zu Weihnachten gefeiert, aber nicht geschenkt wurde. Bei den Katholiken wurde zum Nikolausabend beschert. Martin Luther hat das Schenken zu Weihnachten eingeführt. Mit seiner Theologie vertrug es sich nicht, dass Heilige verehrt wurden und sich deren Popularität noch dadurch steigerte, dass an ihren Festen Kinder beschenkt wurden. Der Reformator hat deshalb den Schenktermin von Nikolaus auf Weihnachten verlegt und zusätzlich den „Schenkenden" ausgetauscht: Statt des heiligen Nikolaus bescherte nun das „Christkind".
Die Kinderbescherung am Nikolausabend hatte sich wahrscheinlich

ab dem 13./14. Jahrhundert im Mittelalter eingebürgert, als der heilige Nikolaus zu einem ungeheuer populären Heiligen wurde – was er in der Ostkirche noch heute ist. Zuvor wurden die Kinder am Fest der Unschuldigen Kinder, also am 28. Dezember, mit einer Kleinigkeit überrascht. Mancherorts galt dieser Tag nur für die Jungen, während die Mädchen am Gedenktag der heiligen Lucia, dem 13. Dezember, beschenkt wurden. Das Schenken am Fest des heiligen Nikolaus war aber sinnvoll, denn in der Legende des Heiligen aus dem 5./6. Jahrhundert wird ja, wie wir schon sahen, berichtet, dass der Heilige einen Vater und seine drei Töchter, die dieser nicht standesgemäß verheiraten konnte, dadurch rettete, dass er ihnen nachts unerkannt aus seinem eigenen ererbten Vermögen Gold in ihr Haus warf, so dass die jungen Frauen vor dem sozialen Elend und vor dem Verlust des ewigen Lebens bewahrt wurden. Nikolaus schenkte also sozusagen „sub specie aeternitatis" – unter dem Gesichtspunkt der (seligen) Ewigkeit. Aufgrund dieser Legende bildete sich traditionell das Schenken zu Nikolaus als geheimes Schenken aus: Über Nacht kommt Nikolaus ungesehen und füllt Teller, Strümpfe oder Schuhe mit kleinen Geschenken für Kinder. Auch als die Reformation den Schenktermin auf Weihnachten verlegt und eine neue Schenkfigur eingeführt hatte, blieb ein Phänomen erhalten: das heimliche Schenken und damit die Rückführung des Schenkens auf einen übermächtigen Dritten. Das Schenken à la Nikolaus ist ein heimliches Schenken, damit der Himmel die Erde, das Unendliche das Endliche berührt, das Ewige verknüpft sich mit dem Zeitlichen, das Metaphysische nimmt physische Gestalt an. Ein jeder soll sich freuen. Welch ein Unterschied zu dem unheimlichen Kaufrausch, den der verweltlichte Abkömmling namens „Weihnachtsmann" auszulösen versteht! Die besondere Form des Schenkens zu Weihnachten führt zum Sinn des Schenkens. Unsere Vorfahren haben deshalb heimlich zu Nikolaus die Kinder beschenkt, weil sie ihre Geschenke stellvertretend gaben: in Stellvertretung für den heiligen Nikolaus. Und sie haben in dieser Form geschenkt, weil auch schon der Nikolaus selbst heimlich geschenkt hat. Aber auch Nikolaus selbst schenkte stellvertretend: Sein Geschenk sollte auf den verweisen, der ihm diese Hilfe, diese Gnade, ermöglichte, nämlich Gott selbst. Nikolaus verzichtete auf sein Erbe, weil er es als Geschenk begriff, mit dem er Gutes tun sollte. Gott hat durch Nikolaus geholfen. Schenken bedeutete für Nikolaus: Menschen erfahren, teilhaben lassen am Reich Gottes. Das Geschenk des Heiligen war letztlich eben nicht das Gold, das er gab, sondern die physische und geistige Freiheit, die er den jungen Frauen erwarb. Und ganz nebenbei lehrt der Umgang des Nikolaus mit dem eigenen Vermögen: Wir sollen unseren Besitz als ein Geschenk auf Zeit verstehen. Eigentum ist kein Selbstzweck, sondern macht sich übergeordneten Zielen dienstbar. Reichtum und Macht sind keine religiös sinnvollen Ziele, wohl aber die Beseitigung von Armut und Versklavung.

Das Schenken zu Nikolaus vollzogen die Legende und das Brauchtum nach; es war ein „Nikolausspiel", in dem die Menschen erfuhren: Gott will uns Gutes. Dabei ging es eben nicht um besonders kostbare und möglichst viele Geschenke, sondern um die diesen Geschenken zu Grunde liegende Symbolik: Ich bin nicht vergessen, ich bin geliebt als Kind Gottes. Süßigkeiten oder Spielzeug am Nikolausfest sollen spielerisch die Gnade Gottes vergegenwärtigen.

Das Geschenk selbst durfte aus klugen Gründen nicht etwas „Nützliches" sein, was es ja meistens auch nur in den Augen der Erwachsenen ist. Also nichts, was man „sowieso" brauchte: Mütze, Schal, Handschuhe, Strümpfe, Wäsche oder Taschentücher. Ein Nikolaus-Geschenk ist immer sein „super additum", etwas, was

darüber hinaus gegeben wurde, also nichts „Nützliches", auch wenn es dem Kind nützt.

Das Schenken zu Weihnachten ist nicht leicht zu erklären, weil die Erinnerung an die dem Schenken zu Grunde liegende Nikolauslegende den meisten Menschen verloren gegangen ist. Durch die Loslösung des Schenkens aus dem Kontext des heiligen Nikolaus und durch seine Bindung an den Weihnachtstag hat es kraft der Verknüpfung mit der Geburt des Erlösers Jesus Christus einen anderen und neuen Sinn erhalten. Schenken zu Weihnachten vergegenwärtigt das eigentliche Weihnachtsgeschenk: die Menschwerdung des Gottessohnes, den Beginn der Erlösung, die sich darin zeigt, dass Gott Mensch wird, eben einer von uns und einer für uns.

Schenken vergegenwärtigt die Liebe Gottes zu den Menschen. Gott selbst ist die Liebe. Diese Liebe sagt nie: „Ich!", sondern artikuliert sich im „Du". Die Liebe Gottes ist verkörpert in seinem Sohn, dessen Geburtstag wir zu Weihnachten feiern. Dieses persönlichste aller Geschenke ist nicht irgendein Geschenk, sondern das Ebenbild des Vaters. Gottes Geschenk ist seine Selbstmitteilung in seinem Sohn Jesus Christus. Die Menschwerdung des Sohnes lässt uns zu Töchtern und Söhnen des Vaters werden. Unsere Geschenke sind symbolische Geschenke, die auf dieses einzigartige Geschenk hinweisen wollen. Der Philosoph Josef Pieper hat einmal gesagt: „Liebe ist das Ur-Geschenk. Alles, was uns sonst noch unverdient gegeben werden mag, wird erst durch sie zum Geschenk."

Es gibt in unserer Gesellschaft eine Tendenz, sich gegen solche, das eigene Dasein ungefragt und ungeschuldet bewirkende schöpferische Liebe zu wehren. Es gibt auch einen Widerwillen gegen das Beschenktwerden: „Ich will nichts geschenkt!" – jeder kennt solche Reaktionen. Diese Haltung grenzt an eine andere: „Ich will nicht geliebt werden, und falls überhaupt, dann nicht ohne Grund." Nietzsche hat scharfsinnig bemerkt, dass Menschen, denen die eigene Bedeutung wichtig ist,

„wegen des geliebt Werdens widerspenstig" sind. Wirklich ungeschul-
dete Liebe, sagt C. S. Lewis, sei zwar das, was wir brauchen, jedoch
keineswegs die Sorte Liebe, die wir wünschen. Es ist für uns einseh-
bar, wenn wir wegen unserer Freigebigkeit, Schönheit, Klugheit oder
Liebenswürdigkeit geliebt werden. Grundlose Liebe verwirrt uns
aber ebenso wie ein ungeschuldetes Geschenk, hinter dem keine Kon-
vention, Berechnung, Ritus, Pflicht oder Kalkül stehen.

Ein Geschenk, im christlichen Sinn vergegenwärtigt, ist immer
Selbstmitteilung des Schenkenden, der sich dem Beschenkten ungeschuldet zuneigt. Ein Geschenk ist immer ein Stück von uns selbst – oder es ist kein Geschenk, zumindest nicht im christlichen Sinn.
Deshalb kann man sich auch nicht wirklich selbst
beschenken. Denn zum Wesen des Ge-
schenks gehört es, dass es von einem
anderen „Du" an ein „Ich" kommt.

Selbst wenn uns dieser Deutungszusammenhang des Schenkens
verloren gegangen wäre, hat doch
unsere Sprache die Erinnerung
daran bewahrt: Das Verb „schenken" bedeutete ursprünglich einmal
„zu trinken geben". Heute sagt man dafür: „einschenken" oder „ausschenken". „Aus-
schank" oder „Schenke" sind abgeleitete Worte.
„Schenken" ist wie das Wort „Schenkel" abgeleitet von einem Verb, das „schief halten" bedeutete. „Schief" meint, sich entgegenneigen, so
wie der Krug sich dem Beschenkten ent-
gegenneigt. Der Schenkende neigt sich mit
seinem Geschenk dem zu Beschenkenden zu,
macht sich ihm dienstbar. Das Verb „schen-

ken" bewahrt diesen Gedanken christlichen Schenkens: Ein „Ich" neigt sich einem „Du" zu.

„So sehr hat Gott die Welt geliebt, dass er seinen einzigen Sohn dahingab" (Joh 3,16), berichtet das Johannesevangelium über das weihnachtliche Ereignis. Und der Römerbrief (Röm 8,32) legt diesen Gedanken aus: „Er hat seinen eigenen Sohn nicht verschont, sondern ihn für uns alle hingegeben – wie sollte er uns mit ihm nicht alles schenken?" Die Geburt Christi als Geschenk Gottes an die Menschen, ein Gedanke, den der erste Johannesbrief (1 Joh 3,1) aufnimmt: „Seht, wie groß die Liebe ist, die der Vater uns geschenkt hat: Wir heißen Kinder Gottes, und wir sind es." Die erwachsenen „Kinder Gottes" lassen in ihren Geschenken an die kleinen „Kinder Gottes" das Geschenk Christi lebendig und erfahrbar werden.

Der heilige Nikolaus
von A bis Z

ADVENT Seit dem Ende des 4. Jahrhunderts lässt sich in Spanien und Gallien eine zunächst dreiwöchige Vorbereitungszeit vor Weihnachten beobachten (lat. „adventus", Ankunft, Zeit der Vorbereitung auf das Fest der Menschwerdung), die sich durch eifrigen Gottesdienstbesuch und Askese (Fasten, gute Werke) auszeichnet. Entstanden sein dürfte der Advent (auch: Adventfasten, Adventquadragese, Winterquadragese) unter orientalischem Einfluss als Zeit der Vorbereitung auf die Taufe. Laut Gregor von Tours († 594) hat Bischof Perpetuus von Tours († 491) eine vierwöchige Adventfastenzeit nach dem Vorbild der österlichen Fastenzeit eingeführt, beginnend nach dem Fest des heiligen Martin. Martini und der 11.11. als letzter Tag vor der Fastenzeit haben darum närrische Züge angenommen (winterliches Karnevalsbrauchtum). Seit der zweiten Hälfte des 6. Jahrhunderts galt in der gallischen Liturgie das Adventfasten allgemein; pastoral akzentuiert waren Buße und Umkehr. Erwartet wurde die Geburt des Erlösers, deren gegenwärtige Heilswirkung bereits erfahren und die im Blick auf die Vollendung der Erlösung bei der Wiederkunft Christi gefeiert wurde. Im 6. Jahrhundert lässt sich das Begehen des Advents auch in Rom nachweisen, allerdings wohl sechs Sonntage umfassend, was Papst Gregor I. († 604) zur Kürzung auf vier Sonntage veranlasste. Aber erst die dem Konzil von Trient (1545–1563) folgenden Liturgiebücher schrieben den Advent gesamtkirchlich vierwöchig vor; Mailand hält bis heute an einem sechswöchigen Advent fest. Die reformatorischen Kirchen stehen in der römischen Tradition.

APFEL Einerseits ist der Apfel das „Hausobst" des heiligen Nikolaus. Die Äpfel symbolisieren die Goldklumpen des Heiligen aus der Jungfrauenlegende. Andererseits war der Apfel nördlich der Alpen statt der südlichen Feige durch die Paradiesspiele zur Frucht des Lebens geworden, denn nach mittelalterlichem Verständnis konnte die sündhafte Frucht nur ein Apfel sein, denn, so die damals einleuchtende

Begründung, Apfel und Übel, also auch Schuld (Apfel = lat. „malum"; Übel = lat. „malum"), klangen schließlich nicht ohne Grund ähnlich. Der Apfel versinnbildlicht Fruchtbarkeit und Wohlhabenheit. Mancherorts aß man am Heiligabend einen Apfel, der im kommenden Jahr vor Unglück schützen sollte. In Westfalen schenkte man sich zu Weihnachten wechselseitig Äpfel, die sofort verspeist werden mussten, „damit einem das Geld niemals ausgeht". Im Westen Deutschlands hebt man die Apfelkerne der zu Weihnachten verspeisten Äpfel auf, um sie einzupflanzen. In vielen Orakelbräuchen ist der Apfel unentbehrlich.

ARTEMIS/DIANA Im griechischen Götterhimmel hieß die Tochter des Zeus und Zwillingsschwester des Apollon auf griechisch Artemis, lateinisch Diana. Als ihr Geburtstag wurde der 6. Tag des Monats Dezember gefeiert. Als Geburtsort galten Delos oder Ephesos, wo ihr ein prächtiger Tempel geweiht war, Ziel zahlreicher Pilger. Artemis hat Züge einer vorgriechischen „Herrin der Tiere" an sich, ist Göttin der Mädchen und Frauen, „Göttin des Draußen", rituell und mythisch verbunden mit Frauwerdung und Geburt. In der Männerwelt hat Artemis Verbindung zu Krieg und Jagd. Dass der 6. Tag des Dezembers als Gedächtnistag des heiligen Nikolaus gewählt wurde, kann in der Absicht geschehen sein, den Artemis-Kult zu überdecken. Das Vorkommen der Artemis in den Nikolaus-Legenden, wo sie, wenn diese Legenden im Westen erzählt wurden, Diana hieß, stützt diese Vermutung.

BARI Süditalienische Hafenstadt, in der am 8. Mai 1087 die aus Myra geraubten Gebeine des heiligen Nikolaus eintrafen und am 9. Mai erstmals öffentlich verehrt wurden. Der 9. Mai wurde deshalb zum Feiertag „Translatio S. Nicolai", der für Jahrhunderte in der gesamten Kirche gefeiert wurde.

BUCH, GOLDENES UND SCHWARZES Beim EINKEHRBRAUCH des heiligen Nikolaus übernimmt Nikolaus die Rolle eines gütigen Richters, der aus katechetischen Gründen lobt oder straft. Seinen Wissensschatz bezieht er aus dem „Goldenen Buch" (mancherorts hat sich das Buch bereits dualisiert zu einem „Goldenen" und einem „Schwarzen Buch"). Die Idee himmlischer, von Gott oder den Göttern geführter Bücher ist orientalische Tradition. Der ägyptische Götterhimmel hatte in Thot, der babylonische in Nabo eigene Schreibergötter. Die Heilige Schrift kennt Bücher gleich in fünffacher Bedeutung: Wenn vom „Buch des Lebens" die Rede ist, wird es beim „göttlichen Gericht" aufgeschlagen. Es enthält das vorgezeichnete Lebensschicksal. Daneben spricht die Schrift von einem versiegelten Buch der „göttlichen Ratschlüsse". Die Propheten erhalten ihre „Offenbarungen" ebenfalls unter dem Bild eines Buches. Thomas von Aquin setzte das „Buch des Lebens" konsequenterweise gleich mit „Auserwählung". In der Offenbarung des Johannes ist in der Gerichtsszene noch von anderen Büchern als nur dem „Buch des Lebens" die Rede: „Die Toten werden nach ihren Werken gerichtet, wie es in den Büchern aufgezeichnet war" (Offb 20,12; vgl. Dan 7,10). Das biblische Symbol des Buches für die Allwissenheit Gottes, der die Menschen nach ihrem Tun individuell richtet, wurde volkstümlich zu einem realen Buch (bzw. zwei Büchern), in dem gute und schlechte Taten verzeichnet sind. Das reale Gericht erfolgt aber nicht erst am Lebensende, sondern jährlich am Nikolaustag. Dass aus der religionspädagogisch sinnvollen Absicht, durch Lob zu bestätigen und durch milde Strafe vom bösen Weg abzubringen, mit der Zeit ein den Kindern oft Angst einjagendes Spektakel zur Belustigung Erwachsener wurde, ist nicht im Sinn der Erfindung.

CHRISTKIND Eine Erfindung Martin Luthers, der die Heiligenverehrung verwarf und damit auch den heiligen Nikolaus in seiner Funktion als Gabenbringer abtat. Der Kinderbeschenktag wurde auf Weih-

nachten verlegt, und das „Christkind" wurde zum Gabenbringer. Ob damit tatsächlich der neugeborene Christus zum heimlichen Gabenbringer werden sollte, ist fraglich. Zeitgenössische Abbildungen zeigen immer ein (eher weibliches als männliches) Kind von 10 bis 15 Jahren, das meist mit Engelsflügeln ausgestattet ist. Das Rätsel, wer oder was das Christkind nun eigentlich sei, ist nie aufgeklärt worden. Wie der frühe Nikolaus, der seine Geschenke heimlich und bei Nacht brachte, handelt auch das Christkind. Öffentlich inszenierte Auftritte sind eher selten. Heute ist das Christkind in evangelischen Kreisen weitgehend durch den Weihnachtsmann abgelöst, das Christkind dagegen ist zum Gabenbringer in katholischen Familien geworden.

EINKEHRBRAUCH DES HEILIGEN NIKOLAUS Nachdem das Nikolausfest durch die Reformation als Kinderbeschenktag obsolet geworden war, reagierte die Gegenreformation, indem sie dem Fest ein katechetisch-pädagogisches Gepräge gab. Nikolaus und Gefolge kehrten in jedes Haus mit Kindern ein und examinierten diese, ob die Kinder ihre Gebete verrichtet hatten und den Anordnungen der Eltern gefolgt waren. Die Guten wurden belohnt und die Säumigen verwarnt. Nicht zu verkennen ist, dass hier im Brauchtum die kirchenrechtlich durch das Konzil von Trient (1545–1563) vorgeschriebene Visitation des Bischofs in einer Pfarrgemeinde zum Vorbild wurde. Das „Gericht", das Nikolaus abhielt, spiegelte das Weltgericht Gottes in der Ewigkeit wider. Der Einkehrbrauch hat durch die vielfach kömödienhafte Inszenierung und die Ausnutzung als „Angstmacher" gelitten. Dennoch kann man ihn auch heute noch verantwortlich praktizieren, wenn man mit ihm keine Angst auslöst und die Kinder die Güte des Heiligen erleben lässt.

EINLEGEBRAUCH DES HEILIGEN NIKOLAUS Das heimliche Einlegen von Äpfeln, Nüssen und Süßigkeiten in der Nacht vom 5. auf den 6. Dezember, dem heiligen Nikolaus zugeschrieben, hat selbst Martin

Luther noch bis 1535 in seiner Familie praktiziert. Mit der Verlegung des Schenktermins auf Weihnachten fiel der Brauch jedoch in den meisten protestantischen Regionen fort oder übertrug sich auf Weihnachten und das Christkind. Der Einlegebrauch scheint sich im Abendland mit der Schülerlegende entwickelt zu haben und parallel zum LUDUS EPISCOPI PUERORUM aufzutreten. Das „Einlegen" der Gaben ist wohl abgeleitet von dem legendären „Einlegen" der Goldklumpen in das Haus der drei Mädchen. Das durch den Kamin eingeworfene/eingelegte Gold hat sich nach alter Tradition in den am Kamin zum Trocknen aufgehängten Strümpfen der Mädchen verfangen. Im angelsächsischen Einflussbereich sind deshalb Strümpfe oder Schuhe – schlaue Kinder verwenden auch deshalb voluminösere Stiefel – gängige „Empfangsbehälter", siehe GABENTELLER. In katholischen Regionen wurde im 17. Jahrhundert der Einlegebrauch durch den Einkehrbrauch abgelöst. Siehe auch NIKOLAUS-SCHIFF.

FESTGEBÄCK   Das Backen z. B. in den Festzeiten des Advents und der Weihnacht lässt sich kaum zusammenfassend darstellen, derart unterschiedliche Gebäcke und Anlässe dazu gibt es. Bei aller christlichen Symbolik scheinen jedoch bis heute immer wieder auch vorchristliche Elemente auf, die die alte Funktion des Gebäcks als Opfergabe, z. B. in den Rauhnächten, und die notwendige Fülle – 103 Brote waren als Opferbrote in den Rauhnächte nötig – belegen. Auch in Zeiten industriell gefertigten Weihnachtsfestgebäcks, das spätestens ab Oktober in den Supermarktregalen lockt, könnte der alte Sinn des Brauchs, der ja nicht in der zusätzlichen Arbeit, sondern in der sinnvollen und sinnlichen Ausgestaltung des Festes liegt, wieder neu lebendig werden, angestoßen durch die Erkenntnis, dass weniger mehr sein kann und dass Selbstgebackenes authentischer ist als Gekauftes.

GABENBRINGER   Nachdem der Kinderbeschenktag vom Fest der Unschuldigen Kinder (28. Dezember) im Rahmen der wachsenden Po-

pularität des heiligen Nikolaus auf seinen Festtag (6. Dezember) verlegt worden war, wurde Nikolaus – zunächst anonym, später persönlich – zum Gabenbringer. Die Aufgabe von Nikolaus als Gabenbringer oder Kinderbeschenker leitet sich doppelt ab: Nach der Jungfrauenlegende hilft der Heilige, noch ehe er Priester und Bischof wurde, drei Schwestern das Leben ehrenhaft zu fristen, indem er sie beschenkt. Das Schenkmotiv taucht ein zweites Mal in der Schülerlegende auf: Hier schenkt er den Jungen das Leben wieder. Symbolhaft lassen die Gaben des Nikolaus die Beschenkten an seinem heiligen Leben teilhaben: Das Gold befreit von einem schuldhaften Leben, die Erweckung der eingepökelten Jungen befreit vom Tod zum Leben. Wenn also Nikolaus Gaben bringt, bringt er – zumindest allegorisch – das ewige Leben. Die „Heilung" bedeutet immer auch Heil. Nikolaus scheint, seit die Schülerlegende über ihn erzählt wird, in Deutschland als Gabenbringer tätig zu werden. Martin Luther, der seine Kinder selbst noch zu Nikolaus beschenkte, änderte in der protestantischen Kirche diesen Brauch: Da in der Theologie des Reformators Heilige als Fürbitter keine Rolle mehr spielten, sollten ihr Gedächtnistag und die mit diesem Tag verbundenen Bräuche entfallen. Der Beschenktag wurde auf Weihnachten verlegt, Gabenbringer wurde das CHRISTKIND, eine nie näher definierte Erscheinung eines leuchtenden, manchmal geflügelten Kindes. Nicht überall konnte die Reformation diese Idee durchsetzen. In den Niederlanden blieben sowohl der Beschenktag als auch der Gabenbringer bis heute in alter Form erhalten. Von hier aus gelangte der Brauch nach Amerika, vermischte sich mit anderen Vorstellungen und brachte den WEIHNACHTSMANN hervor.

GESCHENKE/SCHENKEN sind nach alter Auffassung „Selbstmitteilung", ein Stück von mir, mit dem ich mich den anderen verfügbar mache und mit ihnen eins werde (in diesem Zusammenhang ist eine Erinnerung an die Lehre von der Eucharistie in der katholischen Kir-

che durchaus angebracht). Geschenke, die der heilige Nikolaus brachte, waren ursprünglich nicht einfach nur Abwicklung von zuvor abgelieferten Listen des Geschenkebedarfs (vgl. WUNSCHZETTEL), seine Geschenke waren vielmehr Zeichen für die Gegenwart Gottes und die Teilnahme der Empfänger an ihr. Mit allen Sinnen, mit Augen, Mund und Ohren, sollte der Beschenkte erfahren und erleben, dass für die, die sich Gottes Plan unterwarfen, schon auf Erden der Himmel begann. Ja, man konnte anhand des süßen Gebäcks Gott und seinen Himmel bereits „schmecken". Je mehr der Sinngehalt des Festes verloren ging, die Brauchform aber erhalten blieb, desto mehr spiegelte sich das Unverständnis auch in den Geschenken wider. 1816 heißt es in einem „andächtigen Gebetlein zum heiligen Nikolaus" von Mathias Josef DeNoël:

> „Sankt Niklas, der du uns als Knaben
> In deiner guten Laune oft bedacht
> Und dann, die liebste uns von allen Gaben,
> Recht stattliche Soldaten mitgebracht."

Das Geschenk pervertiert den Geschenkanlass. Während heutzutage das Schenken fast so etwas wie eine Pflicht, Statusverteidigung oder Selbstdarstellung sein kann, hatte es früher – wenigstens im Ansatz – Symbolcharakter: Den Armen schenkte man existentiell Notwendiges und – damit sie mitfeiern konnten – etwas zum Essen und Trinken. Der Kreis der Armen, für den oft vor dem eigentlichen Fest gesammelt wurde („Christkindl einläuten"), wurde um die Kinder erweitert, deren Kinderbeschenktag zu Nikolaus damit entfallen sollte. Bis zur Reformation schenkten Erwachsene sich untereinander nichts, außer dass der Dienstherr verpflichtet war, seinen Dienstboten eine Kleinigkeit zu schenken. Das Beschenken der Erwachsenen untereinander begann erst mit dem Verständnis von Weihnachten als Familienfest. Geschenke waren dabei manchmal symbolisch gemeint, aber immer etwas, was über die „Grundversorgung" mit Notwendigem hinausging, ein „superadditum": ein Buch, Süßigkeiten oder

Spiele. Das Geschenk sollte die Freude vermitteln, die der Festtag bot, der ein Ereignis der „Übernatur" feierte.

GOLDKUGELN, DREI Ikonographische Attribute des heiligen Niko-laus. In dieser Dreigestalt verbinden sich drei verschiedene Symbole zu einem neuen Symbol: Die Zahl 3, die Form der Kugel und das kost-barste Metall, Gold. Die Zahl 3 gilt in der Symbolik aller Völker als heilig. Der dreimal heilige Gott der Juden (Jes 6,3) wird durch sie ebenso vergegenwärtigt wie die Dreifaltigkeit im Christentum. Auch die Auferstehung Jesu ereignete sich am dritten Tag. – Die Kugel, Ur-form aller Körper, ist Symbol der absoluten Allgegenwart und All-wirksamkeit Gottes. – Das Gold ist Symbol wegen seiner Kostbarkeit und Unvergleichlichkeit: Ihm können weder Feuer, Rost noch Säure etwas anhaben. Die drei Goldkugeln des heiligen Nikolaus sind kom-primierte Symbole, die die unvergleichliche Wirksamkeit Gottes auf-zeigen; sie deuten an, dass das eigentlich Geschenkte nicht nur Hei-lung, sondern zugleich Heil ist.

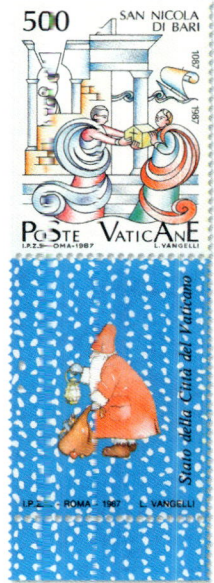

HAGIOS Griechisches Wort für „heilig", entsprechend dem lateini-schen „sanctus". Zum Beispiel „Hagios Nikolaos", heiliger Nikolaus, oder „Hagia Sophia", heilige Sophia. Daher auch Hagiographie, die Beschreibung des Lebens eines Heiligen.

HYPERHAGIOS Griechisch „Überheiliger", ein Heiliger, der über an-deren Heiligen steht. In der griechisch-orthodoxen Kirche Ehrentitel für Nikolaus.

KERBHOLZ Ein „Datenspeicher" der alten vorelektronischen Art, unverschlüsselt, aber nur schwer manipulierbar. Sein Ort war die Kneipe, seine Funktion Speicherung des Wissens um die unbezahlte Zeche eines Zechers. Diese wurde auf zwei langen Holzstäben, eben den Kerbhölzern, durch Einkerbungen so festgehalten, dass beide Hölzer identische Einkerbungen aufwiesen. Der Wirt konnte so sein

Exemplar nicht zu Ungunsten des Zechers manipulieren. Diese Kerb-
hölzer waren die Vorbilder für das Betholz, Klausenholz oder Vater-
unser-Hölzle des Einkehrbrauchs am Gedenktag des heiligen Nikolaus.

KETTEN, KETTENRASSELN Zum Verängstigungsritual des Einkehrbrauchs am Tag des heiligen Nikolaus gehörte noch in der Zeit nach
dem Zweiten Weltkrieg ein immer gleicher Introitus: Der Besuch der
mächtigen und mächtig gefürchteten Gäste kündigte sich durch
durchdringendes Poltern, dumpfes Stampfen und ein unheimliches
Kettenrasseln an, eine Geräuschmischung, die selbst abgehärtete und
vermeintlich lebenserfahrene Kinder schlottern machen konnte. Falls
die Kette während des Auftritts des Heiligen sichtbar wurde, dann als
jene Kette, mit der der schwarze Begleiter (siehe NIKOLAUS-BEGLEI-
TER) umgürtet war und von Nikolaus gehalten wurde. Diese Inszenierung zeigte, wer an der Kette lag und wer an ihr zog. Allegorisch wurde damit deutlich, dass Gott und die Seinen das Böse fest im Griff
halten, dass es der Macht des Guten dienstbar ist, wenn der Gute das
so will. Der Teufel oder sein Spießgeselle in Ketten verdeutlichen aber
auch, was die Untat, die Sünde mit uns selber macht: Sie legt uns in
Ketten. Aus dieser Versklavung und aus diesen Ketten können wir
uns nur durch Gottes Gnade und durch unser Mittun, die „guten
Werke", befreien (lassen).

KINDERBESCHENKTAGE Bis ins 13. Jahrhundert war das Fest der
Unschuldigen Kinder (28. Dezember) traditionell Kinderbeschenktag (Schenktermin). Durch die aufkommende Nikolausverehrung
und das Schülerpatronat des heiligen Nikolaus verlagerte sich der
Kinderbeschenktag auf den 5./6. Dezember. Mancherorts war der
Nikolaustag den Jungen vorbehalten, während die Mädchen am Tag
der heiligen Lucia (13. Dezember) beschert wurden. In katholisch
dominierten Regionen hat sich der Brauch bis ins ausgehende

19. Jahrhundert erhalten, während in evangelischen Gebieten der Kinderbeschenktag seit der Reformation auf den 24./25. Dezember verlegt wurde, um die unerwünschte Heiligenverehrung zu eliminieren. Im 20. Jahrhundert hat sich in Deutschland das Weihnachtsschenken konfessionsübergreifend durchgesetzt. In den Niederlanden ist der alte Nikolaustermin erhalten geblieben. In den angelsächsischen Ländern gilt ebenfalls Weihnachten als Schenktag, in Frankreich aber Neujahr, in Italien und Spanien Dreikönige. Vgl. GABENBRINGER.

KINDERFRESSER Knecht Ruprecht alias Hans Muff alias ... (vgl. NIKOLAUS-BEGLEITER) zeichnet sich nicht nur durch seine Bösartigkeit, Schwärze und – missverstandene – Rute als Teufel aus. Die Kinder fürchten sich noch viel mehr vor dem SACK, der, je nach Landschaft auch eine Kiepe sein kann. In diesem Sack schleppt der Schwarze nicht nur murrend die Geschenke des Heiligen heran. Sprichwörtlich darf er auch die „in den Sack stecken", die nach Auffassung des heiligen Nikolaus ihre religiösen und häuslichen Pflichten nicht erfüllt haben. Sack oder Kiepe werden hier zum Höllenschlund, in den nach mittelalterlicher Auffassung fiel, wer vor Gottes Gericht keine Gnade fand. Wer beim Nikolaus-Besuch durchfiel, einem „Weltgericht im Kleinen für Kleine", der landete eben symbolisch im Sack. Diese brachial-pädagogische Methode von zweifelhafter Güte hat ein Vorbild im mittelalterlichen Seelenfresser, der die dem Satan verfallenen Seelen fraß, ein anderes Vorbild in einer antiken Form des Ringkampfes, bei dem der Gegner in den Sack gesteckt werden musste. Die Kinderfresser im Nikolaus-Brauchtum im süddeutschen Raum, wo der Bezug zum Heiligen selbst und seiner Legende immer undeutlicher geworden ist, üben ihre Faszination durch Bedrohung, Abtransport des Angegriffenen und Loskaufriten aus. Die Kindlifresser, Kinderfresser, heute im Süddeutschen ein gepflegtes folkloristisches Phänomen,

haben es im 16. Jahrhundert bereits zu Denkmalehren gebracht, zum Beispiel am Berner Kindlifresser-Brunnen (1544). 1663 definiert sich ein Kinderfresser: „Ich bin der alte böse Mann, der alle Kinder fressen kann." Die in zahllosen kindlichen Angstvorstellungen präsente nebulöse Figur des „schwarzen Mannes" hat im Kinderfresser möglicherweise ihr Vorbild

KOMPILATION (lat. „compilatio", Plünderung) Zusammenfassung von Stoffen aus älteren Quellen in einem neuen Werk, nur oberflächlich miteinander verbunden. In diesem Sinn bei Nikolaus: Kompilation der verschiedenen Stoffe über Nikolaus von Myra und Nikolaus von Sion zu jenem Nikolaus von Myra, den wir heute kennen.

LÄRMBRAUCHTUM Begriffe wie „Höllenspektakel" oder „Höllenlärm" verweisen auf den Deutungszusammenhang, in den das Christentum den Lärm einordnete. In vorchristlicher Zeit sollte Lärm die Zauberkraft der Dämonen brechen. Dieser Aberglaube hat sich lange auch in christlicher Zeit erhalten. Erst später sind die inhaltlichen Ausdeutungen christlich interpretiert, die Formen aber beibehalten worden. Gepaart mit der Abwehr böser Geister tritt die Lust an gemeinschaftlich erzeugtem Lärm auf, der vielfach in strenger rhythmischer Ordnung erfolgt (z. B. bei Lärmumzügen), aber auch seine Freude am chaotischen Durcheinander haben kann. Klopfen und Klöpfeln, Trommeln und Rummeln (mit Hilfe eines Rummeltopfes), Peitschenknallen (Aperschnalzen) und Schießen (durch Vorderlader-Pistolen und Böller), Feuerwerk und Musizieren, Singen und Glockenschellen (Schellenrühren) treten in diesem Zusammenhang auf. Lärm gehört auch zum **EINKEHRBRAUCH** um den heiligen Nikolaus; siehe **KETTEN**.

LEBKUCHEN Der Honigkuchen der Antike wandelte sich zum „Lebekuoche" des Mittelalters. Er wurde im Mittelalter von einer eigenen Zunft, den Lebküchnern oder Lebzeltern (erste Erwähnung 1293 im schlesischen Schweidnitz), hergestellt. Honig ersetzte in dieser Zeit den Zucker – raffinierten Zucker gibt es erst seit dem 19. Jahrhundert! Die Klöster wurden Zentren der Lebkuchenbäckerei, weil das Gebäck als gesund, heilend, verdauungsfördernd und Appetit anregend galt und – da als Arznei eingestuft – in der Fastenzeit genossen werden durfte. Verfeinert mit Nüssen, Mandeln oder Gewürzen oder versehen mit Heilkräutern – unter „Pfeffer" wurden Anis, Ingwer, Kardamon, Koriander, Muskat, „Nägelein" (Nelken), schwarzer Pfeffer, Zimt zusammengefasst –, wurde Lebkuchen zu Pfefferkuchen. In den Klosterküchen, die immer auch als Hostienbäckereien arbeiteten, entstand auch die Idee, Lebkuchenteig auf Oblaten zu backen, was dem Teig Halt und Schutz vor dem Austrocknen gab. Deutsche „Lebkuchen-Zentren" wurden Aachen, Braunschweig, Pulsnitz/Oberlausitz und Nürnberg, das auch heute noch „Lebkuchen-Metropole" ist. Vor dem 16. Jahrhundert wurde Lebkuchen vor dem Backen in Tonformen, später in Holz- oder Steinmodeln geformt. Solche Backformen gab es ebenfalls bereits in der Antike: Die ältesten bekannten stammen aus der Zeit um 2000 vor Christus und wurden im Königspalast von Mari in Mesopotamien gefunden. Die Bezeichnung „Lebkuchen" verleitet zu der Annahme, der „Lebens- oder Labekuchen" habe seinen Namen von „Leben" oder „Laben" erhalten. Wahrscheinlicher ist jedoch, dass der Lebkuchen seinen Namen von lateinischen „libum" (Fladen, Flachkuchen, Opferkuchen) ableitet. So wie beim LUDUS EPISCOPI PUERORUM ein Rollentausch zwischen Schülern und Hierarchen stattfand, gab es in der mittelalterlichen Adventzeit den Brauch, auch auf dem Bauernhof die Rollen zu tauschen: Aus den Mägden und Knechten wurden Herrschaften, und umgekehrt bediente die Herrschaft. Zu diesem Zweck wurde ein würziger Fladenkuchen, der Lebkuchen, gebacken, der an alle Hausbewohner, an Gäste und Arme verteilt wurde. Siehe auch PFEFFERKUCHEN.

LICHTERKLÄUSE   Beim Nikolausbrauchtum in Küssnacht am Rigi/Innerschweiz treten sogenannte Iffeleträger auf, die in einem Umzug überdimensional große Fackeln in Form einer Mitra über ihren Köpfen durch die Straßen tragen. Sie werden auch Lichterkläuse genannt.

LIUDGER   Der Gründerbischof des Bistums Münster hat vor 800 in Billerbeck die erste Nikolaus-Kirche nördlich der Alpen geweiht.

LUCIA   Die heilige Lucia (die Lichtvolle, von lat. „lux", Licht) ist historisch belegt. Um 286 in Syrakus auf Sizilien geboren, starb sie etwa 304 als Märtyrerin unter Diokletian, weil sie keusch leben wollte und deshalb als Christin denunziert wurde. Bestattet wurde sie in einer frühchristlichen Katakombe, über die sich seit byzantinischer Zeit eine Kirche, Santa Lucia, heute in der Neustadt von Syrakus gelegen, erhebt. Wo ihre Gebeine heute ruhen, ist umstritten, vor allem zwischen S. Geremia e Lucia in Venedig und dem Vinzenzkloster zu Metz in Frankreich. Der Festtag der heiligen Lucia, der 13. Dezember, war im Mittelalter zeitweise und in verschiedenen Gebieten KINDER-BESCHENKTAG für Mädchen.

LUDUS EPISCOPI PUERORUM   Das Kinderbischofspiel, Knabenbischofspiel, Schülerbischofspiel oder – in Klöstern – Kinderabtspiel, scheint ein uralter Brauch zu sein. Bereits 867/870, auf dem Konzil von Konstantinopel, wird das festum puerorum, festum stultorum oder fêtes des fous verboten. Ursprünglich wurde dieses Spiel am Tag der Unschuldigen Kinder (28. Dezember) als ein Narrenfest gefeiert, das möglicherweise in der Tradition orientalischer Narrenkönige, römischer Saturnalien und eventuell auch keltischer Tiervermummung stand. Weder das Verbot des Konzils von Konstantinopel noch die Verbote der Konzilien von Basel oder Trient haben das „Spiel der umgekehrten Ordnung" abgeschafft. Im 11. Jahrhundert lässt sich

120

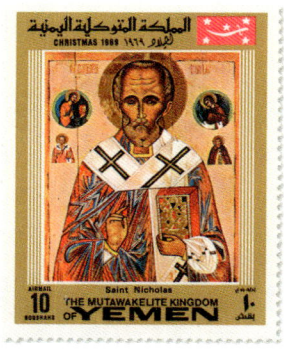

das festum puerorum in Rouen erstmals nachweisen und hält sich dort bis in das 18. Jahrhundert. Seit dem 13. Jahrhundert, mit der Popularität des Nikolaus als Schülerpatron, bürgert sich der 6. Dezember als Festauftakt ein, wobei die gesamte Feier entweder bis zum 28. Dezember dauert oder aber am 28. Dezember abschließend Feierlichkeiten stattfinden. Das eigentliche Spiel bestand darin, dass die Schüler an Kloster-, Stift- und Domschulen, mancherorts sogar die Kleriker selbst, einen „Abt" oder „Bischof" wählten, der ein pompöses Fest und pomphafte Umzüge durchführte. Mancherorts wurde bei diesen Feiern die Liturgie nicht ausgespart: In den Kirchen fanden Feiern unter Leitung des Kinderbischofs statt. Ausgestattet war der Knabenbischof wie ein Bischof: mit Chorkleidung, Mitra und Stab. Zum Teil oder aber für eine bestimmte Zeit galt auch die Regel, dass die eigentlichen Bischöfe den Anordnungen der Knabenbischöfe zu folgen hatten. Im Advent gab es im Mittelalter einen dem Knabenbischofsspiel vergleichbaren Brauch: An bestimmten Tagen hatten die Knechte und Mägde das „Sagen" und spielten die Rolle der Herrschaft, während diese die Rolle der Mägde und Knechte übernahm.

MYRA Historischer Name der heutigen türkischen Stadt Demre, an der „türkischen Riviera", cirka 150 km westlich vom Tourismuszentrum Antalya, nicht mehr unmittelbar am Meer, wohl aber noch an der Küstenstraße gelegen. Die alte Basilika in der heute islamischen Stadt wurde einige Meter unter dem heutigen Niveau ausgegraben. Vor einigen Jahren haben die Stadtoberhäupter dem weltberühmten heiligen Nikolaus ein Denkmal gesetzt, das ihn aber leider im Weihnachtsmann-Outfit der Schokoladenfiguren in den Supermarkt-Regalen zeigt. Im Museum von Demre werden als Reliquien noch eine Rippe und ein Zahn des Heiligen aufbewahrt, die die Grabräuber aus Bari übersehen haben sollen. Nicht nur das legendäre Wirken des heiligen Nikolaus bringt Myra mit dem Christentum in Zusammenhang. Paulus, der als Gefangener nach Rom transportiert wurde, pas-

sierte nachweislich „Myra in Lykien" und stieg dort in ein nach Italien abgehendes Schiff um (vgl. Apg 27,5).

MYRON-WUNDER siehe OLEUM SANCTI NICOLAI

NARRENBRAUCHTUM UND HEILIGER NIKOLAUS

Mit dem Nikolausbrauchtum ist das Narrenbrauchtum mehrfach verknüpft. Nicht nur das auf den Nikolaustermin gewanderte LUDUS EPISCOPI PUERORUM hat narrenhafte Züge, sondern in den dazu gehörigen Umzügen tauchen seit jeher mit Larven und Masken gekleidete Kinder als Teufel auf. Auch im Einkehrbrauch des heiligen Nikolaus mitziehende Teufel und Dämonen und die Teufel in den alpenländischen Nikolausbräuchen mit ihren Masken und Larven, die Lärm erzeugen und tanzen, verweisen auf Narrenbrauchtum. Umgekehrt findet sich Nikolausbrauchtum auch im Karneval, so etwa im Fasenickel, einer der zentralen Figuren der Fastnacht im südfränkischen Raum, im Altmühltal und in Teilen der Oberpfalz.

NIKOLAOS / NIKOLAUS-NAME

„Nikos" bedeutet im Griechischen „Sieg", „laos" das „Volk". „Nikolaos" meint somit „Sieg des Volkes". Wenn Nikolaus eine Ehrenbezeichnung des Heiligen ist, also nicht sein ursprünglicher Eigenname, dann könnte Nikolaus den meinen, der das Böse besiegt und dem Volk gezeigt hat, wie das Gute siegreich bleibt. Der heilige Nikolaos, der zum Nikolaus wurde, erhielt landschaftlich unterschiedliche Namen: von Aschenklas (in Westfalen) über Busseklas und Boklaus (in Braunschweig) bis Zinterklos (im nördlichen Rheinland). Berühmte Persönlichkeiten wie Nikolaus von Flüe (1417–1487), Nikolaus von Kues (1401–1464) und die russischen Zaren Nikolaus I. (1825–1855) und Nikolaus II. (1868–1918) nannten sich nach dem Heiligen. Fünf Päpste (und ein Gegenpapst) haben Nikolaus als Regierungsnamen gewählt. Und zahllose Orts- und Familiennamen sind aus Nikolaus abgeleitet.

NIKOLAUS VON MYRA Völlig unbewiesen sind legendarische Angaben, wonach der heilige Nikolaus, nachmals Bischof von Myra in Lykien, um 270 in Patras als Kind wohlhabender Eltern geboren worden sein soll. Seine Teilnahme am Konzil von Nizäa ist mehr als zweifelhaft, sein Tod um 342 als Bischof von Myra ohne Beleg. Wissenschaftlich gesichert ist nur, dass es wahrscheinlich einen Bischof mit Namen Nikolaus in Myra gegeben hat, von dem zunächst in Myra, dann seit dem 4./5. Jahrhundert in der Ostkirche und spätestens seit dem 8./9. Jahrhundert in der Westkirche Wunderberichte umliefen und der kultisch verehrt wurde. Als Gedenktag gilt im Westen seit dem 8. Jahrhundert der 6. Dezember. Seit der Reliquientranslation von Myra nach Bari (1087) wurde der 9. Mai zum zweiten Nikolausgedenktag.

NIKOLAUS PATRON, PATRONATE Nikolaus ist Schutzherr von Russland und Lothringen, in der Schweiz Patron der Diözese Lausanne-Genève-Fribourg, vor allen Dingen Schutzherr der Hanse und der Städte Amsterdam, Ancona, Bari, Fribourg, Meran und New York. Der Heilige ist Namengeber zahlreicher Städte auf allen Kontinenten. Die Zahl der Nikolaus-Patronate über Kirchen und Altäre wird allein für Deutschland im Mittelalter auf 4 000 bis 5 000 geschätzt. Heute sind im Erzbistum Köln noch 16 von 811 Pfarrkirchen dem heiligen Nikolaus als Hauptpatron geweiht, also etwa 2 Prozent. Zahlreiche Personengruppen haben sich den Heiligen zum Patron erwählt: die Kinder und Schüler, Mädchen, die sich Männer, und Frauen, die sich Kinder wünschen, Gebärende, Seeleute, Schiffer, Flößer, Schiffsbauer und Fährleute, Kaufleute, Müller, Bäcker, Metzger, Schneider, Weber, Reisende, Gefangene, Advokaten, Notare, Pfandleiher, Küfner, Wein- und Kornhändler und Bettler. Die Rettung, die Nikolaus gewährt, scheint mancherorts mit seiner Kirche verbunden zu sein. In Rom ist die älteste Nikolauskirche – San Nicola in Carcere – Gefängniskirche gewesen. Sie besaß das päpstliche Privileg,

jedes Jahr zum Nikolausfest einen zum Tode Verurteilten zu begnadigen. Eine Nikolauskirche war auch in Leipzig Ende des 20. Jahrhunderts Ausgangsort für Frieden und Tyranneibeseitigung. Die ungeheure Popularität des heiligen Nikolaus kann man ermessen, wenn man die Orte zählt, die allein in Deutschland nach ihm benannt worden sind.

NIKOLAUS VON PINORA/SION Abt von Sion, Bischof von Pinora, gestorben am 10. Dezember 564 in Lykien. Seine Lebensgeschichte wurde mit der des Nikolaus von Myra unentwirrbar verwoben.

NIKOLAUS-BEGLEITER Beim Einkehrbrauch wird der heilige Nikolaus nahezu immer von einer Figur begleitet, die als gezähmter Teufel oder „dienstverpflichteter" Höllengeist oder Dämon deutbar ist: oft ein in **KETTEN** gelegter, geschwärzter Poltergeist, zu dessen Ausrüstung meist Rute und Sack oder Kiepe gehören. Bei der Inszenierung stellt diese Figur die Präsenz des Bösen dar, die jedoch Böses und Böse straft, sich dabei aber fest in der Gewalt des Guten (des heiligen Nikolaus) befindet. Die Namen für die Figur variieren. (Einen Überblick über die Benennungsvielfalt gibt der Abschnitt „Der böse Mann, das Höllentor, der Sack und die Segensgerte".) Relativ verbreitet ist der Name Knecht Ruprecht, rauher Knecht Ruprecht oder rauher Percht. Der letzte Begriff verweist einerseits auf den Teufel und andererseits auf die Entstehung des Namens Ruprecht. Teuflische Begriffe sind auch Düvel oder Bock oder der biblische Name Beelzebub. Bezeichnungen wie zum Beispiel Böser Klaus zeigen die Auflösung und kontraproduktive Inszenierung der Heiligenlegende. Andere Figuren sind mittelalterliche Allegorien, die menschliche Laster verkörpern: Bären, Esel, Böcke und die rauhe Perchta, die als „domina perchta" Hoffart, Völlerei und Unzucht verkörpert. Eine andere Interpretation des Begleiters will den heiligen Nikolaus in seiner Rolle als Schifferheiliger als christlichen Poseidon verstehen, als „Nachfolger" des

griechischen Meeresgottes Poseidon (röm.: Neptun). Als „Meeresgott der Christen" habe Nikolaus ein Begleiter zugestanden, wie ihn Poseidon in seinem als Menschenschreck agierenden Sohn Triton gehabt habe. Knecht Ruprecht, der gezähmte Teufel, stehe in der Tradition des Triton. Eine weitere Auslegung sieht – wahrscheinlich unrichtig – im Einkehrbrauch die christliche Einvernahme eines germanischen Wotankultes. Die neuere Forschung sieht alle Schreckensgestalten dem Reich des Bösen entstiegen und erklärt damit ihr Vorhandensein ohne Rückgriffe auf germanisches Brauchtum.

NIKOLAUS-BRUDERSCHAFTEN Nikolaus-Bruderschaften entstanden in vielen Städten durch Kaufleute, Schiffer und verschiedene Handwerkerzünfte. Eine der ältesten scheint in Köln an der Nikolauskapelle in Sülz (heute Köln-Sülz) bestanden zu haben, die möglicherweise 1201 gegründet wurde. In der Stadt Köln entstanden später noch drei weitere Nikolaus-Bruderschaften. Am Festtag des Heiligen feierte man ein Fest und beschenkte Kinder und Dienerschaft.

NIKOLAUS-FEST Seit dem 8./9. Jahrhundert wurde im Westen das Fest des heiligen Nikolaus am 6. Dezember – „Natalis S. Nicolai" – begangen. Nach der Überführung der Gebeine des Heiligen nach Bari (1087) wurde zusätzlich der 9. Mai zum Gedächtnistag – „Translatio S. Nicolai". Mit der Reform des kirchlichen Festkalenders 1969 fiel die weltweite Verpflichtung zur Feier eines Gedächtnistages für den heiligen Nikolaus fort. Dem kultisch-liturgischen Stellenwert des Heiligen, dessen Verehrung vom 12. bis zum 16. Jahrhundert unvergleichlich blühte, entsprechen kaum überschaubare Auswirkungen auf das volksfromme Brauchtum, aber auch Ausformungen von Bruderschaften, Wallfahrten, Reliquienverehrung und eine kaum zu messende Anzahl bildlicher und plastischer Darstellungen. Der hohe liturgische Rang des Nikolaustages hatte profane Folgen: Was inner-

lich wirksam war, sollte äußerlich auch erlebbar sein. Die Festtagsküche stellte darum durch ihre Produkte sinnlich unter Beweis, welche übersinnlichen Qualitäten der jeweilige Festtag hatte. Produziert wurde für die Familie oder die Klostergemeinschaft, aber auch für das Gesinde, für Verwandte, Besucher, Freunde, Gäste, Bettelnde und Heischende. Das liturgische Fest weitete sich aus zu einem Gesamterlebnis. Vieles von dem, was heute in der Advent- und Weihnachtszeit und darüber hinaus an Festspeisen und Festgebäck angeboten wird, hat seinen Ursprung im Weihnachts- und Nikolausfest und kam deshalb nur an diesen Tagen selbst auf den Tisch. In ganz früher Zeit, als die Adventzeit noch strenge Fastenzeit war, war der Nikolaustag als traditioneller Schlachttag ein besonderes Erlebnis; siehe SCHLACHTFEST, NIKOLAUS-SCHLACHTEN.

NIKOLAUS-LEGENDEN Ältester schriftlicher Beleg für die Verehrung des Bischofs von Myra ist die Stratelatenlegende, die so genannte „Praxis de stratelatis" von der wunderbaren Rettung dreier Feldherren vor dem Tode. Diese „Keimzelle der Nikolauslegende", die die Handlung zu Lebzeiten des Heiligen ansetzt, spielt zur Zeit von Kaiser Konstantin (306–337), der mit der „Konstantinischen Wende" die Ära des Christentums im Römischen Reich eröffnete. Die älteste erhaltene Aufzeichnung der Legende wird in die Zeit zwischen 460 und 580 datiert. In einer kaum entwirrbaren Form haben sich weitere Legenden um Nikolaus von Myra und um Nikolaus von Sion miteinander zu Legenden des Nikolaus von Myra verbunden. In der ersten Hälfte des 9. Jahrhunderts tauchen sie auf weströmischem Boden auf und werden vielfach literarisch neu gefasst. Größte Auswirkung hatte die „Legenda aurea", die Goldene Legende des Dominikaners Jacobus de Voragine, späterer Erzbischof von Genua, in der zweiten Hälfte des 13. Jahrhunderts. Sie ordnet die Heiligen nach dem Kirchenjahr an und behandelt den heiligen Nikolaus gleich nach dem heiligen Andreas. Die wichtigste Innovation des lateinischen Abendlandes in der Weiterentwicklung der Grundlegenden des heiligen Nikolaus ist die Schülerlegende, die Wundererzählung von der Auferweckung dreier ermordeter Schüler. Sie scheint schon vor 1200 im nordfranzösischen Bereich vorhanden gewesen zu sein und prägte den Typ von Nikolaus, der als himmlischer Kinderfreund und Gabenbringer in zahlreichen zeitabhängigen Metamorphosen bis in die Gegenwart fortlebt.

NIKOLAUS-MANNA siehe OLEUM SANCTI NICOLAI

NIKOLAUS-SCHIFF „Schiffchen setzen" wurde der mindestens seit dem 15. Jahrhundert bekannte Brauch genannt, aus Papier oder anderem Material Nikolaus-Schiffchen oder Nikolaus-Schiffe zu basteln, in die der Heilige seine Gaben legen sollte. Hintergrund für diesen Brauch dürfte das Schifferpatronat des Heiligen sein. Das Nikolaus-Schiffchen wurde später durch Stiefel, Schuh und Strumpf und dann durch den Gabenteller abgelöst.

NIKOLAUS-SCHLACHTEN Wegen der Fastenzeit konnte dem an Nikolaus üblichen Schlachten der Fleischverzehr nicht folgen. Das Fleisch musste eingepökelt werden. Dieser Vorgang war offensichtlich Anregung der Sekundärlegende von den drei Knaben im Pökelfass, die durch den heiligen Nikolaus wieder zum Leben erweckt wurden, vgl. NIKOLAUS-LEGENDEN. Siehe auch SCHLACHTFEST.

NÜSSE Nüsse eignen sich nicht nur als lagerfähiges Nahrungsmittel für die Winterzeit, sie sind – roh oder verbacken – ein nahrhaftes und begehrtes „Schmankerl" oder „Leckerchen". In der Symbolik gelten sie als Zeichen für Gottes unerforschlichen Ratschluss: Gegenwart und Zukunft geben uns – bildlich gesprochen – manche Nuss zu knacken. Entsprechend formuliert der Volksmund: „Gott gibt die Nüsse, aber er knackt sie nicht." Früher wurden Nüsse auf einen Fa-

den gezogen und in den Weihnachtsbaum gehängt. Besonders vergoldete Nüsse zeigen an, dass das Leben zwei Seiten hat: den im Innern verborgenen Kern und das strahlende Äußere. Im Gebäck zeigen Nüsse den Reichtum göttlicher Gnade an. Viele Weihnachtsorakel sind mit „prophetischen Nüssen" verbunden: In Schlesien bekam jeder nach dem Weihnachtsessen vier Nüsse überreicht. Jede von ihnen symbolisierte eine Jahreszeit. Taube Nüsse kündigten Missgeschick und Unglück an. In Bayern war es ähnlich: Mit zwölf Haselnüssen bezog sich die „Vorhersage" allerdings auf die zwölf Monate des Jahres.

OLEUM SANCTI NICOLAI   Aus dem Sarkophag des heiligen Nikolaus wurde und wird – der Tradition nach schon in Myra (deshalb auch Myron-Wunder, wobei der Begriff doppeldeutig ist: einmal bezogen auf die Stadt Myra, zum anderen kann „myra" auch „Salbe" oder „wohlriechendes Öl" bedeuten) – eine Flüssigkeit in der Menge von 7–8 Litern jährlich aufgefangen, die als „Oleum Sancti Nicolai" oder auch als Nikolaus-Manna oder Manna di S. Nicolai bezeichnet wird. Die – erheblich verdünnt vermarktete – Substanz gilt als Wunder wirkend.

OMOPHORION   Ein seit dem Beginn des 5. Jahrhunderts in der Ostkirche den Bischöfen vorbehaltenes Ornatstück, ein Schultertuch, das der Bischof bei der Liturgie als Auszeichnung und im Unterschied zu anderen Geistlichen trug. Das Omophorion symbolisierte das verirrte Schaf, das der Bischof als Nachfolger des guten Hirten aufgesucht hat und auf seiner Schulter zur Herde zurückbringt. Das artverwandte PALLIUM des Westens dagegen wurde und wird vom Papst und den Metropoliten als Abzeichen oberster Gewalt getragen.
PALLIUM   Das Pallium, heute ein Band aus weißer Wolle, das ringförmig über dem Messgewand um den Hals getragen wird und von dem auf Brust und Rücken des Trägers je ein Endstück herabhängt. Eingestickt sind sechs schwarze Kreuze; schwarz sind ebenfalls die Enden

der herabhängenden Bänder. Bis zum 11. Jahrhundert war das Pallium ein Zeichen der besonderen Verbundenheit mit dem Papst, bis es schließlich zum Ornat der Metropoliten und Erzbischöfen in ihren Sprengeln wurde. Der Papst darf als Einziger das Pallium bei jeder Messfeier tragen; bei ihm ist es das Kennzeichen des weltweiten Hirtenamtes. Die Metropoliten tragen es nur zu bestimmten feierlichen Anlässen. Seit dem 11. Jahrhundert ist auch in zunehmendem Maße die byzantinische Deutung des Palliums als Sinnbild des bischöflichen Hirtenamtes übernommen worden, was zu einer Verbindung des Palliums mit dem Fest der heiligen Agnes (ihr Name geht zurück auf lat. „agnus", Lamm) geführt hat.

PATRAS (PATARA) Der Legende nach Geburtsort des heiligen Nikolaus von Myra, in Lykien an der Küste gelegen. Die „Legenda aurea" verwechselt den Ort in Lykien mit Patras in Griechenland.

PFEFFERKUCHEN Pfefferkuchen waren ein mit „Pfeffer" (Sammelbezeichnung für damals exotische Gewürze) gewürztes Hausgebäck, das aus LEBKUCHEN entstanden ist, der wiederum im Honigkuchen einen Vorläufer hat. Später blieb der Begriff erhalten, und die Gewürzzugaben wurden vielfältiger. Anis, Fenchel, Honig, Kardamom, Koriander, Mandelöl, Mazisblüte, Muskatnuss, Nelken, Zimt und Zitronenschale mischen die Pfefferküchler nach geheimen Rezepten mit Mehl zu einem Teig, der lagern muss. Heute ruhen die Teige vierzehn Tage bis ein Jahr. Früher setzte ein Meister einen Teig an, wenn ihm ein Sohn geboren wurde. Verarbeiten durfte er den Teig erst, wenn der Sohn das Geschäft übernahm. Pfefferkuchen galt als Fastenspeise. Auch als Heilmittel wurde das Gebäck eingesetzt: Wer zwischen Weihnachten und Lichtmess – bekanntlich immerhin vierzig Tage – ein Stück Pfefferkuchen in der Tasche trug, sollte vor „Buckelweh" geschützt sein. Fiebernden wurde empfohlen, den Kuchen in dreimal drei Stücke zu schneiden und jedes Mal drei Stücke zu essen.

Es hat wohl auch Missgünstige gegeben, die ihren Pfefferkuchen mit niemandem teilen wollten. Auf sie scheint ein alter Liebeszauber aus der Lausitz zu zielen; er besagt, wenn sich das Wetter innerhalb von 24 Stunden nach dem Genuss von Pfefferkuchen ändere, werde der Pfefferkuchenesser „unfehlbar wahnsinnig". Pfefferkuchen-Zentren sind Pulsnitz in der Lausitz, Aachen und Nürnberg.

PHRYGISCHE MÜTZE Die spitz zulaufende, nach vorn geneigte Kopfbedeckung bestand ursprünglich aus dem Hodensack eines Stiers und war traditionell die Kopfbedeckung der Phryger und dann Kennzeichen der dortigen Priesterschaft. Aus diesem Grund wurden die neutestamentlichen Magier aus dem Osten – ehe sie als Könige bezeichnet wurden – mit der phrygischen Mütze dargestellt. Die Mütze ist auch Erkennungszeichen derer, die gegen die ihnen Übergeordneten opponieren. Mithras, die Amazonen und Paris tragen sie ebenso wie die Jakobiner der Französischen Revolution, von denen die Narren die Idee übernahmen. Als der heilige Nikolaus in der Aufklärung seiner religiösen Bezüge beraubt wurde, verlor er natürlich auch die bischöflichen Gewänder und fand sich wieder in einer Art Bademantel mit Kapuze, die sich als phrygische Mütze deuten lässt. Diese Mütze ging über an Saint Claus und Father Christmas und den WEIHNACHTSMANN. Die Punks bieten die jüngste Variante der phrygischen Mütze: Ihre Haare sind bis auf einen nach vorn geneigten Kamm geschoren.

PIET, SWARTER/ZWARTER/PIETERMAN Knecht Ruprecht heißt in den Niederlanden „Swarter Piet" und begleitet den heiligen Nikolaus, der jedes Jahr „aus Spanien" kommt. „Der Schwarze" meint seit jeher keine menschliche Rasse, sondern die Personifikation des Bösen, den Teufel selbst – schwarz wegen seiner Gesinnung und des Höllenschlundes. „Der schwarze Peter", das sprichwörtliche Unglück nicht nur beim Kartenspiel, hat also nichts mit Rassendiskriminierung zu tun. Siehe NIKOLAUS-BEGLEITER.

PINORA Stadt in Lykien, in der Abt Nikolaus von Sion Bischof war. Seine Lebensgeschichte wurde mit der des Bischofs Nikolaus von Myra vermischt.

RELIQUIEN Die Gebeine der Heiligen – zunächst der Martyrer, dann auch der Bekenner – , die so genannten Primärreliquien, später auch die Utensilien ihres Lebens wie Kleidung, Gebrauchsgegenstände, die Sekundärreliquien, und noch später alle Gegenstände, die mit Primär- und Sekundärreliquien in Berührung gekommen waren, die Tertiär- oder Berührungsreliquien, galten als beseelt mit der besonderen Kraft der Heiligkeit: der „virtus". Auch ein Heiliger würde einst nach dem Weltgericht seine Gebeine wieder in Gebrauch nehmen. Und da die Heiligkeit den ganzen Menschen, Seele und Leib betraf, galt die Heiligkeit nicht nur für die im Himmel weilende Seele, sondern auch für den Körper auf der Erde. Galt es in den ersten Jahrhunderten als strikt verboten, Reliquien zu teilen (Tabu des Grabes), hielt man sich in späterer Zeit nicht mehr daran. Reliquien wurden geteilt und in jene Altäre eingebracht (Reliquiengrab), die nicht mehr über Heiligengräbern errichtet wurden. Am Todestag und/oder am Tag der Reliquientranslation, also dem Tag, an dem die Reliquien am Ort ihrer jeweiligen Verehrung eingetroffen waren, wurden sie besonders verehrt. Wallfahrer kamen von nah und fern, Wunder wurden erfleht. Bari war das Zentrum der Verehrung der Nikolausreliquien, später kam **SAINT-NICOLAS-DE-PORT** in Lothringen hinzu.

RUTE Beim Nikolaus-Einkehrbrauch spielt die Rute eine Rolle: „Böse" Kinder bekommen die Rute entweder symbolisch (dann aber natürlich ohne anhängende Süßigkeiten!) überreicht oder aber – tatkräftiger – in der Form eines Strafinstrumentes zu spüren. Da der heilige Nikolaus unmöglich selber schlagen darf – dies vertrüge seine Würde nicht –, wird diese abschreckende Aufgabe durch den von ihm beherrschte „Schwarzen" ausgeführt. Im volkstümlichen Jahres-

brauchtum taucht die Rute an verschiedenen Stellen auf: als Martini-
gerte zum Beispiel oder aber auch als Narrenpritsche. Ein Stab, ein
Stock sind nach uralter Auffassung Symbol männlicher Herrschaft
und Leitungsgewalt. Der Stab enthält von Natur aus Kraft und Dynamik. Er kann seine Macht auf doppelte Weise zeigen: positiv und negativ. Seine Lebenskraft kann neues Leben und Fruchtbarkeit verlei-
hen: Das Berühren (kindeln, pfeffern, pfitzeln, schlagen) mit einer
grünen Gerte, Rute, (Narren-) Pritsche, Pfefferlesrute ist eine alte
Fruchtbarkeits- und Segensgeste. Übertragen wird die frische Kraft
der Natur, bei der Fruchtbarkeit Segen bedeutet. Auch der „Ritter-
schlag" vergangener Zeiten verleiht die Kraft über das dafür verwendete Gerät. Umgekehrt kann der Stock oder Stab die gleiche Kraft zur
Züchtigung, zum Verletzen und Töten einsetzen. In Gottes Hand
konnte die Rute zu seines „Zornes Rute" (Jes 10,5) werden, also zu einem Instrument der Bestrafung, doch vom Ausgangsmaterial her betrachtet, hatte sie die Aufgabe, die ihr innewohnende Kraft weiterzugeben, zu segnen, zu befruchten. Wenn beim Einkehrbrauch die
Rute nur noch „in der Hand des Bösen" schwingt, ist ein guter Teil ihres Sinnes verloren.

SACK, IN DEN SACK STECKEN Beim Einkehrbrauch des heiligen Nikolaus besteht eine – pädagogisch wenig kluge – Variante darin, den
„bösen" Kindern zu drohen, Hans Muff werde sie in den Sack stecken. Der Sack, den der Nikolaus-Begleiter mit sich trägt, hat demnach zwei Funktionen: Er transportiert zum Besuchten hin die
Geschenke für die „guten" Kinder und führt nach dem Besuch die
„bösen" Kinder ab. In bildlichen Darstellungen war dieser Abtransport von Kindern im Sack gegenwärtig. Mit dieser Drohung nahm das
Brauchtum ein sehr viel älteres Bild auf: „Einen in den Sack stecken"
im heutigen Sinne von z. B. „jemandem an körperlichen oder geistigen Kräften überlegen sein" hat seinen Ursprung in einer besonderen
Form von Ringkämpfen, die im 16. Jahrhundert noch üblich waren,

bei denen der Besiegte wirklich in den Sack gestoßen oder gesteckt wurde. Zahlreiche literarische Zeugnisse bis in die Neuzeit belegen die Bedeutung, die ein Volkslied von 1400 formuliert: „Und wer den andern übermag, Der schieb in fürbaß in den Sack." Vgl. KINDER-FRESSER.

SAINT-NICOLAS-DE-PORT Lothringischer Wallfahrtsort, südlich von Metz bei Nancy. Seit Ende des 12. Jahrhunderts der Nikolaus-Wallfahrtsort nördlich der Alpen, zu dem Hunderttausende pilgerten. Auslöser des Kultes war eine Fingerreliquie des Heiligen, die während bzw. nach seiner Übertragung nach Bari „erworben" worden war. Der unbedeutende Marktflecken Port wurde in Saint-Nicolas-de-Port umbenannt.

SANTA CLAUS   siehe NIKOLAOS/NIKOLAUS-NAME, SCHENK-TERMINE, WEIHNACHTSMANN

SCHENKTERMINE Kinderbeschenktag war im frühen Mittelalter das Fest der Unschuldigen Kinder (28. Dezember). Als der heilige Nikolaus populär und Patron der Schüler und Kinder wurde, verlagerte sich im 13. Jahrhundert der Kinderbeschenktag für Jungen auf den Festtag des heiligen Nikolaus (6. Dezember). Im 14. Jahrhundert ist der 6. Dezember als Geschenktermin allgemein üblich. Mancherorts scheint parallel das Fest der heiligen LUCIA (13. Dezember) zum Kinderbeschenktag für die Mädchen geworden zu sein. Weihnachten war um 1500 als Schenktermin oder Kinderfest unbekannt. Die Reformation hat sowohl den heiligen Nikolaus als Gabenbringer als auch den 6. Dezember als Schenktermin bekämpft. Heilige als Mittler göttlicher Gnade waren nach reformatorischer Lehre überflüssig. Neuer Schenktermin – zunächst in protestantischen Gegenden, nach 1900 allmählich in ganz Deutschland – wurde Weihnachten (25. Dezember). Gabenbringer wurde eine von Martin Luther propagierte Kunst-

figur: das Christkind, das es aber als Nikolaus-Begleiter oder als Gabenbringer schon vorher gab. In den protestantischen Ländern ließ sich der Wandel von Nikolaus zum Christkind und damit vom 6. auf den 24. Dezember nicht überall durchsetzen: Die Niederlande hielten am alten Schenktermin und am heiligen Nikolaus fest.

SCHIFFSALLEGORESE Die allegorische Deutung des Schiffs geht nicht nur auf die biblische Erzählung von der Stillung des Sturms auf dem See (Mt 8,18.23–27; Mk 4,35–41; Lk 8,22–25) zurück. Sie ist im Judentum (Arche Noach, Jona-Erzählung) ebenso bekannt wie in anderen antiken orientalischen Kulturen (vgl. z. B. den Gebrauch von Totenschiffen). Im 2. Jahrhundert setzt der Kirchenschriftsteller Tertullian Schiff und Kirche gleich. Seit dem 4. Jahrhundert findet diese Gleichsetzung allgemeine Verbreitung. Der Aufbau der Kirche wird mit den Funktionen und der Besatzung eines Schiffs verglichen. Der Mastbaum wird mit dem Kreuz gleichgesetzt, das das Kirchenschiff über das Meer lenkt. Das Kreuz ist Siegeszeichen und Garant des Sieges der Kirche, einer Schicksalsgemeinschaft auf Leben und Tod. Der heilige Ambrosius sieht das Schiff der Kirche „mit den Segeln am Mastbaum des Kreuzes, die sich blähen im Sturmwind des Heiligen Geistes". Ein Papst vergleicht Anfang des 3. Jahrhunderts das Kirchenwesen mit einem Schiff. Die Kirche als Schiff, das sogenannte Kirchenschiff, nimmt physische Gestalt an: Romanik, Gotik, Barock, Klassizismus, Neuromanik und Neugotik bilden die Längsachse der Kirchengebäude als Kirchenschiff aus. Das Kirchenschiff wird zur zweiten Arche des Heils mit dem Steuermann Christus, dem Windhauch des Heiligen Geistes, den Rudern der Weisheit, den Tauen der Jugend usw. Das Meer ist Bild für die Welt, die Gläubigen sind die Passagiere, die Segel symbolisieren die Liebe, der Glaube ist der Kompass. Die Gottesmutter Maria aber ist der Meerstern (vgl. „Meerstern, ich dich grüße", „Ave, maris stella"). Das Gegenmodell zum allegorischen Kirchen-Schiff ist das mittelalterliche Narren-

schiff. – In Verbindung mit dem heiligen Nikolaus deutet ein Schiff auf seine Legende, in der er Seeleute und Pilger auf dem Wasser rettet. Er wurde deshalb Patron der See- und Binnenschiffer, Brückenheiliger und fand sich in fast jedem Hafen als Skulptur und in jeder Hafenstadt als Kirchenpatron. Die zu Nikolaus pilgernden Schiffsleute symbolisieren den Menschen, der sein Ziel, das Heil, sucht.

SCHLACHTFEST Der November galt als Schlacht- und Schmeermonat; November und Martini wurde als Speckmärten bezeichnet. Auch Nikolaus war Schlachttermin: Hier verloren die Schweine ihr Leben, die den Menschen in den nachfolgenden Wochen die Bäuche füllen sollten. In den Bauernkalendern früherer Jahrhunderte kennzeichnete die Gans darum den 11. November und ein Schwein den 6. Dezember. Wenn früher auf einem Bauernhof ein Schwein oder ein Rind geschlachtet wurden, so war das nicht nur ein sachlicher Vorgang der Fleischbevorratung und -konservierung für die Winterzeit, sondern ein Ereignis, zu dem es für die Kinder sogar schulfrei gab. Alle – oft auch die Verwandten, Bekannten, Nachbarn – beteiligten sich an den Arbeiten. Am Abend wurde die gemeinsam erledigte Prozedur gefeiert: Wurstbrühe, Wellfleisch, Blut-, Leber- und Grützwürste, Speck, Schweinefüße, Schweineohren und anderes wurden mit Sauerkraut, gedünsteten Äpfeln und – natürlich – mit Bier und Schnaps gereicht. Wer nicht mitfeiern konnte, dem schickte man eine Auswahl der Köstlichkeiten nach Hause. Neben Martini wurde in der Frühzeit auch zu Nikolaus geschlachtet. Während aber das Martinischlachten mehr Fleisch zum Sofortverzehr bot, weil es ein Termin noch vor der Fastenzeitschwelle war, verlangte das Nikolausschlachten auch Fastenverhalten, weshalb das Fleisch nahezu ausschließlich zum Einpökeln bestimmt war. Beim Schlachtfest trifft man auf den Heischebrauch: Die Nachbarskinder zogen zu dem Haus, in dem ein Schlachtfest stattfand und sangen, bis sie mit Würsten belohnt wurden (daher: „um die Wurst singen", „es geht um die Wurst" als Preis oder Gabe).

136

SPEKULATIUS Dem Hausbesuch des heiligen Nikolaus beim Einkehrbrauch entspricht die bischöfliche Visitation (lat. „visitatio", Besuch), bei der sich der Bischof durch eigenen Augenschein von den pastoralen Verhältnissen in einer Gemeinde überzeugt. Der Bischof tritt dabei als „Spekulator" mit dem Titel „episcopus speculator" (lat. „speculari", spähen, sehen, gewahr werden; vgl. lat. „speculum", Spiegel, Vorbild; vielleicht auch von lat. „species artificiosa", kunstvolles Bildnis), also als Beobachter auf und ist gleichzeitig Vorbild. Ein spezielles **GEBILDEBROT**, der Spekulatius, scheint seinen Namen deshalb zu haben, weil es meist den Bischof in repräsentativer Form, oft hoch zu Ross, wiedergab. Der Spekulatius ist ein Formgebäck aus dem holländisch-niederrheinischen Gebiet (in Abgrenzung von Gebildebrot, vgl. **WECKMANN**), weil es durch die Benutzung von Modeln, in die der Teig hineingepresst wird, entsteht. Dargestellt werden der Heilige, Szenen der Legende und regionale Motive. Die Model aus Holz und Ton lassen sich bis in das 16. Jahrhundert zurückverfolgen. Das möglicherweise zunächst nur in Verbindung mit dem Nikolausfest hergestellte Gebäck wird seit Jahren auch zu St. Martin, im Advent und Weihnachten gereicht.

STRATELATENWUNDER Älteste Legende von Nikolaus im Osten und Westen. Diese Legende von der Rettung der drei Feldherren setzt die kultische Verehrung des heiligen Nikolaus voraus und war zugleich Auslöser von Folgelegenden.

STRUWWELPETER Für seine Kinder zeichnete Heinrich Hoffmann den 1845 erstmals im Druck erschienenen „Struwwelpeter", der bis heute in zweistelliger Millionenauflage verbreitet wurde. Diese von zeitgemäß bürgerlicher Anpassungs- und Drohpädagogik gespeiste Bildgeschichte greift zwar die Figur des Nikolaus (bereits nur noch am Namen „Niklas" und der roten Farbe des Mantels und der Zipfelmütze erkennbar) auf, füllt ihn inhaltlich aber völlig anders. Der

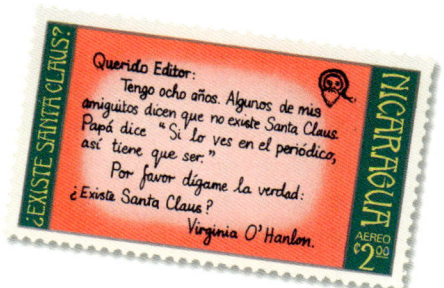

„Niklas", „bös und wild", steckt (drei) Kinder in ein Tintenfass, statt – wie in der Legende – die drei toten Kinder aus dem Pökelfass zum Leben wiederzuerwecken. Der säkularisierte Nikolaus mit der PHRYGISCHEN MÜTZE ist einer der Vorläufer des WEIHNACHTSMANNES.

TEUFEL Widersacher Gottes in der Bibel, der Herr der Gegenwelt und des Reiches des Bösen, der in der mittelalterlichen Fastnacht häufig dargestellt wurde, ist der Teufel (althochdeutsch: „tiufal", mittelhochdeutsch: „tiuvel, tievel") oder Satan, der zunächst als Engel mit dem Namen Luzifer im Himmel lebte und sich dann gegen Gott empörte. Die außerbiblische Literatur erzählt, in einem Kampf habe der Erzengel Michael den Engel Luzifer besiegt und in die Hölle gestürzt. Der Legende nach soll dies an einem 1. August passiert sein, weshalb der 1. August ein Unglückstag ist. Entstanden ist die Wortbildung aus dem gotischen „diabaulus, diabulus", das über das kichenlateinische „diabolus, diabulus" auf das griech. „diabolos", verleumdend, schmähend, zurückgeht. Griech. „diabolos" kommt von dem Verb „diaballein", durcheinanderwerfen, entzweien, verfeinden, schmähen, verleumden. Das Wort „Teufel" hat im Deutschen die einheimische Bezeichnung „Unhold" (althochdeutsch: „unholdo") abgelöst. Im Karneval spielte der Narr, was er fürchtete, nämlich „des Teufels zu sein", dem Teufel anheim zu fallen, einer der Seinen zu werden. Beim Einkehrbrauch des Nikolaus hat der Heilige den Teufel fest im Griff, er liegt an der Kette und ist dem Guten dienstbar. Anstelle des heiligen Nikolaus trägt er die Gaben, kann aber auch in seinem Sack „böse Kinder" abtransportieren. Vgl. KINDERFRESSER.

THAUMATURGOS Griech. für „Wundertäter", einer der Titel des heiligen Nikolaus.

THEOPHANU Byzantinische Prinzessin, um 959/960 geboren, 972 eingeheiratet in das ottonische Kaiserhaus, Gemahlin Kaiser Ottos II.

138

(973–983) und Mutter Ottos III. (983–1002), gestorben 991. Sie förderte in Deutschland die Verehrung des heiligen Nikolaus. Die ottonischen Kirchengründungen erhalten Nikolaus zum Patron.

TRANSLATIO S. NICOLAI Der Raub der Nikolaus-Reliquien der Barenser in Myra wird als „Reliquientranslation" von Myra nach Bari bezeichnet. Das liturgische Fest wurde bzw. wird am 9. Mai begangen.

UNSCHULDIGE KINDER Nach Mt 2,8–18 befahl König Herodes, als sich die Magier von ihm nicht zur Denunzierung des neugeborenen Messias benutzen ließen, in Betlehem und Umgebung alle Knaben im Alter bis zu zwei Jahren zu ermorden. Der Evangelist sieht in diesem Vorgang die Erfüllung des Prophetenwortes von Jer 31,15. Seit dem 5. Jahrhundert gibt es einen Gedenktag für die Betlehemitischen Kinder, die nicht nur ohne Schuld und als Märtyrer, sondern sogar stellvertretend für Christus gestorben sind. In Zeiten hoher Säuglings- und Kindersterblichkeit gewann dieser Gedenktag besondere Bedeutung. Die Unschuldigen Kinder sind Patrone der Chorknaben und Findelkinder. Sie werden angerufen gegen Ehrgeiz und Eifersucht. Als Tag, an dem man sich Fruchtbarkeit wünschte und durch Rutenschläge segnend vermittelte, gewann dieser Gedenktag Bedeutung. Wahrscheinlich in Erinnerung an die im Gedenkanlass sichtbare Brutalität bei Auseinandersetzungen wurde dieser Tag im Rheinland auch als Versöhnungstag gefeiert. Am Sonntag, nach dem Kirchgang, fand im Rathaus eine Feier zur Beendigung von Streitigkeiten und Feindschaften statt. In Erinnerung an die Flucht der Heiligen Familie nach Ägypten und der Leistung, die dabei der Esel vollbracht hat, steckte man Eseln, denen man am 28. Dezember begegnete, eine Leckerei ins Maul. In der nur den Kindern eigenen Unbekümmertheit haben diese im Mittelalter diesen Tag für sich reklamiert und vereinnahmt. In Kloster- und Domschulen führten die Schüler das Regiment und durften in Reimform ihre Meinung sa-

gen. Sie spielten „verkehrte Welt", in der die Großen klein und die Kleinen groß sind. An diesem Tag fand das Kinderbischofsspiel (LUDUS EPISCOPI PUERORUM) statt, das – um 1300 mit dem Aufkommen der Nikolaus-Verehrung – ebenso auf den Nikolaustag abwanderte wie die Sitte des Kinderbeschenkens (KINDERBESCHENK-TAGE). In Bayern schenkten die Paten ihren Patenkindern an diesem Tag Gebäck: den Mädchen eine Lebkuchenfrau, den Jungen einen Lebkuchenreiter. Bereits in vorchristlicher Zeit hatte dieser Tag für die Kinder eine besondere Bedeutung. Frau Holle zog in dieser Nacht mit allen Kindern, die im Jahr geboren werden sollten, umher. Das Element des Schenkens war in dieser Vorstellung bereits enthalten: Dem Geisterzug wurde Essen hingestellt.

VÄTERCHEN FROST Metamorphose einer Metamorphose: Väterchen Frost ist die marxistische Mutation der aufklärerischen Nikolaus-Mutation Herr Winter. So wie in den marxistischen Systemen konsequent alle christlichen Feste durch marxistische Parallel-„Neu"-Schöpfungen ersetzt wurden (die Taufe wurde z. B. zum Fest der Namengebung), musste natürlich auch der heilige Nikolaus abtreten. An seine Stelle trat (um die Erinnerung an den alten Sinn des Tages zu verdrängen) Väterchen Frost als Gabenbringer am nunmehr marxistischen Kinderbeschenktag. So leicht ließ sich christlicher Sinn in säkularisierter Form in den Marxismus vermeintlich importieren und implantieren. Dass marxistische Machthaber (z. B. Nikita Chruschtschow), die selbst den Namen des heiligen Nikolaus trugen, im „Väterchen Frost" eine Nikolaus-Mutation gut hießen, scheint ihnen nicht aufgefallen zu sein.

WECKMANN In den frühen Tagen der Kirche war es üblich, sonn- und feiertags nach dem Gottesdienst als Kommunionersatz denen, die die Eucharistie nicht empfangen hatten, nicht hatten empfangen dürfen (Büßer, Katechumenen) oder nicht hatten empfangen können (da-

heim gebliebene Kranke), gesegnetes, aber nicht konsekriertes Brot zu reichen. In der griechisch- und russisch-orthodoxen Liturgie hat sich dieser Brauch erhalten, der auf die urchristliche Agapefeier (Liebesmahl) nach dem Gottesdienst zurückgeht, die wiederum ein Brauch ist, den die Juden noch heute pflegen: Nach dem Kabalat-Schabbat, dem Gottesdienst am Freitagabend zum Sabbatbeginn, versammeln sich alle Teilnehmer zu einem gemeinsamen Mahl. Im Lauf der Zeit erhielt das dabei verwendete Gebäck eine auf den Festinhalt bezogene Form. Der Weckmann, ursprünglich wohl nur ein am Nikolaustag übliches Nikolausgebäck, später auch am Tag des Martin und heute in der gesamten Adventzeit üblich (Stutenkerl oder Piepenkerl im Westfälischen; Hefekerl in der Schweiz; Kloskählsche in Neuss; aber auch Printenmann, Hanselmann, Klasenmann, Jahresmann), ist ein GEBILDEBROT, eine aus Weizenmehlteig geformte Figur: Dargestellt ist ein Bischof! Die heute meist vorfindliche Tonpfeife ist ein Irrtum: Dreht man sie mit dem Kopf nach oben, so erkennt man, dass statt der Tonpfeife ursprünglich ein Bischofsstab angebracht war. Die Tonpfeifen kamen nach dem Ersten Weltkrieg auf, als die Westerwälder Pfeifenbäcker neue Absatzmärkte suchten. Der mindestens seit dem 15. Jahrhundert bekannte Weckmann hat seitdem einen Siegeszug angetreten, der ihn heute auch in Bäckereien Süddeutschlands, in München ebenso wie in Stuttgart oder Freiburg, „heimisch" hat werden lassen.

WEIHNACHTSBESCHERUNG   Der nur im Deutschen gebräuchliche Terminus „Bescherung" ist abgeleitet von dem mittelhochdeutschen Wort „beschern", das „zuteilen" oder „verhängen" bedeutete. Verwendet wurde der Begriff meist in Verbindung mit Gott oder Schicksal: „Es ist mir (von Gott) beschert". Weil die Weihnachtsgeschenke als Geschenke des „Christkinds" dargestellt wurden, also eine Art von nicht hinterfragbarer Zuteilung waren, wurden Kinder „beschert". Zeitpunkt und Form der Bescherung variieren: Heute werden die

Kinder meist am Heiligabend nach Anbruch der Dunkelheit zur „Bescherung" gerufen, andererseits ist es in vielen Familien auch üblich, dass die Kinder ihre Geschenke am Morgen des ersten Weihnachtstages finden. In den Familien wird in der Regel kein „Kinderbeschenker" bemüht, in katholischen Familien traditionell nie ein „Weihnachtsmann". Ein personifiziertes „Christkind" oder ein leibhaftiger „Nikolaus" tauchen am Heiligabend im Familienkreis prinzipiell nicht auf. Wenn die Geschenke auf eine solche Person zurückgeführt werden, wird unterstellt, dass sie heimlich da waren. Das heimliche Schenken über Nacht ist ein Nikolaus-Relikt.

WEIHNACHTSMANN Um 1535 schaffte der Reformator Martin Luther die Kinderbescherung am Nikolausabend durch den heiligen Nikolaus ab. Protestantische Kinder erhalten seitdem Weihnachten Geschenke durch den „heiligen Christ". Das CHRISTKIND eroberte zuerst das evangelische Deutschland und dann ab 1900 schließlich auch – konfessionsüberschreitend – das katholische Bayern und Rheinland. Um 1930 hatte sich schließlich in Nordwest- und Südwestdeutschland „das Christkind", in den anderen Landesteilen der Weihnachtsmann als Gabenbringer durchgesetzt. In den protestantischen Niederlanden dagegen blieb das Schenkfest am Nikolaustag ebenso erhalten wie Nikolaus als Gabenbringer. Der von den Niederlanden in die „Neue Welt" exportierte Nikolaus wurde zum Santa Claus, verlegte aber die Bescherung auf den 25. Dezember. Vermischt mit aus Deutschland importierten Vorstellungen eines Herrn Winter, verliert Santa Claus in der ersten Hälfte des 19. Jahrhunderts die eindeutige Bischofskleidung (Mitra, Stab, Brustkreuz, Chormantel, Stola etc.) und erhält einen mit Pelz besetzten Mantel und eine ebensolche Pudelmütze und wird in den USA zum Father Christmas. Pausbäckig mit Bäuchlein, gemütlich und weißbärtig, stellt er eine Mischung aus Nikolaus, Großvater und Landgerichtspräsident dar. In dieser neuen Figur verschmelzen der gute Heilige und sein böser Begleiter zu einer Person. Aus dem hageren, asketischen Nikolaus

wurde ein „weltlicher Herr", durch sein „Umstylen" war er nun säkularisiert. Die inhaltliche Metamorphose wurde äußerlich in seiner Erscheinung nachgeholt, ikonographisch und inhaltlich hat sich der Weihnachtsmann nun vom Nikolaus gelöst. Der „Macher" dieser neuen Figur ist der 1840 in der Pfalz geborene und 1846 mit seiner Mutter in die USA ausgewanderte Thomas Nast. Das zum Auftauchen des Weihnachtsmannes passende Lied „Morgen kommt der Weihnachtsmann" hat 1835 Hoffmann von Fallersleben verfasst. Den weißen Pelzbesatz zur roten Kleidung schließlich erhielt der Weihnachtmann 1932 durch Coca-Cola. Seither ist der in die Hausfarben dieser Firma gekleidete Weihnachtsmann standardisiert. Der rote Mantel aus dem 19. Jahrhundert ist also keineswegs Bestandteil einer ungebrochenen Tradition, und das letzte ikonographische Element versteckt seine Bedeutung eher, als dass es sie offen erkennen lässt: die Mütze. Wie bei den Gartenzwergen als einziges Herkunftsrelikt die spitz nach vorn geneigte rote Mütze bleibt, so auch beim Weihnachtsmann. In der phrygischen Mütze ist der Hinweis auf die kleinasiatische Herkunft des Nikolaus enthalten.

WINTER, HERR ODER VÄTERCHEN Der „Herr Winter", 1847 (vgl. **WEIHNACHTSMANN**), verleiht dem Sankt-Nikolaus-Ersatz Gestalt: eine Mischung aus fröhlich-senilem Dickerchen, gekoppelt mit einem pennerhaften Eremiten-Outfit. Väterchen Winter bot die Vorlage für die marxistische Variante: **VÄTERCHEN FROST**. Anders der Winter der Frühlingsbräuche. Eine mit Stroh verkleidete Person spielte den Winter, der höflich verabschiedet, vertrieben oder spielerisch ums Leben gebracht wurde (Winterverbrennen), damit der Sommer seinen Platz einnehmen konnte. Verschiedentlich nimmt der Winter die Gestalt des schwarzen Mannes und des Todes ein.

WOTAN Die dämonischen Gestalten, die Nikolaus begleiten, Angst einjagen und sich zum Teil hinter Teufelsmasken verbergen, sollen nach Auffassung einiger Volkskundler den germanischen Gott Wotan symbolisieren. In einem Kindervers heißt es:

> „Wer kommt denn da geritten?
> Der Wude, Wude Nikolaus.
> Lass uns nicht lange bitten
> und schüttle deinen Beutel aus."

Wode, Wude, Wotan hatte vor Nikolaus am 6. Dezember seinen Festtag. Auch an seinem Fest soll man (Holz-) Schuhe vor die Haustüre gestellt haben, gefüllt mit Möhren oder Brotstückchen, und dazu Hafer als Futter für sein Pferd. Für diese Gaben erwarteten die Kinder eine Belohnung. Bezeugt ist dieser jetzt auf Nikolaus bezogene Brauch seit dem 16. Jahrhundert. Von Wotan abgeleitet sind für einige Autoren auch die Hörnchen, ein Festgebäck in Form des Hufeisens (Martinshörnchen, Lutherbrötchen), das auf die in den Wotanmythen belegte Wilde Jagd zurückgehen soll. Die Mehrzahl heutiger Autoren lehnt den Rückbezug auf Wotan ab, weil er unwissenschaftlich und unter nationalen bzw. nationalistischen Ideen kreiert worden sei.

WUNSCHZETTEL Bis zur Reformation war das Kinderbeschenken kaum mit Weihnachten verbunden. Im Biedermeier des 19. Jahrhunderts bürgerte sich der Wunschzettel ein, mit dem Kinder des gehobenen Bürgertums ihre Eltern als Vermittler gegenüber dem Gabenbringer einsetzten. Dieser neue Brauch war durch sein materielles Interesse an den „richtigen" Geschenken gekennzeichnet, der besitzenden Kreisen vorbehalten blieb. Vom Einkehrbrauch zu Nikolaus ist hier nur noch die Form erhalten, der Brauchgehalt ist verschüttet. Um die Wende zum 20. Jahrhundert wurde der Wunschzettel auf vorgedruckte, kunstvoll dekorierte Karten mit farbig illustrierten Vorderseiten geschrieben. In Köln schrieben die Kinder einen Wunschzettel an den heiligen Nikolaus, den sie in einen besonderen Beichtstuhl im Dom einwarfen, auf dem der heilige Nikolaus mit

Schülern im Pökelfass abgebildet war. Auch heute noch schreiben Kinder Wunschzettel an den Nikolaus, vielfach auch an den Weihnachtsmann. Die Wunschzettel gelangen jedoch nicht immer direkt an die Eltern. „Moderne" Kinder benutzen die Post und adressieren zum Beispiel „An den heiligen Nikolaus" oder „An das himmlische Postamt". Briefe dieser Art gelangen nach Angaben der Deutschen Presse-Agentur an eines der sieben deutschen „Weihnachtspostämter" mit einschlägigem Namen: 49681 Nikolausdorf, 66352 Sankt Nikolaus/Saar (Großrosseln), 16798 Himmelpfort, 21709 Himmelpforten, 31137 Himmelsthür, 97267 Himmelstadt oder 51766 Engelskirchen. Die Kinder erhalten von hier zwar keine Geschenke, wohl aber eine Antwort: Diese Postämter halten vorgefertigte illustrierte Antworten und Briefmarken mit Sonderstempel bereit. Während in schlechten Zeiten Wünsche nach neuen Spielsachen eher hinter den Wünschen nach Reparatur alter, defekter oder beliebter Spielsachen zurückstehen, sind heute die Wünsche eher „marktkonform": Gewünscht wird, was es im Handel zu kaufen gibt.

WURF- ODER STREUABEND Als Vorläufer des Einlege- und des Einkehrbrauches wurden am Nikolausabend Äpfel, Nüsse, Gebäck und Süßigkeiten in einen Raum geschüttet oder geworfen, in dem sich die Kinder der Familie aufhielten, oder aber es wurden über Nacht Geschenke ausgelegt. Später wurden die Geschenke wohl in die Schuhe gesteckt, die Futter für den Esel des heiligen Nikolaus enthielten. Das NIKOLAUS-SCHIFFCHEN war ein von den Kindern gebastelter Gabenteller. Auch wurden im Haus Strümpfe zum Empfang der Geschenke aufgehängt. Auf diese Weise wurde die Legende von den drei Jungfrauen nachgespielt, die von Nikolaus jeweils einen Goldklumpen empfingen. Für 1836 wird aus Münster berichtet, dass dort die Waisenkinder der Stadt in der früheren Nikolauskapelle auf dem Domhof versammelt wurden und durch eine Öffnung im Gewölbe Gaben auf sie herabregneten.

St. Nikolaus
für
Feinschmecker

Vanillesoße,
4 Äpfel (waschen, schälen, entkernen),
1/8 l Wasser oder Wein,
1 Esslöffel Zucker,
Marmelade, Rosinen, geriebene Nüsse
oder Mandeln, Butter, Anis und
1 Esslöffel Zucker

Äpfel in Vanilletunke

1/8 l Wasser oder Wein mit 1 Esslöffel Zucker aufkochen, die vorbereiteten Äpfel darin garen, mit einem Schaumlöffel herausnehmen, auf Teller setzen und mit Marmelade, Rosinen und/oder geriebenen Nüssen füllen. Die Vanillesoße darüber gießen, warm essen.

Bratäpfel

Säuerliche Äpfel waschen und trocknen, das Kerngehäuse ausstechen und auf das gefettete Backblech setzen und Zucker darüber streuen. Im Elektroherd bei 220° C 25 Minuten, im Gasherd bei Stufe 5 braten. Nach dem Braten mit Zucker bestreuen. – Zum Braten geeignet sind die Apfelsorten Boskop, Jonathan und Cox Orange.

Quark-Bratäpfel

150 g Magerquark,
2 Eigelb,
40 g Zucker,
1 Päckchen
Vanillezucker,
1/2 Teel. abgeriebene
Zitronenschale,
20 g Sultaninen,
6 Kochäpfel
(z. E. Boskop),
20 g Butter

Die ersten sechs Zutaten miteinander verrühren. Dann von den gewaschenen Äpfeln jeweils einen „Deckel" abschneiden und die Früchte aushöhlen. Das klein gehackte Fruchtfleisch unter die Quarkmasse rühren. Mit dieser Masse die Äpfel füllen und den Deckel obenauf setzen. Dann eine feuerfeste Form einfetten, die Äpfel hineinsetzen und im vorgeheizten Ofen bei 200° C etwa 25–30 Minuten backen. Das i-Tüpfelchen ist eine wohlschmeckende Vanillesoße.

2 Teelöffel Malven-
oder Hagebuttentee,
1 Esslöffel Kandiszucker,
1/2 Zimtstange,
1/2 Teelöffel Nelken,
650 ml Wasser,
4 Orangen,
1/2 Zitrone

Adventspunsch

Teebeutel, Zimt, Nelken und Kandiszucker
mit kochendem Wasser aufgießen, 5 – 10 Minuten ziehen lassen. Durch ein Teesieb gießen, Orangen- und Zitronensaft dazu schütten. Heiß servieren!

Adventssemmeln

200 g Quark, 250 g fein gemahlenes Weizenmehl, 6 Esslöffel
Sonnenblumenöl, 6 Esslöffel Milch, 1 Päckchen Backpulver,
4 Esslöffel Ursüße (getrockneter Rohrzucker, im Reformhaus
erhältlich), 1 Messerspitze Salz, 1 Messerspitze Nelken,
1 Messerspitze Ingwer, 1 Messerspitze Muskatblüte, 1 Messerspitze
Vanille, Rosinen

Aus Quark, Mehl, Öl, Milch, Ursüße, Backpulver und den Gewürzen
einen Teig kneten und ihn eine Stunde zugedeckt stehen lassen. Dann
Brötchen formen und sie auf ein gefettetes Backblech legen. Anschließend die Brötchen mit verquirlter Eimilch (1 Eigelb, 1 Esslöffel
Milch) bestreichen und sie mit Sesam oder Mohn bestreuen. Die
Brötchen werden auf der mittleren Schiene etwa 30 Minuten im vorgeheizten Backofen bei 180° C gebacken.

125 g Margarine,
25–50 g Zucker (je nach Geschmack),
3 Eier,
1 Teel. Lebkuchengewürz (o. Zimt),
125 g Weizenmehl,
125 g Speisestärke,
1 Teel. Backpulver,
1/4 l Milch

Adventswaffeln

Margarine mit dem Zucker und den Eiern schaumig rühren. Lebkuchengewürz und das mit dem Backpulver und der Speisestärke vermischte Mehl löffelweise dazugeben. Mit dem Handrührgerät den Teig kräftig durchrühren. Das Waffeleisen wird vorgeheizt und ausgefettet. Nach und nach werden dann die knusprigen Waffeln gebacken Besonders gut schmecken die noch warmen Waffeln mit Puderzucker und süßer Sahne. Wenn man die Waffeln mit Diätmargarine, Süßstoff und ohne Speisestärke zubereitet, sind sie auch für Diabetiker geeignet: 1 Waffel à 55 g entspricht dabei 1 Broteinheit (BE), 173 Kalorien.

Apfelkrampel mit Vanillesoße

750 g Kochäpfel (z. B. Boskop), 1–2 Essl. Zitronensaft, 200 g Vollkornmehl, 50 g geraspelte Mandeln, 100 g brauner Zucker, 150 g Butter, etwas Zimt

Die Äpfel werden gewaschen, geschält und geviertelt. Eine Auflaufform einfetten, Äpfel hineingeben und mit dem Zitronensaft beträufeln. Aus den Mandeln, dem Vollkornmehl, dem Zucker und der Butter Streusel herstellen und auf die Äpfel verteilen. Alles wird nun im vorgeheizten Ofen ca. 25–30 Minuten bei 220° C gebacken. Vanillesoße schmeckt besonders gut dazu.

Bischofsbrot

5 ganze Eier,
250 g Zucker,
250 g Mehl,
250 g ganze Mandeln
(abgebrüht und geschält),
250 g Sultaninen,
15 g Zimt

Eier und Zucker schaumig rühren, die restlichen Zutaten darunter-mengen. Masse in eine gefettete Kastenform geben. 1 Stunde bei 175° C backen. Zum Servieren dünn aufschneiden.

Brezeln

Schon im Jahr 1521 wurde zur Herstellung einer typischen Brezel empfohlen: „Nimm ein schönes Mehl / lauter Eyerdotter / und ein we-nig Wein / Zucker und Aniß / mach einen Teig damit an / walg ihn fein länglich und rundt mit saubern Händen / und mach kleine Brezel dar-aus / schiebs in ein warm Ofen / und backs / dass du es nit verbrennst".

Buttergebäck

375 g Mehl, 250 g Butter, 125 g Zucker, evtl. 1 Tütchen Vanillezucker, 6 Eigelb, 1 abgeriebene unbehandelte Zitrone, 1 Prise Salz

Aus den Zutaten einen Knetteig herstellen und ihn ca. eine Stunde im Kühlschrank ruhen lassen. Den Teig ca. 1/2 cm dick ausrollen und mit Förmchen ausstechen. Die Plätzchen auf ein gefettetes Backblech legen, mit restlichem Eigelb bestreichen und bei 180° C (Umluft) et-wa 15 Minuten goldgelb backen.

Einfacher Lebkuchen
nach Mutters Art

250 g Honig,
125 g Zucker,
2 Esslöffel Öl,
500 g Mehl,
1 Päckchen Backpulver,
1/2 Päckchen
Lebkuchengewürz,
2 Esslöffel Kakao,
1 Ei.
Zum Verzieren:
Puderzucker,
Schokoladenglasuren,
bunte Zuckerstreusel,
Mandeln, Rosinen,
Pistazien

Zuerst Honig, Zucker und Öl in einem Topf schmelzen. Nun das Mehl mit dem Backpulver und dem Kakao auf den Tisch sieben und mit dem Lebkuchengewürz vermischen. In die Mitte eine Vertiefung formen, da hinein die Honigmasse und das Ei geben. Alles zu einem Teig verkneten und auf einer bemehlten Fläche ausrollen. Jetzt Figuren ausstechen oder sie mit Hilfe von Pappschablonen ausschneiden. Das spitze Messer zwischendurch immer wieder in Mehl tunken. Die fertigen Figuren auf ein mit Backpapier ausgelegtes Backblech legen. Backzeit: ca. 10 Minuten bei 200° C, Heißluft: 175° C. Nach dem Backen und Abkühlen die Figuren mit Puderzucker oder Zucker- und Schokoladenglasuren, mit Mandeln, Rosinen, Pistazien, Zitronat usw. verzieren. Sollen die Lebkuchenfiguren als Adventsgruß an einem Tannenzweig hängen, dann vor dem Backen mit einem Zahnstocher ein Loch für den Faden in den Teig stechen. Die gebackenen Lebkuchen am besten in einer Dose luftdicht, kühl und trocken aufbewahren.

Honigkekse

250 g Honig, 125 g Zucker, Salz, je 65 g Butter und Schmalz,
500 g Mehl, 3 gestrichene Teelöffel Backpulver, 1 Beutel Lebkuchengewürz (fertig zu kaufen), 30 g gemahlene Haselnüsse

Honig mit Zucker, einer Messerspitze Salz, Butter und Schmalz unter Rühren erhitzen. Abkühlen lassen. Mehl mit Backpulver, Lebkuchengewürz und Haselnüssen mischen. Abgekühlten Honig untermischen, alles zu einem glatten Teig verkneten. Zwei bis drei Tage
stehen lassen. Auf ein wenig Mehl ganz dünn ausrollen und mit Aus-
stechern Kekse ausstechen. Kekse auf dem Blech auf Backtrennpa-
pier bei 200° C acht bis zehn Minuten backen lassen, mit Zuckerguss
oder aufgeklebten Oblaten verzieren.

Kleine Adventsbrezeln

300 g Mehl,
100 g Puderzucker,
1 Eigelb,
1 Prise Salz,
1 Fläschchen Rum-Aroma,
200 g Butter,
Mehl zum Ausrollen.
Für den Guss:
1 Eiweiß,
150 g Puderzucker

Das Mehl und den Puderzucker auf die Arbeitsplatte sieben. In der
Mitte eine Mulde formen, darin das Eigelb, das Salz und das Rum-
Aroma hineingeben. Die Butter in Flöckchen auf den Rand setzen.

152

Das Ganze rasch zu einem Teig verkneten und dann zu einer Kugel formen. Diese muss eine Stunde zugedeckt und kühl liegen. Danach den Teig so lange durchkneten, bis er geschmeidig ist und daraus eine lange Rolle gebildet werden kann. Diese in ca. 50 Stücke schneiden und kleine Brezeln daraus formen, die auf ein Backblech gelegt und hell abgebacken werden. Anschließend die Brezeln vorsichtig mit einem Messer vom Blech lösen. Die Zutaten für den Guss gründlich verrühren. Dann die Brezeln in den dickflüssigen Guss tauchen und auf einem Kuchengitter trocknen lassen.

Mandelspekulatius

250 g Butter, 300 g Zucker, 100 g Marzipan-Rohmasse, 1 Ei,
2 Teelöffel gemahlener Zimt, 1/2 Teelöffel Kardamom,
je eine Messerspitze Nelkenpulver, Muskatblüte, Salz, 500 g Mehl.
Für die Model und das Backblech: Mehl, 100 g Mandeln

Die Model leicht mit Mehl ausstäuben und einen dünnen Draht zum
Schneiden des Teiges bereitlegen. Die Backbleche mit Mehl bestäu-
ben und die Mandelplättchen daraufstreuen. Die Butter mit dem
Zucker und der Marzipan-Rohmasse verkneten. Nun das Ei, die
Gewürze und das gesiebte Mehl untermischen. Den Teig in Alufolie
wi- ckeln und ihn zwei Stunden im Kühlschrank ruhen lassen. Den
Backofen auf 190° C vorheizen. Kleine Teigstücke in die Holzmodel
drücken und den überstehenden Teig entlang den Modeln abschnei-
den. Den Teig durch kräftiges Schlagen auf das Backblech stürzen.
Die Spekulatius auf der mittleren Ofenschiene 10 Minuten backen.
Die Figuren mit einem breiten Messer vom Backblech abheben und
auf einem Kuchengitter abkühlen lassen.

Mandelstangen

200 g weiße Schokolade, 5 Vollkornbutterkekse, 100 g Mandelstifte

Zuerst die Kekse grob zerbröseln und die Schokolade im heißen Was-
serbad schmelzen. Wenn die Masse zu zäh ist, etwas Milch dazugeben. Dann die Keksbrösel und die Mandelstifte unter die flüssige
Schokolade rühren. Die Masse anschließend in eine mit Backpapier
ausgelegte Kastenform füllen, glatt streichen und im Kühlschrank abkühlen lassen. Wenn die Schokolade wieder fest ist, das ganze Stück
aus der Form nehmen und es in gleich große Stangen schneiden.

Nikolausschiffchen

2 Eier, 125 g Butter, 1 Prise Salz, 200 g Zucker, 1/4 Tasse Zitronensaft, 1 Beutel Vanillezucker, 1 Tasse Rosinen, 1/2 Tasse gehackte
Walnüsse, etwas Weißwein. Teigförmchen in Schiffchenform

Zwei Eier verquirlen und in einen Topf geben, 125 g zerpflückte Butter hinzufügen und auf schwacher Flamme mit den Eiern schmelzen.
Eine Prise Salz, 200 g Zucker, 1/4 Tasse Zitronensaft, einen Beutel
Vanillezucker, eine Tasse gewaschene und in Weißwein geweichte Rosinen und eine halbe Tasse grob gehackte Walnüsse dazugeben, verrühren und in Teigförmchen füllen. Die Menge reicht für 15–20
Schiffchen. Tipp: Schiffchen nicht zu üppig füllen, da das Gebäck
sehr sättigt.

Nikolaus-Spekulatius

500 g Mehl,
1 Teelöffel Backpulver,
100 g geriebene Mandeln,
250 g Zucker,
250 g Butter,
3 Eier,
1 Teelöffel Zimt,
Vanillezucker,
Kardamom,
Nelken

Das Mehl mit dem Backpulver und den geriebenen Mandeln vermischen. Aus den restlichen Zutaten eine dicke Masse kneten und zusammen mit der Mehl-Mischung zu einem dicken Kloß verarbeiten.

156

Den Teig dünn ausrollen und in mit Mehl bestäubte Spekulatiusförmchen streichen, aus den Formen nehmen und auf einem eingefetteten Backblech bei 180–200° C goldgelb backen.

Schwäbische Springerle

500 g Puderzucker,
4 Eier,
abgeriebene Schale einer Zitrone,
500 g Mehl

Zum Formen des Gebäcks werden Holzmodel benötigt, die man z. B. bei Bekannten ausleihen oder in einem Haushaltwarengeschäft kaufen kann.

Das Backblech mit Fett bestreichen und mit Mehl bestäuben. Den Puderzucker mit den Eiern schaumig rühren. Nach und nach die Zitronenschale und das gesiebte Mehl unter die Schaummasse geben. Zuletzt den Teig durchkneten und ihn 1 cm dick ausrollen. Die Holzmodel mit Mehl ausstäuben und die Oberfläche der Teigplatte dünn mit Mehl bestäuben. Kleine Teigstücke in die Model drücken, die Kanten glatt schneiden und den Teig wieder aus den Modeln klopfen. Das Mehl an der Teigoberfläche mit einem Pinsel entfernen. Die Springerle auf das Backblech legen und 24 Stunden bei Raumtemperatur trocknen lassen. Den Backofen auf 120° C vorheizen. Die Springerle mit Pergamentpapier abdecken und sie 30 Minuten auf der mittleren Schiene backen. Die ersten 20 Minuten darf die Backofentür nicht geöffnet werden! Die Oberfläche der Springerle soll weiß bleiben, nur die Unterseite darf leicht bräunen. Die Springerle 2–3 Wochen kühl stellen, damit sie weich werden.

Weckmann mit Tonpfeife

1 Päckchen Trockenhefe, 1 Teelöffel Zucker, 1/8 l Milch, 300 g Mehl,
80 g Zucker, 1 Prise Salz, 80 g weiche Butter, 2 Eigelb,
1 Messerspitze Safranpulver, Eigelb zum Bestreichen, Korinthen und
Tonpfeifen zum Verzieren

Hefe und Zucker mit der lauwarmen Milch anrühren und 15 Minuten stehen lassen. Mehl in eine Schüssel sieben, an den Rand Zucker, Salz, Butter, Eigelb und Safran geben und von der Mitte aus mit der Hefe verrühren und alles gut durchkneten. Den Teig gehen lassen, dann ausrollen und Männerfiguren ausschneiden, auf ein gefettetes Backblech legen und mit Eigelb bestreichen. Korinthen als Augen und Knöpfe einsetzen und die Tonpfeife längs in das Männchen drükken. Die Figuren noch etwas gehen lassen und dann 15–18 Minuten bei 175 – 200° C hellbraun backen.

Weckmänner (Stutenkerle)

300 g Weizenmehl,
1 Portion Hefe,
1 Teelöffel Salz,
80 g Zucker,
1/8 l lauwarme Milch,
80 g weiche Butter,
2 Eigelb,
1 Prise Safran.
Zum Garnieren:
einige Rosinen und
Tonpfeifen

Hefe, Zucker und Milch anrühren und 15 Min. stehen lassen. Mehl in eine Schüssel sieben, in die Mitte die Hefe geben und an den Rand Salz, Zucker, Butter, Eigelb und Safran. Nun diese Zutaten von der Mitte aus mit der Hefe gut verrühren. Den Teig gehen lassen, dann ausrollen und „Weckmänner" ausschneiden. Diese auf ein gefettetes Backblech legen und mit verquirltem Eigelb bestreichen. Rosinen als Augen und Knöpfe eindrücken und eine Tonpfeife der Länge nach auf eine Seite des Weckmanns drücken. Die Figuren gehen lassen und dann bei 175°–200° C 15–18 Min. hellbraun backen.

159

Nikolaus zum Lesen – Gedichte und Geschichten

Heiliger Nikolaus
komm in unser Haus,
pack die Taschen aus.
Stell den Schimmel untern Tisch,
dass er Heu und Hafer frisst.
Heu und Hafer frisst er nicht,
Zuckerbrezeln kriegt er nicht!
traditionell

Heiliger Niklaus mit grauem Bart,
setz' dich nieder, du stehst so hart.
Ich will nit viel begehren,
dass du nicht sollst unwillig wer'n.
Vater unser…
Meran

Guter Nikolaus,
guter Nikolaus,
komm in unser Haus,
triffst ein Kindlein an,
das ein Sprüchlein kann
und schön folgen will.
Halte bei uns still,
schütt dein Säcklein aus,
guter Nikolaus:
Komm doch einmal in mein Haus!
Hab' so lang an Dich gedacht!
Hast' mir auch was mitgebracht?
traditionell

Heiliger Nikolaus, leg mir ein
Äpfel, Birnen, Nüsselein,
Strümpf' und Schuhe muss ich haben,
kann ich den Winter Schlitten fahren.
Tirol

Barmbeker Geberlied

Sünnerklaas, de groote Mann
kloppt an alle Dören an,
lüttje Kinner bringt he wat,
grote stickt he in den Sack.
Ich bün so'n lüttjen Schipperjung,
mutt all mien Brot verdee'n.
Den ganzen Dag in't Water stahn
mit miene korten Been'n.
Halli, halli, hallo,
nun geiht na Hamborg to!
traditionell

Ach, du lieber Nikolaus,
komm ganz schnell in unser Haus.
Hab' so viel an Dich gedacht!
Hast' mir doch was mitgebracht?
traditionell

Nikolaus, fahr fort
in ein unbekanntes Ort,
fahr nicht zu hoch und nicht zu nieder,
bring eine frühe Botschaft wieder.
Bring Äpfel, Birnen, Nuss,
das macht mir kein Verdruss,
und sollt' es etwas mehrer sein,
so will ich desto braver sein.
Tirol

Wode Wode Nikolaus!
Schütt uns deinen Sack nun aus;
wollen dir ein Lied auch singen,
sollst uns viele Sachen bringen!
traditionell

Heiliger Nikolaus, du goldener Mann,
bring uns allerhand Sachen zusamm'.
Allerhand Guttaten, kräftige Sachen,
wirst mir heute die Schüssel voll machen.
Tirol

Gott grüß' euch, ihr lieben Kinderlein,
ihrt sollt Vater und Mutter gehorsam sein,
so soll euch was Schönes bescheret sein.
Wenn ihr aber dasselbige nicht tut,
so bring' ich euch den Stecken und die Rut'.
traditionell

Heiliger Niklaus, leg uns ein,
was dein guter Will' mag sein,
Äpfel, Bira (Birnen), Schnitz' und Nuss',
mach uns nur doch kein' Verdruss.
Vorarlberg

Sankt Nikolaus, leg mir ein,
was dein guter Will' mag sein.
Äpfel, Nuss und Mandelkern
essen kleine Kinder gern.
traditionell

Gedicht an den heiligen Nikolaus

Du lieber, heil'ger Nikolaus,
wir warten schon so lang im Haus
auf dich und deinen alten Knecht.
O bitte, sei mit uns gerecht!

Wir waren zwar nicht immer brav,
die Strafe aber dann uns traf.
Doch dir, dem lieben, heil'gen Mann,
steht Rut' und Strafe gar nicht an.

Und deinen Knecht, den halt zurück.
Für den ist's schon ein großes Glück,
dass er dir darf zur Seite sein,
besuchen erwärts Groß und Klein.

Sause, sause,
der Nikolo steht hinterm Hause,
hat ein goldenes Schlittel mit
und nimmt die bösen Buben mit.
traditionell

Ruprecht, Ruprecht, guter Gast,
hast du mir was mitgebracht?
Hast du was, dann setz dich nieder,
hast du nichts, dann geh nur wieder.
traditionell

Holler boller Rumpelsack,
Niklaus trägt ihn huckepack.
Weihnachtsnüsse rund und braun,
runzlig punzlig anzuschau'n.

Knackt die Schale, springt der Kern,
Weihnachtsnüsse ess' ich gern.
Komm bald wieder in dies Haus,
guter, alter Nikolaus!
Albert Sergel

Heiliger Sankt Nikolas
in meiner Not mich nit verlas.
komb heint zu mir und leg mir ein
in mein kleines Schiffelein,
darbey ich Ewr gedenken kann
das ir seit ein frommer Man.
Tegernseer Liedchen, 15. Jh.

Wir lieben dich, weil gut du bist,
eine Bote gar vom Herren Christ,
warst hilfreich schon zur Lebenszeit,
zum Geben Tag und Nacht bereit.

Wir wollen gut, wie du, stets sein,
und nicht mehr werden handgemein,
die Schularbeiten machen schön,
im Hause auch zum Rechten sehn.

Den Kleinen helfen immerdar,
vergeben, was uns kränkte gar,
verbieten uns ein Widerwort,
und jeden frechen Ton und Tort.

Drum, Rupprecht, steck die Rute ein,
wir wollen brave Kinder sein,
begrüßen dich und deinen Herrn,
und singen euch ein Liedchen gern.

Auf süße Gaben wir uns freu'n;
es wird dich, heil'ger Mann, nicht reu'n,
wenn hier der Sack wird völlig leer,
dem Rupprecht ist er so zu schwer.

Wir lieben jede Süßigkeit,
doch gibt's bestimmt um gar nichts Streit,
wenn nur dein strenger Himmelsknecht
verteilt die Gaben ganz gerecht.

Drum pass du auf und hilf fein mit,
und mach dich nicht gleich auf den Ritt.
Bleib bei uns nur recht gern und lang
und lausche unserm Festgesang.
traditionell

Kolorierte Postkarte,
Deutschland, um 1905

Ich fahr' mit meinem Schifflein aus
und fahre her und fahre hin
und komme endlich vor ihr Haus.
Da dacht' ich so in meinem Sinn:
In diesem Haus kehr' ich ein,
da werd' ich g'wiss willkommen sein.
dass 's Schifflein jetzt leer ist, ist ohne Zweifel,
wenn's morgen nicht voll ist, hol' Euch der Teufel.

Ennstal

Kolorierte Postkarte,
Frankreich, um 1905

Sankt Nikolaus

Vater:
Es wird aus den Zeitungen vernommen,
dass der heilige Sankt Nikolaus werde kommen
aus Moskau, wo er gehalten wert
und als Heiliger wird verehrt.
Er ist bereits schon auf der Fahrt,
zu besuchen die Schuljugend zart,
zu sehen, was die kleinen Mägdlein und Knaben
in diesem Jahr gelernet haben
im Beten, Schreiben, Singen und Lesen,
und ob sie sind hübsch fromm gewesen.
Er hat auch in seinen Sack verschlossen
schöne Puppen, aus Zucker gegossen.
Den Kindern, welche hübsch fromm wären,
will er solch schöne Sachen bescheren.

Das Kind:
Ich bitte Dich, Sankt Nikolaus, sehr,
in meinem Hause auch einkehr.
Bring Bücher, Kleider und auch Schuh
und noch viele schöne Sachen dazu.
So will ich lernen wohl
und fromm sein, wie ich soll.

Sankt Nikolaus erscheint:
Gott grüß' euch, liebe Kinderlein!
Ihr sollt Vater und Mutter gehorsam sein.
So soll euch was Schönes bescheret sein.

Aus: Des Knaben Wunderhorn

Waren auch die Kinder brav?
Alle waren's, die ich traf!
Dann hol' die Geschenke 'raus,
bitte, bitte Santa Klaus!
Schön, ich komm' in jedes Haus.

Trommel, Pfeifen, Eisenbahn,
Äpfel, Nüsse, Kuchenmann!
Lustig, lustig, traleralera,
bald ist Weihnachtsabend da,
bald ist Weihnachtsabend da!

Heidi, Susi, Peterlein,
Gretel, Hansi, Medilein!
Lustig, lustig, traleralera,
bald ist Weihnachtsabend da,
bald ist Weihnachtsabend da!

Ja, ich träume jede Nacht:
Niklaus hat was mitgebracht.
Lustig, lustig, traleralera,
bald ist Weihnachtsabend da,
bald ist Weihnachtsabend da!

Und der strenge Vater spricht:
Nun verwöhn' die Kinder nicht!
Doch dann in der Weihnachtsnacht
sagt er: Christkind, brav gemacht,
sagt er: Christkind, brav gemacht!

Lasst uns froh und munter sein
und uns auf die Weihnacht freu'n.
Lustig, lustig, traleralera,
bald ist Weihnachtsabend da,
bald ist Weihnachtsabend da!

Lange grübl' ich drüber nach,
was das Christkind bringen mag.
Ob es wohl an alles denkt?
Christkind weiß schon, was es schenkt,
Christkind weiß schon, was es schenkt.
traditionell

Sankt Nikolaus.
Zeichnung von Ludwig Richter,
1855

Knecht Ruprecht

Von drauß' vom Walde komm' ich her;
ich muss euch sagen, es weihnachtet sehr!
Allüberall auf den Tannenspitzen
sah ich goldene Lichtlein sitzen;
und droben aus dem Himmelstor
sah mit großen Augen das Christkind hervor,
und wie ich so strolcht' durch den finstern Tann,
da rief's mich mit heller Stimme an:
„Knecht Ruprecht", rief es, „alter Gesell,
hebe die Beine und spute dich schnell!
Die Kerzen fangen zu brennen an,
das Himmelstor ist aufgetan,
Alt' und Junge sollen nun
von der Jagd des Lebens einmal ruh'n;
und morgen flieg' ich hinab zur Erden,
denn es soll wieder Weihnachten werden!"
Ich sprach: „O lieber Herre Christ,
meine Reise fast zu Ende ist;
ich soll nur noch in diese Stadt,
wo's eitel gute Kinder hat." –
„Hast' denn das Säcklein auch bei dir?"
Ich sprach: „Das Säcklein, das ist hier;
denn Äpfel, Nuss und Mandelkern
essen fromme Kinder gern." –
„Hast' denn die Rute auch bei dir?"
Ich sprach: „Die Rute, die ist hier;
doch für die Kinder nur, die schlechten,
die trifft sie auf den Teil, den rechten."
Christkindlein sprach: „So ist es recht;
so geh' mit Gott, mein treuer Knecht!"
Von drauß vom Walde komm' ich her;
ich muss euch sagen, es weihnachtet sehr!

Nun sprecht, wie ich's hierinnen find'!
Sind's gute Kind, sind's böse Kind?"

Vater:
Die Kinder sind wohl alle gut,
haben nur mitunter was trotzigen Mut.

Ruprecht:
Ei, ei, für trotz'gen Kindermut
ist meine lange Rute gut!
Heißt es bei euch denn nicht mitunter:
nieder den Kopf und die Hosen runter?

Vater:
Wie einer sündigt, wo wird er gestraft;
die Kinder sind schon alle brav.

Ruprecht:
Stecken sie alle die Nas' auch tüchtig ins Buch,
lesen und schreiben und rechnen genug?

Vater:
Sie lernen mit ihrer kleinen Kraft;
wir hoffen zu Gott, dass es endlich schafft.

Ruprecht:
Beten sie denn nach altem Brauch
im Bett ihr Abendsprüchlein auch?

Vater:
Neulich hört' ich im Kämmerlein
eine kleine Stimme sprechen allein,
und als ich an die Tür getreten,
für alle Lieben hört' ich sie beten.

Ruprecht:
So nehmet denn Christkindleins Gruß,
Kuchen und Äpfel, Äpfel und Nuss;
probiert einmal von seinen Gaben;
morgen sollt ihr was Besseres haben!
Dann kommt mit seinem Kerzenschein
Christkindlein selbst zu euch herein.
Heut' hält es noch am Himmel Wacht;
Nun schlafet sanft, habt gute Nacht!

Theodor Storm

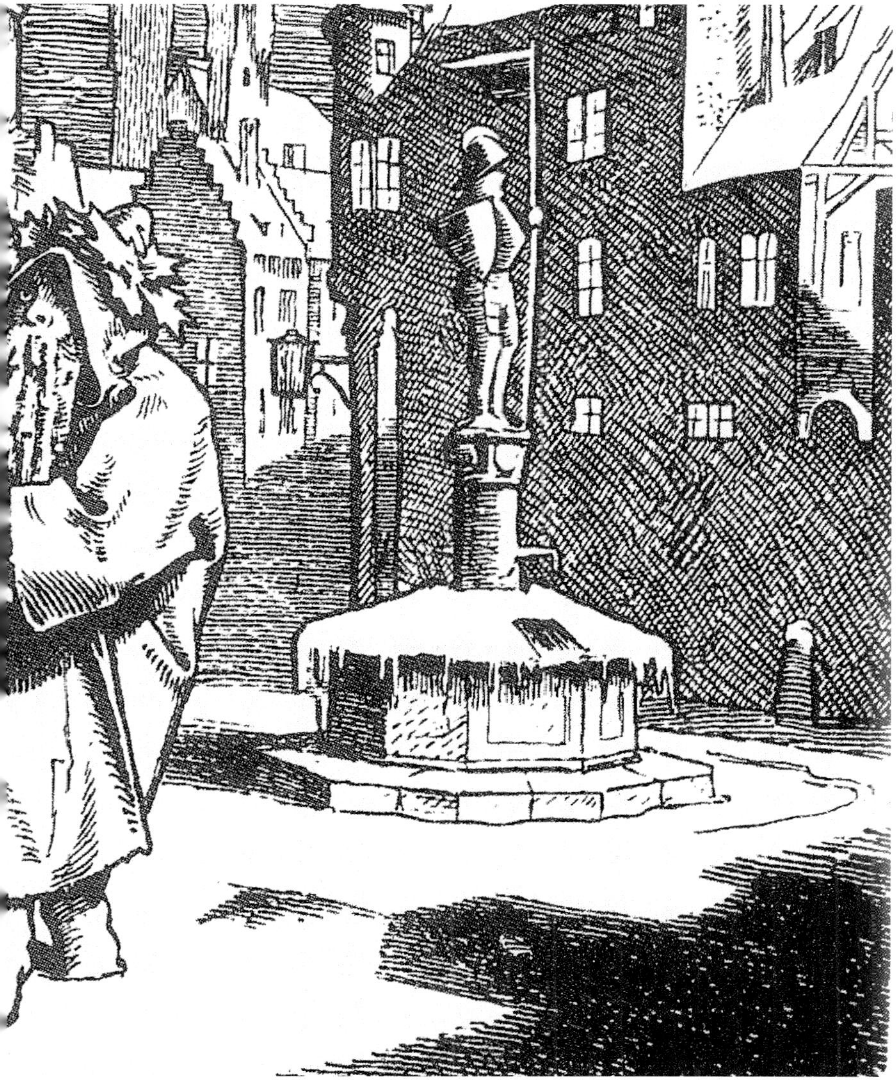

„Herr Winter“,
Münchner Bilderbogen von
Moritz v. Schwind,
1847

Der Nikolaus

Nikolaus, ich wart' schon lange!
Bring mir eine Zuckerstange.
Zuckerstangen schmecken fein!
Bring von Marzipan ein Schwein.
Bring mir eine Spielzeugkuh,
bring mir ein Paar neue Schuh',
bring auch eine Eisenbahn,
einen Honigkuchenmann,
Äpfel, Kringel und Korinthen,
Schokolade, Keks und Printen,
einen Teddy, weich und braun,
Christbaumschmuck,
 hübsch anzuschau'n,
eine Puppe, die was spricht.
Aber eine Rute nicht!

Bruno Horst Bull (Südwest Verlag München)

Es lebte einst, vor vielen Jahren,
ein alter Bischof, Nikolas.
Der war so lieb, der war so gut,
und alle Kinder wussten das.
Ob Frühling, Sommer, Herbst, ob Winter,
er hatte immer was für Kinder
in seinen großen Manteltaschen,
weil kleine Kinder gerne naschen.
Und als sein Namenstag dann war,
da kam die ganze Kinderschar,
um ihre Liebe ihm zu zeigen.
Sie sangen Liedchen, tanzten Reigen
und machten das so jedes Jahr,
solang' er noch am Leben war.
Doch eines Tages musst' auch er
die Straße aller Menschen gehen.
Da blieb er voller Traurigkeit
vor unserem lieben Herrgott stehen
und fing so bitter an zu weinen:
„O Herr, wer denkt jetzt an die Kleinen?"
Da hat der Herrgott nachgedacht
und hat zum Nikolaus gesagt:
„Es sei! Du darfst noch jedes Jahr
einmal zu deiner Kinderschar,
um böse Kinder zu belehren!"
So kommt noch heut' einmal im Jahr,
genauso, wie es damals war,
zu jedem Kind, von Haus zu Haus,
der gute, alte Nikolaus.

Artur Liessmann (Franz Schneider Verlag)

Manchmal sprechen sie noch

Willi Fährmann

Der Pfarrer hatte es gesagt. Aber an diesem Sonntag war vielerlei an-
zusagen. Deshalb ging die Nachricht ein wenig unter, dass er heimge-
kehrt war. Eigentlich schade, denn er war lange Zeit fort.

Ein paar Jahre hatte man nichts mehr von ihm gehört. Aber nun hatte
er seinen angestammten Platz wieder eingenommen. Als später nur
noch wenige Menschen in der Kirche waren, ging ich zu ihm hinüber.
Er stand dort, als ob er nie weggewesen wäre. Doch, etwas war schon
anders: Sein Mantel leuchtete in einem frischen Rot, und die Borten
glänzten wie neu vergoldet.

„Gut, dass du wieder da bist", sagte ich leise.

„Tja, ich bin auch froh darüber."

Zuerst starrte ich die Holzfigur erschrocken an. Dann schaute
ich mich misstrauisch um. Wollte da einer einen Scherz mit
mir treiben? Aber ich stand ganz allein, weit und breit kein
Mensch. Gerade wollte ich schon über mich lachen, da hörte ich
die Stimme wieder, ganz nah, ganz deutlich:

„Weißt du, es ist in der Werkstatt bei dem Restaurator ziemlich
langweilig. Da bin ich doch lieber hier in der Kirche."

„Ach, ja?" sagte ich zaghaft.

„Es bleibt der eine oder andere bei mir stehen. Gelegentlich hat
einer etwas auf dem Herzen, und ich überlege, wie ich helfen
kann."

„Das Helfen", sagte ich, „das ist ja deine Spezialität."

„Stimmt", gab er zu. „Früher kamen oft Schiffer zu mir, Kaufleute
auch. Aber das ist heute selten geworden. Nur die Kinder kennen
mich noch gut und freuen sich auf meinen Tag."

Ich fragte ihn entschlossen: „Ich wollte eigentlich immer schon wissen, wie das damals in Myra gewesen ist."

Nikolaus-Statue in
St. Nikolaus,
Meerbusch-Osterath

171

„Ich war lange Bischof in Myra. Es gäbe viel zu erzählen. Was genau willst du wissen?"

„Zum Beispiel das mit der Hungersnot. Als die Menschen in der Gegend von Myra wochenlang nichts zu beißen hatten."

„Das war tatsächlich schlimm. Heute kann man das kaum noch verständlich machen. Wer kennt hierzulande denn wirklich den Hunger? Den wütenden Schmerz zuerst, die Schreie nach Brot, die allmähliche Ermattung, den Hungerstod schließlich. Und genau so war es damals in Myra."

„Und dann kamen die Getreideschiffe, die für eine Nacht im Hafen ankern wollten", sagte ich eifrig.

„Du kennst dich ja gut aus." Er lachte leise. „Aber es war so, wie du sagst. Die Schiffe waren auf der Durchfahrt nach Konstantinopel, sollten Getreide in die Kaiserstadt bringen. Der Kapitän wollte jedoch keinen einzigen Sack Korn an uns verkaufen. Er war ein Hasenfuß. ‚Wenn etwas von meiner Ladung fehlt', sagte er, ‚dann lässt mich der Kaiser ins Gefängnis werfen.'"

„Und das Wunder?" fragte ich neugierig. „Wie war das mit dem Wunder?"

„Nun, das größte Wunder war, dass der Kapitän seine Angst überwand. Schließlich hat er erlaubt, dass einige Männer von uns an Bord kommen durften. Er zeigte ihnen die Kornsäcke, die sie in die Stadt schleppen durften. Es war ziemlich viel Korn, und es hat gereicht, bis endlich wieder Regen fiel in unseren Gärten und auf den Feldern neue Nahrung wuchs."

„Und der Kapitän hat mir nichts, dir nichts seinen Sinn geändert?"

„Nein, mein Lieber. Den Sinn ändern, das geht bei niemand leicht. Ich habe ihn in jener Nacht in Myra herumgeführt. Er hat die hungernden Menschen gesehen, hat das Elend gerochen, das Wimmern der Kinder gehört. Dann habe ich ihm von dem Jungen erzählt, damals, als Jesus mit den vielen tausend Menschen in der Steppe war. Kaum einer hatte etwas zu essen mitgenommen. Hunger hatten sie

Das Kornwunder.
Ausschnitt aus einem
Tafelgemälde
von Fra Angelico
(um 1387–1455)

alle. Der Junge hätte ja seine Fladenbrote und die paar kleinen Fische, die er in seiner Tasche mit sich trug, für sich allein behalten können. Nein, als Jesus fragte, da hat er sie angeboten, wollte teilen. Das war auch ein Wunder. Aber als Jesus Brot und Fische gesegnet hatte, als alle davon gegessen hatten und satt geworden waren, als nach all dem noch zwölf Körbe voll übrig geblieben sind, ich glaube, da haben damals alle gespürt, wie wichtig das Teilen ist."

„Und der Kapitän?"

„Dem ist die Nacht in Myra und auch die Geschichte vom Brotwunder an die Nieren gegangen. Er hat erkannt, wie steinhart er sein Herz gemacht hatte. Und, wie du sagst, er hat seinen Sinn geändert."

„Wirklich, ein Wunder", gab ich zu. Aber dann fiel mir ein, was sonst noch erzählt wird, und ich fragte weiter: „Man sagt, dass das Schiff nicht höher aus dem Wasser herausgestiegen ist, obwohl die Ladung doch leichter und leichter wurde, je mehr Säcke die Männer wegschleppten."

„Darüber haben in der Tat alle gestaunt. So viel Korn die Männer auch in die Stadt trugen, an der Ladung fehlte nichts, überhaupt nichts."

„Wie ist das denn zu verstehen?" fragte ich und konnte einen Zweifel nicht unterdrücken.

Nikolaus schmunzelte.

„Für mich war das, was ich mit dem Kapitän erlebt hatte, viel erstaunlicher. Aber die Leute erzählten sich bald eine Geschichte, die mit dem Schiff zu tun hatte. Sie sagten, die Männer von Myra seien schweren Herzens auf das Schiff gegangen. Als sie das Korn hinabtragen durften, seien ihre Sorgen und Nöte auf dem Schiff zurückgeblieben. Und diese hätten das fehlende Korn aufgewogen."

„Wirklich, eine erstaunliche Geschichte. Aber da ist doch auch noch die Rettung aus Seenot, die mit Nikolaus zu tun hat, und die Wiederbelebung der drei Schüler…"

Nikolaus lachte jetzt ganz vernehmlich.

„Nicht alles an einem Tag, mein Lieber. Geschichten muss man bedenken. Komm an einem anderen Tag wieder."
Vielleicht hätte ich das Gespräch noch fortgesetzt. Aber da kam ein
älterer Mann herbei und sagte vorwurfsvoll: „In der Kirche sollte man
nicht so laut lachen!"
Eigentlich wollte ich erwidern: „Warum denn nicht?" Aber dann wies
ich mit dem Daumen auf die Nikolausfigur und sagte: „Der war's."
Der Mann schüttelte den Kopf und zeigte mir mit dem Finger einen
Vogel. Wenn der wüsste!

Die Legende von der Rettung aus Seenot

Willi Fährmann

Lang, lang ist's her. Es gab noch keine Autos, keine Eisenbahnen und
auch noch keine Flugzeuge. Die Seeleute, die damals mit ihren Schiffen über das Meer fuhren, spannten große Segel auf. Die Kraft des
Windes trieb ihr Schiff von Hafen zu Hafen. Aus dieser Zeit erzählt
man sich die Geschichte, wie der heilige Nikolaus, der Bischof von
Myra, zum Schutzpatron der Schiffer geworden ist.
Eines Tages segelte ein stolzes Schiff durch das Mittelmeer. Es wollte
nach Konstantinopel. An Bord trug es reiche Schätze Arabiens. Es
war wohlausgerüstet und hatte eine tüchtige Mannschaft. Der Kapitän war ein alter, erfahrener Seemann. Schon war der ersehnte Hafen
nicht mehr weit, da verdüsterte sich der Himmel, Wind sprang auf,
und die Kämme der Wellen wurden schaumig und weiß.
Doch der Kapitän hatte mit seinem Schiff schon so manches böse
Wetter durchgestanden. Er wusste, was zu tun war. Er ließ die Segel
reffen. Das Ruder nahm er selber in die Hand. Genau dem Wind entgegen, drehte er den Bug seines Schiffes. Die Seeleute gehorchten seinen Befehlen aufs Wort. Doch der Wind wurde immer wütender,

wuchs zum Sturm, heulte in den Tauen und Masten und riss den Leuten die Worte vom Mund.

Noch kämpfte das Schiff unverdrossen gegen die Wellen an. Aber schon türmte der Sturm das Wasser zu Bergen, schon warfen sich die Wellen über die Bordwand und überspülten das Deck. Breitbeinig stand der Kapitän und hielt das Ruder fest. Sein Steuermann half ihm dabei. Jetzt prasselten Regenschauer hernieder. Es wurde finster wie in der Nacht; eine Nacht ohne Stern, ohne Mond. Wieder schäumte ein Wellengebirge hoch auf, zerbrach und stürzte auf das Schiff. Das Holz ächzte. Ein Zittern durchlief den Schiffsrumpf und alle, die er trug. Pfeifen und Knirschen fuhr durch den Mast, ein Splittern, ein Krachen! In halber Höhe zerbarst ein Mast. Wie wild hieben die Männer mit Beilen und Äxten die Taue durch, damit das Wasser das gebrochene Holz wegschwemmen konnte. Doch eine Woge riss den mächtigen Mast hoch auf, schlug ihn gegen das Schiff und stieß ein Loch in die Bordwand. Immer noch hielten die Taue den Rammbock. Da liefen die Seeleute fort, um dem wildgewordenen Mastholz zu entgehen. Schon sah der Kapitän sein Schiff verloren, da fiel ihm in der höchsten Not ein, was er einst vom Bischof Nikolaus von Myra gehört hatte.

„Sankt Nikolaus, Sankt Nikolaus! Bitte für uns!", schrie er dem Sturm entgegen. Die Seeleute, die ihm am nächsten standen, hörten seinen Schrei. Sie nahmen den Ruf auf. So drang er bis in das Vorschiff.

„Sankt Nikolaus! Bitte für uns!", schrien die Matrosen. Mit einem Male wurde es ein wenig heller. Plötzlich stand mitten auf dem Schiff ein Mann, den sie nie zuvor gesehen hatten. Er schwang seine Axt und hieb auf die Haltetaue ein. Die Matrosen fassten durch sein Beispiel wieder Mut und kappten die letzten Taue, die den gefährlichen Mastbaum noch hielten. Die nächste Woge trug ihn weit vom Schiffsrumpf fort.

Stunden noch wütete das Wasser, doch nach und nach wurden die Wellen zahmer, und allmählich flaute der Wind ab. Als schließlich

Nikolaus rettet Schiffbrüchige,
Stundenbuch,
England, 1410

die Sonne zwischen jagenden Wolken hin und wieder hervorschaute, da war die ärgste Gefahr vorbei.

Aber wie sah das stolze Schiff aus! Wie ein zerzauster Vogel trieb es auf dem Meer. Zerrissen die Planken, zersplittert die Bordwand, verwüstet das Deck, weggeschwemmt die Ladung. Endlich übergab der Kapitän dem Steuermann wieder das Ruder. „Bringt mir den Mann her, der uns gerettet hat!", befahl der Kapitän. Doch so sehr die Seeleute auch suchten, sie fanden ihn nicht. Am nächsten Tag tauchte die Küste von Kleinasien in der Ferne auf. Ein Notsegel, am Maststumpf mühsam aufgeknüpft, trieb sie langsam in den Hafen von Myra.

Die Matrosen vertäuten das verwundete Schiff. Sie warfen sich in ihre Kojen und wollten nichts als schlafen, schlafen, schlafen. Der Kapitän aber ging mit seinem Steuermann zur Kirche von Myra hinauf. Er wollte dem Herrn für die Rettung aus Seenot danken. In der Kirche wurde gerade ein Gottesdienst gefeiert. Vorna am Altar stand der Bischof. Als die Seeleute näher kamen, erkannten sie ihn. Sie sahen, dass er der Mann war, der ihnen auf dem Meer so wunderbar geholfen hatte. Da priesen sie Gottes wunderbare Güte.

Überall verbreitete sich unter den Seeleuten diese Geschichte. So wurde der heilige Nikolaus der Patron aller Seeleute und Schiffer.

Die Landung des heiligen Nikolaus

Norbert Hoffmann

Es war nun doch später geworden als geplant. Nur mit Mühe hatte ich die Stadt Bari – unten in der Hacke des italienischen Stiefels – erreicht, bevor es dunkel wurde.

Ein Quartier für die Nacht und ein gutes Essen, das ist für mich nun erst mal das Wichtigste. Dann der übliche Spaziergang durch die Stadt: Eindrücke sammeln, die Stadt auf mich wirken lassen.
Plötzlich höre ich in der Ferne Musik.
Das bedeutet in diesen süditalienischen Städten immer etwas Gutes. Ganz von selbst wird mein Schritt schneller. Die Musik wird lauter. Vor mir taucht der Hafen auf. Einige Fischerboote dümpeln dort vor sich hin. Die Mole – der Platz vor dem Hafen – ist dichtgedrängt voller Menschen. Sie tragen Fackeln in den Händen. Von dort kommt auch die Musik. Ganz vorn an der Kaimauer kann ich an ihren Hüten Bischöfe erkennen, ferner Priester und Männer und Frauen in Kostümen vergangener Zeiten. Alle blicken aufs Meer hinaus. Auch ich schaue dorthin und entdecke ein Fischerboot. Es ist festlich erleuchtet und bunt geschmückt.Mitten darauf steht eine Statue. „Viva San Nicola!", rufen die Menschen. Und die Musik spielt noch lauter.
„Was ist da los?" frage ich einen alten Mann, der neben wir auf der Mauer steht.
„Wohl ein Fremder?" Der alte Mann nickt bedächtig. „Kommt am Tag des heiligen Nikolaus nach Bari und weiß nicht, was hier los ist! Typisch, diese Fremden!" –
„Moment", versuche ich mich zu rechtfertigen, „der Tag des heiligen Nikolaus ist doch der 6. Dezember. Und jetzt haben wir Mai!" –
„Ja, richtig, Fremder. Heute ist der 8. Mai! Das ist der Vorabend des 9. Mai. Und an einem 9. Mai ist der heilige Nikolaus hierher zu uns nach Bari gekommen. Und in diesem Jahr ist ein besonderes Fest: Es ist nämlich genau 900 Jahre her, dass der heilige Nikolaus in unsere Stadt kam." –
„Jetzt verstehe ich gar nichts mehr", entgegnete ich. „Der Heilige heißt doch Nikolaus von Myra – und Myra, das ist doch nicht Bari!"
Der Alte schaut mich mitleidig an, als wolle er sagen: „So viel Dummheit auf einmal kann es doch gar nicht geben!" Aber dann zieht er mich am Ärmel zu einer kleinen Wirtschaft, vor der ein paar Tische

auf der Straße stehen. „Komm, wir setzen uns da drüben an den Tisch!" Ich bestelle eine Flasche Wein. Er beginnt zu erzählen.

„Der heilige Nikolaus wurde ungefähr um 245/250 in Patara in Kleinasien – da liegt heute die Türkei – geboren. Etwa um 285 wurde er Bischof von Myra. Dort starb er im Jahre 326 und wurde in der Bischofskirche begraben.

Viele Jahre später eroberten die Türken Myra. Sie zerstörten die ganze Stadt – auch die Bischofskirche, in der der heilige Nikolaus begraben war.

761 Jahre nach dem Tod des Bischofs Nikolaus – im März des Jahres 1087 – verließen drei Schiffe mit Getreide den Hafen von Bari. Sie wollten in Kleinasien Handel treiben. Aber aus dieser Handelsfahrt wurde nichts. Die Männer aus Bari erfuhren nämlich, dass Seeleute aus Venedig unterwegs waren, um aus der Stadt Myra den Leichnam des heiligen Nikolaus nach Venedig zu holen.

Die Stadt Myra lag ganz in der Nähe. Dorthin fuhren die Männer aus Bari. Sie fanden den Leichnam des Heiligen, brachten ihn aufs Schiff und fuhren zurück nach Bari. Am 9. Mai des Jahres 1087 trafen sie abends in Bari ein. Wie ein Lauffeuer sprach sich diese Nachricht in der Stadt herum.

Die Menschen strömten zusammen – so wie jetzt hier im Hafen. Alle wollten sie den heiligen Nikolaus empfangen."

„Und das spielt ihr heute nach?", frage ich den alten Mann.

„Ja, natürlich. Jedes Jahr am 9. Mai feiern wir die Ankunft des heiligen Nikolaus. In diesem Jahr besonders feierlich. Heute morgen haben wir die Statue des Heiligen in einer Prozession von der Basilika durch die ganze Stadt bis zum Hafen getragen. Dort haben wir einen festlichen Gottesdienst gefeiert. Dann wurde der Heilige auf ein Fischerboot gebracht, das mit ihm aufs Meer hinausfuhr. Und jetzt, jetzt kommt der heilige Nikolaus wieder an Land. Lass uns schnell hinüberlaufen, damit wir das richtig miterleben können!"

„Halt, Moment!", rufe ich. „Was passiert denn nun weiter?"

Nikolaus-Prozession in Bari,
Kinderzeichnung

Nikolaus-Statue aus der
Basilika in Bari

„Wirst du gleich selbst erleben!" – „Ja, aber, morgen
und in den nächsten Tagen?" – Der alte Mann bleibt
stehen und sagt nur ganz kurz in Stichworten: „Morgen
ist Festgottesdienst in der Basilika mit vielen Bischöfen. Am
11. Mai geht die Prozession von der Piazza Mercantile zur Bischofskirche. Und am 31. Mai tragen wir den heiligen Nikolaus in unserer Prozession zurück zur Basilika San Nicola."
Ich versuche, meinem Führer zu folgen. Aber schon habe ich ihn in
der Menschenmenge aus den Augen verloren. Dann beginnt ohrenbe-
täubender Lärm. Mit alten Kanonen wird dem heiligen Nikolaus Sa-
lut geschossen. Während die Statue vom Schiff an Land getragen
wird, beginnt die Blaskapelle wieder aus Leibeskräften zu blasen.
Dann geht die Prozession los. Überall sind die Häuser mit Fahnen,
Girlanden und Pechfackeln geschmückt. Dichtgedrängt stehen die
Menschen am Weg. Eine ungeheuer lange Prozession zieht an mir vorbei. Auf einem gewaltigen Traggestell ist die Statue des heiligen Nikolaus befestigt. Sie wird von wenigstens zwanzig jungen Männern getragen.
Aber es ist alles irgendwie anders als bei uns. Mir ist das schon bei der
Musik aufgefallen. Sie hat einen viel schnelleren Takt als bei unseren
Prozessionen. Die Träger laufen daher in einer Art schwingendem
Tanzschritt durch die Straßen und Gassen. Immer wieder kürze ich
den Prozessionsweg ab. So kann ich den Heiligen wenigstens zehnmal
sehen.
Es wurde spät in dieser Nacht des heiligen Nikolaus. Denn die Menschen in Bari feierten die Heimkehr ihres Heiligen. An Schlaf war sowieso nicht zu denken; da feierte man besser mit.

Lieder zum Nikolausabend

Laßt uns froh und munter sein

1. Laßt uns froh und mun - ter sein
2. Bald ist uns - re Schu - le aus,
3. Dann stell ich den Tel - ler auf,

1. und uns in dem Herrn er - freun!
2. dann ziehn wir ver - gnügt nach Haus.
3. Nik - laus legt ge - wiß was drauf.

Lu - stig, lu - stig, tra - le - ra - le - ra, bald ist Ni - ko - laus -
(heut)

Dann stell' ich den Teller auf,
Nik'laus legt gewiß was drauf.
Lustig, lustig, traleralera,
bald ist Nikolausabend da . . .

Wenn ich schlaf', dann träume ich:
Jetzt bringt Nik'laus was für mich.
Lustig, lustig, traleralera,
bald ist Nikolausabend da . . .

Wenn ich aufgestanden bin,
lauf' ich schnell zum Teller hin.
Lustig, lustig, traleralera,
bald ist Nikolausabend da . . .

Nik'laus ist ein guter Mann,
dem man nicht g'nug danken kann.
Lustig, lustig, traleralera,
bald ist Nikolausabend da . . .

Lied zu Ehren des heiligen Nikolaus

Treuer Hirte deiner Herde,
Schutzpatron Sankt Nikolaus,
dem zu Ehren wir geweiht
dieses unser Gotteshaus:
dir auch weihen unser Beten,
weihen unsre Lieder wir,
wie aus einem Munde schalle
unser Lob hinauf zu dir!

Unbemerkt bei dunklem Morgen
wolltest du zur Kirche geh'n,
doch der Herr hat dich zur Leuchte
seines Hauses auserseh'n:
viele zu dem Herrn zu führen,
rief man dich zum Bischof aus;
führ auch uns zum Reiche Gottes,
Seelenhirt, Sankt Nikolaus!

Voller Mitleid nahmst du immer
fremder Not dich liebend an;
wo dein Aug' nur Armut schaute,
schon dein Herz auf Hilfe sann:
Heil'ger Nikolaus, ach wende
heut' auch uns dein Herze zu,
sei in Krankheit, Not und Kummer
uns ein treuer Helfer du!

Als das Schiff auf wildem Meere
sinkend mit den Wellen rang,
flehtest du für es um Rettung,
und dein Fleh'n den Sturm bezwang;
Drum erkoren unsre Ahnen
dich zum Schutz in Sturm und Flut;
Gib auch uns in allen Stürmen
Gottvertrau'n und Heldenmut!

Gegen alle Schicksalswogen
hilf uns tapfer kämpfen an,
wenn ein Truglicht uns beirret,
lenk du unsers Schifflein Bahn:
Bis wir einst im Himmelshafen
ruh'n von aller Mühe aus,
und mit dir den Schöpfer preisen,
Schutzpatron, Sankt Nikolaus!

Heiliger Nikolaus,
Venedig, 17. Jahrhundert

184

Dich zu loben

1. Dich zu lo - ben, dich zu prei-sen, Heil´ - ger
Schutz-herr Ni - ko-laus, Lieb´ und Ehr´ dir
zu erwei-sen, kom-men wir ins Got - teshaus.
Al - le fal - len dir — zu Fü - ßen, um — von
Her - zen dich — zu grü-ßen, seg - ne uns und
un - ser Haus, Heil´- ger Schutz- herr Ni - ko-laus.

Du entsagtest in früh'ster Jugend
allem ird'schen Glanz und Ruhm;
doch dein Herz war reich an Tugend:
Christus war dein Eigentum.
Darum rief im Gnadenjahre
Gott, der Herr, dich zum Altare;
und als Bischof warest du
aller Armen Trost und Ruh'.

Stilltest wilde Meereswogen
mit der Gnade Wunderkraft.
Wenn in uns auch Stürme toben,
dann hilf uns mit deiner Macht.
Als dein Stündlein schlug zu scheiden,
Engel Gottes dich geleiten
in des Himmels Licht und Pracht;
und du riefst: „Es ist vollbracht!"

Nikolaus rettet die Seeleute,
Tempera auf Holz,
Gentile da Fabriano,
15. Jahrhundert

Den heil'gen Bischof St. Nikolaus

Als Nikolaus Bischof von Myra war

Als Nikolaus Bischof von Myra war,
das war vor mehr als tausend Jahr',
da half er den Menschen bei Kummer und Not,
den hungernden Kindern gab er Brot.
Seitdem sind die Kinder dem heil'gen Mann
von ganzem Herzen zugetan.
„Komm auch zu uns in unser Haus,
lieber, guter Nikolaus!"

Den unrecht Verfolgten stand er bei.
Er fegte vom Sturme die Meere frei.
Den Kranken konnte er Heilung geben,
den toten Kindern neues Leben.
Seitdem sind die Kinder dem heil'gen Mann
von ganzem Herzen zugetan.
„Komm auch zu uns in unser Haus,
lieber, guter Nikolaus!"

Ein Diener des Heilands Jesu Christ
Nikolaus immer gewsen ist.
Das Wort des Herrn hat er ernst genommen:
Lasset die Kindlein zu mir kommen.
Seitdem sind die Kinder dem heil'gen Mann
von ganzem Herzen zugetan.
„Komm auch zu uns in unser Haus,
lieber, guter Nikolaus!"

Den heil'gen Bischof Sankt Nikolaus,
den wollen wir ehren heut,
dass er uns Gnade bring' ins Haus,
Glück, Segen, Fried und Freud.

Viel Wunder wirkte Gott durch ihn,
da staunte jedermann.
Der Himmel selbst wies auf ihn hin:
Nehmt ihn zum Bischof an.

Er lehrt' die Christen Gottes Wort,
viel Gutes sprach sein Mund,
er suchte Kranke hier wie dort
und pflegte sie gesund.

Drei Äpfel warf durch Fenster er
für dieser Armen Not.
Sie waren Gold und wogen schwer
und brachten ihnen Brot.

Der heil'ge Bischof Nikolaus,
das ist ein guter Mann.
Drum rufen ihn im Sturmgebraus
die Schiffer flehend an.

Nikolaus schenkt den
drei Jungfrauen die Mitgift,
Tempera auf Holz,
Gentile da Fabriano,
15. Jahrhundert

187

Sankt Nikolaus ist ein guter Mann

Sankt Nik-laus ist ein gu-ter Mann. Er hilft den Men-schen,

wo er kann. Er tut's, weil er die Men-schen liebt. Durch

Nik-laus Gott uns Freu-de gibt. Tra-la-la-la-la,

tra-la-la-la-la, tra-la-la-la-la, tra-la-la-la.

Nikolaus auf dem
Schlitten,
Kinderzeichnung

Der Nikolaus,
der Nikolaus

Der Nikolaus, der Nikolaus
geht durch die Stadt von Haus zu Haus.
Er trägt den großen Rumpelsack
auf dem Rücken huckepack.
Kalt ist ihm von Kopf bis Zeh,
o je, o je, o je mine!

Der Nikolaus, der Nikolaus
geht durch die Stadt von Haus zu Haus.
Mit Gepolter und Geschnauf
stapft er dann die Treppen rauf.
Kalt ist ihm von Kopf bis Zeh,
o je, o je, o je mine!

Der Nikolaus, der Nikolaus
geht durch die Stadt von Haus zu Haus,
will mit den schönen Sachen
allen Kindern Freude machen.
Kalt ist ihm von Kopf bis Zeh,
o je, o je, o je mine!

Der Nikolaus, der Nikolaus
geht durch die Stadt von Haus zu Haus.
Und vor jedem Abschiedswinken
muss er ein Glas Glühwein trinken.
Warm wird's ihm von Kopf bis Zeh,
o je, o je, o je mine!

Lieber heiliger
Nikolaus

Lieber heiliger Nikolaus,
segne uns und unser Haus!
Gib, dass wir wie du bedenken,
wie wir den Menschen Freude schenken!
Gib uns einen frohen Sinn!
Führ uns zu denen, die uns brauchen, hin!

Irgendwo ist ein Mensch allein.
Könnte das nicht anders sein?
Gib, dass wir wie du bedenken,
wie wir Menschen Glauben schenken!
Gib uns einen frohen Sinn!
Führ uns zu denen, die uns brauchen, hin!

Mancher hat keine Hoffnung mehr,
und sein Herz ist bang und schwer.
Gib, dass wir wie du bedenken,
wie wir Menschen Hoffnung schenken!
Gib uns einen frohen Sinn!
Führ uns zu denen, die uns brauchen, hin!

Dich rufen wir, Sankt Nikolaus

Sankt Nikolaus

Sankt Nik'laus, komm in unser Haus,
leer die vollen, vollen Taschen aus.
Stell den Schimmel auf den Mist,
dass er Heu und Hafer frisst.

Sankt Nik'laus, komm zu uns herein,
sollst uns allen sehr willkommen sein.
Stell den Sack nur immer hin,
sind wohl Äpfel, Nüsse drin.

Sankt Nik'laus, komm in unser Haus,
ruh von deiner langen Fahrt dich aus;
lass die Rute immer drauß',
sind nur gute Kind' im Haus!

Dich rufen wir, Sankt Nikolaus!
Auf Erden geht die Not nicht aus.
Du weißt es wie kein anderer.
Geh um, geh um,
du gütiger Wandrer.

Geh um, hab auf die Menschen acht.
Geh um. In dunkler, kalter Nacht
sitzt mancher in sein'm Jammer.
Hilf du, hilf du,
wirf Gold in die Kammer!

Du Mann aus Myra, deine Zeit
ist nie vorbei, ist jetzt, ist heut.
Geh um in viel Gestalten!
Hilf mir, hilf mir,
dein Amt zu verwalten!

Weiterführende
Literatur

ANRICH, Gustav, HAGIOS NIKOLAOS. Der heilige Nikolaos in der griechischen Kirche, 2 Bde. Leipz g / Berlin 1913, 1917

BECKER-HUBERTI, Manfred, Feiern, Feste, Jahreszeiten. Lebendige Bräuche im ganzen Jahr. Geschichte und Geschichten, Bilder und Legenden, Freiburg 2001 (Sonderausgabe)

BECKER-HUBERTI, Manfred, Lexikon der Bräuche und Feste, Freiburg, 2. Aufl. 2001

BECKER-HUBERTI, Manfred, Der Weihnachtsmann lebt. Wie er wurde, was er ist, Freiburg 2004

BORCHARDT, Jürgen (Hrsg.), Myra. Eine Lykische Metropole in antiker und byzantinischer Zeit, Berlin 1975

BOVA, C. Damiano (Hrsg.), Bari San Nicola. Bar , 2. Auflage

CURATEURS DJ MUSEE (Hrsg.), Guide du musée d'Antalya, Antalya 1996

DEHANDSCHUTTER, Lieven, Sinterklaasgebruiken in Vlandern. In: Volkskultur an Rhein und Maas, hrsg. vom Amt für rheinische Landeskunde, Spezial/03, Bonn 2003, 49–56

Der Heilige Nikolaus. Die Lebensgeschichte. Der heilige Nikolaus in der Welt. Die Basilika San Nicola in Bari. Die historische Kritik, Bari 1990

DÖRING, Alois. Nikolaus, Weihnachtsmann und die Heiligen Drei Könige. Brauchwandel an Rhein und Maas seit 1945. In: Volkskultur an Rhein und Maas, hrsg. vom Amt für rheinische Landeskunde, 2/2002, Bonn 2002, 17–37

DÖRING, Alois, Nikolaus, Weihnachtsmann, Santa Claus. Brauchwandel und Brauchidentitäten an Rhein und Maas. In: Volkskultur an Rhein und Maas, hrsg. vom Amt für rheinische Landeskunde, Spezial/03, Bonn 2003 57–66

GVOZDEVA, Katja, Spiel und Ernst der burlesken Investitur in den sociétés joyeuses des Spätmittelalters und der Frühen Neuzeit. In: Marion Steinicke und Stefan Weinfurter (Hrsg.), Investitur und Krönungsrituale. Herrschaftseinsetzungen im kulturellen Vergleich, Köln / Weimar / Wien 2005, 177–199

HEISER, Lothar, Nikolaus von Myra. Heiliger der ungeteilten Christenheit, Trier 1978

IMHOF, Paul, Nikolaus. Auf den Spuren seiner Legenden, Aschaffenburg 1997

KARLINGER, Felix (Hrsg.), Geschichten vom Nikolaus, Frankfurt 1995

KÖRNER, Karin, Nikolaus von Myra. Leben, Legende, Brauchtum, Leutesdorf, 2. Aufl. 2000
Lexikon der christlichen Ikonographie, Bd. 8, 45–58

LEBE, Reinhard (Hrsg.), Kleine Geschichten von Sankt Nikolaus, Stuttgart o. J.

MEHLING, Marianne, Die schönsten Weihnachtsbräuche, München 1980

MEISEN, Karl, Nikolauskult und Nikolausbrauch im Abendlande. Reprint von 1931, Düsseldorf 1981

MENSING, Roman, Nikolaus von Myra, Düsseldorf 2001

METKEN, Sigrid, Sankt Nikolaus in Kunst und Volksbrauch, Duisburg 1966

MEZGER, Werner, Sankt Nikolaus zwischen Kult und Klamauk, Ostfildern 1993

ÖZGÜR, M. Edigs / KULELI, A. Esin, The Church of Saint Nicholas in Myra and Environs, Ankara, 2. Aufl. 1995

ROSENTHAL, Jos, Rote Mütze, weißer Bart. Sankt Nikolaus – ein Phänomen, Limburg / Kevelaer 2002

SARTORY, Thomas und Gertrude, Der heilige Nikolaus – Die Wahrheit der Legende, Freiburg / Basel / Wien 1981

TOKSÖZ, Cemil, Berühmte Sehenswürdigkeiten der Antike in Lykien, Istanbul 1988

TOTZKE, Irenäus / JACOBS, Paul, Nikolaus. Sein Leben in Bildern und Legenden, Neu-kirchen-Vluyn 1996

VELTEN, Hans Rudolf, Einsetzungsrituale als Rituale der Staatsumkehr. Narrenbischöfe und Narrenkönige in den mittelalterlichen Klerikerfesten (1200–1500). In: Marion Stei-nicke und Stefan Weinfurter (Hrsg.), Investitur. und Krönungsrituale. Herrschaftseinset-zungen im kulturellen Vergleich, Köln / Weimar / Wien 2005, 201–221

Dirk Lippold
Personalmanagement im digitalen Wandel

Dirk Lippold

Personalmanagement im digitalen Wandel

Die Personalmarketing-Gleichung als prozess- und wertorientierter Handlungsrahmen

3., überarbeite und erweiterte Auflage

DE GRUYTER
OLDENBOURG

ISBN 978-3-11-061316-2
e-ISBN (PDF) 978-3-11-061319-3
e-ISBN (EPUB) 978-3-11-061354-4

Bibliografische Information der Deutschen Nationalbibliothek
Die Deutsche Nationalbibliothek verzeichnet diese Publikation in der Deutschen
Nationalbibliografie; detaillierte bibliografische Daten sind im Internet über
http://dnb.dnb.de abrufbar.

© 2019 Walter de Gruyter GmbH, Berlin/Boston
Einbandabbildung: Octus/Shutterstock
Druck und Bindung: CPI books GmbH, Leck

www.degruyter.com

If you can do it, teach it.

If you can teach it, write about it.

Vorwort zur 3. Auflage

In kaum einem betriebswirtschaftlichen Funktionsbereich haben neue Ansätze, Studien und Abhandlungen in einem Maße Hochkonjunktur wie in der Personalwirtschaft. Besonders die digitale Transformation, die Anforderungen an erhöhte Agilität unserer Prozesse sowie der zunehmende internationale Wettbewerb setzen unsere Personaler zunehmend unter Druck. Das HR sollte die neuen Herausforderungen als Chance begreifen und evaluieren, wo digitale Formate zur Effizienzsteigerung führen können.

Um hierbei die entsprechenden Grundlagen zu legen, fanden zunächst folgende führungsbezogene Themenbereiche neu Eingang in das Lehrbuch:

- Digitalisierung und technologischer Wandel – beides wird ohne die richtige Führung nicht funktionieren.
- Medien-Mix und Kommunikation über Distanzen bringen neue Führungsmodelle auf den Plan.
- Generationenwechsel und hybride Arbeitskulturen sind ebenfalls ein wichtiges Leadership-Thema.
- New-Work-Führungsansätze sind derzeit in aller Munde und müssen eingeordnet und bewertet werden.

Im Bereich der internationalen Personalarbeit wurde ein eigenständiges Kapitel mit folgenden Schwerpunkten eingefügt:

- Besonderheiten und Ausprägungen internationaler Personalarbeit
- Interkulturelles Personalmarketing
- Entsendung von Expatriates

Im Bereich Change Management und agile Organisation wurden folgende Abschnitte hinzugefügt:

- Umgang mit Widerständen (insbesondere bei Unternehmenszusammenschlüssen)
- Agile Organisation und Unterschiede zu klassischen Organisationsansätzen.

Darüber hinaus wurde die dritte Auflage vollständig überarbeitet, aktualisiert und in einigen Aktionsfeldern erheblich erweitert. Außerdem wurden sämtliche 265 Grafiken überarbeitet, ergänzt und farbig gestaltet.

Mein besonderer Dank gilt Dr. Stefan Giesen, der das Buchprojekt verlagsseitig gefördert hat.

Für alle Personen wird im Sinne der besseren Lesbarkeit das generische Maskulinum verwendet.

Berlin, im April 2019

Vorwort zur 2. Auflage (Auszug)

Aufgrund der besonderen Dynamik der Personaldisziplin wurde die zweite Auflage vollständig überarbeitet, aktualisiert und in einigen Aktionsfeldern erheblich erweitert.

Folgende Themenbereiche fanden neu Eingang in das Lehrbuch oder wurden grundlegend überarbeitet:

- Ergänzung wesentlicher Aktionsparameter und Werttreiber für alle Aktionsfelder des wertorientierten Personalmanagements

- Aufnahme und Diskussion von theoretischen Aspekten der Personalwirtschaft

- Aufnahme von Analyse-Methoden (SWOT-Analyse, Benchmarking) im Rahmen der Personalmarketing-Planung

- Analyse des Arbeitsmarktes sowie Auswahl, Relevanz und Bewertung der Marktsegmente im Rahmen des Aktionsfeldes *Segmentierung*

- Vertiefung Employer Branding und Ableitung von Personalakquisitionsstrategien im Rahmen des Aktionsfeldes *Positionierung*

- Signalisierungsmedien und Online-Signalisierungsformen im Rahmen des Aktionsfeldes *Signalisierung*

- Vertiefung Social Media im Rahmen des Aktionsfeldes *Kommunikation*

- Eigenschaftsorientierte, verhaltensorientierte und situative Führungsansätze sowie Führungsinstrumente im Rahmen des Aktionsfeldes *Personalführung*

- Personalentwicklungsmethoden im Rahmen des Aktionsfeldes *Personalentwicklung*

- Geografische und rechtliche Auslagerung von Organisationseinheiten (X-Shoring, Outsourcing) im Rahmen der Personalorganisation.

Darüber hinaus wurde das Lehrbuch um eine Vielzahl von Inserts ergänzt, die mit Praxisbeispielen oder zusätzlichen Statistiken für eine Ergänzung der „reinen Lehre" sorgen. Ein neu aufgenommenes Abkürzungsverzeichnis rundet den „Service für den Leser" ab.

Allen kritischen Lesern und ihren Hinweisen verdanke ich die weitere Optimierung des Lehrbuches.

Ein besonderer Dank gelten Frau Paula Thieme für ihre wertvollen Anregungen zum Thema *Employer Branding* sowie Frau Kerstin Wirzbinna für ihre praxisorientierten Hinweise zur *Personalentwicklung* und hier insbesondere zum *Coaching*.

Berlin, im Februar 2014

Vorwort zur 1. Auflage (Auszug)

Es ist keine Frage, dass das Personalmarketing in den letzten Jahren immer stärker in das Bewusstsein der Unternehmen gedrungen ist. Aber rechtfertigt dieser Bewusstseinswandel die Herausgabe eines weiteren Lehrbuchs zu dieser Thematik? Wohl kaum, es sei denn, dass sich im Zuge dieser verstärkten Wahrnehmung auch einige Rahmenbedingungen geändert haben, deren Einflüsse stärker in das Blickfeld des verantwortlichen Personalmanagements einerseits und der interessierten Studierenden andererseits gerückt werden sollten.

Von aktuellem Einfluss ist der zunehmende Druck auf die langjährige Stärke unserer Unternehmen durch den innovativen Verbund von moderner Industrieproduktion und zugeordneten Problemlösungskompetenzen in Beratung und Service. Um die Wettbewerbsfähigkeit im globalen Umfeld halten zu können, ist es von strategischer Bedeutung, dass wir immer einen Schritt besser als die internationale Konkurrenz sind. Gefragt sind demnach besser ausgebildete Mitarbeiter – auf dem Arbeitsmarkt wie auch im Unternehmen.

Von aktuellem Einfluss ist die Situation im *Arbeitsmarkt*, der sich zu einem *Käufermarkt* für hoch qualifizierte Fach- und Nachwuchskräfte gewandelt hat. Eine Folge ist der sogenannte „War for talents", d. h. ein verstärkter Wettbewerb zwischen Unternehmen aus den verschiedensten Branchen um High Potentials. Die Lösung ist ein aktives Personal*marketing* mit dem Auftrag, das Unternehmen als Arbeitgeber mit seinem Produkt *Arbeitsplatz* an gegenwärtige und zukünftige Mitarbeiter zu „verkaufen".

Von aktuellem Einfluss sind die erweiterten Möglichkeiten der *Internet-Nutzung*. Suchmaschinen, Foren, Blogs, Social Networks und andere Applikationen der Web 2.0-Entwicklung haben für Unternehmen, Bewerber und auch für die eigenen Mitarbeiter des Unternehmens Potenziale eröffnet, die deutlich über das E-Recruiting als Tool für die intra- und internetbasierte Personalbeschaffung und -auswahl hinausreichen.

Von aktuellem Einfluss ist die Situation im *(Aus-)Bildungsbereich*. Mit der *Bologna-Reform*, die europaweit eine Verbesserung der wissenschaftlichen Qualität anstrebt und gleichzeitig die Anforderungen von Wirtschaft und Arbeitsmarkt erfüllen soll, ist ein System eingeführt worden, das auf zwei Abschlüssen basiert. Der erste Abschluss *(„Bachelor")* ist eine für den europäischen Arbeitsmarkt relevante Qualifikationsebene und ermöglicht gleichzeitig, den zweiten, höheren Abschluss *(„Master")* zu erwerben. Was aber ist die „arbeitsmarktrelevante Qualifikationsebene" für das Personalmanagement im Bachelor-Studiengang?

Alle genannten Einflussfaktoren haben mich dazu bewogen, ein weiteres Lehrbuch der ohnehin schon umfangreichen personalwirtschaftlichen Literatur hinzuzufügen.

Der entscheidende Punkt meiner Motivation ist aber das von meinem Team in der praktischen Arbeit einer internationalen Unternehmensberatung entwickelte *Vorgehensmodell der Personalmarketing-Gleichung* mit seiner prozessorientierten Sicht auf die einzelnen Aktionsfelder der Personalbeschaffung und der Personalbetreuung.

Berlin, im Mai 2011

Inhaltsverzeichnis

1. Personalkonzeption

1. Personalkonzeption

Das erste Kapitel beschreibt die konzeptionellen und theoretischen Grundlagen des Personalbereichs, der Personalmarketing-Philosophie sowie des Personalmanagements, das für die Umsetzung der Personalaufgaben aber auch des Personalmarketing-Verständnisses im Unternehmen verantwortlich ist.

Im ersten Abschnitt werden die *Anforderungen an ein modernes Personalmanagement* definiert, begriffliche Perspektiven und Entwicklungslinien des Personalmarketings aufgezeigt sowie wichtige Aspekte des Selbstverständnisses, der Aufgaben und der Verantwortung des Personalmanagements behandelt.

Es schließt sich ein Überblick über *aktuelle Trends und Tendenzen* in der Personalwirtschaft
an. Dabei stehen die spezifischen Anforderungen der Digitalisierung, der sozialen Medien, des
Generationenwechsels und der zunehmenden Internationalisierung der Personalarbeit im Vordergrund.

Es folgt eine kurze Einführung in die *theoretischen Perspektiven der Personalwirtschaft*, bei
der die Aspekte der Neuen Institutionenökonomie im Vordergrund stehen.

Anschließend werden die Grundlagen der *Personalmarketing-Planung* beschrieben. Im Mittelpunkt steht der Planungsprozess mit den Prozessphasen Analyse, Ziele, Strategien und Maß-
nahmenplanung.

Den Abschluss dieses Kapitels bildet eine Einführung in das Grundverständnis der *Personalmarketing-Gleichung*. Aufbauend auf der personalen Wertschöpfungskette werden die einzelnen Elemente (Aktionsfelder und Bewerber- bzw. Mitarbeiterkriterien) und der Geltungsbereich der Personalmarketing-Gleichung erläutert. Zugleich sind damit die grundlegende Struktur und der Aufbau der folgenden Kapitel festgelegt.

1.1 Begriffliche und sachlich-systematische Grundlegung

1.1.1 Motivation

Ohne die richtigen Mitarbeiter zur richtigen Zeit am richtigen Ort gibt es keine Innovationskraft. Produkt-, Produktions-, Prozess- oder Dienstleistungsinnovationen sind ohne leistungsfähiges Personal nicht denkbar. Aus Sicht vieler Unternehmen verführt die momentane Wirtschaftssituation mit ihrem scheinbaren Überangebot an Arbeitskräften dazu, die Gewinnung und Bindung von Mitarbeitern mit geringerer Priorität zu betreiben. Das ist aber nur die halbe Wahrheit, denn der Arbeitsmarkt in Deutschland ist schon seit geraumer Zeit durch die absurde Situation gekennzeichnet, dass einer hohen Arbeitslosigkeit von Geringqualifizierten ein Mangel an gut ausgebildeten Ingenieuren, Naturwissenschaftlern und anderen Akademikern gegenübersteht.

Befand sich die Mehrzahl der Unternehmen lange Zeit in einem Verkäufermarkt, bei dem die Nachfrage nach offenen Stellen das Angebot übersteigt, so hat sich die Situation im Arbeitsmarkt für hoch qualifizierte Mitarbeiter grundlegend geändert. Der Grund dafür sind die Veränderungen im Unternehmensumfeld, die im Wesentlichen auf die Globalisierung und den rasanten technologischen Wandel in vielen Branchen zurückzuführen sind.

Unsere Gesellschaft entwickelt sich zu einer *Wissensgesellschaft*. Der zunehmende Kostendruck zwingt die Unternehmen und Organisationen dazu, die Wissensträger für Markt und Produktportfolio an das eigene Unternehmen zu binden, Mitarbeiter zu entwickeln und geeigneten Nachwuchskräften Schlüsselpositionen im Unternehmen zu bieten [vgl. BECKER/ SEFFNER 2002, S. 2 f.]. Die Terminologie des „Bewerbers" täuscht nur allzu leicht darüber hinweg, dass sich die Rekrutierung hoch qualifizierter und motivierter Nachwuchskräfte längst zu einem strategischen Erfolgsfaktor innovativer Unternehmen entwickelt hat.

Eine wichtige Voraussetzung für das Durchstehen unterschiedlichster Wirtschaftssituationen ist ein Personalmanagement, das personalpolitisch relevante Chancen in einer sich verändernden Umwelt erkennen und daraus geeignete Maßnahmen und Programme ableiten muss.

Die vorliegende *Personalmarketing-Gleichung* bietet hierzu sowohl auf der *Personalbeschaffungsseite* als auch im Bereich der *Personalbetreuung* einen Handlungsrahmen, in dem die einzelnen Aktionsfelder im Hinblick auf die Ziele des Bewerbers und des einzelnen Mitarbeiters, aber auch im Hinblick auf die unternehmerischen Zielsetzungen zu optimieren sind. Dadurch ist es möglich, mehr Synergieeffekte der Aktionsfelder untereinander und mehr Transparenz der Erfolgswirkungen einzelner Maßnahmen zu erzielen.

Mit Hilfe der entsprechenden Controlling-Instrumente lässt sich sodann der häufig hinterfragte Wertschöpfungsbeitrag des Personalmarketings im Unternehmen messen. In diesem Zusammenhang ist auf die zunehmende Quantifizierbarkeit qualitativer Tatbestände wie Wissens-, Einstellungs-, Verhaltens- und Entwicklungsaspekte der Prozessbeteiligten hinzuweisen. Die entsprechenden Kennzahlen reduzieren die komplexe Realität auf ihre wesentlichen Einflussfaktoren, verdeutlichen Schwachstellen und zeigen das aktuelle Leistungsniveau des jeweiligen

Personalmanagements auf. Die Anwendung der *Personalmarketing-Gleichung* erleichtert somit auch Entscheidungen über organisatorische Maßnahmen wie die Zusammenfassung personaler Dienstleistungen in einem *Shared Service Center* oder – im Sinne einer „Make-or-Buy"-Entscheidung – der Bezug bestimmter Services von externen Dienstleistern.

Ziel des vorliegenden Lehrbuchs ist es, einen Handlungsrahmen für ein praxisorientiertes Vorgehen aufzuzeigen. Es soll den aktuellen und latenten Herausforderungen für das Personalmanagement mit einer *Denkhaltung* begegnen, die sich an folgenden sechs Fixpunkten orientiert:

- Die Übertragung der (kundenorientierten) Erkenntnisse aus dem **Absatzmarketing** auf das Personalmanagement, das immer noch zu sehr den klassischen, verwaltungsorientierten Personalkonzepten verhaftet ist.

- Das Selbstverständnis des Personalmanagements als **Business-Partner**, das den kundenorientierten Anforderungen an einen Gesprächspartner, der in die Geschäftsprozesse des Gesamtunternehmens eingebunden ist, am besten gerecht wird.

- Die Betrachtung der Aktivitäten des Personalmanagements als **Wertschöpfungskette** mit den beiden Phasen *Personalbeschaffung* und *Personalbetreuung*, deren Teilziele *Personalgewinnung* und *Personalbindung* im Hinblick auf die Generierung von Wettbewerbsvorteilen zu optimieren sind.

- Die **internationale Ausrichtung** des Personalmanagements (engl. *Human Resources Management*), die nicht zuletzt in den verwendeten Anglizismen zum Ausdruck kommt (im Übrigen führen viele Unternehmen Bewerbungsgespräche mit Hochschulabsolventen und High Potentials bereits in englischer Sprache durch).

- Die verhaltenswissenschaftliche **Anreiz-Beitrags-Theorie** als Grundlage und zur Fundierung der zu erarbeitenden Handlungsempfehlungen, denn ein erfolgreiches Personalmanagement muss bei der Gestaltung der Anreize (des Unternehmens) und der Beiträge (der Bewerber/Mitarbeiter) ansetzen [vgl. SCHAMBERGER 2006, S. 14 f.].

- Die Konzentration auf Maßnahmen zur Gewinnung und Bindung von leistungsfähigen **Fach- und Führungsnachwuchskräften**, die für viele Unternehmen einen Engpassfaktor darstellen.

In diesem Zusammenhang soll besonders betont werden, dass – für ein Lehrbuch durchaus ungewöhnlich – nicht so sehr die Auseinandersetzung mit den theoretischen Grundlagen des Personalmanagements im Vordergrund steht. Zwar wird auf eine Diskussion über die verschiedenen soziologischen, sozialpsychologischen, ökonomischen und verhaltenswissenschaftlichen Ansätze nicht vollständig verzichtet, im Vordergrund steht aber die Auseinandersetzung mit den Erkenntnissen und Erfahrungen des praktischen Personal- und Marketingarbeit. Angestrebt wird die Bereitstellung von Entscheidungshilfen aus der Praxis für die Praxis. Dazu werden für jedes **Aktionsfeld** im Personalmarketing die entscheidenden **Aktionsparameter** und **Wert-**

treiber herausgearbeitet und transparent gemacht, so dass die angestrebte Optimierung der beiden Hauptziele des Personalmarketings, nämlich die *Personalgewinnung* und die *Personalbindung,* erleichtert wird.

1.1.2 Anforderungen an das moderne Personalmanagement

Die Anforderungen an das Personalmanagement haben sich in den letzten Jahren stark verändert. So zeigt die Auswertung der bis 2015 jährlich von KIENBAUM durchgeführten HR-Trendstudie unter Top-Personalentscheidern, dass das Personalmanagement neben seinen „klassischen" Aufgabenbereichen eine Reihe neuer Herausforderungen bewältigen muss (siehe Abbildung 1-01).

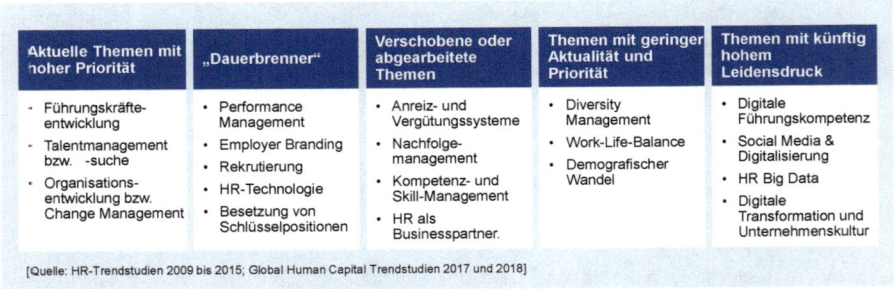

Aktuelle Themen mit hoher Priorität	„Dauerbrenner"	Verschobene oder abgearbeitete Themen	Themen mit geringer Aktualität und Priorität	Themen mit künftig hohem Leidensdruck
· Führungskräfteentwicklung	· Performance Management	· Anreiz- und Vergütungssysteme	· Diversity Management	· Digitale Führungskompetenz
· Talentmanagement bzw. -suche	· Employer Branding	· Nachfolgemanagement	· Work-Life-Balance	· Social Media & Digitalisierung
· Organisationsentwicklung bzw. Change Management	· Rekrutierung	· Kompetenz- und Skill-Management	· Demografischer Wandel	· HR Big Data
	· HR-Technologie	· HR als Businesspartner.		· Digitale Transformation und Unternehmenskultur
	· Besetzung von Schlüsselpositionen			

[Quelle: HR-Trendstudien 2009 bis 2015; Global Human Capital Trendstudien 2017 und 2018]

Abb. 1-01:   Top-Themen auf der Agenda des Personalmanagements

Die Steigerung der Führungs- und Managementqualitäten (engl. *Leadership Development*), Change Management und Talent Management stehen ganz oben auf der Agenda der Top-Themen der Personalmanager. Demgegenüber zählen die Fokusthemen Performance Management, Arbeitgeberattraktivität (engl. *Employer Branding)*), Rekrutierung und Kampf um die Besten (engl. *War for Talents*), HR-Technologie sowie die Besetzung von Schlüsselpositionen schon länger zu den wichtigsten Themen des Personalmanagements.

Frühere Top-Themen wie Anreiz- und Vergütungssysteme, Nachfolgemanagement (engl. *Successor Management*), Kompetenz- und Skill-Management sowie HR als Business Partner, stehen dagegen nicht mehr so sehr im Fokus und sind aktuelleren Themen gewichen. Das Personalmanagement hat in diesen Bereichen seine Hausaufgaben entweder bereits erledigt oder aufgrund aktuellerer Themen auf der Prioritätenliste nach hinten verschoben. Es deutet allerdings einiges eher auf einen Aufschub als auf eine Abarbeitung hin.

Eine weitere Themengruppe, die hier angesprochen ist, steht – vielleicht etwas überraschend – ganz unten auf der Prioritätenliste der Personalmanager. Dazu zählen Handlungsfelder wie das Diversity Management oder die Work-Life-Balance.

Die letzte Themengruppe schließlich hatte in den HR-Trendstudien von Kienbaum noch keine Bedeutung. Folgt man jedoch den Human Capital Trends von DELOITTE aus den Jahren 2017 und 2018, so kommen auf das Personalmanagement einige Herausforderungen zu, die künftig einen mehr oder weniger hohen Leidensdruck erzeugen dürften:

- **Digitale Führungskompetenz** soll andeuten, dass Organisationen künftig vielseitige Führungskräfte und -konzepte benötigen, die auf die Digitalisierung und ihre Auswirkungen reagieren können. Stichwort: „Führung im Umbruch".

- **Social Media & Digitalisierung** steht für den Aufbau einer „Organisation der Zukunft" bei der neue Kommunikationstechnologien in Verbindung mit Teamführung und organisatorischer Agilität für Unternehmen im digitalen Zeitalter ein entscheidender Wettbewerbsfaktor geworden ist.

- **HR Big Data** bedeutet, dass der HR-Bereich zum Vorreiter des digitalen Wandels avancieren sollte. Neben der Digitalisierung der HR-Plattformen im Speziellen zählt dazu aber auch die Integration von künstlicher Intelligenz, Robotics und Automatisierung und deren Auswirkung auf die Arbeitswelt im Allgemeinen.

- **Digitale Transformation und Unternehmenskultur** soll darauf hinweisen, dass digitale Transformation ebenso in unsere Arbeitskultur hineinwirkt, wie Kultur die Entwicklung und den Einsatz von Technologien beeinflusst. Jeder Organisationskultur liegen Werte zugrunde, die auf neue Technologien reagieren. Positiv, wie auch negativ. Die Frage ist also, wie es gelingen kann, eine generationenübergreifende, besser generationenverbindende Kommunikations- bzw. Unternehmenskultur zu leben.

Der Stand der praktischen Umsetzung des Personalmarketings zeigt teilweise erhebliche **Realisierungsdefizite** auf. *Konzept- und Strategielosigkeit* sowie eine immer noch starke *Konjunkturabhängigkeit* beim Einsatz der Personalmarketing-Instrumente führt zu einem *Aktionismus*, der es dem Personalmanagement erschwert, das Personalmarketing als eigenständige Denk- und Arbeitshaltung zu etablieren. Die *fehlende Systematik* bei der Wechselwirkung seiner Aktionsfelder und die immer noch sehr *willkürliche Behandlung* unterschiedlicher Zielgruppen erschweren darüber hinaus die Schaffung einer eigenen Funktionsidentität des Personalmarketings [vgl. DGFP 2006, S. 26].

1.1.3 Begriffliche Abgrenzungen

Im Wesentlichen sind es drei Begriffe, die – da sie teilweise synonym behandelt werden – voneinander abgegrenzt werden sollen: *Personalwirtschaft*, *Personalmanagement* und *Personalmarketing*.

Personalwirtschaft. Als Personalwirtschaft soll die Gesamtheit aller mitarbeiterbezogenen Gestaltungs- und Verwaltungsaufgaben eines Unternehmens bezeichnet werden [vgl. OLFERT 2005, S. 24]. Als Teilbereich der Betriebswirtschaftslehre und als Sammelbegriff für alle Aufgaben, die sich mit dem Produktionsfaktor Arbeit befassen, hat sich der Begriff *Personalwirtschaft* durchgesetzt.

Personalwesen. Mit dem Begriff Personalwesen, der häufig synonym verwendet wird, soll mehr der verwaltungstechnische (organisatorische) Bereich der Personalwirtschaft hervorgehoben werden [vgl. JUNG 2006, S. 6].

Personalmanagement. Das Personalmanagement stellt die Führungstätigkeiten in den Vordergrund, wobei der Begriff *Management* auf zweifache Weise verwendet wird: Zum einen als *Institution,* die alle Personen bezeichnet, die Managementaufgaben wahrnehmen, zum anderen als *Funktion,* die die Managementaufgaben an sich beschreibt, d. h. sämtliche Aufgabenbereiche, die zur Steuerung des Unternehmens wahrzunehmen sind [vgl. JUNG 2006, S. 7].

Human Resources Management. Im angelsächsischen Sprachraum existiert hierfür der Begriff *Human Resources Management* (kurz: **HRM**) und so wird folgerichtig – besonders bei international oder global agierenden Unternehmen – die Personalabteilung als *HR-Abteilung* bezeichnet.

Workforce Management. Wohl auch durch die Auswirkungen des demografischen Wandels initiiert, hat noch ein weiterer angelsächsischer Begriff in die personalwirtschaftlichen Terminologie Eingang gefunden: das *Workforce Management* (kurz: **WFM**), das auf den bedarfsgerechten, transparenten und nachvollziehbaren *Einsatz* von Mitarbeitern abzielt. Einige internationale Unternehmen bezeichnen daher ihre Personalabteilungen als *WFM-Abteilung.*

Personalmarketing. Die inhaltlichen Vorstellungen über den Begriff des Personalmarketings weisen in der Literatur verschiedene Facetten auf, die sich in *drei* Strömungen zusammenfassen lassen [vgl. GIESEN 1998, S. 86]:

– Personalmarketing wird als eigenständiger Begriff *abgelehnt* und erscheint nur als neue Worthülse für die klassischen Instrumente einer mitarbeiterorientierten Personalpolitik.

– Personalmarketing befasst sich ausschließlich mit dem *externen* Wirkungsfeld personaler Aktivitäten, also dem Personalbeschaffungsmarkt des Unternehmens. Diese konservative Auffassung setzt im Prinzip die Begriffe *Personalbeschaffung* und *Personalmarketing* gleich.

– Personalmarketing wird als umfassende *Denk- und Handlungskonzeption* verstanden, die sich mit den Bedürfnissen sowohl der potenziellen Mitarbeiter (Bewerber) als auch der vorhandenen Mitarbeiter befasst. Damit wird die Denkhaltung des klassischen (Absatz-) Marketings, das sich mit den Bedürfnissen der Kunden befasst, aufgenommen. Diese Auffassung dient als Grundlage für die weiteren Ausführungen.

Dem Konzept dieses Lehrbuches liegt folgende (zugegebenermaßen etwas sperrige) **Definition** des Personalmarketing-Begriffs zu Grunde:

Personalmarketing ist ein umfassendes Denk- und Handlungskonzept, das auf die Bedürfnisse potenzieller und vorhandener Mitarbeiter ausgerichtet ist. Ziel dabei ist, zum einen durch eine entsprechende Attraktivitätswirkung auf dem externen Arbeitsmarkt bedarfsgerechte Mitarbeiter zu gewinnen und zum anderen durch mitarbeitergerechte und effiziente Gestaltung der Arbeitsbedingungen wertvolle Ressourcen an das Unternehmen zu binden und damit die personale Wertschöpfung zu optimieren.

Während also das Personalmarketing für eine **Denkhaltung** steht, hat ein modernes, kundenbezogen ausgerichtetes Personalmanagement die Aufgabe, dieses Konzept umzusetzen.

In Abbildung 1-02 sind wesentliche Perspektiven des Personalmarketing-Begriffs zusammengestellt.

Personalmarketing		
Wesen	Denk- und Handlungskonzept	
Oberziel	Optimierung der personalen Wertschöpfung	
Teilziele	Mitarbeitergewinnung	Mitarbeiterbindung
Wirkungsrichtung	Extern	Intern
Wirkungsfeld	Arbeitsmarkt	Arbeitsplatz
Funktionen	• Akquisitionsfunktion • Profilierungsfunktion	• Motivationsfunktion • Profilierungsfunktion
Aktionsbereiche	Personalbeschaffung	Personalbetreuung
Aktionsfelder	• Segmentierung (des Arbeitsmarktes) • Positionierung (im Arbeitsmarkt) • Signalisierung (m Arbeitsmarkt) • Kommunikation (mit dem Bewerber) • Personalauswahl und -integration	• Personalvergütung • Personalführung • Personalbeurteilung • Personalentwicklung • Personalfreisetzung

Abb. 1-02:   Perspektiven des Personalmarketing-Begriffs

Es soll aber erwähnt werden, dass dem Begriff *Personalmarketing* in der Literatur auch kritisch begegnet wird [vgl. SCHAMBERGER 2006, S. 11 ff. und die dort angegebenen Quellen]:

Semantische Kritik und **ethische Bedenken** setzen am Begriff selber an. Die Bezeichnung *Personalmarketing* erwecke den Eindruck, dass Personal – gleichsam einer Ware – vermarktet würde. Um diese Assoziationen zu vermeiden, werden von einigen Autoren Begriffe wie *Arbeitsplatzmarketing* oder *Personalbeschaffungsmarketing* gefordert.

Ein weiterer Kritikpunkt besagt, dass mit dem Begriff *Personalmarketing* **kein Erkenntnisgewinn** erzielt werde. Die eingeführten Begriffe der Personalwirtschaft wie *Personalwerbung*, *Personalbeschaffung* oder *Personalpolitik* seien ausreichend und sollten nicht durch ein Modewort ersetzt werden, das vor allem dem Zeitgeist geschuldet sei.

Schließlich wendet sich die Kritik gegen die **„schiefe" Analogie von Güter- und Arbeitsmarkt**. Es wird angeführt, dass die Teilnahme am Arbeitsmarkt aufgrund wirtschaftlicher Zwänge nur begrenzt freiwillig sei. Zudem sei die Preisbildung auf den Arbeitsmärkten im Gegensatz zu Gütermärkten weitestgehend reguliert. So hemme das interne Gehaltsgefüge des Arbeitgebers häufig eine freie Verhandlung.

Relativ „neutral" verhält sich die neuere personalwirtschaftliche Literatur zum Personalmarketing-Begriff, wenn sie formuliert, dass man dann von Personalmarketing spricht, wenn *„die Ziele der Personalgewinnung durch Instrumente des klassischen Marketings verfolgt"* werden [vgl. STOCK-HOMBURG 2013, S. 131 unter Bezugnahme auf KLIMECKI/GMÜR 2001, S. 41].

Uns scheint diese Zuordnung des Personalmarketings ausschließlich zum Aktionsbereich der Personalgewinnung bzw. Personalbeschaffung zu kurz gegriffen, weil sie die kundenorientierte und kraftvolle Denkhaltung des Begriffs, der sich sowohl auf die Gewinnung als auch auf die Bindung von bedarfsgerechten Mitarbeitern bezieht, nicht in ausreichendem Maße berücksichtigt.

1.1.4 Entwicklungslinien des Personalmarketings

Das Personalmarketing hat sechs wesentliche **Entwicklungsschritte** durchlaufen. Jeder dieser Entwicklungsschritte beleuchtet das Personalmarketing aus verschiedenen Perspektiven und soll hier – stark verkürzt – wiedergegeben werden [vgl. DGFP 2006, S. 21 f.; FRÖHLICH 2004, S. 17 ff.]:

Entdeckungsphase. 1962 wurde der Begriff des Personalmarketings im Zusammenhang einer Debatte zur Neusystematisierung der Personalwirtschaft und damit einhergehender Suche qualifizierter Führungskräfte erstmalig verwendet. Mit ihm verband sich der Anspruch, dass sich Erkenntnisse und Gesetzmäßigkeiten aus der Absatzwirtschaft (Marketing) auf den Personalbereich und damit auf den Produktionsfaktor *Mensch* übertragen lassen. Ziel war es, ein „Personal-Image" anhand der Orientierung der Personalwirtschaft an betriebswirtschaftlich, soziologisch und psychologisch fundierten Marketinggrundsätzen zu entwickeln und damit den Personalfragen ein neues Profil zu geben.

Entstehungsphase. In der anschließenden Entstehungsphase des Personalmarketings bis Mitte der 70er Jahre wurden die Marketinginstrumente auf den Personalbereich übertragen und ausformuliert. Dabei herrschte aber das „klassische" Verständnis von Personalmarketing vor, also eine bevorzugte Beschäftigung mit dem *externen* Personalbeschaffungsbereich. Neben der Personalbeschaffung standen Aspekte des Personalimages und der Personalwerbung im Vordergrund. Der Mensch wurde aber weiterhin als Produktionsfaktor betrachtet.

Etablierungsphase. Mitte 1970 bis Mitte 1980 vertiefte die personalwirtschaftliche Literatur Fragen zum externen Personalmarketing. So sah ein Ansatz vor, das Personalmarketing auf der Grundlage von Marktforschung phantasievoll und kreativ zu gestalten. Der damals verwendete Begriff „Personalbild" wurde durch „Arbeitgeberimage" ersetzt. Gleichzeitig wurden diese Ansätze um Aspekte des *internen* Personalmanagements erweitert. Im Hinblick auf eine stärkere Mitarbeiterorientierung wurde erstmalig das Ziel verfolgt, die Mitarbeiter als Kunden zu betrachten und auch deren Interessen in die Entscheidungsprozesse mit einzubeziehen. Damit rückt nach dem Bewerber nun auch der Mitarbeiter in das Blickfeld des Personalmarketings. Interne Abläufe und Prozesse werden analysiert.

Reformierungsphase. In der folgenden ganzheitlichen Reformierungsphase Mitte 1980 bis Mitte 1990 werden *interne* und *externe* Blickrichtungen miteinander verbunden und Hinweise zur operativen Umsetzung ausgearbeitet. Neben den beiden Hauptfunktionen des Personalmarketing – externe Personalgewinnung und motivationsorientierte Mitarbeiterpflege – wurde dem

Aspekt der allgemeinen Imageprofilierung des Unternehmens als Arbeitgeber eine neue Bedeutung beigemessen. Damit wurde erstmalig auf die strategische Bedeutung des Personalmarketings für die Unternehmensentwicklung insgesamt hingewiesen.

Differenzierungsphase. In den 90er Jahren wurden Teilaspekte des internen und externen Personalmarketings unter dem besonderen Aspekt der *IT-Unterstützung* vertieft. Branchenorientierte Ansätze wurden ebenso präsentiert wie Instrumente oder Teilfunktionen des Personalmarketings wie z. B. das Hochschul- oder Führungskräfte-Marketing. Konkrete Bausteine wie Vergütungssysteme oder Beschaffungssysteme werden unter Einbeziehung verschiedener Branchen- und Kulturkontexte sowie der aufkommenden neuen Technologien neu ausgestaltet. Alles in allem dominierten in diesem Zeitraum spezifische Teilkonzepte eine ganzheitliche, übergreifende Betrachtung des Personalmarketings.

Integrationsphase. In der anschließenden Integrationsphase mit dem Einsetzen der konjunkturellen Schwäche und dem Einbrechen des Neuen Marktes veränderte sich die Beschäftigung mit den Konzepten des Personalmarketings insofern, dass man sich wieder mit ganzheitlichen Konzepten auseinandersetzte. So geht es seit Beginn des neuen Jahrtausends hauptsächlich darum, welchen *Wertbeitrag* das Personalmarketing für das Unternehmen leisten kann. Den Mitarbeitern des Unternehmens als interne Zielgruppe des Personalmarketings wird die gleiche Bedeutung zugemessen wie den Bewerbern auf dem externen Arbeitsmarkt. Besonders hilfreich ist dabei die *prozessuale Perspektive* mit ihrer optimalen Kundenbetreuung. Die Attraktivitätswirkung aller Personalinstrumente und das Unternehmen werden als Ganzes betrachtet. Diese neue Ganzheitlichkeit und Kundenorientierung kommt in der Denkhaltung des Personalbereichs als *Business Partner* zum Ausdruck.

In Abbildung 1-03 sind die Entwicklungsstufen des Personalmarketings im Zusammenhang dargestellt.

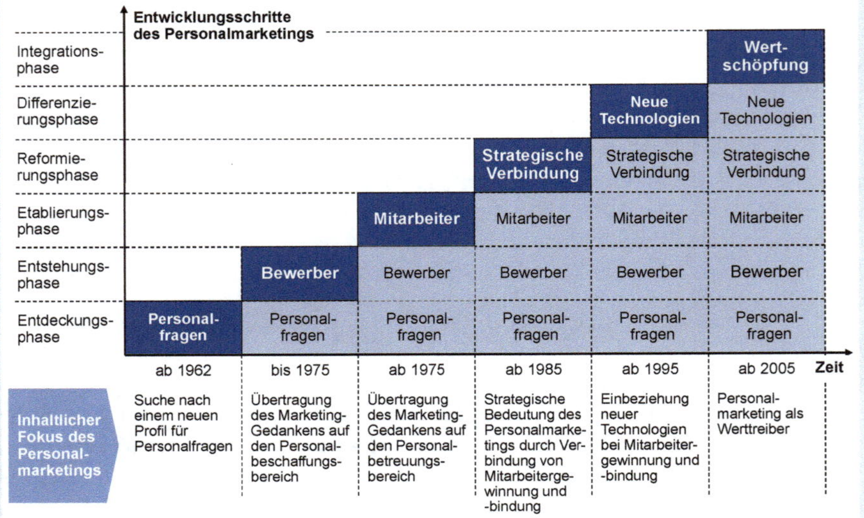

Entwicklungsschritte des Personalmarketings					
Integrationsphase					**Wertschöpfung**
Differenzierungsphase				**Neue Technologien**	Neue Technologien
Reformierungsphase			**Strategische Verbindung**	Strategische Verbindung	Strategische Verbindung
Etablierungsphase		**Mitarbeiter**	Mitarbeiter	Mitarbeiter	Mitarbeiter
Entstehungsphase	**Bewerber**	Bewerber	Bewerber	Bewerber	Bewerber
Entdeckungsphase	**Personalfragen**	Personalfragen	Personalfragen	Personalfragen	Personalfragen	Personalfragen
	ab 1962	bis 1975	ab 1975	ab 1985	ab 1995	ab 2005 **Zeit**
Inhaltlicher Fokus des Personalmarketings	Suche nach einem neuen Profil für Personalfragen	Übertragung des Marketing-Gedankens auf den Personalbeschaffungsbereich	Übertragung des Marketing-Gedankens auf den Personalbetreuungsbereich	Strategische Bedeutung des Personalmarketings durch Verbindung von Mitarbeitergewinnung und -bindung	Einbeziehung neuer Technologien bei Mitarbeitergewinnung und -bindung	Personalmarketing als Werttreiber

[Formale Darstellung in Anlehnung an MEFFERT 1998, S. 5]

Abb. 1-03:   Entwicklungsstufen des Personalmarketings

1.1.5 Zum Selbstverständnis des Personalmanagements

In der Integrationsphase nimmt der Druck auf die Personalfunktionskosten (Was kostet der Personalbereich?) und die Kritik an der inhaltlichen Vision des Personalmanagements (Welchen Wertbeitrag liefert die Personalabteilung?) zu. Eine Facette der in diesem Zusammenhang geführten Diskussion gibt der Artikel des HANDELSBLATTS vom 18.11.2002 anschaulich wieder (siehe Insert 1-01).

Insert

PERSONALBEREICH KÖNNTE ENTSCHEIDENDEN BEITRAG IM WETTBEWERB LEISTEN

Verkannt und missachtet

Die Personalabteilung spielt in vielen deutschen Unternehmen eine unbedeutende Rolle. Wenn kein Prinz sie erlöst, muss sie sich schon selber helfen.

Auf das Personalmanagement kann man verzichten – wenn es so weiter macht, wie bisher. Die Personalabteilungen vieler Unternehmen hätten allen Grund, sich Sorgen zu machen, wenn sie sich nicht umstellten, meint der Personalleiter eines Automobilzulieferers. Während seiner Tätigkeit in zwei Großunternehmen war er zu einem ähnlichen Schluss gekommen wie amerikanische Wissenschaftler: "Die Personalbereiche konzentrieren sich zu sehr auf Personalverwaltung und Datenpflege und vernachlässigen wichtige Zukunftsthemen. Personalberatung und -entwicklung kommen zu kurz, in die Strategieentwicklung der Unternehmen sind sie schon gar nicht eingebunden." Der deutsche Personalchef weiter: „Wir managen zwar die wichtigste Ressource im Unternehmen, aber die Personalabteilung muss verdeutlichen, dass sie einen Mehrwert schafft." Natürlich gehöre auch Marketing nach innen dazu, denn wenn es gelänge, die anderen Unternehmensbereiche vom Nutzen der Personalabteilung zu überzeugen, käme die Nachfrage von alleine: "Wer will es sich schon leisten, auf Hilfe zum Erfolg zu verzichten?"

[Quelle: HANDELSBLATT 18.11.2002 (verkürzt)]

Der HANDELSBLATT-Artikel legt den Finger in die Wunde: Personalfragen werden häufig weder als wichtig noch als strategisch erachtet. Auch gelingt es den Personalern nicht, den Mehrwert und die Leistung der Personalarbeit messbar und damit deutlich zu machen.

Insert 1-01: „Verkannt und missachtet"

Viele Unternehmen nehmen das Personalmanagement auf den internen (oder externen) Prüfstand und veranlassen Betroffene und Beteiligte dazu, über den Wertbeitrag und die Rolle des Personalmanagements nachzudenken. *„Moderne Personalbereiche erfinden sich selbst neu oder – dies ist der häufigere Fall – werden von außen neu erfunden."* [CLASSEN/KERN 2005, S. 9]. Letztlich führt die inhaltliche Diskussion auch zu einem Wandel des Selbstverständnisses der Personalabteilung vom *Verwalter* zum *Gestalter*.

Man kann diese Entwicklung als Geburtsstunde des **„HR als Business-Partner"**-Konzepts, das auf DAVE ULRICH [1997] zurückgeht, bezeichnen. *Business-Partner* sein bedeutet, die Wertschöpfung im Unternehmen durch qualitativ hochwertige und kostengünstige Serviceleistungen und Produkte zu steigern. Für die anderen Unternehmensbereiche ist der HR-Business-Partner ein Gesprächspartner „auf Augenhöhe", mit dem die aktuellen und künftigen Herausforderungen diskutiert und gelöst werden können. Er ist thematisch und organisatorisch in den Geschäftsbereichen verankert und als Prozessverantwortlicher für die strategische Übersetzungsarbeit zwischen Business und HR-Abteilung zuständig. Dieses Konzept des *Kundenbetreuers* einerseits und des *Prozessverantwortlichen* andererseits geht deutlich über den traditionellen Ansatz des Personalreferenten hinaus.

Themen wie *Change Management, Talent Development, Personal- und Organisationsentwicklung* oder *Coaching* der Führungskräfte machen den qualitativen Unterschied in der Personalarbeit aus und liefern einen Mehrwert für das Unternehmen [vgl. CLASSEN/KERN 2007, S. 18].

Zwar mangelt es bis heute an einer eindeutigen Definition und Fundierung des Begriffs *HR-Business-Partner* [zu einer ausführlichen Darstellung der theoretisch motivierten Begriffsdiskussion siehe CLASSEN/KERN 2006, S. 19-25 sowie OECHSLER/PAUL 2019, S. 17f.], letztlich sind es aber die in Abbildung 1-04 dargestellten fünf Merkmalsdimensionen, an denen sich HR-Business-Partner identifizieren lassen können.

Die genannten Kriterien im Merkmalskatalog sind selbstverständlich nicht in „Stein gemeißelt". Je nachdem, wie sich die Gewichte im Umfeld des Personalbereichs verlagern, werden sich auch die Kriterien, an denen sich HR-Business-Partner identifizieren lassen, verändern. Neue Kriterien kommen hinzu und alte werden ihre Relevanz verlieren.

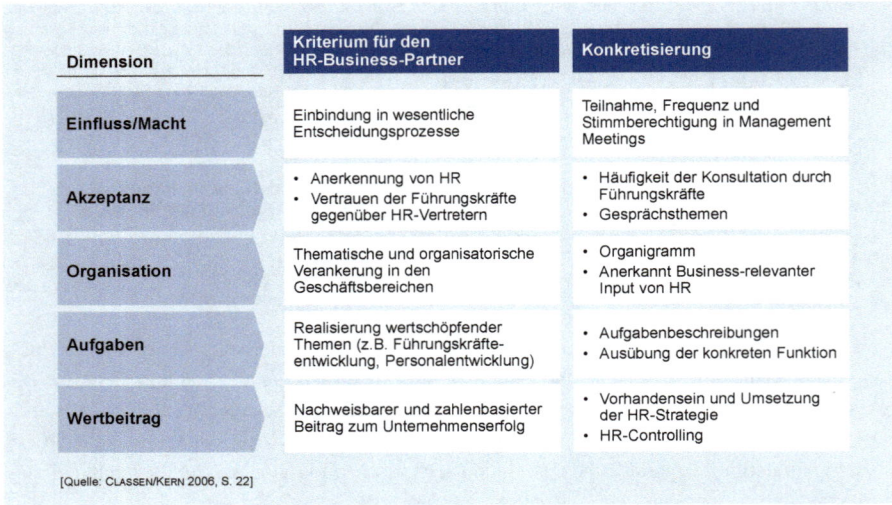

Dimension	Kriterium für den HR-Business-Partner	Konkretisierung
Einfluss/Macht	Einbindung in wesentliche Entscheidungsprozesse	Teilnahme, Frequenz und Stimmberechtigung in Management Meetings
Akzeptanz	• Anerkennung von HR • Vertrauen der Führungskräfte gegenüber HR-Vertretern	• Häufigkeit der Konsultation durch Führungskräfte • Gesprächsthemen
Organisation	Thematische und organisatorische Verankerung in den Geschäftsbereichen	• Organigramm • Anerkannt Business-relevanter Input von HR
Aufgaben	Realisierung wertschöpfender Themen (z.B. Führungskräfteentwicklung, Personalentwicklung)	• Aufgabenbeschreibungen • Ausübung der konkreten Funktion
Wertbeitrag	Nachweisbarer und zahlenbasierter Beitrag zum Unternehmenserfolg	• Vorhandensein und Umsetzung der HR-Strategie • HR-Controlling

[Quelle: CLASSEN/KERN 2006, S. 22]

Abb. 1-04:   Erkennungsmerkmale des HR-Business-Partners

Doch auch trotz des „HR als Business-Partner"-Konzepts konnte das Personalmanagement keinen Durchbruch im „Selbstfindungsprozess" erzielen. Vergleicht man die Aussagen im Handelsblatt aus dem Jahr 2002 mit dem Appell „HR muss sich neue erfinden" von STEPHAN GRABMEIER 15 Jahre später, so hat sich im Prinzip keine grundsätzliche Veränderung des kritischen Zustands eingestellt (siehe Insert 1-02).

Insert

HUMAN ✿ RESOURCES
M A N A G E R

HR muss sich neu erfinden

Agil, digital, begeisternd – diese Eigenschaften muss sich HR als Ziel setzen, um zukunfts-
fähig zu sein. Transformation ist die Erfolgsformel. Human Resources wird damit zum
Ermöglicher. Deshalb muss HR neu gedacht werden: Raus aus der Zurückhaltung und rein
in die Verantwortung – als Motor eines wandelbaren Unternehmens. HR sollte auf Augenhöhe mit dem Management stehen. Es muss sich neu erfinden, um weiterhin einen wertvollen und nachhaltigen Beitrag zum Unternehmenserfolg zu leisten.

[Quelle: GRABMEIER 2017]

Insert 1-02: „HR muss sich neu erfinden"

Offensichtliche Defizite im Personalbereich belegen auch die Ergebnisse der von DELOITTE
vorgelegte Human Capital Trendstudie 2018, die auf Antworten von über 11.000 Geschäfts-
führern und Personalchefs basiert und damit weltweit die größte HR-Studie auf diesem Gebiet
darstellt. Betrachtet man nämlich die Antworten auf die Frage, wie zufrieden Abteilungsfremde
mit der Leistung ihrer HR sind, wird deutlich, dass es ein großes Verbesserungspotenzial im
HR-Bereich gibt: Während die Hälfte der Personaler ihre Arbeit mit „gut" bewerten, sagt dies
nur jeder dritte Abteilungsfremde. Besonders auffällig ist, dass 21 Prozent die Arbeit als
„schlecht" bewerten – nur neun Prozent der Personaler sehen ihre Leistung ebenso kritisch
(siehe Abbildung 1-05).

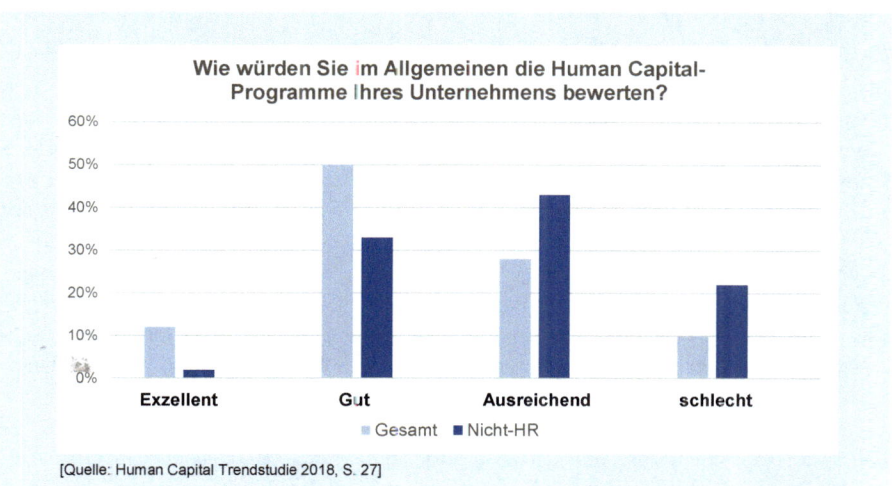

Abb. 1-05: Zufriedenheitsgrad mit Human Capital Programme des eigenen Unternehmens

1.2   Aktuelle Trends in der Personalwirtschaft

1.2.1 Digitalisierung und technologischer Wandel

Die Digitalisierung – basierend auf dem Internet als Querschnittstechnologie – verändert unsere wirtschaftlichen und sozialen Lebensbereiche zunehmend. Die zugehörige digitale Transformation von Informations-, Kommunikations- und Transaktionsprozessen hat für alle Unternehmen zu neuen Aktionsfeldern mit ungeahnten Chancen geführt. Die technischen Fortschritte als Ursache der digitalen Transformation finden auf mindestens vier Gebieten statt: **Internet der Dinge, Roboter, künstliche Intelligenz (KI)** und **3D-Druck**. Hinzu kommen im Hintergrund noch **Big Data** und **Cloud Computing**. Die erfolgreiche Bearbeitung dieser Aktionsfelder erfordert allerdings ein neues Verständnis über die Funktionsweise von digitalen Märkten und deren handelnden Akteuren. Damit stehen Unternehmen vor Veränderungen, die alle Branchen betrifft – aber eben auch die Führung [vgl. KOLLMANN/ SCHMIDT 2016, S. V].

1.2.1.1   Auswirkungen auf Unternehmen

Digitalisierung verspricht Unternehmen Effizienz, Weiterentwicklung und Wettbewerbsvorteile in angestammten und in neuen Märkten. Dazu muss in den Betrieben die gesamte Wertschöpfungskette überarbeitet werden. Das beginnt bei der Beobachtung des Marktes und der Ermittlung der Kundenbedürfnisse. Digitale Informationen müssen gesammelt, verarbeitet und in marktfähige Angebote übertragen werden. Hier sind die Führungskräfte gefragt, die diesen Prozess anstoßen, steuern und überwachen müssen. Mit anderen Worten: Digitale Transformation wird ohne die richtige Führung nicht funktionieren.

Die digitale Transformation verändert aber nicht nur Produkte und Wertschöpfungsprozesse, sondern in zunehmendem Maße auch unsere **Arbeitswelt**. Arbeitsabläufe werden schneller und transparenter. In jedem Unternehmen sind die Auswirkungen dieser Veränderungen anders, teils abhängig von der Größe, teils abhängig von der Marktstellung. Doch welchen Einfluss nimmt die Digitalisierung auf die Führung im Unternehmen? Gibt es Veränderungen in der Art, wie Unternehmen geführt, wie Entscheidungen getroffen werden? Bereits heute wird auf der Führungsetage von Unternehmen, die in der digitalen Welt gegründet wurden, anders agiert als bei traditionellen Unternehmen. Manager mit digitalem Know-how nutzen digitale Technologien in der Entscheidungsfindung. Ihnen steht eine neue Qualität an Informationen zur Verfügung. Hier greift die Digitalisierung bereits auf kultureller Ebene in den Arbeitsalltag ein. Daher kann das alte Führungsmuster „Führung durch wenige Führungskräfte – Ausführung durch viele Mitarbeiter" nicht mehr funktionieren. Mitarbeiter sollten früh in die Planungs- und Entscheidungsprozesse eingebunden werden und Handlungsspielraum bekommen. Die Orientierung an datenbasierten Entscheidungen führt aber auch zu einer Beschneidung der Entscheidungsfreiheit in der Unternehmensführung. Nicht mehr alleine die Meinung des „Chefs" ist maßgebend, sondern durch die breite Integration von Daten auch die Fachkompetenz der einzelnen Mitarbeiter. Am Ende gilt auch aus Sicht der sich wandelnden Führungsmechanismen in digitalisierten Unternehmen, dass Erfolg direkt mit der Fachkompetenz der eigenen Mitarbeiter zusammenhängt. Nur wer wettbewerbsfähige Mitarbeiter hat, ist auch als Unternehmen wettbewerbsfähig. Die Digitalisierung beeinflusst somit die Art und Weise zukünftiger Führung. Mit anderen Worten: Die richtige Führung funktioniert in modernen Unternehmen nicht ohne digitale Transformation [vgl. LIPPOLD 2017, S. 4 f.].

Neben den Fähigkeiten Mitarbeiter zu binden und zu entwickeln sowie den Fähigkeiten, Talente zu entdecken und zu führen, kommt es für Führungskräfte darauf an, den digitalen Wandel im Unternehmen zu verstehen und die Mitarbeiter mit auf den chancenreichen Weg der digitalen Transformation zu nehmen.

Abbildung 1-06 zeigt die Zusammenhänge, die zu Veränderungen innerhalb von Unternehmen durch die Digitalisierung führen. Impulsgeber für neue Herausforderungen im Unternehmen sind die fortlaufende Weiterentwicklung der digitalen Technologien, die Erwartungen der Kunden aufgrund neuer Anforderungen und Bedürfnisse sowie neue digitale Geschäftsmodelle. Die neuen Herausforderungen erfordern eine neue Art zu arbeiten und eine neue Art, Projekte durchzuführen. Beides wiederum führt zu kulturellen Veränderungen im Unternehmen und zu einem neuen Führungsverständnis, geprägt von neuen Führungsrollen [vgl. KOFLER 2018, S. 31].

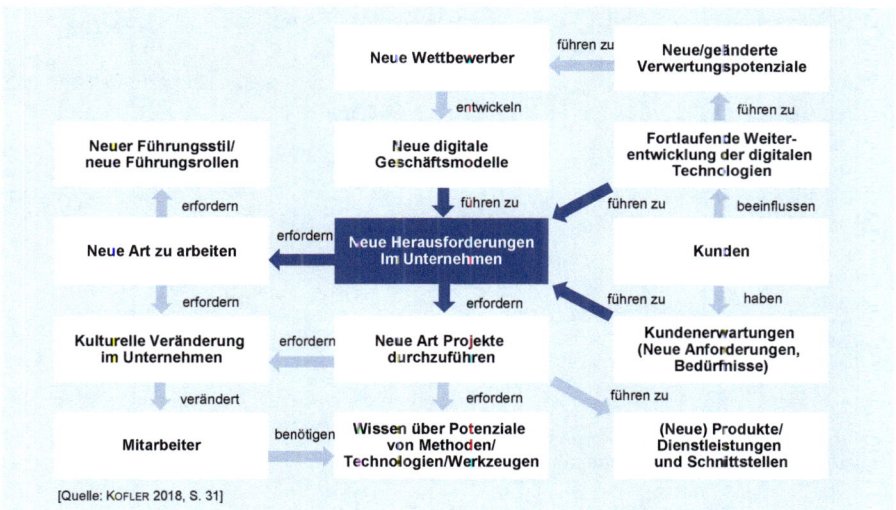

[Quelle: KOFLER 2018, S. 31]

Abb. 1-06: Zusammenhänge und Einflüsse der Digitalisierung auf Unternehmen

Diese Zusammenhänge sollte das Personalmanagement „im Hinterkopf" haben, wenn es darum geht, die beiden Wertschöpfungsketten „Personalgewinnung" und „Personalbindung" zu optimieren (siehe auch Abschnitt 1.6.1).

Heutzutage liegt der Fokus der Führung nicht allein auf dem Führenden, sondern auch auf den Geführten, den Peers, den Arbeitsbedingungen und auch der Arbeitskultur. Neue Führungsansätze betrachten ein viel breiteres Feld und eine größere Vielfalt von Personen national wie international. Gleichzeitig findet sich Führung heute in den verschiedensten Modellen wieder:

strategisch, global, komplex, verteilt, relational, sozial-dynamisch [vgl. LANG/RYBNIKOVA 2014, S. 20].

Die Welt der klassischen Führungstheorien mit ihren klaren, eindimensionalen Konzepten, bei denen Führungseigenschaften, Führungsverhalten und Führungssituationen im Vordergrund stehen, ist damit einer Führungswelt gewichen, die sich sehr gut mit dem schon fast geläufigen Akronym **VUCA** beschreiben lässt. VUCA steht für volatil, unsicher, komplex (complex) und mehrdeutig (ambiguous). Die eigentliche Herausforderung einer VUCA-Welt besteht nämlich darin, sie anzunehmen und mit ihr mitzugehen. Im Klartext heißt das: Als Organisation mit Schwankungen mitgehen können, die Nicht-Berechenbarkeiten von Unsicherheiten zu akzeptieren und nicht zu versuchen, sie in Risiken, aber auch in Chancen zu überführen. [vgl. CIESIELSKI/SCHUTZ 2016, S. 4].

1.2.1.2   Elemente des digitalen Unternehmens

Mit Hilfe eines **Referenzmodells** soll im Folgenden dargestellt werden, welche Elemente die digitale Transformation in einem Unternehmen beinhaltet. Die Frage ist also, welche Bereiche im Unternehmen sind von der Digitalisierung betroffen. Wie lassen sich solche Bereiche (Menschen, Produkte, Systeme etc.) strukturieren? Nach APPELFELLER/FELDMANN [2018, S. 3 ff.] sind es die folgenden 10 Elemente, die in einem Unternehmen entweder selbst digitalisiert und vernetzt werden oder aber hierfür die Voraussetzung schaffen:

- Digitalisierte Prozesse
- Digital angebundene Lieferanten
- Digital angebundene Kunden
- Digitalisierte Mitarbeiter
- Digitale Daten
- Digitalisierte Produkte
- Digitalisierte Maschinen und Roboter
- Digitale Vernetzung
- IT-Systeme
- Digitalisiertes Geschäftsmodell.

Digitalisierte Prozesse stehen im Mittelpunkt des digitalen Unternehmens. Beispiele sind Logistik-, Produktions-, Vertriebs- oder auch Personalentwicklungsprozesse. Wird ein solcher Prozess von einem IT-System unterstützt, so handelt es sich um einen digitalisierten Prozess.

Digital angebundene Lieferanten sind Geschäftspartner auf der Beschaffungsseite. Der Datenaustausch mit ihnen erfolgt per E-Mail, über ein Lieferantenportal im Internet oder per EDI (Electronic Data Interchange). Das Ziel der digitalen Lieferantenanbindung besteht wie bei nahezu allen digitalen Prozessen in der Effizienzsteigerung.

Digital angebundene Kunden sind analog zu den Lieferanten Geschäftspartner, mit denen der Datenaustausch über die oben beschriebenen Kanäle erfolgt. Beim B2C-Kunden steht der internetgestützte, digitale Kundenzugang durch mobile Endgeräte wie Smartphones oder Tablets im Vordergrund. Bei B2B-Kunden richtet sich die digitale Anbindung vorrangig auf eine Effizienzsteigerung bei der Abwicklung unternehmensübergreifender Prozesse.

Digitalisierte Mitarbeiter sind Beschäftigte, die neben klassischen Computern mit mobilen Endgeräten ausgestattet werden. Durch den mobilen Zugriff auf IT-Systeme bzw. digitale Daten sollen die Mitarbeiter flexibler eingesetzt werden können.

Digitale Daten entstehen insbesondere durch die Überführung von analogen Größen in digitale Größen. Dies ist deshalb erforderlich, weil vielfach Daten wie Zahlen, Texte oder Zeichnungen noch analog in Papierform vorliegen. Digitale Daten können dagegen, ohne erst schriftlich bearbeitet zu werden, von Mitarbeitern direkt in IT-Systeme eingegeben oder aus anderen IT-Systemen über eine Schnittstelle übernommen werden, so dass sich dadurch die Effizienz steigern lässt.

Digitalisierte Produkte enthalten „implantierte" digitale Technologien. Dazu zählen neben Prozessoren und Speicherchips insbesondere RFID-Chips, welche die Möglichkeit bieten, Daten zu empfangen und zu senden sowie mit Maschinen, Produktions- und Transportmitteln zu kommunizieren. Die Bandbreite solcher Produkte reicht von einem mit vielen digitalen Technologien ausgestatteten Auto bis hin zum Kühlschrank, der die aktuelle Bestandshöhe an Lebensmitteln erkennt und diese bei Bedarf automatisch nachbestellt.

Digitalisierte Maschinen und Roboter zeichnen sich durch den Einbau von Kleinstcomputern (Prozessoren, Speicherchips etc.) aus. Die Aufgabe solcher eingebetteten Systeme (engl. *embedded systems*) besteht darin, Maschinen und Roboter zu regeln, zu steuern und zu überwachen. Ziel der Digitalisierung ist hier der selbststeuernde Prozess.

Digitale Vernetzung bedeutet, dass mindestens zwei Elemente verbunden werden, um Daten digital auszutauschen. Die oben beschriebene digitale Anbindung von Lieferanten und Kunden mit den IT-Systemen des eigenen Unternehmens liefert dafür ein Beispiel. Alles was vernetzt werden kann, wird im Zuge der angestrebten Effizienzsteigerung in Zukunft vernetzt.

IT-Systeme zählen definitionsgemäß zu den digitalen Elementen. Ihre Einführung ist grundlegend für die digitale Transformation von Unternehmen. Dabei stehen IT-Systeme wie ERP-, SCM-, CRM- SRM-Systemen, Data Warehouse- und Dokumentenmanagement-Systeme (DMS) bei der Einführung im Fokus. Sie werden heute ergänzt durch Frameworks für das Thema Big Data oder die oben erwähnten eingebetteten Systeme für die Realisierung des Internet of Things.

Digitalisiertes Geschäftsmodell bezeichnet eine Geschäftsidee, deren Wertschöpfung komplett auf der Digitalisierung beruht. Die Digitalisierung wird genutzt, um das Leistungsspektrum des Unternehmens zu erweitern. Beispiele liefern digitale Plattformen, auf deren Basis Unternehmen Anbieter und Nachfrager zusammenbringen und dadurch Umsatz generieren.

In Abbildung 1-07 sind die 10 Elemente eines digitalen Unternehmens im Zusammenhang dargestellt.

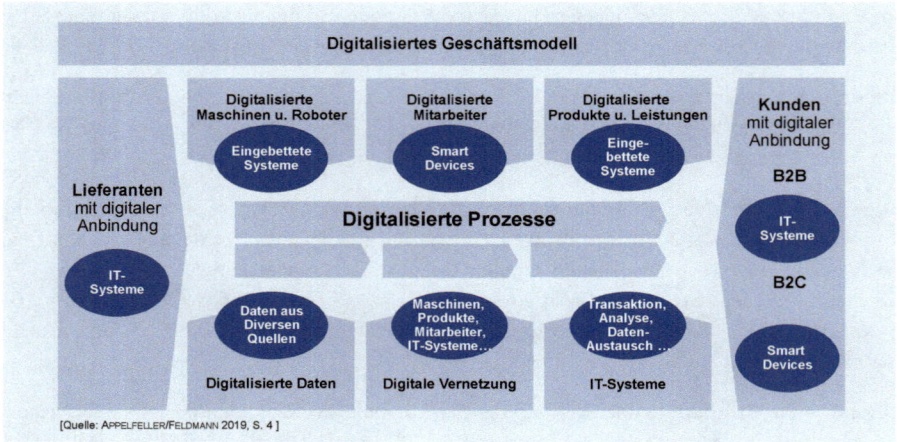

Abb. 1-07:   Elemente des digitalen Unternehmens (Referenzmodell)

1.2.1.3   Digitalisierter Mitarbeiter

Unter den oben aufgeführten Elementen zählt der „digitalisierte Mitarbeiter" sicherlich zu den Akteuren, die im besonderen Blickpunkt des Personalmanagements stehen.

Im Zusammenhang mit den Auswirkungen der fortschreitenden Digitalisierung auf den Arbeitsmarkt stellt sich immer wieder die Frage, inwieweit die Digitalisierung Arbeitsplätze ersetzt beziehungsweise überflüssig macht. Tatsächlich beschleunigt sich der technische Fortschritt in vielen Branchen gerade derart massiv, dass deren Auswirkungen auf die Arbeitsmärkte immer spürbarer werden.

Ein wichtiger Aspekt bei diesen Betrachtungen ist das sogenannte **Substituierbarkeitsrisiko**. Es beschreibt die Wahrscheinlichkeit, dass die Aktivitäten eines Mitarbeiters durch die Digitalisierung automatisiert werden und damit der Arbeitsplatz wegfallen könnte. Arbeitsplätze mit hohem Substituierbarkeitsrisiko entfallen, Arbeitsplätze mit niedrigem Substituierbarkeitsrisiko verändern sich. Damit stellt sich die Frage, was das Substituierbarkeitsrisiko beeinflusst. Welche Tätigkeiten haben eine hohe, welche eine niedrige Automatisierungswahrscheinlichkeit? Ganz offensichtlich ist es so, dass standardisierte Arbeiten bzw. Routinetätigkeiten mit geringer Komplexität eine **hohe Automatisierungswahrscheinlichkeit** haben. Im produzierenden Bereich gilt dies seit langem; nunmehr trifft es auch immer mehr auf den administrativen Bereich zu. Viele Berufsbilder, die häufig von Sachbearbeitern wahrgenommen werden, und eine mittlere Qualifikation erfordern, sind aufgrund dieser Automatisierungsmöglichkeit bereits aktuell bedroht. Beispiele für eher mittel- bis langfristig bedrohte Berufsbilder sind die des Lkw-Fahrers, Postboten oder Kassierers im Supermarkt. Das autonome Fahren, der Einsatz von Drohnen und die Abwicklung über einen Self-Service sind hier die entsprechenden Substitutionsansätze. Ein **niedriges Substituierbarkeitsrisiko** haben dagegen kreative und soziale Berufe. Dies sind vor allem Tätigkeitsfelder mit komplexen nicht standardisierbaren Aufgaben und hohen Qualifikationsanforderungen, wissenschaftliche Berufe und auch Berufe mit ausgeprägten sensomotorischen Fähigkeiten (Physiotherapeuten, Zahnärzte etc.). Doch selbst bei tendenziell sicheren Berufen wird es im Rahmen der Digitalisierung zu Veränderungen der Arbeitsplätze kommen. Solche Mitarbeiter werden zunehmend IT-unterstützt, weniger papierbasiert, mobiler und in der Produktion langfristig mit Robotern Hand in Hand arbeiten [vgl. APPELFELLER/FELDMANN 2018, S. 63 ff.].

Grundsätzlich aber gilt, dass man sich nicht wegen der Möglichkeiten, die Digitalisierung heute und künftig bietet, sondern wegen veralteter Technik Sorgen um seinen Arbeitsplatz machen. Schließlich vermindern veraltete Technologien die Wettbewerbstätigkeit vieler Betriebe und damit die Sicherheit der Arbeitsplätze (siehe Insert 1-03).

Insert

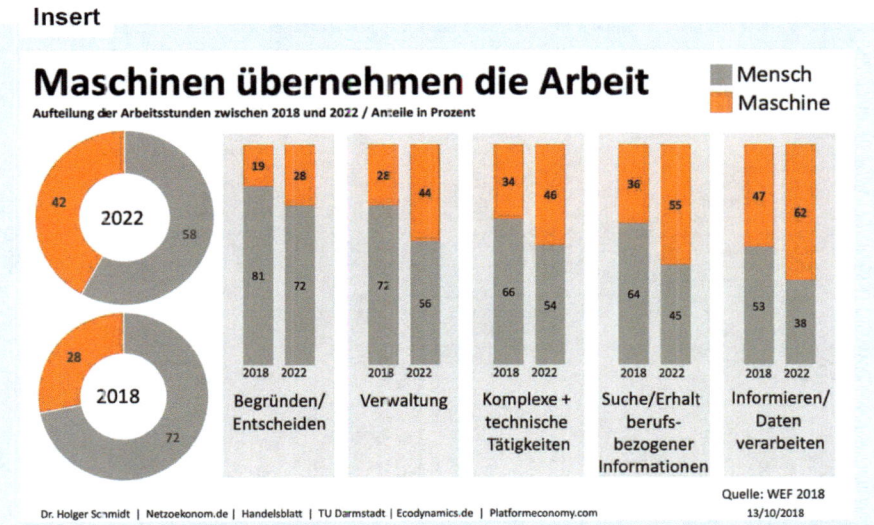

Maschinen übernehmen auch kognitive Tätigkeiten. Das ist ein zentrales Ergebnis des jüngsten Reports des World Economic Forums, in dem 313 Unternehmen nach den Effekten der Digitalisierung auf die Arbeit gefragt wurden. In vier Jahren werden 42 Prozent der Arbeit von Maschinen erledigt. Unternehmen erwarten zwischen 2018 und 2022 eine deutliche Verschiebung der Arbeitsteilung zwischen Menschen und Maschinen. Im Jahr 2018 werden durchschnittlich 72 Prozent der gesamten Arbeitsstunden in den 12 Branchen, die im Bericht behandelt werden, von Menschen geleistet, verglichen mit 28 Prozent von Maschinen. Bis 2022 wird erwartet, dass sich dieser Durchschnitt auf 58 Prozent der Arbeitsstunden von Menschen und 42 Prozent von Maschinen verlagert hat. Im Jahr 2018 wurde, gemessen an der Gesamtarbeitszeit, noch keine Arbeitsaufgabe geschätzt, die überwiegend von einer Maschine oder einem Algorithmus ausgeführt wird. Bis 2022 werden aber 62 Prozent der Aufgaben der Informations- und Datenverarbeitung sowie der Informationssuche und -übertragung vor Maschinen ausgeführt, verglichen mit 46 Prozent heute. Auch die bisher überwiegend menschlich kommunizierenden und interagierenden Arbeitsaufgaben, die Koordination, Entwicklung, Steuerung und Beratung sowie die Argumentation und Entscheidungsfindung werden stärker automatisiert auch wenn der Großteil der Tätigkeiten in diesem Zeitraum Sache der Menschen bleibt. Bezogen auf den heutigen Ausgangspunkt ist die Ausweitung des Maschinenanteils an der Arbeitsleistung besonders ausgeprägt in der Argumentation und Entscheidungsfindung, der Verwaltung sowie der Suche und dem Empfang von berufsbezogenen Informationen [Quelle: SCHMIDT 2018].

Insert 1-03: „Maschinen übernehmen die Arbeit"

Bis 2022 wird Technologie die Arbeitnehmer von vielen Aufgaben der Datenverarbeitung und Informationssuche befreien und sie auch zunehmend bei hochwertigen Aufgaben wie Argumentation und Entscheidungsfindung unterstützen. Letztlich sind es zwei parallele und miteinander verbundene Fronten des Wandels bei der Transformation der Belegschaft. Zum einen ist es ein massiver Rückgang einiger Rollen, da die Aufgaben innerhalb dieser Rollen automatisiert oder redundant werden. Zum anderen zeichnet sich ein ebenso massives Wachstum neuer Produkte und Dienstleistungen ab. Damit verbunden sind neue Aufgaben und Arbeitsplätze, die durch die Einführung neuer Technologien entstehen (siehe Insert 1-04).

Insert

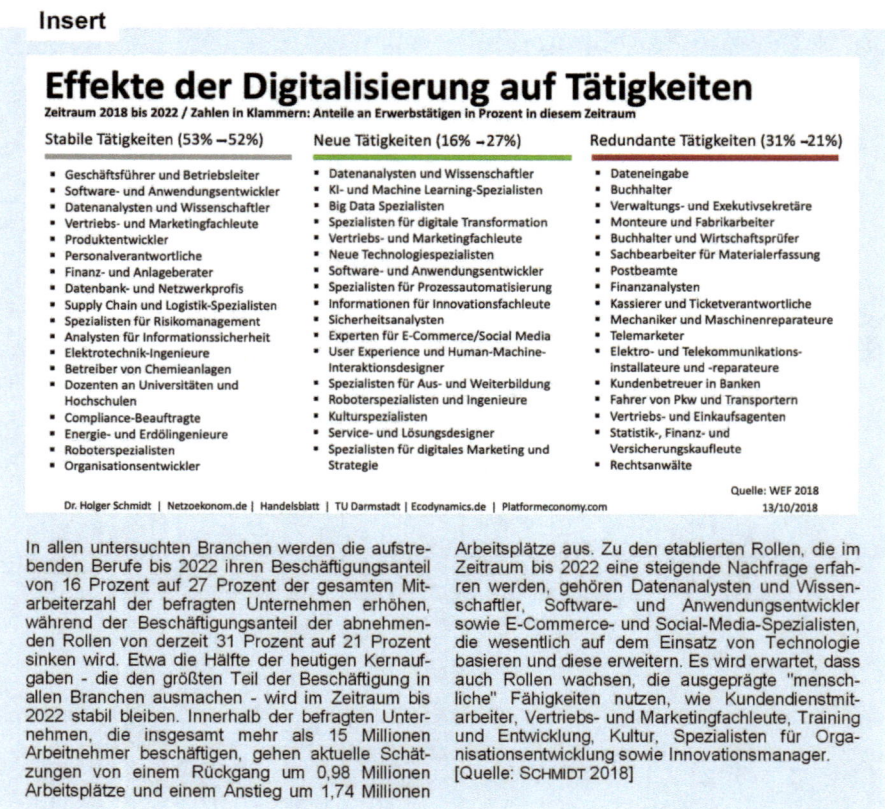

In allen untersuchten Branchen werden die aufstrebenden Berufe bis 2022 ihren Beschäftigungsanteil von 16 Prozent auf 27 Prozent der gesamten Mitarbeiterzahl der befragten Unternehmen erhöhen, während der Beschäftigungsanteil der abnehmenden Rollen von derzeit 31 Prozent auf 21 Prozent sinken wird. Etwa die Hälfte der heutigen Kernaufgaben - die den größten Teil der Beschäftigung in allen Branchen ausmachen - wird im Zeitraum bis 2022 stabil bleiben. Innerhalb der befragten Unternehmen, die insgesamt mehr als 15 Millionen Arbeitnehmer beschäftigen, gehen aktuelle Schätzungen von einem Rückgang um 0,98 Millionen Arbeitsplätze und einem Anstieg um 1,74 Millionen Arbeitsplätze aus. Zu den etablierten Rollen, die im Zeitraum bis 2022 eine steigende Nachfrage erfahren werden, gehören Datenanalysten und Wissenschaftler, Software- und Anwendungsentwickler sowie E-Commerce- und Social-Media-Spezialisten, die wesentlich auf dem Einsatz von Technologie basieren und diese erweitern. Es wird erwartet, dass auch Rollen wachsen, die ausgeprägte "menschliche" Fähigkeiten nutzen, wie Kundendienstmitarbeiter, Vertriebs- und Marketingfachleute, Training und Entwicklung, Kultur, Spezialisten für Organisationsentwicklung sowie Innovationsmanager. [Quelle: SCHMIDT 2018]

Insert 1-04: „Effekte der Digitalisierung auf Tätigkeiten"

Darüber hinaus zeigt die Analyse, dass sich die Nachfrage nach einer Vielzahl völlig neuer Fachfunktionen und Branchenthemen im Zusammenhang mit dem Verständnis und der Nutzung der neuesten aufkommenden Technologien beschleunigt: Besonders gefragt sind künftig KI- und Machine Learning-Spezialisten, Big Data-Spezialisten, Prozessautomatisierungsexperten, Informationssicherheitsanalysten, Mensch-Maschine-Interaktionsdesigner, Robotik-Ingenieure und Blockchain-Spezialisten [vgl. SCHMIDT 2018].

1.2.2 Medien-Mix und Kommunikation über Distanzen

Die neuen Organisationen zeichnen sich vor allem durch den konzentrierten Einsatz moderner Informations- und Kommunikationsmittel bzw. von sozialen Medien (engl. *Social media*) aus. Gleichzeitig findet die Arbeit in geografisch und zeitlich verteilten Strukturen statt. Aufgrund des Mangels an direkten Kontakten erfolgt die wechselseitige Einflussnahme zwischen Führungskräften und Geführten hauptsächlich mit Hilfe dieser neuen Informations- und Kommunikationsmittel (IuK) bzw. sozialer Medien.

Solche Rahmenbedingungen bringen zwangsläufig neue Anforderungen an die Führung mit sich. Traditionelle Führungsmodelle, die auf direkten Interaktionen basieren, sind grundsätzlich nicht geeignet, solche Anforderungen abzudecken. Demnach steht bei den („neuen") Führungskonzepten eine Führung im Mittelpunkt, die mittels moderner IuK bzw. sozialer Medien funktionieren muss [vgl. WALD 2014, S. 356].

Zu den klassischen IuK zählen E-Mail-Dienste, Intranet-Lösungen, Foren und Chats im betrieblichen und überbetrieblichen Rahmen. Während mit diesen klassischen IuK vor allem die von den Unternehmen gesteuerte Informationsbereitstellung und der geregelte Informationsaustausch im Vordergrund stand, vollzog sich hier in den letzten Jahren eine Entwicklung von den klassischen IuK hin zum **„Mitmach-Netz"**, dem Web 2.0 bzw. den sozialen Medien. Informationen werden sowohl durch die Organisationen bereitgestellt als auch durch die Nutzer selbst eingebracht. Statt Software stehen Dienste im Fokus, deren Angebote auf verschiedenen Endgeräten nutzbar sind. Die unmittelbare Interaktion der Nutzer steht im Vordergrund. Daten können neu kombiniert bzw. transformiert werden. Der Schwerpunkt bei Nutzung und Bereitstellung von Informationen liegt beim Anwender. Wurden das Internet bzw. betriebliche Lösungen („Intranet") bislang zur kontrollierten Weitergabe von Informationen genutzt, ist es nun möglich und gewünscht, dass Nutzer, d.h. auch Führungskräfte und Mitarbeiter selbst, Inhalte bereitstellen und diese mit anderen austauschen [vgl. O'REILLY 2005].

Die Verschmelzung von Telekommunikationsterminal und Computer zum Smartphone, dem am weitesten verbreiteten Mobilgerät mit völlig neuen Nutzungsmöglichkeiten, hat wesentlich zur Beschleunigung dieser Entwicklung beigetragen. Aufgrund seiner Multifunktionalität hat dabei das Smartphone in zweifacher Hinsicht eine besondere Rolle als Markttreiber übernommen. Auf der einen Seite vertreibt das Smartphone im Sinn der Substitution Produkte wie digitale Kompaktkameras, mobile Navigationsgeräte und MP3-Player vom Markt. Zum anderen treibt es den Markt an, da durch die Vernetzung zu anderen Geräten neue Anwendungs- und damit Wachstumsfelder entstehen. Neben den für die Mobiltelefonie notwendigen Komponenten wie Mikrofon, Lautsprecher und dem Touchscreen als Bedienelement ist diesen Geräten auch die Schnittstelle zum Mobilfunknetzwerk typisch. Für Verbraucher ist diese Schnittstelle vor allem deshalb wichtig, weil das Smartphone immer mehr verfügbare Daten bündelt und alle Informationen auf einem Bildschirm zusammenfassen kann. Das Smartphone steht also nicht für sich allein, sondern entfaltet seine volle Wirkung als erst mit dem vernetzten Gerät, mit dem es kommuniziert [vgl. LIPPOLD 2017, S. 10 f.].

Soziale Medien haben in den vergangenen Jahren die Internetnutzung nicht nur geprägt, sondern auch verändert. Sie sind für Millionen von Nutzern aus der alltäglichen Kommunikation nicht mehr wegzudenken und beeinflussen Unternehmen und Organisationen in zunehmendem Maße. Für Unternehmen sind soziale Medien daher in vielen Bereichen zu einem wichtigen Wertschöpfungsfaktor geworden. Facebook, YouTube, Twitter, LinkedIn & Co. bieten Internetnutzern nicht nur einen Unterhaltungswert oder die Möglichkeit, persönliche Kontakte zu knüpfen und zu pflegen, sie ermöglichen auch einen schnellen Zugang zum Informationsaustausch. Und auch für die Fundierung wichtiger Entscheidungen spielen soziale Medien eine immer größere Rolle, so dass sie vermehrt in den Fokus des Managements rücken.

Viele Unternehmen haben soziale Medien zunächst für die externe Kommunikation eingesetzt. Inzwischen nutzen Unternehmen aber auch verstärkt eine Social Software für interne Zwecke, um Austausch und Zusammenarbeit unter den Mitarbeitern zu verbessern. Insbesondere vervollständigen Social Media die E-Mail-Kommunikation, da viele Anfragen auf diesen Kanälen schneller und transparenter beantwortet werden können als über die klassische E-Mail. Zudem ergänzen Social Media in vielen Unternehmen inzwischen die bislang üblichen Intranets. Ein wichtiger Unterschied zum klassischen Intranet ist dabei die Art und Weise, wie Inhalte entstehen und geteilt werden. Jeder Mitarbeiter kann gleichzeitig Sender und Empfänger sein. Aus dem internen Redakteur wird ein Community-Manager.

Eine moderne Unternehmensführung weiß, wo der Mehrwert von Social-Media-Maßnahmen liegt, wie sie diese systematisch planen und dadurch erfolgreich Kunden binden sowie neue Kunden erreichen können.

1.2.3 Generationenwechsel und hybride Arbeitskulturen

Welchen Beitrag leistet die Unternehmenskultur bei der Begegnung mit den Werten der neuen Technologien? Besteht ein Zusammenhang zwischen Unternehmenskultur und digitaler Führung? Bevor diese Fragen erörtert werden, soll aufgezeigt werden, was Unternehmenskultur ist und was sie bewirken kann.

Jedes Unternehmen verfügt über eine **Unternehmenskultur**. Diese wird nicht einfach erfunden oder verordnet, sondern (vor)gelebt. Sie entsteht mit der Unternehmensgründung und ist je nach Entwicklungsgeschichte des Unternehmens mehr oder weniger ausdifferenziert. Häufig liegen die Ursprünge einer Unternehmenskultur beim Unternehmensgründer (z. B. THOMAS WATSON bei IBM, STEVE JOBS bei APPLE, AUGUST OETKER, MAX GRUNDIG), die mit ihren Visionen und Ideen, mit ihren Wertvorstellungen, Eigenarten und Neigungen als Vorbilder für nachfolgende Managergenerationen dienen. Kulturprägend wirken aber auch Krisen und einschneidende Veränderungen sowie die Art und Weise, wie diese gemeistert werden, neue Geschäftsmodelle, die Branche und das (regionale) Umfeld eines Unternehmens, die Art der Kunden, der Investoren etc. [vgl. BUSS 2009, S. 176 ff.].

Oftmals waren es auch gerade die oben genannten Unternehmensführer, die für eine **neue Technologie** standen und diese mit ins Unternehmen brachten oder gar die neuen Entwicklungen zum **Zentrum ihres Geschäftsmodells** machten.

Heute finden wir solche Techniker und Tüftler, die neue Technologien zu ihrem Geschäft machen, bei den **Start-ups** – also bei Inhaber-geführten Unternehmen. Die allermeisten größeren Unternehmen werden jedoch von eingesetzten und gut bezahlten Managern der Generation X (Geburtsjahrgänge 1965 bis 1980) geführt, die eben nicht der digital geprägten Generation Y (Geburtsjahrgänge 1980 bis 1995) angehören. Und jetzt drängt die nächste Generation, die Generation Z (Geburtsjahrgänge ab 1995), in die Unternehmen. Oft werden beide Generationen, Y und Z, zusammen gerne als **„Digital Natives"** angesprochen und beiden der gleiche Information-Age-Mindset zugeschrieben. Im Gegensatz zu der schon digital geprägten Generation Y wächst die nachfolgende Generation Z allerdings schon seit ihrer Geburt als „Digital Natives" auf. Dieser Lern- und Lebensmodus ist an die **VUCA-Welt** bereits angepasst.

Für traditionelle Führungskräfte und Unternehmen sind die „Digital Natives" somit eine immer größere Herausforderung. Die Bindung bei ihnen besteht nicht mehr zum Unternehmen, sondern zu interessanten Projekten und zu mitreißenden Führungspersönlichkeiten. Digitale Transformation beschränkt sich nicht auf Technologien, sie umfasst auch kulturelle Gestaltungs- und hybride Arbeitsräume, Kulturen und Werte. Klassische Anreizsysteme, wie etwa Firmenwagen und Statussymbole verlieren an Wert [vgl. CIESIELSKI/SCHUTZ 2016, S. 3].

„Was es bedarf, ist eine kompetenzbasierte, generations- und kultursensible Führung fernab der bloßen Statussymbolik, die alle fünf Generationen begeistert und verbindet, damit alle an der gemeinsamen Arbeitsumgebung arbeiten und fortlaufend hybride (analoge wie digitale) Kompetenzen entwickeln" [CIESIELSKI/SCHUTZ 2016, S. 3].

Die digitale Transformation ist also ein Kultur- *und* ein Leadership-Thema. Es geht nicht mehr darum, digital zu werden – wir sind es bereits. In der Arbeitskultur kommen aber nicht nur die Generationen Y und Z, sondern auch die Baby Boomer und die Generation X zusammen. Die Frage ist also vielmehr, wie es gelingen kann, eine generationenübergreifende, besser generationenverbindende Kommunikations-bzw. Unternehmenskultur zu leben. Denn im Bereich der Arbeitskultur kommt es regelmäßig zu den größten Abstoßungs- oder Assimilationserscheinungen gegenüber einer neuen Technologie. Die unterschiedlichen mentalen Modelle und Wertvorstellungen der jeweiligen Generationen zu ignorieren und mit Kündigungen zu reagieren, kann angesichts der demografischen Entwicklung nicht funktionieren und ist keine Lösung. Nur eine generationengerechte Unternehmensführung wird zum wettbewerbsbestimmenden Erfolgsfaktor für die Zukunft [vgl. MÖLLER et al. 2015, S. 127].

So zeigt Abbildung 1-08 die unterschiedlichen positiven und negativen wertebezogenen Ausprägungen verschiedener Generationen hinsichtlich ihres Verhaltens am Arbeitsplatz. Die hier dargestellte Generationeneinteilung stammt zwar aus den USA, sie lässt sich aber durchaus teilweise auf den europäischen Kulturkreis übertragen [vgl. BARTSCHER et al. 2012, S. 31 f.].

	Traditionalisten Geburtsjahrgänge bis 1945	Baby Boomer Geburtsjahrgänge von 1945 bis 1965	Generation X Geburtsjahrgänge von 1965 bis 1980	Generation Y / Millennials Geburtsjahrgänge von 1980 bis 1995	Generation Z Geburtsjahrgänge ab 1995

Verhalten am Arbeitsplatz	+ verlässlich
	+ gründlich
	+ loyal
	+ fleißig
	+ beständig
	+ hierarchietreu
	
	- konfliktscheu
	- systemkonform
	- wenig veränderungs-
	  bereit
		+ kundenorientiert
		+ leistungsbereit
		+ ehrgeizig
		+ motiviert
		+ beziehungsfähig
		+ kooperativ
		
		- egozentrisch
		- eher prozess- als
		  ergebnisorientiert
		- kritikempfindlich
		- vorurteilsbeladen
			+ flexibel
			+ technik-affin
			+ unabhängig
			+ selbstbewusst
			+ kreativ
			
			- ungeduldig
			- wenig sozial
			- zynisch
			- wenig durch-
			  setzungsfähig
				+ teamorientiert
				+ optimistisch
				+ hartnäckig
				+ kühn
				+ multitaskingfähig
				+ technologisch fit
				
				- unerfahren
				- anleitungs-
				  bedürftig
				- strukturbedürftig
				- antriebsschwach
				- illoyal
					+ Hohe Akzeptanz/
					  Toleranz von
					  Diversitäten
					+ selbstüberzeugt
					+ technologisch fit
					+ selbstorganisa-
					  tionsfähig
					
					- Verantwortung
					  wird abgegeben
					  (z.B. an die
					  Helicopter-Eltern)
					- geringere Sorgfalt
					- rudimentäres
					  Google-Gedächtnis

Einstellung zur Arbeit	Pflicht und Wert	Herausforderung und Selbstfindung	Job und Spaß	Sinn und Team	Arbeit ist Spaß, Arbeit ist unsicher und Arbeit ist unklar
Einstellung zur Autorität	Gehorsam	Hassliebe	Unbeeindrucktheit	Höflichkeit	Indifferent
		„Leben, um zu arbeiten"	„Arbeiten um zu leben"	„Erst leben, dann arbeiten"	„Leben und arbei- ten als fließender Prozess"

[Quelle: in Anlehnung an OERTEL 2007, S. 28 f. und CIESIELSKI/SCHUTZ 2016, S. 41 ff.]

Abb. 1-08:   Arbeitsverhalten verschiedener Generationen

1.2.4 New Work-Führungsansätze

Wenn die digitale Transformation immer wichtiger, wenn das Veränderungstempo immer schneller und wenn der Generationenwechsel immer sichtbarer wird, muss sich auch Führung an die neuen Gegebenheiten anpassen. Doch wie die Führung einer Organisation in Zukunft aussehen sollte, darüber ist eine kontroverse Diskussion entbrannt.

Es prallen **klassische Führungsansätze und -konzepte**, die eng mit dem Verhalten und den Eigenschaften des Vorgesetzten verknüpft sind, auf **neuere Ansätze** – Ansätze, die auf einen stärkeren Interaktionsprozess zwischen Führungskräften und Mitarbeitern mit Perspektive auf eine gemeinsame, selbstorganisierte Führung setzen. Die Frage ist, welcher Weg eingeschlagen werden soll.

Aber wer kennt sich aus im **Dickicht der New Work-Ansätze**? Wo liegt der Unterschied zwischen Super Leadership, der agilen und der digitalen Führung? Worin unterscheidet sich die systemische Führung von der virtuellen Führung? Ist Shared Leadership erfolgreicher als Distributed Leadership? Und sind das überhaupt Gegensätze? Eines unterscheidet die klassische Führung aber von den neueren Ansätzen: Die New Work-Ansätze weisen einen deutlich höheren **Demokratisierungsgrad** auf.

Die praktische Bedeutung, wie **Führungserfolg** erklärt und wie gute Führung erreicht werden kann, lässt sich allein an der Vielzahl von jährlich erscheinenden Führungsratgebern ausmachen. Allerdings kann auch die Wissenschaft hierzu bislang keine generell gültige Führungstheorie und damit keine allgemein akzeptierte Sichtweise vorlegen. Es gibt weder *die* Führungskraft, noch *den* Führungsstil oder *die* Führungstheorie. Es ist – zumindest bis heute – nicht möglich, anhand eines Modells erfolgreiches Führungsverhalten allgemeingültig zu erklären.

Beispielhaft für die Vielzahl der neuen Führungsansätze sollen hier in aller Kürze einige besonders intensiv diskutierten Konzepte genannt werden. Eine ausführliche Darstellung der wichtigsten Konzepte wird in Abschnitt 3.2 vorgenommen.

– **Super Leadership**. Der Super Leadership-Ansatz befasst sich mit den Herausforderungen einer dezentralen Arbeitswelt. Ziel des Führungskonzeptes ist es, Mitarbeiter zur Selbstorganisation bzw. Selbstführung zu motivieren und zu befähigen. Bei diesem Ansatz agiert der Führende als „Super Leader", der seinen Mitarbeitern flexiblere Rahmenbedingungen für eine zweckgerichtete Selbststeuerung schafft.

– **Virtuelle Führung**. Ähnlich ist es bei der virtuellen Führung, deren Notwendigkeit sich aus der Distanz bzw. den fehlenden persönlichen Kontakten zwischen Führenden und Geführten sowie aus einer veränderten Verteilung von Informationen ergibt. Virtuelle Führung wird dabei als sozialer Einflussprozess verstanden, der durch Kommunikation mit neuen Medien vermittelt wird.

– **Agile Führung**. Dieser Führungsansatz wird als Verhalten interpretiert, bei dem die Mitarbeiter selbstbestimmt den Weg zur Aufgabenbewältigung festlegen und somit in Entscheidungen voll eingebunden werden. Wichtig ist dabei, dass hierarchische Strukturen aufgebrochen werden. Mitarbeiter sollen ihre Kompetenzen selber erkennen, einschätzen und sich gegenseitig Feedback geben.

– **Digitale Führung**. Eigentlich gibt es gar keine digitale Führung (und sollte es auch nie geben). Gemeint ist vielmehr das Führen mit digitalen Kompetenzen. Darunter sind in erster Linie der sichere Umgang mit neuen Medien und die interkulturelle Kompetenz zu verstehen. Beide Kompetenzen sollten bei einer Führungskraft mit den Schlüsselkompetenzen Kommunikations-, Entscheidungs- und Teamfähigkeit verbunden sein.

– **Verteilte/geteilte Führung**. Bei der verteilten/geteilten Führung (engl. *Distributed/Shared Leadership*) auf die bestehenden, feinen Unterschiede soll hier nicht näher eingegangen werden) steht die Frage im Vordergrund, wie Führung in Organisationen aufgeteilt werden soll, um Motivation und Leistung zu optimieren. Dabei steht nicht mehr der Vorgesetzte als Alleinentscheider im Fokus. Vielmehr sollen sich Führende und Geführter vor dem Hintergrund der Zielvorgabe als quasi Gleichberechtigte sehen.

1.3   Internationalisierung der Personalarbeit

1.3.1 Besonderheiten internationaler Personalarbeit

Die wirtschaftliche Zusammenarbeit mit anderen Ländern hat sich nicht nur im Zuge der Globalisierung, sondern auch mit der Intensivierung des europäischen Binnenmarktes verstärkt. So hat sich der „Binnenmarkt" als wichtigster Wirtschaftsmotor der EU entwickelt.

Die Erzielung von Wettbewerbsvorteilen, die Reduktion von Kosten, der Zugang zu Ressourcen unterschiedlicher Art und nicht zuletzt die Minimierung der Steuerbelastung sind wichtige Gründe für die Internationalisierung von Unternehmen. Für das Exportland Deutschland spielen internationale Geschäftsbeziehungen und Zusammenarbeit eine ganz besonders wichtige Rolle. Doch trotz des vermeintlich rein ökonomischen Kontextes sind Produktion und Handel auf allen Ebenen von einer funktionierenden interpersonalen Kommunikation abhängig. Entsprechend gewinnt der interkulturelle Kommunikationsaspekt weiter an Gewicht und Aktualität. Internationales Personalmanagement zeichnet sich durch erhöhte Komplexität und Unsicherheit gegenüber dem nationalen Personalmanagement aus. Dies resultiert insbesondere aus

- verschiedenen gesetzlichen Regelungen zwischen Stamm- und Gastland,

- kulturellen Unterschieden, die mitbestimmend für Wahrnehmungs-, Denk- und Verhaltensmuster sind (z. B. Werthaltung, Arbeitseinstellung),

- sprachlichen Unterschieden, die das Kommunikations- und Kooperationsverhalten beeinflusst und die Verständigung beeinträchtigt sowie

- wirtschaftlichen, politischen und sozialen Unterschieden zwischen Stamm- und Gastland, die ein einheitliches Vorgehen (nicht nur) in der Personalarbeit verhindern.

Internationalisierungsaktivitäten haben in Abhängigkeit vom Umfang, den Zielländern sowie der Internationalisierungsstrategie Auswirkungen auf die Aktionsfelder des Personalmanagements. Besonders stark von Internationalisierungsaktivitäten sind die Personalbeschaffung, die Personalentwicklung, die Personalbeurteilung und die Personalvergütung betroffen. In Abbildung 1-09 sind die Besonderheiten internationaler Personalarbeit zusammengefasst. Im Spannungsfeld zwischen weltweiter Standardisierung von Unternehmensprozessen und lokaler Differenzierung muss der internationale Personalmanager eine hohe interkulturelle Kompetenz aufweisen und wissen, durch welche personalwirtschaftlichen Aktivitäten die Unternehmensziele im In- und Ausland erreicht werden können. Weiterhin muss das internationale Personalmanagement in der Lage sein, Konflikte hinsichtlich ihrer kulturellen bzw. persönlichen Bedingtheit zu analysieren und teilweise virtuelle Arbeitsteams zusammenzustellen. Insofern ist es für Human Resources-Manager unumgänglich, Kompetenzen auf dem Gebiet der Interkulturalität auszubauen. Nur so kann das Funktionieren von Arbeits- und Kommunikationsprozessen in multinationalen Unternehmen gesichert werden, denn gerade die Steuerung und Organisation von Humankapital ist die Schaltstelle im Aufbau internationaler Geschäftsbeziehungen [vgl. IKUD® Seminare 2008].

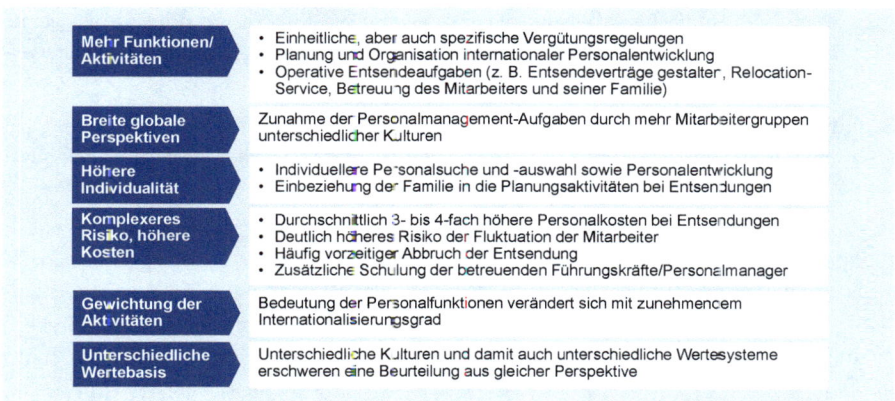

Abb. 1-09:   Besonderheiten internationaler Personalarbeit

1.3.2 Ausprägungen der internationalen Unternehmenstätigkeit

Umfang und Intensität der internationalen Personalarbeit hängen ursächlich vom **Internationalisierungsgrad** des Unternehmens ab. Hat sich das Unternehmen entschieden, sein Produkt- und Leistungsprogramm über die Landesgrenzen hinaus zu vermarkten, so stehen ihm verschiedene Optionen zur Verfügung (siehe Abbildung 1-10).

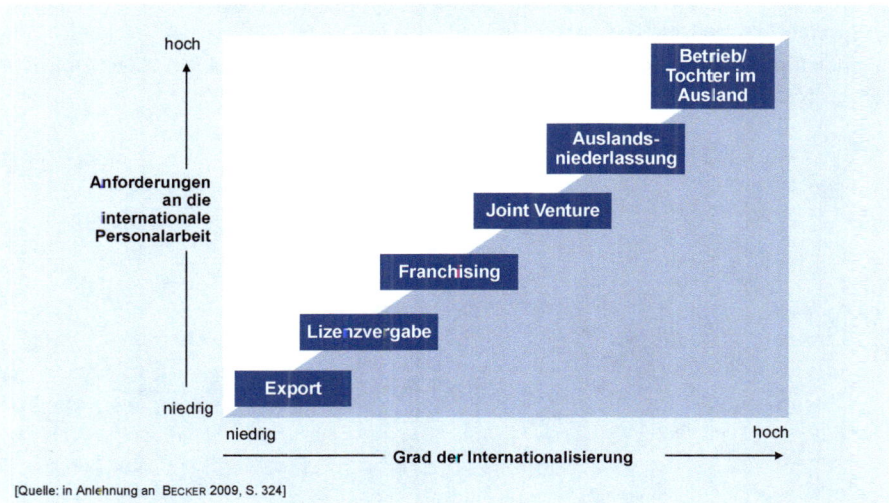

Abb. 1-10:   Realisierungsstufen internationaler Unternehmenstätigkeit

Als „strategische Urzelle" der internationalen Ausprägung eines Unternehmens ist prinzipiell der **Export** anzusehen. Hierbei werden die Kapital- und Managementleistungen vollständig im In- bzw. Stammland erbracht.

Als zweite Stufe ist die Vergabe von **Lizenzen** anzusehen. Dabei werden befristete Patente oder eingetragene Warenzeichen ausländischen Unternehmen entgeltlich zur Nutzung überlassen, ohne allerdings großen Einfluss auf das Vermarktungskonzept zu haben.

Beim **Franchising** nutzt der ausländische Franchise-Nehmer ein klar umrissenes, vertraglich festgelegtes Marketing- und Vertriebskonzept. Diese Stufe eignet sich besonders gut, um international weitgehend standardisierte Konzepte durchzusetzen.

Das **Joint Venture** ist ein Gemeinschaftsunternehmen zwischen dem Stammhaus und einem oder mehreren ausländischen Partnern. Die Gründung eines solchen Gemeinschaftsunternehmens, dessen Standort im Land des jeweiligen Partners liegt, wird vor allem dann vorgenommen, wenn das eigene Know-how für den Aufbau eigener Tochtergesellschaften bzw. Produktionsbetriebe fehlt.

Beim stärkeren Ausbau des Auslandgeschäfts werden eigene **Auslandsniederlassungen** eingerichtet, die zumeist als Vertriebsniederlassungen konzipiert sind.

Solchen Niederlassungen folgt häufig der Aufbau eigener **Produktionsbetriebe und Tochtergesellschaften**, die eine systematische Bearbeitung der Auslandsmärkte ermöglichen [vgl. BECKER 2009, S. 324 ff.].

1.3.2 Bezugsrahmen für das internationale Personalmanagement

Um die zentralen Wesensmerkmale des internationalen Personalmanagements zu beschreiben, ist es erforderlich, die verschiedenen Dimensionen zu betrachten. Unter Dimensionen sind die Sichtweisen auf den Untersuchungsgegenstand zu verstehen. Sie sollen einen möglichst strukturierten Einblick in die verschiedenen Dimensionen der internationalen Personalarbeit liefern (siehe Abbildung 1-11).

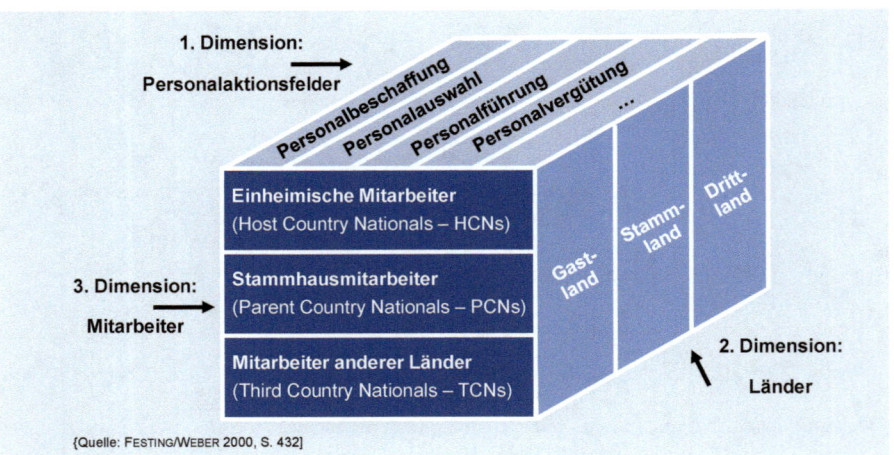

Abb. 1-11:   Bezugsrahmen für das Internationale Personalmanagement

Unterschieden werden folgende Dimensionen [vgl. FESTING/WEBER 2000, S. 432]:

Die *erste* Dimension orientiert sich an den verschiedenen **Aktionsfeldern der Personalarbeit** wie Personalbeschaffung, Personalauswahl, Personalvergütung, Personalführung etc.

Die *zweite* Dimension unterscheidet drei **Länderkategorien**, die in der internationalen Personalarbeit eine Rolle spielen:

- **Stammland** bzw. Heimatland, in dem das Unternehmen seinen Hauptsitz hat
- **Gastland**, in dem sich die Tochtergesellschaft befindet
- **Drittland** bzw. andere Länder mit denen das Unternehmen Verbindungen unterhält.

Die *dritte* Dimension beschreibt drei verschiedene **Mitarbeitergruppen**:

- Mitarbeiter, die die Staatsangehörigkeit des Gastlandes besitzen, in dem das Unternehmen seine Tochtergesellschaft hat. Es handelt sich dabei um **HCNs = Host Country Nationals.**

- Mitarbeiter mit der Nationalität des Landes, in dem die Muttergesellschaft beheimatet ist. Sie können ständig im Gastland leben, in dem sich die Tochtergesellschaft befindet, und werden als **PCNs = Parent Country Nationals** bezeichnet.

- Mitarbeiter, die die Nationalität eines Drittlandes besitzen, sind **TCNs = Third Country Nationals**.

Um diese etwas sperrige Begriffswelt zu verdeutlichen, wird ein deutsches Unternehmen betrachtet, das brasilianische Staatsangehörige in seinem brasilianischen Tochterunternehmen beschäftigt. Diese Mitarbeiter werden als HCNs bezeichnet. Werden deutsche Mitarbeiter nach Brasilien entsandt, so handelt es sich um PCNs. Bei der Beschäftigung von brasilianischen Mitarbeitern in Mexiko werden diese zu TCNs.

1.3.3 Interkulturelles Personalmarketing

Im Hinblick auf das interkulturelle Personalmarketing ist die Auseinandersetzung mit zwei Fragen bzw. Aspekten wichtig [vgl. STOCK-HOMBURG 2013, S. 325 ff.]:

- Inwieweit beeinflusst die Unternehmenskultur der Unternehmenszentrale die **internationale Ausrichtung**?
- Inwieweit sind die jeweiligem **Länderkulturen** maßgebend für die Ausrichtung der internationalen Personalarbeit?

1.3.3.1 Ansätze zur Internationale Ausrichtung

Internationale Personalmanagementkonzepte sind nicht vollständig universell anwendbar, sondern enthalten zwangsläufig auch kulturspezifische, nicht in andere Kulturen übertragbare Elemente. Den wohl bekanntesten Ansatz zur internationalen Ausrichtung von Unternehmen unter Berücksichtigung kultureller Einflüsse hat HOWARD PERLMUTTER [1969, S. 12] vorgelegt. Er geht davon aus, dass Werte, Einstellungen, Erfahrungen, Gewohnheiten und Vorurteile der Individuen die Art der Internationalisierung beeinflussen. Der Ansatz identifiziert vier alternative **Internationalisierungsansätze**:

- Ethnozentrischer Internationalisierungsansatz
- Polyzentrischer Internationalisierungsansatz
- Regiozentrischer Internationalisierungsansatz
- Geozentrischer Internationalisierungsansatz.

Beim **ethnozentrischen Ansatz** wird die Personalpolitik sowie alle anderen Stammhauskonzepte einheitlich auf alle ausländischen Niederlassungen übertragen. Entscheidungen werden prinzipiell im Headquarter getroffen. Schlüsselpositionen in Tochtergesellschaften werden durch Manager aus dem Stammland besetzt. Dieses **zentrale Internationalisierungsmodell** wird häufig am Anfang der unternehmerischen Internationalisierung bzw. in Krisenzeiten gewählt.

In Unternehmen mit einem **polyzentrischen Ansatz** steht die Eigenständigkeit der Personalpolitik ausländischer Niederlassungen im Vordergrund. Das heißt, die Tochtergesellschaften sind weitgehend autonom und werden als unabhängige Einheiten behandelt. Das Management der Tochtergesellschaften wird mit lokalen Mitarbeitern besetzt, weil man ihnen die Kompetenz zuschreibt, am besten im lokalen Markt agieren zu können. Man spricht daher auch von einem **dezentralen Internationalisierungsmodell**. Dieser föderalistische Ansatz wird von Firmen vertreten, bei denen der Kontakt der Führungsebene zu öffentlichen Verwaltungen oder der Regierung sehr wichtig ist.

Der **regiozentrische Ansatz**, der erst später zu den anderen drei Konzepten hinzukam, ist im Prinzip nichts anderes, als eine Weiterentwicklung des polyzentrischen Führungsansatzes. Damit reagiert PERLMUTTER auf die zunehmende Regionalisierung der Wirtschaft, wie sie sich beispielsweise in Europa zeigt. Es werden jeweils mehrere Gastländer zu einer Region zusammengefasst. In den verschiedenen Regionen sind jeweils regionale Zentralen etabliert, denen wiederum die Niederlassungen in den Ländern dieser Regionen zugeordnet sind. Die Unternehmenszentrale im Stammland verfügt nur über eine begrenzte Autorität gegenüber den regionalen Zentralen.

Der **geozentrische Ansatz** geht davon aus, dass Muttergesellschaft und Tochtergesellschaften eine weltweite Einheit bilden. Er versucht, eine Verbindung zwischen den kulturspezifischen Gemeinsamkeiten der Länder einerseits und die nationalen Unterschiede andererseits zu berücksichtigen. Für diesen Ansatz ist der Kommunikationsfluss der Niederlassungen untereinander und mit der Zentrale von entscheidender Bedeutung. Es entsteht eine stark vernetzte Organisationsstruktur, die systemvereinheitlichende Elemente und auch regionale und operativ nationale Interessen beinhaltet. Bei diesem **integrativ-situativen Internationalisierungsmodell** werden Entscheidungen in Abstimmung zwischen Stammhaus und Auslandsgesellschaften getroffen.

Die vier Orientierungen zeigen an, auf welche Art und Weise in Unternehmen entschieden, kommuniziert, kontrolliert, sanktioniert und geführt wird. Gleichwohl handelt es sich bei diesem Ansatz um ein **idealtypisches** Konzept (siehe Abbildung 1-12). Es existiert aber kaum ein Unternehmen, das man als rein ethno-, poly-, regio- und geozentrisch bezeichnen könnte [vgl. KUTSCHKER/ SCHMID 2006, S. 279 ff.].

Unabhängig von der internationalen Ausrichtung werden auch die Führungsgremien (Geschäftsführung, Vorstände) oder Aufsichts- und Beratungsgremien international besetzt.

	Internationale Ausrichtung des Unternehmens			
	ethnozentrisch	pylozentrisch	regiozentrisch	geozentrisch
Richtlinien der Personalpolitik	Einheitlich vom Stammland vorgegeben	Hohe Eigenständigkeit der Tochtergesellschaften	Hohe Eigenständigkeit der regionalen Zentralen	Gemeinsam abgestimmte Vorgehensweise
Besetzung der Schlüsselpositionen	Durch Manager aus dem Stammland	Durch lokale Manager	Durch regionale Manager	Durch „beste" Manager, unabhängig von der Herkunft
Organisationskomplexität	Hohe Komplexität im Stammland, einfach bei den Tochtergesellschaften	Unterschiedlich und voneinander unabhängig	Hohe gegenseitige Abhängigkeit auf regionaler Ebene	Zunehmende Komplexität und weltweit hohe gegenseitige Abhängigkeit
Autorität, Treffen von Entscheidungen	Stark auf die Muttergesellschaft fokussiert	Geringer Einfluss von der Muttergesellschaft	Große regionale Headquarters und/oder Zusammenarbeit	Weltweite Zusammenarbeit zwischen Mutter- und Tochtergesellschaften
Auswertung und Kontrolle	Standards des Stammlandes gelten für alle Gesellschaften	Lokale Bestimmungen sind maßgebend	Regionale Bestimmungen sind maßgebend	Kombination von universalen und lokalen Standards
Anreizsystem und Sanktionen	Hoch bei der Muttergesellschaft, gering bei den Tochtergesellschaften	Tochtergesellschaften erhalten unterschiedliche Belohnungen	Belohnung für das Erreichen regionaler Zielvorgaben	Belohnung der Führungskräfte für das Erreichen lokaler und internationaler Zielvorgaben
Kommunikations- und Informationsfluss	Hohe Anzahl von Aufträgen, Weisungen und Ratschlägen an die Tochtergesellschaften	Geringer Kommunikationsfluss zwischen Mutter- und Tochtergesellschaften	Hoch mit den regionalen Headquarters und hoch zwischen den einzelnen Ländern	Intensiver Kommunikationsaustausch in beide Richtungen
Fortlaufende Managementaufgaben	Stammlandmitarbeiter werden für weltweite Schlüsselpositionen ausgebildet	Gastlandmitarbeiter werden für Schlüsselpositionen im eigenen Land ausgebildet	Regionale Mitarbeiter werden für Schlüsselpositionen in der ganzen Region ausgebildet	Die besten Mitarbeiter weltweit werden für Schlüsselpositionen ausgebildet

[Quelle: CLERMONT/SCHMEISSER 1997, in Anlehnung an PERLITZ 1995]

Abb. 1-12:   Typologie international tätiger Unternehmungen nach PERLMUTTER

1.3.3.2   Einflüsse von Länderkulturen

Der zweite Aspekt der kulturellen Verankerung eines international operierenden Unternehmens bilden die **Länderkulturen** der Beschäftigten. Die kulturvergleichende Länderstudie von GEERT HOFSTEDE nimmt dabei eine besondere Rolle ein. Sie hat sich als ein bedeutendes Konzept zur Erklärung von kultureller Varianz im (sozialen) Verhalten entwickelt. Auf der Grundlage von über 100.000 Mitarbeiterbefragungen im weltweit operierenden IBM-Konzern hat HOFSTEDE vier grundlegende **Kulturdimensionen** identifiziert:

- **Machtdistanz** gibt das Ausmaß an, in dem weniger einflussreiche Mitglieder einer Organisation oder einer Gesellschaft die ungleiche Verteilung der Macht erwarten und akzeptieren. Hohe Machtdistanz legitimieren hierarchische Beziehungen. Hier finden sich eher

Stände- und Kastensysteme. Die Länder mit dem höchsten Machtdistanz-Index sind Malaysia, Guatemala und Panama. Bei Ländern mit niedriger Machtdistanz stehen Chancengleichheit und gleiches Recht für alle im Vordergrund. Über die niedrigste Machtdistanz verfügen Österreich, Israel und Dänemark.

- **Individualismus** beschreibt das Ausmaß, in dem Kulturen das Individuum, seine Eigenverantwortlichkeit und Autonomie gegenüber Gruppenzwängen wertschätzen. Die Rangliste der individualistisch geprägten Länder führen die USA, Australien und Großbritannien an. Kollektivistische Kulturen mit hoher Gemeinschaftsorientierung und Loyalität werden von Guatemala, Ecuador und Panama angeführt.

- **Unsicherheitsvermeidung** beschreibt, inwieweit sich Mitglieder einer Gesellschaft durch ungewisse oder unbekannte Situationen bedroht fühlen. Hohe Unsicherheitsvermeidung zeigt sich in einer Neigung zu Vorurteilen, Rigidität, Intoleranz, Zukunftsangst und stark ritualisiertem Verhalten. Anhaltspunkte niedriger Unsicherheitsvermeidung sind Toleranz, Gelassenheit, Mobilität, höhere Fluktuation und wenig ritualisiertem Verhalten. Die drei untersuchten Länder mit der höchsten Unsicherheitsvermeidung sind Griechenland, Portugal und Guatemala; mit der niedrigsten Unsicherheitsvermeidung sind es Singapur, Jamaika und Dänemark.

- **Maskulinität** bezeichnet das Ausmaß, in dem die gesellschaftlichen Geschlechterrollen klar auf die klassische Rollenverteilung (Männer: hart, durchsetzungsfähig, materieller Erfolg; Frauen: bescheiden, sensibel, fürsorglich, empathisch) festgelegt sind. Länder mit der höchsten Maskulinität in diesem Sinne sind Japan, Österreich und Venezuela. Die entsprechend niedrigste Maskulinität wurde in Schweden, Norwegen und den Niederlanden festgestellt.

Später kamen mit den Merkmalen **Langzeitorientierung** und **Genuss vs. Zurückhaltung** (engl. *Indulgence vs. Restraint*) noch zwei weitere Dimensionen hinzu.

Die Überlegungen von HOFSTEDE können als weitreichender und ambitionierter Versuch der Bewertung von Kulturunterschieden angesehen werden. Insbesondere die Kultursensibilisierung (statt Kulturignoranz) wird gelobt. Ein wesentlicher Nachteil ist allerdings die Aktualität der Daten, da diese bereits im Zeitraum zwischen 1967 und 1973 erhoben wurden.

Daher kann das zweite große kulturvergleichende Projekt, das sogenannte **GLOBE-Projekt**, das von ROBERT J. HOUSE im Jahre 1991 an der University of Pennsylvania zur kulturvergleichenden Führungsforschung ins Leben gerufen wurde, auch als eine Weiterentwicklung des Modells von HOFSTEDE angesehen werden. An diesem Führungsforschungsprogramm (Global Leadership and Organizational Behavior Effectiveness Program) beteiligten sich nach wenigen Jahren ca. 170 Forscher aus 62 Ländern. Sie befragten ca. 17.000 Manager bezüglich kultureller Werte, kultureller Praktiken und Führungserwartungen. Außerdem wurde der Einfluss der verschiedenen Dimensionen der Gesellschaftskultur und der Organisationskultur auf die Ausprägung der Führungserwartungen untersucht [vgl. LANG/BALDAUF 2017, S. 63].

Ein wesentliches Ergebnis des Projektes beschreiben die GLOBE-Forscher verschiedene Länderkulturen anhand von **neun Dimensionen**, in denen auch die beiden bereits von HOFSTEDE eingeführten Merkmale Machtdistanz und Unsicherheitsvermeidung Eingang gefunden haben (siehe Insert 1-05).

Insert

Kulturdimensionen nach GLOBE

Leistungsorientierung	Das Ausmaß, in dem Einsatz, persönliche Weiterentwicklung und hervorragende Leistungen gefördert und belohnt werden (Praktiken) bzw. gefördert und belohnt werden sollten (Werte)
Zukunftsorientierung	Das Ausmaß, in dem Verhaltensweisen wie z. B. vorausschauendes Planen, Investieren und Verzicht im Interesse des Wachstums gefördert werden (Praktiken) bzw. eingesetzt werden sollten (Werte)
Bestimmtheit	Das Ausmaß, in dem Nachhaltigkeit, Aggression oder Direktheit bei der Interaktion mit anderen gezeigt wird (Praktiken) bzw. gezeigt werden sollte (Werte)
Gleichberechtigung	Das Ausmaß, in dem Gleichartigkeit von Erwartungen an Männer und Frauen praktiziert wird (Praktiken) bzw. praktiziert werden sollte (Werte)
Gruppenbasierter Kollektivismus	Das Ausmaß, in dem einzelne Personen weniger für sich selbst einstehen (Praktiken) bzw. einstehen sollten (Werte) als für Gruppen
Institutioneller Kollektivismus	Das Ausmaß, in dem die kollektive Verteilung von Gütern und Leistungen durch institutionelle Regeln und Praktiken festgelegt wird (Praktiken) bzw. festgelegt werden sollte (Werte)
Machtdistanz	Das Ausmaß, in dem ungleichmäßige Machtverteilung in der Gesellschaft/Organisation besteht (Praktiken) bzw. bestehen sollte (Werte)
Humanorientierung	Das Ausmaß, in dem Fairness, Altruismus, Großzügigkeit, Fürsorge und Höflichkeit gefördert und belohnt werden (Praktiken) bzw. gefördert und belohnt werden sollten (Werte)
Unsicherheitsvermeidung	Das Ausmaß, in dem traditionelle Verhaltensweisen (wie z. B. Ordnung, Beständigkeit) und soziale Kontrolle (wie z. B. durch detaillierte Vorgaben) auf Kosten von Variation, Innovation und Experimentieren eingesetzt werden (Praktiken) bzw. eingesetzt werden sollten (Werte), um Ambiguitäten, die mit der Unvorhersehbarkeit zukünftiger Ereignisse verbunden sind, abzuschwächen

Die GLOBE-Kulturdimensionen orientieren sich in erster Linie an den Kulturdimensionen von HOFSTEDE. So gehen die GLOBE-Dimensionen Unsicherheitsvermeidung, Machtdistanz, institutioneller Kollektivismus, gruppenbasierter Kollektivismus, Gleichberechtigung, Bestimmtheit auf die von HOFSTEDE ermittelten Kulturdimensionen Individualismus-Kollektivismus, Maskulinität-Femininität, Machtdistanz, Unsicherheitsvermeidung sowie Langzeitorientierung zurück. Auch HOFSTEDES Dimension Maskulinität-Femininität wurde anhand der Pilotstudien weiterentwickelt und im Rahmen von GLOBE in die beiden Dimensionen Gleichberechtigung und Bestimmtheit empirisch differenziert. Die GLOBE-Dimension Zukunftsorientierung basiert auf Arbeiten von KLUCKHOHN und STRODTBECK zur zeitlichen Orientierung von Mitgliedern einer Gesellschaft und ähnelt nur in geringem Ausmaß HOFSTEDES Dimension der Langzeitorientierung. Auf KLUCKHOHN und STRODTBECK lässt sich auch die GLOBE-Dimension Humanorientierung zurückführen, während die Dimension Leistungsorientierung auf der Motivationstheorie von MCCLELLAND basiert, sich von dieser jedoch durch die Art der Messung (explizit anhand von Fragebogenitems und nicht implizit anhand eines Assoziationstests) unterscheidet. [Quelle: BRODBECK 2016, S. 71 f.]

Insert 1-05: GLOBE-Kulturdimensionen

Ein zweites wesentliches Ergebnis der GLOBE-Gruppe ist die Ausarbeitung von **10 Länderclustern mit ähnlicher kultureller Prägung**, die in Abhängigkeit der Ausprägung der neun Kulturdimensionen unterschieden werden. Die Zuordnung zu einem bestimmten Cluster erfolgt anhand des Kulturprofils eines Landes. Als Grundlage dienen die einzelnen, strukturiert abgefragten Kulturdimensionen [vgl. STOCK-HOMBURG 2013, S. 331].

Insert 1-06 gibt einen Überblick über die zehn kulturellen Cluster der GLOBE-Gruppe.

Insert

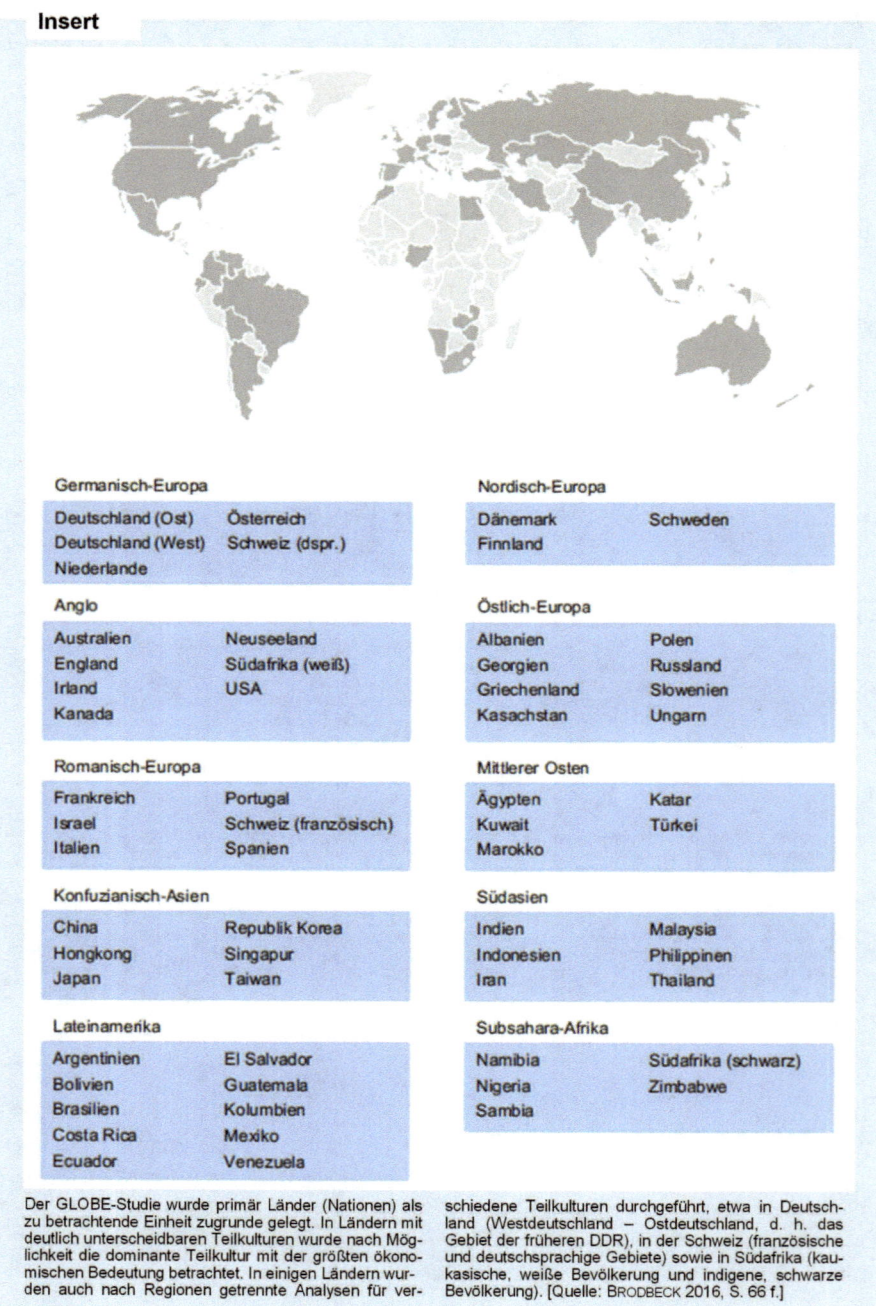

Germanisch-Europa

Deutschland (Ost)	Österreich
Deutschland (West)	Schweiz (dspr.)
Niederlande	

Nordisch-Europa

Dänemark	Schweden
Finnland	

Anglo

Australien	Neuseeland
England	Südafrika (weiß)
Irland	USA
Kanada	

Östlich-Europa

Albanien	Polen
Georgien	Russland
Griechenland	Slowenien
Kasachstan	Ungarn

Romanisch-Europa

Frankreich	Portugal
Israel	Schweiz (französisch)
Italien	Spanien

Mittlerer Osten

Ägypten	Katar
Kuwait	Türkei
Marokko	

Konfuzianisch-Asien

China	Republik Korea
Hongkong	Singapur
Japan	Taiwan

Südasien

Indien	Malaysia
Indonesien	Philippinen
Iran	Thailand

Lateinamerika

Argentinien	El Salvador
Bolivien	Guatemala
Brasilien	Kolumbien
Costa Rica	Mexiko
Ecuador	Venezuela

Subsahara-Afrika

Namibia	Südafrika (schwarz)
Nigeria	Zimbabwe
Sambia	

Der GLOBE-Studie wurde primär Länder (Nationen) als zu betrachtende Einheit zugrunde gelegt. In Ländern mit deutlich unterscheidbaren Teilkulturen wurde nach Möglichkeit die dominante Teilkultur mit der größten ökonomischen Bedeutung betrachtet. In einigen Ländern wurden auch nach Regionen getrennte Analysen für verschiedene Teilkulturen durchgeführt, etwa in Deutschland (Westdeutschland – Ostdeutschland, d. h. das Gebiet der früheren DDR), in der Schweiz (französische und deutschsprachige Gebiete) sowie in Südafrika (kaukasische, weiße Bevölkerung und indigene, schwarze Bevölkerung). [Quelle: BRODBECK 2016, S. 66 f.]

Insert 1-06: Die zehn kulturellen Ländercluster der GLOBE-Gruppe

1.3.4 Expatriate Management

Die Entsendung, Begleitung und Wiedereingliederung von Expatriates zählen zu den wichtigsten und vielfältigsten Aufgaben des internationalen Personalmanagements. **Expatriates** sind Personen aus dem Stammland des Unternehmens, die im Rahmen ihrer beruflichen Tätigkeit für einen Zeitraum von ein bis fünf Jahren in einen für sie fremden Kulturkreis entsandt werden. Angesichts der enormen Vielfalt kultureller Dimensionen (Zeitverständnis, Einstellung zu Hierarchien, Grad des Individualismus/Kollektivismus etc.) ist die Auslandsvorbereitung dieser Expatriates entscheidend für den Erfolg seiner Entsendung. Dies ist deshalb so wichtig, weil fast die Hälfte aller Joint Venture-Projekte nicht etwa aufgrund finanzieller, juristischer oder organisatorischer Probleme, sondern rein aus Gründen fehlgeschlagener interkultureller Kommunikation gescheitert sind [vgl. IKUD ® Seminare 2008].

Die Dauer des Auslandseinsatzes von Expatriates kann schwanken. Abbildung 1-13 gibt einen Überblick über die unterschiedlichen Zeiträume, in denen Führungskräfte bzw. Mitarbeiter entsandt werden können. Das Management dieser Entsendungen wird als **Expatriate Management** bezeichnet.

Bezeichnung	Dauer	Beschreibung der Einsatzsituation international tätiger Mitarbeiter
Dienstreise Business Trip	< 3 Monate	• Vorübergehender Aufenthalt in ausländischen Niederlassungen • Vertrag und Gehalt durch entsendendes Unternehmen • Interkulturelle Anpassung: gering • Vorbereitungsaufwand: relativ gering
Abordnung (Secondment) Short Term Assignment	3 – 12 Monate	• Meist projektbezogener Auslandsaufenthalt • Vertrag und Gehalt durch entsendendes Unternehmen; zusätzlich Abordnungsvertrag • Interkulturelle Anpassung: mittel • Vorbereitungsaufwand: mittel
Entsendung/ Versetzung/ Delegation Long Term Assignment	12 Monate – 5 Jahre	• Durchführung langfristig angelegter Verträge • Vertrag und Gehalt durch aufnehmendes Unternehmen; normales Arbeitsverhältnis ruht; Ruhevertrag regelt Rückkehrbedingungen • Interkulturelle Anpassung: hoch • Vorbereitungsaufwand: hoch
Übertritt (dauerhaft)	> 5 Jahre	• Übersiedlung in das Gastland • Auslandtätigkeit mit lokalem Vertrag; meist unbefristet, alter Arbeitsvertrag erlischt • Interkulturelle Anpassung: sehr hoch • Vorbereitungsaufwand: gering bis mittel

Abb. 1-13:   Formen des Einsatzes von Expatriates

Es soll nicht unerwähnt bleiben, dass es parallel zur Bezeichnung *Expatriates* auch sogenannte **Inpatriates** gibt. Dies sind Host Country Nationals (HCNs) oder Third Country Nationals (TCNs), die im Rahmen ihrer beruflichen Tätigkeit für ein bis fünf Jahre in das Headquarter des Unternehmens entsandt werden. Das entsprechende Management wird als **Inpatriate Management** bezeichnet. Das Inpatriate Management prosperiert zunehmend. Es wird wesentlich getrieben durch eine zunehmende kulturelle Diversifikation des Top-Level-Managements und wachsende Karrieremöglichkeiten für High Potentials in Gastländern. Ein weiterer Aspekt für diesen wachsenden Zweig ist die Notwendigkeit der Wahrnehmung von Managementaufgaben in neu zu bearbeitenden Märkten, die aufgrund niedrigerer Lebensqualität und signifikanter kultureller Unterschiede wenig attraktiv für Parent Country Nationals (PCNs) erscheinen [vgl. BARTHOLOMÄUS 2018, S. 87].

Darüber hinaus wächst auch der Anteil sogenannter **Flexpatriates**, die nicht international entsandt werden, aber dennoch international arbeiten. Hierbei handelt es sich um Mitarbeiter, die aus geschäftlichen Gründen reisen, ohne dabei ihren Wohnsitz aufzugeben. Flexpatriates haben die Aufgabe, fremde Märkte, Tochtereinheiten, internationale Kunden oder Projekte zu besuchen bzw. zu betreuen. Flexpatriates unterscheiden sich durch ein erhöhtes Maß an Unabhängigkeit und Selbststeuerung von den Expatriates. Gleichzeitig leidet bei dieser Gruppe das Wohlbefinden auf Grund häufiger Reisen und erhöhten Stressaufkommens [vgl. FESTING et al. 2011, S. 245].

Als weitere **Entsendungsarten**, die als alternative Formen zum klassischen Expatriate Management gelten, können aufgeführt werden [vgl. FESTING et al. 2011, S. 243]:

- **Pendler- oder Commuterentsendungen** (engl. *commuter assignments*), bei denen der Mitarbeiter auf wöchentlicher oder zweiwöchiger Basis zu einem Arbeitseinsatz außerhalb seines Heimatlandes pendelt.

- **Rotierende Entsendungen** (engl. *rotation systems*), die insbesondere bei weniger attraktiven Standorten oder Arbeitsstatten, wie z. B. Ölplattformen, benutzt werden. Dabei pendeln die Mitarbeiter für eine kurze, befristete Zeit zum Arbeitsplatz außerhalb des Heimatlandes, um anschließend längere arbeitsfreie Phasen zu Hause zu verbringen.

- **Vertraglich befristete Entwicklungsentsendungen** (engl. *contractual assignments*) werden genutzt, um Mitarbeiter mit bestimmten Fähigkeiten für eine festgeschriebene, eher kurze Zeit (sechs bis zwölf Monate) auf Projekten einzusetzen.

- **Virtuelle Entsendungen** (engl. *virtual assignments*) bedeutet, dass der Mitarbeiter im Rahmen der virtuellen Entsendung von seinem Heimatland aus an internationalen Projekten arbeitet. Kommunikationstechnologien, wie Telefon, Internet, Video-Konferenzen und E-Mails spielen für diese Entsendeform eine besonders wichtige Rolle.

1.4 Theoretische Aspekte der Personalwirtschaft

1.4.1 Einführung

Für das Verständnis der Zusammenhänge und Wirkungsweisen in der Personalwirtschaft sind solche gedanklichen Gebilde von Bedeutung, die geeignet sind, Phänomene der Realität zu erklären. Diese Gedankenkonstrukte, die als **Theorien** bezeichnet werden, stellen Aussagen über Ursache-Wirkungsbeziehungen dar und dienen der Identifizierung allgemeiner Gesetzmäßigkeiten [vgl. KUß 2013, S. 47].

Allerdings konnte eine umfassende Theorie der Personalwirtschaft bislang nicht vorgelegt werden. Da man sie aufgrund der besonderen Struktur und Komplexität personalwirtschaftlicher Aktionen wohl auch kaum erwarten kann, „ ... *hat es mehrere Versuche gegeben, die Probleme der Personalwirtschaft mit Hilfe von fachfremden, zunächst in anderen Wirtschaftsbereichen entwickelten Theorien neu zu ordnen und in heuristischer Form vereinzelt auch neu zu lösen.*" [DRUMM 2000, S. 14].

Unter diesen (fachfremden) Theorieansätzen, die von grundlegender Bedeutung für die Personalwirtschaft sind, lassen sich *ökonomische* und *verhaltenswissenschaftliche* Ansätze unterscheiden:

– **Ökonomische Ansätze** mit Bezug zur Personalwirtschaft befassen sich vorwiegend mit alternativen Personalbeschaffungs- und Personalbindungsentscheidungen im Hinblick auf ihre Erfolgsauswirkungen.

– **Verhaltenswissenschaftliche Ansätze** betrachten in erster Linie kognitive Prozesse, d. h. die Reaktionen der Beschäftigten auf verschiedene Aktivitäten des Personalmanagements. Im Gegensatz zu den ökonomischen Theorien befassen sich die verhaltenswissenschaftlichen Ansätze nicht mit den Erfolgsaussichten von personalwirtschaftlichen Maßnahmen, sondern mit den Wechselwirkungen zwischen den Aktivitäten des Personalmanagements und dem Verhalten der Beschäftigten. Dabei leisten *austauschtheoretische Ansätze* und *motivationstheoretische Ansätze* einen besonders guten Erklärungsbeitrag.

Sowohl die ökonomischen als auch die verhaltenswissenschaftlichen Erklärungsansätze zählen zu den allgemeinen theoretisch-konzeptionellen Ansätzen der Personalwirtschaft, weil sie sich in der Regel auf mehrere Personal-Aktionsfelder beziehen. Daneben existiert eine Reihe von spezifischen Erklärungsansätzen, die lediglich für bestimmte Teilaspekte der Personalwirtschaft relevant sind. Dazu zählen vornehmlich Ansätze zu den Aspekten der **Personalführung**, die im Rahmen des Aktionsfeldes *Personalführung* (Abschnitt 3.2) ausführlich behandelt werden.

–   **Führungstheoretische Ansätze**, die auch als **klassische Führungsansätze** bezeichnet
    werden, befassen sich schwerpunktmäßig mit der Frage, wie *Führungserfolg* erklärt und
    wie *gute* Führung erreicht werden kann.

–   **New Work-Ansätze**, die aufgrund disruptiver Organisationsumgebung, Digitalisierung
    und veränderter Bedürfnisse neuer Generationen Hochkonjunktur haben, ermöglichen
    dagegen eine breitere Perspektive auf Führung, indem sie den Interaktionsprozess zwi-
    schen Führungskräften und Mitarbeitern, die Bedeutung der Mitarbeiter und den organi-
    sationalen Kontext stärker in den Vordergrund rücken. Allerdings lassen sich die New
    Work-Führungsansätze nur bedingt den führungstheoretischen Ansätzen zuordnen, denn
    die Beweise einer Ursache-Wirkungsbeziehung zur Identifizierung allgemeiner Gesetz-
    mäßigkeiten stehen noch aus.

Abbildung 1-14 gibt einen Überblick über die wichtigsten theoretisch-konzeptionellen Ansätze, die eine grundlegende Bedeutung für die Personalwirtschaft haben.

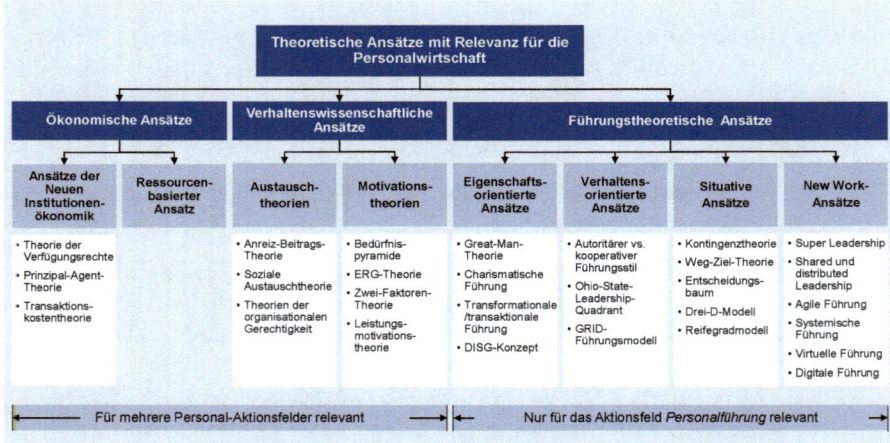

Abb. 1-14:   Theoretisch-konzeptionelle Ansätze mit Relevanz für die Personalwirtschaft

1.4.2 Ökonomische Ansätze

Zu den ökonomischen Ansätzen zählt vor allem die erst seit geraumer Zeit in der Personalwirtschaft behandelte (Neue) Institutionenökonomik. Im Gegensatz zur neoklassischen Theorie befasst sich die **Institutionenökonomik** (engl. *Institutional economics*) mit der Unvollkommen-
heit realer Märkte und mit den Einrichtungen (Institutionen), die zur Bewältigung dieser Un-
vollkommenheit geeignet sind. *Institutionen* sind gewachsene oder bewusst geschaffene Einrichtungen, die quasi die Infrastruktur einer arbeitsteiligen Wirtschaft bilden. Märkte, Unternehmen, Haushalte, Dienst-/Werkverträge und Gesetze sind ebenso Institutionen wie Handels-
bräuche, Kaufgewohnheiten oder Geschäftsbeziehungen [vgl. KAAS 1992b, S. 3].

Vereinfachend werden hier folgende Teildisziplinen der Institutionenökonomik behandelt:

- Theorie der Verfügungsrechte
- Prinzipal-Agent-Theorie
- Transaktionskostentheorie.

1.4.2.1 Theorie der Verfügungsrechte

Die **Theorie der Verfügungsrechte** (engl. *Property-Rights-Theory*) setzt sich mit der Regelung von *Handlungs- und Verfügungsrechten* über Ressourcen auseinander. Personalwirtschaftliche Aspekte der Theorie liegen beispielsweise vor, wenn Eigentümer nicht selbst als
Unternehmer tätig sind und deshalb die Verfügungsrechte vertraglich an Manager übertragen,
die für sie die Unternehmensführung wahrnehmen. Die gleiche Problemstruktur liegt vor, wenn
der Eigentümer-Unternehmer bei arbeitsteiliger Verfolgung von Unternehmenszielen nicht
mehr alleine handeln kann, sondern die Verfügungsrechte über seine Produktionsmittel an sein
Personal delegieren muss. Insofern lässt sich die Theorie der Verfügungsrechte auf die Auswahl von Mitarbeitern und die Gestaltung von Arbeitsverträgen – also auf die Aktionsfelder
Personalauswahl und -integration sowie *Personalvergütung* – übertragen [vgl. DRUMM 2000,
S. 15].

1.4.2.2 Prinzipal-Agent-Theorie

Die **Prinzipal-Agent-Theorie** (engl. *Principal-Agent-Theory*) wurde zuerst in einem Aufsatz
von MICHAEL C. JENSEN und WILLIAM H. MECKLING im Jahre 1976 erörtert. Sie befasst sich
mit Interessenkonflikten, die sich aus einem Vertragsverhältnis zwischen einem Auftraggeber
(Prinzipal) und einem Auftragnehmer (Agent) ergeben können. Typische Beispiele sind die
Vertragsverhältnisse von Eigentümer und Manager, von Arbeitgeber und Arbeitnehmer oder
von Käufer und Verkäufer. Eine Prinzipal-Agent-Beziehung ist gekennzeichnet durch asymmetrisch verteilte Informationen und opportunistisches Verhalten, d. h. es besteht das Risiko,
dass der Agent nicht ausschließlich im Sinne des vereinbarten Auftrags und damit zum Nutzen
des Prinzipals handelt, sondern auch eigene Interessen verfolgt. In einer solchen Situation steht
der Prinzipal vor der Herausforderung, durch eine entsprechende Vertragsgestaltung im Hinblick auf Risikoverteilung und im Hinblick auf die Gestaltung von geeigneten Anreiz- und
Kontrollsystemen sicherzustellen, dass der Agent die vereinbarte Leistung erbringt. Von besonderer Bedeutung für eine solche Vertragsgestaltung ist das Konzept der **Informationsas-
ymmetrie**, bei dem vier unterschiedliche Konstellationen unterschieden werden können [vgl.
STOCK-HOMBURG 2013, S. 479]:

- Verdeckte Eigenschaften (engl. *Hidden characteristics*), d. h. dem Prinzipal sind wichtige Eigenschaften des Agenten (Qualifikation, Fähigkeiten etc.) bei Vertragsabschluss
  unbekannt;

- Verdeckte Handlungen (engl. *Hidden action*), d. h. der Prinzipal kann die Leistungen des
  Agenten während der Vertragserfüllung nicht beobachten bzw. die Beobachtung ist mit
  hohen Kosten verbunden;

- Verdeckte Informationen (engl. *Hidden information*), d. h. der Prinzipal kann die Handlungen des Agenten zwar problemlos beobachten, aufgrund fehlender Kenntnisse oder Informationen jedoch nicht hinreichend beurteilen;

- Verdeckte Absichten (engl. *Hidden intention*), d. h. dem Prinzipal sind Absichten und Motive des Agenten in Verbindung mit der Vertragserfüllung verborgen.

Bei den Konstellationen *Hidden action* und *Hidden information* besteht das Problem des subjektiven Risikos (engl. *Moral hazard*). Das Problem gründet sich darin, dass der Prinzipal auch nach Vertragserfüllung nicht beurteilen kann, ob das Ergebnis durch qualifizierte Anstrengungen des Agenten erreicht wurde, oder ob (bzw. wie sehr) andere Faktoren das Ergebnis beeinflusst haben. Anlass für die Entwicklung und Übertragung dieses Theorieansatzes auf die Personalwirtschaft war die Beobachtung, dass Eigentümer-Unternehmer generell besser auf ihr eigenes Kapital achten als angestellte Manager. Der Erklärungsbeitrag der Prinzipal-Agent-Theorie bezieht sich somit in erster Linie auf die Aktionsfelder *Personalvergütung* (z. B. Ergebnisbeteiligung des Agenten) und *Personalführung* (z. B. Management by Objectives).

1.4.2.3 Transaktionskostentheorie

Der **Transaktionskostenansatz** (engl. *Transaction-Cost-Theory*), der auf RONALD H. COASE [1937] zurückgeht und von OLIVER E. WILLIAMSON in den 1970er Jahren weiterentwickelt wurde, nimmt eine zentrale Position im Rahmen der von der Personalwirtschaft adaptierten fachfremden Theorien ein. Als Transaktionskosten werden jene Kosten bezeichnet, die im Vorfeld und/oder im Verlauf einer Austauschbeziehung entstehen. Für die Personalwirtschaft ist die Vereinbarung eines Beschäftigungsverhältnisses eine Austausch- bzw. Transaktionsbeziehung. Dabei können Kosten im Vorfeld (ex-ante) oder nach Abschluss eines Arbeitsverhältnisses (ex-post) anfallen. Zu den *Ex-ante-Kosten* zählen Aufwendungen für die Personalbeschaffung und -auswahl sowie für die Vertragsverhandlungen; unter *Ex-post-Kosten* versteht man Aufwendungen zur Überprüfung der Einhaltung von Verträgen, Aufwendungen für Anpassungsmaßnahmen (z. B. Weiterbildung) und Aufwendungen für eine evtl. Vertragsauflösung [vgl. BARTSCHER et al. 2012, S. 66].

Die Aussagen über die Höhe der Transaktionskosten basieren dabei auf zwei zentrale Verhaltensmaßnahmen. Die erste Verhaltensannahme besagt, dass die Transaktionspartner *beschränkt rational* agieren. Die zweite Annahme geht von einem opportunistischen Verhalten der Transaktionspartner aus, d. h. die Partner verfolgen ihre Interessen auch unter Missachtung sozialer Normen [vgl. WILLIAMSON 1975, S. 20 ff. und 1985, S. 47 ff.].

Der besondere Nutzen dieser Theorie wird deutlich, wenn man einen Erklärungsansatz dafür sucht, warum Unternehmen so unterschiedliche Personalpolitiken verfolgen. So gibt es Unternehmen, die ihre Mitarbeiter in hohem Maße fördern, entwickeln und unterstützen (z. B. Unternehmensberatungen), während andere Organisationen relativ wenig in ihr Personal investieren (z. B. Fast-Food-Ketten). Aber auch zur Bestimmung der tatsächlichen Erfolgsauswirkungen des Outsourcings von Personalmanagement-Aktivitäten kann die Transaktionskostentheorie wichtige Erkenntnisse liefern.

So nimmt der Theorieansatz an, dass die Transaktionskosten mit zunehmender *Spezifität* und *Unsicherheit* ansteigen. Unter **Spezifität** („Humankapitalspezifität") sind die Qualifikationen, Fähigkeiten und Kenntnisse des Mitarbeiters zu verstehen, die benötigt werden, um die Stellenanforderungen gegenwärtig und zukünftig erfüllen zu können. Bei einem hohen Spezifitätsgrad ist von einem hohen Bindungsinteresse der Vertragspartner auszugehen. Hohe **Unsicherheit** entsteht, wenn Rahmenbedingungen wie Prozesse oder Kundenbeziehungen hochgradig komplex bzw. dynamisch sind. Hohe Spezifität und hohe Unsicherheit bedeuten somit, dass Unternehmen entsprechende Investitionen in die Beziehungs- und Personalarbeit aufbringen müssen. Aus Sicht der Transaktionskostentheorie nimmt personalwirtschaftliches Handeln so etwas wie eine „Reparaturfunktion" für unvollständige Arbeitsverträge wahr [vgl. EIGLER 1997, S. 7 ff.; BECKER, M. 2010, S. 54 ff.].

Der Erklärungsbeitrag der Transaktionskostentheorie bezieht sich prinzipiell auf alle personalwirtschaftlichen Maßnahmen zur *Personalgewinnung* und *Personalbindung*.

In Abbildung 1-15 sind die oben beschriebenen ökonomischen Theorieansätze mit ihren jeweiligen Erklärungsbeiträgen für verschiedene Aktionsfelder des Personalbereichs aufgeführt und zugeordnet.

Theorieansatz	Personal-Aktionsfeld	Erklärungsbeitrag der Theorie
Theorie der Verfügungsrechte	Personalauswahl und -integration	Auswahl und Einsatz von Managern
	Personalvergütung	Ausgestaltung des Anreiz- und Vergütungssystems von Managern
Prinzipal-Agent-Theorie	Personalvergütung	Ausgestaltung der vertraglichen Arbeitsbeziehung insb. Ergebnisbeteiligung des Agenten
	Personalführung	Management by Objectives insb. Zielvereinbarungsgespräche
Transaktionskosten-theorie	Personalauswahl und -integration	Bedarfsorientierte Personalbeschaffungs-maßnahmen (Anbahnungskosten)
	Personalvergütung	Bedarfsorientierte Ausgestaltung institutioneller Arrangements (Arbeitsverträge inkl. Bonussysteme)
	Personalentwicklung	Bindungsorientierte Förderung und Entwicklung von Mitarbeitern (Anpassungskosten)
	Personalfreisetzung	Kosten für die Auflösung von Arbeitsverträgen

Abb. 1-15: Erklärungsbeitrag ökonomischer Theorien für verschiedene Personal-Aktionsfelder

1.4.3 Austauschtheoretische Ansätze

Austauschtheoretische Ansätze versuchen eine Antwort darauf zu geben, warum Mitarbeiter in ein Arbeitsverhältnis mit einem Unternehmen eintreten bzw. in diesem verbleiben. Hierbei spielen Aspekte des Anreizes, der Bedürfnisstrukturen der Mitarbeiter und der organisationalen Gerechtigkeit eine besondere Rolle. Im Folgenden werden drei austauschtheoretische Ansätze vorgestellt:

- Anreiz-Beitrags-Theorie
- Soziale Austauschtheorie
- Theorien der organisationalen Gerechtigkeit.

1.4.3.1 Anreiz-Beitrags-Theorie

Die auf CHESTER I. BARNARD [1938] zurückgehende und im Wesentlichen von JAMES G. MARCH und Nobelpreisträger HERBERT A. SIMON [1958] weiterentwickelte **Anreiz-Beitrags-Theorie** konzentriert sich auf die Frage, unter welchen Bedingungen Mitarbeiter in Organisationen eintreten und dazu motiviert werden, die vereinbarten Leistungen im Rahmen des Arbeitsverhältnisses zu erbringen. Damit stehen Entscheidungen über Eintritt, Verbleib und Austritt im Mittelpunkt der Theorie. Diese Entscheidungen kommen dadurch zustande, dass Personen eine Austauschbeziehung in der Art bewerten, dass sie die zu erbringenden bzw. erbrachten Leistungen (= Beiträge; engl. *Contributions*) mit den Gegenleistungen (= Anreize; engl. *Inducements*) vergleichen. Für Unternehmen geht es dementsprechend darum, die Anreize für Führungskräfte und Mitarbeiter derart zu setzen, dass deren Leistungsbereitschaft gesichert oder sogar gesteigert werden kann. Solche Beiträge bzw. Anreize können sowohl monetärer als auch nicht-monetärer Art sein [vgl. STOCK-HOMBURG 2013, S. 55 unter Bezugnahme auf SIMON 1997, S. 141 ff.].

Die zentrale Annahme der Anreiz-Beitrags-Theorie ist nun, dass die Austauschpartner nach einem *Gleichgewicht* in der Austauschbeziehung streben. Ein solches Gleichgewicht liegt dann vor, wenn die Anreize, die einer Person angeboten werden, mindestens gleich groß oder größer als die von ihr gelieferten Beiträge sind. Ein Ungleichgewicht liegt bspw. vor, wenn sich Mitarbeiter in hohem Maße für das Unternehmen engagieren, aber ihrer Meinung nach nicht hinreichend für ihre Leistungen vergütet werden. In einem solchen Fall werden sie nach Beschäftigungsmöglichkeiten in anderen Bereichen bzw. Unternehmen suchen. Insofern besagt die grundlegende Gesetzesaussage der Anreiz-Beitrags-Theorie, *„dass eine Organisation nur dann fortbesteht, wenn ein subjektiv empfundenes Gleichgewicht zwischen den von der Organisation angebotenen Anreizen und den von den Organisationsmitgliedern erbrachten Beiträgen besteht"* [BECKER, M. 2010, S. 45]. Daher wird die Anreiz-Beitrags-Theorie auch als **Theorie des organisatorischen Gleichgewichts** (engl. *Theory of Organizational Equilibrium*) interpretiert.

1.4.3.2   Soziale Austauschtheorie

Die soziale Austauschtheorie, die auf Arbeiten von GEORGE C. HOMANS [1958], PETER M. BLAU [1964] sowie JOHN W. THIBAUT und HAROLD H. KELLEY [1959] beruht, ist keine einheitliche und abgeschlossene Theorie, sondern bildet den Rahmen mehrerer Konzepte und Ansätze in Bezug auf soziale Interaktionen bzw. Austauschprozesse. Allen Ansätzen ist die Annahme gemein, dass Individuen soziale Beziehungen nur eingehen bzw. aufrechterhalten, wenn die Beziehungen einen Nutzen stiften, d. h. wenn sie mehr Vor- als Nachteile haben. Dabei gehen die Ansätze von einer Maximierung von Nutzen (Belohnungen) und einer Minimierung von Kosten als Motiv bei Menschen aus [vgl. RATHENOW 2011, S. 25 ff.].

Aus Sicht der Personalwirtschaft kann die soziale Austauschtheorie Antworten auf die Frage geben, welche Faktoren zur Zufriedenheit und Bindung (engl. *Retention*) von Mitarbeitern beitragen. So lässt sich die Beziehung mit einem Unternehmen als wechselseitiger Austausch von Belohnungen interpretieren, zu denen materielle Güter ebenso zählen wie Leistungen nichtmaterieller Art und Gefühlsäußerungen (Sympathie, Wertschätzung, Prestige). Das Ergebnis einer Austauschbeziehung (E) resultiert aus der Differenz zwischen Nutzen und Kosten für eine Person. Die Bewertung der Beziehung mit dem Unternehmen, die jeder Beschäftigte für sich vernimmt, erfolgt anhand zweier zentraler Vergleichsmaßstäbe:

- dem Vergleichsniveau (Comparison Level = CL) und
- dem Vergleichsniveau externer Alternativen (Comparison Level for Alternatives = CL_{Alt}).

Das Vergleichsniveau CL definiert ein aus Bedürfnissen und Erfahrungen ähnlicher Situationen (z. B. mit früheren Arbeitgebern) konstruiertes Anspruchsniveau, das sich der Mitarbeiter aus der Beschäftigungssituation erwartet. Wird das Vergleichsniveau CL vom Ergebnis E übertroffen (E > CL), stellt sich Zufriedenheit und Commitment des Mitarbeiters gegenüber dem Unternehmen ein. Auch das zweite Vergleichsniveau CL_{Alt} entscheidet über die Stabilität einer Bindung. Es ergibt sich aus potenziellen und/oder bestehenden Alternativbeziehungen und bestimmt, bis zu welchem Niveau der Nutzen abnehmen kann, ohne dass der Mitarbeiter das Unternehmen verlässt. Somit beeinflussen nach diesem Ansatz die Positionen des Ergebnisses und die der Vergleichsniveaus die Stabilität und Beziehung eines Mitarbeiters mit seinem Unternehmen [vgl. HÄUßLER 2011, S. 102 f.].

Abbildung 1-16 stellt alle sechs denkbaren Kombinationen und ihre Wirkung für den Bestand bzw. Fortlauf einer Beziehung mit dem Unternehmen vergleichend gegenüber.

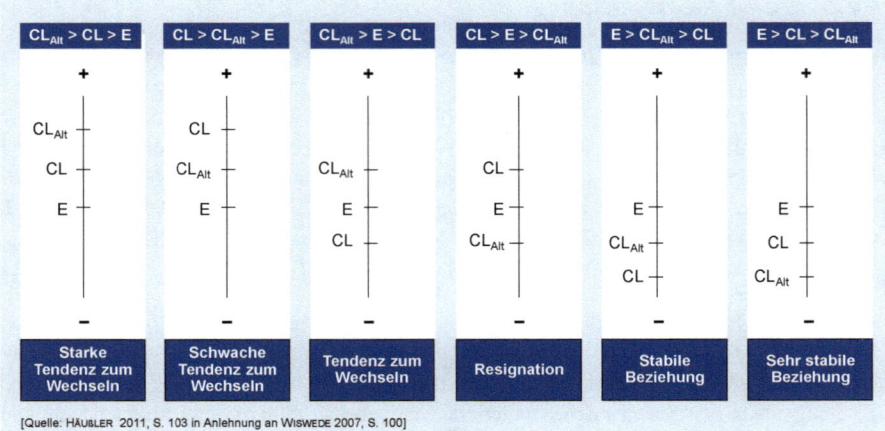

Abb. 1-16:   Attraktivität sozialer Beziehungen in Abhängigkeit von Vergleichsebenen

Aus der Gegenüberstellung von Ergebnis und den jeweiligen Vergleichsniveaus lassen sich im Kern **vier alternative Typen** von Mitarbeitern (siehe Abbildung 1-17) bezüglich ihrer Zufriedenheit und Bindung mit dem Unternehmen ableiten [vgl. STOCK-HOMBURG 2013, S. 61 f.]:

– Von den **nachhaltig Gebundenen** werden die Ergebnisse der Austauschbeziehung höher eingeschätzt als die beiden Vergleichsniveaus.

– Bei den **Absprungkandidaten** ist es genau umgekehrt. Die Ergebnisse werden geringer eingestuft als die beiden Vergleichsniveaus.

– Die **unecht Gebundenen** sind mit dem Ergebnis der Austauschbeziehung unzufrieden, haben jedoch keine attraktiven Alternativen außerhalb des Unternehmens.

– **Jobhopper** sind zwar mit dem Ergebnis der Austauschbeziehung zufrieden, fühlen sich aber aufgrund verfügbarer externer Alternativen relativ wenig an das Unternehmen gebunden.

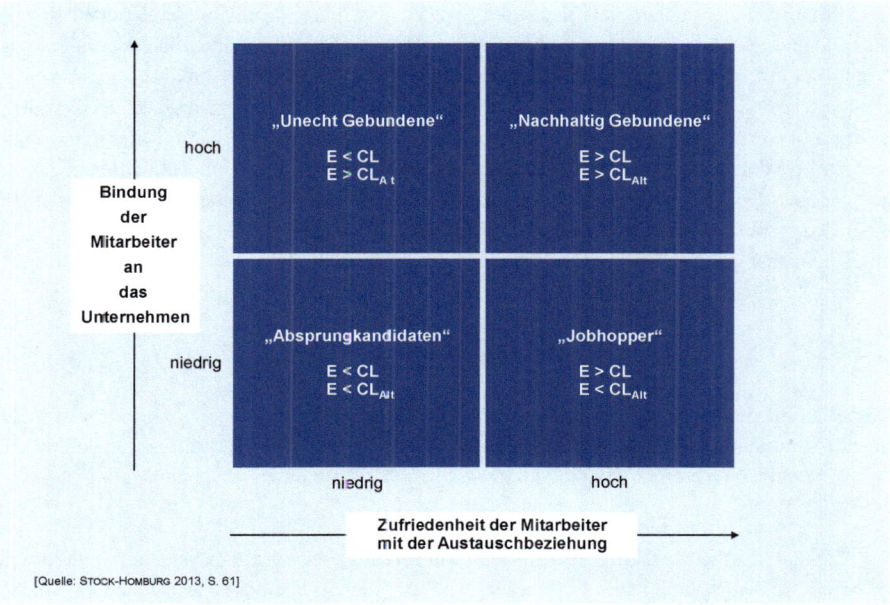

Abb. 1-17:   Typologie der Mitarbeiterzufriedenheit und -bindung

1.4.3.3   Theorien der organisationalen Gerechtigkeit

Das Phänomen der *Gerechtigkeit* ist nicht nur im alltäglichen Leben, sondern auch in Organisationen von ganz besonderer Bedeutung. Das Festlegen der Gehaltsstruktur, die Verteilung der variablen Einkommen und Boni, die Verfahren der Personalauswahl und -entlassung oder auch der alltägliche Umgang der Mitarbeiter untereinander sind gerechtigkeitsrelevante Situationen in Unternehmen und anderen Organisationen. Besonders auch das Verhalten und die Entscheidung von Führungskräften werden unter dem Aspekt der Gerechtigkeit wahrgenommen. Nicht zuletzt trägt die organisationale Gerechtigkeit zur Wahrung und Förderung des Betriebsfriedens, zu dem sowohl Arbeitgeber als auch Arbeitnehmer durch das Betriebsverfassungsgesetz (§ 74 Abs. 2 BetrVG) verpflichtet sind, bei. Eine Vielzahl institutioneller Einrichtungen in und außerhalb von Organisationen dient der Sicherstellung von Gerechtigkeitsansprüchen von Organisationsmitgliedern. Hierzu zählen organisationsinterne Lösungen wie Gleichstellungsbeauftragte, Ombudsmänner, Beschwerdestellen, Einigungsstellen, Betriebsvereinbarungen oder auch externe Lösungen wie Arbeitsgerichte oder gewerkschaftliche Vertretungen [vgl. FELDMANN 2009, S. 1 f. und 20 f.].

Eine Austauschbeziehung wird im Allgemeinen dann als *gerecht* angesehen, wenn kein Austauschpartner unbegründete Vor- oder Nachteile wahrnimmt. Wichtig für die Beurteilung des Gerechtigkeitsgrades einer Austauschbeziehung ist das wahrgenommene Verhältnis zwischen dem erhaltenen Ergebnis und dem geleisteten Beitrag. Mit dieser *wahrgenommenen* Gerechtigkeit beschäftigen sich die Theorien der organisationalen Gerechtigkeit.

Im Mittelpunkt steht dabei die von JOHN STACY ADAMS [1965] entwickelte **Equity Theorie** (der Gerechtigkeit), die auf der Annahme beruht, dass die Zufriedenheit und das Verhalten von Organisationsmitgliedern nicht von der absoluten Hohe des eigenen Einkommens abhängig sind, sondern stattdessen von der Relation des Einkommens zu einem anderen Einkommen beeinflusst werden. Nach der Equity Theorie gilt die Regel, dass Menschen (Mitarbeiter, Führungskräfte) den Quotienten der Ergebnisse (engl. *Output*), die sie in einer Situation erhalten, und der Beiträge (engl. *Input*), die sie in die Situation (Arbeit) einbringen, mit dem Quotienten einer Bezugsperson, beispielsweise eines Kollegen, vergleichen [vgl. FELDMANN 2010, S. 35 unter Bezugnahme auf CROPANZANO et al. 2001 und BEUGRÉ 1998]:

$$\frac{Output_A}{Input_A} = \frac{Output_B}{Input_B}$$

Darauf aufbauend unterscheiden Colquitt und Greenberg [2003, S. 171] vier **Dimensionen der organisationalen Gerechtigkeit**: die distributive, die prozedurale, die informationale und die interpersonelle Gerechtigkeit [vgl. FELDMANN 2010, S. 31 ff. unter Bezugnahme auf COLQUITT et al. 2005]:

- Die **distributive Gerechtigkeit** (auch als *Verteilungsgerechtigkeit* bezeichnet) befasst sich mit den Wahrnehmungen der Gerechtigkeit von Verteilungen in Organisationen. Welche Gegenstände sind bezogen auf die wahrgenommene Gerechtigkeit von Verteilungen besonders relevant? Anhand welcher Prinzipien bzw. Regeln werden Verteilungen als gerecht oder ungerecht beurteilt und welche Auswirkungen gehen mit der Beurteilung der Verteilungsgerechtigkeit einher? Die Forschungen zur distributiven Gerechtigkeit sind am stärksten von der Equity Theorie geprägt.

- Die **prozedurale Gerechtigkeit** (auch als *Vorgehensgerechtigkeit* bezeichnet) bezieht sich auf das Vorgehen, das in einer Organisation der Entscheidungsfindung vorausgeht bzw. diese begleitet. Ein gerechter Prozess muss konsistent, vorurteilsfrei, ethisch und genau sein. Zudem müssen alle relevanten Interessen berücksichtigt werden und die Möglichkeit zur Berufung bestehen. Durch faire Verfahrensweisen können auch negative Ergebnisse deutlich akzeptabel erscheinen.

- Bei der **informationalen Gerechtigkeit** geht es darum, ob sich das Informationsverhalten des Entscheiders wahrheitsgemäß, ausreichend, verständlich und offen vollzieht. Darüber hinaus sollten die Informationen zeitnah erfolgen und Begründungen enthalten. Die informationale Gerechtigkeit beschreibt die sozialen Aspekte der prozeduralen Gerechtigkeit.

- Die **interpersonelle Gerechtigkeit** beschreibt im Wesentlichen, inwieweit die Mitarbeiter einer Organisation von den Entscheidungsträgern respektvoll und höflich behandelt werden. Die interpersonelle Gerechtigkeit beschäftigt sich mit den sozialen Aspekten distributiver Gerechtigkeit.

In der Literatur werden die beiden letztgenannten Dimensionen, die beide die sozialen Gesichtspunkte der Gerechtigkeit beschreiben, häufig auch zur sogenannten **interaktionalen Ge-**

rechtigkeit zusammengefasst bzw. als entsprechende Subdimensionen aufgefasst. Somit lassen sich die folgenden *drei kardinalen Dimensionen* der organisationalen Gerechtigkeit festhalten [vgl. JACOBS/DALBERT 2008, S. 4 ff.]:

- Distributive Gerechtigkeit (zur Angemessenheit der Verteilungsergebnisse)
- Prozedurale Gerechtigkeit (zur Angemessenheit des Verfahrens)
- Interaktionale Gerechtigkeit (zur Angemessenheit der Behandlung durch die Entscheidungsträger).

1.4.4 Motivationstheoretische Ansätze

Bei den **motivationstheoretischen Ansätzen** geht es in erster Linie um das Wissen, durch welche Anreize Mitarbeiter (besonders) motiviert werden können. Diese Motive bestimmen Richtung und Dauer des menschlichen Handelns. Motivationstheorien basieren auf einer Identifikation von menschlichen *Bedürfnissen* und den Möglichkeiten ihrer Befriedigung.

Motive sind Beweggründe menschlichen Handelns. Sie lassen sich in der Organisationspsychologie in intrinsische und extrinsische Motive einteilen. **Intrinsische Motive** finden ihre Befriedigung in der Arbeit selbst. Sie können durch die Tätigkeit selbst befriedigt werden. Als intrinsische Motive können das Leistungs-, Kompetenz- oder Geselligkeitsmotiv genannt werden. Es handelt sich dabei um Anreize, die jeweils individuell als wichtig erachtet werden, z. B. weil sie Freude bereiten oder persönliche Interessen befriedigen. Eine hohe intrinsische Motivation kann über einen langen (Lebens-)Zeitraum die Handlungen bestimmen.

Extrinsische Motive können nicht durch die Tätigkeit alleine, sondern durch externe Begleitumstände (z. B. durch die Folgen der Arbeit) befriedigt werden. Gehaltserhöhung, Belobigung, Beförderung oder Macht und Status sind Beispiele für extrinsische Motivatoren. Allerdings wirken extrinsische Motive nur zeitlich begrenzt als Quelle für den Antrieb.

Folgende motivationstheoretische Ansätze sollen hier vorgestellt werden:

- die Bedürfnispyramide von MASLOW,
- die ERG-Theorie von ALDERFER,
- die Zwei-Faktoren-Theorie von HERZBERG und
- die Leistungsmotivationstheorie von McClelland.

1.4.4.1 Bedürfnispyramide von Maslow

Die Bedürfnispyramide nach ABRAHAM MASLOW [1943] zählt zu den bekanntesten – aber auch umstrittensten – Ansätzen der Motivationsforschung. MASLOW geht davon aus, dass Menschen durch immanente, den tierischen Instinkten entsprechende Bedürfnisse zu motivieren sind. Dabei unterscheidet er die Grundbedürfnisse des Menschen in Defizitbedürfnisse und in Wachstumsbedürfnisse. Die **Defizitbedürfnisse** werden noch weiter unterteilt, so dass fünf verschiedene Bedürfnisklassen entstehen, die hierarchisch angeordnet sind und in Form einer Pyramide dargestellt werden. Die Bedürfnisklassen eins bis vier umfassen physiologische Bedürfnisse,

Sicherheitsbedürfnisse, soziale Bedürfnisse und Anerkennungsbedürfnisse. Ein Bedürfnis dieser vier Klassen tritt erst dann auf, wenn ein Defizit festgestellt wird. Die Bedürfnisklasse fünf dagegen kennzeichnet **Wachstumsbedürfnisse** und setzt sich ausschließlich aus Selbstverwirklichungsbedürfnissen zusammen. Hierbei handelt es sich um Bedürfnisse, die immer vorhanden sind und die sich während ihrer Befriedigung weiter vergrößern [vgl. MASLOW 1970, S. 35 ff].

Abbildung 1-18 veranschaulicht die verschiedenen Bedürfnisklassen anhand einer Pyramide.

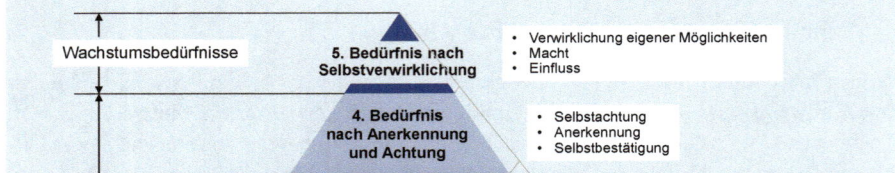

Abb. 1-18:   Die Bedürfnispyramide nach MASLOW

Nach MASLOW muss die Bedürfnisbefriedigung von unten nach oben erfolgen, d. h. hierarchisch höhere Bedürfnisse werden erst aktiviert, wenn die darunterliegenden Bedürfnisse bereits erfüllt sind. Darüber hinaus wird das Modell auch in Beziehung zu den einzelnen Lebensphasen des Menschen gesetzt. So wird eine jüngere Person vorwiegend nach Befriedigung ökonomischer Bedürfnisse streben, während Personen in einem höheren Lebensalter sich eher selbstverwirklichen wollen. Doch genau dieser Aspekt der Verallgemeinerung wird immer wieder als Kritikpunkt am Modell aufgeführt, denn es gibt durchaus Menschen, die eine hohe Bedürfnisklasse erreicht haben, obwohl die hierarchisch niedrigeren Bedürfnisse noch nicht (vollständig) befriedigt sind (z. B. Künstler). Auch sind die Bedürfnisklassen nicht trennscharf voneinander abzugrenzen und die hierarchische Anordnung konnte bislang nicht empirisch nachgewiesen werden. Überhaupt ist ein stufenweises Vorgehen empirisch nicht nachweisbar, denn die Bedürfnisse und Motive aus mehreren Bedürfnisklassen können sehr wohl gleichzeitig das menschliche Handeln bestimmen [vgl. BARTSCHER et al. 2012, S. 76].

1.4.4.2   ERG-Theorie von ALDERFER

Die ERG-Theorie (Akronym für *Existence, Relatedness, Growth*) wurde von CLAYTON P. ALDERFER als Reaktion auf die Kritik an MASLOWS Bedürfnispyramide entwickelt. Um die

Bedürfnisarten überschneidungsfrei definieren zu können, reduziert er die Bedürfnishierarchie speziell für *Mitarbeiter in Organisationen* auf folgende drei Klassen (siehe Abbildung 1-19):

- **Existenzbedürfnisse** (engl. *Existence needs*) wie z. B. Sicherheit, Bezahlung, physiologische Bedürfnisse

- **Beziehungsbedürfnisse** (engl. *Related needs*) wie z. B. Kontakte, Achtung, Respekt, Wertschätzung

- **Wachstumsbedürfnisse** (engl. *Growth needs*) wie z. B. Entfaltung, Selbstverwirklichung, Selbständigkeit.

Ebenso wie MASLOW geht auch ALDERFER von einer hierarchischen Anordnung der Bedürfnisse aus, allerdings können diese grundsätzlich simultan aktiviert werden. Entsprechend können Menschen mehrere Bedürfnisse gleichzeitig verfolgen.

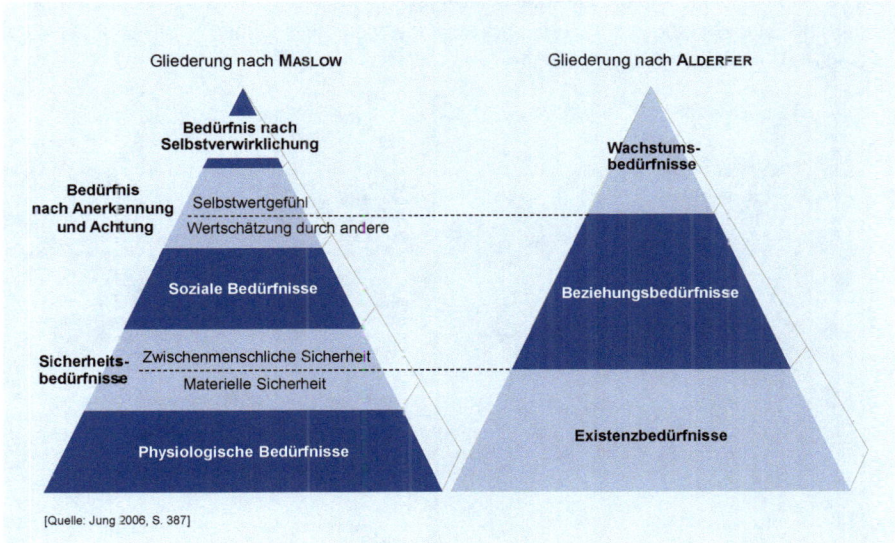

[Quelle: Jung 2006, S. 387]

Abb. 1-19: Gliederung der Bedürfnisse nach MASLOW und ALDERFER

Auf der Grundlage von empirischen Untersuchungen stellt ALDERFER drei Thesen zur Motivation auf [vgl. JUNG 2006, S. 388]:

- **Frustrationsthese** (These 1): Nicht befriedigte Bedürfnisse bleiben dominant, d. h. je weniger bspw. Existenzbedürfnisse befriedigt werden, desto stärker werden diese (z. B. Hunger, Schlaf);

- **Frustrations-Regressionsthese** (These 2): Wird ein Bedürfnis nicht befriedigt, so wird ein hierarchisch niedrigeres Bedürfnis aktiviert und gesteigert. Beispiel: Je weniger Kontaktbedürfnisse befriedigt werden, desto stärker werden Existenzbedürfnisse (z.B: Kummerspeck);

- **Befriedigungs-Progressionsthese** (These 3): Die Befriedigung eines Bedürfnisses aktiviert ein hierarchisch höheres Bedürfnis. Wird z. B. ein Wachstumsbedürfnis befriedigt,
  so wird ein weiteres Bedürfnis dieser Bedürfnisklasse verstärkt, d. h. der Mensch ist uner-
  sättlich.

Anhand dieser Thesen erkennt ALDERFER sieben Zusammenhänge zwischen der Befriedigung
eines Bedürfnisses und der Aktivierung des nächsten Bedürfnisses (siehe Abbildung 1-20). In
dieser Darstellung lässt sich sehr leicht erkennen, dass die Befriedigung eines Bedürfnisses zur
Aktivierung eines nächsthöheren Bedürfnisses führt und dass die Nichtbefriedigung eine Verstärkung dieses Bedürfnisses bzw. die Aktivierung eines hierarchisch niedrigeren Bedürfnisses
nach sich zieht.

Die ERG-Theorie entspricht den Anforderungen der empirischen Motivationsforschung deutlich besser als MASLOWS Bedürfnispyramide und ist somit auch eher geeignet, die menschlichen Bedürfnisse gerade im organisationalen Umfeld zu erklären. Trotz des größeren Informa-
tionsgehalts ist es ALDERFERS Theorie allerdings bis heute nicht gelungen, aus dem Schatten
der Bedürfnispyramide MASLOWS herauszutreten.

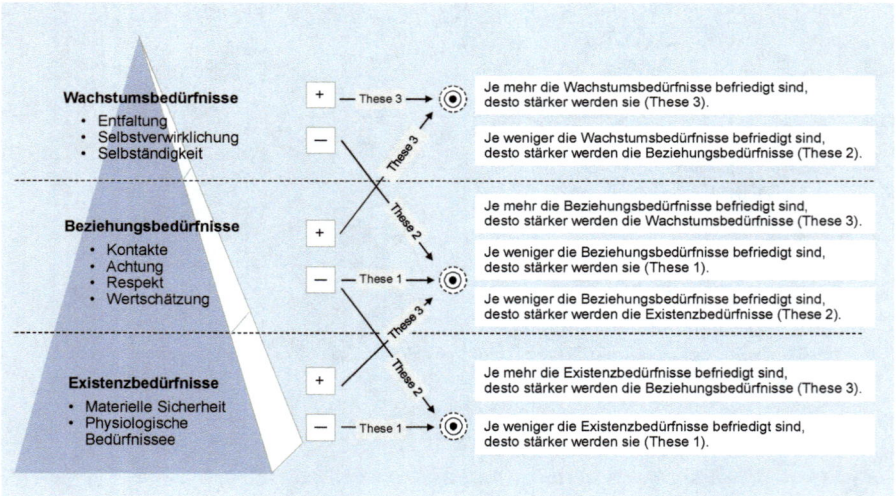

Abb. 1-20:   Die ERG-Theorie nach ALDERFER

1.4.4.3   Zwei-Faktoren-Theorie von HERZBERG

In den 1950er und 1960er Jahren erforschte der US-amerikanische Arbeitswissenschaftler und
Psychologe FREDERICK HERZBERG Einflussfaktoren auf die Arbeitsmotivation. In verschiedenen empirischen Untersuchungen *(Pittsburgh-Studie)* fand er heraus, dass es im Wesentlichen
zwei Faktorenbündel sind, welche die Zufriedenheit bzw. Unzufriedenheit von Mitarbeitern
beeinflussen: *Hygienefaktoren* und *Motivatoren*.

- **Motivatoren** sind Faktoren, die sich auf den *Inhalt* der Arbeit beziehen (intrinsisch). Zu den Inhaltsfaktoren gehören z. B. Verantwortung zu tragen, Anerkennung zu erwerben, befördert zu werden bzw. Karriere zu machen. Motivatoren können Zufriedenheit bei den Mitarbeitern erzeugen. Sind Motivatoren nicht vorhanden, so führt dies nicht zwangsläufig dazu, dass eine Person unzufrieden, sondern lediglich *nicht zufrieden* ist.

- **Hygienefaktoren** beziehen sich auf das *Umfeld* der Arbeit (extrinsisch). Zu diesen Faktoren zählen die Unternehmenspolitik, die Beziehungen zu Führungskräften, die Arbeitsbedingungen, der Status und das Gehalt. Hygienefaktoren können Unzufriedenheit verhindern, jedoch keine Zufriedenheit erzeugen. Im Gegensatz zu den Motivatoren haben sie nach HERZBERG also keinen Einfluss auf die Motivation der Mitarbeiter.

Vergleicht man die Zwei-Faktoren-Theorie von HERZBERG mit MASLOWS Bedürfnispyramide, so können die Hygienefaktoren als Grundbedürfnisse und die Motivatoren eher als Bedürfnisse „höherer Ordnung" angesehen werden. Herzberg betrachtet Zufriedenheit und Unzufriedenheit nicht – wie es das klassische Zufriedenheitskonzept vorsieht – als die beiden Enden eines Kontinuums, sondern vielmehr als zwei getrennte Phänomene (siehe Abbildung 1-21). Danach müssen beide Ausprägungen vorhanden sein, um Zufriedenheit zu erleben. Arbeitszufriedenheit besteht also nicht zwangsläufig, wenn keine Gründe für Unzufriedenheit vorliegen [vgl. JUNG 2006, S. 391].

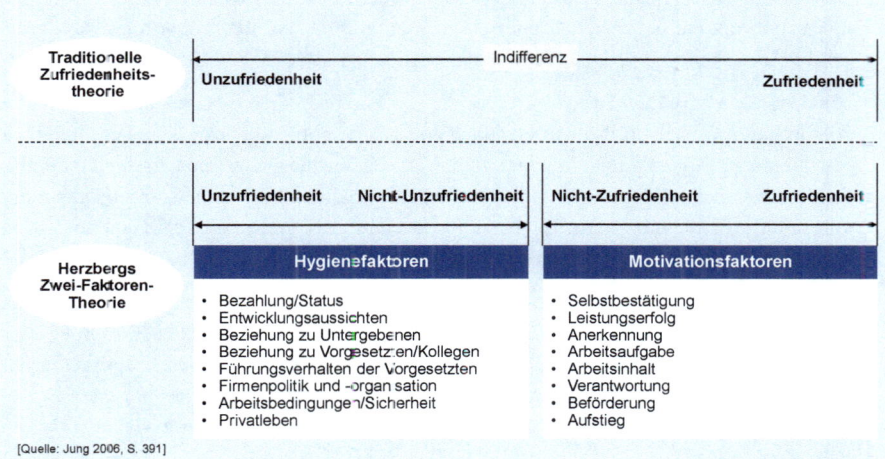

[Quelle: Jung 2006, S. 391]

Abb. 1-21: Traditionelle Zufriedenheitstheorie vs. HERZBERGS Zwei-Faktoren-Theorie

Der wesentliche Beitrag der Zwei-Faktoren-Theorie liegt in der Überarbeitung des traditionellen Zufriedenheitskonzepts und dem damit einhergehenden Perspektivwechsel im Verständnis von Mitarbeitermotivation und -zufriedenheit. Kritiker der Theorie führen vornehmlich an, dass die Zuordnung einer Einflussgröße entweder als Hygienefaktor oder als Motivator von Merkmalen der Zielgruppe (wie Alter, Ausbildung, Beruf) abhängt und damit nicht allgemeingültig ist [vgl. STOCK-HOMBURG 2013, S. 77 unter Bezugnahme auf ROBBINS 2001, S. 198].

1.4.4.4   Leistungsmotivationstheorie von MCCLELLAND

Der besondere Fokus der Leistungsmotivationstheorie von DAVID MCCLELLAND [1961] ist da-rauf gerichtet, nicht alle Motive vollständig zu erfassen und zu beschreiben, sondern besonders *wichtige* Motive im Bereich der Arbeitsbeziehungen zu identifizieren. Im Gegensatz zu den bereits genannten Motivationstheorien werden von MCCLELLAND Bedürfnisse nicht als gege-ben, im Sinne von angeboren, angenommen. Vielmehr geht er davon aus, dass der Mensch im Laufe seiner Interaktion mit der Umwelt Bedürfnisse „erlernt". Daher wird die Leistungsmoti-vationstheorie gelegentlich auch als **Theorie der gelernten Bedürfnisse** bezeichnet. MCCLEL-LAND unterscheidet im Kern die drei zentrale Motivgruppen Leistungsmotive (engl. *Need für achievement*), Machtmotive (engl. *Need for power*) und Beziehungsmotive (engl. *Need for af-filiation*).

- **Leistungsmotive**, deren Untersuchung unter den drei Motivgruppen die größte Aufmerk-samkeit erfahren hat, beschreiben das Streben nach Erfolg und danach, Dinge besser und effizienter als andere Menschen zu machen. Leistungsorientierte Personen bevorzugen Ar-beitstätigkeiten und Bedingungen mit hoher Eigenverantwortung, direktem Einfluss auf das Arbeitsergebnis und schnellem Feedback. Sie wünschen Vergleichsmöglichkeiten mit anderen Personen und wählen Ziele, die anspruchsvoll, aber erreichbar sind. Menschen mit hoher Leistungsmotivation lehnen einfache Ziele ebenso ab wie Ziele, die zu anspruchsvoll sind. Wenn diese Rahmenbedingungen erfüllt sind, sind Menschen mit hoher Leistungs-motivation optimal stimuliert. Daher treten solche Personen überproportional häufig als erfolgreiche selbständige Unternehmer auf [vgl. WINTER 2002, S. 119 ff.].

- **Machtmotive** entstehen aus dem Bedürfnis, Einfluss über andere zu gewinnen und in der Hierarchie aufzusteigen. Menschen mit hoher Machtmotivation befassen sich mehr mit Status und Prestige als mit der eigentlichen Arbeitsleistung. Sie orientieren sich an ein-flussreichen und mächtigen Personen in ihrem Umfeld und bevorzugen Arbeitsumgebun-gen mit Einfluss und Kontrolle über andere Menschen. Ausgeprägte Machtmotivation zeigt sich Studien zur Folge bei Managern in Konzernen [vgl. WINTER 2002, S. 119 ff.].

- **Beziehungsmotive** beschreiben das Bedürfnis nach freundschaftlichen und engen sozialen Beziehungen und Bindungen mit anderen Menschen. Personen mit hoher Beziehungsmo-tivation suchen kooperative Arbeitsbeziehungen, vermeiden starken Wettbewerb und wün-schen ein gutes soziales Klima am Arbeitsplatz. Das Streben nach harmonischen Bezie-hungen vermindert – im Gegensatz zur Macht- bzw. Leistungsmotivation – den Erfolg von Führungskräften [vgl. STOCK-HOMBURG 2013, S. 74].

Erst später – 1985 – hat MCCLELLAND noch die **Vermeidungsmotive** als vierte Motivgruppe hinzugefügt. Vermeidungsmotive kennzeichnen das Streben nach Reduktion von Versagen, Misserfolg, Machtverlust und Ablehnung. Aus dem Zusammenspiel dieser – nunmehr vier - Motivgruppen lassen sich folgende **Verbundwirkungen** ausmachen [vgl. SCHOLZ 2000, S. 887]:

- **Leistungsstreben** und **Zugehörigkeitsstreben** mit Auswirkungen auf Gewissenhaf-tigkeit und Zielstrebigkeit

– **Machtstreben** und **Zugehörigkeitsstreben** stehen in einer inversen Beziehung zueinander

– **Leistungsstreben** und **Vermeidungsstreben** mit Auswirkungen auf den Schwierigkeitsgrad der anzugehenden Aufgaben.

Insgesamt liefert die Leistungsmotivationstheorie durchaus interessante und praktisch brauchbare Anhaltspunkte insbesondere bei der Auswahl geeigneter Bewerber sowie zur Erklärung des Handelns von Führungskräften.

Abbildung 1-22 zeigt einen Vergleich der hier vorgestellten vier Motivationstheorien anhand ausgewählter Kriterien.

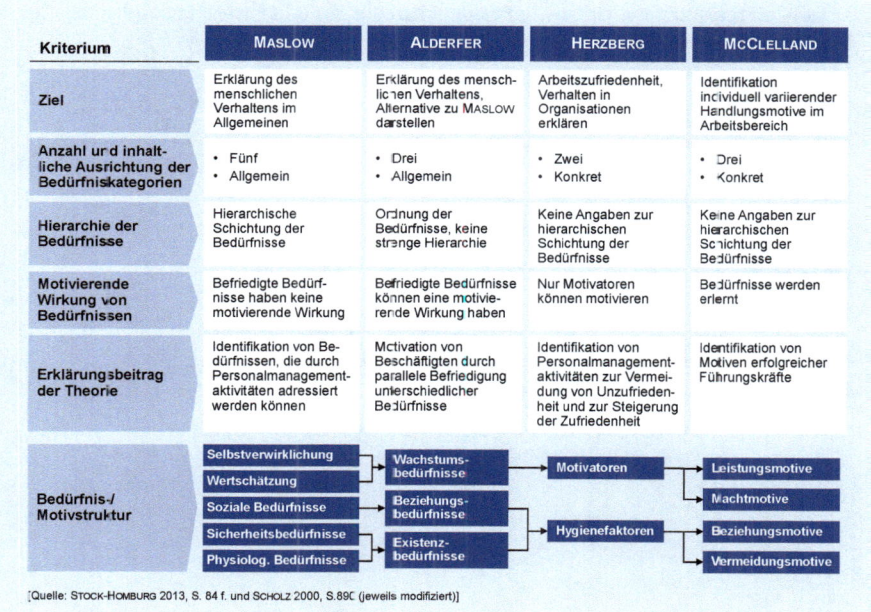

[Quelle: STOCK-HOMBURG 2013, S. 84 f. und SCHOLZ 2000, S.890 (jeweils modifiziert)]

Abb. 1-22:   Vergleich wichtiger Motivationstheorien

1.5   Einführung in die Personalmarketing-Planung

1.5.1 Bezugsrahmen und Planungsprozess

Eine erfolgversprechende Personalmarketing-Konzeption ist das Ergebnis einer systematischen Umwelt- und Unternehmensanalyse, die Chancen und Risiken des relevanten Arbeitsmarktes einerseits sowie Stärken und Schwächen des Unternehmens andererseits identifiziert und bewertet. Die Verdichtung und Verzahnung dieser Daten und Informationen führt zum **konzeptionellen Kristallisationspunkt**, der den Ausgangspunkt für Zielbildung, Strategiewahl und Vorgehensmodell sowie für den auszuwählenden Maßnahmen-Mix im Arbeitsmarkt darstellt [vgl. BECKER, J. 2009, S. 92 f.]. In Abbildung 1-23 sind die Zusammenhänge zwischen Umwelt- und Unternehmensanalyse sowie Personalmarketing- und Unternehmensplanung dargestellt.

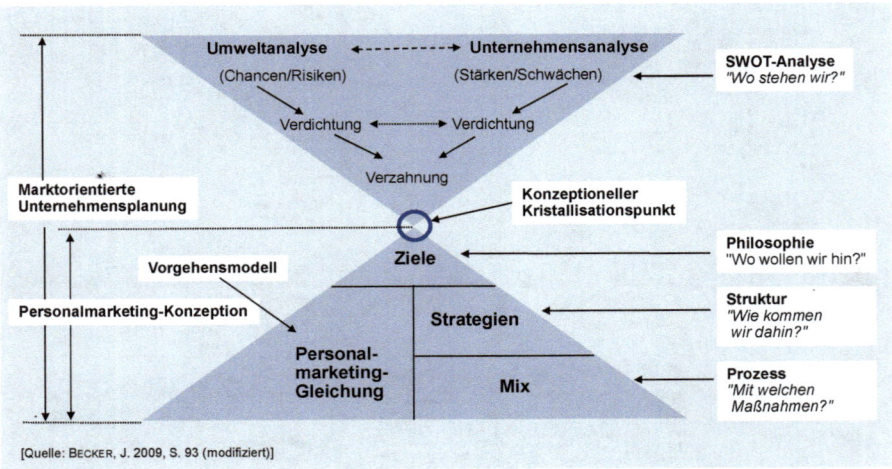

[Quelle: BECKER, J. 2009, S. 93 (modifiziert)]

Abb. 1-23:   Personalmarketing-Planung

Da der Arbeitsmarkt kein statisches Gebilde ist, sondern *dynamische* Strukturen aufweist, gibt es auch nicht *ein* Personalmarketing-Konzept und damit auch nicht *ein* Erfolgsrezept für das Personalmanagement, sondern verschiedene Optionen, auf die unterschiedlichen Rahmenbedingungen zu reagieren.

Mit Abbildung 1-21 ist zugleich auch die Grundlage für die *Personalmarketing-Planung* gelegt. Die Abfolge des Planungsprozesses orientiert sich an folgenden Phasen [vgl. dazu auch BIDLINGMAIER 1973, S. 16 ff.]:

- **Situationsanalyse** (Wo stehen wir?)
- **Zielsetzung** (Wo wollen wir hin?)
- **Strategie** (Wie kommen wir dahin?)
- **Mix** (Welche Maßnahmen müssen dazu ergriffen werden?)

Abbildung 1-24 zeigt diese vier Phasen als generellen Bezugsrahmen der Personalmarketing-planung.

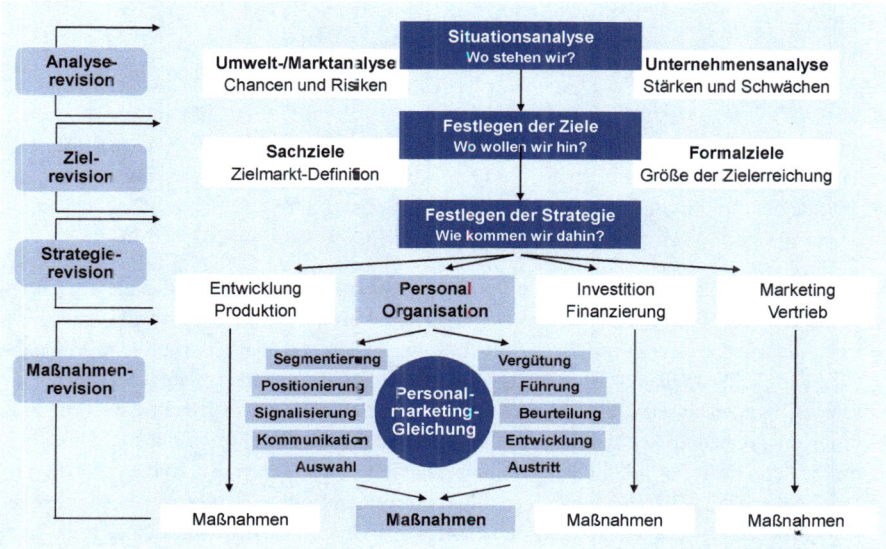

Abb. 1-24: Bezugsrahmen einer Personalmarketing-Planung

In der ersten Phase geht es um die **Situationsanalyse**, d. h. um eine Analyse der wesentlichen *externen* und *internen* Einflussfaktoren auf das Personalmarketing. Die Situationsanalyse gliedert sich in die Umweltanalyse (engl. *External Analysis*) und in die Unternehmensanalyse (engl. *Self Analysis*) [vgl. AAKER 1984, S. 47 ff. und S. 113 ff.].

– Die **Umweltanalyse** betrachtet wichtige unternehmensexterne Rahmenbedingungen und ihre Auswirkungen auf die Arbeitsverhältnisse wie z. B. die politisch-rechtlichen, die sozio-kulturellen, die makro-ökonomischen oder die technologischen Umweltbedingungen und Tendenzen. Diese externen Einflussfaktoren bilden das sogenannte **Makro-Umfeld** des Unternehmens. Aus der Umweltanalyse lassen sich *Chancen* und *Risiken* bzw *Bedrohungen* für das Unternehmen ableiten und bewerten.

– Die **Unternehmensanalyse** liefert eine systematische Einschätzung und Beurteilung der strategischen, strukturellen und kulturellen Situation des Unternehmens. Im Vordergrund der Unternehmensanalyse steht die Bestandsaufnahme der *Stärken* und *Schwächen* des Unternehmens. Diese Einflussfaktoren bilden das sogenannte **Mikro-Umfeld**.

Das Ergebnis der Analysephase, die in der Praxis regelmäßig als sogenannte **SWOT-Analyse** *(Strengths, Weaknesses, Opportunities, Threats)* durchgeführt wird, ist eine Darstellung der Ausgangssituation und eine Identifikation der Attraktivitätsfaktoren des Unternehmens als Arbeitgeber [vgl. DGFP 2006, S. 36].

An die umwelt- und unternehmensanalytisch aufbereitete Situationsanalyse schließt sich der **Zielbildungsprozess** als zweite Phase an. Hier werden die wesentlichen Zielgruppen, das Leistungsangebot des Personalmarketings und die zum Einsatz kommenden Ressourcen vorausgeplant.

In der dritten Phase wird auf der Grundlage des unternehmerischen Zielsystems die **Personalmarketing-Strategie** festgelegt. Sie hat nicht nur die Aufgabe, personalpolitische Entscheidungen und den entsprechenden Ressourceneinsatz zu kanalisieren, sondern auch Erfolgspotenziale aufzubauen und zu erhalten. Während die grundlegenden Unternehmensstrategien („Leitstrategien") in erster Linie Marketingstrategien sind, handelt es sich bei Personalstrategien mehr um *Folgestrategien* bzw. *Begleitstrategien* [vgl. BECKER, J. 2009, S. 144].

Da der Begriff „Strategie" häufig sehr inflationär verwendet wird, sollte man dann von personalwirtschaftlichen Strategien sprechen, wenn sie die Anforderungen der *Langfristigkeit*, der *Ganzheitlichkeit* und der *Selektivität* erfüllen. Somit haben personalwirtschaftliche Maßnahmen, die lediglich aktuelle oder kurzfristige Rahmenbedingungen berücksichtigen, keinen strategischen Charakter. Ebenso dürfen solche Maßnahmen nicht isoliert betrachtet werden, sondern im Kontext zu anderen funktionalen bzw. bereichsspezifischen Zielen stehen. Schließlich ist die Existenz mehrerer möglicher Handlungsaktivitäten, aus denen dann diejenige Alternative mit dem größten Zielerreichungsgrad selektiert werden kann, eine wesentliche Voraussetzung für die strategische Ausrichtung einer personalwirtschaftlichen Maßnahme [vgl. KLIMECKI/GMÜR 2005, S. 381 f.].

In der vierten Phase des Planungsprozesses geht es darum, für die einzelnen **Aktionsfelder** des Personalmarketings einen **Handlungsrahmen** zu entwickeln, in dem die für das operative Handeln relevanten Maßnahmen und Prozesse als **Aktionsparameter** zusammengefasst und im Sinne bestimmter Anforderungskriterien optimiert werden können. Dieser Handlungsrahmen, der im Folgenden als **Personalmarketing-Gleichung** bezeichnet wird, bildet die grundlegende Struktur dieses Lehrbuchs und wird im Abschnitt 1.3 einführend behandelt.

Aufbauend auf den Zielen, den Strategien und den Maßnahmen des Personalmarketings wird in der fünften Phase ein Evaluierungskonzept erarbeitet. Auf der Grundlage vorab definierter Kennzahlen wird damit auf jeder Ebene des Planungsprozesses ein unmittelbares **Wirkungscontrolling** angestrebt und ggf. eine **Revision** bestimmter Planungsschritte durchgeführt [vgl. DGFP 2006, S. 36].

1.5.2 Analyse der unternehmensexternen Einflussfaktoren

Das Personalmarketing hat eine kundenorientierte Schnittstellenfunktion zwischen dem Unternehmen, den Mitarbeitern und den potentiellen Bewerbern. Dazu müssen zunächst die unternehmensexternen und -internen Einflussfaktoren analysiert werden (siehe Abbildung 1-25).

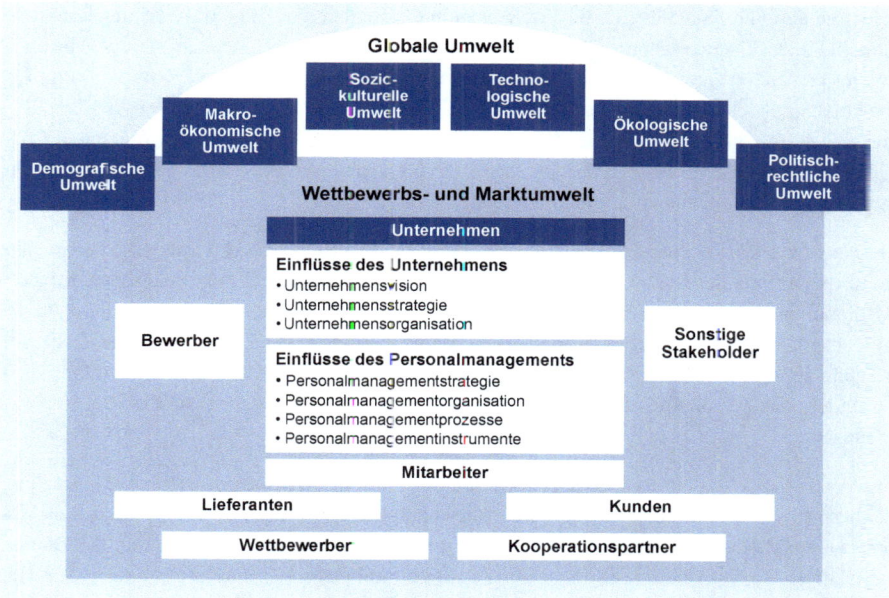

Abb. 1-25:   Einflussfaktoren auf das Personalmarketing

Die externen Einflussfaktoren, also das Makro-Umfeld des Unternehmens, lassen sich nach dem **DESTEP-Prinzip** in sechs Einflussgruppen unterteilen [vgl. RUNIA et al. 2011]. DESTEP ist ein englisches Akronym für:

- Einflüsse der **demografischen** Umwelt (engl. *Demographic* environment)
- Einflüsse der **makro-ökonomischen** Umwelt (engl. *Economic environment*)
- Einflüsse der **sozio-kulturellen** Umwelt (engl. *Social-cultural environment*)
- Einflüsse der **technologischen** Umwelt (engl. *Technological environment*)
- Einflüsse der **ökologischen** Umwelt (engl. *Ecological environment*)
- Einflüsse der **politisch-rechtlichen** Umwelt (engl. *Political environment).*

Gebräuchlich ist aber auch das Akronym PESTLE, das für nahezu die gleichen Inhalte bzw. Abkürzungen lediglich eine andere Reihenfolge verwendet. Der einzige Unterschied besteht darin, dass bei der PESTLE-Systematik die *demografische Umwelt* der *sozio-kulturellen Um-welt* zugeordnet wird und die *politische-rechtlichen Faktoren* in zwei Einflussbereiche aufge-teilt werden (siehe hierzu im Folgenden auch LIPPOLD 2017, S. 47 ff.].

1.5.2.1   Demografische Einflüsse

Das Wachstum der Weltbevölkerung, die **Alterung und Schrumpfung der Bevölkerung** im Westen, **wachsende Migrationsströme** und demografische Verwerfungen kennzeichnen wichtige demografische Einflüsse. Von Bedeutung sind aber auch die Aufweichung der traditionellen Geschlechterrollen, die zunehmend wichtigere Rolle von Frauen im Erwerbsleben sowie die Aufwertung sozialer und kommunikativer Kompetenzen. Für das Familien- und Erwerbsleben gleichermaßen spielen die **Work-Life-Balance** sowie neue Familien- und Lebensformen eine immer größere Rolle. Angesprochen sind der Trend zur Kleinfamilie und die Zunahme nomadischer Haushaltsformen sowie die Verschiebung der Aufmerksamkeit von der Arbeits- in die Privatsphäre auf der anderen Seite.

Bereits heute lässt sich mit hoher Zuverlässigkeit für Deutschland vorhersagen, dass im Jahr 2030 die Gruppe der über 65-Jährigen um ca. ein Drittel von derzeit 16,7 Millionen auf 22,3 Millionen anwachsen wird. Gleichzeitig werden 17 Prozent weniger Kinder und Jugendliche in Deutschland leben [vgl. Statistisches Bundesamt 2011, S. 8]. Die internen Herausforderungen, die durch das steigende Durchschnittsalter der Belegschaft induziert werden, berühren insbesondere das Personalmanagement, die Gestaltung interner Prozesse sowie das Produktionsmanagement.

Der demografische Wandel wird aber nicht nur von der natürlichen Bevölkerungsentwicklung, sondern auch von räumlichen Bevölkerungsbewegungen beeinflusst. So sind in deutschen Unternehmen Mitarbeiter mit Migrationshintergrund teilweise bereits in der dritten Generation beschäftigt. Um vom enormen Nutzen einer multikulturellen Belegschaft profitieren zu können, ist es erforderlich, diese Mitarbeiter bestmöglich zu integrieren. Gleichzeitig sind in bestimmten Branchen, wie etwa im Medizin- oder Ingenieurbereich, Abwanderungstendenzen deutscher Arbeitnehmer ins Ausland zu verzeichnen [vgl. BARTSCHER et al. 2012, S. 35].

In der Zusammenfassung bedeutet der demografische Wandel neben älter werdenden Belegschaften eine absolut sinkende Zahl an verfügbaren Erwerbspersonen und eine Verknappung an qualifizierten Fach- und Führungskräften sowie an jüngeren Arbeitskräften. Im Wesentlichen sind es vier Zielgruppen, auf die sich die Personalarbeit im Zuge des demografischen Wandels konzentrieren wird: ältere Arbeitnehmer, Frauen, Mitarbeiter mit Migrationshintergrund und Jugendliche (siehe hierzu Abbildung 1-26).

Parallel zur Verknappung von qualifizierten Fach- und Führungskräften ist eine zunehmende Erwerbstätigkeit von Frauen festzustellen. Hier müssen neue Arbeitszeitmodelle gefunden werden, weil es nach wie vor überwiegend Frauen sind, die die klassischen Familienaufgaben wahrnehmen. Die gleichmäßige Aufmerksamkeit von Arbeits- und Privatsphäre steht unter dem Begriff **Work-Life-Balance** ganz oben auf der Agenda des Personalmanagements. Neben der steigenden Sensibilität für Freizeit und Gesundheit kommt noch ein weiterer Aspekt hinzu: Die Karriereambitionen **weiblicher Führungskräfte und Mitarbeiterinnen**, auf die mit entsprechenden *Karriere- und Diversity-Programmen* reagiert werden sollte. Besonders im Fokus steht hierbei die aktuelle Diskussion über die *Frauenquote* in den Führungsetagen deutscher Unternehmen (siehe auch 3.4.6).

Den beschriebenen demografischen Veränderungen begegnen zukunftsorientierte Unternehmen mit einem **Diversity Management**, das die Verschiedenartigkeit und Vielfalt der Mitarbeiter nicht nur toleriert, sondern zu schätzen und zu nutzen versteht. Wichtige *Diversity-Di-mensionen* sind Alter, Geschlecht, ethnische Herkunft, Religion, Nationalität, sexuelle Orientierung und Behinderung. In Deutschland soll das Allgemeine Gleichbehandlungsgesetz (AGG) – umgangssprachlich auch als *Antidiskriminierungsgesetz* bezeichnet – dafür Sorge tragen, dass Benachteiligungen durch Verschiedenartigkeit vermieden werden. Die Entwicklung und vor allem Umsetzung einer *Diversity-Strategie* sind somit wichtige Bausteine eines modernen Personalmarketing-Konzepts [vgl. BARTSCHER et al. 2012, S. 410 ff.].

Zielgruppe	Kennzeichen	Folgerungen
Ältere Mitarbeiter	• Altersscheitelpunkt derzeit bei 40 Jahren, d. h. die Hälfte der Bevölkerung ist älter als 40 Jahre • 2020 sind die 50- bis 60-Jährigen stärkste Erwerbspersonengruppe	Produktivität älterer Mitarbeiter ist durch Kompetenzentwicklung zu erhalten
Frauen	• Erwerbsbeteiligung von Frauen immer noch deutlich unter der von Männern (Grund: Unterbrechung oder Aufgabe des beruflichen Werdegangs zugunsten familiärer Aufgaben) • Gehören zu den gut ausgebildeten Erwerbspersonen	Potenzial an Erwerbspersonen, das noch nicht ausgeschöpft ist
Mitarbeiter mit Migrationshintergrund	• Unterdurchschnittliche Teilnahme an Aus- und Weiterbildungsmaßnahmen • Wertvolle Potenziale wie Mehrsprachigkeit, interkulturelle Kompetenzen und Mobilität • Deutlich jüngere Altersstruktur als die der deutschstämmigen Bevölkerung	Integration dieser Erwerbspersonen-gruppe wird unverzichtbar
Jugendliche	• Anteil der zur Verfügung stehenden jungen Menschen unter 20 Jahren beträgt 2050 nur noch 15 Prozent • Viele Jugendliche werden von Unternehmen als „nicht-ausbildungsfähig" eingestuft	Erwerbsfähigkeit *aller* Jugendlichen muss entwickelt werden

[Quelle: PREISSING 2010, S. 141 ff.]

Abb. 1-26: Auswirkungen des demografischen Wandels auf die Personalarbeit

Des Weiteren sind die Veränderungen der **allgemeinen Wertvorstellungen** (Wertewandel) besonders im Hinblick auf die Einstellung von Menschen zur Arbeit, zum zwischenmenschlichen Umgang in der Arbeitswelt etc. von besonderer Bedeutung für die Personalarbeit. Grundsätzlich kann festgehalten werden, dass die *Pflicht- und Akzeptanzwerte* wie Disziplin, Gehorsam und Ordnungsliebe gegenüber den *Selbstentfaltungswerten* wie Kreativität, Selbstverwirklichung und Freizeitorientierung verloren haben. Somit ist das Personalmanagement dazu angehalten, den Wertewandel hinsichtlich der Motivation und Eigenschaften wie Loyalität und Disziplin zu berücksichtigen. Die jeweiligen Wertesysteme hängen insgesamt – wie eine Vielzahl von Untersuchungen zeigen – davon ab, in welchem Zeitraum Menschen geboren wurden.

Ein prognostizierter Wertetrend ist auch die zunehmende *Individualisierung* und dem damit verbundenen Auftreten neuer Beschäftigungsformen und Belegschaftstypen, wie etwa die des „Neuen Selbstständigen". Dieser Belegschaftstyp zeichnet sich durch ein sehr flexibles Arbeitsleben aus, in dem der häufige Arbeitgeberwechsel zum Normalfall erklärt wird. Darüber hinaus sind je nach Belegschaftstyp unterschiedliche Anforderungen an Anreizsysteme, Bindungsinstrumente, Karrierewege etc. zu berücksichtigen [vgl. RINGLSTETTER/KAISER 2008, S. 34 f. unter Bezugnahme auf SATTELBERGER 1999, S. 73 f.].

1.5.2.2   Makro-ökonomische Einflüsse

In diesem Umweltbereich wird betrachtet, welche Einflussfaktoren auf das Angebots- und Nachfrageverhalten der Güter- und Kapitalmärkte einer Volkswirtschaft wirken. Besonders wichtig sind jene Faktoren, die zur **Verschärfung der Wettbewerbssituation**, d. h. zum Wandel der Konkurrenzverhältnisse im internationalen und globalen Kontext führen. Hierzu zählt insbesondere die Innovation als zentraler Wachstumstreiber und Wettbewerbsfaktor.

Veränderungen der Absatz- und Beschaffungsmärkte und spezifische Branchentendenzen (z.B. Wachstumsrate einer Branche), Einkommensverteilung, Geldvermögen, Sparquote, Inflationsrate, Arbeitslosenquote, Zinsniveau und Kaufkraftentwicklung sind weitere Rahmenbedingungen. In die Kategorie *spezifische Branchentendenzen* fällt auch der Trend zur **Optimierung der Dienstleistungstiefe**, d. h. die Frage, inwieweit bestimmte Aktivitäten der zentralen Dienste (Marketing, Personal, Controlling etc.) ausgelagert und durch andere Unternehmen wahrgenommen werden können (*Outsourcing*). Die zentralen Zielsetzungen in Verbindung mit Outsourcing bestehen darin, sich auf Kernkompetenzen zu konzentrieren und Kosten zu reduzieren.

Das global wachsende Bildungsniveau, die **daten- und wissensbasierte Wertschöpfung** und **lebenslanges Lernen** sind weitere Einflüsse, die in diese Rubrik fallen und unter dem Stichwort „wissensbasierte Ökonomie" zusammengefasst werden können.

1.5.2.3   Sozio-kulturelle Einflüsse

In diesem Umweltbereich wird betrachtet, welche Einflussfaktoren auf das Angebots- und Nachfrageverhalten der Güter- und Kapitalmärkte einer Volkswirtschaft wirken. Besonders wichtig sind jene Faktoren, die zur **Verschärfung der Wettbewerbssituation**, d. h. zum Wandel der Konkurrenzverhältnisse im internationalen und globalen Kontext führen. Hierzu zählt insbesondere die Innovation als zentraler Wachstumstreiber und Wettbewerbsfaktor.

Der Zukunfts- und Trendforscher MATTHIAS HORX hat in diesem Zusammenhang vier so genannte *Megatrends* erkannt, die unser künftiges sozio-kulturelles Umfeld beeinflussen werden (siehe Abbildung 1-27):

- **Megatrend Frauen.** Gemeint ist in erster Linie das Erstarken des weiblichen Geschlechts im beruflichen Umfeld mit Auswirkungen auf Freizeit und Kaufverhalten.

- **Megatrend Individualisierung.** Angesprochen sind der Trend zur Kleinfamilie und die Zunahme nomadischer Haushaltsformen sowie die Verschiebung der Aufmerksamkeit von der Arbeits- in die Privatsphäre auf der anderen Seite (Work-Life-Balance).

- **Megatrend Alterung.** Die Veränderung der Altersstruktur führt zu entsprechenden Bedarfsverschiebungen im Konsumverhalten.

- **Megatrend Asien.** Hier sind Länder wie China, Indien und Vietnam angesprochen, die seit Jahren als attraktive und kostengünstige Alternative zu den traditionellen High-Tech- und Service-Standorten der westlichen Welt gelten.

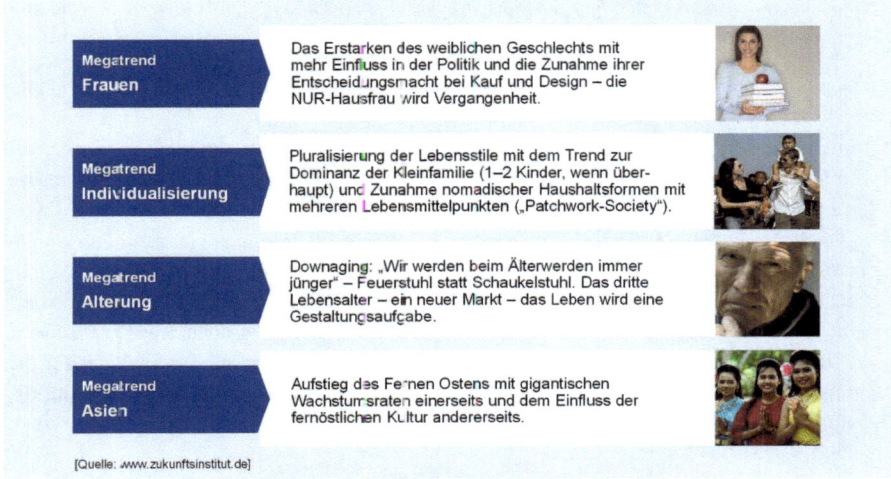

[Quelle: www.zukunftsinstitut.de]

Abb. 1-27:   Vier Megatrends im sozio-kulturellen Umfeld

Alle genannten Megatrends haben zum Teil gravierende Auswirkungen auf das Kaufverhalten und erzeugen vielfältige Marktchancen. Neue oder erweiterte Zielgruppen (Senioren, Frauen im Beruf, Single-Haushalte) haben bei vielen Produkten abweichende Bedürfnisse, die vor allem das Marketing berücksichtigen muss. An dieser Stelle wird sehr deutlich, dass sich bei den sozio-kulturellen Einflüssen (insb. Alterung) deutliche Überschneidungen zu den demografischen Einflüssen zeigen. Diese Überlappung ist aber kein Einzelfall, denn alle Komponenten der Makro-Umwelt sind untereinander vernetzt und können sich gegenseitig beeinflussen [vgl. RUNIA et al. 2011, S. 59].

1.5.2.4   Technologische Einflüsse

Die technologische Entwicklung ist sicherlich der Einflussfaktor, der unser Umfeld am stärksten formt und gestaltet. Zu den technischen Innovationen, die die Rahmenbedingungen des Personalmanagements besonders prägen, zählen die **neuen Kommunikationsmittel**, die sich auf die Formen der Zusammenarbeit und den Einsatz des Personals auswirken. Im Mittelpunkt stehen dabei die enormen Potenziale, die das **Internet** Unternehmen, Bewerbern und Mitarbeitern bietet und deutlich über Online-Jobbörsen und E-Recruiting hinausreichen. Es hat sich über die **sozialen Netzwerke** vom reinen Informations- zum „Mitmach-Web" zu entwickelt.

Soziale Medien bilden somit eine wichtige Grundlage für menschliche Interaktion in der virtuellen Welt.

Ein weiteres Stichwort in diesem Zusammenhang ist die **Digitale Transformation**, die den Wert vieler erworbener Standardqualifikationen relativiert und den häufigeren Wechsel von Tätigkeiten und Berufen sowie kontinuierliches Lernen erfordert.

Gleichzeitig kündigt sich ein neuer Innovationsschub durch die **vierte industrielle Revolution** an:

Die Dampfmaschine brachte die erste industrielle Revolution. Elektrizität und Fließband läuteten die zweite Revolution ein und die Automatisierung durch IT und Elektronik löste die dritte industrielle Revolution aus. Als Fortsetzung dieser Entwicklung wurde in Deutschland mit der kommenden Verzahnung von Industrie und Informationstechnik der Begriff „**Industrie 4.0**" als vierte industrielle Revolution eingeführt. Doch der technische Fortschritt geht viel weiter. Aktuell finden entscheidende technische Fortschritte auf mindestens vier zentralen Gebieten parallel statt, deren Kombination die Wirtschaft wahrscheinlich tiefer und schneller verändert als die bisher beobachteten industriellen Revolutionen: Das Internet der Dinge, Roboter, künstliche Intelligenz (KI) und 3D-Druck. Im Hintergrund kommen noch Big Data und die Umstellung auf das Cloud-Computing hinzu, das als Infrastrukturtechnik oft als Basis für die Digitalisierung der Wirtschaft dient. Alle Entwicklungen zusammen treiben also nicht nur die Transformation der Industrie an, sondern eigentlich des gesamten Wirtschaftsprozesses [vgl. KOLLMANN/SCHMIDT 2016, S. 12].

Als *der* wesentliche Treiber für den Erhalt und Ausbau der Wettbewerbsfähigkeit Deutschlands wird aber **Industrie 4.0** angesehen. Darunter wird eine intelligente Vernetzung der Produktion mit modernster Informations- und Kommunikationstechnik verstanden, um daraus bessere Absatzchancen für höherwertige Produkte, Dienstleistungen bzw. deren Kombinationen zu erzielen. So ist es kein Wunder, dass in Industrie 4.0 einer der größten Wachstumstreiber unserer Volkswirtschaft gesehen wird. Im Durchschnitt über insgesamt sechs analysierte Branchen wird die Höhe des zusätzlichen Wachstumspotenzials auf 1,7 Prozent p.a. geschätzt [Quelle: BITKOM-Pressemitteilung vom 16.03.2015].

Grundlage bildet die Organisation und Steuerung der gesamten Wertschöpfungskette über die gesamte Lebensphase eines Produktes. Dieser Zyklus orientiert sich an den zunehmend individualisierten Kundenwünschen und erstreckt sich von der Idee über die Entwicklung, Fertigung, Auslieferung, Nutzung und Wartung bis hin zum Recycling einschließlich der damit verbundenen Dienstleistungen. Basis ist die Verfügbarkeit aller relevanten Informationen in Echtzeit durch Vernetzung aller an der Wertschöpfung beteiligten Instanzen sowie die Fähigkeit aus den Daten den zu jedem Zeitpunkt optimalen Wertschöpfungsfluss abzuleiten. Durch die Verbindung von Menschen, Objekten und Systemen entstehen dynamische, echtzeitoptimierte und selbst organisierende, unternehmensübergreifende Wertschöpfungsnetzwerke. Diese lassen sich nach unterschiedlichen Kriterien wie bspw. Kosten, Verfügbarkeit und Ressourcenverbrauch optimieren.

Der noch junge Begriff der Industrie 4.0 hat inzwischen eine ganze Begriffswelt um sich versammelt, die vom Internet der Dinge (IoT) über Big Data bis zu cyber-physischen Systemen reicht. Ohne weitere Strukturierung lässt sich somit alles und im Endeffekt doch nichts unter diesem Sammelbegriff subsumieren, da er keine Abgrenzung einzelner Aktivitäten mehr erlaubt. So spricht man inzwischen – absurderweise – sogar von „**Arbeit 4.0**", obwohl überhaupt nicht klar ist, wofür dann Arbeit 1.0, 2.0 und 3.0 steht [vgl. LIPPOLD 2018b].

Insert 1-07 soll ein wenig zur Aufhellung der komplizierten Begriffswelt rund um Industrie 4.0 beitragen.

Insert

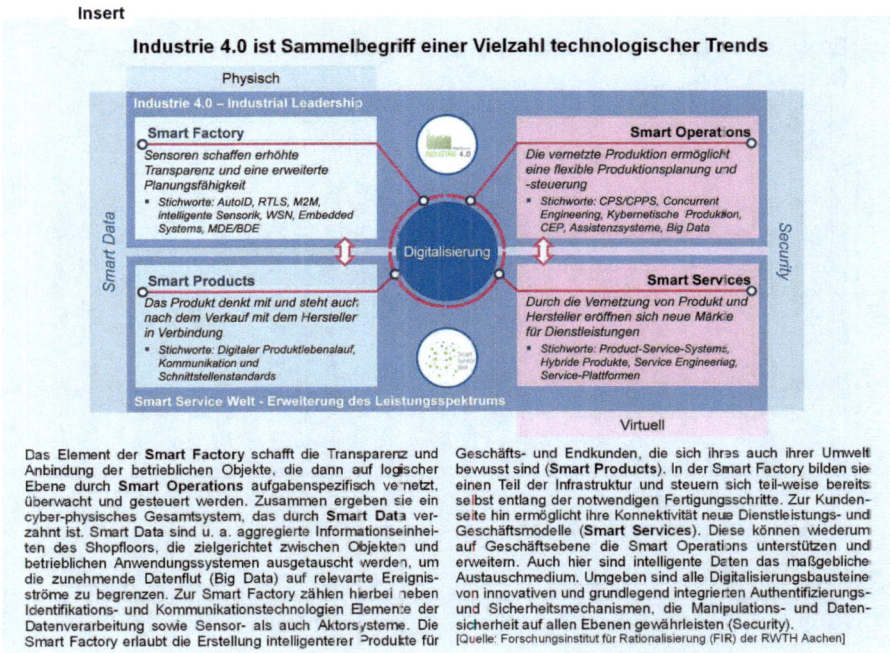

Industrie 4.0 ist Sammelbegriff einer Vielzahl technologischer Trends

Das Element der **Smart Factory** schafft die Transparenz und Anbindung der betrieblichen Objekte, die dann auf logischer Ebene durch **Smart Operations** aufgabenspezifisch vernetzt, überwacht und gesteuert werden. Zusammen ergeben sie ein cyber-physisches Gesamtsystem, das durch **Smart Data** verzahnt ist. Smart Data sind u. a. aggregierte Informationseinheiten des Shopfloors, die zielgerichtet zwischen Objekten und betrieblichen Anwendungssystemen ausgetauscht werden, um die zunehmende Datenflut (Big Data) auf relevante Ereignisströme zu begrenzen. Zur Smart Factory zählen hierbei neben Identifikations- und Kommunikationstechnologien Elemente der Datenverarbeitung sowie Sensor- als auch Aktorsysteme. Die Smart Factory erlaubt die Erstellung intelligenterer Produkte für Geschäfts- und Endkunden, die sich ihres auch ihrer Umwelt bewusst sind (**Smart Products**). In der Smart Factory bilden sie einen Teil der Infrastruktur und steuern sich teil-weise bereits selbst entlang der notwendigen Fertigungsschritte. Zur Kundenseite hin ermöglicht ihre Konnektivität neue Dienstleistungs- und Geschäftsmodelle (**Smart Services**). Diese können wiederum auf Geschäftsebene die Smart Operations unterstützen und erweitern. Auch hier sind intelligente Daten das maßgebliche Austauschmedium. Umgeben sind alle Digitalisierungsbausteine von innovativen und grundlegend integrierten Authentifizierungs- und Sicherheitsmechanismen, die Manipulations- und Datensicherheit auf allen Ebenen gewährleisten (Security). [Quelle: Forschungsinstitut für Rationalisierung (FIR) der RWTH Aachen]

Insert 1-07: Die Begriffswelt rund um Industrie 4.0

1.5.2.5 Ökologische Einflüsse

In Verbindung mit den Umbrüchen bei **Energie und Ressourcen** sowie **Klimawandel und Umweltbelastung** haben in diesem Einflussbereich folgende Trends eine besondere Bedeutung für jede Unternehmensführung:

- Wachsender Energie- und Ressourcenverbrauch
- Verknappung der natürlichen Ressourcen in Verbindung mit steigenden Energiekosten
- Einsatz erneuerbarer Energien
- Neue Antriebstechnologien im Automobilbereich

- Zunehmende Umweltverschmutzung in Verbindung mit steigenden CO_2-Emissionen und Temperaturen
- Engpässe in der Ernährungsversorgung in Ländern der Dritten Welt
- Umweltpolitische Interventionen staatlicher Institutionen
- Strategien zur Minderung und Anpassung an den Klimawandel.

Besondere Relevanz kommt der **Entwicklung alternativer Energiequellen** wie Wind- und Solarenergie bzw. der Schaffung erneuerbarer Energiequellen zu (siehe Insert 1-08).

Insert

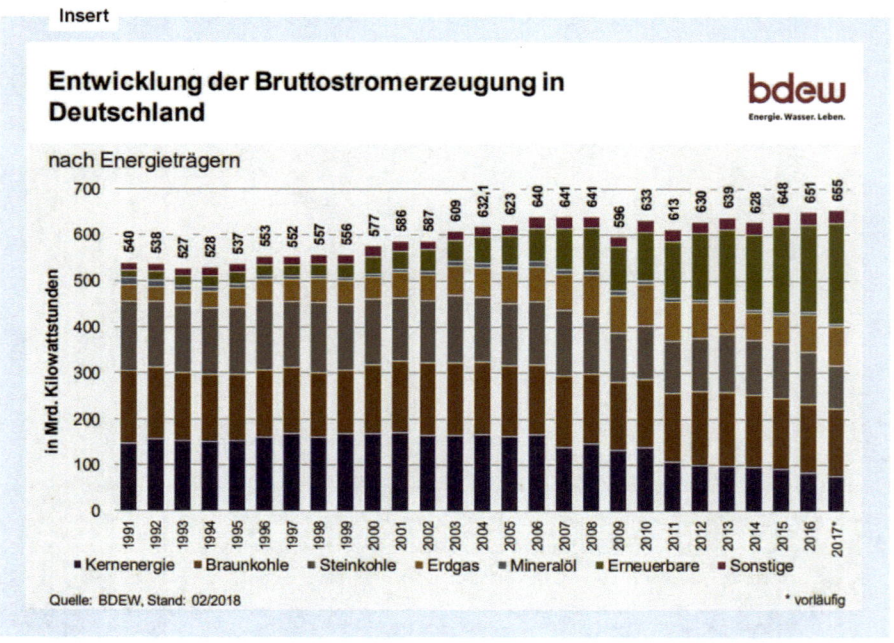

Insert 1-08: Bruttostromerzeugung nach Energieträgern

Die Sicherstellung einer zuverlässigen, wirtschaftlichen und **umweltverträglichen Energie-versorgung** ist eine der großen Herausforderungen des 21. Jahrhunderts. Dabei werden nach der beschleunigten Energiewende in Deutschland (Ausstieg aus der Kernenergie) die erneuer-baren Energien eine herausragende Rolle spielen.

Die Schaffung energieeffizienter Technologien in Verbindung mit **Antriebstechniken**, die sich hinsichtlich Energieart oder konstruktiver Lösung von den auf dem Markt verbreiteten An-triebstechniken unterscheiden, gehört ebenfalls zu den wichtigen Aufgabenfeldern industrieller Forschungsabteilungen. So arbeitet die Automobilindustrie intensiv an neuen Antriebstechno-logien und energiesparenden Kompaktwagen.

Auch die Entsorgung chemischer und nuklearer Abfälle und die **Verschmutzung der Umwelt** durch biologisch nicht abbaubare Materialien stellt die Industrie vor erhebliche Herausforderungen. Die Einhaltung von Umweltrichtlinien stellt zwar zunächst eine Belastung dar, sie bietet aber auch die Chance, neue Absatzpotenziale zu erschließen.

Wie die aufgeführten ökologischen Einflussfaktoren zeigen, haben die ökologische Einflüsse insgesamt aber lediglich einen mittelbaren Einfluss auf das Personalmarketing.

1.5.2.6 Politisch-rechtliche Einflüsse

In einem stark durchnormierten rechtlichen System – wie in Deutschland – muss sich das Personalmanagement insbesondere mit dem **Arbeitsrecht** als Gesamtheit aller Rechtsregeln, die sich mit der nicht-selbständigen, abhängigen Arbeit beschäftigen, auseinandersetzen. Der zentrale Gedanke im Arbeitsrecht ist es, den wirtschaftlich abhängigen Arbeitnehmer zu schützen. Eine Auslegung arbeitsrechtlicher Entscheidungen zugunsten der Arbeitnehmer ist daher gängige Praxis. Allerdings ist das Arbeitsrecht durch eine Vielfalt von *Rechtsquellen* und *Normen* bestimmt. Neben dem weit verzweigten Gesetzesrecht bestimmen vor allem Kollektiv- und Individualverträge den Inhalt des Arbeitsverhältnisses. Sie werden ergänzt durch betriebliche Übungen, durch den allgemeinen Gleichbehandlungsgrundsatz und durch das Direktionsrecht des Arbeitgebers. Das Verhältnis dieser Regelungen zueinander ist dabei nicht immer leicht auszumachen. So hat bspw. die Insolvenzordnung Einfluss auf die Kündigungsmöglichkeiten, die ansonsten im Kündigungsschutzgesetz (KSchG) verankert sind. Erschwerend kommt hinzu, dass trotz dieser unzähligen Rechtsquellen, der Rechtsprechung im Arbeitsrecht – also der Einzelfallentscheidung – eine erhebliche Bedeutung zukommt. Angesichts der Vielzahl der einwirkenden Normen und Rechtsquellen ist es problematisch, wenn zwei oder mehrere Rechtsquellen dieselbe Angelegenheit regeln und es so zu Überschneidungen kommt.

Abbildung 1-28 verdeutlicht, dass die Rechtsquellen in einer hierarchischen Beziehung zueinander stehen. Man spricht in diesem Zusammenhang auch vom *Vorrangprinzip*, d. h. die jeweils ranghöhere Norm bzw. Rechtquelle hat im Konfliktfall Vorrang vor der rangniederen Norm. Damit sollen Mindeststandards wie z. B. der vierwöchige gesetzliche Mindesturlaub oder die Höchstarbeitszeit von 48 Stunden pro Woche zwingend festgelegt werden. Im Übrigen gilt das *Günstigkeitsprinzip*, d. h. rangniedere Normen können günstigere Regelungen enthalten. So können im individuellen Arbeitsvertrag mehr Urlaubstage als im Tarifvertrag oder in der Betriebsvereinbarung verhandelt werden.

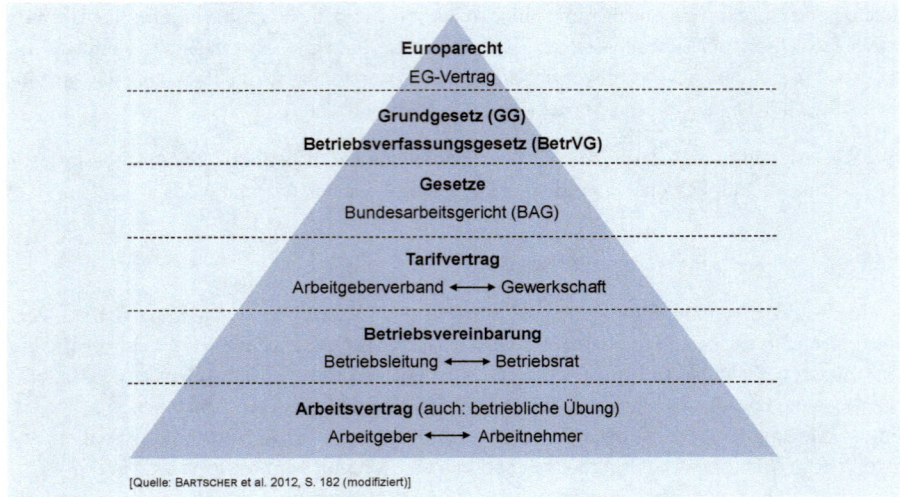

Abb. 1-28:   *Hierarchische Struktur der Rechtsquellen und Normen im Arbeitsrecht*

Das Arbeitsrecht besteht aus zwei Teilbereichen: dem individuellen und dem kollektiven Arbeitsrecht (siehe Abbildung 1-29). Das *individuelle* Arbeitsrecht regelt alle Rechtsbeziehungen, die sich aus dem einzelnen Arbeitsverhältnis ergeben. Wirkungsfelder sind dabei das Arbeitsvertragsrecht sowie das Arbeitsschutzrecht. Das *kollektive* Arbeitsrecht umfasst das Recht der Berufsverbände (Gewerkschaften und Arbeitgeberverbände als Tarifpartner) mit den Wirkungsfeldern des Tarifvertragsrechts und des Mitbestimmungsrechts [vgl. JUNG 2006, S. 58].

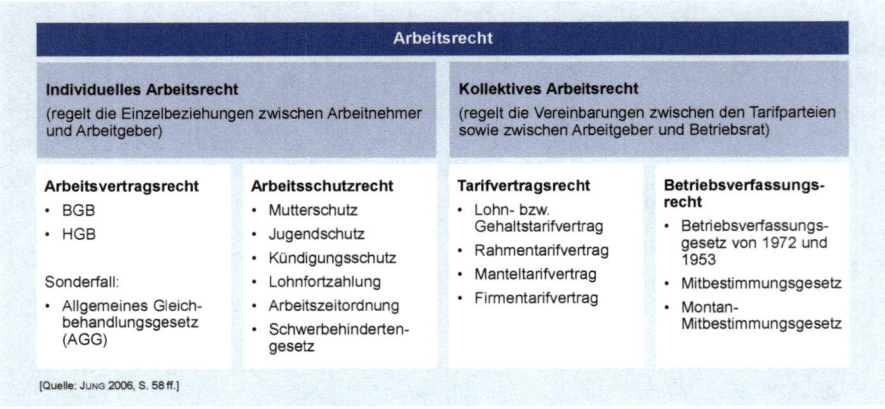

Abb. 1-29:   *Rechtliche Grundlagen der Personalwirtschaft*

Ebenso wie Änderungen im Arbeits- und Sozialrecht sind Auswirkungen der **Bildungspolitik** bedeutsam für ein zukunftsorientiertes Personalmarketing-Konzept. Zu nennen sind hier Maßnahmen im Schul- und Hochschulsystem mit Konsequenzen für das Bildungsniveau der betroffenen Absolventen. Vor allem die Einführung der *Master- und Bachelor-Studiengänge* hat Auswirkung auf die Gestaltung der Personalgewinnungsmaßnahmen. So müssen sich Unternehmen die Frage stellen, ob die Ziele der Bologna-Reform wirklich richtig ausgelegt werden, wenn sie die Gewinnung von Master-Absolventen mit einer höheren Priorität anstreben als die Gewinnung von Bachelor-Absolventen.

Aber auch **kommunalpolitische Rahmenbedingungen** und die spezifische(n) Standortsituation(en) des Unternehmens, die durch die (jeweilige) regionale Infrastruktur bestimmt wird (werden), zählen zu den politisch-rechtlichen Einflussfaktoren.

1.5.3 Analyse der unternehmensinternen Einflussfaktoren

Die unternehmensinternen Einflüsse lassen sich in Rahmenbedingungen, die das eigene *Unternehmen* und die das *Personalmanagement* setzt, unterteilen [vgl. DGFP 2006, S. 41 ff.]:

Versteht sich beispielsweise das Unternehmen als Global Player, der dem ständigen Wandel als Maxime unterworfen ist, oder ist es mehr auf Kontinuität und Bodenständigkeit ausgerichtet? Die Frage nach der **Unternehmensvision** – also die langfristige Vorstellung von der Unternehmensentwicklung – hat einen entscheidenden Einfluss auf das Personalmarketing. Auch Auswirkungen der übergeordneten **Unternehmensstrategie** in Verbindung mit evtl. geplanten Unternehmenszusammenschlüssen, Reorganisationen, Auslagerungen oder Veränderungen im Produktportfolio sind für das Personalmarketing von Bedeutung. Alle Fragen im Zusammenhang mit der **Unternehmensorganisation** (Führungsstrukturen, Aufbau-, Ablauf- und Prozessverantwortlichkeiten) und den Unterschieden zu den Organisationen der Wettbewerber bestimmen ebenfalls die Agenda des Personalmanagements.

Zu den wichtigen Fragen im Zusammenhang mit Rahmenbedingungen, die durch das **Personalmanagement** im Unternehmen gesetzt sind, gehören:

- Ist die Personalmanagementstrategie – falls vorhanden – an die Unternehmensstrategie gekoppelt?

- Wie sieht die Ressourcenausstattung des Personalmanagements finanziell und personell gegenüber Wettbewerbern aus (Benchmark-Zahlen)?

- Wer nimmt mit welchen Verantwortungen welche Personalaufgaben wahr?

- Welche Personalaufgaben werden zentral, welche dezentral wahrgenommen?

- Welche Personalprozesse sind definiert? Wie sind die Verantwortlichkeiten für diese Prozesse geregelt? Welche Prozesse sind extern ausgelagert?

- Welche Funktionsträger gibt es im Personalmanagement? Welche Aufgaben nehmen sie wahr?

- Welche Instrumente stehen dem Personalmanagement zur Verfügung? Wie sind diese hinsichtlich Akzeptanz und Aktualität zu beurteilen?

- Wie sieht das Selbstverständnis des Personalmanagements aus? Ist er ein akzeptierter Business Partner oder mehr ein administrativer Vollstrecker von Entscheidungen des Top-Managements?

1.5.4 Analyse-Methoden

Nachdem die externen und internen Einflussfaktoren des Personalmanagements analysiert sind, geht es nun darum, Verbesserungspotenziale zu identifizieren. Hierzu werden im Folgenden mit der *SWOT-Analyse* und dem *Benchmarking* zwei Konzepte vorgestellt, die einen Beitrag zur Systematisierung der Analyse des Unternehmens oder bestimmter Unternehmenseinheiten liefern können.

1.5.4.1 SWOT-Analyse

Eines der bekanntesten Hilfsmittel für eine solche Systematisierung ist die **SWOT-Analyse**. Ursprünglich war das Tool nur für die Analyse des Unternehmens insgesamt gedacht. Neben der unternehmensweiten Analyse dienen zunehmend auch Unternehmens*einheiten* wie das Marketing oder der Personalsektor als Anwendungsbereich der SWOT-Analyse. Um sich als Business Partner und Dienstleister im Unternehmen richtig zu positionieren, kann das Analyse-Tool insbesondere für den Personalbereich wertvolle Anhaltspunkte über Verbesserungspotentiale und die zukünftige strategische Ausrichtung liefern. Das Ergebnis dieser Analyse ist ein möglichst vollständiges und objektives Bild der Ausgangssituation (Wo stehen wir?).

Mit der SWOT-Analyse werden im ersten Schritt **Stärken** (engl. *Strengths*) und **Schwächen** (engl. *Weaknesses*) gegenübergestellt. Eine wichtige Aufgabe hierbei ist es, Kriterien bzw. Indikatoren der Personalarbeit festzulegen, die in die Stärken-Schwächen-Analyse einbezogen werden sollen. Stichworte hierzu sind: Personalorganisation, Führung, Kommunikation, Personalrekrutierung, Personalentwicklung, Mitarbeiterzufriedenheit, Anforderungen der internen Kunden etc. Dieser Teil der SWOT-Analyse, der sich aus einer kritischen Betrachtung des *Mikro-Umfeldes* ergibt, ist gegenwartsbezogen.

Der zweite Schritt der SWOT-Analyse bezieht sich auf das *Makro-Umfeld* des Unternehmens bzw. der betreffenden Unternehmenseinheit. Er ist in die Zukunft gerichtet und stellt die identifizierten Chancen und Möglichkeiten (engl. *Opportunities*) den Risiken bzw. Bedrohungen (engl. *Threats*) gegenüber. Auch hier ist es entscheidend, aussagekräftige Kriterien und Indikatoren für die Chancen-Risiken-Analyse festzulegen. Arbeitsmarktentwicklung, neue E-Learning-Konzepte, Wertewandel bei Hochschulabsolventen etc. können als Stichpunkte ein Raster für die Analyse abgeben.

Die SWOT-Analyse ist eines der ältesten Tools für die Strategieentwicklung. Sie stellt eine gute Übersicht und Zusammenfassung der Ausgangssituation sicher. Das SWOT-Tool bietet allerdings keine konkreten Antworten, sondern stellt lediglich Informationen zusammen, um darauf aufbauend Strategien zu entwickeln. Darüber hinaus sind positive Nebeneffekte bei der Durchführung der SWOT-Analyse wie Kommunikation und Zusammenarbeit mindestens ebenso wichtig wie die erzielten Ergebnisse [vgl. ANDLER 2008, S.178].

Abbildung 1-30 zeigt das Grundmodell der SWOT-Analyse mit beispielhaften Kriterien für den Personalbereich.

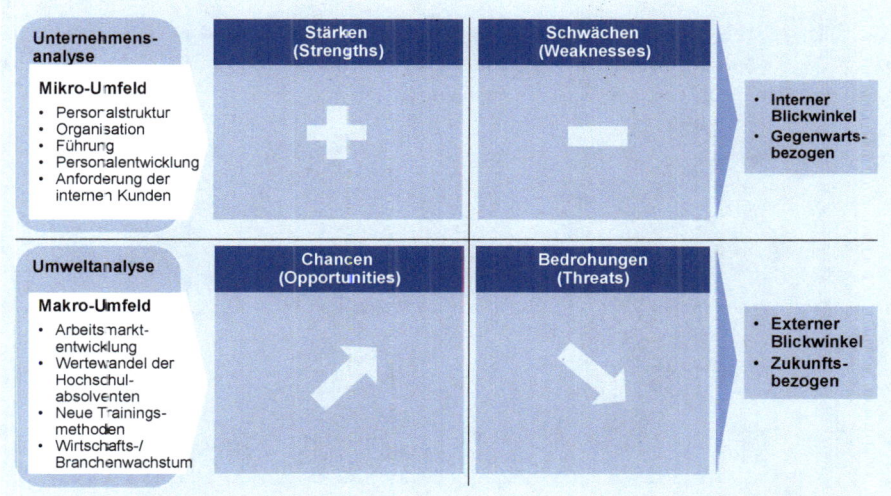

Abb. 1-30:   Das Grundmodell der SWOT-Analyse

1.5.4.2   Benchmarking

Ein weiterer Ansatz zur Analyse der Situation eines Unternehmens bzw. einer Unternehmenseinheit ist das **Benchmarking**. Diese Methode ist darauf gerichtet, durch systematische und kontinuierliche Vergleiche von Unternehmen oder Unternehmensteilen das jeweils Beste als Referenz zur Produkt-, Leistungs- oder Prozessverbesserung herauszufinden. Die Benchmarking-Durchführung beruht auf der Orientierung an den besten Vergleichsgrößen und Richtwerten („Benchmark" = Maßstab) einer vergleichbaren Gruppe. Als Vergleichsgruppen können das eigene Unternehmen, der eigene Konzern, der Wettbewerb oder sonstige Unternehmen herangezogen werden. Daraus lassen sich folgende vier **Benchmarking-Grundtypen** ableiten, die auch in Abbildung 1-31 dargestellt sind [vgl. FAHRNI et al. 2002, S. 23 ff.]:

* Internes Benchmarking ("Best in Company")
* Konzern-Benchmarking ("Best in Group")
* Konkurrenz-Benchmarking ("Best in Competition")
* Branchenübergreifendes Benchmarking ("Best Practice").

Die Benchmarking-Methode entstand in den 70er Jahren bei RANK XEROX angesichts des zunehmenden Konkurrenzdrucks durch japanische Kopiergerätehersteller. Heute zählt das Benchmarking zu den beliebtesten Methoden der Unternehmensanalyse, weil es hilft, die eigenen Stärken und Schwächen besser einzuschätzen und von den besten Unternehmen zu lernen. Außerdem erhält man durch das Benchmarking Informationen, um Produkte, Leistungen und Prozesse zu optimieren. Schließlich hilft das Benchmarking, neue Strategien zu entwickeln und die Wettbewerbsposition zu verbessern. Aufgrund der unbestrittenen Vorzüge der Methode, haben viele Unternehmen den kontinuierlichen Prozess der Verbesserung zum festen Bestandteil der Unternehmenskultur gemacht.

Allerdings ist es häufig nicht ganz leicht, Benchmark-Daten in der gewünschten Form zu erhalten. Hier könne Beratungsunternehmen mit ihren „natürlichen" Benchmark-Know-how (als Kernkompetenz) eine entsprechende Hilfestellung leisten.

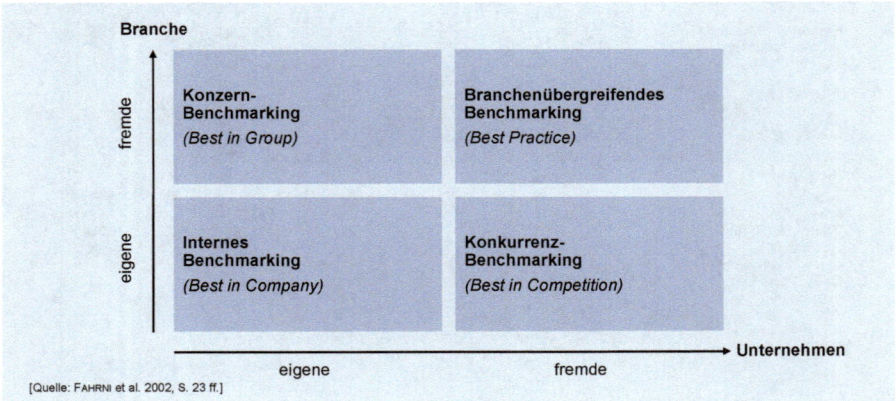

Abb. 1-31:   Benchmarking-Grundtypen

Zur Überprüfung von strukturellen Effizienzen wird das Benchmarking sehr gerne auch im Personalsektor angewendet. Die Benchmark-Kennzahl, die hierfür am häufigsten im Personalbereich benutzt wird, ist die **Betreuungsquote**. Sie drückt die Anzahl der Beschäftigten eines Unternehmens aus, die im Durchschnitt von einem Mitarbeiter aus dem Personalbereich (HR-Mitarbeiter) betreut werden.

In Insert 1-09 ist ein entsprechendes Beispiel für ein branchenübergreifendes Benchmarking aus dem HR-Barometer von CAPGEMINI dargestellt.

Insert

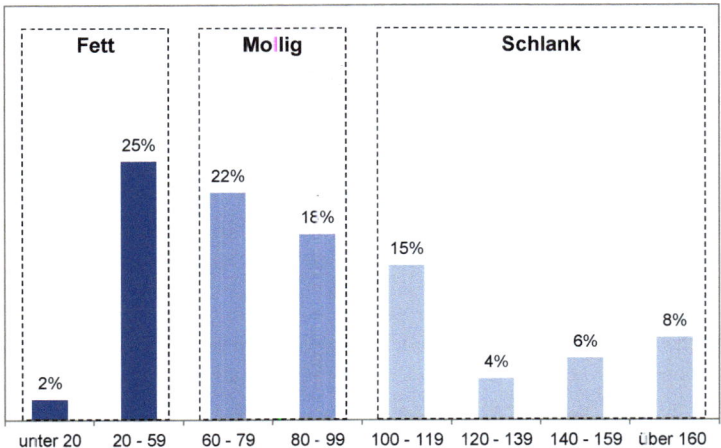

Verteilung der HR-Betreuungsquote*

* Betreuungsquote = Anzahl aller Mitarbeiter/Anzahl HR-Mitarbeiter; n = 98

Im Rahmen des alle zwei Jahre von CAPGEMINI durchgeführten HR-Barometers ist die Ermittlung der Betreuungsquote ein fester Bestandteil. Im Fokus des HR-Barometers stehen mittelgroße, große und sehr große Unternehmen aus Deutschland, der Schweiz und Österreich. In ihrer Gesamtheit repräsentieren die befragten Unternehmen die gesamte Bandbreite der Wirtschaft. Bei 73 Prozent der Antworten wurde der Fragebogen vom „obersten Personaler" (Personalvorstand, Arbeitsdirektor, Personalleiter, Head Global HR, Head Corporate HR) selbst beantwortet.

Da die Betreuungsquote so etwas wie der „Body-Mass-Index" (BMI) der Personalwirtschaft ist, unterscheidet das HR-Barometer drei Cluster:

• „Fette" Personalbereiche: Betreuungsquoten von 59 und kleiner;
• „Mollige" Personalbereiche: Betreuungsquoten zwischen 60 („stark mollig") und 99 („leicht mollig");
• „Schlanke" Personalbereiche: Betreuungsquoten von 100 und größer.

Nach den Benchmark-Ergebnissen des HR-Barometers von 2011, an der 98 Unternehmen teilnahmen, gibt ein Drittel der teilnehmenden Unternehmen an, eine Betreuungsquote von 1:100 oder darüber zu haben und damit in die Kategorie „schlank" zu fallen.

Vor allem schlanke, gut durchdachte Prozesse, die durch IT unterstützt werden, gezieltes und sinnvolles Outsourcing sowie die Konzentration auf die wesentlichen HR-Themen helfen, ein solches Ziel zu erreichen.

Am anderen Ende der Skala hat mehr als ein Viertel der Unternehmen eine Betreuungsquote von eins zu unter 60 und ist damit der Kategorie „fett" zuzuordnen. Bei 6000 Mitarbeitern wären das über 100 HR-Mitarbeiter! Eine Zahl, die nicht so ohne weiteres zu erklären sein dürfte.

40 Prozent der befragten Unternehmen verfügen über einen „molligen" Personalbereich. Eine solche Betreuungsquote zwischen 1:60 und 1:100 ist sicherlich differenzierter zu sehen. In Unternehmen, die nicht outsourcen, in denen Personalthemen in hohem Maße erfolgskritisch sind, lässt sich für eine solche HR-Stärke im Personalbereich möglicherweise Rückhalt finden. Trotzdem gilt auch hier: Ein HR-Bereich, der seine eigene Personalstärke beziehungsweise das Input-Output-Verhältnis stets kritisch hinterfragt, wird sich Handlungsspielräume erhalten und Akzeptanz sichern.

[Quelle: CAPGEMINI HR-Barometer]

Insert 1-09: Benchmarking Betreuungsquote

1.5.5 Zielsystem und Kultur

Nachdem die externen und internen Einflussfaktoren des Personalmanagements analysiert und ggf. Verbesserungspotenziale identifiziert worden sind, muss im nächsten Schritt erarbeitet werden, wie das Personalmarketing im Unternehmen betrieben werden soll. Dabei sind definierte Ziele unerlässlich. Sie steuern die Aufmerksamkeit der Beteiligten im Personalmarketing in eine einheitliche Richtung und helfen ihnen dabei, ihre Aktivitäten zu fokussieren und untereinander abzustimmen. Formal und inhaltlich werden verschiedene Zielvorstellungen unterschieden. Der Aufbau eines solchen Zielsystems lässt sich aus Gründen der Anschauung als eine Art Pyramide darstellen, in der gleichzeitig eine hierarchische Ordnung zum Ausdruck kommt.

An der Spitze der Zielpyramide steht die *Unternehmensphilosophie* mit den **allgemeinen Wertvorstellungen** (engl. *Basic Beliefs*), die im Sinne eines *„Grundgesetzes"* Ausdruck dafür sind, dass Unternehmen neben ihrer einzelwirtschaftlichen Verantwortung auch eine gesamtwirtschaftliche Aufgabe zukommt. Die allgemeinen Wertvorstellungen eines Unternehmens bilden den Rahmen für die *Unternehmenskultur*, die *Unternehmensidentität*, die *Unternehmensleitlinien* sowie die Grundlagen für den *Unternehmenszweck* [vgl. BECKER, J. 2009, S. 29].

Den eigentlichen Kern des Zielsystems bilden die *Unternehmensziele*, die dann in Teilziele (z. B. Funktions- oder *Aktionsbereichsziele*, *Aktionsfeldziele* etc.) heruntergebrochen werden.

Abbildung 1-32 gibt einen Überblick über das hierarchische Zielsystem des Unternehmens.

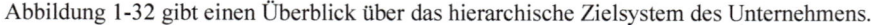
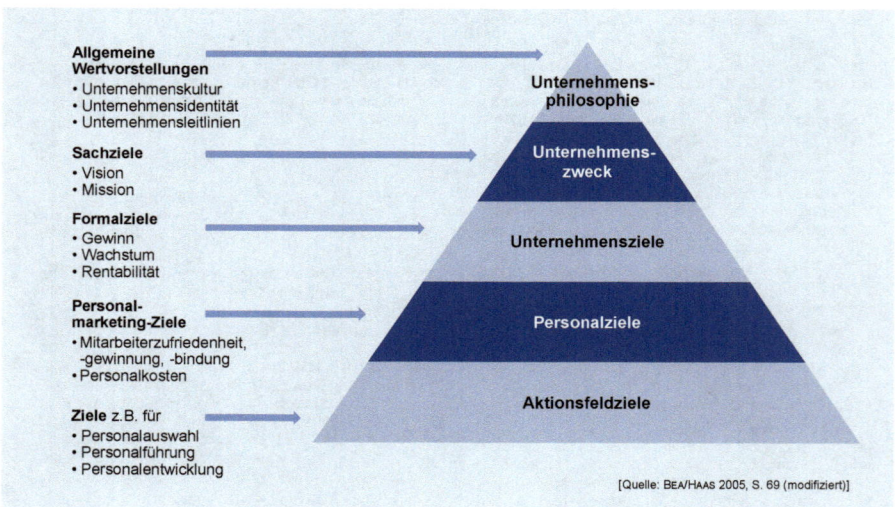

Abb. 1-32:   Die Zielpyramide des Unternehmens

1.5.5.1   Unternehmens- und Personalziele

Die Ziele des Personalmarketings sind eingebettet in das Zielsystem des Unternehmens. Sie sind – wie bereits erwähnt – in erster Linie Begleit- oder Folgeziele der zentralen Unternehmenschziele und sollen dazu beitragen, den Unternehmenserfolg zu steigern. Daher ist die Kenntnis der **Unternehmensziele** (engl. *Objectives* oder *Corporate Goals*) unerlässlich für das Personalmanagement. Als typische Unternehmensziele werden immer wieder genannt:

- Gewinn/Rentabilität
- Marktanteil/Marktposition
- Umsatz/Wachstum
- Unabhängigkeit/Sicherheit
- Soziale Verantwortung
- Prestige/Image.

Die Diskussionen darüber, welche Ziele im Rahmen dieses Zielkatalogs die höchste Priorität haben, führen in aller Regel zu dem Ergebnis, dass *Gewinn- bzw. Rentabilitätsziele* eine dominierende Bedeutung haben [vgl. BECKER, J. 2009, S. 16 und 61]. Ziele erfüllen ihre Steuerungs- und Koordinationsfunktion umso besser, je klarer und exakter sie bestimmt werden. Daher müssen zweifelsfreie Angaben über Zielinhalt, Zielausmaß und Zeitspanne der Zielerfüllung vorliegen. Ist der Zielbildungsprozess nicht von Beginn an auf messbare Größen ausgerichtet, verliert eine zielgesteuerte Führung von vornherein an Effizienz [vgl. BIDLINGMAIER 1973, S. 138].

Personalmarketing-Ziele sind also keine autonomen Ziele. Sie müssen vielmehr aus den obersten Unternehmenszielen abgeleitet werden. Dabei kann zwischen *potenzialbezogenen* Zielen und *finalen* Zielen des Personalmanagements unterschieden werden [vgl. STOCK-HOMBURG 2013, S. 28]:

- **Potenzialbezogene Personalziele** messen den Erfolg einzelner Systeme des Personalmanagements (z. B. Personaldeckungsquote, Anzahl erfolgreicher Absolventen des Führungsnachwuchsprogramms) oder spiegeln den Erfolg des Personalmanagements als Ganzes wider (z. B. Mitarbeiterzufriedenheit, Mitarbeitergewinnung, Mitarbeiterbindung bzw. -fluktuation). Sie sind dem Unternehmenserfolg vorgelagert.

- **Finale Personalziele** sind ökonomische Erfolgsgrößen, die sich unmittelbar auf den Unternehmenserfolg auswirken (z. B. Personalkosten, Effizienz, Effektivität).

Abbildung 1-33 stellt den Zusammenhang zwischen potenzialbezogenen und finalen Zielen einerseits sowie Personalbeschaffungs- und Personalbetreuungszielen andererseits her.

Personalmarketing-Ziele	
Personalbeschaffungsziele	**Personalbetreuungsziele**
Potenzialbezogene Ziele (Beispiele)	• Verbesserung des Personal-images am Arbeitsmarkt • Steigerung der Zahl der Bewerbungen • Steigerung der Qualität der eingehenden Bewerbungen	• Steigerung der Identifikation der Mitarbeiter • Steigerung der Mitarbeiterzufriedenheit • Senkung der Fluktuationsrate
Finale Ziele (Beispiele)	Senkung der Personalbeschaffungskosten	Senkung der Personalbetreuungskosten

Abb. 1-33:   Personalmarketing-Ziele

1.5.5.2   Ziele des internationalen Personalmarketings

Ziel des internationalen Personalmanagements ist die dauerhafte Sicherung des **Potenzials** an Fach- und Führungskräften insbesondere durch

- Personalsuche,
- Personalbetreuung,
- Personalqualifizierung und
- Personalführung

von Entsandten aus dem Heimatland in das Gastland (engl. *Expatriates*) und einheimischen Mitarbeitern im Gastland (engl. *Staff*).

Darüber hinaus geht es um die qualitative und quantitative **Sicherung des Personaleinsatzes** im Gastland sowie um die Unterstützung des konstruktiven bzw. **harmonischen Umgangs** miteinander über die Ländergrenzen hinweg. Dabei sind die unterschiedlichen Denk- und Handlungsmuster zu berücksichtigen, um eine durch Offenheit und Toleranz gekennzeichnete Unternehmenskultur zu leben. Eine wichtige Voraussetzung, um das Potenzial an Fach- und Führungskräften dauerhaft sicherzustellen, ist die Förderung des grenzüberschreitenden Know-how Transfers. Eine weitere Voraussetzung ist die Steigerung der Mobilitätsbereitschaft und -fähigkeit der Stammlandmitarbeiter. Dazu zählt auch die Förderung der kulturellen Empathie.

1.5.5.3   Unternehmenskultur

Jedes Unternehmen verfügt über eine Unternehmenskultur. Diese wird nicht einfach erfunden oder verordnet, sondern (vor)gelebt. Sie entsteht mit der Unternehmensgründung und ist je nach Entwicklungsgeschichte des Unternehmens mehr oder weniger ausdifferenziert. Häufig liegen die Ursprünge einer Unternehmenskultur beim Unternehmensgründer (z. B. THOMAS WATSON bei IBM, STEVE JOBS bei APPLE, AUGUST OETKER, MAX GRUNDIG), die mit ihren Visionen und Ideen, mit ihren Wertvorstellungen, Eigenarten und Neigungen als Vorbilder für nachfolgende Managergenerationen dienen. Kulturprägend wirken aber auch Krisen und einschneidende Veränderungen sowie die Art und Weise, wie diese gemeistert werden, neue Geschäftsmodelle, die Branche und das (regionale) Umfeld eines Unternehmens, die Art der Kunden, der Investoren etc. [vgl. BUSS 2009, S. 176 ff.].

Die Unternehmenskultur (engl. *Corporate Culture)* besteht zunächst aus einem unsichtbaren Kern aus **grundlegenden, kollektiven Überzeugungen**, die das Denken, Handeln und Empfinden von Führungskräften und Mitarbeitern maßgeblich beeinflussen und die insgesamt typisch für das Unternehmen sind (innere Haltung). Diese grundlegenden Überzeugungen beeinflussen die Art, wie die **Werte** nach außen gezeigt werden (äußere Haltung). Gleichzeitig sind sie maßgebend für die **Verhaltensregeln** („so wie man es bei uns macht"), die an neue Mitarbeiter und Führungskräfte weitergegeben werden und die als Standards für gutes und richtiges Verhalten gelten. Diese Regeln zeigen sich für alle sichtbar an **Artefakten** wie Ritualen, Statussymbolen, Sprache, Kleidung etc. [vgl. SACKMANN 2004, S. 24 ff.].

Abbildung 1-34 zeigt die verschiedenen Ebenen unternehmenskultureller Aspekte.

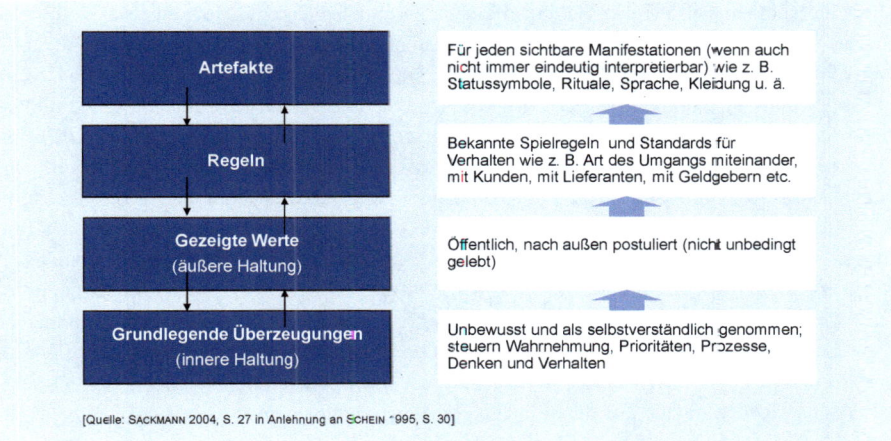

Abb. 1-34: Unternehmenskulturelle Aspekte auf verschiedenen Ebenen

Die Unternehmenskultur ist in vielfacher Hinsicht von besonderer Bedeutung. Sie ist sowohl für das Unternehmen selbst als auch für die Mitarbeiter sinnstiftend. Als unsichtbare Einflussgröße erfüllt die Unternehmenskultur fünf zentrale Funktionen, die für das Bestehen und Funktionieren eines Unternehmens notwendig sind [vgl. SACKMANN 2004, S. 27 ff.]:

- **Reduktion von Komplexität**, d. h. die von der Unternehmenskultur vorgegebenen kollektiven Denkmuster dienen als Filter für die Wahrnehmung und bewirken eine schnelle Vorsortierung vorhandener Informationsfülle in „relevant" und „nicht relevant". Ohne den Mechanismus der Komplexitätsreduktion wäre sinnvolles Handeln in einem bestimmten Zeitumfang also gar nicht möglich.

- **Koordiniertes Handeln**, d. h. die Unternehmenskultur stellt Mitarbeitern und Führungskräften ein gemeinsames Sinnsystem bereit, das sinnvolle gemeinsame Kommunikationsprozesse und damit abgestimmtes Handeln erst möglich macht. Die Bedeutung eines solchen gemeinsamen Sinnsystems wird bei der Zusammenarbeit von Menschen, die aus unterschiedlichen Kulturkreisen stammen, besonders deutlich.

- **Identifikation**, d. h. die grundlegenden Überzeugungen und Annahmen, die der Unternehmenskultur innewohnen, hat Einfluss auf das Ausmaß an Identifikation von Mitarbeitern mit ihrem Unternehmen. Je nach konkreter Ausgestaltung der Unternehmenskultur kann die Identifikation hoch, mittel oder gering sein. Sie wirkt damit auf die Motivation und die Bereitschaft der Mitarbeiter, sich für das Unternehmen einzusetzen.

- **Kontinuität**, d. h. die in der Unternehmenskultur enthaltene kollektive Lerngeschichte erlaubt routiniertes Handeln und schreibt die in der Vergangenheit erfolgreichen Erfolgsrezepte in der Gegenwart und Zukunft weiter fort. Damit muss nicht jeder Arbeitsgang neu überdacht und erst entwickelt werden.

- **Integrationskraft**, d. h. jede Unternehmenskultur übt eine mehr oder weniger starke Integrationskraft aus, die besonders dann zu Tragen kommt, wenn Bedrohungen aufkommen oder wenn unterschiedliche Kulturen oder Subkulturen zusammengeführt werden.

Die Unternehmenskultur ist in vielfacher Hinsicht von besonderer Bedeutung. Sie ist sowohl für das Unternehmen selbst als auch für die Mitarbeiter sinnstiftend. Kultur kann als Wettbewerbsfaktor und/oder als sozialer Verantwortungsträger fungieren. So kann eine starke Unternehmenskultur für international ausgerichtete Unternehmen einen bedeutenden Integrationsfaktor darstellen. Auch bei Unternehmenszusammenschlüssen (engl. *Merger*) – vor allem im Dienstleistungsbereich – ist die behutsame Integration verschiedener Unternehmenskulturen ein entscheidender, allerdings häufig unterschätzter Erfolgsfaktor. Nicht selten ist das Scheitern einer Unternehmenszusammenlegung darauf zurückzuführen, dass es offensichtlich nicht gelungen ist, verschiedene Unternehmenskulturen harmonisch miteinander zu verschmelzen. Diese Vermutung lässt sich jedenfalls aus der Analyse gescheiterter Mergers & Acquisitions (M&A)-Projekte ableiten. Vielfach sind es nicht ökonomische Defizite, sondern die mangelhafte Berücksichtigung weicher Faktoren, die zu Integrationsproblemen führen. Diese Problematik stellt sich aber nicht nur bei internationalen, sondern auch bei nationalen M&A-Projekten, da auch Unternehmen aus demselben Kulturkreis durchaus unterschiedliche „Binnenkulturen" aufweisen können [vgl. MACHARZINA/WOLF 2010, S. 731 f.].

Teilweise sehr differenzierte Erfahrungen mit Unternehmensfusionen, bei denen unterschiedlich starke Unternehmenskulturen aufeinanderprallen, haben ERNST & YOUNG (bei der Übernahme von ARTHUR ANDERSEN in Deutschland), CAPGEMINI (bei der Übernahme von ERNST & YOUNG CONSULTING) oder auch DELOITTE (bei der missglückten Fusion mit ROLAND BERGER) gemacht. Doch nicht nur bei Unternehmenszusammenschlüssen, sondern auch im Umgang mit älteren Mitarbeitern oder in der Gestaltung des Health Care Managements bietet die Unternehmenskultur wichtige Ansatzpunkte für das Personalmarketing [vgl. LIPPOLD 2013, S. 133].

Unternehmenskultur und Personalarbeit stehen in wechselseitiger Beziehung zueinander. Zum einen trägt das Personalmanagement zur Gestaltung von Unternehmenskulturen bei, in dem es neue Organisationsmitglieder auf die im Unternehmen vorherrschenden und gelebten Normen, Werte und Verhaltensweisen einstimmt oder auch bei der Personalbeschaffung und -implementierung ungewollten Kulturentwicklungen entgegenwirkt. Zum anderen prägt die Kultur aber auch die Personalarbeit in der Weise, dass bspw. bei der Personalbeschaffung nur solche Bewerber in die engere Auswahl kommen, deren Wert- und Normenvorstellungen mit den eigenen, wünschenswerten Kulturvorstellungen übereinstimmen [vgl. BARTSCHER et al. 2012, S. 188 ff.].

1.5.5.4   Unternehmensidentität

Als **Unternehmensidentität** (engl. *Corporate Identity*) wird die strategisch geplante und operativ eingesetzte Selbstdarstellung und Verhaltensweise eines Unternehmens nach innen und außen auf der Basis einer festgelegten Unternehmensphilosophie und -zielsetzung bezeichnet. Auf der Basis eines einheitlichen Unternehmens(leit)bildes soll über die Entwicklung eines „Wir-Bewusstseins" das Corporate Identity-Konzept nach innen eine Unternehmenskultur etablieren und sicherstellen. Nach außen soll mit dem Corporate Identity-Konzept bei den verschiedenen Adressatenkreisen wie Kunden, Presse, Kapitalgeber, Lieferanten etc. der Aufbau eines Unternehmensimages ermöglicht werden [vgl. BIRKIGT/STADLER 1992, S. 18].

Corporate Identity (CI) drückt sich in vier Komponenten aus:

- Corporate Behavior,
- Corporate Design,
- Corporate Communication und
- Corporate Governance.

Betrachtet man Corporate Culture als *Fundament* der Unternehmensphilosophie, dann bilden die vier CI-Komponenten quasi den *Aufbau* und werden unter dem *Dach* der Corporate Identity zusammengefasst. Abbildung 1-35 veranschaulicht diese Sichtweise und liefert eine kurze Darstellung und Beschreibung der Ziele der vier CI-Komponenten.

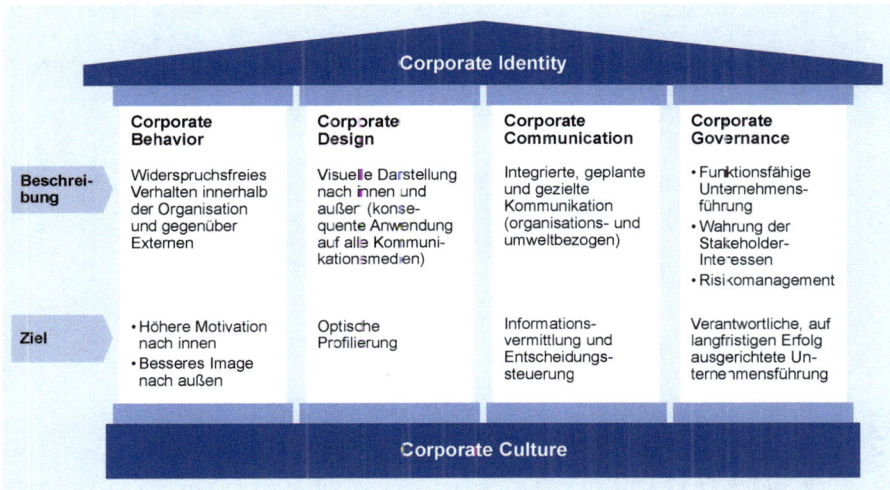

Abb. 1-35:   Die CI-Komponenten

1.5.5.5   Unternehmensleitlinien und -grundsätze

Unternehmenskultur und Unternehmensidentität finden ihren Niederschlag in den **Unternehmensleitlinien.** Derartige Leitbilder sind Orientierungshilfen für das Verhalten der Mitarbeiter gegenüber den Partnern des Unternehmens. Sie werden daher auch als **Verhaltensrichtlinien** (engl. *Policy*) bezeichnet [vgl. BEA/HAAS 2005, S. 69 f.].

Viele Unternehmen fassen ihre Leitlinien als **Unternehmensgrundsätze** in Broschüren, Handbüchern oder auf Websites zusammen. Bekannte Beispiele hierfür sind:

- der internationale Verhaltenskodex der KPMG (siehe Insert 1-10),
- die IKEA-Mission,
- die Corporate Responsibility-Policy von ALDI,
- das Unternehmensleitbild von SIEMENS oder

- das Mission Statement von Coca Cola.

Insert

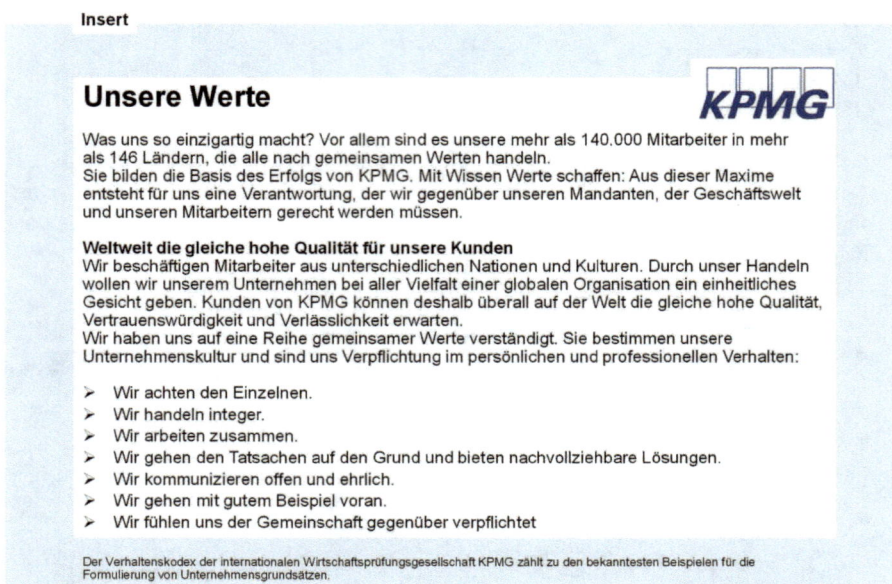

Insert

Insert 1-10: Der internationale Verhaltenskodex von KPMG

1.5.6 Strategien und Maßnahmen-Mix

Im letzten Schritt der Personalmarketing-Planung werden die Strategien festgelegt und durch entsprechende Maßnahmen umgesetzt.

Strategien bilden den Rahmen für das unternehmerische Handeln und sind damit ein zentrales Bindeglied ("Scharnierfunktion") zwischen den Zielen und den laufenden operativen Maßnahmen. Ziele bestimmen die Frage des "Wohin", Strategien konkretisieren die Frage des "Wie", und der Mix legt den Instrumentaleinsatz ("Womit") und damit den eigentlichen Handlungsprozess fest [vgl. BECKER, J. 2009, S. 140 ff.; KOTLER et al. 2007, S. 88 f.].

1.5.6.1 Strategieebenen

Die Strategie beschreibt also den Weg zum Ziel. Hinsichtlich der Reichweite lassen sich drei verschiedene Strategieebenen unterscheiden [vgl. VAHS 2009, S. 335]:

- **Unternehmensstrategie** (engl. *Corporate Strategy*). Strategische Ziele und Maßnahmen betreffen das gesamte Unternehmen.

- **Geschäftsbereichsstrategien** (engl. *Corporate Strategies*). Die strategische Ausrichtung betrifft einzelne Geschäftsbereiche, die sich in der Praxis als organisatorische Einheiten (Division, Sparte, Business Unit) häufig auf ein Geschäftsfeld konzentrieren.

- **Funktionsbereichsstrategien** (engl. *Functional Area Strategies*). Die grundsätzlichen Zielsetzungen und Maßnahmen betreffen einzelne betriebliche Funktionsbereiche (z. B. Marketing, Personal, F & E).

Die besonders deutlich von BECKER, J. [1993] herausgearbeitete Trennung von Zielen *(„Philo-sophie")*, Strategien *(„Struktur")* und Maßnahmen-Mix *(„Prozess")* lässt sich in der Praxis allerdings kaum durchhalten. Zu eng sind die **Verflechtungen zwischen Strategie- und Prozessebene**. So ist es weder möglich, Strategien und Maßnahmen eindeutig voneinander zu trennen, da ein und dieselbe Entscheidung sowohl strategisch als auch maßnahmenorientiert ausgerichtet sein kann [vgl. BACKHAUS 1990, S. 206], noch lässt sich eine eindeutige Zuordnung der Instrumentalbereiche (Maßnahmen-Mix) zur strategisch-strukturellen Ebene bzw. zur taktisch-operativen Ebene vornehmen. Selbst BECKER, J. [2009, S. 485] räumt ein, dass der Maßnahmen-Mix auch als die taktische Komponente der Strategie aufgefasst werden kann.

Abbildung 1-36 enthält eine synoptische Zuordnung der einzelnen Aktionsfelder der Personalmarketing-Gleichung zu den beiden Konzeptionsebenen *Strategie* und *Maßnahmen-Mix*.

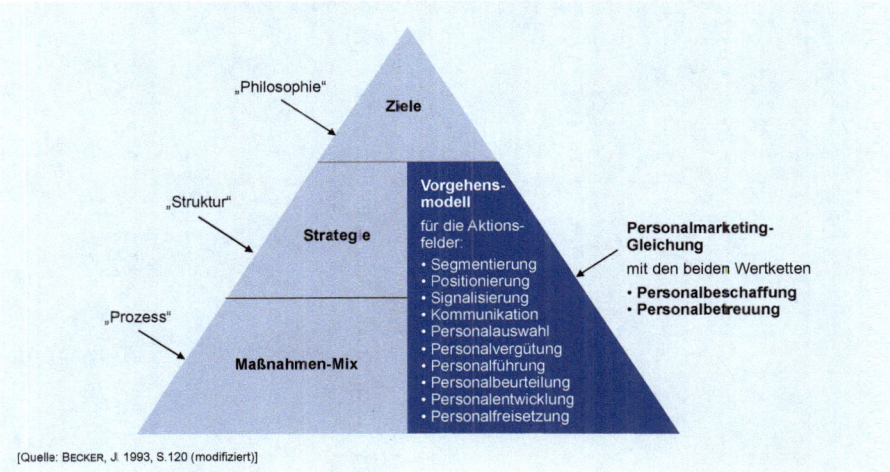

[Quelle: BECKER, J. 1993, S.120 (modifiziert)]

Abb. 1-36: Das Schichtenmodell der Unternehmenskonzeption

1.5.6.2 Personalstrategische Grundtypen

Der teilweise müßigen Diskussion um die Trennung zwischen Strategie- und Prozessebene gehen GMÜR/THOMMEN mit der Vorlage ihrer **vier personalstrategischen Grundtypen** aus dem Wege. Hierbei handelt es sich weniger um Strategien im eigentlichen Sinne, sondern mehr um eine *Positionierung* von Grundverhaltensmuster moderner Personalkonzeptionen in einem zweidimensionalen Raum (siehe Abbildung 1-37). Die erste Dimension beschreibt die *perso-nalpolitische Ausrichtung* mit den beiden Ausprägungen „langfristige Personalbindung und -entwicklung" bzw. „kurzfristige flexible Personalbeschaffung". Die zweite Dimension ist *marktstrategisch* motiviert und enthält die beiden Ausprägungen „Effizienz" und „Innovation". Somit ergeben sich vier Grundtypen, denen man folgende Branchen- bzw. Praxisbeispiele zu-ordnen kann [vgl. GMÜR/THOMMEN 2011, S. 11 ff.; BARTSCHER et al. 2012, S. 137]:

- **Personalstrategie I** („Das eingespielte Team"): z. B. Manufakturen, Einzel- und Auftrags-fertiger;
- **Personalstrategie II** („Das perfekte System"): z. B. Zeitarbeitsunternehmen, Fast-Food-Ketten;
- **Personalstrategie III** („Der intelligente Organismus"): z. B. High-Tech-Unternehmen, Pharmakonzerne;
- **Personalstrategie IV** („Die kreative Evaluation"): z. B. Beratungsunternehmen, PR- und Werbeagenturen.

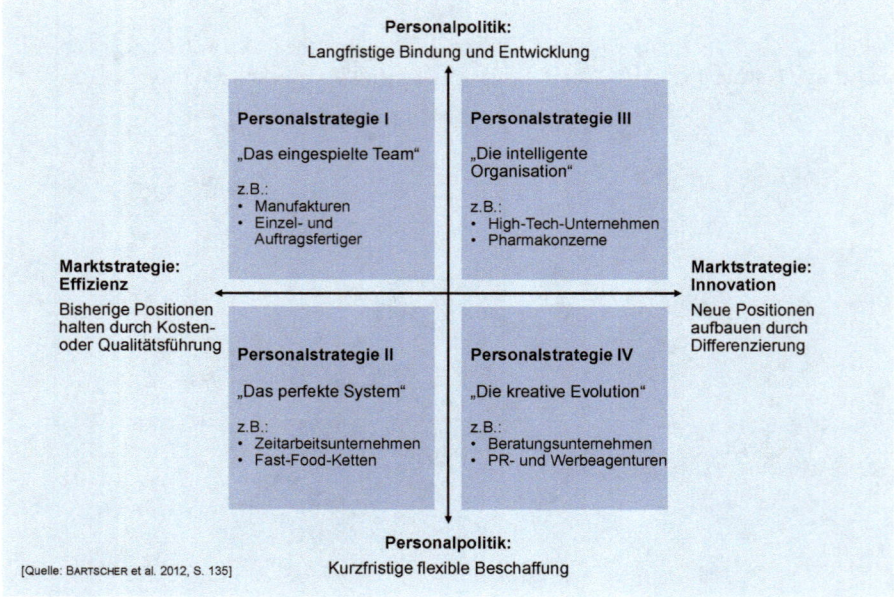

Abb. 1-37:   Personalstrategische Grundtypen

Zur Einordnung bzw. Festlegung der jeweiligen personalstrategischen Grundausrichtung eines Unternehmens ist dieser typologische Ansatz gut geeignet, eine prozessuale und wertorientierte Sicht der einzelnen Aktionsbereiche und Aktionsfelder bietet er allerdings nicht.

1.5.6.3 Internationalisierungsstrategien

Aufbauend auf dem Ansatz von PERLMUTTER zur internationalen Ausrichtung von Unternehmen (siehe ausführlich Abschnitt 1.3.3) lassen sich unter Berücksichtigung kultureller Einflüsse nach dem Kräfteverhältnis folgende vier grundsätzlichen **Internationalisierungsstrategien** ableiten (siehe Abbildung 1-38):

- **Nationales Personalmanagement**
  - ethnozentrisch orientierte Besetzungspolitik
  - Personalpolitik des Stammhauses wird auf alle ausländischen Niederlassungen übertragen
  - Schlüsselpositionen werden durch Manager aus dem Stammland besetzt
  - geeignet wenn internationale Aktivitäten relativ unbedeutend sind

- **Multinationales Personalmanagement**
  - polyzentrisch orientierte Besetzungspolitik
  - personalpolitische Instrumente werden an die jeweiligen nationalen Gegebenheiten angepasst
  - Anforderungen an Führungskräfte und Entgeltgestaltung sind gastlandorientiert
  - geeignet bei weitgehend autonomen Tochtergesellschaften

- **Globales Personalmanagement**
  - Geozentrisch orientierte Besetzungspolitik
  - Weltweite Standardisierung personalpolitischer Instrumente und Grundsätze
  - Hoher Zentralisierungsgrad bei Entscheidungen über wichtige Führungspositionen

- **Transnationales Personalmanagement**
  - Länderübergreifende Karrierepfade
  - Einrichtung internationaler Entscheidungsgremien
  - International ausgerichtete Personalentwicklung
  - Gesamtunternehmerische Entgeltpolitik

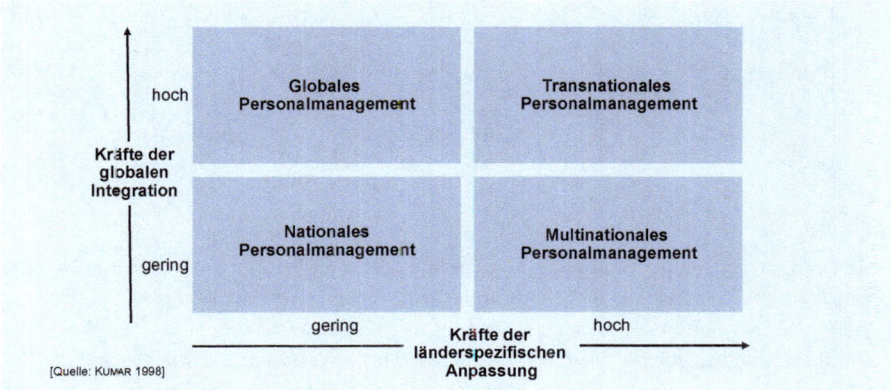

Abb. 1-38:   Internationalisierungsstrategien nach den Kräfteverhältnissen

1.6   Einführung in die Personalmarketing-Gleichung

Die Idee der Personalmarketing-Gleichung beruht auf zwei Grundüberlegungen. Zum einen ist es die Darstellung und Analyse der Wertschöpfungs- und Prozessketten eines Unternehmens, zum anderen ist es die enge Analogie zur Marketing-Gleichung im (klassischen) Absatzmarketing.

1.6.1   Die personale Wertschöpfungskette

Die Wertschöpfungskette (Wertkette) eines Unternehmens umfasst die Wertschöpfungsaktivitäten in der Reihenfolge ihrer operativen Durchführung. Diese Tätigkeiten schaffen Werte, verbrauchen Ressourcen und sind in Prozessen miteinander verbunden. Die in Abbildung 1-39 gezeigte Darstellung der Wertschöpfungskette geht auf PORTER [1986] zurück und unterscheidet *Primär*aktivitäten und *Sekundär*aktivitäten:

- **Primäraktivitäten** *(Kernprozesse)* sind Eingangslogistik, Produktion, Ausgangslogistik, Marketing und Vertrieb sowie Kundendienst.

- **Sekundäraktivitäten** *(Unterstützungsprozesse)* stellen Beschaffung, Forschung und Entwicklung, Personalmanagement und Infrastruktur dar.

Aus der Kostenstruktur und aus dem Differenzierungspotenzial aller Wertaktivitäten lassen sich bestehende und potenzielle Wettbewerbsvorteile eines Unternehmens ermitteln. Durch die „Zerlegung" eines Unternehmens in seine einzelnen Wertschöpfungsaktivitäten kann jeder Prozess auf seinen aktuellen und seinen potenziellen Beitrag zur Wettbewerbsfähigkeit des Unternehmens hin durchleuchtet werden [vgl. PORTER 1986, S. 19].

Abb. 1-39:   Wertschöpfungskette nach Porter

Das *Personalmanagement* zählt nach dem Grundmodell von PORTER zu den Sekundär- oder Unterstützungsaktivitäten, die für die Ausübung der Primäraktivitäten die notwendige Voraussetzung sind. Sie liefern somit einen *indirekten* Beitrag zur Erstellung eines Produktes oder einer Dienstleistung. Ebenso wie die Primäraktivitäten lassen sich auch die Prozesse der Sekundäraktivitäten weiter unterteilen in Prozessphasen, Prozessschritte etc. Prozesse können so auf unterschiedlichen Ebenen in verschiedenen Detaillierungsgraden betrachtet werden (siehe Abbildung 1-40). Zu den generellen Perspektiven der Prozessorganisation siehe auch 4.1.4.

Es soll in diesem Zusammenhang aber nicht unerwähnt bleiben, dass sich das Grundmodell von PORTER in seiner Systematik schwerpunktmäßig auf die Wertschöpfungskette von Industriebetrieben bezieht. So ist bei Handelsbetrieben die Primäraktivität *Produktion* ohne Bedeutung und in der Beratungsbranche zählt das *Personalmanagement* nicht zu den Sekundär-, sondern zu den Primäraktivitäten.

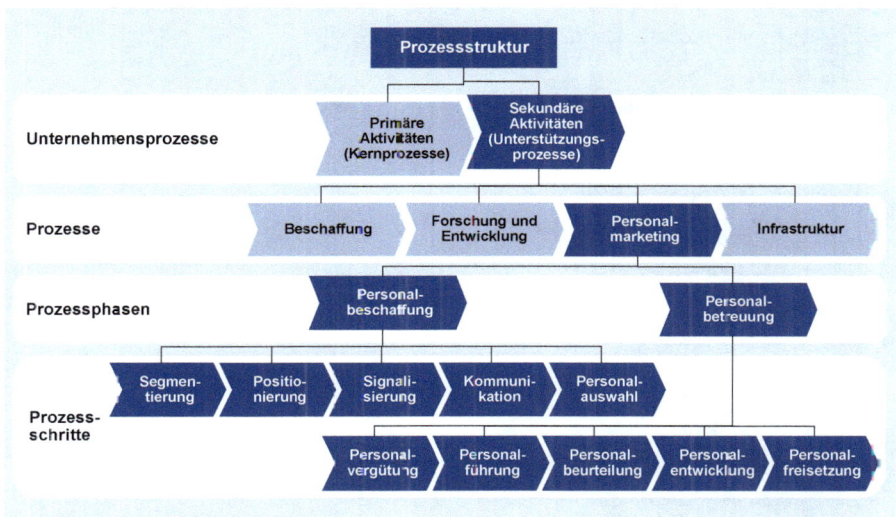

Abb. 1-40:   *Prozesshierarchie der personalen Wertschöpfungskette*

Generell sind es zwei Phasen (= Aktionsbereiche), die die Wertschöpfungskette des Personalmanagements bzw. des Personalmarketings bestimmen: Die Phase (= Aktionsbereich) der *Personalbeschaffung* und die Phase (= Aktionsbereich) der *Personalbetreuung*. Während die Personalbeschaffung auf die Mitarbeitergewinnung abzielt, ist die Personalbetreuung auf die Mitarbeiterbindung ausgerichtet.

Um den Personalbeschaffungsprozess im Sinne einer Wertorientierung optimieren zu können, ist es sinnvoll, die Prozessphase **Personalbeschaffung** in seine einzelnen Prozessschritte (= Aktionsfelder) zu zerlegen und diese jeweils einem zu optimierenden *Bewerberkriterium* als Prozessziel zuzuordnen:

- *Segmentierung* (des Arbeitsmarktes) zur Optimierung des *Bewerbernutzens*
- *Positionierung* (im Arbeitsmarkt) zur Optimierung des *Bewerbervorteils*
- *Signalisierung* (im Arbeitsmarkt) zur Optimierung der *Bewerberwahrnehmung*
- *Kommunikation* (mit dem Bewerber) zur Optimierung des *Bewerbervertrauens*
- *Personalauswahl und -integration* zur Optimierung der *Bewerberakzeptanz*.

Analog dazu wird die Prozessphase **Personalbetreuung** in ihre Prozessschritte (= Aktionsfelder) aufgeteilt und ebenfalls jeweils einem zu optimierenden *Bindungskriterium* zugeordnet:

- *Personalvergütung* zur Optimierung der *Gerechtigkeit* (gegenüber dem Mitarbeiter)
- *Personalführung* zur Optimierung der *Wertschätzung* (gegenüber dem Mitarbeiter)
- *Personalbeurteilung* zur Optimierung der *Fairness* (gegenüber dem Mitarbeiter)
- *Personalentwicklung* zur Optimierung der *Forderung und Förderung* (des Mitarbeiters)
- *Personalfreisetzung* zur Optimierung der *Erleichterung* (des Mitarbeiters).

Abbildung 1-41 liefert eine Darstellung der Zuordnungsbeziehungen zwischen Prozessphasen, Prozessschritte und Prozessziele im Personalsektor.

Prozessphasen	Prozessschritte	Prozessziele
		Mitarbeitergewinnung
	Segmentierung	Optimierung des Bewerbernutzens
	Positionierung	Optimierung des Bewerbervorteils
Personalbeschaffung	Signalisierung	Optimierung der Bewerberwahrnehmung
	Kommunikation	Optimierung des Bewerbervertrauens
	Auswahl und Integration	Optimierung der Bewerberakzeptanz
		Mitarbeiterbindung
	Personalvergütung	Optimierung der Gerechtigkeit
	Personalführung	Optimierung der Wertschätzung
Personalbetreuung	Personalbeurteilung	Optimierung der Fairness
	Personalentwicklung	Optimierung der Forderung/Förderung
	Personalfreisetzung	Optimierung der Erleichterung

Abb. 1-41:   Prozessphasen, Prozessschritte und Prozessziele im Personalmanagement

1.6.2 Wertorientiertes Personalmanagement

Mit der Analyse der Wertschöpfungskette ist zugleich auch die Grundlage für ein *wertorientiertes Personalmanagement* gelegt. Es steht für eine betont quantitative Ausrichtung der *Aktionsparameter*, der *Prozesse* und der *Werttreiber* des Personalsektors am Unternehmenserfolg.

- **Aktionsparameter** sind Stellschrauben, die dem Management zur Verbesserung der Effizienz und Effektivität innerhalb eines Aktionsfeldes zur Verfügung stehen. Im Vordergrund steht also die aktive Beeinflussung erfolgswirksamer Personalmaßnahmen im Sinne der angestrebten Aktionsfeldziele.

- **Prozesse** im Personalsektor sind durch Vielfalt und Vielzahl gekennzeichnet. Gleichwohl stellen die oben als Aktionsfelder bezeichneten Prozessschritte die strategisch und im Hinblick auf die Entwicklung des Unternehmenswertes wichtigsten Prozesse dar.

- **Werttreiber** sind betriebswirtschaftliche Größen, die einen messbaren ökonomischen Nutzen für den Unternehmenserfolg liefern. Sie operationalisieren Aktionsparameter und Prozesse in messbaren Größen und beeinflussen unmittelbar den Wert des Unternehmens [vgl. DGFP 2004, S. 27].

Das inhaltliche Rahmenkonzept des wertorientierten Personalmanagements geht von den Aktionsparametern aus, ordnet diesen die betreffenden Prozesse zu und zeigt für jeden Prozess die jeweils relevanten Werttreiber auf.

In Abbildung 1-42 sind die konzeptionellen Zusammenhänge zwischen Aktionsparameter, Prozesse und Werttreiber dargestellt.

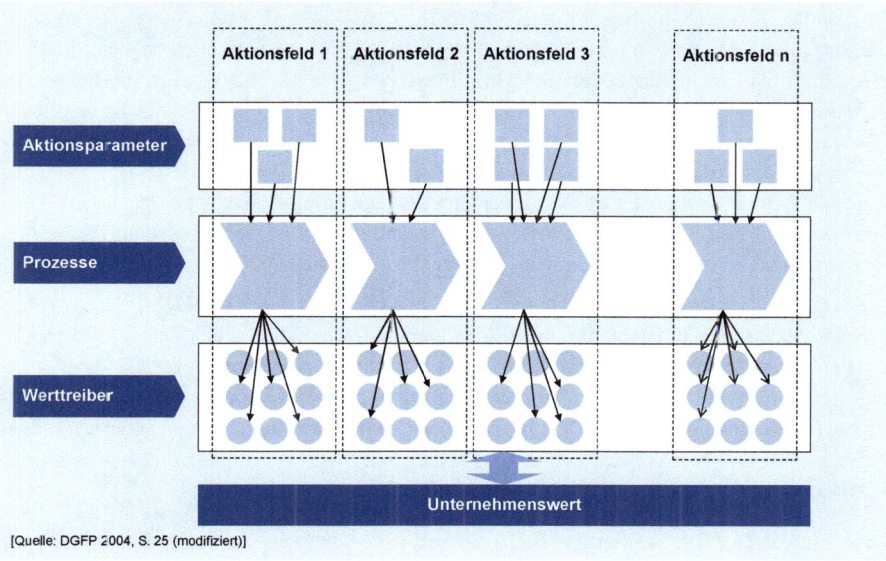

Abb. 1-42: Konzeptionelle Zusammenhänge im wertorientierten Personalmanagement

Da die einzelnen Branchen-, Markt- und Umfeldbedingungen für jedes Unternehmen unterschiedlich sind, kann es auch kein einheitliches Standardkonzept für das wertorientierte Personalmanagement geben. Jedes Unternehmen muss daher sein eigenes wertorientiertes Konzept für den Personalsektor entwickeln. Im Rahmen dieser Ausarbeitung werden für alle Prozessschritte (= Aktionsfelder) der Personalgewinnung und Personalbetreuung entsprechende Aktionsparameter und Werttreiber beispielhaft vorgestellt [vgl. DGFP 2004, S. 30 ff.].

1.6.3 Analogien zum klassischen Marketing

Beide Teilziele der personalen Wertschöpfungskette, also die Personalgewinnung und die Personalbindung, lassen sich nur dann erreichen, wenn es dem Personalmanagement gelingt, die Vorteile des eigenen Unternehmens auf die Bedürfnisse vorhandener und potentieller Mitarbeiter (Bewerber) auszurichten. Die Bestimmungsfaktoren dieser Vorteile sind neben dem Leistungsportfolio, den besonderen Fähigkeiten, dem Know-how und der Innovationskraft auch die Unternehmenskultur, kurzum: das **Akquisitionspotenzial** des Unternehmens.

Das Akquisitionspotenzial ist der Vorteil, den das Unternehmen gegenüber dem Wettbewerb hat. Dieser **Wettbewerbsvorteil** (an sich) ist aber letztlich ohne Bedeutung. Entscheidend ist vielmehr, dass der Wettbewerbsvorteil auch von den Bewerbern (innerhalb der Prozesskette *Personalbeschaffung*) und von den eigenen Mitarbeitern (innerhalb der Prozesskette *Personalbetreuung*) wahrgenommen wird. Erst die Akzeptanz im Bewerbermarkt und bei den Mitarbeitern sichert die Gewinnung bedarfsgerechter Bewerbungen einerseits und die Bindung wertvoller personaler Ressourcen andererseits. Genau diese Lücke zwischen dem Wettbewerbsvorteil *an sich* und dem vom Bewerbermarkt und den eigenen Mitarbeitern **honorierten Wettbewerbsvorteil** gilt es zu schließen. Damit sind gleichzeitig auch die Pole aufgezeigt, zwischen denen die beiden Prozessphasen der personalen Wertschöpfungskette einzuordnen sind. Eine Optimierung des Beschaffungsprozesses und des Betreuungsprozesses führt somit zwangsläufig zur Schließung der oben skizzierten Lücke [vgl. LIPPOLD 2010, S. 3 f.].

Diese Aufgabenstellung erfordert eine Vorgehensweise, die in enger Analogie zum Vorgehen auf den Absatzmärkten steht. Im *Absatz*marketing (also im klassischen Marketing) ist der *Kunde* mit seinen Nutzenvorstellungen Ausgangspunkt aller Überlegungen. Im *Personal*marketing ist der gegenwärtige und zukünftige Mitarbeiter der Kunde. Die Anforderungen der Bewerber (engl. *Applicant*) und der Mitarbeiter (engl. *Employee*) an den (potenziellen) Arbeitgeber (engl. *Employer*) bilden die Grundlage für ein gezieltes Personalmarketing [vgl. SIMON et al. 1995, S. 64].

Es soll in diesem Zusammenhang nicht unerwähnt bleiben, dass die in der Literatur immer wieder gezogenen Parallelen zwischen dem *Produkt*marketing (besonders des Konsumgüterbereichs) und dem *Personal*marketing zu kurz gegriffen scheinen. Die Vergleichbarkeit der Arbeitgeberleistung mit einer Dienstleistung (z. B. eines Projektes in der Investitionsgüterindustrie oder im Beratungsbereich) ist deutlich höher anzusetzen, als die mit einem klassischen (wenig erklärungsbedürftigen) Produkt [vgl. BECK 2008, S. 14 f. mit Hinweis auf PETKOVIC 2007, S. 47 ff.].

Zielführend ist vielmehr die umfassende **Definition des Marketings** als

„Prozess im Wirtschafts- und Sozialgefüge, durch den Einzelpersonen und Gruppen ihre Bedürfnisse und Wünsche befriedigen, in dem sie Produkte und andere Austauschobjekte von Wert (…) anbieten und miteinander tauschen" [KOTLER et al. 2011, S. 39].

Damit ist es möglich, sowohl unternehmensexterne als auch unternehmensinterne Austausch-prozesse zu betrachten, die neben rein wirtschaftlichen Tatbeständen auch soziale Tauschvor-gänge umfassen [vgl. SCHAMBERGER 2006, S. 9 f.].

Aufgrund dieses erweiterten Grundverständnisses liegt es nahe, den Marketinggedanken auf den Personalbereich und damit die Konzepte des (Absatz-)Marketings auf den externen und internen Stellenmarkt zu übertragen [vgl. LIPPOLD 2010, S. 4 f.].

Aus den beiden Teilzielen der personalen Wertschöpfungskette (Personalgewinnung und Personalbindung) lassen sich zwei *Zielfunktionen* ableiten, eine zur Optimierung der Prozesskette *Personalbeschaffung* und eine zur Optimierung der Prozesskette *Personalbetreuung*. Dieser Optimierungsansatz lässt sich in seiner Gesamtheit auch – analog zur Marketing-Gleichung im Absatzmarketing [vgl. LIPPOLD 2012, S. 31 ff.] – als (zweigeteilte) *Personalmarketing-Glei-chung* darstellen:

(1) Für den **Personalbeschaffungsprozess**:

Vom Bewerber honorierter Wettbewerbsvorteil = Wettbewerbsvorteil (an sich) + Bewer-bernutzen + Bewerbervorteil + Bewerberwahrnehmung + Bewerbervertrauen + Bewerber-akzeptanz

(2) Für den **Personalbetreuungsprozess**:

Vom Mitarbeiter honorierter Wettbewerbsvorteil = Wettbewerbsvorteil (an sich) + Gerec-tigkeit + Wertschätzung + Fairness + Forderung/Förderung + Erleichterung

Dabei geht es nicht um eine mathematisch-deterministische Auslegung dieses Begriffs. Ange-strebt ist vielmehr der Gedanke eines herzustellenden *Gleichgewichts* (und Identität) zwischen dem Wettbewerbsvorteil an sich und dem vom Bewerber bzw. Mitarbeiter honorierten Wett-bewerbsvorteil. Mit anderen Worten, hinter dieser Begriffsbildung steht die These, dass das Gleichgewicht durch die Addition der einzelnen, an Bewerber- bzw. Bindungskriterien ausge-richteten Aktionsfelder erreicht werden kann.

Zur Veranschaulichung dieser Gleichgewichtsbeziehungen dienen die in Abbildung 1-43 und 1-44 vorgenommenen Darstellungen in Form einer Personalmarketing-Waage".

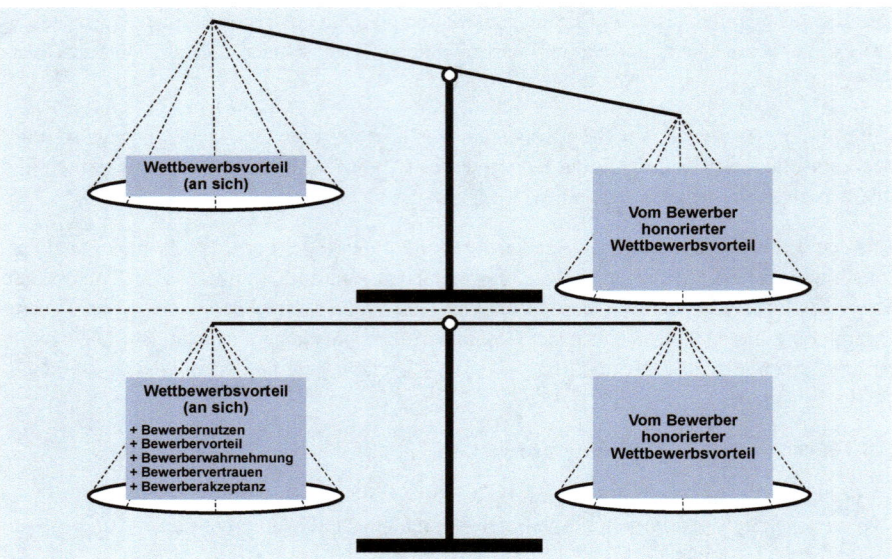

Abb. 1-43:   Die Personalmarketing-„Waage" für den Personalbeschaffungsprozess

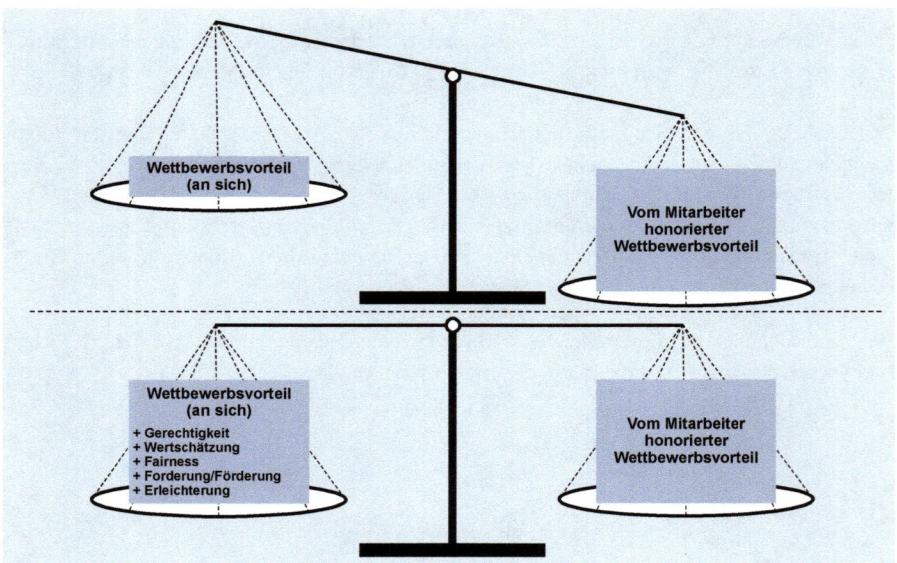

Abb. 1-44:   Die Personalmarketing-„Waage" für den Personalbetreuungsprozess

Abbildung 1-45 veranschaulicht darüber hinaus den ganzheitlichen Ansatz der Personalmarketir.g-Gleichung, indem sie die einzelnen Aktionsfelder in einen zeitlichen und inhaltlichen Wirkungszusammenhang stellt.

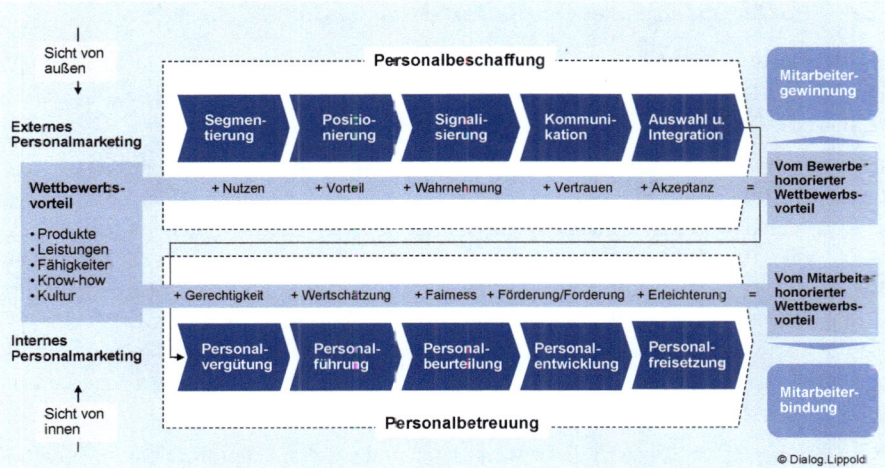

Abb. 1-45: Die Personalmarketing-Gleichung im Überblick

In dem Bewusstsein, dass sich der Arbeitsmarkt zu einem *Käufermarkt* für hoch qualifizierte Fach- und Nachwuchskräfte gewandelt hat, besteht der Grundgedanke des hier skizzierten Personalmarketings darin, das Unternehmen als Arbeitgeber samt Produkt *Arbeitsplatz* an gegenwärtige und zukünftige Mitarbeiter zu „verkaufen". Damit dies erfolgreich gelingt, sollte man sich immer wieder die Analogien zwischen Absatzmarketing und Personalmarketing – wie in Abbildung 1-46 synoptisch dargestellt – vor Augen führen [vgl. auch SCHAMBERGER 2006, S. 11].

	Absatzmarketing	Personalmarketing
Gegenstand	• Produkt • Dienstleistung • Unternehmen	• Arbeitsplatz • Unternehmen (als Arbeitgeber)
Wirkungsrichtung	Extern	• Extern • Intern
Wirkungsfeld	Absatzmarkt	• Arbeitsmarkt • Arbeitsplatz
Zielgruppen	• Neukunden • Altkunden	• Zukünftige Mitarbeiter • Gegenwärtige Mitarbeiter
Aktionsfelder	• Segmentierung • Positionierung • Kommunikation • Distribution • Akquisition • Betreuung	• Segmentierung (des Arbeitsmarktes) • Positionierung (im Arbeitsmarkt) • Signalisierung (im Arbeitsmarkt) • Kommunikation (mit dem Bewerber) • Personalauswahl und -integration • Personalvergütung • Personalführung • Personalbeurteilung • Personalentwicklung • Personalfreisetzung

Abb. 1-46: Vergleich zwischen Absatzmarketing und Personalmarketing

1.6.4 Struktur und grundlegende Orientierung des Lehrbuchs

Das Vorgehensmodell der Personalmarketing-Gleichung gibt zugleich den Aufbau und die grundlegende Orientierung dieses Lehrbuchs vor. Es untergliedert sich in vier Kapitel (siehe Abbildung 1-47).

Das *erste Kapitel* behandelt die **konzeptionellen Grundlagen** des Personalmarketings und skizziert im Rahmen einer begrifflich-systematischen Grundlegung) Anforderungen und Selbstverständnis eines modernen Personalmanagements *(Abschnitt 1.1)*. Es folgen aktuelle Trends in der Personalwirtschaft *(Abschnitt 1.2)* und eine kurze Abhandlung der wichtigsten Grundzüge eines internationalen Personalmanagements *(Abschnitt 1.3)*. Eine Vorstellung wichtiger theoretischer Ansätze mit Relevanz für die Personalwirtschaft ist Inhalt des *Abschnitts 1.4*. Ein weiterer Schwerpunkt dieses Kapitels liegt auf der Einführung in die Grundlagen der Personalmarketing-Planung *(Abschnitt 1.5)* sowie in die Systematik der Personalmarketing-Gleichung *(Abschnitt 1.6)*.

Das *zweite Kapitel* befasst sich mit der Wertschöpfungskette des Aktionsbereichs **Personalbeschaffung**, dem ersten Teil der (zweigeteilten) Personalmarketing-Gleichung. Hier wird prozessbezogen gezeigt, wie Arbeitsmarktsegmentierung *(Abschnitt 2.1)*, Arbeitsmarktpositionierung *(Abschnitt 2.2)* und Arbeitsmarktsignalisierung *(Abschnitt 2.3)* die Grundlagen einer systematischen Kommunikation mit dem Bewerber *(Abschnitt 2.4)* bilden und letztlich zur gewünschten Personalauswahl und -integration *(Abschnitt 2.5)* führen.

Im *dritten Kapitel* liegt der Fokus auf der Wertschöpfungskette des Aktionsbereichs **Personalbetreuung**, dem zweiten Teil der Personalmarketing-Gleichung. Hier stehen zunächst Anreiz- und Vergütungssysteme *(Abschnitt 3.1)* unter besonderer Berücksichtigung des Gerechtigkeitsaspekts im Vordergrund. *Abschnitt 3.2* befasst sich mit der Führung von Mitarbeitern bzw. Teams. Es folgt eine Einführung in die Systematiken der Mitarbeiterbeurteilung *(Abschnitt 3.3)*. Auf die konzeptionellen Ansätze der Mitarbeiterentwicklung geht *Abschnitt 3.4* ein. Die verschiedenen Varianten der Personalfreisetzung *(Abschnitt 3.5)* bilden den Abschluss dieser Wertschöpfungskette.

Das *vierte Kapitel* behandelt die **organisatorischen Grundlagen** des Personalmarketings. Neben einer Darstellung der grundsätzlichen Organisationsprinzipien *(Abschnitt 4.1)* steht zunächst die Gestaltung der personalen Prozesse *(Abschnitt 4.2)* im Vordergrund. In *Abschnitt 4.3* folgen einige weiterführende Organisationsansätze wie Outsourcing- und Offshoring-Konzepte. Die Möglichkeiten moderner Self Service Center-Konzepte sowie die Erfolgsfaktoren des Change Management schließen das vierte Kapitel ab.

1. Personal-konzeption	1.1 Einleitung	Sachliche und begrifflich-systematische Grundlegung
	1.2 Aktuelle Trends in der Personalwirtschaft	
	1.3 Internationalisierung der Personalarbeit	
	1.4 Theoretische Aspekte der Personalwirtschaft	
	1.5 Einführung in die Personalmarketing-Planung	
	1.6 Einführung in die Personalmarketing-Gleichung	

Aktionsbereich	Aktionsfeld	Aktionsparameter	Optimierungs-kriterium
2. Personal-beschaffung	2.1 Segmentierung	Personalneubedarf, Anforderungsprofil, Mikrosegmentierung, Makrosegmentierung	Bewerbernutzen
	2.2 Positionierung	Arbeitgeberauftritt, Arbeitgebermarke, Arbeitgeberattraktivität	Bewerbervorteil
	2.3 Signalisierung	Anzahl Neueinstellungen, Signalisierungsbudget, Signalisierungskanäle und -instrumente	Bewerber-wahrnehmung
	2.4 Kommunikation	Anzahl Kommunikationsmaßnahmen, Intensität Kommunikationsmaßnahmen	Bewerbervertrauen
	2.5 Personalauswahl	Einstellungsinterview, Mitarbeiterintegration	Bewerberakzeptanz
3. Personal-betreuung	3.1 Personalvergütung	Fixe und variable Vergütung, Zusatzleistungen	Gerechtigkeit
	3.2 Personalführung	Führungsverhalten, Führungsstil, Führungskommunikation, Führungsprinzip	Wertschätzung
	3.3 Personalbeurteilung	Beurteilungskriterien, Beurteilungsfeedback	Fairness
	3.4 Personalentwicklung	Aus- und Weiterbildungsbudget, Leadership Development	Forderung und Förderung
	3.5 Personalfreisetzung	Personalflexibilisierung, Entlassungsgespräch	Erleichterung
4. Personal-organisation	4.1 Organisatorische Grundlagen	Organisatorische Grundlegung
	4.2 Organisation des Personalsektors	
	4.3 Auslagerung von Organisationseinheiten	
	4.4 Change Management	

Abb. 1-47:   Grundlegende Struktur des Lehrbuchs

Kontroll- und Vertiefungsfragen

(1)   Warum ist aus Unternehmenssicht der Arbeitsmarkt für hoch qualifizierte Mitarbeiter ein Käufermarkt und für Geringqualifizierte ein Verkäufermarkt?

(2)   An welchen Punkten können Realisierungsdefizite bei der Umsetzung des Personal-marketings festgemacht werden?

(3)   Worin besteht der Unterschied zwischen Personalmarketing und Personalmanagement?

(4)   In wieweit geht das Konzept des „HR als Business Partner" deutlich über den traditionellen Ansatz des Personalreferenten hinaus?

(5)   Welche vier Phasen bzw. Fragestellungen kennzeichnen den Bezugsrahmen für die Personalmarketing-Planung?

(6)   Auf welche sozio-kulturellen Einflüsse sollte eine zeitgemäße Personalmarketing-Konzeption mit entsprechenden Maßnahmen und Programmen vorbereitet sein? Welche Programme können dies sein?

(7)   Auf welchen Gebieten finden die technischen Fortschritte als Ursache der digitalen Transformation hauptsächlich statt?

(8)   Welche Rolle spielen die sozialen Medien bei der Personalführung?

(9)   Warum ist die digitale Transformation sowohl ein Kulturthema als auch ein Leadership-Thema?

(10) Was unterscheidet die New-Work-Ansätze im Wesentlichen von den klassischen Führungsansätzen und -theorien?

(11) Worin bestehen die Unterschiede zwischen dem nationalen und dem internationalen Personalmanagement?

(12) Kennzeichnen Sie die verschiedenen Realisierungsstufen internationaler Unternehmenstätigkeit?

(13) Welche kulturellen Einflüsse charakterisieren die unterschiedlichen Internationalisierungsansätze?

(14) Mit welchen Maßnahmen kann sich das Personalmarketing darauf einstellen, dass sich das Internet zunehmend vom reinen Informations- zum „Mitmach-Web" entwickelt?

(15) Inwieweit haben Änderungen der übergeordneten Unternehmensstrategie Auswirkungen auf das Personalmarketing?

(16) Warum sind Personalmarketing-Ziele lediglich Begleit- oder Folgeziele der zentralen Unternehmensziele?

(17) An welchen Faktoren wird die Unternehmenskultur sichtbar?

(18) Aus welchen Komponenten setzt sich die Corporate Identity eines Unternehmens zusammen?

(19) Warum ist die Abgrenzung zwischen der Strategie- und der Prozessebene in der Praxis so schwer durchzuführen?

(20) Warum zählt die personale Wertschöpfungskette nach dem Grundmodell von PORTER zu den Sekundäraktivitäten?

(21) Aus welchen Prozessphasen besteht die personale Wertschöpfungskette?

(22) Welche Faktoren bestimmen den Wettbewerbsvorteil eines Unternehmens „an sich"? Unter welchen Umständen kommt dieser Wettbewerbsvorteil auch tatsächlich zum Tragen?

(23) Aus welchen Komponenten setzt sich die Zielfunktion zur Optimierung der Wertschöpfungskette Personalbeschaffung zusammen?

(24) Aus welchen Komponenten setzt sich die Zielfunktion zur Optimierung der Wertschöpfungskette Personalbetreuung zusammen?

(25) Worin besteht der Grundgedanke des Personalmarketings unter dem Aspekt eines Käufermarkts?

2. Personalbeschaffung

2. Personalbeschaffung

Mehr als jede dritte Stelle in Großunternehmen ist nur schwer besetzbar und ein nicht unbeträchtlicher Prozentsatz der Stellen bleibt sogar unbesetzt, weil kein geeigneter Kandidat gefunden werden kann. Diese Situation befindet sich seit Jahren auf ähnlichem Niveau und ist somit nicht mit konjunkturellen Schwankungen erklärbar. Es wird verdeutlicht, inwieweit der Fachkräftemangel und der demografische Wandel die Wirtschaft belasten.

Um dieser Entwicklung auf dem Arbeitsmarkt entgegenzuwirken, sind Unternehmen zum Umdenken gezwungen und dazu veranlasst, Ihre Personalauswahlprozesse neuzugestalten und auszuweiten. Die Anwendung des ersten Teils der **Personalmarketing-Gleichung**, die durch die Prozesskette *Personalbeschaffung* beschrieben wird, soll dazu ihren Beitrag leisten (siehe Abbildung 2-01).

Die Wirkung der Prozesskette *Personalbeschaffung* ist auf den Arbeitsmarkt und damit (aus Sicht des Unternehmens) nach *außen* gerichtet. Als *externes* Personalmarketing beschäftigt sie sich mit den potentiellen Bewerbern und externen Beobachtern des Unternehmens. Sie soll den Zugang zu diesen Zielgruppen sichern und ein dauerhaftes Interesse am Unternehmen als Arbeitgeber erzeugen. Ziel des externen Personalmarketings ist also, neue geeignete Mitarbeiter für das Unternehmen zu gewinnen [vgl. DGFP 2006, S. 30].

Im Vordergrund des externen Personalmarketings steht daher die **Mitarbeitergewinnung**.

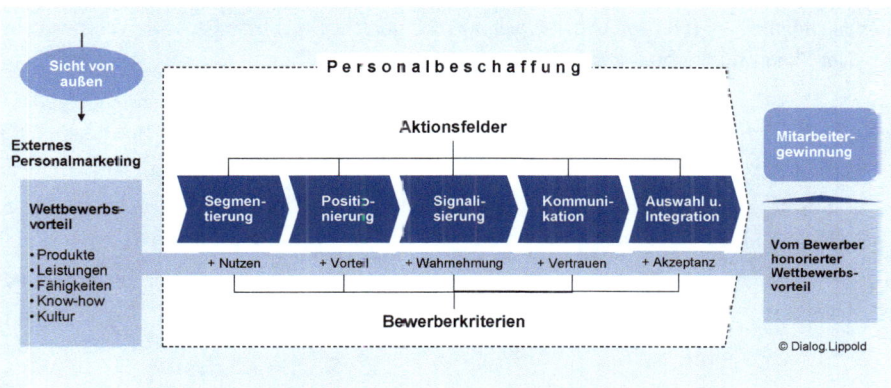

Abb. 2-01:   Die Wertschöpfungskette Personalbeschaffung

Die Analogie zum (klassischen) Absatzmarketing wird ganz besonders deutlich an den Aktionsfeldern der Personalbeschaffungskette. Begriffe wie *Positionierung, Segmentierung, Kommunikation* oder auch *Branding* haben ihren Ursprung und ihre konzeptionellen Grundlagen im klassischen Marketing. Die nachfolgende Übertragung dieser Begriffe auf das Personalmarketing ist deshalb zielführend, weil geeignete Bewerber quasi als Kunden genauso umworben werden müssen wie potentielle Käufer von Produkten und Dienstleistungen.

Dieser Wettbewerb um hoch qualifizierte und leistungsbereite Mitarbeiter lässt sich allerdings nicht dadurch lösen, dass bei Bedarf entsprechendes Personal von Konkurrenten abgeworben wird. Eine sorgfältige Personalauswahl, verbunden mit einer nachhaltigen Personalentwicklung, zeigt zumeist bessere Ergebnisse für den Unternehmenserfolg als die Abwerbung qualifizierter Mitarbeiter von der Konkurrenz. Denn die Wahrscheinlichkeit des Scheiterns abgeworbener Führungskräfte ist oftmals höher als für einen Mitarbeiter aus den eigenen Reihen, der im Rahmen einer systematischen Karriereentwicklung gefordert und gefördert wurde.

Die Zielsetzung erfolgreicher Unternehmen muss also die möglichst frühzeitige Gewinnung leistungsbereiter Nachwuchskräfte mit hohem Potenzial sein. Diese Mitarbeiter müssen sodann weiterentwickelt, motiviert und an das Unternehmen gebunden werden. Allerdings ist hierbei zu beachten, dass besonders qualifizierte Bewerber zumeist die Wahl zwischen Angeboten mehrerer Unternehmen haben und daher sehr selbstbewusst während ihrer Arbeitsplatzwahl auftreten können. Damit stehen sich auf dem Arbeitsmarkt tendenziell zwei gleichberechtigte Partner gegenüber [vgl. LIPPOLD 2010, S. 3; SCHAMBERGER 2006, S. 4].

Im Aktionsfeld *Arbeitsmarktsegmentierung* geht es um das Verständnis für eine bewerberorientierte Durchführung der Segmentierung. Ausgangspunkt ist dabei der Personalbedarf und die daraus abgeleiteten Anforderungsprofile.

Im Aktionsfeld *Arbeitsmarktpositionierung* ist innerhalb der definierten Bewerbersegmente eine klare Differenzierung gegenüber dem Stellenangebot des Wettbewerbs vorzunehmen. Arbeitgeberimage, Arbeitgebermarke und Arbeitgeberattraktivität stehen hierbei im Vordergrund.

Das Aktionsfeld *Signalisierung im Arbeitsmarkt* befasst sich mit der Umsetzung der Positionierungsinhalte in nachhaltige und wahrnehmbare Signalisierungsstrategien, deren Grundlagen aus dem Signalisierungsmodell abgeleitet werden.

Im Aktionsfeld *Kommunikation mit dem Bewerber* wird eine Vielzahl von Kommunikationsmöglichkeiten aufgezeigt, deren Ziel es ist, das Vertrauen zu leistungsfähigen Bewerbern aufzubauen und zu rechtfertigen

Im Aktionsfeld *Personalauswahl und -integration* schließlich wird der Einstellungsprozess vorgestellt und Möglichkeiten zur besseren Integration der neuen Mitarbeiter aufgezeigt.

Ein zusammenfassender Überblick über die wichtigsten *Aktionsparameter*, *Instrumente* und *Werttreiber* rundet jeweils die Beschreibung eines Aktionsfeldes ab.

2.1   Segmentierung des Arbeitsmarktes

2.1.1   Aufgabe und Ziel der Segmentierung

Die Akquisition von geeigneten Mitarbeitern kann nur dann erfolgreich sein, wenn das Unternehmen die Bedürfnisse und Anforderungen dieser Zielgruppe kennt, diesen mit seinem Auftritt gerecht wird und dies auch glaubhaft nach außen kommuniziert. Eine gezielte Ansprache wird dann erleichtert, wenn es gelingt, Kriterien aufzustellen, mit deren Hilfe die geeigneten Mitarbeiter identifiziert und von den sonstigen Bewerbern abgegrenzt werden können.

Im Rahmen des Personalbeschaffungsprozesses ist daher die **Segmentierung des Arbeits-marktes** das erste wichtige Aktionsfeld für das Personalmarketing. Von besonderer Bedeutung ist dabei das Verständnis für eine *bewerberorientierte* Durchführung der Segmentierung, denn der Beschaffungsprozess sollte grundsätzlich aus Sicht des Bewerbers beginnen. Die Segmentierung hat demnach die Optimierung des *Bewerbernutzens* zum Ziel:

$$Bewerbernutzen = f\,(Segmentierung) \rightarrow optimieren!$$

Der Arbeitsmarkt ist – ebenso wie der Produkt- oder Dienstleistungsmarkt – kein monolithischer Block. Er umfasst mehr Berufe, mehr Berufsgruppen, mehr Berufswelten und mehr berufliche Einsatzfelder als *ein* Unternehmen allein abdecken kann.

Der Bewerbermarkt ist also keine homogene Einheit. Aufgrund der unterschiedlichsten Bewerberanforderungen und -qualifikationen besteht er aus einer Vielzahl von Segmenten. Die Anforderungen, die ein Bewerber an seinen zukünftigen Arbeitgeber stellt, und die Fähigkeiten der Unternehmen, diese Anforderungen zu erfüllen, sind maßgebend für die Bewerberentscheidung und damit für den Erfolg oder Misserfolg eines Unternehmens bei seinen Rekrutierungsbemühungen [vgl. SIMON et al. 1995, S. 64].

Damit wird deutlich, welche Bedeutung die Segmentierung des Arbeitsmarktes für das verantwortliche Personalmanagement hat. Im Vordergrund steht die Analyse der Ziele, Probleme und Nutzenvorstellungen der Bewerber. Es muss Klarheit darüber bestehen, was das Gemeinsame und was das Spezifische dieser Bewerbergruppe im Vergleich zu anderen ist. Die hiermit angesprochene Rasterung des Bewerbermarktes erhöht die Transparenz und damit die Rekrutierungschancen.

Die **Methode der Marktsegmentierung** hat ihren Ursprung im klassischen Marketing. Im Bereich der Personalbeschaffung ist die arbeitsmarktbezogene Segmentierung bislang noch wenig verbreitet [vgl. STOCK-HOMBURG 2013, S. 150 unter Bezugnahme auf WAITE 2007, S. 17].

Abbildung 2-02 gibt einen Überblick über die verschiedenen Stufen und Abhängigkeiten der Segmentierung im Personalbereich. Ausgehend von der Personalbedarfsplanung muss zunächst entschieden werden, ob die gesuchte Stelle/Position mit eigenen Mitarbeitern (intern) oder mit neuen Mitarbeitern (extern) besetzt werden soll. Die externe Besetzung setzt im nächsten Schritt eine Arbeitsmarktsegmentierung voraus. Dieser als Makrosegmentierung bezeichneten Phase, die alle in Frage kommenden Bewerberzielgruppen ins Auge fasst und analysiert, folgt die *zielpersonenorientierte* Mikrosegmentierung. Das Ergebnis der Mikrosegmentierung ist ein konkretes **Anforderungsprofil** der gesuchten Stelle. Das Anforderungsprofil ist wiederum Grundlage für die Maßnahmen in den anschließenden Aktionsfeldern *Positionierung*, *Signalisierung* und *Kommunikation*. Letztlich wird dann das Anforderungsprofil der Position mit dem **Fähigkeits- und Erwartungsprofil** des Bewerbers abgeglichen.

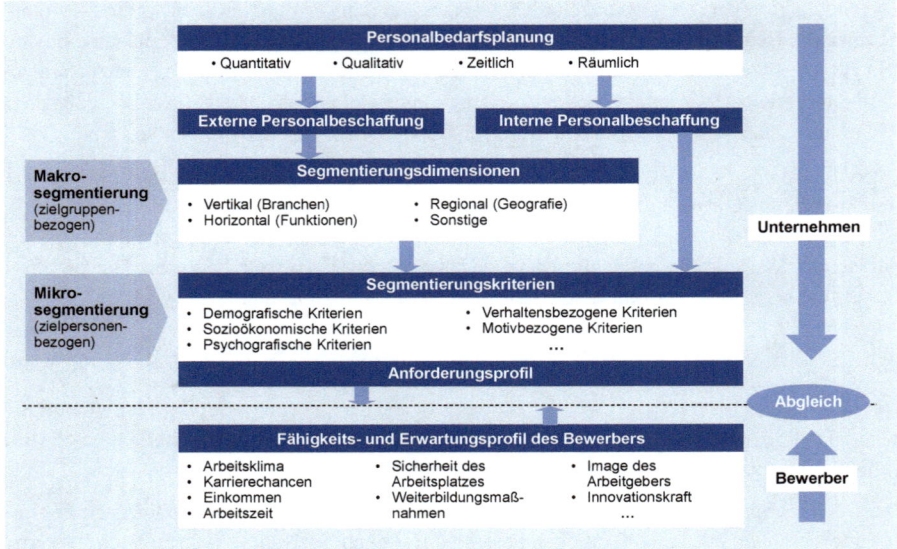

Abb. 2-02:   Stufen und Abhängigkeiten in der Arbeitsmarktsegmentierung

2.1.2 Personalbedarfsplanung

Ausgangspunkt und Grundlage der Arbeitsmarktsegmentierung ist die **Personalbedarfsplanung**, die in quantitativer, qualitativer, räumlicher und zeitlicher Hinsicht vorgenommen werden kann. Die Personalbedarfsplanung stellt die Schnittstelle zwischen den anderen Unternehmensplänen und der Personalplanung dar und zielt darauf ab, personelle Über- bzw. Unterkapazitäten mittel- und langfristig zu vermeiden. Die Personalbedarfsplanung ist vielleicht der wichtigste Teil der **Personalplanung** (engl. *Workforce Planning*). Weitere Teilbereiche der Personalplanung sind die Personalentwicklungsplanung, die Personaleinsatzplanung, die Personalfreisetzungsplanung und die Personalkostenplanung [vgl. BARTSCHER et al. 2012, S. 205 f.; JUNG 2006, S. 113].

2.1.2.1 Quantitative Personalbedarfsplanung

Im ersten Schritt der quantitativen Personalbedarfsplanung ist zu klären, welcher **Soll-Personalbestand** im Planungszeitraum erreicht werden soll. Die Höhe des Soll-Personalbestands hängt in erster Linie von den Zielen des Unternehmens ab (Wachstum, Konsolidierung, Restrukturierung). Die Differenz zum **Ist-Personalbestand** zu Beginn der Planungsperiode ist aber

nicht zwangsläufig der Neubedarf an Mitarbeitern, da in der Planungsperiode zusätzliche Abgänge (Pensionierungen, Kündigungen, Elternzeit etc.), aber auch Zugänge (Neueinstellungen,
Wehrdienstrückkehrer etc.) zu berücksichtigen sind. Die Differenz zwischen den voraussicht-
lichen Abgängen und Zugängen wird als **Ersatzbedarf** bezeichnet. Der Ersatzbedarf gibt damit
die Anzahl der Mitarbeiter an, die bis zum Ende der Planungsperiode eingestellt werden müssen, um den (Ist-)Personalbestand zu Beginn des Planungszeitraums zu erreichen. Ist dieser
Personalbestand niedriger als der Soll-Personalbestand, so entsteht ein **Zusatzbedarf**, dessen
Höhe in erster Linie von den Wachstumsambitionen des Unternehmens abhängt. Ist der Saldo
zwischen voraussichtlichem Personalbestand und dem Soll-Personalbestand allerdings negativ,
so ergibt sich ein **Freistellungsbedarf** (vgl. 3.5.1). Zusatzbedarf und Ersatzbedarf ergeben den
Neubedarf, d. h. die Anzahl aller im Planungszeitraum einzustellenden Mitarbeiter. Damit er-
rechnet sich der Soll-Personalbestand wie folgt:

$$Soll\text{-}Personalbestand = Ist\text{-}Bestand + Zugänge - Abgänge + Ersatzbedarf + Zusatzbedarf$$

In Abbildung 2-03 sind die quantitativen Elemente im Kontext der Personalbedarfsplanung
dargestellt.

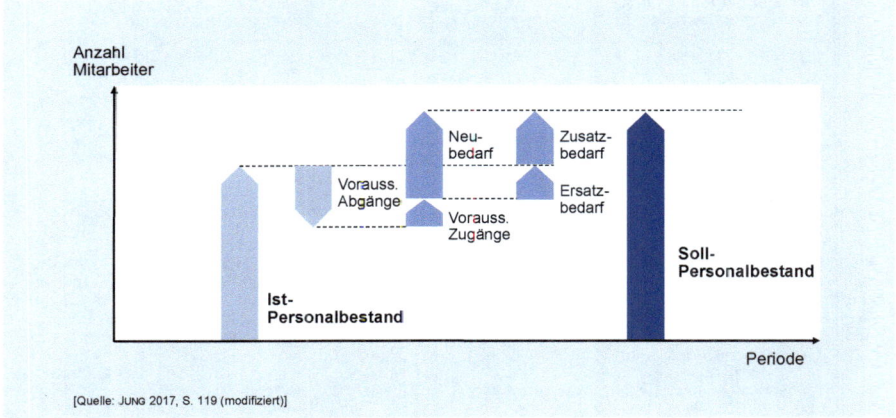

[Quelle: JUNG 2017, S. 119 (modifiziert)]

Abb. 2-03:   Arten des Personalbedarfs

Besonders wichtig für viele Unternehmen ist in diesem Zusammenhang die Beobachtung und
Analyse der **Fluktuation**, die sich in der **Fluktuationsrate** (engl. *Attrition Rate*) ausdrückt:

$$Fluktuationsrate = (Abgänge \: / \: Durchschnittlicher \: Personalbestand) \times 100\,\%$$

Das Ziel der *Fluktuationsanalyse* besteht darin, Gründe und Motive für das Ausscheiden in
Erfahrung zu bringen und daraus zielgerichtete Maßnahmen zu entwickeln, um die Fluktuation
im Rahmen der betrieblichen Gegebenheiten und die damit verbundenen Kosten zu senken. Die
besondere Bedeutung der Fluktuationsrate für den Unternehmenserfolg zeigt das Rechenbeispiel in Insert 2-01.

Insert

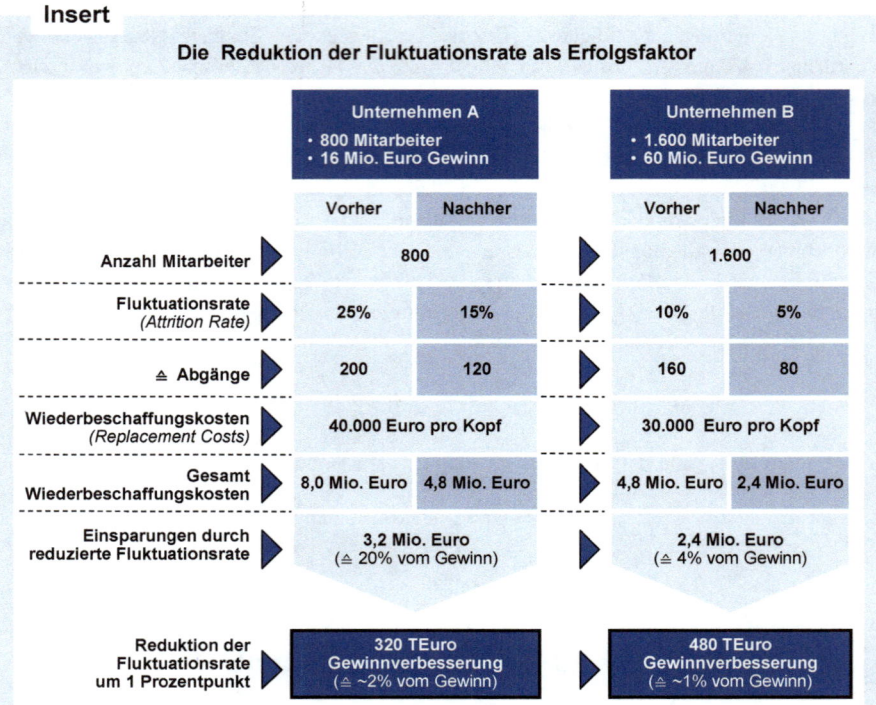

Die Reduktion der Fluktuationsrate als Erfolgsfaktor

	Unternehmen A • 800 Mitarbeiter • 16 Mio. Euro Gewinn		Unternehmen B • 1.600 Mitarbeiter • 60 Mio. Euro Gewinn	
	Vorher	Nachher	Vorher	Nachher
Anzahl Mitarbeiter	800		1.600	
Fluktuationsrate (Attrition Rate)	25%	15%	10%	5%
≙ Abgänge	200	120	160	80
Wiederbeschaffungskosten (Replacement Costs)	40.000 Euro pro Kopf		30.000 Euro pro Kopf	
Gesamt Wiederbeschaffungskosten	8,0 Mio. Euro	4,8 Mio. Euro	4,8 Mio. Euro	2,4 Mio. Euro
Einsparungen durch reduzierte Fluktuationsrate	3,2 Mio. Euro (≙ 20% vom Gewinn)		2,4 Mio. Euro (≙ 4% vom Gewinn)	
Reduktion der Fluktuationsrate um 1 Prozentpunkt	320 TEuro Gewinnverbesserung (≙ ~2% vom Gewinn)		480 TEuro Gewinnverbesserung (≙ ~1% vom Gewinn)	

Das Rechenbeispiel zeigt wichtige Unternehmensdaten zweier fiktiver Unternehmensberatungen:

Das **Unternehmen A**, eine Management- und Strategieberatung, beschäftigt 800 Mitarbeiter, erzielt einen Jahresgewinn von 16 Mio. Euro und weist eine Fluktuationsrate von 25 Prozent auf. Die Wiederbeschaffungskosten für einen neuen Berater betragen 40.000 Euro. Damit belaufen sich die Wiederbeschaffungskosten für 200 neue Berater auf insgesamt 8 Mio. Euro, um die Fluktuation auszugleichen. Lässt sich diese Fluktuationsrate von 25 auf 15 Prozent senken, so verringern sich ceteris paribus die Wiederbeschaffungskosten für 120 Berater auf 4,8 Mio. Euro. Damit ließen sich die Rekrutierungskosten allein durch diese Absenkung der Fluktuationsrate um 3,2 Mio. Euro vermindern. Bei einem angenommenen Gewinn von 16 Mio. Euro bedeutet dies eine Gewinnverbesserung für das Consulting-Unternehmen von 20 Prozent. Die Absenkung der Fluktuationsrate um jeweils nur einen Prozentpunkt führt in diesem Fall also zu einer Gewinnverbesserung von zwei Prozent.

Das **Unternehmen B** ist ein IT-Beratungs- und Serviceunternehmen. Es beschäftigt 1.600 Mitarbeiter und erzielt einen Jahresgewinn von 60 Mio. Euro. Das Unternehmen weist eine Fluktuationsrate (engl. *Attrition Rate*) von 10 Prozent auf. Die Wiederbeschaffungskosten für einen neuen IT-Berater betragen 30.000 Euro. Um die Fluktuation ceteris paribus auszugleichen, belaufen sich die Wiederbeschaffungskosten für 160 neue IT-Berater auf insgesamt 4,8 Mio. Euro. Bei einer Absenkung der Fluktuationsrate auf 5 Prozent, lassen sich in dem Fall die Wiederbeschaffungskosten um 2,4 Mio. Euro vermindern. Bei einem angenommenen Gewinn des Unternehmens von 60 Mio. Euro p. a. bedeutet die Reduzierung eine Gewinnverbesserung von vier Prozent. Die Reduktion der Fluktuationsrate um einen Prozentpunkt führt hier also zu einer Gewinnverbesserung von rund einem Prozent.

Fazit: Angesichts der hohen Wiederbeschaffungskosten für hochqualifiziertes Personal kann die Reduktion der Fluktuationsrate ceteris paribus einen sehr beachtlichen Erfolgsfaktor mit unmittelbarem Einfluss auf die Gewinnsituation eines Unternehmens darstellen. Um die Fluktuationsrate nachhaltig abzusenken sind Mitarbeiterbindungsprogramme erforderlich, die sich an den Kriterien Gerechtigkeit, Wertschätzung, Fairness sowie Forderung und Förderung orientieren. [Quelle: Lippold 2018, S. 514]

Insert 2-01: Rechenbeispiel zur Fluktuationsrate in der Beratungsbranche

2.1.2.2 Qualitative Personalbedarfsplanung

In der Regel wird die Personalbedarfsplanung nicht für die gesamte Belegschaft, sondern für bestimmte, besonders interessierende *Mitarbeitergruppen* (also Segmente) durchgeführt (z. B. Gruppe der Facharbeiter, Gruppe der Projektleiter, Gruppe der Auszubildenden). Damit erhält die Betrachtung zugleich auch eine qualitative Komponente. Die qualitative Personalbedarfsplanung legt fest, über welche Fähigkeiten, Kenntnisse und Verhaltensweisen der Soll-Personalbestand (einer Mitarbeitergruppe) bis zum Planungshorizont verfügen sollte und zu welchen Stellen diese Qualifikationen gebündelt werden können. Ausgangspunkt der qualitativen Personalbedarfsplanung bildet die **Personalstrukturanalyse**, die die Zusammensetzung der Belegschaft im Wesentlichen nach folgenden Merkmalen untersucht [vgl. BARTSCHER et al. 2012, S. 211]:

- **Sozio-demografische Analyse**: Alter, Geschlecht, Familienstand;

- **Beschäftigungstypus**: Festangestellte, Vollzeit, Teilzeit, Mini-Jobber, Auszubildende

- **Standortanalysen**: Aufteilung der Mitarbeiter nach Betriebsstätten;

- **Analyse der Beschäftigungsgruppen**: Verteilung zwischen Arbeiter, Angestellten, leitenden Angestellten etc.

- **Analyse der Karrierestufen** (engl. *Grades*): Verteilung der Mitarbeiter nach Karrierestufen.

Die Ergebnisse der Personalstrukturanalyse münden ein in die Stellenbeschreibung und in das Anforderungsprofil.

Die **Stellenbeschreibung** (engl. *Job Description*) liefert Informationen über die Einordnung der Stelle in der Organisationsstruktur, über die Ziele und Aufgaben der Stelle sowie über die Rechte und Pflichten des Stelleninhabers. Die Stellenbeschreibung ist neben der Personalgewinnung auch für die Personalentwicklung und -vergütung von Bedeutung. Gleichzeitig bietet das Stellenprofil ein wichtiges Element für das stellenbezogene Anforderungsprofil. Allerdings hat die Bedeutung der Stellenausschreibung für solche Unternehmen tendenziell abgenommen, die in innovativen Märkten agieren. Angesichts dieser besonderen wirtschaftlichen Dynamik bleibt mittel- und langfristig kaum eine Stelle unverändert, so dass viele Unternehmen ohne hin nicht nachkommen, ihre Stellenbeschreibungen ständig auf dem neuesten Stand zu halten. Auch ist es manchmal zweckmäßig, dass eine ausschließlich sachbezogene Stellenbeschreibung einer mehr auf konkrete Personen bezogene Stellenbildung weicht. Dies kann immer dann sinnvoll sein, wenn vorhandene Stellen weiterentwickelt werden oder spezielle Stellen erst geschaffen werden sollen, nachdem man einen bestimmten potenziellen Stelleninhaber kennengelernt hat. Auf diese Weise lässt sich auch ein Talentpool mit einer speziellen Wissens- und Fähigkeitsausrichtung schaffen, um damit besser auf bestimmte Innovationen vorbereitet zu sein [vgl. BRÖCKERMANN 2007, S. 54 f.; WEUSTER 2004, S. 38].

Die Stellenbeschreibung selbst gibt aber noch keine Auskunft über die benötigten Qualifikationen des potentiellen Stelleninhabers. Die Qualifikationen, d. h. die Anforderungen in Verbindung mit einem Arbeitsplatz, werden erst im Rahmen eines **Anforderungsprofils** (engl. *Job Specification*) festgelegt. Aufgrund der hohen Bedeutung des Anforderungsprofils für den Personalbeschaffungsprozess wird hierauf im Rahmen des nächsten Abschnitts gesondert eingegangen (siehe 2.1.3).

2.1.2.3   Zeitliche und räumliche Personalbedarfsplanung

Je nachdem, welcher Planungshorizont der Personalbedarfsermittlung zugrunde liegt, kann zwischen *kurzfristiger*, *mittelfristiger* und *langfristiger* Personalbedarfsplanung unterschieden werden [vgl. JUNG 2017, S. 119]:

- Die **kurzfristige Personalbedarfsplanung** wird zumeist für ein Jahr (das Folgejahr) aufgestellt, da ein großer Teil der für die Personalplanung benötigten Größen (z. B. Umsatz- und Produktionsziele) für diesen Zeitraum bereits festliegen.

- Die **mittelfristige Personalbedarfsplanung** umfasst i. d. R. einen Zeitraum von drei bis fünf Jahren. In diese Planung gehen meist mehrere *Szenarien* ein, die abhängig von der Entwicklung verschiedener Einflüsse wie Konjunktur-, Technologie- oder Branchenentwicklung aufgestellt werden. Daraus lassen sich dann infolge der Eintrittswahrscheinlichkeit unterschiedlicher Szenarien (*„Best Case"*, *„Realistic Case"* oder *„Worst Case"*) auch verschiedene mittelfristige Personalplanungsalternativen entwickeln.

- Die **langfristige Personalbedarfsplanung** reicht über fünf Jahre hinaus. Sie hat aufgrund der unsicheren und unvollständigen Informationen über die zukünftige Entwicklung lediglich den Charakter einer *Grob- oder Rahmenplanung*. Sie hat aber eine gewisse Aussagekraft bei der *Führungskräftenachwuchsplanung*.

Die **räumliche Personalbedarfsplanung** legt den (Einsatz-) Ort fest, an dem der neue Mitarbeiter benötigt wird. Besonders bei stark dezentral organisierten Unternehmen mit entsprechend vielen Niederlassungen oder Geschäftsstellen ist die räumliche Dimension der Personalbedarfsplanung von Bedeutung.

2.1.3 Anforderungsprofil

Das Anforderungsprofil beschreibt die Kriterien, die Bewerber erfüllen müssen und sollen. Ein aus einer offenen Stelle oder anderen Überlegungen abgeleitetes Sollprofil ist die entscheidende Grundlage für einen fundierten, zielorientierten Personalbeschaffungsprozess. Allerdings muss berücksichtigt werden, dass gerade die Prozessbeteiligten mit der vermutlich größten methodischen Kompetenz, nämlich Personalleiter, Personalreferenten oder auch externe Personalberater, die zu besetzende Position zumeist nicht aus eigener täglicher Praxis, sondern nur von Beschreibungen her kennen. Im Gegensatz zu den Fachvorgesetzten, die die zu besetzende Stelle oft sehr gut kennen, haben mitentscheidende Personalfachleute häufig nur eine

unklare Kenntnis der konkreten Stellenanforderungen. Damit besteht die Gefahr, dass Aus-
wahl- und Einstellentscheidungen nicht selten intuitiv auf der Basis von Sympathie und Antipathie gefällt werden [vgl. WEUSTER 2004, S. 32].

2.1.3.1   Grenzen des Anforderungsprofils

Das Anforderungsprofil lässt sich in folgende Profilarten unterteilen [vgl. WEUSTER 2004,
S. 38 ff.]:

- Mindestprofil
- Höchstprofil
- Idealprofil
- Negativprofil und
- Irrelevanzprofil.

Das **Mindestprofil** beschreibt durch Musskriterien („Knock-out-Kriterien") die Grenze zu unterqualifizierten Bewerbern. Soweit es sich dabei um Fachwissen handelt, sind es Kenntnisse,
die der Bewerber schon am ersten Arbeitstag besitzen muss. Wird das Mindestprofil zu niedrig
angesetzt, steigt die Gefahr, dass sich ungeeignete Personen bewerben und eingestellt werden.
Wird es zu hoch angesetzt, werden geeignete Bewerber von einer Bewerbung abgehalten oder
abgelehnt. Bei der Festlegung des Mindestprofils stellt sich die grundlegende Entscheidung,
welche Wissensinhalte, Fähigkeiten, Fertigkeiten und Eigenschaften schon beim Eintritt vorhanden sein und welche noch vermittelt werden können. Das Mindestprofil dient folglich dazu,
konfliktträchtige Fehlbesetzungen zu vermeiden.

Das **Höchstprofil** legt die Grenze zu überqualifizierten Bewerbern fest, ohne dabei objektiv
geeignete Bewerber auszuschließen. Überqualifizierung kann bei Arbeitnehmern Unzufriedenheit wegen der Unterforderung, der geringen Verantwortung, der zu gering empfundenen Bezahlung und Entwicklungsmöglichkeiten erzeugen. Außerdem zeigt sich gelegentlich das para-
doxe Phänomen, dass überqualifizierte Stelleninhaber die Aufgaben ihrer Stelle weniger gut
erledigen, als passend qualifizierte Stelleninhaber.

Das **Idealprofil** hingegen beschreibt den Wunschkandidaten und beinhaltet oft auch Wunsch-
kriterien, von denen abgewichen werden kann, ohne dass dadurch sofort eine Fehlbesetzung
gegeben wäre. Sind die Chancen gering, den idealen Bewerber zu finden, kann es durchaus
sinnvoll sein, mit einem modifizierten Idealprofil auch oft übersehene Bewerbergruppen ins
Auge zu fassen.

Das **Negativprofil** (auch *Tabuprofil*) nennt Merkmale, die Bewerber grundsätzlich nicht aufweisen sollten. Beispiele können Vorstrafen bei Bankangestellten oder bestimmte Krankheiten
bei Arbeitnehmern in der Lebensmittelproduktion sein.

Das **Irrelevanzprofil** schließlich beschreibt Merkmale, die für die Besetzung der Stelle nicht
von Bedeutung sind. Dazu zählen bspw. das Geschlecht, bestimmte Sprachkenntnisse, schrift-
liches Ausdrucksvermögen – Merkmale also, die als Anforderungs- oder Auswahlkriterien für
eine bestimmte Stelle keine Rolle spielen sollen.

2.1.3.2 Komponenten des Anforderungsprofils

Eine weitere Unterteilungsmöglichkeit von Anforderungsprofilen bezieht sich auf den Ausbildungs- und Erfahrungshintergrund eines Bewerbers. Danach kann untergliedert werden in [vgl. WEUSTER 2004, S. 40 ff.]:

- Bildungsprofil
- Berufserfahrungsprofil
- Ergänzende Profilkomponenten.

Mit dem **Bildungsprofil** sind schwerpunktmäßig die schulische und universitäre Ausbildung sowie die Berufsausbildung angesprochen. In das Bildungsprofil fließen Komponenten wie Schulausbildung, Berufsausbildung, Hochschulart, Hochschulort, Studienfach und Studienschwerpunkt sowie bestimmte Spezialkenntnisse (z. B. Sprachen) ein.

Das **Berufserfahrungsprofil** bildet jene Erfahrungen, Fähigkeiten und Kompetenzen ab, die während der Berufsausübung erworben wurden. Zum Berufserfahrungsprofil zählen Funktionserfahrung, Branchenerfahrung, Positionserfahrung, Hierarchieerfahrung und Aufgabenerfahrung (Entscheidungsaufgaben, Erfüllungsaufgaben) sowie methodische Erfahrung.

Ergänzende **Profilkomponenten** kommen mehr aus dem persönlichen Bereich *("Soft skills")* und können für die Besetzung bestimmter Positionen von erheblicher Bedeutung sein. Beispiele solcher Profilkomponenten sind die Verfügbarkeit externer Kontakte, zeitliche Verfügbarkeit, Mobilität (Reisebereitschaft und Reisefähigkeit).

Abbildung 2-04 zeigt die Komponenten des Anforderungsprofils im Überblick.

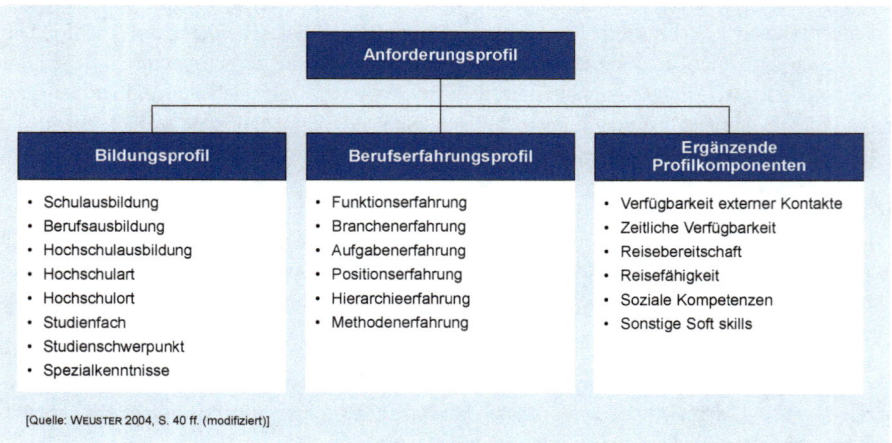

[Quelle: WEUSTER 2004, S. 40 ff. (modifiziert)]

Abb. 2-04:   Komponenten des Anforderungsprofils

2.1.4 Personalbeschaffungswege

Grundsätzlich stehen dem Unternehmen zwei Personalbeschaffungswege zur Bedarfsdeckung zur Verfügung: der *interne* und der *externe* Personalbeschaffungsmarkt. Abbildung 2-05 gibt einen Überblick über die vielfältigen Möglichkeiten der internen und externen Personalgewinnung.

2.1.4.1 Interne Personalbeschaffung

Die interne Personalgewinnung umfasst alle Aktivitäten, die sich auf die Besetzung von Stellen durch bereits im Unternehmen beschäftigte Führungskräfte und Mitarbeiter beziehen. Die innerbetriebliche Bedarfsdeckung kann mit oder ohne Personalbewegung erfolgen, wobei die *Bedarfsdeckung ohne Personalbewegung* nur dann in Anspruch genommen wird, wenn es sich um einen vorübergehenden Personal(mehr)bedarf handelt. Für das Personalmarketing ist jedoch die *Bedarfsdeckung mit Personalbewegung* bedeutsamer.

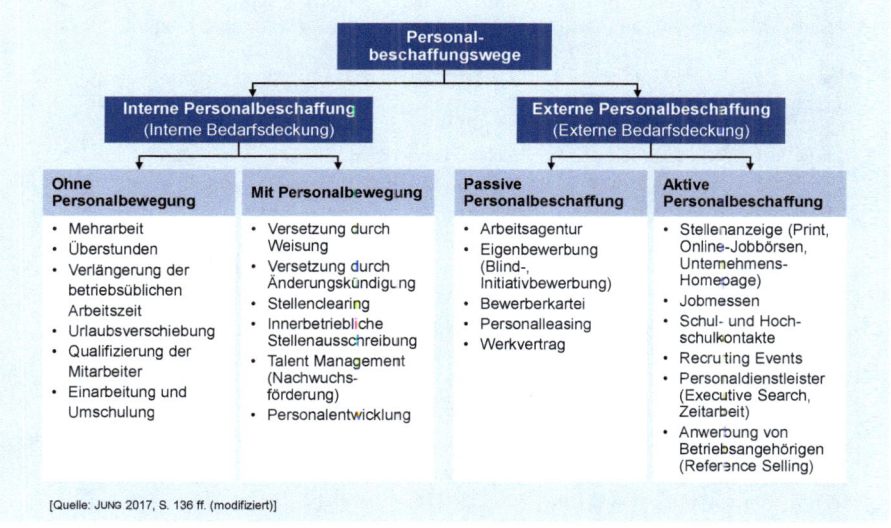

Abb. 2-05:   Interne und externe Personalbeschaffungswege

Allgemein gilt der Grundsatz, dass vor einer Stellenbesetzung zunächst geprüft werden sollte, ob und inwieweit *vorhandene* Mitarbeiterpotenziale genutzt werden können, denn die **Vorteile der internen Personalbeschaffung** sind offenkundig:

– Da das Unternehmen die Stärken und Schwächen des eigenen Personals kennt, reduziert sich das Risiko einer Fehlbesetzung.

– Für Mitarbeiter und Führungskräfte, die durch gezielte strategische Personalentwicklung im Hinblick auf ihre Laufbahnplanung zur Bewältigung künftiger Aufgaben geschult werden, bedeutet die interne Stellenbesetzung einen besonderen Anreiz, der zu einer höheren Arbeitszufriedenheit führt.

- Im Gegensatz zur externen Personalbeschaffung ist die interne erheblich weniger zeit- und kostenintensiv.

- Die interne Personalbeschaffung führt nicht zu einer Verschiebung der Gehaltsstruktur des Unternehmens.

- Da die eigenen Mitarbeiter mit den Strukturen und Abläufen vertraut sind, werden die Einarbeitungskosten minimiert.

- Ein Abbau von Personal in anderen Bereichen kann vermieden werden.

Diesen Vorteilen stehen aber auch einige **Nachteile der internen Personalbeschaffung** gegenüber:

- Es besteht die Gefahr, dass die interne Stellenbesetzung die *„Betriebsblindheit"* fördern kann, d. h. Mitarbeiter entwickeln unternehmensspezifische Denk- und Verhaltensweisen, die eine Entwicklung innovativer Ideen bremsen oder behindern können.

- Ebenso besteht die Gefahr der *Veralterung des Wissens* aufgrund fehlender Impulse von außen.

- Bei Mitarbeitern, die nicht für die ausgeschriebene Stelle berücksichtigt wurden, können Unzufriedenheit und Enttäuschung zum Verlust von Arbeitsmotivation *(„innere Kündigung")* und Illoyalität führen.

Angesichts dieser Gegenüberstellung von Vor- und Nachteilen der internen Personalbeschaffung, bei der augenscheinlich die Vorteile überwiegen, sollte der personalpolitische Grundsatz, auf eine Beschaffungspriorität von innen zu setzen, allerdings nicht überzogen werden.

Da die interne Bedarfsdeckung auf anderen Voraussetzungen beruht (u. a. das Vorhandensein gezielter Personalentwicklungsmaßnahmen und großzügiger Fortbildungsangebote) als die Bedarfsdeckung über den externen Personalbeschaffungsmarkt, muss im Einzelfall entsprechend der jeweiligen Situation darüber entschieden werden, welcher Personalbeschaffungsweg den größeren Erfolg verspricht [vgl. JUNG 2006, S. 136].

2.1.4.2   Externe Personalbeschaffung

Bei der externen Personalgewinnung werden Führungskräfte bzw. Mitarbeiter außerhalb des Unternehmens gesucht. Externe Personalbeschaffung ist vor allem dann von Bedeutung, wenn

- der quantitative Bedarf nicht ausreichend durch intern verfügbare Führungskräfte und Mitarbeiter gedeckt werden kann bzw.

- Fähigkeitspotenziale benötigt werden, die im Unternehmen nicht vorhanden sind und nicht selbst entwickelt werden können.

Ein Großteil der externen Personalbeschaffung befasst sich mit der Anwerbung von *Berufsan-fängern*, um langfristig und gezielt Qualifikationen für das Unternehmen aufzubauen. Die externe Personalbeschaffung ist zwar aufwendiger als die interne, aber durch sie steht letztlich ein größeres Bewerberpotenzial zur Verfügung. Vor allem erfahrene Mitarbeiter, die von außen in das Unternehmen kommen, können aufgrund ihres Erfahrungshintergrundes neue Ideen in das Unternehmen hineintragen. Die mangelnde Vertrautheit mit innerbetrieblichen Abläufen birgt allerdings auch den Nachteil, dass sich der neue Mitarbeiter zunächst einarbeiten muss und während dieser Zeit nicht die volle Leistung erbringen kann. Da das Unternehmen und der Bewerber sich gegenseitig nicht kennen, fällt zudem die zuverlässige wechselseitige Beurteilung schwer. Unproblematischer ist dagegen die *Ablehnung* externer Bewerber, da diese keine direkten innerbetrieblichen Folgen nach sich zieht.

Im Folgenden soll der Betrachtungsschwerpunkt bei der Personalgewinnung ausschließlich auf die *externe Personalbeschaffung* und damit auf den *externen Personalbeschaffungsmarkt* gelegt werden, denn letztlich erfordern interne Personalbewegungen auch immer Außenrekrutierungen, damit freiwerdende Arbeitsplätze besetzt werden können [vgl. RKW 1990, S. 139].

2.1.5 Analyse des Arbeitsmarktes

Ist die Entscheidung über eine *externe* Besetzung der Stelle gefallen, geht es im nächsten Schritt darum, den **Arbeitsmarkt** im Hinblick auf die relevanten Zielgruppen zu analysieren.

Der Arbeitsmarkt ist der Ort, auf dem Arbeitskraft nachgefragt, angeboten und getauscht wird. Solche Austauschbeziehungen kommen dann zustande, wenn die Austauschpartner – also Bewerber und Unternehmen – jeweils einen individuellen Nutzenzuwachs wahrnehmen. Laut *Anreiz-Beitrags-Theorie* ist dies immer dann der Fall, wenn von beiden Seiten jeweils eine gewisse Gleichwertigkeit von *Anreizen* und *Beiträgen* verspürt wird [vgl. HIMMELREICH 1989, S. 25 ff.].

Für den Bewerber/Kandidaten bedeutet das konkret, dass die angebotenen Anreize, die mit dem (neuen) Arbeitsplatz verbunden sind, die erwarteten zukünftigen Belastungen mindestens kompensieren oder übersteigen. Seitens des Unternehmens ist der Beitrag des Bewerbers/Kandidaten in Form der erwarteten Aufgabenerfüllung mindestens gleich oder höher einzuschätzen als die dafür notwendigerweise zu zahlende Vergütung. Nur wenn gleichzeitig auf Unternehmens- und Kandidatenseite die so beschriebenen Gleichgewichtszustände vorherrschen, kommt ein Arbeitsverhältnis zustande. Andernfalls besteht von der einen und/oder anderen Seite kein Interesse [vgl. RINGLSTETTER/KAISER 2008, S. 250 f.].

In Abbildung 2-06 sind die verschiedenen Varianten beim Zustandekommen von Arbeitsverhältnissen dargestellt.

[Quelle: RINGLSTETTER/KAISER 2008, S. 252]

Abb. 2-06:   Zustandekommen von Arbeitsverhältnissen

Der Wettbewerb um besonders qualifizierte Bewerber ist umso härter, je knapper und bedeutsamer die Arbeitskraft dieser Bewerber ist und je größer für diese die Auswahl zwischen den Angeboten mehrerer Unternehmen ist. In einer derartigen Wettbewerbssituation sind es u. a. folgende Eckpunkte, die den Arbeitsmarkt aus Sicht des Unternehmens charakterisieren [vgl. RINGLSTETTER/KAISER 2008, S. 252 unter Bezugnahme auf LAMPERT 1994, S. 348]:

– Der Bewerber/Kandidat ist ein potentieller *Kunde* des Unternehmens. Der angebotene Arbeitsplatz ist also das *Produkt*, das es dem potentiellen Mitarbeiter zu „*verkaufen*" gilt.

– Andere Unternehmen, die sich ebenfalls um die Arbeitskraft des Kandidaten bemühen, sind als *Wettbewerber* anzusehen.

– Wird der angebotene Arbeitsplatz gegen eine Arbeitskraft eingetauscht, dann lässt sich deren Qualität nur sehr begrenzt abschätzen.

– Bei einem *Arbeitsplatzwechsel* tritt für den Bewerber eine gewisse *Risikoaversion* auf, d. h. die neue Position muss vom Bewerber signifikant besser eingeschätzt werden als die bisherige.

2.1.6 Auswahl und Relevanz der Marktsegmente

Für das einzelne Unternehmen sind in aller Regel nur bestimmte Ausschnitte des Arbeitsmarktes von Bedeutung. Daher ist es notwendig, zunächst diese Ausschnitte (Segmente) zu bestimmen, in denen das Unternehmen tatsächlich aktiv ist bzw. aktiv werden sollte.

Zur Differenzierung der unterschiedlichen Zielgruppen und Zielpersonen bietet sich – analog zum Absatzmarketing – eine Segmentierung des Arbeitsmarktes in zwei **Segmentierungsstufen** an:

- **Makrosegmentierung** zur Auswahl und Ansteuerung der relevanten *Segmentierungsdimensionen* und

- **Mikrosegmentierung** zur Festlegung der relevanten *Segmentierungskriterien*.

2.1.6.1 Makrosegmentierung

In der Stufe der Makrosegmentierung, die den strategischen Aspekt der Arbeitsmarktsegmentierung beinhaltet, wird der Arbeitsmarkt in seinen verschiedenen Dimensionen betrachtet und in möglichst homogene Segmente aufgeteilt. Die wichtigsten Dimensionen sind:

- **Vertikale Märkte** (Branchen wie die Automobilindustrie (engl. *Automotive*), Chemie, Pharmazeutische Industrie, Banken, Versicherungen, Konsumgüter etc.)

- **Horizontale Märkte** (betriebliche Funktionsbereiche wie Marketing/Vertrieb, Produktion, Logistik, Forschung und Entwicklung etc.)

- **Regionale Märkte** (national, international, global)

- **Sonstige Märkte** (Markt für Hochschulabsolventen, Berufseinsteiger, Führungskräfte etc.).

Wichtig bei der Durchführung der Makrosegmentierung ist, dass sich das suchende Unternehmen nicht nur in ein oder zwei Dimensionen festlegt. Erst eine **mehrdimensionale Arbeitsmarktausrichtung** (wie in Abbildung 2-07 dargestellt), die sich beispielsweise auf eine Branche, auf einen oder zwei betriebliche Funktionsbereiche, auf ein oder zwei regionale Märkte sowie auf Führungskräfte konzentriert, kann der Gefahr einer möglichen Verzettelung der knappen Personalmarketing-Ressourcen vorbeugen. Andererseits kann die mehrdimensionale Segmentierung auch dazu führen, dass das Potenzial eines aus der Schnittmenge mehrerer Dimensionen gewonnenen Arbeitsmarktsegments für eine intensive Bearbeitung nicht ausreicht.

Diese erste (segmentierungsstrategisch ausgelegte) Stufe der Arbeitsmarktanalyse ist deshalb für das suchende Unternehmen von Bedeutung, weil auf diese Weise bereits geeignete Bewerbergruppen identifiziert und von den sonstigen Bewerbern abgegrenzt werden können.

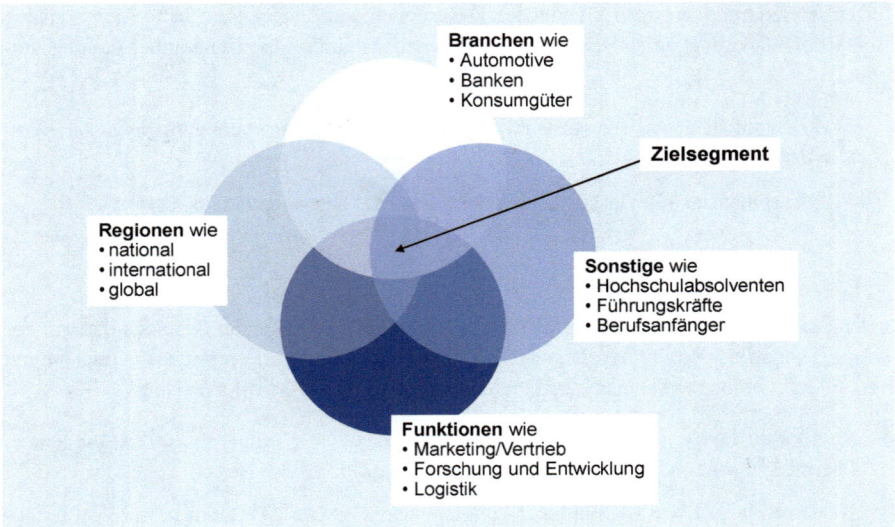

Abb. 2-07:   Mehrdimensionale Arbeitsmarktsegmentierung

2.1.6.2   Mikrosegmentierung

Die darauffolgende (taktisch ausgelegte) Stufe der *Mikrosegmentierung* befasst sich mit den Zielpersonen innerhalb der in der Makrosegmentierung ausgewählten Zielgruppen. Die Mikrosegmentierung basiert auf den Ausprägungen ausgewählter *Segmentierungskriterien* [vgl. HOMBURG/KROHMER 2006, S. 487]:

- **Demografische Kriterien** wie Alter, Geschlecht, Familienstand;

- **Sozioökonomische Kriterien** wie aktuelles Einkommen, Vermögen, Ausbildungsniveau, Branchenerfahrung, aktuelle Position, Berufsgruppe, Stellung im beruflichen Lebenszyklus;

- **Psychografische Kriterien** wie Lebensstil, Einstellungen, Interessen oder auch bedürfnisbezogene Motive;

- **Verhaltensbezogene Kriterien** wie durchschnittliche Betriebszugehörigkeit, Häufigkeit des Arbeitgeberwechsels;

- **Motivbezogene Kriterien** wie monetäre Motive, imagebezogene Motive, arbeitsinhaltliche Motive, karrierebezogene Motive bei der Stellensuche.

Die Segmentierung kann sich auf *eine* Kategorie von Segmentierungskriterien (z. B. verhaltensbezogene Kriterien) beziehen; es können aber auch verschiedene Gruppen von Segmentierungskriterien miteinander kombiniert werden. Die Segmente können sich dann aus scharf abgrenzbaren Zielgruppen oder aus Typen von Bedürfnisträgern zusammensetzen. Eine Typenbildung ist immer dann sinnvoll, wenn eine bedürfnisindividuelle Ansprache einzelner, potentieller Kandidaten aus ökonomischen Gründen nicht durchführbar scheint [vgl. RINGLSTETTER/KAISER 2008, S. 257].

Abbildung 2-08 stellt beispielhafte Segmente für die o. g. Segmentierungskriterien gegenüber.

Segmentierungs-kategorie	Beispielhafte Segmentierungs-kriterien	Beispielhafte Segmente			
		1	2	3	4
Demografische Segmentierung	• Alter • Geschlecht • Familienstand	Junge Internationale	Reife Erfahrene		
Sozioökonomische Segmentierung	• Berufsgruppe • Beruflicher Lebens-zyklus • Einkommen • Position • Vermögen • Bildungsniveau	Technische Fachrichtung Schul-abgänger Oberes Management	Kaufm. Fachrichtung Hochschul-absolventen Mittleres Management	 Berufs-erfahrene Unteres Management	
Psychografische Segmentierung	• Bedürfnisbezogene Motive • Kognitive Orientierung • Einstellung zur Arbeit • Aufstiegsstreben	„Auf das rich-tige Pferd setzen"-Typ Optimistisch Extrovertierte	„Viel verdie-nen, viel riskieren"-Typ Stille Hoffer	„Die Welt retten"-Typ Pessimisten	„Arbeiten, um zu leben"-Typ
Verhaltensbezogene Segmentierung	• Informationsverhalten • Arbeitsverhalten • Verhalten bei der Stellensuche	Informierte Job Hopper	Traditionelle Loyale	Interessierte Loyale	
Motivbezogene Segmentierung	• Monetäre • Imagebezogene • Karrierebezogene • Arbeitsinhalts-bezogene Motive	Image-orientierte	Karriere-orientierte	Gehalts-orientierte	Selbst-beweisende

[Quelle: STOCK-HOMBURG 2013, S. 152 f.]

Abb. 2-08:   Beispielhafte Segmentierungskriterien und Segmente

Unabhängig vom inhaltlichen Fokus der Segmentierung sind die einzelnen Ausprägungen der Segmentierungskriterien und -dimensionen dahingehend zu prüfen, ob sie folgenden *Segmentierungsanforderungen* genügen [vgl. SCHAMBERGER 2008, S. 50 ff.]:

- **Relevanz**, d. h. die Kriterien müssen zur Bildung und Abgrenzung von Segmenten relevant sein,

- **Operationalität**, d. h. die Segmente müssen messbar, definierbar und identifizierbar sein,

- **Erreichbarkeit**, d. h. die Segmente müssen für Signalisierungsinstrumente zugänglich sein,

- **Zeitliche Stabilität**, d. h. die Kriterien müssen über einen längeren Zeitraum hinweg aussagefähig sein,

- **Wirtschaftlichkeit**, d. h. die Kriterien sollen helfen, Segmente abzugrenzen, deren Bearbeitung sich lohnt.

Abbildung 2-09 zeigt die wichtigsten Segmentierungsbegriffe im Zusammenhang.

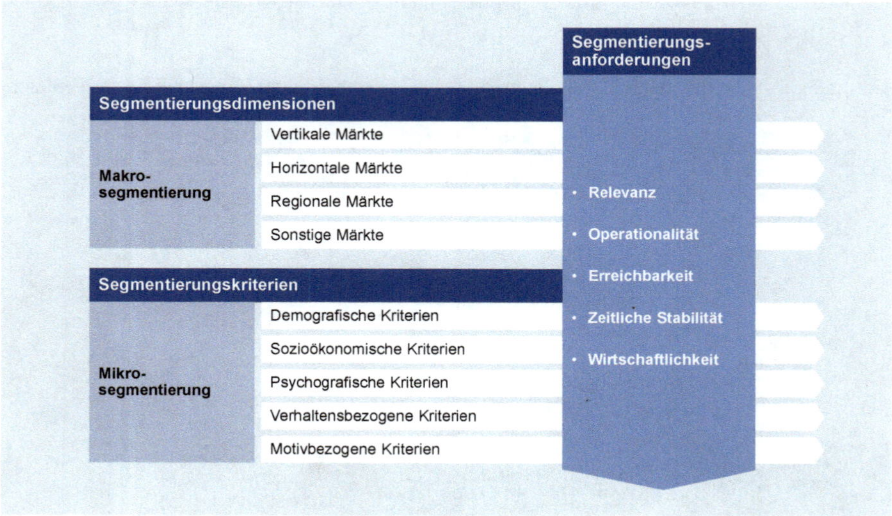

Abb. 2-09: Segmentierungsdimensionen, -kriterien und -anforderungen im Überblick

Die kurze Vorstellung der verschiedenen Segmentierungskriterien macht das *„Dilemma der Segmentierung“* für den Arbeitsmarkt deutlich: Während die Segmentbildung und -abgrenzung mit demografischen und sozioökonomischen Kriterien relativ leicht durchführbar sind, kann hier die Relevanz problematisch sein. Psychografische, verhaltens- und motivbezogene Segmentierungen dagegen weisen eine hohe Relevanz auf, die identifizierten Marktsegmente sind jedoch wesentlich schwerer zugänglich und messbar [zur vergleichbaren Problematik im (klassischen) Absatzmarketing vgl. HOMBURG/KROHMER 2009, S. 468].

Abbildung 2-10 verdeutlicht diesen Sachverhalt.

Kriterien \ Anforderungen	Relevanz	Operationalität (insb. Messbarkeit)	Erreichbarkeit
Demografische Segmentierung	nicht so hoch	hoch	hoch
Sozioökonomische Segmentierung	nicht so hoch	hoch	hoch
Psychografische Segmentierung	hoch	niedrig	niedrig
Verhaltensbezogene Segmentierung	hoch	niedrig	niedrig
Motivbezogene Segmentierung	hoch	niedrig	niedrig

[Quelle: LIPPOLD 2012, S. 66 unter Bezugnahme auf FRETER 1995, Sp. 1809 f.]

Abb. 2-10: Beurteilung der Segmentierungskriterien

2.1.7 Segmentbewertung

Sind die relevanten Marktsegmente identifiziert und die Bedürfnisse, Ziele und Erwartungen der anzusprechenden Zielgruppe (Bewerber/Kandidat) transparent, stehen Überlegungen des Unternehmens an, welche besonderen Herausforderungen in den jeweiligen Marktsegmenten vorherrschen. Wichtig sind in diesem Zusammenhang folgende Bewertungsdimensionen [vgl. RINGLSTETTER/KAISER 2008, S. 258 ff.]:

- Relatives Marktsegmentvolumen
- Qualifikationssituation
- Wettbewerbsintensität
- Vergütungsniveau.

2.1.7.1 Relatives Marktsegmentvolumen

Das relative Marktsegmentvolumen gibt die Anzahl der arbeitsplatzsuchenden Arbeitnehmer (Arbeitsnachfrage) im Verhältnis zur Anzahl aller angebotenen Arbeitsplätze (Arbeitsangebot) eines Marktsegments an. Dabei kann das quantitative Angebot an Arbeitsplätzen größer, kleiner oder gleich der entsprechenden Nachfrage sein. Wichtig ist in diesem Zusammenhang aber nicht die *statische* Sichtweise, sondern vielmehr die künftige *Entwicklung* des relativen Marktsegmentvolumens. Einflussfaktoren können das Wachstum der Branche, Rationalisierungsmöglichkeiten, Innovationen, demografische Veränderungen, Auswirkungen der Bildungspolitik und vieles andere mehr sein. Bringt man die statische und die dynamische Sichtweise zusammen, so sind drei unterscheidbare Szenarien denkbar [vgl. RINGLSTETTER/KAISER 2008, S. 259]:

- **Konvergenz:** Arbeitsangebot und -nachfrage konvergieren, d. h. eine vorher große Differenz zwischen beiden Größen wird abgebaut.

- **Kontinuität:** Die bestehende Relation zwischen beiden Größen bleibt unverändert.

- **Eskalation:** Die Diskrepanz zwischen Arbeitsangebot und -nachfrage wächst und eskaliert.

2.1.7.2 Qualifikationssituation

Das Niveau und die Verteilung der spezifischen Qualifikationen eines Marktsegments stellen ebenfalls besondere Anforderungen an personalsuchende Unternehmen. Zur Verdeutlichung soll hier das Marktsegment „Diplomkaufleute als Hochschulabsolventen" herangezogen werden. Grundsätzlich können dabei Überlegungen angestellt werden, ob es mehr oder weniger Diplomkaufleute als Arbeitsplätze gibt und ob das Niveau und sowie die Verteilung der Qualifikationen den nachgefragten Bedarf decken kann.

In Abbildung 2-11 sind einige dieser Möglichkeiten grafisch dargestellt. Danach besteht einerseits die Gefahr, den Mengenbedarf nicht decken zu können (Fall A) und das unternehmerische

Qualifikationsniveau zu senken (Fall C). Andererseits besteht aber auch die Chance, eine allgemeine Qualifikationssteigerung zu erreichen (Fall B und D).

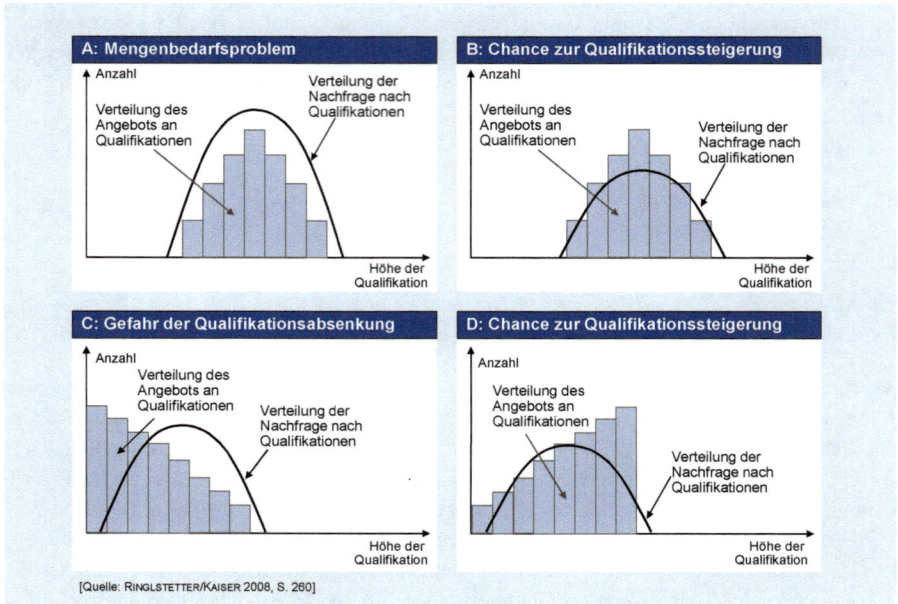

[Quelle: RINGLSTETTER/KAISER 2008, S. 260]

Abb. 2-11:   Menge, Niveau und Verteilung von Qualifikationen

2.1.7.3   Wettbewerbsintensität und Vergütungsniveau

Ein weiterer wichtiger Punkt der Segmentbewertung ist die Intensität des Wettbewerbs in einem Arbeitsmarktsegment. Kennzeichen einer besonderen Rivalität sind Positionskämpfe in Form der Zahlung von Spitzengehältern, Zusatzleistungen oder der Verbesserung von Weiterbildungsmaßnahmen oder Karrierechancen. In der Regel initiieren solche Maßnahmen entsprechende Gegenmaßnahmen bei den Wettbewerbern, so dass letztlich eine Veränderung der Rentabilität aller Wettbewerber die Folge ist [vgl. RINGLSTETTER/KAISER 2008, S. 261].

In der Beratungsbranche hat diese besondere Rivalität dazu geführt, dass sich die Gehälter nahezu aller Karrierestufen in der Höhe zum Teil deutlich von den entsprechenden Gehältern anderer Branchen entfernt haben. Schließlich ist weiterhin zu berücksichtigen, dass insbesondere Führungs- und Führungsnachwuchskräfte nur dann zu einem Arbeitsplatzwechsel zu bewegen sind, wenn das neue Gehalt (und/oder Zusatzleistungen) deutlich über den bisherigen Konditionen liegt. Häufig gilt hierbei das ungeschriebene Gesetz, dass ein Wechsel aus einer gesicherten Position nur dann vorgenommen werden sollte, wenn das neue Gehalt mindestens 20 Prozent über dem bisherigen liegt. Dies hängt nicht zuletzt auch mit der berechtigten Risikoaversion zusammen, da der wechselbereite Kandidat letztlich erst die Probezeit bei seinem neuen Arbeitgeber „überstehen" muss.

2.1.8 Optimierung des Bewerbernutzens

Zur Abrundung des Aktionsfeldes *Segmentierung des Arbeitsmarktes* werden die wichtigsten Aktionsparameter, Prozesse, Werttreiber und Instrumente im Zusammenhang dargestellt.

(1) Aktionsparameter

Im Wesentlichen sind es folgende Aktionsparameter, von denen die Optimierung des Bewerbernutzens abhängt:

- **Personalneubedarf**, der sich aus der Personalbedarfsplanung als Summe aus Zusatz- und Ersatzbedarf ergibt,

- **Anforderungsprofil**, das zusammen mit der Stellenbeschreibung konkrete Hinweise über das gesuchte Personal gibt,

- **Makrosegmentierung**, die der Auswahl und Ansteuerung der relevanten Segmentierungsdimensionen dient und

- **Mikrosegmentierung**, die alle relevanten Segmentierungskriterien festlegt.

Damit erweitert sich die Zielfunktion für die bewerberorientierte Segmentierung des Arbeitsmarktes, die die Optimierung des Bewerbernutzens anstrebt, folgendermaßen:

$$Bewerbernutzen = f\,(Segmentierung) = f\,(Personalbedarf,\ Anforderungsprofil,\ Makroseg\text{-}mentierung,\ Mikrosegmentierung) \rightarrow optimieren!$$

(2) Prozesse und instrumentelle Unterstützung

In Abbildung 2-12 ist beispielhaft ein Prozessmodell für das Aktionsfeld *Segmentierung* dargestellt. Die konkrete Ausgestaltung eines Prozessmodells ist von einer Vielzahl von Einflussfaktoren abhängig (Branche, Unternehmensgröße, Aktionsparameter, Art der Werttreiber etc.).

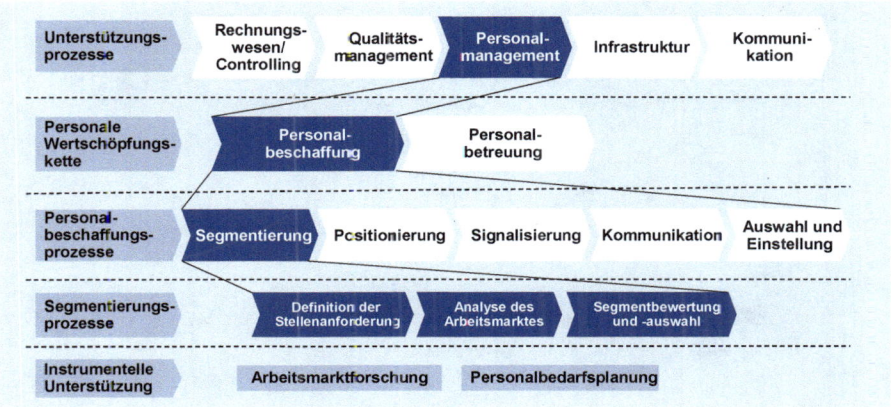

Abb. 2-12:   Prozessmodell für das Aktionsfeld „Segmentierung des Arbeitsmarktes"

Ein ganz wesentlicher Prozessschritt ist die Segmentbewertung und -auswahl. Hier spielen das relative Segmentvolumen, die Qualifikationssituation sowie die Wettbewerbssituation und das Vergütungsniveau eine wichtige Rolle. Gleichzeitig ist die Identifizierung der relevanten Marktsegmente der Ausgangspunkt für die anschließende Positionierung im Bewerbermarkt. Die wichtigsten Instrumente des Aktionsfeldes *Segmentierung* sind die Verfahren der Arbeitsmarktforschung und der Personalbedarfsplanung.

(3) Werttreiber

Unter dem Gesichtspunkt der **Wertanalyse** lassen sich folgende *Werttreiber* im Zusammenhang mit der Personalbedarfsplanung, die die Voraussetzung für die Arbeitsmarktsegmentierung darstellt, identifizieren [vgl. DGFP 2004, S. 32]:

– **Entwicklungsquote der Gesamtbelegschaft**, d. h. die Ist-Anzahl der Mitarbeiter im Verhältnis zum Soll-Wert. Mit diesem Werttreiber wird die Frage beantwortet, ob das Unternehmen genügend personalbezogene Handlungsoptionen besitzt, um eine Veränderung von Ist auf Soll vollziehen zu können.

– **Kompetenzstufen-Pyramide** (engl. *Skill-Level-Pyramid*), d. h. der Anteil der Mitarbeiter auf einer bestimmten Hierarchiestufe (engl. *Level* oder *Grade*) im Verhältnis zur Gesamtzahl der Mitarbeiter einer Organisationseinheit. Besonders dann, wenn die oberen Hierarchiestufen sehr stark ausgeprägt sind, so dass keine Pyramidenform mehr erkennbar ist, liegen Anzeichen für eine ungesunde Kompetenzstruktur vor. Die Analyse der Skill-Level-Pyramide ist gleichzeitig Grundlage für die Arbeitsmarktsegmentierung als erster Schritt der Personalbeschaffung.

(4) Zusammenfassung

In Abbildung 2-13 sind alle wesentlichen Aspekte dieses Aktionsfeldes (wie zugehöriger Aktionsbereich, Aktionsparameter, Instrumente der Segmentierung, Werttreiber sowie das Optimierungskriterium) zusammengefasst.

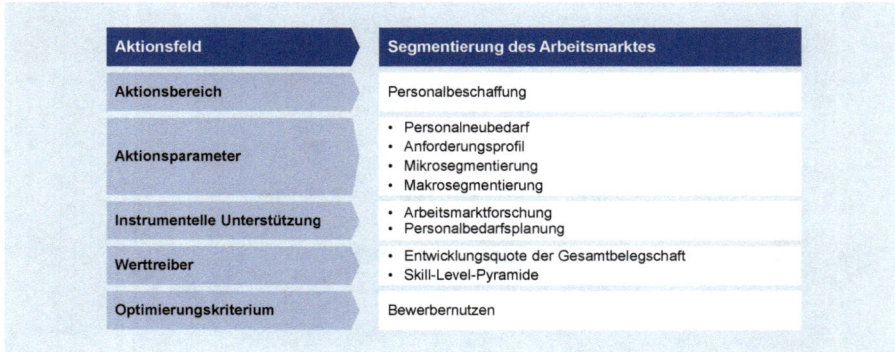

Abb. 2-13:   Wesentliche Aspekte des Aktionsfeldes „Segmentierung des Arbeitsmarktes"

2.2   Positionierung im Arbeitsmarkt

2.2.1   Aufgabe und Ziel der Positionierung

Die Wahl der geeigneten Mitarbeiter wird für Unternehmen durch die ansteigende Standardisierung der meisten Prozesse und Systeme innerhalb der eigenen Branche zunehmend zu einem strategischen Wettbewerbsvorteil [vgl. SUTHERLAND et al. 2002, S. 13]. Entsprechend groß ist das Bestreben möglichst qualifiziertes Personal für das eigene Unternehmen zu gewinnen. Jedes Personal suchende Unternehmen tritt in seinen Segmenten in aller Regel gegen einen oder mehrere Wettbewerber an, da – wie bereits erwähnt – besonders qualifizierte Bewerber mit hohem Potenzial i. d. R. zwischen den Angeboten mehrerer potentieller Arbeitgeber auswählen können. In einer solchen Situation kommt der Positionierung des Unternehmens als Arbeitgeber eine zentrale Rolle zu.

Die Positionierung ist das zweite wichtige Aktionsfeld im Personalbeschaffungsprozess und beinhaltet die Optimierung des *Bewerbervorteils*:

$$Bewerbervorteil = f\,(Positionierung) \rightarrow optimieren!$$

Die Positionierung verfolgt die Aufgabe, innerhalb der definierten Bewerbersegmente eine klare Differenzierung gegenüber dem Stellenangebot des Wettbewerbs vorzunehmen. Die Einbeziehung des Wettbewerbs mit seinen Stärken und Schwächen ist demnach ein ganz entscheidendes Merkmal der Positionierung.

2.2.2   Angebot und Nachfrage im Arbeitsmarkt

Dem allgemeinen Verständnis nach treten Unternehmen als Anbieter von Arbeitsplätzen und Bewerber als Nachfrager von Arbeitsplätzen im Arbeitsmarkt auf. Im traditionellen Sprachgebrauch haben sich daraus die Bezeichnungen Arbeitgeber und Arbeitnehmer entwickelt.

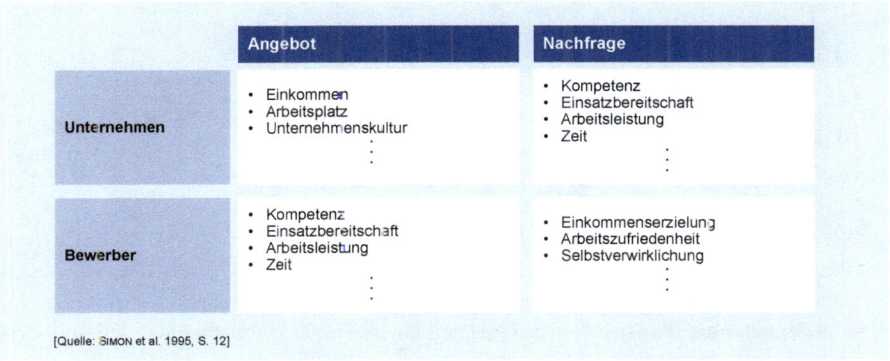

Abb. 2-14:   Angebot und Nachfrage im Arbeitsmarkt

Bei genauerer Betrachtung wird aber deutlich, dass Unternehmen und Bewerber gleichzeitig die Rolle des Anbieters und des Nachfragers einnehmen (siehe Abbildung 2-14). Denn neben dem Angebot von Arbeit und den damit verbundenen Komponenten wie Einkommen, Arbeitsplatz und Unternehmenskultur werden von den Unternehmen auch Arbeitsleistung, Kompetenz, Einsatzbereitschaft und Zeit nachgefragt.

Auch der Bewerber befindet sich in einer Doppelrolle. Die klassische Funktion des Bewerbers ist die Nachfrage nach Einkommen, Arbeitszufriedenheit und Selbstverwirklichung. Gleichzeitig ist der Bewerber aber auch Anbieter von Kompetenz, Motivation und Zeit, also Anbieter der von den Unternehmen im Arbeitsmarkt nachgefragten Leistung [vgl. SIMON et al. 1995, 11 f.].

Aus der Perspektive der potenziellen Bewerber bilden das wahrnehmbare Angebot und die wahrnehmbare Nachfrage eines Unternehmens zusammen die Gesamtheit der Merkmale, die ein Unternehmen von außen als Arbeitgeber definieren. Falls nun ein Entscheidungsspielraum bei der Wahl des zukünftigen Arbeitgebers vorhanden ist, besteht die Funktion der individuellen Unternehmenswahl darin, dass ein Bewerber die Merkmale der verschiedenen Arbeitgeber prüft und dann das Unternehmen wählt, dessen wahrgenommene Merkmale am besten mit den individuellen Anforderungen, die der Bewerber an einen Arbeitgeber stellt, vereinbar sind [vgl. THOMET 2005, S. 7 f.].

Dieser Gedanke kommt im *Konzept des strategischen Dreiecks* zum Ausdruck (Abbildung 2-15). Es setzt die Bewerber, das Unternehmen und seine Wettbewerber als Eckpunkte eines Dreiecks zueinander in Beziehung [vgl. SIMON et al 1995, S. 16].

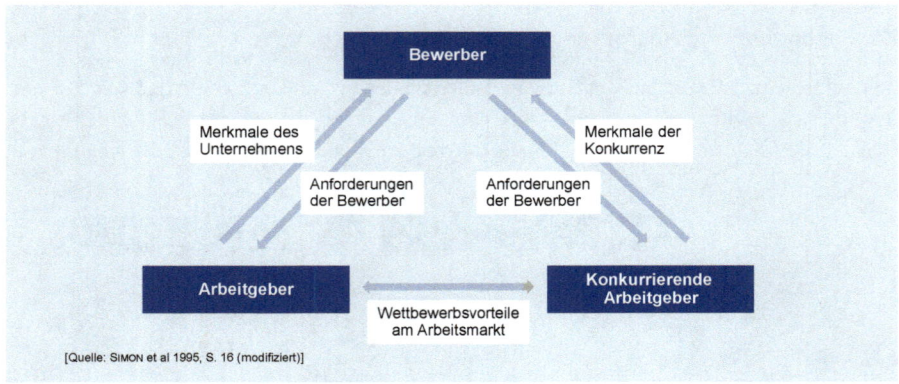

Abb. 2-15:   Strategisches Dreieck im Personalmarketing

In diesem Zusammenhang kommt dem **Informationsverhalten** der Bewerber eine ganz besondere Bedeutung zu. Dabei geht es um die Frage, wo sich Bewerber über einen potenziellen Arbeitgeber informieren. Hier bieten die Daten einer Absolventenbefragung, die das Beratungsunternehmen KIENBAUM im Frühjahr 2017 erhoben hat, einen sehr guten Überblick (siehe

Insert 2-02). Dabei verwundert es kaum, dass nahezu alle befragten Studierenden (93,7 Prozent) die Website eines Unternehmens als gern genutzte Informationsquelle auf der Suche nach ihrem potenziellen Arbeitgeber bewerten.

Insert

Wo/Wie informieren Sie sich über Ihren potenziellen Arbeitgeber?

Website des Unternehmens	93,7%
Hochschul-Bewerbermessen	53,3%
Business Networks (z. B. XING, LinkedIn)	53,0%
Jobbörsen (z. B. StepStone, Monster)	53,0%
Mitarbeiter des Zielunternehmens (Freunde, Bekannte)	48,1%
Suchmaschine (z. B. Google)	42,2%
Arbeitgeber-Bewertungsportale (z. B. Kununu)	29,6%
Erfahrungsberichte (in Chats/Foren/Communities)	28,5%
Tag der offenen Tür	27,4%
Broschüren und Flyer des Unternehmens	18,1%
Berichte in Zeitungen/Zeitschriften	17,4%
„private" Social Networks (z. B. Facebook)	13,7%
Videos über Arbeitgeber, Arbeitswelt etc.	9,6%
Anzeigen in Fachzeitschriften	6,7%
Apps (für die Rekrutierung)	4,8%
Anzeigen in Tageszeitungen	4,8%
Sonstiges	0,4%

N = 270. Mehrfachnennung möglich. Angegeben sind die Häufigkeiten der Nennungen in Prozent.

Als primäre Quelle von Informationen über ihren potentiellen Arbeitgeber dient Absolventen die Website des Unternehmens. Dahinter rangieren Hochschul-Bewerbermessen, Business Networks und Jobbörsen.

Weniger stark frequentiert werden Anzeigen in Fachzeitschriften, Recruiting-Apps und Anzeigen in Tageszeitungen.
[Quelle: KIENBAUM Absolventenstudie 2017]

Insert 2-02: Informationsverhalten von Hochschulabsolventen

2.2.3 Bewerbernutzen und Bewerbervorteil

In dieser (Wettbewerbs-)Situation reicht es für das Unternehmen nicht aus, *ausschließlich* nutzenorientiert zu argumentieren. Neben den reinen Bewerber*nutzen* muss vielmehr der Bewerber*vorteil* treten. Das ist der Vorteil, den der Bewerber bei der Annahme des Stellenangebots gegenüber dem (alternativen) Stellenangebot des Wettbewerbers hat.

Wer überlegenen Nutzen *(Bewerbervorteil)* bieten will, muss die Bedürfnisse, Probleme, Ziele und Nutzenvorstellungen des Bewerbers sowie die Vor- und Nachteile bzw. Stärken und Schwächen seines Angebotes gegenüber denen des Wettbewerbs kennen. Die wesentlichen Fragen in diesem Zusammenhang sind:

- Wie differenziert sich das eigene Stellenangebot von dem des Wettbewerbs?
- Welches sind die wichtigsten Alleinstellungsmerkmale (engl. *Unique Selling Proposition*) aus Bewerbersicht?

Bei der Beantwortung geht es allerdings nicht so sehr um die Herausarbeitung von Wettbewerbsvorteilen an sich. Entscheidend sind vielmehr jene Vorteile, die für den Bewerber interessant sind. Vorteile, die diesen Punkt nicht treffen, sind von untergeordneter Bedeutung. Unternehmen, die es verstehen, sich im Sinne der Bewerberanforderungen positiv vom Wettbewerb abzuheben, haben letztendlich die größeren Chancen bei der Rekrutierung von geeigneten Bewerbern [vgl. LIPPOLD 2010, S. 10].

Insert 2-03 gibt einen guten Überblick über die wichtigsten Kriterien, die bei der Arbeitgeberwahl – zumindest für Hochschulabsolventen, die im Rahmen der Kienbaum Absolventenstudie 2017 befragt wurden – eine Rolle spielen.

Danach sind den Absolventen Karriere, Weiterbildung und Gehalt wichtig – noch wichtiger aber sind Kollegialität und die Balance von Beruf und Freizeit. Weitere Benefits, eine bekannte Arbeitgebermarke sowie das soziale Engagement des Unternehmens sind für Absolventen weniger entscheidend bei der Entscheidung für einen Arbeitgeber.

Dieser Kriterienkatalog gibt darüber für jeden potenziellen Arbeitgeber deutliche Hinweise zur Positionierung im Arbeitsmarkt.

Insert

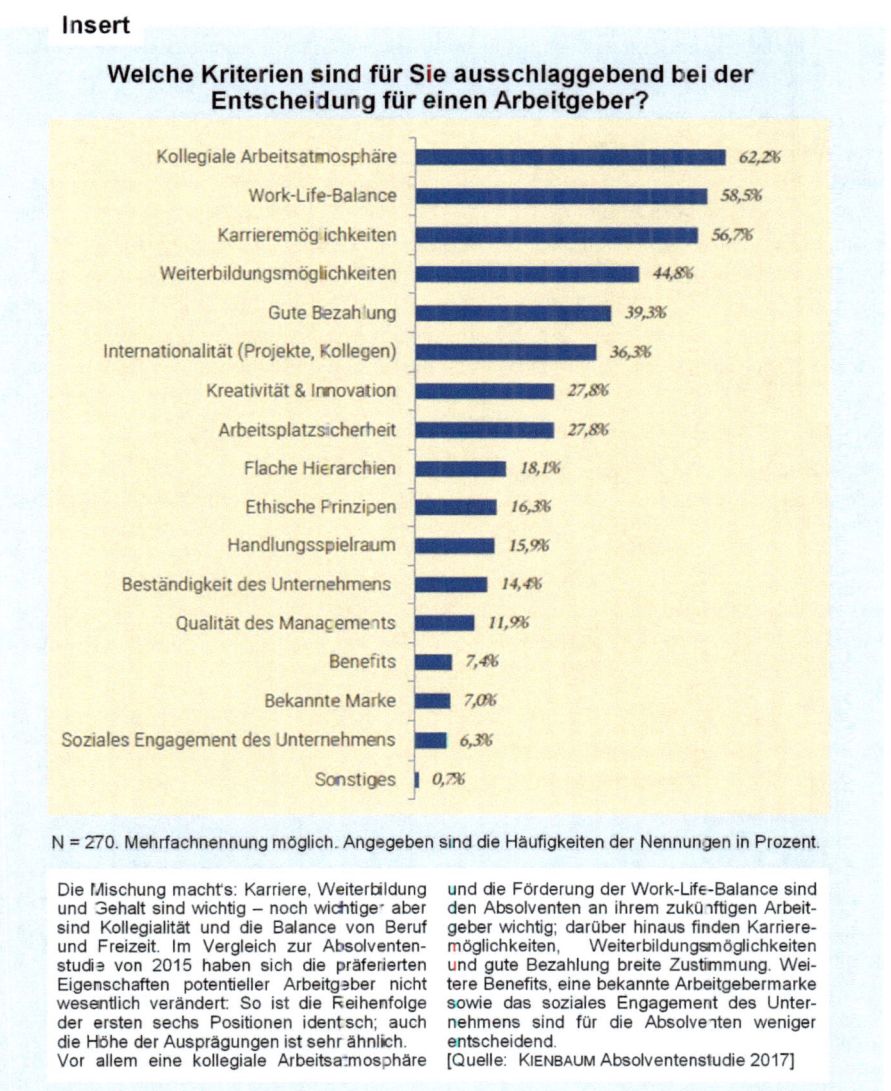

Welche Kriterien sind für Sie ausschlaggebend bei der Entscheidung für einen Arbeitgeber?

Kollegiale Arbeitsatmosphäre	62,2%
Work-Life-Balance	58,5%
Karrieremöglichkeiten	56,7%
Weiterbildungsmöglichkeiten	44,8%
Gute Bezahlung	39,3%
Internationalität (Projekte, Kollegen)	36,3%
Kreativität & Innovation	27,8%
Arbeitsplatzsicherheit	27,8%
Flache Hierarchien	18,1%
Ethische Prinzipen	16,3%
Handlungsspielraum	15,9%
Beständigkeit des Unternehmens	14,4%
Qualität des Managements	11,9%
Benefits	7,4%
Bekannte Marke	7,0%
Soziales Engagement des Unternehmens	6,3%
Sonstiges	0,7%

N = 270. Mehrfachnennung möglich. Angegeben sind die Häufigkeiten der Nennungen in Prozent.

Die Mischung macht's: Karriere, Weiterbildung und Gehalt sind wichtig – noch wichtiger aber sind Kollegialität und die Balance von Beruf und Freizeit. Im Vergleich zur Absolventenstudie von 2015 haben sich die präferierten Eigenschaften potentieller Arbeitgeber nicht wesentlich verändert: So ist die Reihenfolge der ersten sechs Positionen identisch; auch die Höhe der Ausprägungen ist sehr ähnlich. Vor allem eine kollegiale Arbeitsatmosphäre und die Förderung der Work-Life-Balance sind den Absolventen an ihrem zukünftigen Arbeitgeber wichtig; darüber hinaus finden Karrieremöglichkeiten, Weiterbildungsmöglichkeiten und gute Bezahlung breite Zustimmung. Weitere Benefits, eine bekannte Arbeitgebermarke sowie das soziales Engagement des Unternehmens sind für die Absolventen weniger entscheidend.
[Quelle: KIENBAUM Absolventenstudie 2017]

Insert 2-03: Kriterien bei der Arbeitgeberwahl

2.2.4 Positionierungselemente

Die Positionierung schafft also eine klare Differenzierung aus Sicht des Bewerbers. Inhaltlich hat die Positionierung die Aufgabe, die wichtigsten Ausprägungen des Bewerbervorteils herauszuarbeiten. Die Durchführung einer *Stärken-/Schwächenanalyse* sowie einer *Imageanalyse* sind hierbei wesentliche Aktivitäten. Die Kenntnis über das Personal- oder Arbeitgeberimage, das die Anziehungskraft eines Unternehmens auf potentielle Mitarbeiter bestimmt, ist dabei von besonderer Bedeutung.

Das **Personal- oder Arbeitgeberimage** ist ein Vorstellungsbild, das sich Menschen über Unternehmen als (möglichen) Arbeitgeber bilden. Es ist durch die *Interaktion mit dem Unternehmens- und Branchenimage* im höchsten Maße subjektiv und emotional fundiert und setzt sich aus mehreren Merkmalen zusammen [vgl. ASHFORTH/MAEL 1989, S. 24; TROMMSDORFF 1987, S. 121]. Die Summe der individuellen Bewertungen dieser Merkmale ergibt eine positive oder negative Einstellung gegenüber dem Unternehmen. Allerdings üben nicht alle Merkmale den gleichen Einfluss auf die individuelle Wahl des Arbeitgebers aus. Das bedeutet, dass die Positionierung anhand des Personal- bzw. Arbeitgeberimages nur dann einen Einfluss auf die individuelle Organisationswahl haben kann, wenn die relevanten Merkmale des Personalimages bearbeitet werden [vgl. THOMET 2005, S. 3]. Dabei muss zusätzlich die Interaktion des Personalimages mit anderen Vorstellungsbildern berücksichtigt werden.

Es gibt eine Vielzahl von Untersuchungen über relevante Merkmale des Personal- bzw. Arbeitgeberimages für die individuelle Stellenauswahl (siehe hierzu den Überblick bei THOMET 2005, S. 22).

In Abbildung 2-16 ist beispielhaft eine Reihe von Merkmalen aufgeführt, die für die Auswahlentscheidung von Hochschulabsolventen und damit für das Personalimage eines Unternehmens relevant sind [vgl. SCHAMBERGER 2006, S. 66 ff.]. Dieser Merkmalskatalog geht noch deutlich über die in Insert 2-03 genannten Kriterien hinaus und ist unterteilt in

- Merkmale des Branchenimages,
- Merkmale des Unternehmensimages,
- Merkmale des Images der Arbeitsplatzgestaltung und
- Vergütungsmerkmale.

Versucht man eine **Gewichtung** der Positionierungsmerkmale nach den Entscheidungskriterien der Bewerber (siehe auch Insert 2-03) durchzuführen, so rangieren die Elemente der Arbeitsplatzgestaltung deutlich vor denen des Branchen- und des Unternehmensimages. Lediglich die Vergütungskomponenten können mit den meisten Positionierungsmerkmalen der Arbeitsplatzgestaltung mithalten.

Abb. 2-16: *Positionierungselemente im Hochschulmarketing*

(1) Branchenimage

Gerade das Image der Branche, in der sich das Unternehmen befindet, kann wie ein Filter auf die Wahrnehmung des Personalimages einer Organisation wirken [vgl. VOLLMER 1993, S. 193]. Insbesondere bei weniger bekannten Unternehmen hat das Branchenimage einen Einfluss auf das Personalimage und die individuelle Stellenwahl.

Das Branchenimage ist vor allem durch die Wachstumsaussichten, durch die Ertragslage und durch das Umweltverhalten der Unternehmen einer Branche gekennzeichnet. Während ein negatives Branchenimage bereits dazu führen kann, dass ein Unternehmen bei der weiteren Suche nach einem attraktiven Arbeitgeber nicht mehr berücksichtigt wird, kann ein positives Branchenimage vorteilhaft für die Gesamtbeurteilung sein [vgl. TEUFER 1999, S. 146 f.]. Allerdings ist die kurzfristige Verbesserung des Branchenimages durch ein einzelnes Unternehmen nur begrenzt möglich.

(2) Unternehmensimage

Das Positionierungselement *Unternehmensimage* ermöglicht dem Unternehmen, den Nachteil einer evtl. geringeren Branchenattraktivität mit unternehmensbezogenen Kriterien auszugleichen oder ein positives Branchenimage noch weiter zu verstärken.

Hauptkriterien zur Beurteilung des Unternehmensimages sind die Bekanntheit des Unternehmens, seine Wirtschaftskraft sowie die vorherrschende Unternehmenskultur. Die Bekanntheit eines Unternehmens steht in enger Beziehung zum Image und der Bekanntheit seiner Marke(n).

Deshalb stehen Unternehmen mit attraktiven Produkten und Dienstleistungen sowie prestige-trächtigen Marken häufig an der Spitze der beliebtesten Arbeitgeber [vgl. SCHAMBERGER 2006, S. 69 und BECK 2008a, S. 33].

(3) Image der Arbeitsplatzgestaltung

Die Bedingungen des Arbeitsplatzes, also die konkrete Ausgestaltung der zukünftigen Tätigkeit, wird von den Stellensuchenden in aller Regel höher als das Branchen- oder Unternehmensimage bewertet. Hier sitzt den Bewerbern quasi „das Hemd näher als die Hose".

Im Rahmen der Arbeitsplatzgestaltung sind Kriterien wie Weiterbildungs- und Karrieremöglichkeiten, Führungsstil und Fragen der Vergütung (Kompensation) oder Zusatzleistungen (z. B. Firmenwagen) von Bedeutung für die Wahl des Arbeitgebers. Schließlich spielen „weiche" Faktoren wie die Vereinbarkeit von Privat- und Berufsleben oder ein attraktiver Firmenstandort eine Rolle. Interessant ist in diesem Zusammenhang die Fragestellung, ob die beiden Bewerbergruppen „High Potentials" und „Sonstige Studierende" die einzelnen Merkmale der Arbeitsplatzgestaltung unterschiedlich priorisieren. Eine Antwort auf diese Fragestellung gibt Insert 2-04 [vgl. SCHAMBERGER 2006, S. 70].

(4) Vergütung

Als viertes Positionierungselement soll die Vergütung angeführt werden. Die Vergütung ist der Preis des Arbeitsplatzes und könnte daher auch als Komponente der Arbeitsplatzgestaltung aufgefasst werden. Die Gesamtvergütung, die häufig mit attraktiven Zusatzleistungen wie Aktienoptionen, Prämien oder ähnliches angereichert wird, ist aus der Sicht des potentiellen Kandidaten ein hoher Anreiz, der den einzugehenden Belastungen bei einem Arbeitsplatzwechsel gegenübergestellt wird.

Insert

Rangfolge High Potentials	Rangfolge Sonstige Studierende
1. Gutes Betriebsklima	1. Gutes Betriebsklima
2. Weiterbildungsmöglichkeiten	2. Freiräume für selbstständiges Arbeiten
3. Freiräume für selbstständiges Arbeiten	3. Weiterbildungsmöglichkeiten
4. Kooperativer Führungsstil	4. Kooperativer Führungsstil
5. Freiräume, um Ziele zu verwirklichen	5. Freiräume, um Ziele zu verwirklichen
6. Karriereplanung	6. Unternehmenskultur
7. Übernahme von Verantwortung	**7. Zukunftsorientierung**
8. Internationale Ausrichtung	8. Übernahme von Verantwortung
9. Auslandseinsatz	9. Attraktive Vergütung
10. Unternehmenskultur	10. Teamarbeit
11. Attraktive Vergütung	11. Auslandseinsatz
12. Teamarbeit	12. Flexible Arbeitszeitgestaltung
13. Flexible Arbeitszeitgestaltung	13. Sicherheit des Arbeitsplatzes
14. Zukunftsorientierung	14. Internationale Ausrichtung
15. Attraktiver Standort	**15. Karriereplanung**

[Quelle: SCHAMBERGER 2006, S. 70]

Nahezu alle der oben aufgeführten Merkmale werden bei der Stellenauswahl von den beiden Bewerbergruppen „High Potentials" und „Sonstige Studierende" annähernd gleich gewichtet. Lediglich bei den Merkmalen „Karriereplanung" und „Zukunftsorientierung" zeigt sich ein signifikanter Unterschied: So wird das Merkmal „Karriereplanung" von der Gruppe „High Potentials" auf Rang 6 in der Prioritätenliste eingestuft, während es bei den „Sonstigen Studierenden" mit Rang 15 nur eine untergeordnete Bedeutung einnimmt. Das Merkmal „Zukunftsorientierung" wird dagegen von den „Sonstigen Studierenden" deutlich höher eingestuft, als von den „High Potentials". Hierbei liegt die Vermutung nahe, dass „Zukunftsorientierung" ein hohes Maß an Sicherheit vermittelt, die für die „High Potentials" ganz offensichtlich bei der Arbeitgeberwahl nicht so wichtig ist. Besonders augenfällig ist überdies, dass das Merkmal „Attraktive Vergütung" von beiden Bewerbergruppen relativ weit niedrig eingestuft wird (Priorität 11 bei den „High Potentials" und Priorität 9 bei den „Sonstigen Bewerbern"). Dies macht deutlich, dass bei weitem nicht immer das Gehalt der entscheidende Faktor bei der Stellenauswahl ist. Andererseits werden von den beiden Bewerbergruppen gerade jene Merkmale besonders hoch eingestuft, deren tatsächliches Eintreffen sich erst nach der Einstellung herausstellen wird. Insofern ist es ganz besonders wichtig, dass das vom Bewerber ausgewählte Unternehmen das in ihm gesetzte Vertrauen nicht enttäuscht.

Insert 2-04: Merkmalsrangfolge bei der Wahl des Arbeitsplatzes

2.2.5 Employer Branding

Als unternehmensstrategische Maßnahme mündet die Positionierung ein in die Schaffung einer attraktiven **Arbeitgebermarke** (engl. *Employer Branding*). Dabei werden Konzepte aus dem Absatzmarketing (besonders der Markenbildung) angewandt, um ein Unternehmen als attraktiven Arbeitgeber darzustellen und von anderen Wettbewerbern im Arbeitsmarkt positiv abzuheben (zu positionieren).

2.2.5.1 Aufgabe und Ziel des Employer Branding

Die Arbeitgeberpositionierung als unternehmensstrategische Maßnahme ist also Ausgangspunkt für den Employer Branding-Prozess, der das Ziel verfolgt, eine glaubwürdige und positiv aufgeladene Arbeitgebermarke aufzubauen. Diese soll den Arbeitgeber gleichsam profilieren und von anderen Arbeitgebern differenzieren. Dabei nutzen Unternehmen ihre „Employer Value Proposition" nicht nur für das Rekruting neuer Talente, sondern zunehmend auch um unternehmensintern die Mitarbeiterbindung und -Identifikation zu stärken. Dieser integrative Ansatz hat sich auch in der Employer Branding-Praxis zunehmend herausgebildet und bewährt [vgl. KUNERTH/MOSLEY 2011, S. 19 ff.].

Employer Branding ist die identitätsbasierte, intern wie extern wirksame Entwicklung und Positionierung eines Unternehmens als glaubwürdiger und attraktiver Arbeitgeber [Definition der DEBA 2007].

Entwicklung, Umsetzung und Messung dieser Positionierungsstrategie zielen dabei auf die nachhaltige Optimierung von Mitarbeitergewinnung und Mitarbeiterbindung einerseits, sowie auf Leistungsbereitschaft, Unternehmenskultur und auf die Verbesserung des Unternehmensimages anderseits [vgl. DEBA 2007].

Employer Branding kann den Aufbau der Corporate Brand, also der Unternehmensmarke, unterstützen. Corporate Branding ist jedoch durch die Ansprache aller Stakeholder-Gruppen des Unternehmens weiter gefasst und überwiegend nach außen gerichtet. Auch Produktmarken stehen in Wechselwirkung mit der Arbeitgebermarke, das eher operative Product Branding ist jedoch stärker nachfragegetrieben und an aktuellen externen Erwartungen ausgerichtet [vgl. PETT/THIEME 2012].

Der Employer Branding Prozess besteht im Allgemeinen aus vorbereitenden und strategiebildenden Schritten, die sich dann in interne und externe Prozessschritte aufgliedern. Das Employer Brand Management steuert und prüft den Ressourceneinsatz und Effekte u. a. durch die Entwicklung und den Einsatz eines geeigneten Kennzahlensystems.

In Abbildung 2-17 ist als Beispiel für den die einzelnen Schritte des Employer Branding Prozesses das Modell der DEBA dargestellt.

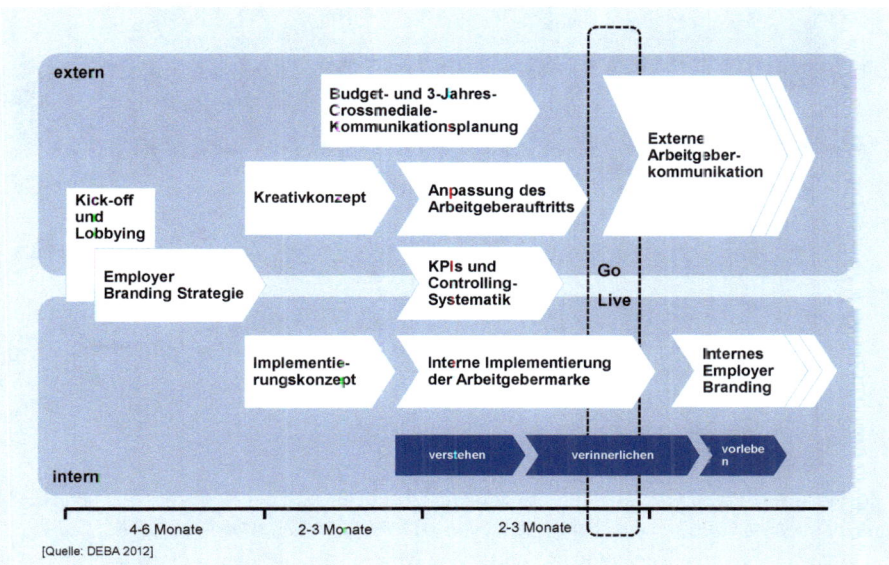

Abb. 2-17: *Beispiel eines Employer Branding Prozessmodells*

Eine gute Positionierung ermöglicht es, Mitarbeiter und Führungskräfte auf die strategischen Ziele des Unternehmens auszurichten und gleichzeitig ihr Bekenntnis (engl. *Commitment*) zum, sowie ihre Identifikation mit dem Unternehmen zu stärken. Das Ergebnis ist ein höheres Mitarbeiterengagement. In der Summe aller Effekte steigert ein fundierter Employer Branding-Prozess also die Attraktivität und Wettbewerbsfähigkeit eines Arbeitgebers, seine Reputation bei allen Stakeholder-Gruppen und letztlich seinen Unternehmenserfolg insgesamt. Das Ergebnis ist eine wettbewerbsfähige Arbeitgebermarke, deren Bedeutung insbesondere auch von hochqualifizierten Bewerbern sehr hoch eingeschätzt wird (siehe Insert 2-05).

2.2.5.2 Phasen des Employer Branding

Aus Sicht der „Candidate Journey" lassen sich die Maßnahmen zum Aufbau und zur Verbesserung einer Arbeitgebermarke in sechs Phasen unterteilen [vgl. RECRUITING TRENDS 2018 – Employer Branding]:

- 1. Phase: Sichtbarkeit des Arbeitgebers (z.B. Werbung vom Arbeitgeber sehen)
- 2. Phase: Interesse am Job des Arbeitgebers (z.B. Karrierewebseite des Arbeitgebers besuchen)
- 3. Phase: Bewerbung beim Arbeitgeber (z.B. Bewerbung abschicken)
- 4. Phase: Kennenlernen und Entscheiden (z.B. Vorstellungsgespräch führen)
- 5. Phase: Onboarding beim Arbeitgeber (z.B. Teilnahme am Einführungsseminar)
- 6. Phase: Arbeit beim Arbeitgeber. (z.B. Teammeetings mit Kollegen).

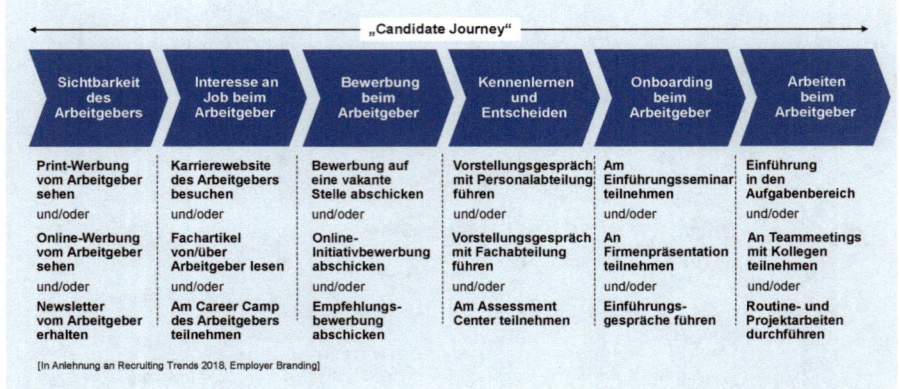

Abb. 2-18:   Die „Candidate Journey" aus Sicht des Employer Branding

Die ersten vier Phasen der **„Candidate Journey"** beziehen sich auf Bewerber, die noch nicht im Unternehmen arbeiten. Die beiden letzten Phasen dagegen betreffen Mitarbeiter, die bereits „an Board" sind. Employer Branding wirkt also sowohl nach außen, d.h. für Bewerber, als auch nach innen, d.h. für Mitarbeiter. Die wichtigste Phase der Candidate Journey ist ganz offensichtlich die vierte Phase, d.h. das gegenseitige Kennenlernen und die sich anschließende Entscheidung von Kandidaten und Unternehmen, ob man zusammenkommt oder nicht [vgl. RECRUITING TRENDS 2018 – Employer Branding].

Da die allermeisten Maßnahmen des heutigen Employer Branding-Ansatzes lediglich auf die erste Phase der Candidate Journey abzielt, liegt hier ganz offensichtlich das Problem des „klassischen" Employer Branding. Mit anderen Worten, wenn es dem Employer Branding nicht gelingt, auch Maßnahmen und Instrumente für die vierte Phase anzubieten, wird sich dieser Ansatz kaum vom Corporate Branding unterscheiden.

2.2.5.3   Inhalte des Employer Branding

Die Entwicklung einer durchschlagskräftigen Arbeitgeberpositionierung basiert auf Identität, Werten, Kultur und Zielen des Unternehmens. Eine gute Arbeitgeberpositionierung ist damit auch ein zukunftsorientiertes Führungsinstrument – verbunden mit dem Bekenntnis des Managements, die angestrebte Positionierung auch faktisch in Prozessen, Strukturen, Arbeitgeberverhalten und -angebote umzusetzen. Letztlich sind es drei Merkmale, auf die das Employer Branding abzielt:

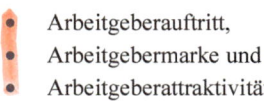

- Arbeitgeberauftritt,
- Arbeitgebermarke und
- Arbeitgeberattraktivität.

(1) Arbeitgeberauftritt

Der Arbeitgeberauftritt beschreibt die Gesamtheit aller medialen Signale eines Arbeitgebers (Anzeigen, Homepage, Broschüren, Messestand, Raumdesign u.v.m.). Die Gestaltung des Arbeitgeberauftritts sichert einen einheitlichen Gesamteindruck über alle Medien hinweg und sollte mit dem Corporate Design des Unternehmens übereinstimmen. Möglichst jede Maßnahme sollte auf das Konto der Arbeitgebermarke eingezahlt werden.

(2) Arbeitgebermarke

Ein Unternehmen wird als Arbeitgebermarke wahrgenommen, wenn es ein unverwechselbares inneres Vorstellungsbild erzeugt, das sich bei seinen Zielgruppen dauerhaft festsetzt. Die Voraussetzungen dafür sind eine treffende, zugespitzte Arbeitgeberpositionierung sowie die Unternehmensmarke, mit der die Arbeitgebermarke eng verzahnt sein sollte. Wer eine starke Arbeitgebermarke etabliert und weiterentwickelt, kann der Herausforderung, Talente zu gewinnen und langfristig ans Unternehmen zu binden, leichter begegnen. Niedrigere Kosten in der Anwerbung, Auswahl und Bindung von Mitarbeitern werden mit einem schlagkräftigen Employer Branding in Verbindung gebracht. [Zur Employer-Branding-Strategie in der Praxis siehe insbesondere STEINLE/THIES 2008.] So wirkt die Arbeitgebermarke in den Bewerbermärkten wie ein Filter, der gezielt die passenden Kandidaten anzieht und die anderen fernhält. Eine weitere Möglichkeit zum Auf- und Ausbau einer Arbeitgebermarke bieten die **netzwerkorientierten Internetplattformen** (engl. *Social Networks*) wie XING, FACEBOOK, TWITTER und LINKEDIN.

Positiv wirkt sich eine starke Arbeitgebermarke auch auf den Verbleib der Mitarbeiter im Unternehmen aus. Eine geringere Mitarbeiterfluktuation wiederum sichert eine höhere Rendite der Personalentwicklungsmaßnahmen (engl. *Return on Development*). Employer Branding beugt vor allem auch der Abwanderung von Potenzial- und Leistungsträgern vor. Dieses Phänomen tritt verstärkt auf, sobald die Chancen zum Wechseln zunehmen. Also genau dann, wenn die Konjunktur wieder anspringt.

(3) Arbeitgeberattraktivität

Die Positionierung als Arbeitgebermarke steigert die Anziehungskraft eines Arbeitgebers für Bewerber wie Mitarbeiter. Sie kann sich aus verschiedenen Quellen speisen und führt zu Vorteilen im Wettbewerb der Arbeitgeber um qualifizierte Arbeitskräfte sowie zu einem höheren Mitarbeiterengagement. Arbeitgeberattraktivität ist umso nachhaltiger, je besser das Bild, das nach außen kommuniziert wird, mit der Unternehmensrealität übereinstimmt. Schließlich ist Glaubwürdigkeit die Voraussetzung für eine nachhaltige Arbeitgeberattraktivität.

Die **Durchsetzung einer Arbeitgebermarke** im Arbeitsmarkt lebt vom „Mitmachen" aller Verantwortlichen im Unternehmen. Besonders das Top-Management beeinflusst durch sein Verhalten, wie gut eine Employer Branding-Strategie im Unternehmen angenommen wird. Das Management Commitment sorgt dafür, dass die Unternehmer, Vorstände und Geschäftsführer sich selbst als treibende Kraft hinter der Arbeitgebermarke engagieren. Um ihre Führungsrolle darauf abzustimmen (engl. *Leadership Branding*), brauchen sie ein gemeinsames Verständnis der Markenpositionierung.

2.2.6 Ableitung von Personalakquisitionsstrategien

Auf der Basis der oben durchgeführten Segmentbewertung lassen sich die besonderen Herausforderungen in den als relevant identifizierten Segmenten mit speziellen Personalakquisitionsstrategien begegnen (siehe Abbildung 2-19). Aufgrund unterschiedlicher Ausgangssituationen
sind im Wesentlichen drei verschiedene Akquisitionsstrategien denkbar [vgl. RINGLSTET-
TER/KAISER 2008, S. 264 ff. unter Bezugnahme auf KAISER 2004, S. 171 ff.]:

- (Arbeits-)Marktentwicklungsstrategie
- Signalisierungs- bzw. Kommunikationsstrategie
- Wettbewerbsstrategie.

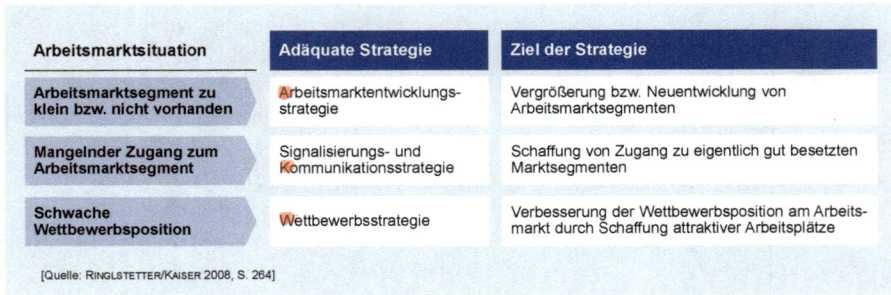

Arbeitsmarktsituation	Adäquate Strategie	Ziel der Strategie
Arbeitsmarktsegment zu klein bzw. nicht vorhanden	Arbeitsmarktentwicklungs- strategie	Vergrößerung bzw. Neuentwicklung von Arbeitsmarktsegmenten
Mangelnder Zugang zum Arbeitsmarktsegment	Signalisierungs- und Kommunikationsstrategie	Schaffung von Zugang zu eigentlich gut besetzten Marktsegmenten
Schwache Wettbewerbsposition	Wettbewerbsstrategie	Verbesserung der Wettbewerbsposition am Arbeits- markt durch Schaffung attraktiver Arbeitsplätze

[Quelle: RINGLSTETTER/KAISER 2008, S. 264]

Abb. 2-19:   Ableitung marktadäquater Personalakquisitionsstrategien

(1) Arbeitsmarktentwicklungsstrategie

Die Marktentwicklungsstrategie zielt darauf ab, die Entstehung neuer, relevanter Arbeitsmarkt-
segmente zu fördern. Die Verfolgung dieser Strategie liegt dann nahe, wenn auf dem gesamten
Arbeitsmarkt überhaupt kein oder vielleicht nur ein relevantes Marktsegment besteht, in dem
sich dann allerdings nur sehr wenige potentielle Kandidaten befinden. Eine solche direkte Beeinflussung des Arbeitsmarktes kann aber nur dann wirksam sein, wenn große Konzerne oder
gemeinschaftliche Aktionen solche kommunikativen Eingriffe auf dem Arbeitsmarkt vornehmen. So hatte bspw. der SIEMENS Konzern aufgrund seines spezifischen Bedarfs an Elektroin-
genieuren Veränderungen am Arbeitsmarkt bewirken können. Auch die sogenannten *Exoten-
programme* der Unternehmensberatungen MCKINSEY und BOSTON CONSULTING GROUP, mit
denen Geistes- und Naturwissenschaftler angesprochen wurden, um den stark wachsenden Bedarf an neuen Mitarbeitern zu befriedigen, fallen in diese Strategie-Kategorie. Neben dem teilweise doch erheblichen Entwicklungs- und Kommunikationsaufwand ist vor allem die große
Zeitspanne, die während der Entwicklung von Marktsegmenten verstreicht, schwierig zu hand-
haben.

(2) Signalisierungs- bzw. Kommunikationsstrategie

Die Wahl einer Signalisierungs- bzw. Kommunikationsstrategie liegt dann nahe, wenn zwar
ein gut besetztes Marktsegment besteht, der Zugang des Unternehmens zu diesem Segment

aber nicht gelingt bzw. schwierig ist. Diese Strategie zielt darauf ab, potenzielle Kandidaten zu einer Entscheidung für das Unternehmen zu bewegen, in dem sich das Unternehmen als besonders interessanter und attraktiver Arbeitgeber positioniert und präsentiert. Hier sind insbesondere die Aktionsfelder *Signalisierung* und *Kommunikation* angesprochen. Ohne den Optimierungsmöglichkeiten dieser Aktionsfelder in den Abschnitten 2.3 und 2.4 vorgreifen zu wollen, soll an dieser Stelle aber nochmals betont werden, wie wichtig es ist, dass die suchenden Unternehmen die Bedürfnisse ihrer Kandidaten kennen.

(3) Wettbewerbsstrategie

Die Wettbewerbsstrategie, die deutlich über die Signalisierungs- bzw. Kommunikationsstrategie hinausgeht, sollte dann eingeschlagen werden, wenn ein Unternehmen zwar den Zugang zu einem relevanten Arbeitsmarktsegment hat, die Wettbewerbsposition in diesem Segment aber nur sehr schwach ausgeprägt ist. Während bei der Signalisierungs- bzw. Kommunikationsstrategie die bereits bestehenden Arbeitgebervorteile lediglich vermittelt werden, müssen diese Vorteile bei der Wettbewerbsstrategie überhaupt erst geschaffen werden. Dabei geht es im Wesentlichen darum, sich gegenüber den Konkurrenten in den relevanten Absatzmarktsegmenten durch folgende **Strategien** zu positionieren:

- Arbeitgeberstrategie
- Arbeitsplatzstrategie
- Vergütungsstrategie.

In Abbildung 2-20 sind die wesentlichen Aspekte dieser drei Positionierungsstrategien zusammengefasst.

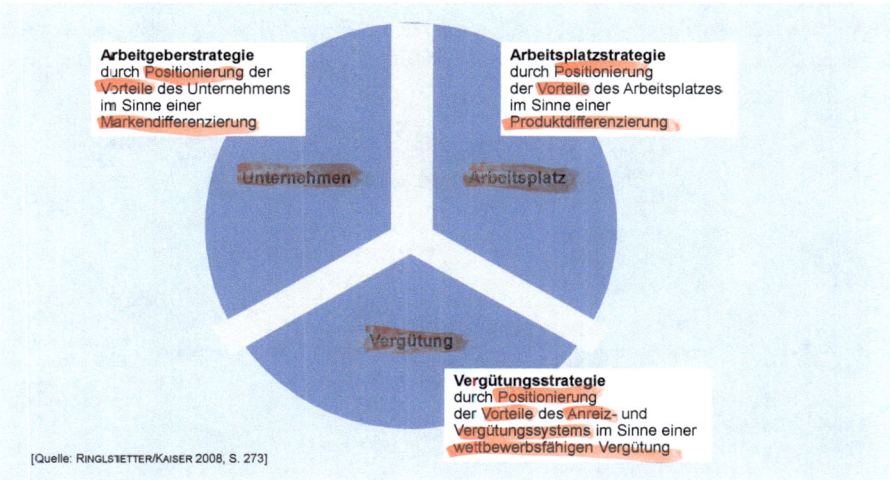

[Quelle: RINGLSTETTER/KAISER 2008, S. 273]

Abb. 2-20:   Ansatzpunkte zur Verbesserung der Wettbewerbsposition

2.2.7 Optimierung des Bewerbervorteils

Zum Schluss des Kapitels sollen die wesentlichen Punkte des Aktionsfeldes *Positionierung im Arbeitsmarkt* zusammengefasst und die wichtigsten Parameter, Prozesse, Instrumente und Werttreiber im Zusammenhang dargestellt werden.

(1) Aktionsparameter

Das Aktionsfeld *Positionierung im Arbeitsmarkt* wird also in hohem Maße von der Gestaltung des Employer Branding bestimmt. Das Employer Branding wiederum setzt sich aus folgenden drei Parametern zusammen:

- **Arbeitgeberauftritt** als Gesamtheit aller medialen Signale eines Arbeitgebers,
- **Arbeitgebermarke** als unverwechselbares Vorstellungsbild beim Bewerber/Arbeitnehmer und
- **Arbeitgeberattraktivität** als spezifische Anziehungskraft für Bewerber und Mitarbeiter.

Damit ergibt sich durch Einsetzen der Positionierungsparameter folgende Optimierung des Bewerbervorteils:

$$Bewerbervorteil = f\,(Positionierung) = f\,(Employer\ Branding)$$
$$= f\,(Arbeitgeberauftritt,\ Arbeitgebermarke,\ Arbeitgeberattraktivität) \rightarrow optimieren!$$

(2) Prozesse

Abbildung 2-21 zeigt beispielhaft ein Prozessmodell für das Aktionsfeld *Positionierung*. Die konkrete Ausgestaltung eines Prozessmodells ist von einer Vielzahl von Einflussfaktoren abhängig (Branche, Unternehmensgröße, Personalbedarf, Art- und Tiefe der Werttreiber etc.).

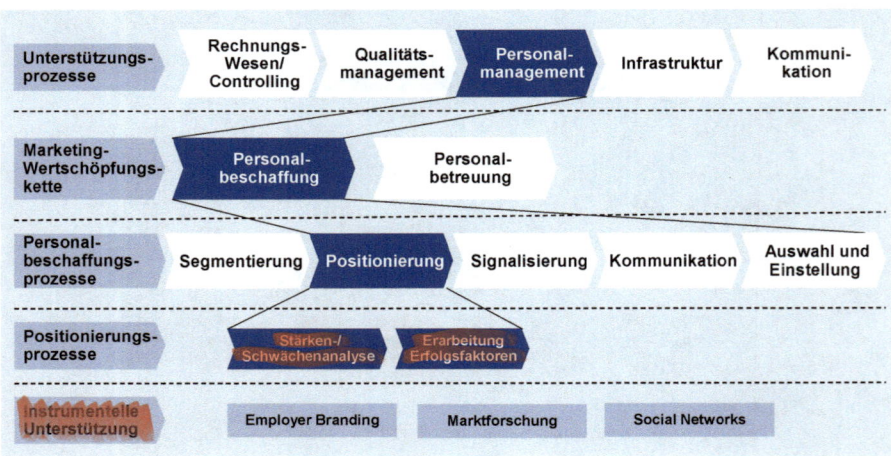

Abb. 2-21:   Prozessmodell für das Aktionsfeld „Positionierung im Arbeitsmarkt"

Als instrumentelle Unterstützung der Positionierungsprozesse kommen das Employer Branding, Social Networks sowie die verschiedenen Methoden und Verfahren der Marktforschung in Betracht.

(3) Werttreiber

Folgende *Werttreiber* lassen sich für den Erfolgsfaktor *Arbeitgeberattraktivität* identifizieren [vgl. DGFP 2004, S. 42 f.]:

- Platzierung in einem definierten **Arbeitgeberimage-Ranking**, d. h. wie wird das Unternehmen aus Sicht von bestimmten Bewerberzielgruppen (z. B. Hochschulabsolventen) als möglicher Arbeitgeber im Vergleich zu konkurrierende Unternehmen eingestuft.

- **Erfolgsquote Bewerbungen**, d. h. der Anteil der Bewerbungen, die zu Einstellungen geführt haben, werden ins Verhältnis zu allen Bewerbungen gesetzt. Letztlich ist hier die Frage entscheidend, ob aufgrund des Arbeitgeberimages qualitativ hochwertige Bewerber die jeweils ausgeschriebene Stelle antreten.

- Anzahl der **angenommenen/abgewiesenen Vertragsangebote**

- Anzahl der **positiven Nennungen** des Unternehmens in den Medien

- **Imagewert** bei unterschiedlichen Zielgruppen

- **Bekanntheitsgrad** bei unterschiedlichen Zielgruppen.

(4) Zusammenfassung

In Abbildung 2-22 sind die wichtigsten Aspekte des Aktionsfeldes *Positionierung im Arbeitsmarkt* (wie zugehöriger Aktionsbereich, Aktionsparameter, Instrumente, Werttreiber sowie das Optimierungskriterium) zusammengefasst.

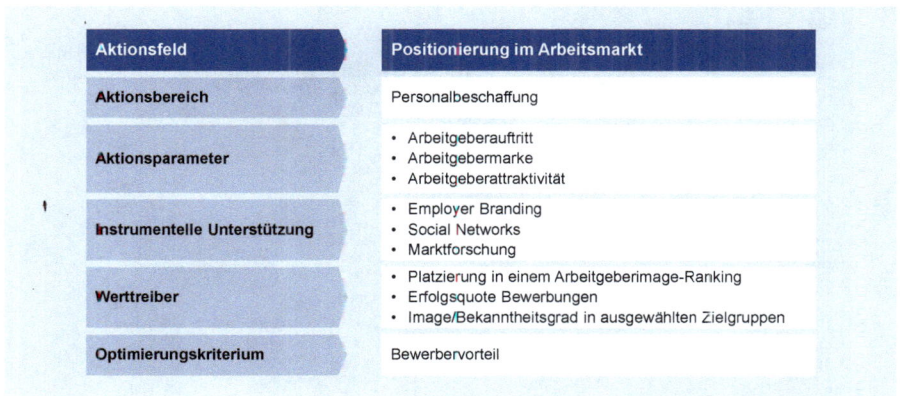

Abb. 2-22: *Wesentliche Aspekte des Aktionsfeldes „Positionierung im Arbeitsmarkt"*

2.3 Signalisierung im Arbeitsmarkt

2.3.1 Aufgabe und Ziel der Signalisierung

Unter Signalisierung soll im Personalmarketing die Gestaltung des *äußeren* Kommunikations-
prozesses eines Unternehmens verstanden werden. Sie besteht in der systematischen Bewusst-
machung des Bewerbervorteils und schließt damit unmittelbar an die Ergebnisse der Positionierung an. Die Positionierung gibt der Signalisierung vor, *was* im Markt zu kommunizieren
ist. Die Signalisierung wiederum sorgt für die Umsetzung, d. h. *wie* das Was zu kommunizieren
ist. Die Signalisierung ist damit das dritte wesentliche Aktionsfeld im Rahmen des Personalbeschaffungsprozesses einer Unternehmensberatung und hat die Optimierung der *Bewerberwahrnehmung* zum Ziel:

$$Bewerberwahrnehmung = f\ (Signalisierung) \rightarrow optimieren!$$

Signale haben im klassischen (Absatz-)Marketing die Aufgabe, einen Ruf aufzubauen und in-
novative Produkt- und Leistungsvorteile glaubhaft zu machen. Das gilt in gleicher Weise für
das Personalmarketing im Arbeitsmarkt. Unverzichtbare Elemente sind dabei Seriosität, Glaubwürdigkeit und Kompetenz in den Aussagen und Darstellungen. Dazu ist es erforderlich, dass
die Signale mehrere Quellen (z. B. Unternehmens-, Stellenanzeigen, Internetauftritt, Re-
cruitingprospekte) haben und in sich konsistent sind. Gleichzeitig muss sich das signalisierende
Unternehmen bewusst machen, dass die Signale auch auf mehrere Empfänger mit unterschiedlichen Voraussetzungen und Zielen stoßen [vgl. LIPPOLD 2010, S. 12].

Im Gegensatz zum Aktionsfeld *Kommunikation* (siehe Abschnitt 2.4) befasst sich das Aktionsfeld *Signalisierung* ausschließlich mit den *unpersönlichen* (anonymen) Kommunikationskanä-
len. Bei der Signalisierung muss es also – im Gegensatz zur Kommunikation – nicht notwendigerweise zu einer Interaktion (zwischen Sender und Empfänger) kommen. Abbildung 2-23
macht diese Unterscheidung deutlich.

[Quelle: STOCK-HOMBURG 2013, S. 165 (modifiziert)]

Abb. 2-23:   Abgrenzung von Signalisierungs- und Kommunikationsmaßnahmen

2.3.2 Signalisierungsmodell

Um die Empfänger, d. h. die Zielgruppe der Signale, in ihrer unterschiedlichen Konditionierung mit den jeweils richtigen Kommunikationsinhalten anzusprechen, sollte zunächst ein *Signalisierungsmodell* aufgestellt werden. Ein solches Modell stellt die *Struktur* des Signalisierungsprozesses (Ziele, Strategien, Bewerberzielgruppe etc.) dar und ist die Grundlage für die zu signalisierenden Inhalte. Die *Signalisierungsinhalte* wiederum bilden in ihrer Gesamtheit das Signalisierungsprogramm, das dann von den *Signalisierungsinstrumenten* (Unternehmenswerbung, PR, Print- und Online-Stellenanzeigen etc.) umgesetzt und an die *Bewerberzielgruppe* herangetragen wird [vgl. LIPPOLD 1993, S. 166 f.].

Die Zusammenhänge zwischen Signalisierungsmodell, -programm und -instrumenten sind in Abbildung 2-24 dargestellt.

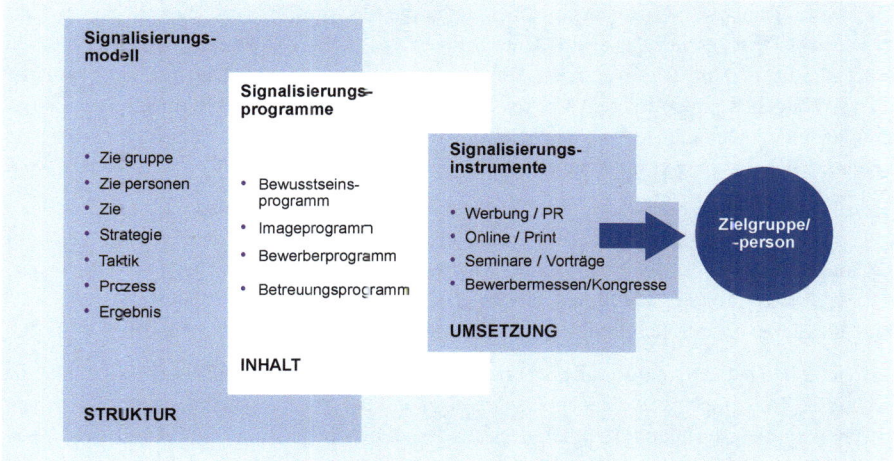

Abb. 2-24: Signalisierungsmodell, -programme und -instrumente

Signalisierungsmodelle im Personalmarketing haben die Aufgabe, den Signalisierungsprozess mit potentiellen Bewerbern und externen Beobachtern eines Unternehmens zu strukturieren und in seiner Komplexität zu vereinfachen. Zur Verdeutlichung dieser Aufgabenstellung dient ein Signalisierungsmodell, das ursprünglich für den Absatzmarkt konzipiert wurde [siehe IBM 1984] und auf den Arbeitsmarkt übertragen wird (Abbildung 2-25).

Im Vordergrund des Signalisierungsmodells, das zugleich eine wichtige Voraussetzung für eine nachhaltige *Employer Branding-Strategie ist,* steht eine *Typologisierung* der Signalempfänger innerhalb der definierten Zielgruppe. Diese Typologisierung ist keine fachbezogene Bestimmung der unterschiedlichen Zielgruppen, wie dies bei der Segmentierung der Fall ist, sondern grenzt die Signalempfänger innerhalb der Zielgruppe nach ihrer Stellung, ihrem Verhältnis und Kenntnisstand gegenüber dem kommunizierenden Arbeitgeber ab. Das Modell unterteilt die gesamte Zielgruppe der potentiellen Bewerber, Mitarbeiter und externen Beobachter in *Indifferente, Sensibilisierte, Interessierte* und *Engagierte* bezüglich ihrer Einstellung zum im Arbeitsmarkt kommunizierenden Unternehmen.

Den größten Teil dieser Zielgruppenzugehörigen (= Zielpersonen) bilden die **Indifferenten**. Sie stehen dem Unternehmen als Arbeitgeber uninformiert und desinteressiert gegenüber. Signalisierungsziel muss es hier sein, die Indifferenten zu sensibilisieren, indem man diesen Zielpersonen beispielsweise die Idee nahebringt, dass bestimmte (neue) Berufe, Berufsbilder oder Berufswelten gute Chancen im Arbeitsmarkt bieten. Angenommen, die Idee sei kommuniziert und die Botschaft angekommen, dann ist das erste Signalisierungsziel *Indifferente sensibilisieren* erreicht, bzw. das kommunizierende Unternehmen hat seinen Beitrag dazu geleistet. Alle Maßnahmen, die diesem ersten Signalisierungsziel dienen, spiegeln sich in einem *Bewusstseinsprogramm* wider.

Die zweite Gruppe der Zielpersonen ist bereits für die Idee sensibilisiert. Hier gilt es, das Interesse dieser Personen auf das eigene Unternehmen zu lenken. Das zweite Signalisierungsziel lautet also *Sensibilisierte interessieren*. Den **Sensibilisierten** ist deutlich zu machen, dass unter allen Arbeitgebern im definierten Marktsegment keiner mehr Vertrauen verdient als das kommunizierende Unternehmen. Die hierzu erforderlichen Signalisierungsmaßnahmen werden in einem *Imageprogramm* zusammengefasst.

Die dritte Gruppe innerhalb des Signalisierungsmodells sind jene Zielpersonen, die bereits konkret am Unternehmen als möglichen Arbeitgeber interessiert sind. Um diese **Interessierten** für das Unternehmen zu *engagieren*, muss der Entscheidungsprozess dahingehend beeinflusst werden, dass sich der Interessent für die ihm angebotene Stelle/Position entscheidet. Die Maßnahmen, die hierzu erforderlich sind, werden in einem *Bewerberprogramm* gebündelt.

Das vierte und letzte Signalisierungsziel richtet sich an die **Engagierten**. Sie sind vielleicht die wichtigste Zielgruppe, weil sie sich aus den eigenen Mitarbeitern zusammensetzt. Die Engagierten tragen entscheidend dazu bei, dass das Unternehmen jetzt und in Zukunft erfolgreich ist. Ziel ist es, das Commitment der Mitarbeiter tagtäglich zu sichern, um Fluktuation und Leistungsdefizite zu vermeiden. Es sind permanent Anstrengungen erforderlich, um die strategisch wichtigen Mitarbeiter und Mitarbeitergruppen zu motivieren und in ihrer Arbeitsplatzentscheidung zu bestätigen. Das Signalisierungsziel für die Kernzielgruppe lautet daher *Engagierte betreuen*. Das hierzu erforderliche Maßnahmenbündel ist das *Betreuungsprogramm*.

In Abbildung 2-25 sind die Zusammenhänge zwischen Zielgruppe bzw. Zielperson, Signalisierungsziel ($\Rightarrow$ Politik), Signalisierungsstrategie ($\Rightarrow$ Pläne) und Signalisierungstaktik ($\Rightarrow$ Maßnahmen) dargestellt.

Anzumerken ist in diesem Zusammenhang, dass das hier vorgestellte Signalisierungsmodell eine sehr hohe Affinität zum Phasenmodell des Präferenz-Managements aufweist. Das **Präferenzmodell** unterscheidet vier Phasen [vgl. BECK 2008a, S. 18 ff.]:

- **Assoziationsphase** mit dem Akteur „Berufseinsteiger" bzw. „künftiger Arbeitskraftanbieter" (vergleichbar mit den „Indifferenten"),

- **Orientierungsphase** mit dem Akteur „anonymer Mitarbeiter" (vergleichbar mit den „Sensibilisierten"),

- **Matchingphase** mit dem Akteur „ potentieller Mitarbeiter" (vergleichbar mit den „Interessierten") und

- **Bindungsphase** mit den Akteuren „aktueller Mitarbeiter" und „ehemaliger Mitarbeiter" (vergleichbar mit den „Engagierten").

Alle genannten Phasen sind bereits in das Signalisierungsmodell in Abbildung 2-25 eingefügt.

Phase	Assoziationsphase	Orientierungsphase	Matchingphase	Bindungsphase
Ziel-personen	Indifferente	Sensibilisierte	Interessierte	Engagierte
Ziel (=Politik)	Indifferente sensibilisieren	Sensibilisierte interessieren	Interessierte engagieren	Engagierte betreuen
Strategie (=Pläne)	Idee signalisieren	Unternehmen signalisieren	Position/Stelle signalisieren	Entscheidung absichern
Taktik (=Maßnahmen)	Bewusstseins-programm	Image-programm	Bewerber-programm	Betreuungs-programm
Prozess	Wahrnehmungs-prozess	Meinungs-bildungsprozess	Entscheidungs-prozess	Betreuungs-prozess
Ergebnis	Aufmerksamkeit	Vertrauen/ Glaubwürdigkeit	Einstellungs-wunsch	Bestätigung

[Quelle: IBM 1984 (modifiziert)]

Abb. 2-25:   Das Signalisierungsmodell im Personalmarketing

2.3.3 Signalisierungskonzept und -instrumente

Das Signalisierungsmodell ist gleichzeitig auch die Grundlage für ein umfassendes, integriertes Signalisierungskonzept des Arbeitgebers. Das Signalisierungskonzept fasst das Ergebnis der Signalisierungsplanung zusammen und bereitet die konkreten Aufgabenstellungen und Verantwortlichkeiten für die Akteure des Personalmarketings auf. Integrierte Signalisierungskonzepte beinhalten Entscheidungen über folgende **Dimensionen** [auf das Personalmarketing übertragen in Anlehnung an MEFFERT 1998, S. 689 ff.]:

- **Objektdimension** (Idee, Unternehmen, Position/Stelle)
- **Zielungsdimension** (personell, zeitlich, räumlich etc.)
- **Instrumentedimension** (Personalbericht, Image-, Stellenanzeige, E-Recruiting etc.)
- **Mediadimension** (Printmedien vs. elektronische Medien)
- **Gestaltungsdimension** (Inhalte, Botschaft)

In Abbildung 2-26 sind die verschiedenen Dimensionen des Signalisierungskonzepts zusammengestellt.

Die Dimensionen des Signalisierungskonzepts geben zugleich auch die Orientierungsgrößen für die **Ressourcenplanung** vor. Das Budget für das Aktionsfeld *Signalisierung* zählt erfahrungsgemäß zu den umfangreichsten Positionen im Personalmarketing. Es orientiert sich in erster Linie am *Soll-Personalbestand* bzw. am *Personal-Neubedarf* (siehe 2.1.2) sowie an den *personalstrategischen Vorgaben und Zielen* (z. B. Umsetzung einer Employer Branding-Strategie). Erfahrungswerte, die in früheren Budgetprozessen gesammelt worden sind, sowie die Preissituation auf dem Markt für Personalmarketing-Dienstleistungen sind weitere Orientierungsgrößen für die Festlegung des Budgets. Das so ermittelte Soll-Budget wird mit den Budget-Vorgaben der Unternehmensplanung verglichen und kann entweder zu einer Anpassung der Unternehmensplanung oder zu einer Anpassung der Personalmarketing-Planung führen [vgl. DGFP 2006, S. 65 f.].

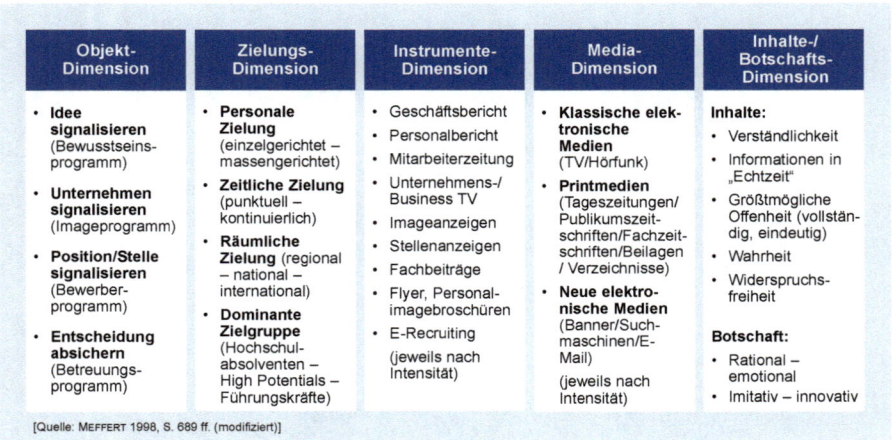

Abb. 2-26:   Dimensionen des Signalisierungskonzepts

Zu den **Signalisierungsinstrumenten**, die auf eine generelle Positionierung im Arbeitsmarkt abzielen, zählen in erster Linie die Imagewerbung im Print- und Online-Bereich, die Platzierung von Unternehmens- und Recruitingbroschüren sowie Veröffentlichungen von Fachbeiträgen.

Damit übernimmt das *Personalmarketing* im Wesentlichen auch die Signalisierungselemente, die im *Absatzmarketing* verwendet werden: **Geschäftsberichte**, **Imageanzeigen**, **Fachbeiträge** und **Unternehmensbroschüren**. Speziell für die Positionierung im Arbeitsmarkt kommen **Personalberichte**, **Unternehmens- und Business-TV**, **Mitarbeiterzeitschriften** sowie **Personalimagebroschüren** hinzu. Diese Instrumente dienen mehr oder weniger dem „Grundrauschen" im Arbeitsmarkt, sie sorgen i. d. R. aber nicht für die zeitnahe Besetzung von vakanten Stellen. Anders sieht es bei **Stellenanzeigen** aus, die sich an den Bewerbermarkt wenden, um unmittelbar für die Besetzung von vakanten Stellen im Unternehmen zu werben.

2.3.4 Recruiting-Kanäle

Im Mittelpunkt der Signalisierungsanstrengungen im Arbeitsmarkt steht naturgemäß das Recruiting.

> **Recruiting** beschreibt alle Maßnahmen, um potenzielle Jobinteressierte darüber zu informieren, dass sie als zukünftige Mitarbeiter gesucht werden und sich bei dem Unternehmen bewerben sollen. Dies geschieht hauptsächlich durch Stellenanzeigen über verschiedene Recruiting-Kanale wie z. B. Internet-Stellenbörsen oder Social Media.

Um eine gewisse Systematik in die Vielzahl der zur Verfügung stehenden **Recruiting-Kanäle** zu bringen, sollen diese Beschaffungswege in *klassische Kanäle* und in *Online-Kanäle* (E-Recruiting) unterschieden werden. In Insert 2-05 sind die verschiedenen Kanäle nach ihrem Nutzungsgrad aufgeführt.

Insert

Ansprache	Mitarbei-terempfeh-lungen	Online-Stellen-börsen	Eigene Karriere-Website	CV-Daten-banken	Personal-berater	Social Media	Online-(Business)-Netzwerke (Active Sourcing)	Print-Stellen-anzeigen	Initiativ-bewer-bungen	Rekrutie-rungs-veranstal-tungen	Sonstige*
Kommunikations-/Recruiting-Kanäle											
Einstiegspositionen	37 %	47 %	46 %	5 %	2 %	30 %	8 %	16 %	32 %	31 %	7 %
Einfache Tätigkeiten	28 %	34 %	35 %	5 %	3 %	17 %	5 %	15 %	21 %	9 %	5 %
Berufseinsteiger mit abgeschlossener Ausbildung/Lehre	30 %	41 %	40 %	6 %	4 %	20 %	7 %	12 %	27 %	13 %	5 %
Hochschulabsolventen	33 %	47 %	43 %	7 %	4 %	27 %	18 %	10 %	26 %	24 %	5 %
Facharbeiter (z. B. Technik, Industrie, Handwerk)	25 %	33 %	33 %	5 %	7 %	17 %	9 %	16 %	22 %	9 %	5 %
Fachkräfte Bürotätigkeiten (kaufmännische Berufe)	28 %	41 %	41 %	7 %	6 %	22 %	11 %	11 %	27 %	8 %	4 %
Fachkräfte Vertrieb	22 %	33 %	28 %	5 %	9 %	18 %	14 %	8 %	17 %	7 %	2 %
Fachkräfte MINT	24 %	34 %	28 %	6 %	9 %	19 %	18 %	7 %	17 %	15 %	4 %
Fachkräfte Dienstleistungsberufe (z. B. Pflegepersonal, Gesundheit etc.)	12 %	15 %	15 %	2 %	2 %	11 %	4 %	6 %	9 %	6 %	5 %
Management und Führungskräfte	27 %	37 %	38 %	8 %	31 %	20 %	23 %	11 %	24 %	10 %	7 %
Sonstige	11 %	14 %	14 %	1 %	2 %	8 %	4 %	4 %	9 %	4 %	5 %

GENERELLE NUTZUNG VERSCHIEDENER RECRUITING-KANÄLE (Ziel-/Kandidatengruppen)

* Weitere Recruiting-Kanäle wurde anhand von Freitextfragen für die unterschiedlichen Zielgruppen erfasst.
Farblich hervorgehoben = höchste Bewertung für jeweilige Ziel-/Kandidatengruppe; fett = höchste Bewertung des jeweiligen Recruiting-Kanals. Mehrfachauswahl möglich. Summen für einzelne Ziel-/Kandidatengruppen ergeben nicht 100 Prozent. (n = 169)

Das Insert zeigt die generelle Nutzung der Recruiting-Kanäle zur Ansprache verschiedener Kandidatengruppen. Mit Ausnahme der Zielgruppe für einfache Tätigkeiten sowie der Kandidatengruppe Management und Führungskräfte sind Online-Stellenbörsen der Kanal, der am häufigsten zur Ansprache genutzt wird. Allerdings tritt bei gut der Hälfte der in der Studie betrachteten Zielgruppen auch die unternehmenseigene Karriere-Website an eine gleichbedeutende Position (zum Beispiel für Facharbeiter, Fachkräfte für Bürotätigkeiten und Dienstleistungsberufe in Pflege/Gesundheit). Auch die Mitarbeiterempfehlungen, Social Media und die Initiativbewerbungen wiesen bei einem Großteil der Zielgruppen noch durchaus deutliche Nutzungszahlen aus. Darüber hinaus sind für ausgewählte Kandidatengruppen und Kommunikationskanäle erkennbare Nutzungsschwerpunkte zu identifizieren. Für die Zielgruppe Management und Führungskräfte nennen die Unternehmen etwa die Personalberater und Active Sourcing. Diese beiden Kanäle kommen in dieser Zielgruppe deutlich häufiger zum Einsatz als bei den anderen. Rekrutierungsveranstaltungen werden dagegen schwerpunktmäßig für Einstiegspositionen eingesetzt, was kaum überrascht. Als sonstige Recruiting-Kanäle nannten die Studienteilnehmer in den Freitexten zum Beispiel eigene Talentpools, Hochschulkooperationen, Fachkonferenzen und -vorträge, digitales Marketing (im Sinne von Display-Kampagnen, Targeting-Ansätzen, Paid Content et cetera) Platzieren eigener Dozenten an Hochschulen, Bewerbungstrainings an Schulen sowie die Bundesagentur für Arbeit. Auffällig ist bei dieser Frage die vergleichsweise geringe Beteiligung. [Quelle: RECRUITING STRATEGIEN 2018]

Insert 2-05: Generelle Nutzung verschiedener Recruiting-Kanäle

2.3.4.1   Klassische Recruiting-Kanäle

Unter den klassischen Recruiting-Kanälen sollen hier behandelt werden:

- Arbeitgeber-Imageanzeigen
- Print-Stellenanzeigen
- Mitarbeiterempfehlungen/Referral Programm
- Rekrutierungsveranstaltungen
- Personalberater
- Initiativbewerbungen.

(1) Arbeitgeber-Imageanzeigen

Im Bereich der Arbeitgeber-Imageanzeigen greifen hinsichtlich Werbewirkung, Werbegestaltung und Werbebotschaft prinzipiell die gleichen Mechanismen wie bei einer Unternehmens- oder Produktanzeige aus dem klassischen Absatzmarketing (siehe hierzu insbesondere LIPPOLD 2012, S. 178).

Hinsichtlich der **Werbewirkung** liefert das **AIDA-Modell** (siehe Abbildung 2-27) wichtige Anhaltspunkte. Es beschreibt vier Wirkungsstufen der Werbung und unterscheidet diese in *potenzialbezogene* und in *markterfolgsbezogene* Wirkungsziele. In der ersten Stufe muss beim Bewerber *Aufmerksamkeit* (engl. *Attention*) für das Unternehmen erzeugt werden. Danach muss *Interesse* (engl. *Interest*) geweckt werden, so dass in der dritten Stufe das Verlangen (engl. *Desire*) entsteht, zu handeln, d. h. sich mit dem Unternehmen in Verbindung zu setzen (engl. *Action*). Das entscheidende Ziel aller werblichen Aktivitäten ist es somit, durch werbliche Reize Aufmerksamkeit bei der Zielgruppe (also bei den Bewerbern) zu erzeugen, da die Wahrnehmung der Werbebotschaft die Grundvoraussetzung für alle nachgelagerten Stufen der Werbewirkung ist [vgl. BRUHN 2007, S. 174].

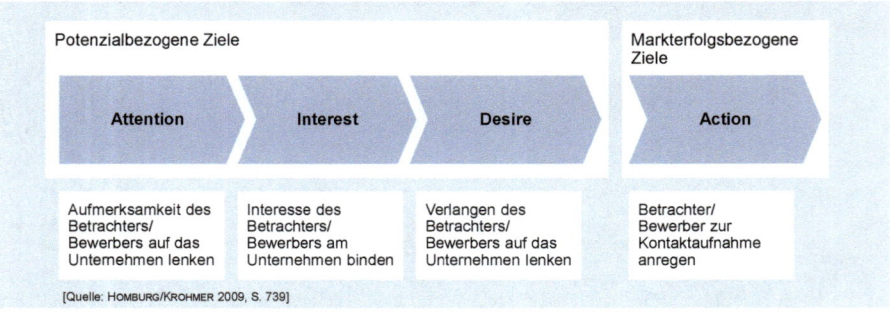

Abb. 2-27:   *Das AIDA-Prinzip der Werbewirkung*

Bei der **Werbegestaltung** ist zwischen Gestaltungsart, Gestaltungsform und Gestaltungsmittel zu unterscheiden. Die *Gestaltungsart* kennzeichnet die *Handschrift* der Werbung und betrifft die Art und Weise der grundsätzlichen Werbeansprache. Die Werbegestaltung kann auf eine mehr *rationale*, d. h. sachargumentierende Positionierung oder auf eine mehr *emotionale*, d. h. erlebnisorientierte Positionierung als Arbeitgeber hinzielen (siehe hierzu Insert 2-06).

Insert

Die Arbeitgeber-Imageanzeige von MCKINSEY zeichnet sich durch eine emotionale Gestaltungsart in Verbindung mit einem erzählungsorientierten Werbemuster aus. Mit wenig gestalterischen Mitteln wird eine vielschichtige Geschichte erzählt. Diese Anzeige wirbt nicht konkret für eine vakante Stelle, sondern für das Unternehmen als Arbeitgeber insgesamt.

Insert 2-06: Erzählungsorientiertes Werbemuster eine Arbeitgeber-Imageanzeige

Die *Gestaltungsform* beschreibt die inhaltliche Übersetzungs- bzw. Inszenierungsform der Werbebotschaft. Darüber hinaus spielen auch die formalen *Gestaltungsmittel* eine wichtige Rolle für den unverwechselbaren Unternehmensauftritt. Dazu zählen insbesondere die konstanten Werbemittel (Werbekonstanten) wie Unternehmenslogo, Symbole, (Schlüssel-)Bilder, Slogans und Layouts, die häufig aus den Anzeigen des klassischen Absatzmarketings übernommen werden, um einen hohen Wiedererkennungswert des Unternehmens sicherzustellen [vgl. LIP-POLD 2012, S. 179 ff.].

Zu den wichtigsten (und kreativsten) Aufgaben der Werbegestaltung zählt die Formulierung der **Werbebotschaft**. Von den textlichen Gestaltungselementen verfügt die Überschrift (engl. *Headline*) der Anzeige über die höchste physische Reizqualität. Bei der Vermittlung emotionaler Werbebotschaften steht häufig die *Verwendung von Bildern* im Vordergrund, denn Bilder werden besser erinnert als Wörter. Auch fällt in einer Bild-Text-Anzeige der Blick des Lesers fast immer zuerst auf das Bild. Neben *Bildassoziationen*, *Bildanalogien* und *Bildmetaphern* ist die sog. *Testimonial-Werbung* eine effektive Methode, um eine Botschaft bildlich zu übermitteln. Als Testimonials einer Arbeitgeber-Imageanzeige eignen sich besonders gut glaubwürdige und kompetente Mitarbeiter des Unternehmens. Auf diese Weise sollen bei der Zielgruppe (also bei den Bewerbern) Prozesse ausgelöst werden, die eine Identifikation mit der werbenden Person ermöglichen [vgl. LIPPOLD 2012, S. 184 ff.].

(2) Print-Stellenanzeigen

Im Gegensatz zur Arbeitgeber-Imageanzeige wird mit einer **Stellenanzeige** unmittelbar für die Besetzung von freien Stellen geworben. In den allermeisten Fällen handelt es sich bei Stellenanzeigen um reine typografische Anzeigen, d. h. es werden i. d. R. keine Bilder verwendet. Im Mittelpunkt stehen die Beschreibung der angebotenen Stelle bzw. Position sowie eine Darstellung des gesuchten Personalprofils.

Das Signalisierungsinstrument der Stellenanzeige hat durch den Einsatz des Internets zu einem *Paradigmenwechsel* im Personalmarketing geführt. Mittlerweile dominiert das Internet bei der Bewerberansprache die klassischen Instrumente wie Stellenanzeigen in Zeitungen und Zeitschriften deutlich. Insert 2-07 verdeutlicht diese Trendumkehrung.

Laut einer Umfrage der RECRUITING TRENDS 2016, an der 114 der 1.000 größten deutschen Unternehmen teilgenommen haben, dürften 2020 nur noch sechs Prozent der **Bewerbungen auf Papier** bei den Personalern eintreffen. Demgegenüber wird ein Viertel der Bewerbungen per E-Mail ankommen – und zwei Drittel werden **Online-Formularbewerbungen** sein. Bei den Online-Formularbewerbungen geben die Bewerber ihre Daten in standardisierte Formularmasken ein, die das Unternehmen im Internet bereitstellt. Außerdem rechnen die befragten Personaler mit einem Anstieg sogenannter **„One-Click"-Bewerbungen**. Bewerber brauchen dafür ein Kurzprofil in Stellenbörsen oder in Karrierenetzwerken wie XING oder LinkedIn. Zur Bewerbung übertragen sie dieses Profil einfach online in die Bewerber-Datenbank des Wunscharbeitgebers.

Neue Bewerbungsformen wie „One-Click"- oder Formularbewerbungen lassen wenig Spielraum für Individualität. Starre Strukturen mit vorgegebenen Eingabefeldern bestimmen, was man wo eintragen soll – das macht es schwer, persönliche Akzente zu setzen. Was wiederum auch seine positive Seite hat: Bewerber können sich dadurch auf die Fakten konzentrieren, nämlich auf ihre Fähigkeiten und Kenntnisse. Die Personaler erhalten so einen kompakten Überblick über den bisherigen Werdegang. Bei Interesse können sie weitere Unterlagen anfordern – oder den Kandidaten gleich zum Auswahlverfahren einladen.

Insert

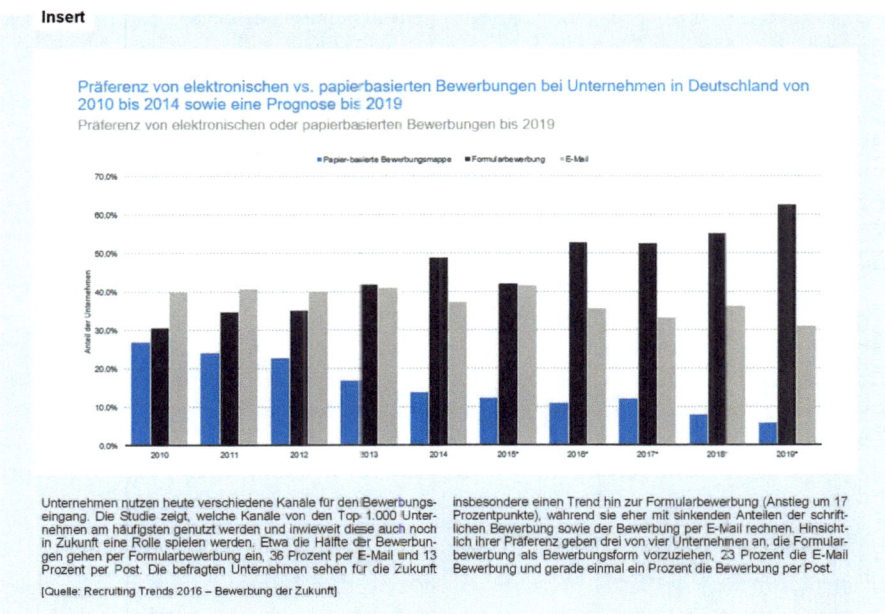

Präferenz von elektronischen vs. papierbasierten Bewerbungen bei Unternehmen in Deutschland von 2010 bis 2014 sowie eine Prognose bis 2019

Präferenz von elektronischen oder papierbasierten Bewerbungen bis 2019

Unternehmen nutzen heute verschiedene Kanäle für den Bewerbungseingang. Die Studie zeigt, welche Kanäle von den Top-1.000 Unternehmen am häufigsten genutzt werden und inwieweit diese auch noch in Zukunft eine Rolle spielen werden. Etwa die Hälfte der Bewerbungen gehen per Formularbewerbung ein, 36 Prozent per E-Mail und 13 Prozent per Post. Die befragten Unternehmen sehen für die Zukunft insbesondere einen Trend hin zur Formularbewerbung (Anstieg um 17 Prozentpunkte), während sie eher mit sinkenden Anteilen der schriftlichen Bewerbung sowie der Bewerbung per E-Mail rechnen. Hinsichtlich ihrer Präferenz geben drei von vier Unternehmen an, die Formularbewerbung als Bewerbungsform vorzuziehen, 23 Prozent die E-Mail Bewerbung und gerade einmal ein Prozent die Bewerbung per Post.

[Quelle: Recruiting Trends 2016 – Bewerbung der Zukunft]

Insert 2-07: Papierbasierte vs. elektronische Bewerbung

(3) Mitarbeiterempfehlungen

Mitarbeiterempfehlungen zählen zu den leistungsfähigsten Recruiting-Kanälen. Unternehmen sehen in Mitarbeiterempfehlungen die Chance, ihre Mitarbeiter als Botschafter des Unternehmens einzusetzen und Kontakt zu potenziellen Kandidaten aufzubauen, die häufig ähnliche Ausbildungswege, Berufserfahrungen oder Profile haben.

Bei vielen Unternehmen ist dieser Personalbeschaffungskanal derart beliebt, dass sie sogenannte *Employee-Referral-Programme* aufsetzen. Im Rahmen der **Referral-Programme** werden die die Mitarbeiter des eigenen Unternehmens gebeten, interessante Kandidaten (z. B. aus ihrem Bekannten- oder Freundeskreis) für bestimmte Positionen vorzuschlagen. Nach erfolgreichem Ablauf der Probezeit des Kandidaten erhält der Mitarbeiter, der den Kandidaten vorgeschlagen hat, eine entsprechende Prämie. Die Rekrutierung über Mitarbeiterempfehlungen hat sich immer dann bewährt, wenn ein Mangel an qualifizierten Mitarbeitern vorherrscht. Referral-Programme werden besonders häufig bei der Rekrutierung von Hochschulabsolventen sowie grundsätzlich für die Besetzung von Einstiegspositionen herangezogen.

Die Rekrutierung über Mitarbeiterempfehlungen hat seinen Ursprung in der Zeiten der Vollbeschäftigung mit dem damit einhergehenden Arbeitskräftemangel. Allerdings besteht bei übermäßiger Anwendung die Gefahr, dass das Unternehmen nicht mehr die gesamte Bandbreite des Arbeitsmarktes ausschöpft und damit nicht die Vielfalt der Mitarbeiter nutzt.

Grundsätzlich zählen Mitarbeiterempfehlungen neben Online-Stellenbörsen und der eigenen Karrierewebsite zu den drei Recruiting-Kanälen, die am stärksten genutzt werden.

(4) Rekrutierungsveranstaltungen

Rekrutierungsveranstaltungen werden grundsätzlich mit dem Ziel durchgeführt, neue Mitarbeiter zu gewinnen. Zu solchen Veranstaltungen zählen Firmenworkshops, Fachseminare mit Fallbeispielen, Career Camps, Sommerakademien, Hochschulmessen und Betriebsbesichtigungen für bestimmte Zielgruppen. Zur näheren Beschreibung dieser Veranstaltungen siehe auch Abschnitt 2.4.2.

(5) Personalberater

Kernaufgabe einer Personalberatung ist die Suche und Auswahl von Fach- und Führungskräften. Die Personalbeschaffung erfolgt dabei durch einen Berater, der außerhalb des suchenden Unternehmens steht Im angelsächsischen Raum wird diese Personalfunktion als **Executive Search** bezeichnet. Sie umfasst sowohl die Rekrutierung (print/online) als auch die Suche und Auswahl von qualifiziertem Personal über das Instrument der **Direktansprache** [vgl. LIPPOLD 2018a, S. 110].

(6) Initiativbewerbungen

Initiativbewerbungen werden hier als eigenständiger Recruiting-Kanal aufgeführt, weil solche Bewerbungen nicht aktiv über die übrigen Kanäle angestrebt werden. Dennoch gibt es immer wieder Personaleinstellungen, die eine signifikante Größe haben und die mit in den Aufgabenkanon einer Personalabteilung gehören.

2.3.4.2   E-Recruiting

Das E-Recruiting (auch als *E-Cruiting* bezeichnet) als internet- und intranetbasierte Personalbeschaffung und -auswahl hat sich als ein entscheidendes Signalisierungsinstrument im Arbeitsmarkt etabliert. Der Wirkungskreis des E-Recruiting reicht von der Personalakquisition in Stellenbörsen bis zur Abwicklung des kompletten Bewerbungsprozesses im Inter-/ oder Intranet.

Fünf verschiedene **Recruiting-Kanäle** prägen den Online Stellenmarkt:

* Online Stellenbörsen (Jobbörsen)
* Eigene Karrierewebsite
* CV-Datenbanken
* Soziale Medien
* Active Sourcing.

(1) Online Stellenbörsen

Die Anzahl der Internet-Jobbörsen wächst ständig. Neben den bundesweit tätigen Stellenbörsen wie STEPSTONE, MONSTER oder JOBPILOT haben sich auch regionale und branchenspezifische Jobbörsen etabliert. Internet-Stellenbörsen machen Anzeigen mit Hilfe technischer Grundlagen des Internets und Datenbanksystemen einer breiten Öffentlichkeit zugänglich. Internet-Jobbörsen akquirieren Stellenangebote und Bewerber und veröffentlichen diese über einen eigenen Server im Internet. Die Dienstleistung betrifft neben der Einstellung ins World Wide Web, auch die Pflege und teilweise Gestaltung der Daten. Jobbörsen haben aus Kostengründen und Effektivität in der Informationsbereitstellung (24 Stunden, sieben Tage, globale Verfügbarkeit) sowie Schnelligkeit und Funktionalität in der Prozessabwicklung nachhaltige Vorteile im Medienwettbewerb und bei den E-Recruiting-Prozessen erreicht.

Mittlerweile existieren mehr als 500 Jobbörsen im deutschen Arbeitsmarkt. Relativ niedrige Einstiegsbarrieren für spezialisierte Jobbörsen sorgen für zahlreiche Nischenanbieter. Aufgrund von Unterschieden hinsichtlich der Zahl und Qualität der Angebote oder auch der Kosten für das Einstellen von Anzeigen oder Angeboten, empfiehlt sich für den Nutzer ein Vergleich der Online-Stellenmärkte.

Die absolut dominierende Stellung der Online Stellenbörsen unter allen gängigen Recruiting-Kanälen wird eindrucksvoll durch Insert 2-08 belegt. (Anmerkung: Insert 2-08 ist keine Wiederholung von Insert 2-05, das lediglich den Nutzungsgrad der verschiedenen Recruiting-Kanäle zeigt. Insert 2-08 zeigt dagegen, welche Recruiting-Kanäle nach Ansicht der Befragten am einstellungsstärksten sind.)

Insert

Ansprache	Mitarbeiterempfehlungen	Online-Stellenbörsen	Eigene Karriere-Website	CV-Datenbanken	Personalberater	Social Media	Online-(Business)-Netzwerke (Active Sourcing)	Print-Stellenanzeigen	Initiativbewerbungen	Rekrutierungsveranstaltungen	Sonstige*
					Kommunikations-/Recruiting-Kanäle						
Einstiegspositionen (n = 68)	9 %	51 %	18 %	0 %	0 %	3 %	1 %	9 %	0 %	9 %	0 %
Einfache Tätigkeiten (n = 60)	15 %	48 %	2 %	0 %	2 %	2 %	0 %	8 %	3 %	0 %	0 %
Berufseinsteiger mit abgeschlossener Ausbildung/Lehre (n = 61)	11 %	59 %	21 %	0 %	2 %	0 %	0 %	5 %	2 %	0 %	0 %
Hochschulabsolventen (n = 66)	8 %	61 %	12 %	0 %	2 %	5 %	3 %	2 %	0 %	9 %	0 %
Facharbeiter (z. B. Technik, Industrie, Handwerk) (n = 49)	12 %	41 %	21 %	0 %	4 %	0 %	6 %	12 %	0 %	0 %	0 %
Fachkräfte Bürotätigkeiten (kaufmännische Berufe) (n = 59)	8 %	53 %	25 %	0 %	5 %	0 %	2 %	7 %	0 %	0 %	0 %
Fachkräfte Vertrieb (n = 44)	0 %	52 %	23 %	0 %	11 %	0 %	9 %	0 %	0 %	5 %	0 %
Fachkräfte MINT (n = 45)	9 %	53 %	22 %	0 %	7 %	2 %	4 %	2 %	0 %	0 %	0 %
Fachkräfte Dienstleistungsberufe (z. B. Pflegepersonal, Gesundheit etc.) (n = 22)	0 %	59 %	32 %	0 %	5 %	0 %	0 %	5 %	0 %	0 %	0 %
Management und Führungskräfte (n = 61)	8 %	25 %	23 %	2 %	30 %	2 %	8 %	3 %	3 %	0 %	0 %
Sonstige (n = 17)	6 %	53 %	18 %	0 %	12 %	0 %	6 %	6 %	0 %	0 %	0 %

VERTEILUNGEN ZUR NENNUNG DER EINSTELLUNGSSTÄRKSTEN RECRUITING-KANÄLE

(Zeile links: Ziel-/Kandidatengruppen)

* Weitere Recruiting-Kanäle wurde anhand von Freitextfragen für die unterschiedlichen Zielgruppen erfasst.
Farblich hervorgehoben = höchste Bewertung für jeweilige Ziel-/Kandidatengruppe; fett = höchste Bewertung des jeweiligen Recruiting-Kanals.

Das Insert zeigt, dass Online-Stellenbörsen über alle Kandidatengruppen hinweg, mit Ausnahme der Gruppe Management und Führungskräfte, von einem Großteil der Studienteilnehmer als der einstellungsstärkste Kanal gewertet werden. Je nach Kandidatenzielgruppe geben zwischen 25 und 61 Prozent der Teilnehmer an, über diesen Kanal die meisten Einstellungen vorzunehmen. Daneben etablieren sich unternehmenseigene Karriere-Websites, die von 12 bis 32 Prozent der Unternehmen als Kanal mit der höchsten Einstellungsrelevanz genannt werden. Darüber hinaus lassen sich noch ausgewählte relevante Kanal-Kandidatengruppen-Kombinationen identifizieren. So werden die Mitarbeiterempfehlungen beispielsweise noch von 15 Prozent der Teilnehmer als einstellungsstärkster Kanal für einfacher Tätigkeiten genannt, bei 30 Prozent der Unternehmen werden die meisten Einstellungen für Management und Führungskräfte über Personalberater generiert und für immerhin noch 12 Prozent der Teilnehmer stellen die Print-Stellenanzeigen den bewerbungsstärksten Kanal für die Facharbeiter dar. [Quelle: RECRUITING STRATEGIEN 2018]

Insert 2-08: Verteilung der einstellungsstärksten Recruiting-Kanäle

(2) Eigene Karrierewebsite

Während Unternehmen das Internet zunächst ausschließlich im Absatzmarketing zur Selbstdarstellung bzw. zur Präsentation ihres Produkt- oder Dienstleistungsprogramms nutzten, stellen sie mittlerweile ihren internen Stellenbedarf sowie die eigene Personalarbeit im Internet mit
einem eigenen Stellenservice vor. Heutzutage investieren nahezu alle Firmen in den Aufbau
einer „karrieregetriebenen" Website genauso viel wie in die Präsentation der Produkte und
Dienstleistungen. Insert 2-09 belegt darüber hinaus, dass die deutschen 1.000 Top-Unternehmen im Jahr 2013 mehr als neun von zehn offenen Stellen über die eigene Unternehmenswebs-
seite kommunizierten. (Hinweis: Bei den 1.000 Top-Unternehmen handelt es sich im Firmen,
die mehr als 50 Mio. Euro Umsatz generieren und mehr als 250 Mitarbeiter beschäftigen.)

Insert

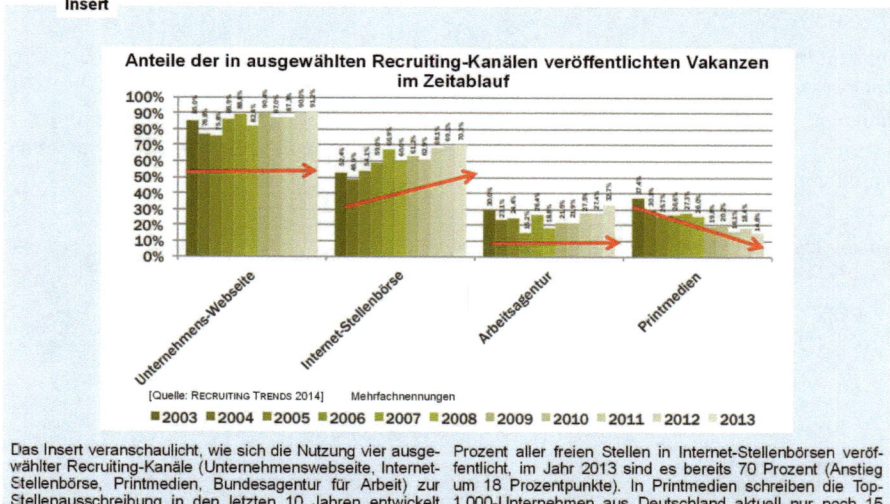

Das Insert veranschaulicht, wie sich die Nutzung vier ausgewählter Recruiting-Kanäle (Unternehmenswebseite, Internet-
Stellenbörse, Printmedien, Bundesagentur für Arbeit) zur
Stellenausschreibung in den letzten 10 Jahren entwickelt
hat. Die eigene Unternehmenswebseite ist seit Beginn der
Auswertungen stets der am häufigsten genutzte Kanal und
befindet sich seit 2003 auf einem vergleichsweise konstant
hohen Niveau. Dagegen konnte die Internet-Stellenbörse im
Zeitverlauf deutlich zulegen. Im Jahr 2013 wurden 52,4

Prozent aller freien Stellen in Internet-Stellenbörsen veröffentlicht, im Jahr 2013 sind es bereits 70 Prozent (Anstieg
um 18 Prozentpunkte). In Printmedien schreiben die Top-
1.000-Unternehmen aus Deutschland aktuell nur noch 15
Prozent ihrer Vakanzen aus, was seit Auswertungsbeginn
einem Verlust von 23 Prozentpunkten entspricht. Etwa jede
dritte offene Stelle melden die Studienteilnehmer aktuell an
die Bundesagentur für Arbeit, die sich damit im Jahresverlauf
auf einem relativ konstanten Niveau bewegt.

Insert 2-09: Veröffentlichte offene Stellen nach Recruiting-Kanälen 2003 bis 2013

In diesem Zusammenhang kommen dem Aufbau und der Gestaltung einer funktionierenden
HR-Website eine besonders wichtige Bedeutung zu. Für die Beurteilung von (Personal-) Webs-
ites bietet die **CUBE-Formel** hilfreiche Anhaltspunkte. Diese Formel steht – ähnlich dem
AIDA-Modell für die generelle Werbewirkung – für die Analyse folgender Aspekte:

- **C**ontent (d. h. ein informatorischer und ständig aktualisierter Inhalt der Website),
- **U**sability (d. h. die Handhabbarkeit bzw. intuitive Erschließung der Stellenangebote),
- **B**randing (d. h. der Aufbau einer klaren Identität des Arbeitgeberunternehmens) und
- **E**motion (d. h. der Besuch einer Website muss Spaß machen).

Insert 2-10 zeigt die Gestaltung einer Karriereseite des Prüfungs- und Beratungsunternehmens EY (Ernst & Young).

Insert

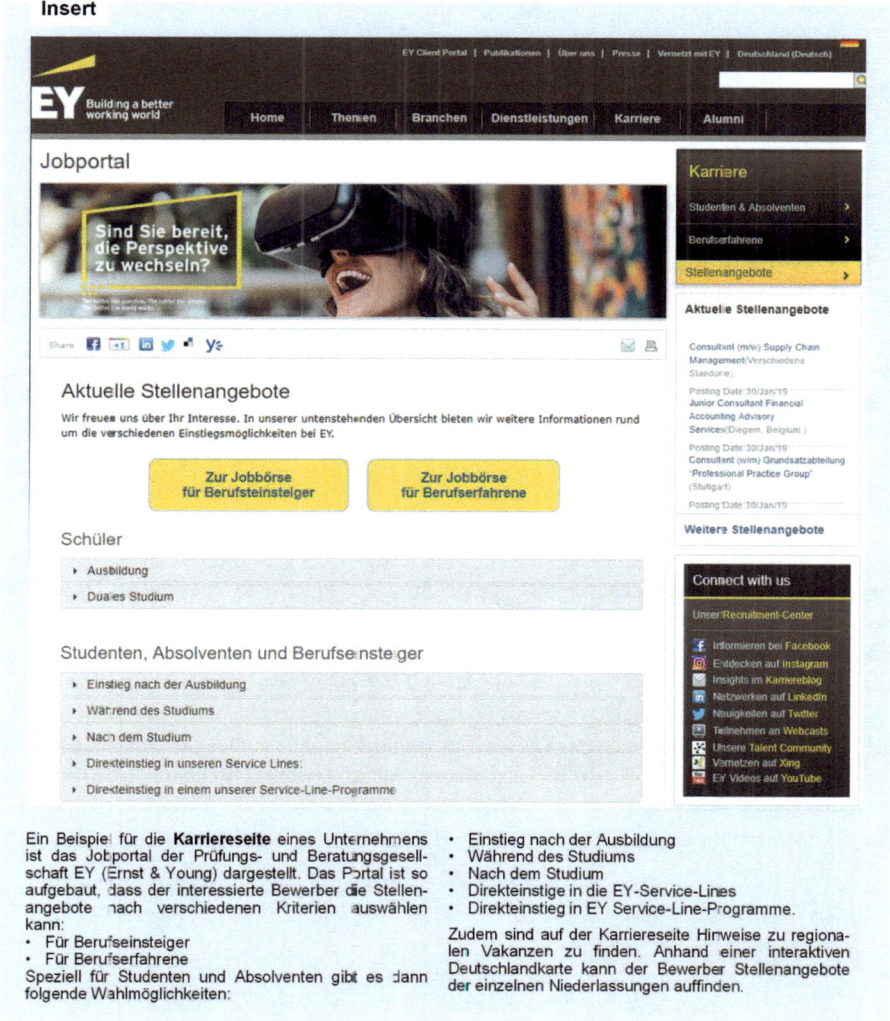

Insert 2-10: Das Jobportal der Prüfungs- und Beratungsgesellschaft EY

(3) CV-Datenbanken

Die Funktionalität der webbasierten Vermittlung wird durch Profile, konzentriertes Matching, Kandidaten-Datenbanken und Bewerber-Management-Systeme sukzessiv verbessert. Die erweiterten Funktionalitäten wie die Suche in Lebensläufen, Logoschaltungen, Banner-Verlinkungen und ein fundiertes Bewerbermanagement bieten den personalsuchenden Unternehmen eine Reihe neuer Möglichkeiten. Eigene Suchaufträge in Lebenslaufdatenbanken haben sich aber noch nicht vollständig durchgesetzt. Das Gleiche gilt für die Bewerbervorauswahl über Onlinefragebögen.

(4) Soziale Medien

Immer mehr Unternehmen nutzen Social Media nicht nur um Employer Branding zu betreiben, sondern auch um Stellenanzeigen zu veröffentlichen. Kandidaten verwenden Social Media, um nach Stellenanzeigen zu suchen und Informationen über Unternehmen einzuholen. Im Sourcing suchen Unternehmen in sozialen Netzwerkplattformen oder Karrierenetzwerken aktiv nach Profilen geeigneter Kandidaten oder nutzen Social Media, um sich mit Kandidaten zu vernetzen.

Im Recruiting nutzen die Unternehmen verschiedene Social-Media-Kanäle, um Stellenanzeigen zu veröffentlichen und Image-Werbung (Employer-Branding-Kampagnen) zu platzieren. Von den Unternehmen wird am häufigsten XING genutzt, gefolgt von LinkedIn und Facebook. In der IT-Branche werden die Social-Media-Kanäle deutlich häufiger verwendet als in anderen Industrien [vgl. RECRUITING TRENDS 2018 – Social Recruiting und Active Sourcing].

(5) Active Sourcing

Mit Active Sourcing wird ein Recruiting-Kanal bezeichnet, bei dem Unternehmen aktiv in Talent-Pools, Lebenslaufdatenbanken oder Karrierenetzwerken nach geeigneten Kandidaten suchen. Nach den Umfrageergebnissen der RERCRUITING TRENDS 2018 spricht ein Top-1.000-Unternehmen durchschnittlich pro Tag vier Kandidaten aktiv an und beschäftigt im Durchschnitt einen HR-Mitarbeiter, der sich intensiv mit der Direktansprache von Kandidaten befasst. In der IT-Branche spielt das Active Sourcing eine noch wichtigere Rolle. Durchschnittlich werden hier 13 Kandidaten pro Tag aktiv angesprochen und die IT-Unternehmen beschäftigen durchschnittlich zwei HR-Mitarbeiter, die sich intensiv mit der Direktansprache von Kandidaten befassen. Aus Kandidatensicht zeigt sich, dass diese es immer mehr bevorzugen, von einem Unternehmen angesprochen zu werden, als sich selbst initial zu bewerben.

Ein professionelles Active Sourcing erfordert von den Unternehmen die Durchführung bestimmter Maßnahmen. Hierzu zählen [vgl. RECRUITING TRENDS 2018 – Social Recruiting und Active Sourcing]:

- Schulung der Mitarbeiter hinsichtlich der Direktansprache von Kandidaten,
- Definition von Zielgruppen, die vermehrt angesprochen werden sollen,
- Konkrete Ansprachen dieser verschiedenen Zielgruppen,
- Nachfassen bei bereits aktiv angesprochenen Kandidaten,
- Umgang mit negativen und positiven Rückmeldungen festlegen.

Darüber hinaus ist eine festgesetzte Kontaktaufnahme für ein erstes Gespräch und die eventuelle Aufnahme in den Talent-Pool relevant.

2.3.5 Signalisierungsmedien

Neben den Signalisierungsinstrumenten ist die **Mediadimension**, also die Auswahl geeigneter **Werbeträger** von Bedeutung. Für das Personalmarketing kommen vor allem Printmedien und Online-Medien als Werbeträger in Betracht. Weitere Medien wie Fernsehen, Radio, Kino oder Außenwerbung (also die klassischen elektronischen Medien) werden nahezu ausschließlich im Absatzmarketing eingesetzt und sind für das Personalmarketing kaum relevant.

2.3.5.1 Printmedien

Unter den Printmedien sind **Zeitungen** und **Zeitschriften** sowie **Verzeichnis-Medien** (Kompendien und Fachbücher) für das Personalmarketing von Bedeutung. Zeitungen werden vorwiegend nach der Erscheinungshäufigkeit (täglich/wöchentlich) und nach dem Verbreitungsgebiet (regional/überregional) differenziert. In Deutschland existieren rund 380 Zeitungen, darunter 32 Wochen- bzw. Sonntagszeitungen. Die etwa 2.000 deutschen Zeitschriftentitel werden in Publikums- und in Fachzeitschriften unterteilt. Während Publikumszeitschriften einen gewissen Unterhaltungscharakter aufweisen und sehr breite, aber auch sehr spezielle Lesergruppen ansprechen, dienen die meist periodisch erscheinenden Fachzeitschriften eher der Vermittlung von Informationen und Wissen. Zeitschriften eignen sich u. a. aufgrund der besseren Druckqualität eher zur Vermittlung emotionaler Sachverhalte als Zeitungen. Zum Aufbau eines (flächendeckenden) Arbeitgeberimages werden bevorzugt überregionale Tageszeitungen und Publikumszeitschriften belegt [vgl. HOMBURG/KROHMER 2009, S. 765].

Das *Werbemittel* der Printmedien sind Anzeigen, deren Formate und Platzierungsmöglichkeiten vielfältig sind. Die Platzierung kann auf der Titelseite, der Rückseite oder im Textteil erfolgen. Der Anzeigenpreis berücksichtigt sowohl die Größe bzw. das Format, die Platzierung und entsprechende Farbaufschläge. Abbildung 2-28 enthält eine Übersicht über die wichtigsten Printmedien bzw. Werbeträger für das Personalmarketing.

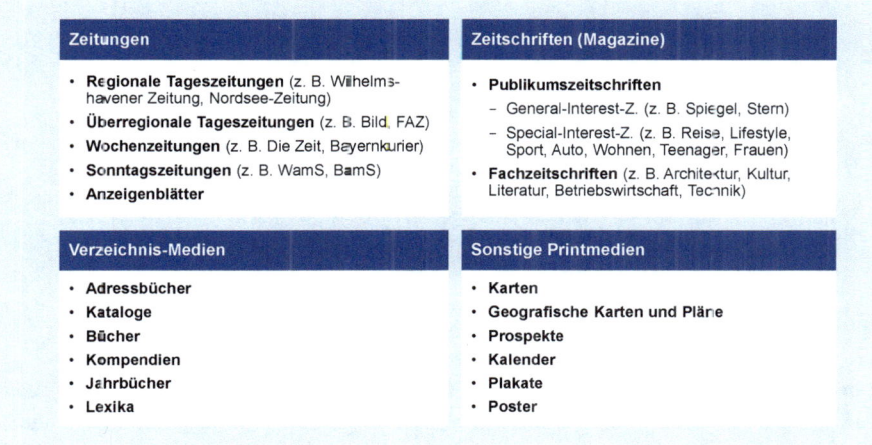

Abb. 2-28:   Relevante Printmedien für das Personalmarketing

Auf die zunehmende Dominanz der Internet-Stellenbörsen haben die Printmedien, über die noch in den 90er Jahren der größte Teil der offenen Stellen signalisiert wurde, nur sehr langsam reagiert. Der wachsende Konkurrenzdruck hat mittlerweile die Verlage dazu veranlasst, ebenfalls den Weg ins World Wide Web zu suchen. Daher bieten heute viele Printmedien ihren Inserenten eine unentgeltliche Parallelschaltung ihrer Anzeigen in einem Online-Stellenmarkt an.

2.3.5.2   Online-Medien

Der Online-Werbemarkt verzeichnet – im Gegensatz zu den klassischen Werbeformen – seit Jahren kontinuierlich hohe Zuwachsraten. Ein unmittelbarer Vergleich der Marktanteile von Print- und Online-Medien zeigt (siehe Insert 2-11), dass sich bei annähernd gleichem Marktvolumen die Marktanteile der Online-Medien sukzessive zu Lasten der Print-Medien verschieben.

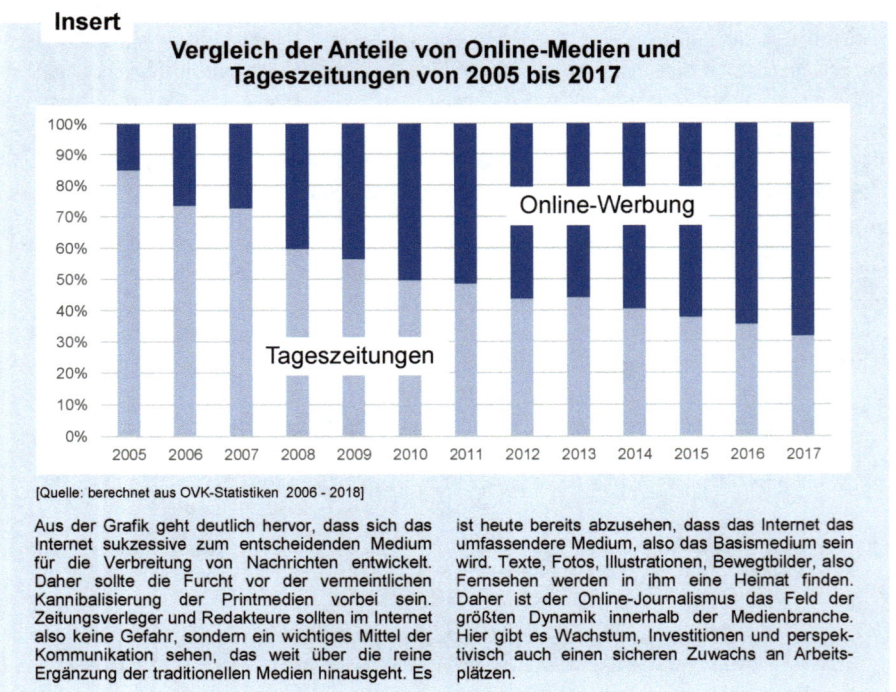

Insert

Aus der Grafik geht deutlich hervor, dass sich das Internet sukzessive zum entscheidenden Medium für die Verbreitung von Nachrichten entwickelt. Daher sollte die Furcht vor der vermeintlichen Kannibalisierung der Printmedien vorbei sein. Zeitungsverleger und Redakteure sollten im Internet also keine Gefahr, sondern ein wichtiges Mittel der Kommunikation sehen, das weit über die reine Ergänzung der traditionellen Medien hinausgeht. Es ist heute bereits abzusehen, dass das Internet das umfassendere Medium, also das Basismedium sein wird. Texte, Fotos, Illustrationen, Bewegtbilder, also Fernsehen werden in ihm eine Heimat finden. Daher ist der Online-Journalismus das Feld der größten Dynamik innerhalb der Medienbranche. Hier gibt es Wachstum, Investitionen und perspektivisch auch einen sicheren Zuwachs an Arbeitsplätzen.

Insert 2-11:   Marktanteilsverschiebungen zwischen Tageszeitungen und Online-Medien

Da der Siegeszug der Online-Medien schon seit längerer Zeit absehbar ist, sind die Anbieter von Tageszeitungen und Publikumszeitschriften dazu übergegangen, neben ihrem Printmedium auch ein aktuelles Online-Angebot vorzuhalten. In diesem Zusammenhang wird auch von ei-

nem **Kannibalisierungseffekt** gesprochen, der die Substitutionsbeziehung zwischen verschiedenen Angeboten eines Unternehmens der Medienbranche charakterisiert [vgl. LIPPOLD 2012,
S. 212 f.].

Hauptvorteile der Internet-Werbung sind die guten Individualisierungsmöglichkeiten und die
exakte Erfolgskontrolle in Form von Klickraten. Hinzu kommt, dass der Internet-Nutzer die
Möglichkeit zur direkten Interaktion mit dem stellensuchenden Unternehmen wahrnehmen
kann (siehe hierzu auch Abschnitt 2.4.3).

2.3.6 Online-Signalisierungsformen

Das Internet bietet eine nahezu unüberschaubare Anzahl unterschiedlicher **Signalisierungsfor-
men** und **-formate**, da den gestalterischen Fähigkeiten der Web-Designer praktisch keine Grenzen gesetzt sind. Die wichtigsten Online-Signalisierungsformen für das Personalmarketing sind

- die Banner-Werbung und
- das Suchmaschinen-Marketing.

Die **Banner-Werbung** ist die klassische Signalisierungsform in der Online-Werbung. Sie bietet verschiedene Formate für den Werbenden an (siehe Insert 2-12).

Insert

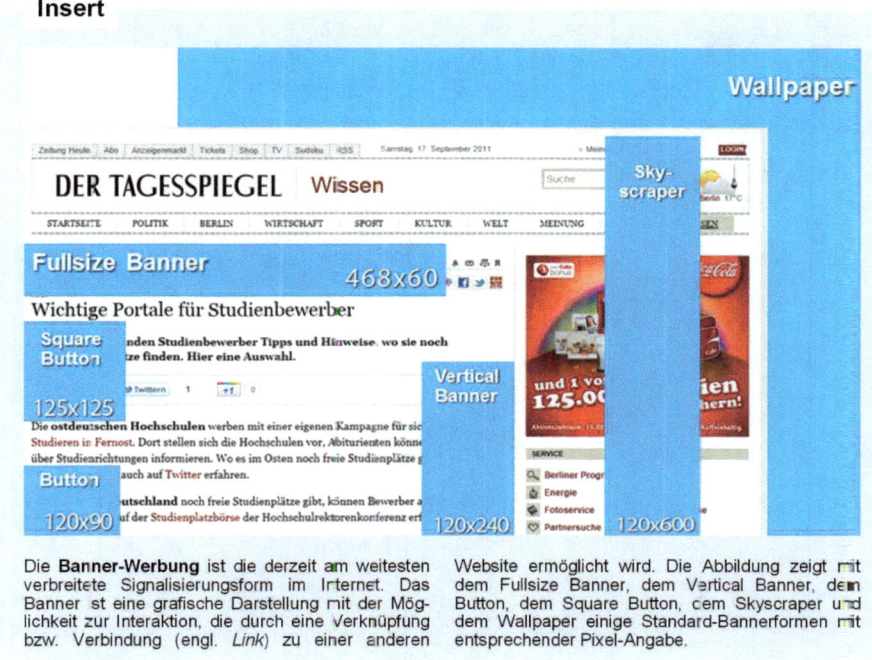

Die **Banner-Werbung** ist die derzeit am weitesten verbreitete Signalisierungsform im Internet. Das Banner ist eine grafische Darstellung mit der Möglichkeit zur Interaktion, die durch eine Verknüpfung bzw. Verbindung (engl. *Link*) zu einer anderen Website ermöglicht wird. Die Abbildung zeigt mit dem Fullsize Banner, dem Vertical Banner, dem Button, dem Square Button, dem Skyscraper und dem Wallpaper einige Standard-Bannerformen mit entsprechender Pixel-Angabe.

Insert 2-12: Beispiele für Standard-Bannerformate mit Pixel-Angabe

Da die Internet-Recherche in Suchmaschinen häufig die Basis für Online-Bewerbungen ist, verbinden die Arbeitgeberunternehmen ihr Online-Angebot und ihre Website mit Suchbegriffen, die für ihr Angebot relevant sind.

Diese als **Suchmaschinen-Marketing** (engl. *Search Engine Marketing – SEM*) bezeichnete Online-Signalisierungsform schließt Streuverluste weitgehend aus. Das Suchmaschinen-Marketing ist in zwei Bereiche unterteilt:

- Suchmaschinen-Optimierung (engl. *Search Engine Optimization – SEO*)
- Suchmaschinen-Werbung (engl. *Search Engine Advertising – SEA*)

Mit der **Suchmaschinen-Optimierung** zielt das Unternehmen darauf ab, die eigene Website möglichst weit vorne in den „organischen" Suchergebnissen zu platzieren. Dadurch wird in der Regel eine Steigerung der Besucherfrequenz und der entsprechend nachgelagerten Maßnahme (Kontaktaufnahme mit dem Arbeitgeberunternehmen) angestrebt. Dabei wird versucht, die eigene Website den Algorithmen der Suchmaschinen bestmöglich anzupassen. Allerdings werden diese Algorithmen und deren genaue Zusammensetzung, die laufend optimiert bzw. verändert werden, von den Suchmaschinen nicht bekannt gegeben [Quelle: MARKETING.CH 2011].

Mit **Suchmaschinen-Werbung** sind sämtliche Werbemöglichkeiten gemeint, die Suchmaschinen gegen Bezahlung anbieten. Dazu räumen die meisten Suchmaschinen oberhalb und rechts der Suchergebnisse die Möglichkeit ein, Textanzeigen zu platzieren. Berechnet werden jeweils nur die Klicks auf die Textanzeige. Der Klickpreis wird in einer Art Auktionsverfahren bestimmt: Jeder Anzeigenkunde legt fest, wie viel er für einen Klick pro Suchbegriff zu zahlen bereit ist. Je mehr Mitbewerber sich für den gleichen Suchbegriff interessieren, desto höher gehen die Gebote und desto teurer wird der Klick [Quelle: MARKETING.CH 2011].

Insert 2-13 zeigt beispielhaft eine Suchmaschinen-Seite von GOOGLE mit entsprechenden Textanzeigen oberhalb und rechts der „organischen" Suchergebnisse.

Insert

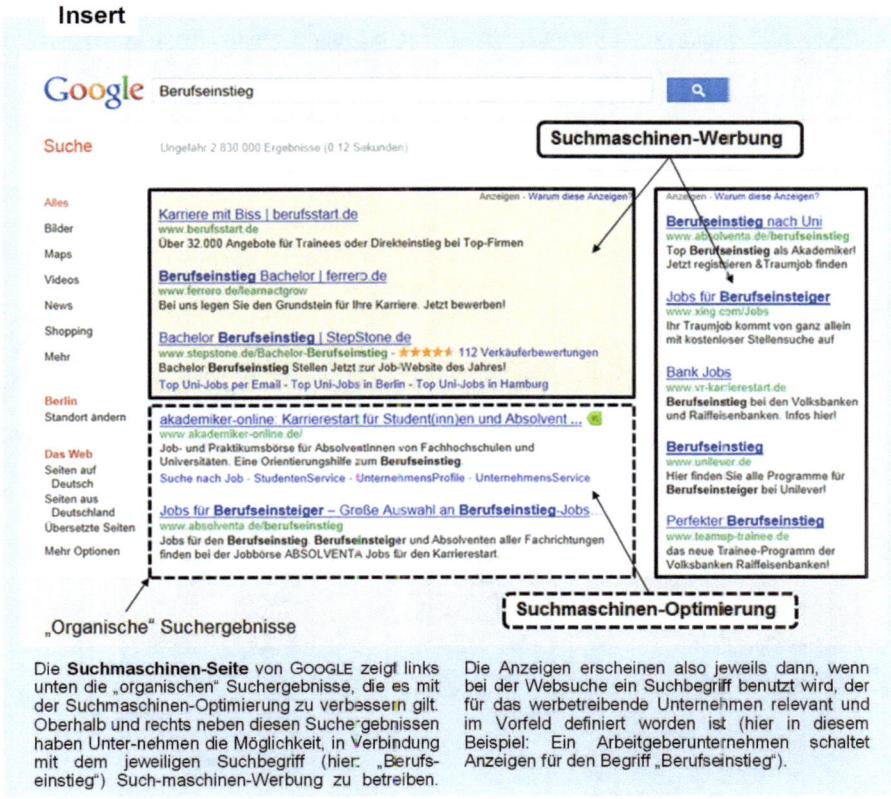

„Organische" Suchergebnisse

Die **Suchmaschinen-Seite** von GOOGLE zeigt links unten die „organischen" Suchergebnisse, die es mit der Suchmaschinen-Optimierung zu verbessern gilt. Oberhalb und rechts neben diesen Suchergebnissen haben Unter-nehmen die Möglichkeit, in Verbindung mit dem jeweiligen Suchbegriff (hier: „Berufs-einstieg") Such-maschinen-Werbung zu betreiben.

Die Anzeigen erscheinen also jeweils dann, wenn bei der Websuche ein Suchbegriff benutzt wird, der für das werbetreibende Unternehmen relevant und im Vorfeld definiert worden ist (hier in diesem Beispiel: Ein Arbeitgeberunternehmen schaltet Anzeigen für den Begriff „Berufseinstieg").

Insert 2-13: Beispiel für Suchmaschinen-Werbung und -Optimierung

2.3.7 Effektivität und Effizienz von Recruiting-Kanälen

Eine gute Zusammenfassung der vorangegangenen Abschnitte bietet die Analyse von Effektivität und Effizienz der wichtigsten Recruiting-Kanäle. Auch hier bieten die Ergebnisse der „RECRUITING TRENDS" gute Anhaltspunkte (siehe Insert 2-14). Die Rubrik **Effektivität** wird dabei durch den Zufriedenheitsgrad mit den über verschiedene Recruiting-Kanäle eingestellten Kandidaten dargestellt, die **Effizienz** anhand des Kosten-/Nutzenverhältnisses analysiert.

Zu einem wichtigen Instrument zur Verbesserung von Effektivität und Effizienz der Recruiting-Kanäle werden sich **digitale Empfehlungssysteme** entwickelt. Damit sind insbesondere Talent-Recommender-Systeme und Job-Recommender-Systeme angesprochen.

Durch **Talent-Recommender-Systeme**, die auf Basis des Vergleichs zwischen Kandidatenprofil und Stellenanforderung passende Kandidaten für die jeweilige Vakanz vorschlagen, kann die aktive Suche der Unternehmen nach geeigneten Kandidaten (teil-)automatisiert werden.

Ebenso wird sich die aktive Suche nach Stellenanzeigen seitens der Kandidaten verändern, da die Suche nach geeigneten Jobs durch **Job-Recommender-Systeme** automatisiert werden kann. Aufgrund des Profils eines Kandidaten und der Stellenanzeige kann dem Kandidaten automatisiert ein Jobangebot vorgeschlagen werden (z. B. durch einen Suchagenten einer Internet-Stellenbörse, der wöchentlich Job-Empfehlungen per E-Mail versendet) [vgl. RECRUITING TRENDS 2018 – Digitalisierung der Personalgewinnung].

Insert

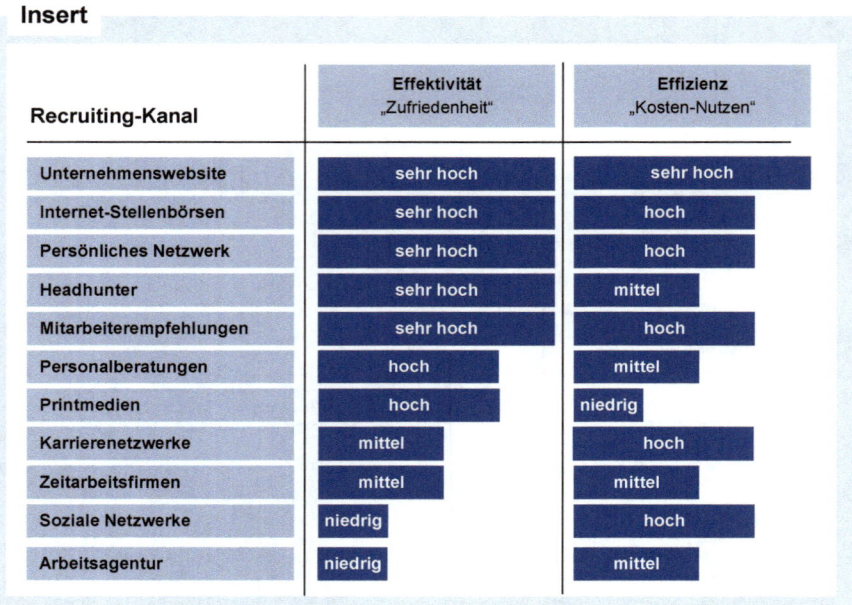

[Quelle: RECRUITING TRENDS 2012, S. 14 f.]

Hinsichtlich der **Effektivität** einzelner Recruiting-Kanäle wurden die Teilnehmer der Untersuchung nach dem Zufriedenheitsgrad mit den über verschiedene Recruiting-Kanäle eingestellten Kandidaten befragt. Am zufriedensten zeigten sich die Firmen mit jenen Kandidaten, die sie über die eigene Unternehmenswebsite eingestellt haben, dicht gefolgt von den Internet-Stellenbörsen. Es folgen das persönliche Netzwerk der Recruiter und Headhunter („Executive Search"). Ebenfalls sehr zufrieden zeigen sich die Befragten mit Kandidaten, die über Mitarbeiterempfehlungen ins Unternehmen kamen. Mit etwas Abstand folgen Personalberatungen und Printmedien. Durchschnittliche Zufriedenheitsgrade weisen Karrierenetzwerke (z.B. Xing, LinkedIn) und Zeitarbeitsfirmen auf. Weniger zufrieden ist man mit Rekrutierungen über soziale Netzwerke oder über die Arbeitsagentur.

Der andere wichtige Aspekt neben der Effektivität ist die **Effizienz** der Rekrutierungskanäle. Sie wurde im Rahmen der Untersuchung anhand des Kosten-/Nutzen-Verhältnisses analysiert. Demnach ist die eigene Unternehmenswebseite aus Sicht der Studienteilnehmer der effizienteste Kanal, gefolgt vom persönlichen Netzwerk der Recruiter, den Mitarbeiterempfehlungen, den Internet-Stellenbörsen, den Karrierenetzwerken wie Xing oder LinkedIn und den sozialen Netzwerkplattformen wie Facebook oder Twitter. Ein eher mittelmäßiges Kosten-/Nutzen-Verhältnis sehen die Befragten bei Zeitarbeitsfirmen, bei der Bundesagentur und den Personalberatungen. Die beiden letzten Plätze belegen die Vermittlung über Headhunter sowie die Printmedien.

Insert 2-14: Effektivität und Effizienz von Recruiting-Kanälen

Fragt man schließlich danach, über welche Recruiting-Kanäle die meisten Einstellungen generiert werden, so dominieren eindeutig die Einstellungen über die Internet-Stellenbörsen. Insert 2-15 zeigt die Anteile der über die verschiedenen Recruiting-Kanäle generierten Einstellungen im Überblick.

Insert

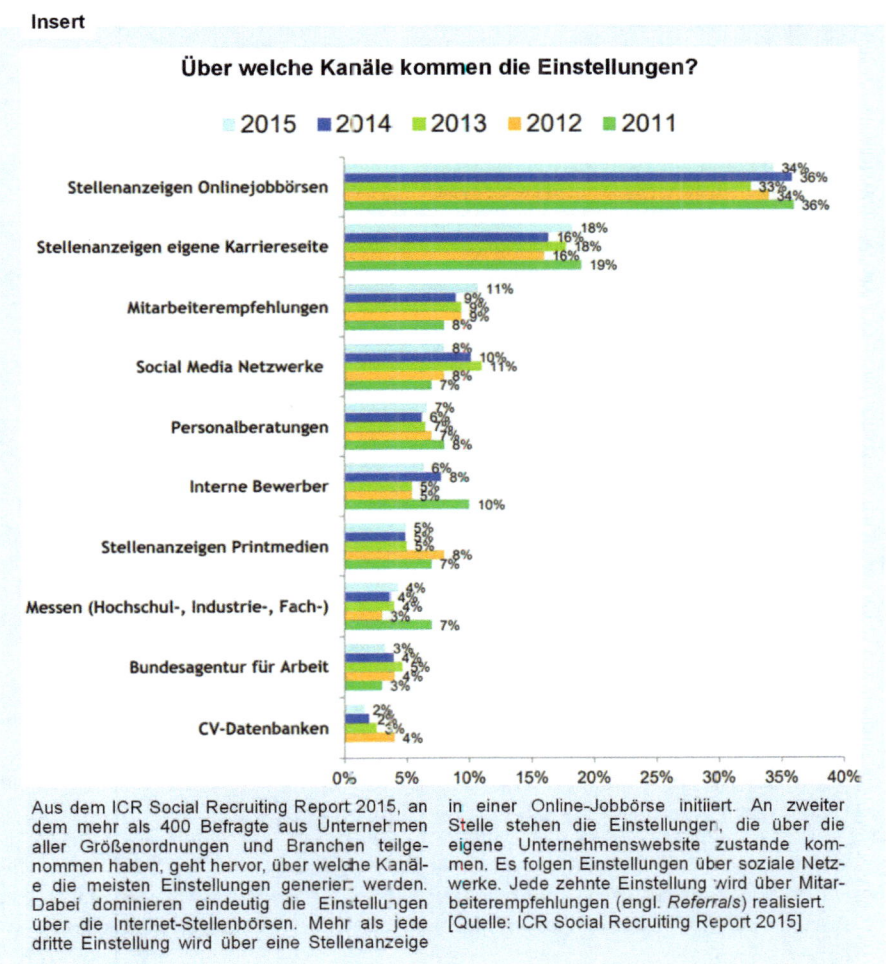

Insert 2-15: Realisierte Einstellungen nach Recruiting-Kanälen

2.3.8 Optimierung der Bewerberwahrnehmung

Zur Abrundung des Kapitels sollen die einzelnen Schritte des Aktionsfeldes *Signalisierung im Arbeitsmarkt* zusammengefasst und die wichtigsten Parameter, Prozesse, Instrumente und Werttreiber im Zusammenhang dargestellt werden.

(1) Aktionsparameter

Die Optimierung der Bewerberwahrnehmung lässt sich als Funktion der Signalisierung im Bewerbermarkt darstellen. Die Signalisierung wiederum setzt sich im Wesentlichen – wie oben
dargestellt – aus folgenden Parametern zusammen:

- Anzahl **Neueinstellungen** (aus der Personalbedarfsplanung),
- Höhe des **Signalisierungsbudgets** (aus der Unternehmensplanung),
- Anzahl genutzter **Signalisierungskanäle** und
- Anzahl genutzter **Signalisierungsinstrumente**.

Damit ergibt sich für die Bewerberwahrnehmung folgender erweiterter Optimierungsansatz:

> *Bewerberwahrnehmung = f (Signalisierung) = f (Anzahl Neueinstellungen, Höhe des Sig-
> nalisierungsbudgets, Anzahl genutzter Signalisierungskanäle, Anzahl genutzter Signalisie-
> rungs-instrumente) → optimieren!*

(2) Prozesse

In Abbildung 2-39 ist beispielhaft ein Prozessmodell für das Aktionsfeld Signalisierung im
Arbeitsmarkt dargestellt. Die konkrete Ausgestaltung eines Prozessmodells ist von einer
Vielzahl von Einflussfaktoren abhängig (Branche, Unternehmensgröße, Art der Werttreiber
etc.).

Zur instrumentellen Unterstützung kommen das Signalisierungs- bzw. Präferenzmodell sowie
das E-Recruiting mit seinen verschiedenen Recruitingkanälen in Betracht.

(3) Werttreiber

Als *Werttreiber* in diesem Aktionsfeld können u. a. genannt werden [vgl. DGFP 2004, S. 43]:

- **Bewerbungskanalquote**, d. h. der Anteil der Bewerbungen nach definierten Signali-
  sierungskanälen, im Verhältnis zu allen Bewerbungen. Hierbei geht es um die Frage, ob es
  dem Unternehmen gelingt, dass die Bewerber ihre Unterlagen vornehmlich über die vom
  Unternehmen bevorzugten Signalisierungskanäle einreichen.

- **Qualität der Bewerbungen**, d. h. der Anteil der Bewerbungen, die den formalen Stellenanforderungen entsprechen, im Verhältnis zu allen anderen Bewerbungen. In diesem
  Zusammenhang wird in Erfahrung gebracht, ob den Bewerbern ein realistisches Bild von
  den Stellenanforderungen vermittelt wurde.

- **Angebot von Talent-Recommender-Systemen** bei der Kandidatenansprache.

- **Nutzungsgrad von Talent-Recommender-Systemen**, d. h. die Häufigkeit des Einsatzes
  von Empfehlungssystemen beim Active Sourcing.

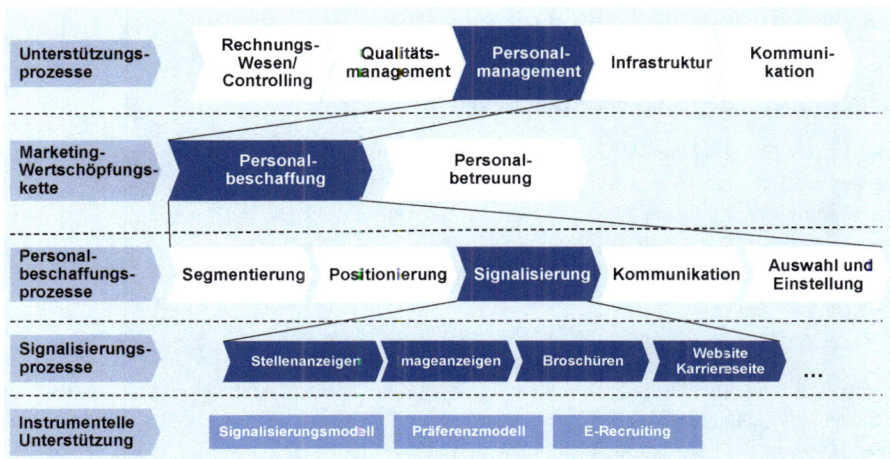

Abb. 2-29: Prozessmodell für das Aktionsfeld „Signalisierung im Arbeitsmarkt"

(4) Zusammenfassung

In Abbildung 2-30 sind alle wesentlichen Aspekte des Aktionsfeldes *Signalisierung im Arbeitsmarkt* (wie zugehöriger Aktionsbereich, Aktionsparameter, Instrumente, Werttreiber sowie das Optimierungskriterium) zusammengefasst.

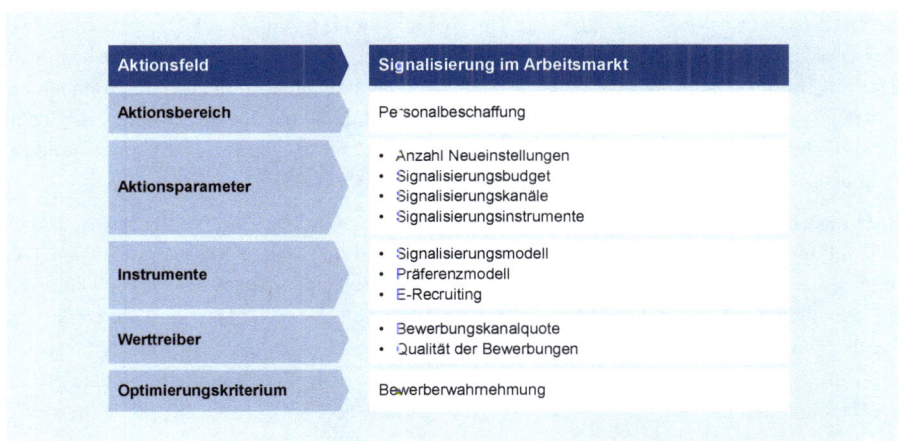

Abb. 2-30: Wesentliche Aspekte des Aktionsfeldes „Signalisierung im Arbeitsmarkt"

2.4   Kommunikation mit dem Bewerber

2.4.1 Aufgabe und Ziel der Kommunikation

Das Aktionsfeld *Kommunikation* dient als Weichenstellung für den Entscheidungsprozess des Bewerbers und ist das vierte Aktionsfeld im Rahmen des Personalbeschaffungsprozesses. Ziel der Kommunikation ist der Einstellungswunsch des Bewerbers und der Aufbau eines Vertrauensverhältnisses. Bei der Kommunikation geht es somit um die Optimierung des *Bewerberver-trauens:*

$$Bewerbervertrauen = f\,(Kommunikation) \rightarrow optimieren!$$

Während die *Signalisierungs*instrumente nur in eine Richtung wirken, betonen die *Kommunikations*instrumente den Dialog. Es geht im Aktionsfeld *Kommunikation* also um den **persönlichen Kontakt** des Unternehmens mit dem Bewerber. Die hier für die Aktionsfelder verwendeten Begriffe *Signalisierung* und *Kommunikation* sind nicht trennscharf. Häufig wird die Signalisierung auch als *unpersönliche* Kommunikation bezeichnet [vgl. auch SIMON et al. 1995, S. 175 ff.].

2.4.2 Kommunikationsmaßnahmen

Für die (persönliche) Kommunikation gibt es – ebenso wie für die (unpersönliche) Signalisierung – ein ganzes Bündel von Maßnahmen. Es reicht über das Angebot von Praktika und Werkstudententätigkeiten über Seminare und Vorträge an Hochschulen bis zur Durchführung von Sommerakademien und Career Camps. Insgesamt werden diese Kommunikationsmaßnahmen dem **Hochschulmarketing**, das nicht nur für größere Unternehmen zunehmend an Bedeutung gewinnt, zugerechnet. Immerhin besitzt das Hochschulmarketing für 78 Prozent aller Top-1.000-Unternehmen einen hohen Stellenwert und jedes zweite dieser Unternehmen sponsert Hochschulveranstaltungen [vgl. RECRUITING TRENDS 2010, S. 22].

Eine Bestandsaufnahme des Hochschulmarketings macht deutlich, dass bei der Auswahl und Entwicklung von Kommunikationsmaßnahmen der Kreativität keine Grenzen gesetzt sind. Oft reichen im Wettbewerb um den geeigneten Bewerber die klassischen Wege der Bewerberansprache nicht mehr aus. Entscheidend aber ist in jedem Fall, dass ein glaubwürdiger Dialog im Vordergrund jeglicher Kommunikation steht. Nur über Glaubwürdigkeit lässt sich das notwendige Vertrauen beim Bewerber aufbauen [zu den verschiedenen Kommunikationsmaßnahmen im Hochschulmarketing siehe insbesondere SCHMIDT 2004 sowie STEINMETZ 1997, THOM/FRIEDLI 2004, RIZZARDI 2005, THOMET 2005, SCHAMBERGER 2006, BECK 2008c].

Um die Vielzahl der zur Verfügung stehenden Kommunikationsmöglichkeiten und -maßnahmen in ihrer Bedeutung und in ihrer Wirkung auf das Informationsverhalten der Bewerber beurteilen zu können, bedarf es zunächst einer Strukturierung dieser Maßnahmen nach der **Form der Kommunikation** mit den Bewerbern. Danach sind folgende Maßnahmengruppen zu unterscheiden [vgl. LIPPOLD 2010, S. 14]:

- Maßnahmen der *direkten, individuellen* Kommunikation,
- Maßnahmen der *direkten, kollektiven* Kommunikation,
- Maßnahmen der *indirekten* Kommunikation und
- Maßnahmen der *Internet*-Kommunikation.

In Abbildung 2-31 ist eine Zuordnung der wichtigsten Kommunikationsmaßnahmen im Personalmarketing zu diesen Kommunikationsformen vorgenommen worden. Beachtenswert bei diesem Maßnahmenbündel ist, dass es fast ausschließlich für die Zielgruppe der Hochschulabsolventen bzw. Berufseinsteiger und weniger für erfahrene Berufswechsler oder Führungskräfte geeignet ist. Weiterhin ist zu berücksichtigen, dass die Maßnahmengruppen von den Inhalten her miteinander verwoben sind. Beispielsweise ist mit der Durchführung von Firmenworkshops oder Messeauftritten auch immer eine Präsentation des Arbeitgebers verbunden. Insofern ist eine trennscharfe Zuordnung der Einzelmaßnahmen zu den Maßnahmengruppen nahezu unmöglich.

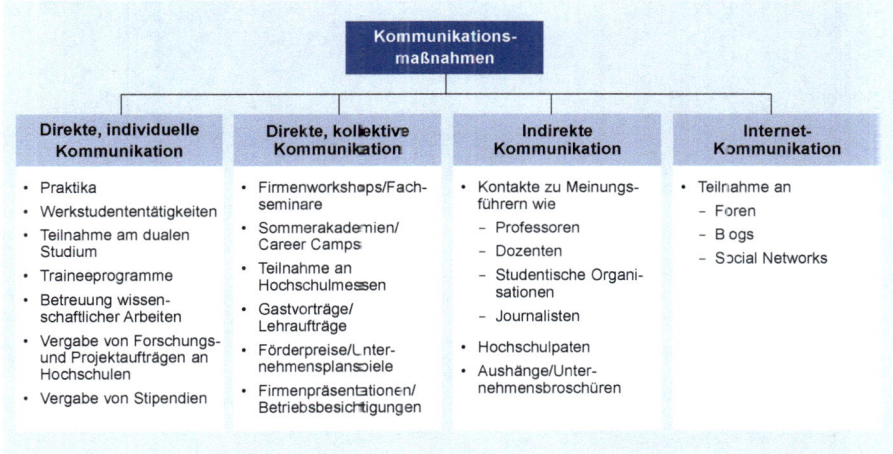

Abb. 2-31:   Kommunikationsmaßnahmen

2.4.2.1   Maßnahmen der direkten individuellen Kommunikation

Eine sehr gute Möglichkeit, interessierte und leistungsstarke Studierende frühzeitig an das Unternehmen zu binden, bietet die Teilnahme am **dualen Studium**. Duale Studiengänge haben in den letzten Jahren einen großen Zulauf erfahren. Immer mehr Schulabgänger und Studieninteressenten entscheiden sich für die Kombination aus Praxisphasen im Unternehmen und theoretischen Vorlesungszeiten in einer Uni, Fachhochschule, dualen Hochschule oder Berufsakademie. Ebenso haben auch viele Unternehmen die Vorteile der dualen Studiengänge, die nach einer Grundsatzentscheidung des Bundessozialgerichts generell als sozialversicherungspflichtige Beschäftigungsverhältnisse einzuordnen sind, erkannt und sich für die Einrichtung entsprechender Ausbildungsplätze entschieden. Insert 2-16 zeigt beispielhaft das umfangreiche duale

Studienangebot der Prüfungs- und Beratungsgesellschaft PWC im den Bereichen Wirtschafts-
prüfung, Steuerberatung und Consulting.

Insert

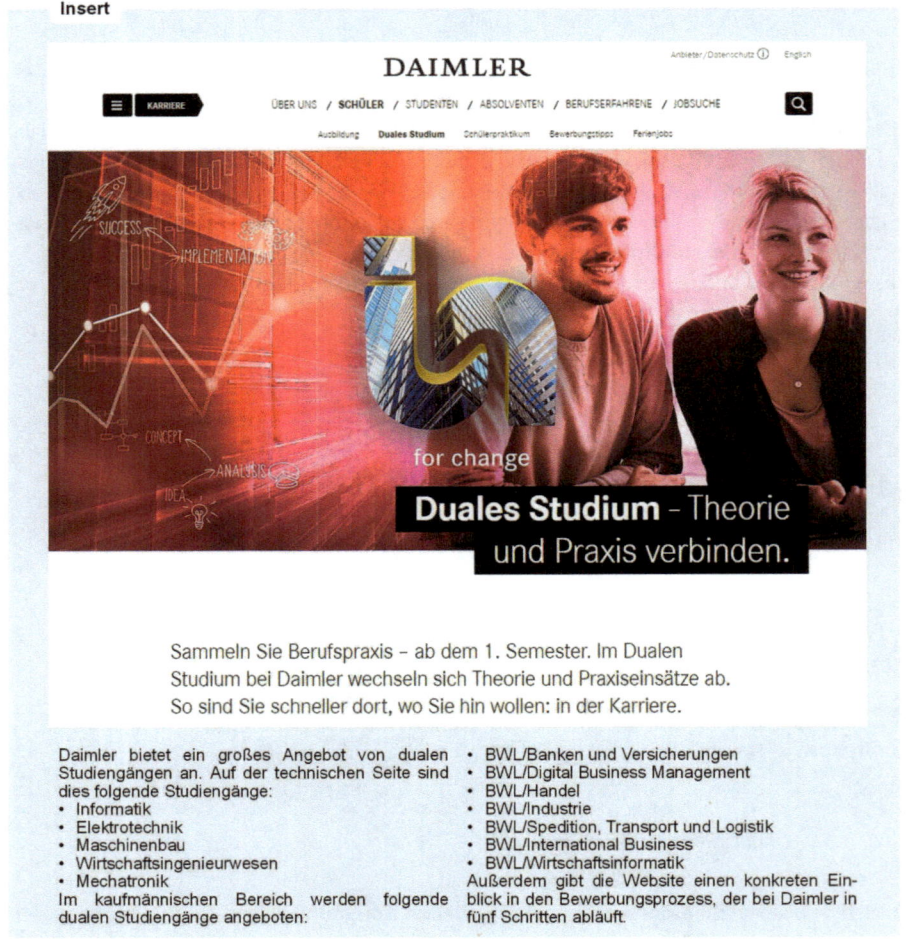

Sammeln Sie Berufspraxis – ab dem 1. Semester. Im Dualen
Studium bei Daimler wechseln sich Theorie und Praxiseinsätze ab.
So sind Sie schneller dort, wo Sie hin wollen: in der Karriere.

Daimler bietet ein großes Angebot von dualen
Studiengängen an. Auf der technischen Seite sind
dies folgende Studiengänge:
- Informatik
- Elektrotechnik
- Maschinenbau
- Wirtschaftsingenieurwesen
- Mechatronik
Im kaufmännischen Bereich werden folgende
dualen Studiengänge angeboten:

- BWL/Banken und Versicherungen
- BWL/Digital Business Management
- BWL/Handel
- BWL/Industrie
- BWL/Spedition, Transport und Logistik
- BWL/International Business
- BWL/Wirtschaftsinformatik
Außerdem gibt die Website einen konkreten Ein-
blick in den Bewerbungsprozess, der bei Daimler in
fünf Schritten abläuft.

Insert 2-16: Das duale Studienangebot von Daimler

Zu den häufigsten Maßnahmen der direkten, individuellen Kommunikation zählt die Vergabe
von Praktikumsplätzen. Das **Praktikum** ermöglicht eine frühzeitige Kontaktaufnahme mit interessierten Studierenden und dient dazu, Informationen bezüglich ihres Arbeitseinsatzes, -er-
gebnisses und -verhaltens zu gewinnen. Durch die zusätzlich gewonnenen Informationen kann
der Auswahlprozess teilweise verkürzt oder ganz entfallen, besonders dann, wenn das Praktikum gegen Ende des Studiums absolviert wird. Im Gegenzug ermöglicht es den Studierenden,

erste Einblicke in ein Unternehmen und seine Kultur zu erhalten. Diese Einblicke können ert-scheidend für die Wahl der ersten Arbeitsstelle sein. Zu unterscheiden ist zwischen *vorge-schriebenen* und *freiwilligen Praktika*. Durch die Studienreform (Bologna-Prozess) ist das Praktikum für Bachelor-Studierende obligatorisch geworden, so dass erst die Absolvierung ei-nes weiteren Praktikums als freiwillig einzustufen ist. Um besonders gute Studierende frühzei-tig zu binden, bieten (größere) Unternehmen vermehrt strukturierte *Praktikantenförderpro-gramme* an. Teilnehmer solcher Programme werden oftmals besser bezahlt und sind sehr stark in den normalen betrieblichen Ablauf eingebunden. Die „Generation Praktikum" hat bisweilen aber auch ihre Schattenseiten. So erhalten viele Praktikanten von ihrem Arbeitgeberunterneh-men gar keine Vergütung (Praktikantenausbeutung). Ein Praktikum ohne angemessene Vergü-tung ist keine Eintrittskarte in die Arbeitswelt und für Unternehmen nur eine preiswerte Alter-native zur normalen Beschäftigung. In der Politik wird daher teilweise schon ein Mindestlohn für Praktikanten diskutiert.

Eine frühzeitige Bindung an das Unternehmen kann auch über die **Werkstudententätigkeit** erfolgen. Werkstudenten sind im Normalfall eine über eine längere Zeit angestellte Arbeits-kraft. Die übertragenen Aufgaben können unterschiedliche Qualitäten aufweisen. Sie reichen von anspruchsvollen, interessanten Tätigkeiten über Aushilfsarbeiten bis hin zum Kaffeeko-chen.

Auch **Trainee-Programme** sind für Hochschulabsolventen eine konkrete Einstiegsmöglich-keit, die zudem eine Grundlage für eine erfolgreiche Führungskarriere im betreffenden Unter-nehmen sein kann. Trainees sind firmenspezifische Nachwuchsförderungen, die heutzutage in vielen Großunternehmen zum festen Bestandteil betrieblicher Personalentwicklung gehören. Die Hochschulabgänger erhalten die Gelegenheit, durch unternehmensspezifische Praxisein-führung verschiedene Einsatzgebiete kennenzulernen.

Die **Betreuung wissenschaftlicher Arbeiten** bietet Unternehmen die Möglichkeit zur geziel-ten Rekrutierung besonders leistungsfähiger Nachwuchskräfte. Darüber hinaus steht der Wis-senstransfer zwischen Hochschule und Praxis im Mittelpunkt einer solchen Maßnahme. Zu den wissenschaftlichen Arbeiten zählen Seminar-, Bachelor-, Master- und Diplomarbeiten. Durch Vergabe eines vom Unternehmen definierten Themas können sich die Studierenden weitgehend selbstständig mit der Problemstellung auseinandersetzen und Gestaltungsempfehlungen abge-ben. Der Grad der Unterstützung kann dabei sehr stark variieren.

Auch die Zusammenarbeit mit Hochschulen im Bereich *Forschung und Entwicklung* kann ge-zielt für das Personalmarketing verwendet werden. Bei Vergabe von **Forschungs- und Pro-jektaufträgen** können Qualitäten der Projektteilnehmer beobachtet werden. Ähnlich wie bei der Betreuung wissenschaftlicher Arbeiten steht vor allem der Wissenstransfer von der Hoch-schule in das Unternehmen im Vordergrund.

Auch durch die Vergabe von **Stipendien** kann frühzeitig Kontakt zu qualifizierten Studieren-den aufgenommen werden. Die Förderung von Wissenschaft und Forschung trägt zum einen zur positiven Imagebildung und zum anderen zur Rekrutierung von geeigneten Absolventen bei. Die Unterstützung kann entweder direkt durch finanzielle Förderung oder indirekt durch Sachleistungen wie Fachbücher erfolgen.

2.4.2.2 Maßnahmen der direkten, kollektiven Kommunikation

Bei den Maßnahmen der direkten, aber kollektiven Kommunikation steht die Direktansprache von *Personengruppen* und nicht von einzelnen Personen im Vordergrund. Im Rahmen von **Firmenworkshops** oder **Fachseminaren** können Fallbeispiele, Diskussionsrunden oder Präsentationen bei einer vorselektierten Gruppe durchgeführt werden. Dadurch wird ein aktiver Austausch zwischen Unternehmen und Studierenden sichergestellt. Zudem kann eine solche Maßnahme ähnlich wie bei einem *Assessment Center* für eine erste betriebliche Qualifizierung genutzt werden. Die Dauer der Workshops kann dabei von mehreren Stunden bis hin zu einer Woche variieren. Internationale Unternehmensberatungen bieten beispielsweise *Wochenendworkshops, Sommerakademien* oder *Career Camps* für High Potentials zum Thema Consulting an (siehe Insert 2-17).

Insert

Insert 2-17: Einladung zum Career Camp der CAPGEMINI

Eine viel genutzte Möglichkeit der ersten Kontaktaufnahme mit potentiellen Hochschulabsolventen stellen **Hochschulmessen** dar. Durch die Präsenz vor Ort kann sich das Unternehmen als zukünftiger Arbeitgeber präsentieren und so eine effiziente zielgruppengerechte Ansprache ermöglichen. Der Messeauftritt hat demzufolge sowohl eine Image- als auch eine Rekrutierungsfunktion. Zu den typischen Formen der Hochschulmessen zählen eintägige Firmenkontaktveranstaltungen, die von Studentenorganisationen (z. B. AIESEC) auf dem Campus selbst organisiert werden. Darüber hinaus haben sich verschiedene Arten von Hochschulmessen etabliert, die sich vor allem durch den Durchführungsort, den Einsatz von Auswahlverfahren, die Anzahl und Qualifikation der Besucher sowie die Anzahl der teilnehmenden Unternehmen unterscheiden. Anhand bestimmter Kriterien wie Besucherzahl, Besucherqualität, anwesende Konkurrenzunternehmen und der Möglichkeit zur Selbstdarstellung obliegt es dem Unternehmen, die geeigneten Messen auszuwählen.

In diese Kategorie fallen beispielsweise die Initiativen der Agentur für Arbeit, Lehrstühle und Forschungsinstitute an Universitäten und Fachhochschulen, die mit ihren **Bewerber-Börsen** den Bewerbungsprozess von Absolventen unterstützen. Die Bundesagentur für Arbeit dominiert mit ihrem neu entwickelten „virtuellen" Arbeitsmarkt in Bezug auf Stellenanzeigen und Stellengesuche mengenmäßig den Markt, jedoch hat die geforderte Einbeziehung aller Arbeitsmarktpartner augenscheinlich noch keinen großen Erfolg gezeigt.

Neben den hochschuleigenen Messen haben sich **kommerzielle Messen** mit teilweise über 100 Ausstellern durchgesetzt. Hierbei treffen Unternehmen mit eigenen Recruitingständen auf sehr viele Interessenten. Durch die hohe Präsenz der Zielgruppe erhoffen sich jene Arbeitgeber bessere Erfolgschancen, die jährlich größere Kontingente von Hochschulabsolventen einstellen. Mit knapp 12.000 Besuchern und über 500 ausstellenden Unternehmen aller Branchen hat sich die Kölner Messe „Zukunft Personal" als bedeutendste Jobmesse Deutschlands etabliert. Die Besucherzahlen allein sagen jedoch wenig über die Qualität einer Messe aus. Um den Nutzen einer Messebeteiligung zu prüfen, wird unterschieden zwischen dem *Marketingwert* einer Messe, der die Anzahl der Kontakte erfasst, und dem *Selektionswert*, der die Qualität der Kontakte kennzeichnet [vgl. TEETZ 2008, S. 144].

Eine weitere Möglichkeit zur direkten, kollektiven Kontaktaufnahme mit potentiellen Bewerbern sind themenbezogene **Gastvorträge**, zu denen Unternehmensvertreter während der Vorlesungszeiten gerne eingeladen werden. Die Verbindung von Praxis und Lehre sowie die Möglichkeit, das Unternehmen mit seiner Leistungsfähigkeit zu präsentieren, kommen beiden Seiten zugute.

Eine besonders effektive Möglichkeit, Theorie und Praxis zu „verlinken" und damit lebensnahe Wissenschaft zu ermöglichen, ist die Übernahme von **Lehraufträgen** durch Firmenvertreter. Besonders leistungsstarke Studierende können im Rahmen der Vorlesung/Übung frühzeitig identifiziert und angesprochen werden. Bei dieser Kommunikationsmaßnahme steht neben dem Wissenstransfer und der allgemeinen Imagefunktion besonders die Recruitingfunktion im Vordergrund.

Die Ausschreibung von **Förderpreisen** zielt ebenfalls darauf ab, leistungsfähige Studierende zu identifizieren. Die Auszeichnungen erfolgen zumeist durch eine finanzielle Prämierung oder durch die Vergabe von attraktiven Praktikumsplätzen.

Eine Möglichkeit zur praxisbezogenen Themenbearbeitung stellen **Unternehmensplanspiele** dar. Anhand einer konkreten Fragestellung wird versucht, innerhalb eines bestimmten Zeitraumes eine Lösung auszuarbeiten. Planspiele können entweder in der Hochschule, im Unternehmen oder via Internet durchgeführt werden.

Firmenpräsentationen werden vorwiegend im Umfeld von Messeveranstaltungen, bei themenspezifischen Veranstaltungen, in Vorlesungen oder im Rahmen von Betriebsbesichtigungen durchgeführt.

Betriebsbesichtigungen haben zum Ziel, Besucher mit dem Unternehmen bekannt zu machen. Durch die Kombination von Fachvorträgen, Diskussionen und Betriebsbegehungen wird versucht, ein positives Arbeitgeberimage zu verankern.

2.4.2.3   Maßnahmen der indirekten Kommunikation

Maßnahmen der indirekten Kommunikation haben zumeist die direkte Kommunikation zum Ziel, d. h. sie bereiten die direkte Kontaktaufnahme mit dem Arbeitgeber vor. Eine wichtige Gruppe umfasst dabei **Kontakte zu Meinungsführern** wie z. B. studentische Organisationen, Professoren, Dozenten, Journalisten oder Berufsberatern. Diese wirken als Multiplikatoren und üben einen nicht zu unterschätzenden Einfluss auf potentielle Bewerber aus. Es wird sogar behauptet, dass diese Kommunikationsform zu den wirkungsvollsten Einflussfaktoren bei der Arbeitgeberwahl zählen [vgl. SCHAMBERGER 2006, S. 71].

Um zielführende Kontakte mit Professoren und Dozenten zu vertiefen, haben Unternehmen mit größeren Einstellungskontingenten **Hochschulpaten** etabliert. Solche Paten, die entweder aus Absolventen der betreffenden Hochschule oder aus Personalreferenten gebildet werden, übernehmen für einen längeren Zeitraum die Betreuung der Ziel-Hochschule.

Zur indirekten Kommunikationsform zählen schließlich die generellen Unternehmensinformationen, die häufig nach Gastvorträgen bzw. nach Unternehmenspräsentationen in Form von **Broschüren** abgegeben werden. Diese werden zum Teil auch in den öffentlichen Auslagen der Hochschulen bereitgestellt. Die Pflege, d. h. die regelmäßige Überprüfung und ggf. der Austausch der Bestände mit aktuellen Dokumentationen wird häufig ebenfalls von Hochschulpaten wahrgenommen. Informationen bezüglich Praktika, Projektarbeiten oder Stellenangeboten werden oft als **Aushänge** am „Schwarzen Brett" publiziert.

Eine besonders durchschlagskräftige Maßnahme der indirekten Kommunikation ist die Durchführung von **Referral-Programmen**. Darunter sind Personalbeschaffungsmaßnahmen zu verstehen, bei denen die Mitarbeiter des eigenen Unternehmens gebeten werden, interessante Kandidaten für bestimmte Positionen vorzuschlagen (siehe auch Abschnitt 2.3.4).

2.4.2.4   Internet-Kommunikation

Die Nutzung des Internets in der Personalbeschaffung beschränkt sich nicht nur auf den Bewerbungseingang und die Bewerbungsabwicklung sowie auf die Veröffentlichung von Stellenanzeigen auf der unternehmenseigenen Homepage oder in Jobbörsen (siehe E-Recruiting,

2.3.4). Seitdem Foren, Blogs und Social Networks bestehen, haben sich sowohl für Unternehmen, als auch für Bewerber neue Potenziale eröffnet, wenn es um die Suche nach Informationen über die jeweils andere Seite geht.

Die Kommunikation verlagert sich also zunehmend vom privaten in den öffentlichen Raum. Zusammengefasst wird diese Entwicklung unter dem Schlagwort **Web 2.0**, dessen spezifische Anwendungsformen (Applikationen) für das Personalmarketing mehr und mehr an Bedeutung gewinnen.

Im Einzelnen stehen dem Personalmarketing folgende Anwendungsformen der Web 2.0-Entwicklung zur Verfügung [vgl. JÄGER 2008, S. 57 f. und JÄGER et al. 2007, S. 10]:

- **Blogs** (Kurzbezeichnung für **Weblogs**) sind eine Art *Online-Tagebücher*, in denen Personen zu persönlichen und fachlichen Themen Texte und Bilder veröffentlichen.

- **Wikis und Nachschlagewerke** sind Enzyklopädien wie *WIKIPEDIA*, die von den Nutzern selbst erstellt, korrigiert und weiterentwickelt werden.

- **Beziehungsnetzwerke** (engl. *Social Networks*) sind Webanwendungen wie *FACEBOOK*, *XING* oder *LINKEDIN*, die es ermöglichen, persönliche Profile anzulegen und diese miteinander zu verknüpfen, um Beziehungen zwischen Personen abzubilden und somit „Kontakte zweiten Grades" herzustellen.

- **Podcasts** sind selbstproduzierte Audioaufnahmen, die auf dem Computer direkt gehört oder auf ein tragbares Gerät (z. B. APPLE iPod) überspielt werden können.

- **RSS Feed** (Kurzbezeichnung für *Really Simple Syndication*) ist eine Abonnement-funktion, die neue Inhalte aus ausgewählten Blogs, Podcasts und anderen Informationsquellen direkt in den Browser oder an das E-Mail-Programm des Nutzers sendet.

Im Mittelpunkt dieser Aufzählung stehen die Beziehungsnetzwerke, die aufgrund ihrer besonderen Bedeutung für das Personalmarketing im Folgenden näher beleuchtet werden sollen.

2.4.3 Social Media

Die ständig wachsende Bedeutung von sozialen Netzwerken lässt sich an folgenden Fakten festmachen [Quelle: Statista 2019]:

- Die Nutzerzahl von FACEBOOK, dem weltweit größten Netzwerk, beträgt 2,2 Mrd. In Deutschland sind es 32,4 Mio. Nutzer.

- LINKEDIN, das weltweit größte berufliche Netzwerk, hat 12 Mio. eingetragene Nutzer in Deutschland, Österreich und Schweiz. XING, das größte deutsche berufliche Netzwerk hat 16,4 Mio. Nutzer.

- Die Anzahl der mobilen Nutzer von sozialen Netzwerken in Deutschland beträgt 30 Mio.

- Die durchschnittliche tägliche Verweildauer in Netzwerken beträgt in Deutschland 64 Minuten.

– Der Anteil der Nutzer von sozialen Netzwerken in Deutschland mit hohem Bildungsstand beträgt 53 Prozent.

Um die Auswirkungen dieses Phänomens für das Personalmarketing einordnen zu können, ist es erforderlich, die Nutzung von Social Media durch die Bewerber einerseits und durch die Unternehmen als Arbeitgeber andererseits zu analysieren. Neben Bewerber und Unternehmen kommt aber noch eine dritte Zielgruppe für das Personalmarketing hinzu: die eigenen Mitarbeiter.

2.4.3.1   Nutzung von Social Media-Kanälen durch Bewerber

Professionelle Netzwerke wie XING oder LINKEDIN dienen gezielt dem Austausch zwischen Geschäftspartnern, Mitarbeitern sowie – inzwischen deutlich vermehrt – zwischen Bewerbern und Unternehmen. Sie bieten die Vorzüge und Kommunikationsmöglichkeiten eines Social Networks, setzen dabei jedoch im Gegensatz zu FACEBOOK ganz auf Seriosität der Inhalte. So überraschen auch die Ergebnisse einer Befragung unter 3.300 Bewerbern nicht: Rund 43 Prozent der Befragten präferieren Xing, 29 Prozent LinkedIn und lediglich 13 Prozent Facebook (siehe Insert 2-18).

Insert

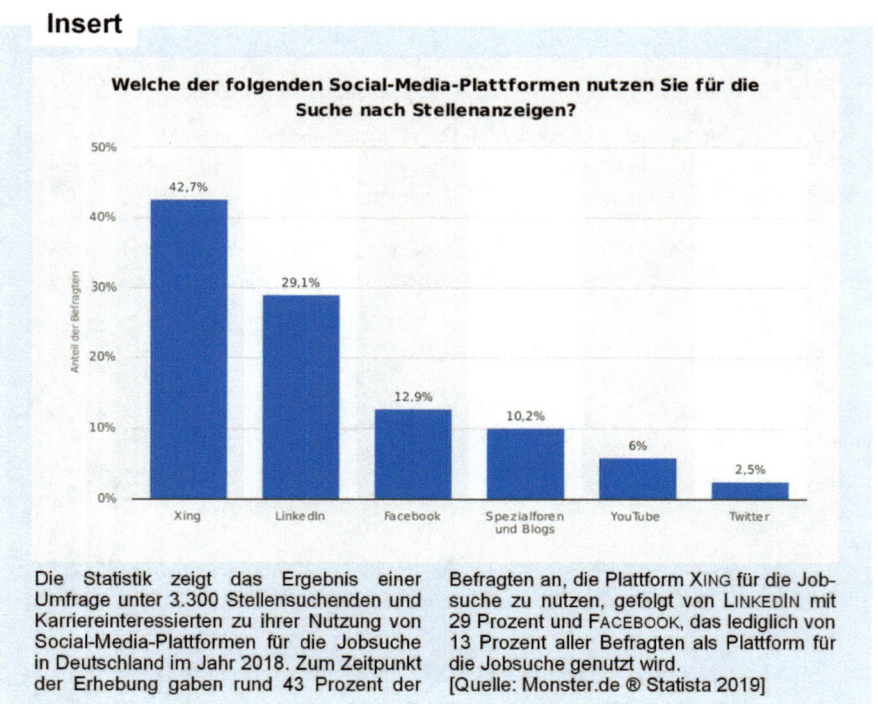

Die Statistik zeigt das Ergebnis einer Umfrage unter 3.300 Stellensuchenden und Karriereinteressierten zu ihrer Nutzung von Social-Media-Plattformen für die Jobsuche in Deutschland im Jahr 2018. Zum Zeitpunkt der Erhebung gaben rund 43 Prozent der Befragten an, die Plattform XING für die Jobsuche zu nutzen, gefolgt von LINKEDIN mit 29 Prozent und FACEBOOK, das lediglich von 13 Prozent aller Befragten als Plattform für die Jobsuche genutzt wird.
[Quelle: Monster.de ® Statista 2019]

Insert 2-18:   Beliebteste Social-Media-Plattformen bei Bewerbern

Im deutschsprachigen Raum zählt XING ca. 16 Millionen Nutzer. Ein Teil der Nutzer pflegt den aktiven Kontakt zu anderen Mitgliedern, der andere Teil benutzt das Netzwerk eher als digitales Adressbuch. XING dient vornehmlich dem **Ausbau des beruflichen Netzwerkes**, der Jobsuche und Kontaktverwaltung.

International ist LINKEDIN mit seinen weltweit über 320 Millionen registrierten Nutzer wesentlich bedeutungsvoller. Aber auch im deutschsprachigen Raum haben die rund 12 Millionen LINKEDIN-Nutzer – wenn man die Anzahl der Visits zugrunde legt – XING bereits überholt und im B2B-Bereich hat sich LINKEDIN weltweit als das beliebteste Netzwerk etabliert – sogar vor FACEBOOK. LINKEDIN ist in **drei Säulen** gegliedert [vgl. LIPPOLD 2017, S. 214]:

- den Bereich **Network**, der dem Auf- und Ausbau des eigenen Netzwerkes dient,
- den Bereich **Opportunity**, der Unterstützung bei der Weiterbildung und beruflichen Neuorientierung bieten soll, sowie
- den Bereich **Knowledge**, der den internen Nachrichtendienst und die Wissensvermittlung durch andere Mitglieder umfasst.

2.4.3.2 Nutzung von Social Media-Kanälen durch Unternehmen

Wie haben sich die Unternehmen auf den Social Media-Boom eingestellt? In welcher Form nehmen sie an diesem Medium teil? Welche Ziele verfolgen sie mit einer Teilnahme? Insert 2-19 zeigt, dass bei den Sozialen Netzwerken das Marketing-Instrument zwar immer noch vor dem Einsatz als Recruiting-Kanal liegt. Dennoch nutzen bereits 17 Prozent aller Top-1.000 Unternehmen XING für die Veröffentlichung von Stellenanzeigen. Bei den IT-Unternehmen sind es sogar die Hälfte.

Social Media ist kein Event mit einem klar definierten Ende wie zum Beispiel eine Messe, sondern ein kontinuierlicher Kommunikationsprozess zwischen den Beteiligten. Daher ist es auch eine besondere Herausforderung, hier eine nachhaltige Kommunikationsstrategie mit entsprechenden Kommunikationsverantwortlichen aufzubauen [vgl. PETRY/SCHRECKENBACH 2010].

Zwischenzeitlich wird auch die „zweite Generation" an Social-Media-Plattformen immer populärer, die – häufig auch über eine Mobile App – Trends wie geolokale Dienste oder die zunehmende Visualisierung von Beiträgen aufgreifen und immer spezialisiertere Social-Media-Maßnahmen möglich machen. Die zielgerichtete Optimierung einer Internetpräsenz auf möglichst weite Verbreitung in Social-Media-Netzwerken bezeichnet man als **Social Media Optimization (SMO).**

Insert 2-20 macht deutlich. Dass die zweite Generation an Social-Media-Plattformen auch im Aktionsbereich *Personalbeschaffung* angekommen ist und eingesetzt wird.

Insert

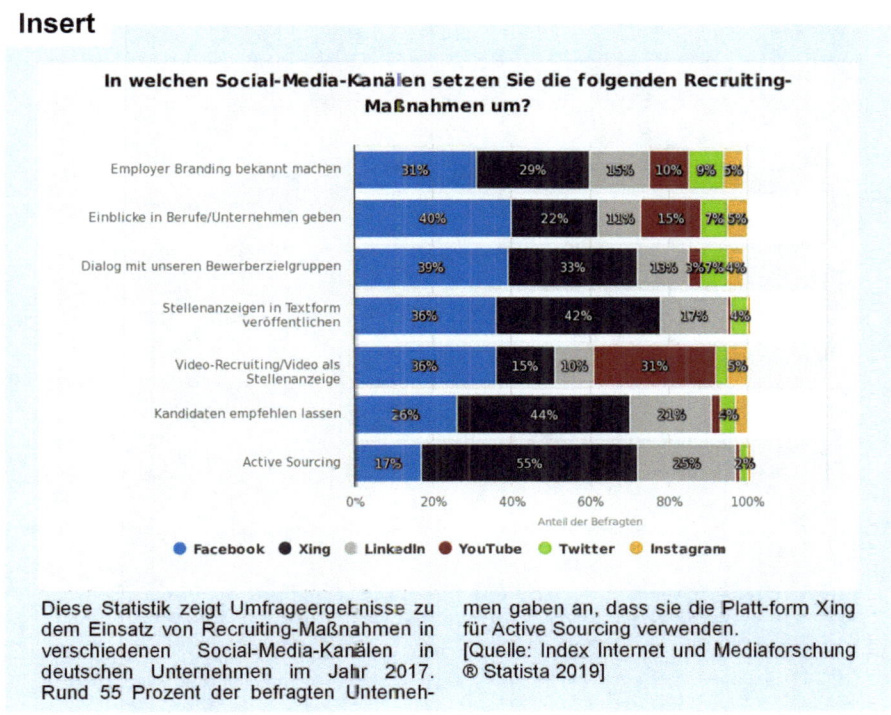

Insert 2-20: Einsatz von Social-Media-Kanälen nach Recruiting-Maßnahmen

Besonders hoch ist der Anteil der beruflichen Netzwerke beim Active Sourcing. Dabei steht die Informationssuche über Bewerber im Vordergrund. Mit anderen Worten, wer sich auf eine Stelle bewirbt, muss damit rechnen, dass neben seinen Bewerbungsunterlagen auch seine Profile in Sozialen Netzwerken gründlich geprüft werden. In fast jedem zweiten Unternehmen werden die entsprechenden Seiten im Netz unter die Lupe genommen. Dabei werden Einträge in beruflichen Netzwerken wie Xing oder LinkedIn häufiger ausgewertet als die eher privat ausgerichteten wie Facebook, Twitter oder Instagram Im Zeitverlauf zeigt sich, dass Personaler Social Media eine wachsende Bedeutung beimessen: 2013 informierten sich erst 23 Prozent in Sozialen Netzwerken über Bewerber (siehe Insert 2-21).

Insert

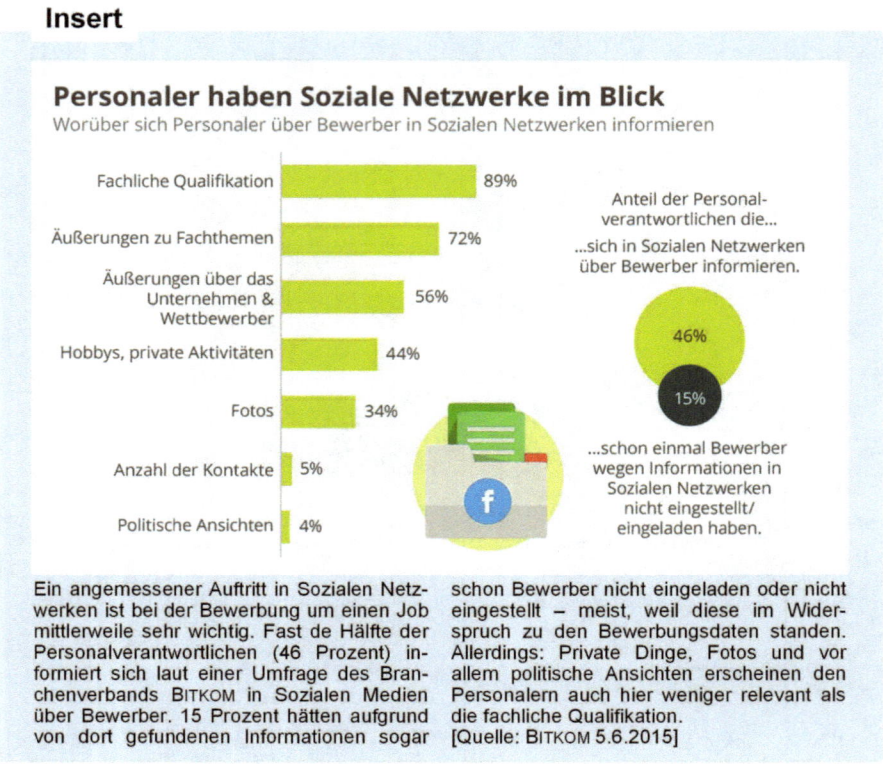

Insert 2-21: Unternehmen überprüfen Bewerber in Sozialen Netzwerken

Bei der Online-Recherche haben für die Personaler berufliche Themen Priorität vor privaten. Neun von zehn (89 Prozent) achten besonders auf fachliche Qualifikationen, 72 Prozent auf Äußerungen zu Fachthemen und gut die Hälfte (56 Prozent) auf Äußerungen zum Unternehmen oder Wettbewerbern. 44 Prozent achtet besonders auf Hobbys und private Aktivitäten, vier Prozent auf politische Ansichten [Quelle: BITKOM-Pressemitteilung vom 05.06.2015].

Es ist selbstverständlich der Albtraum für jeden Bewerber, wenn sein neuer Job zum Greifen nahe scheint und dann doch eine Absage aufgrund eines peinlichen Fotos auf Facebook kommt. Tatsächlich nutzen immer mehr Personaler die sozialen Netzwerke, um sich über potenzielle Mitarbeiter zu informieren. Immerhin haben 15 Prozent aller befragten Personaler schon einmal Bewerber wegen Informationen in Sozialen Netzwerken nicht eingestellt bzw. nicht eingeladen. Doch das eigentliche Potenzial des Web 2.0 liegt nicht in kompromittierenden Fakten, sondern in der Möglichkeit, von Mensch zu Mensch mit zukünftigen Kandidaten zu kommunizieren.

2.4.3.3   Nutzung von Social Media-Kanälen durch Mitarbeiter

Die Nutzung von Web 2.0-Applikationen und Suchmaschinen haben aber nicht nur die Möglichkeiten der Kommunikation durch das Internet für Unternehmen und Bewerber, sondern auch für die eigenen **Mitarbeiter** des Unternehmens erheblich erweitert. Diese können ihre Meinungen nun auch fernab von Presse- und Unternehmensmedien oder Kommunikationsabteilungen veröffentlichen.

Auch das Personalmanagement hat ganz offensichtlich erkannt, wie wichtig die Nutzung neuer Medien ist, um die interne Zusammenarbeit und die Verbindung der Mitarbeiter mit ihrer eigenen Organisation (engl. *Connectivity*) zu verbessern.

Zukünftig werden also immer mehr Mitarbeiter freiwillig oder unfreiwillig zu Botschaftern ihres Unternehmens bzw. der Unternehmensmarke. Auf diese (weitgehend unkontrollierbaren) Kommunikationswege müssen sich Arbeitgeber einstellen und vorbereiten. Employer Branding wächst also auch „von innen heraus".

Es ist also zu kurz gesprungen, wenn sich Unternehmen ausschließlich bei der Zielgruppe der potenziellen Bewerber positionieren. Auch andere Zielgruppen wie Mitarbeiter, Analysten, Kunden, Journalisten, Lieferanten, Alumni und sonstige Interessierte (also die *Stakeholder* eines Unternehmens) sind daran interessiert, wie sich das Unternehmen als Arbeitgeber präsentiert oder sich sozial engagiert. Hier müssen also PR-Arbeit und HR-Arbeit Hand in Hand gehen, auch (oder gerade!) wenn ein Arbeitgeber schon längst keine vollständige Kontrolle mehr darüber hat, was über ihn veröffentlicht wird [vgl. JÄGER 2008, S. 64 f.].

2.4.4   Optimierung des Bewerbervertrauens

Zur Abrundung des Kapitels sollen auch hier die einzelnen Schritte des Aktionsfeldes Kommunikation mit dem Bewerber zusammengefasst und die wichtigsten Parameter, Prozesse und Werttreiber im Zusammenhang dargestellt werden.

(1) Aktionsparameter

Das Bewerbervertrauen wird als Funktion der Kommunikation mit dem Bewerber beschrieben. Um dieses Vertrauen zu optimieren, müssen folgende Parameter der Kommunikation berücksichtigt werden:

- **Art der Kommunikationsmaßnahmen** (d. h. Praktika, Traineeprogramme, Stipendien, Lehraufträge, Teilnahme an Hochschulmessen, Social Networks etc.)

- **Anzahl der Kommunikationsmaßnahmen** (d. h. Anzahl der Praktikumsplätze, der Traineeprogramme, Stipendien etc.)

- **Intensität der Kommunikationsmaßnahmen** (Häufigkeit und Frequenz der Maßnahmen).

Daraus ergibt sich der erweiterte Optimierungsansatz für das Bewerbervertrauen:

Bewerbervertrauen = f (Kommunikation) = f (Art, Anzahl und Intensität der Kommunikationsmaßnahmen → optimieren!

(2) Prozesse und instrumentelle Unterstützung

In Abbildung 2-32 ist beispielhaft ein Prozessmodell für das Aktionsfeld *Kommunikation mit dem Bewerber* dargestellt. Die konkrete Ausgestaltung eines Prozessmodells ist auch hier von einer Vielzahl von Einflussfaktoren abhängig (Branche, Unternehmensgröße, Anforderungsprofile, Auswahl und Anzahl der Kommunikationsmaßnahmen, Art der Werttreiber etc.).

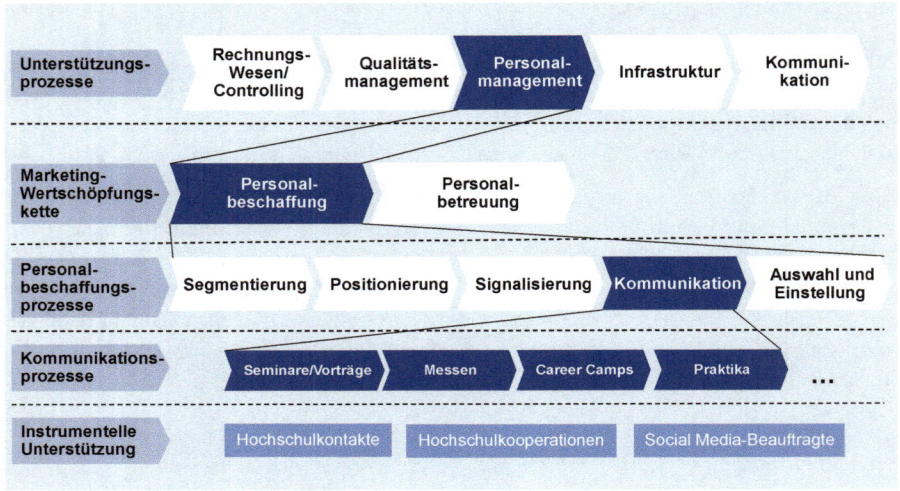

Abb. 2-32:   Prozessmodell für das Aktionsfeld „Kommunikation mit dem Bewerber"

Als instrumentelle Unterstützung der Kommunikationsprozesse kommen im weitesten Sinne Hochschulkontakte, Hochschulkooperationen sowie die Institutionalisierung von Social Media-Beauftragten in Betracht.

(3) Werttreiber

Zu den *Werttreibern* des Aktionsfeldes *Kommunikation* zählen u. a. [vgl. DGFP 2004, S. 439]:

• **Bachelor-/Master-/Diplomandenquote**, d. h. der Anteil der Hochschulabsolventen an allen Mitarbeitern in definierten Organisationseinheiten (z. B. FuE-Bereich). Hier geht es um die Frage, ob das Unternehmen in wichtigen Teilbereichen mit genügend Nachwuchsführungskräften ausgestattet ist.

• **Praktikantenquote**, d. h. das Verhältnis der Anzahl der Praktikanten zur Gesamtmitarbeiterzahl. Hier liegt deshalb ein Werttreiber vor, weil sich der zum Teil recht aufwändige Auswahlprozess durch die Vergabe von Praktikumsplätzen und der anschließenden unbefristeten Übernahme der leistungsfähigsten Praktikanten stark verkürzen lässt.

- **Auswahlqualität High Potentials**, d. h. die Anzahl der High Potentials, bei denen die Potenzialeinschätzung der Auswahl- und Einstellungsverfahren nach einem Jahr durch die Potenzialbewertung der Führungskraft bestätigt wird. Hierbei wird in Erfahrung gebracht, ob die High Potential-Bewertungen in der Auswahlphase den späteren Bewertungen der Führungskräfte entsprechen.

(4) Zusammenfassung

In Abbildung 2-33 sind die wichtigsten Punkte des Aktionsfeldes *Kommunikation mit dem Bewerber* (wie zugehöriger Aktionsbereich, Aktionsparameter, Instrumente, Werttreiber sowie das Optimierungskriterium) zusammengefasst.

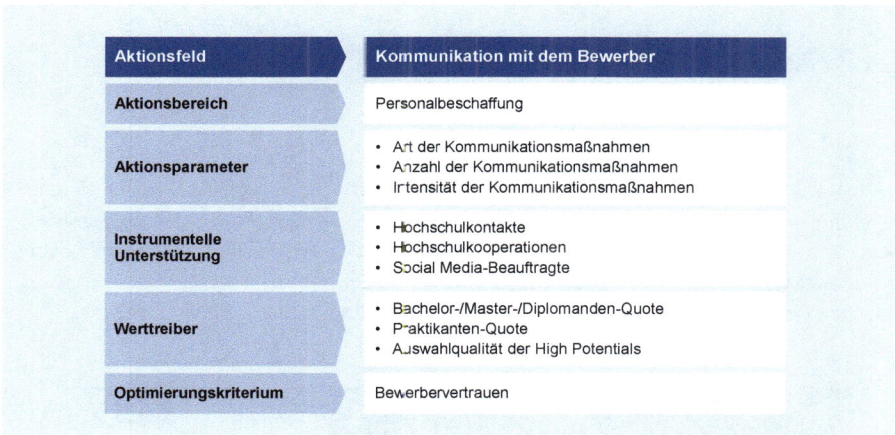

Aktionsfeld	Kommunikation mit dem Bewerber
Aktionsbereich	Personalbeschaffung
Aktionsparameter	• Art der Kommunikationsmaßnahmen • Anzahl der Kommunikationsmaßnahmen • Intensität der Kommunikationsmaßnahmen
Instrumentelle Unterstützung	• Hochschulkontakte • Hochschulkooperationen • Social Media-Beauftragte
Werttreiber	• Bachelor-/Master-/Diplomanden-Quote • Praktikanten-Quote • Auswahlqualität der High Potentials
Optimierungskriterium	Bewerbervertrauen

Abb. 2-33:   Wesentliche Aspekte des Aktionsfeldes „Kommunikation mit dem Bewerber"

2.5 Personalauswahl und -integration

2.5.1 Aufgabe und Ziel der Personalauswahl und -integration

Das fünfte und letzte Aktionsfeld im Rahmen der personalbeschaffungsorientierten Prozesskette ist die *Auswahl und Einstellung* des Bewerbers. Bei diesem Aktionsfeld geht es um die
Optimierung der Bewerberakzeptanz:

$$Bewerberakzeptanz = f\,(Auswahl\,und\,Integration) \rightarrow optimieren!$$

Ziel der Personal*auswahl* ist es, den geeignetsten Kandidaten für die vakante Stelle/Position zu
finden. Ziel der Personal*integration* ist es, dem neuen Mitarbeiter die Einarbeitung in die Anforderungen des Unternehmens zu erleichtern. Während die Personalauswahl noch eindeutig
der Personalbeschaffungskette zuzuordnen ist, bildet die Personalintegration die Nahtstelle
zwischen der Personalbeschaffungskette und der Personalbetreuungskette.

2.5.2 Personalauswahl

2.5.2.1 Personalauswahlprozess

Gleich ob es sich um eine Bewerbung, die auf eine offene Stelle gezielt abhebt *(gezielte Bewerbung)*, um eine unaufgeforderte Bewerbung *(Initiativbewerbung)* oder um eine Bewerbung
handelt, die sich auf eine Empfehlung bezieht *(Empfehlungsbewerbung)*, in jedem Fall sollte
das Unternehmen jede Bewerbung in seine Bewerberdatei (Bewerbungspool) aufnehmen und
über den Bewerbungszeitraum hinweg sammeln [vgl. BRÖCKERMANN 2007, S. 96].

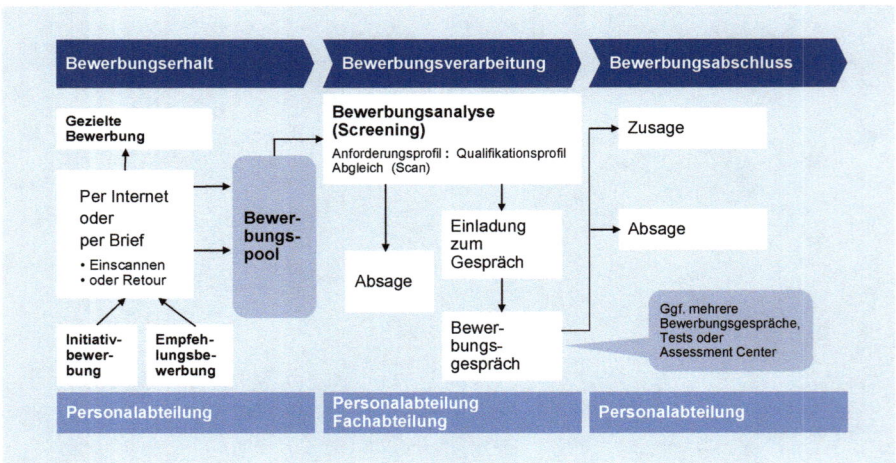

Abb. 2-34:   Personalauswahlprozess (Schema)

Im Anschluss daran erfolgt eine Bewerbungsanalyse (Bewerberscreening) mit dem Ziel, den bzw. die besten Kandidaten zu einem Vorstellungsgespräch, das ggf. mit einem Eignungstest oder Assessment Center kombiniert wird, einzuladen. Zielsetzung des Vorstellungsgesprächs ist es, die *Könnens- und Wollenskomponenten* des Bewerbers im Hinblick auf die vakante Stelle zu betrachten. Das Interview dient darüber hinaus der Klärung von Details aus dem Lebenslauf. Letztlich soll im Einstellungsinterview festgestellt werden, ob der Bewerber auch tatsächlich zum Unternehmen passt, wobei emotionale Komponenten, aber auch rein äußerliche Merkmale durchaus eine Rolle spielen. Das Einstellungsinterview soll auch die Bewerber über das Unternehmen selbst, über die Anforderungen der vakanten Stelle und die Einsatzgebiete informieren. Ist die endgültige Personalauswahlentscheidung (nach einem finalen Abgleich des Anforderungsprofils mit dem Eignungsprofil des Bewerbers) getroffen, folgen Zusage und Vertragsunterzeichnung.

Der hier beispielhaft skizzierte Personalauswahlprozess ist in Abbildung 2-34 schematisch dargestellt. Darüber hinaus zeigt Insert 2-22 beispielhaft konkrete Zahlen beim Bewerbungsprozess einer Unternehmensberatung.

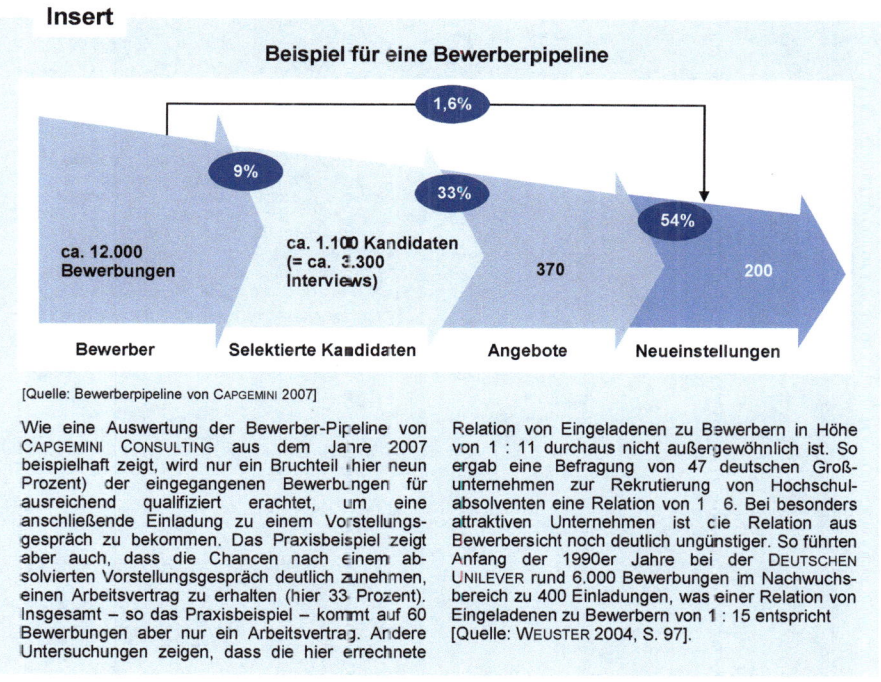

Insert

Beispiel für eine Bewerberpipeline

1,6%

9%

33%

54%

ca. 12.000 Bewerbungen

ca. 1.100 Kandidaten (= ca. 3.300 Interviews)

370

200

Bewerber

Selektierte Kandidaten

Angebote

Neueinstellungen

[Quelle: Bewerberpipeline von CAPGEMINI 2007]

Wie eine Auswertung der Bewerber-Pipeline von CAPGEMINI CONSULTING aus dem Jahre 2007 beispielhaft zeigt, wird nur ein Bruchteil (hier neun Prozent) der eingegangenen Bewerbungen für ausreichend qualifiziert erachtet, um eine anschließende Einladung zu einem Vorstellungsgespräch zu bekommen. Das Praxisbeispiel zeigt aber auch, dass die Chancen nach einem absolvierten Vorstellungsgespräch deutlich zunehmen, einen Arbeitsvertrag zu erhalten (hier 33 Prozent). Insgesamt – so das Praxisbeispiel – kommt auf 60 Bewerbungen aber nur ein Arbeitsvertrag. Andere Untersuchungen zeigen, dass die hier errechnete Relation von Eingeladenen zu Bewerbern in Höhe von 1 : 11 durchaus nicht außergewöhnlich ist. So ergab eine Befragung von 47 deutschen Großunternehmen zur Rekrutierung von Hochschulabsolventen eine Relation von 1 : 6. Bei besonders attraktiven Unternehmen ist die Relation aus Bewerbersicht noch deutlich ungünstiger. So führten Anfang der 1990er Jahre bei der DEUTSCHEN UNILEVER rund 6.000 Bewerbungen im Nachwuchsbereich zu 400 Einladungen, was einer Relation von Eingeladenen zu Bewerbern von 1 : 15 entspricht [Quelle: WEUSTER 2004, S. 97].

Insert 2-22: Praxisbeispiel zum Bewerbungsprozess

Einige sehr radikale, aber durchaus ernst zu nehmende Empfehlung für den Personalauswahlauswahlprozess speziell von Führungs- und Führungsnachwuchskräften sind in Insert 2-23 (etwas verkürzt) wiedergegeben. Der Autor dieser Empfehlungen ist Partner und Geschäftsführer bei dem internationalen Beratungsunternehmen ACCENTURE.

Insert

Radikalkur in der Personalauswahl
von *Thorsten Schumacher*

Ein Schlagwort hat Geschichte gemacht: „War for talents" ist ein Begriff, der zugleich Entschlossenheit, martialische Nachdrücklichkeit und Siegeswillen ausstrahlt. Doch ein realistischer Blick in den Alltag des Personalgeschäfts lässt einen häufig erschaudern. Die Personalauswahl befindet sich – so die Auffassung des Autors – in zu vielen Unternehmen in einem schlechten Zustand. Die folgenden sieben Empfehlungen stellen die Praxis der Personalauswahl auf den Kopf. Wer sie beherzigt, wird nach Meinung des Autors eine weitgehend unentdeckte Quelle für Leistungs- und Wettbewerbsfähigkeit in der Personalbeschaffung erschließen.

1. Empfehlung: **Glaubwürdigkeit statt Übertreibung**

Fragt man die Personalrecruiter nach den Eigenschaften, die eine Führungskraft auf sich vereinigen sollte, so hören sich die Antworten regelmäßig wie das „Einmaleins zum Universalgenie" an, zum Beispiel: unternehmerisch denken, teamorientiert, empathisch, sensibel, durchsetzungsstark, entscheidungsfreudig, visionär, kommunikativ, begeisterungsfähig, begeisternd, sozial ausgerichtet, multikulturell. Die in den Personalabteilungen vorherrschende Meinung, dass Top-Leute eine Mischung aus Nobelpreisträger für Mathematik, Oberstleutnant und Show-Master sein müssten, ist allerdings nicht nur auf Führungskräfte beschränkt, sondern auch bei Hochschulabsolventen liegt die Latte für den Wunschkandidaten ziemlich hoch: 25 Jahre, hat in zwei Ländern studiert, diverse Praktika absolviert, spricht natürlich verhandlungssicheres Englisch (99 Prozent der Absolventen haben noch nie eine Verhandlung in englischer Sprache führen können), ist in verschiedenen Institutionen sozial, kulturell oder sonst wie engagiert und hat natürlich eine erste zwei- bis dreijährige berufliche Praxis erfolgreich hinter sich gebracht. Drehen wir mal den Spieß herum. Für mich scheinen diejenigen Unternehmen glaubwürdig, die diese Immer-schneller-höher-weiter-Spirale nicht mitmachen und ambitionierte, aber eben auch realistische Erwartungen formulieren.

2. Empfehlung: **Assignments statt Stellen**

Die Personalauswahl wird in der Praxis auf Basis einer falschen Fragestellung durchgeführt. Diese lautet: Welcher Kandidat passt am besten zu der offenen Stelle und der dazugehörigen Stellenbeschreibung? Ich habe in meiner Arbeit kaum etwas finden können, das so überflüssig und nichtssagend ist wie Stellenbeschreibungen. Schon der Begriff ist vielsagend: eine Stelle steht, ist unbeweglich, starr und statisch. Entsprechend sind auch die Stellenbeschreibungen statisch und zudem unverständlich. Statt dessen empfehle ich, den Blick auf Assignments zu lenken. Also: welche spezifische Aufgabe stellt sich für den nächsten überschaubaren Zeithorizont und welche Ergebnisse sind zu erwarten?

3. Empfehlung: **An Stärken orientieren**

Wenn die Mitarbeiter ihre individuellen Stärken nicht zur Geltung bringen können, hat dies vier fatale Folgen: die Stärken werden relativ schwächer, die Motivation geht in den Keller, Zynismus droht um sich zu greifen, und schließlich verlassen die besten Leute das Unternehmen. Die hiermit einhergehenden Kosten sind „verdeckt"; ihre Größenordnung wird in den meisten Fällen unterschätzt oder gar nicht erkannt. Für eine Umkehr der betrieblichen

Praxis lautet die Leitfrage: „Was fällt Ihnen leicht?" Die wesentliche Gestaltungsaufgabe besteht darin, vorhandene Aufgaben mit individuellen Stärken weitgehend zur Deckung zu bringen.

4. Empfehlung: **Kanten statt Rundungen**

Statt Leute mit ausgeprägten Stärken für Führungsaufgaben einzusetzen, werden die Kandidaten mit den geringsten Schwächen ausgewählt. So sind die Unternehmen voller „abgerundeten Persönlichkeiten" – dermaßen abgerundet, dass keine Idee und kein wirksamer Vorschlag an einer Kante hängenbleiben. Mittelmäßigkeit ist programmiert. Entscheiden Sie sich auch und gerade in der Personalauswahl für Vielfalt statt Konformität.

5. Empfehlung: **Performance statt Potenziale**

Potenziale, die bei der Besetzung von Führungsaufgaben eifrig aufgespürt werden, sind zunächst nur vage Erwartungen; Hoffnungen auf Leistungen, die der Kandidat später einmal erbringen könnte. Oder auch nicht. Woraus aber wird das abgeleitet? Konzentrieren Sie sich bei der Auswahl für Führungsaufgaben auf die tatsächlichen Leistungen, die der Kandidat bisher erbracht hat, und überlassen Sie die Potenzialeinschätzung Ihren Wettbewerbern. Achten Sie dabei auf die (maximal zwei Prozent) Bewerber, die einen Lebenslauf schreiben, der Ergebnisse und nicht Positionen in den Mittelpunkt stellen. Dies sind die besonders wirksamen Führungskräfte.

6. Empfehlung: **Einstellungen statt Sachkenntnisse**

Immer noch werden in der Mehrzahl der Auswahlverfahren die falschen Fragen gestellt. Gefragt wird nach den fachlichen Fähigkeiten des Bewerbers. Seine Sachkompetenz, die inhaltliche Überzeugung stehen im Mittelpunkt. Darauf kommt es jedoch primär nicht an. Wichtiger als Sachkenntnisse sind Einstellungen, Sensibilitäten, Verhaltensmuster und Prägungen, Grundannahmen und innere Einstellungen, insbesondere zur Selbstverantwortung. Hierdurch entscheidet sich, ob die Führungskraft einen substantiellen Beitrag zur Weiterentwicklung des Unternehmens liefern wird.

7. Empfehlung: **Professionelle Auswahl statt Reparaturzirkus Personalentwicklung**

Schichten Sie Geld und Zeit um von der Personalentwicklung hin zur Personalauswahl. Investieren Sie mehr Zeit und Geld in die Auswahl Ihres wichtigsten Assets. Je erfolgreicher eine Organisation bei der Personalauswahl ist, desto weniger Zeit, Energie und Geld ist für spätere, oft mühsame Maßnahmen für Personalentwicklung, Trainings, Anpassungsmaßnahmen, Umorganisationen oder, nicht selten, vorzeitigen Trennungen erforderlich.

[Quelle: FAZ vom 14.08.2006, S. 18]

Insert 2-23: „Radikalkur in der Personalauswahl"

2.5.2.2 Auswahl und Entsendung von Expatriates

Unternehmen, die ausländische Absatzmärkte erschließen oder ausländische Fertigungsstätten errichten, eine Repräsentanz, eine Zweigniederlassung oder eine Tochtergesellschaft im Ausland gründen wollen, werden an der Entsendung von Mitarbeitern aus dem Stammhaus nicht vorbeikommen. Die Entsendung eines Mitarbeiters ins Ausland ist eine **komplexe Entscheidung,** die von persönlichen, wirtschaftlichen und rechtlichen sowie unternehmerischen Aspekten beeinflusst wird.

Für den Auslandseinsatz ist unabhängig von der Dauer des Aufenthalts nicht jeder Mitarbeiter geeignet. Die richtigen Fachkenntnisse vorausgesetzt, müssen bei einem Auslandseinsatz verschiedene **persönliche Voraussetzungen** des Mitarbeiters gleichzeitig erfüllt sein. Stichworte dazu sind:

– Aufgeschlossenheit gegenüber fremden Kulturen

– Toleranz gegenüber fremden Verhaltensmustern

– Fähigkeit zur eigenen Anpassung an fremdes Verhalten

– Interesse an der fremden Umwelt erforderlich

– Wille, sich in der fremden Umgebung zurechtzufinden und zu behaupten

– Fähigkeit, in ungewohnten Situationen zu improvisieren und unerwartete Umwelteinflüsse zu berücksichtigen

– Gespür für kulturell bedingte andersartige Erwartungen an den eigenen Führungsstil.

Besonders wichtig ist die **Kommunikationsfähigkeit** des Mitarbeiters. Er benötigt eine große und sensible Aufnahmefähigkeit sowie das Vermögen, sich mitteilen zu können. Er muss nicht nur ein firmeneigenes Produktprogramm vertreten, sondern auch den Umgang mit den neuen Geschäftspartnern pflegen. Das erfordert ein hohes Maß an Engagement für das eigene Unternehmen und seine Unternehmenskultur.

Von einer **Führungskraft** wird zusätzlich erwartet, dass sie den Blick für das Wesentliche besitzt und sich auf die wichtigen Probleme konzentrieren kann. In unmittelbarem Zusammenhang damit steht eine ausgeprägte Entscheidungsfähigkeit mit dem entsprechenden Gespür für Timing und Flexibilität. Im Umgang mit fremden Kulturen ist das Delegieren von Aufgaben ein besonders sensibler Bereich, der nicht nur Fingerspitzengefühl verlangt, sondern auch die Bereitschaft, Kompromisse eingehen zu können.

Es wäre allerdings ein folgenschwerer Unternehmensfehler, wenn man im Stammhaus unliebsam gewordene Mitarbeiter auf diesem Wege „outsourcen" wollte. Stammhauspersonal ist gerade in der Anfangsphase von entscheidender Bedeutung. Denn nur das Stammhauspersonal kennt die Unternehmenskultur, die Philosophie des Unternehmens sowie die Produktpalette und die avisierten Ziele. Diese Denkweise kann von neuen Mitarbeitern erst nach einer längeren und intensiven Einarbeitungszeit vermittelt werden.

Ist es trotzdem erforderlich, einen externen Mitarbeiter im Ausland einzusetzen, so lässt sich dieser Nachteil nur durch eine sorgfältige Planung der Auslandtätigkeit ausgleichen. In vielen Fällen ist eine besonders gute Kenntnis der ausländischen Marktsituation das entscheidende Kriterium für die Einstellung eines neuen Mitarbeiters.

2.5.3 Entscheidungssituationen im Auswahlprozess

Jede Personalauswahl – und dies gilt sowohl für die Vorauswahl als auch für die Endauswahl z. B. im Einstellungsgespräch – stellt ein Unternehmen vor eine Entscheidungssituation, in der grundsätzlich zwei richtige und zwei falsche Entscheidungen möglich sind (siehe Abbildung 2-35). Dabei ist allerdings nur ex post, also nach erfolgter Auswahl überprüfbar, ob sich das Unternehmen in seiner Wahl für geeignete oder ungeeignete Bewerber entschieden hat. Ob bei der Vorauswahl geeignete Bewerber fälschlicherweise aussortiert wurden, ist nicht feststellbar. Unternehmen haben die Möglichkeit, die Wahrscheinlichkeit richtige Entscheidungen zu treffen zu erhöhen, beziehungsweise falsche Entscheidungen einzuschränken. Die Wahrscheinlichkeit ist nach WEUSTER [2004, S. 1 ff.] insbesondere abhängig von

- der Basisrate,
- der Bedarfsquote,
- der Akzeptanzquote und von
- der eignungsdiagnostischen Leistungsfähigkeit des eingesetzten Verfahrens.

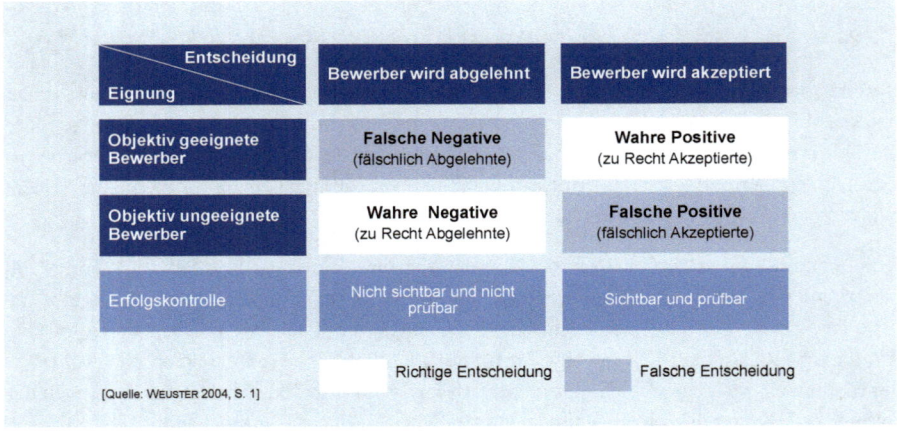

Abb. 2-35:   Entscheidungslogik der Personalauswahl

2.5.3.1 Basisrate

Die **Basisrate** (auch als *Grundrate* bezeichnet) gibt den Anteil der objektiv geeigneten Bewerber an der Gesamtzahl der Bewerber an. Welche Kriterien wiederum als geeignet gelten, werden vorher vom Personalverantwortlichen im Anforderungsprofil festgelegt. Wenn hohe Anforderungen ungeeignete Bewerber abschrecken, kann davon ausgegangen werden, dass ein anspruchsvolles Anforderungsprofil zu einer niedrigeren Basisquote führt. Umgekehrt führt ein niedriges Anforderungsprofil zu einer hohen Basisquote. Das Risiko einer Fehlbesetzung verringert sich also durch eine hohe Basisrate. Ein attraktives Arbeitgeberimage und eine präzise Ansprache der Zielgruppe führen meist zu einer höheren Basisquote und damit auch zu einer gesenkten Wahrscheinlichkeit einer Fehlentscheidung, da die Zahl interessierter Bewerber deutlich höher als im gegenteiligen Fall ist [vgl. WEUSTER 2004, S. 1 f.].

Die Basisrate ist somit ein *Werttreiber* im Personalauswahlprozess, der sich allerdings in der Praxis kaum ermitteln lässt, da bei einer Vielzahl an Bewerbern diejenigen, die schon in der Vorauswahl abgelehnt werden, im Normalfall nicht auf ihre Eignung geprüft werden. Wird bspw. angenommen, dass die Examensnote ein objektives Kriterium für die Leistungsbeurteilung darstellt und wird diese als ausschließliches Kriterium für eine Vorauswahl festgelegt, so ist nicht überprüfbar, ob Kandidaten unterhalb der geforderten (Examens-) Note nicht ebenso für die besetzende Position geeignet gewesen wären. Die Basisrate bezieht sich folglich nur auf den Teil der Bewerber, der sich nach der Vorauswahl einer Eignungsdiagnostik, denkbar in Form eines Assessment-Centers, einer Arbeitsprobe oder dem Bewerberinterview, unterziehen.

2.5.3.2 Bedarfsquote

Die **Bedarfsquote** (auch *Selektionsquote* genannt) gibt das Verhältnis der zu besetzenden Stellen zur Gesamtzahl der Bewerber wieder. Häufig handelt es sich um lediglich *eine* zu besetzende Stelle, insbesondere dann, wenn das Unternehmen nach Fach- oder Führungspersonal sucht. Ist die Bewerberanzahl auf diese Stelle hoch, fällt die Bedarfsquote (eine freie Stelle zu x Bewerbern) entsprechend niedrig aus. Auch wenn häufig eine hohe Bewerberanzahl auf freie Stellen zu beobachten ist, darf nicht grundsätzlich von einer geringen Bedarfsquote ausgegangen werden. So kommt es durchaus vor, dass in Unternehmen der betriebliche Bedarf das Bewerberangebot übertrifft und somit die Bedarfsquote hoch ausfällt. Dies ist bspw. dann der Fall, wenn in einem Unternehmen eine kurzfristige Markteinführung von Produkten bevorsteht. Folge der unmittelbar benötigten Arbeitnehmer und der damit einhergehenden gestiegenen Nachfrage hiernach sind eine hohe Bedarfsquote. Ein Nachfrageüberhang an Bewerbern kann aber auch auf diverse weitere Gründe zurückzuführen sein. Häufig kann es saisonbedingt kurzfristig zu hohen Bedarfsquoten kommen oder aber es herrscht auf regionalen oder fachspezifischen Teilarbeitsmärkten ein längerfristig beobachtbarer Arbeitskräftemangel. Vieles deutet darauf hin, dass sich die für Unternehmen derzeit günstige Bedarfsquote in Deutschland aufgrund der demografischen Entwicklung mit dem Rückgang des Anteils von Personen im erwerbsfähigen Alter verschlechtern wird. Insbesondere im Bereich der Forschung und Entwicklung sowie in der Informationstechnologie ist derzeitig ein Mangel an Kandidaten festzustellen. Unternehmensberatungen, Informatik- und Hightech-Unternehmen haben nicht selten mit einem Experten-Engpass zu kämpfen, der sich in einer hohen Bedarfsquote widerspiegeln lassen müsste. Eine hohe Bedarfsquote liegt typischerweise auch immer bei High Potentials vor [vgl. WEUSTER 2004, S. 2].

Die Kombination von Basis- und Bedarfsquote beeinflussen im Zusammenspiel die Wahrscheinlichkeit von richtigen Entscheidungen und Fehlentscheidungen in der Personalauswahl

Für Personalverantwortliche erweist es sich als günstig, wenn eine niedrige Bedarfsquote auf eine hohe Basisrate trifft. Der entgegengesetzte Fall, eine hohe Bedarfsquote bei einer geringen Basisquote, sprich die Zahl der zu besetzende Stellen übertrifft die Zahl der geeigneten Bewerber, erweist sich als ungünstig. Hier ist die Wahrscheinlichkeit einer Fehlentscheidung erhöht.

2.5.3.3   Akzeptanzquote

Die **Akzeptanzquote** gibt das Verhältnis der aufgrund der Endauswahl als geeignet akzeptierten Bewerber zur Gesamtzahl der Bewerber an. Die Kennzahl beschreibt somit die Relation zwischen den wahren und falschen Positiven zur Gesamtzahl der Bewerber. Wird ein vollkommenes Auswahlverfahren unterstellt, müsste die Basisrate der Akzeptanzquote entsprechen. Aufgrund der Tatsache, dass in einem Auswahlverfahren aus den oben dargelegten Gründen nicht alle geeigneten Bewerber teilnehmen, ist diese Deckung zwischen Akzeptanz- und Basisquote nicht gegeben [vgl. WEUSTER 2004, S. 4 f.].

Bei einem sukzessiven Auswahlprozess kann die Akzeptanzquote ähnlich der Basisrate für die einzelnen Schritte ermittelt werden. Wird angenommen, dass die Vorauswahl von Unternehmen zunächst nach der Examensnote erfolgt und diese ein objektives Kriterium für die Leistungsfähigkeitsbeurteilung darstellt, kann davon ausgegangen werden, dass niedrige Anforderungen an die Examensnote zur vermehrten Einstellung von falschen Positiven führen (siehe Abbildung 2-36).

Anforderungs-niveau	Sehr niedrige Anforderungen	Angemessene Anforderungen	Hohe Anforderungen	Überhöhte Anforderungen
Akzeptanzquote	Hohe Akzeptanzquote	Richtige Akzeptanzquote	Niedrige Akzeptanzquote	Sehr niedrige Akzeptanzquote
Fehlertendenz	Tendenz zur Fehlbesetzung durch fälschlich Akzeptierte	Richtige Besetzung wahrscheinlich	Tendenz zu fälschlich Abgelehnten	Starke Tendenz zu Fehlurteilen durch fälschlich Abgelehnte sowie evtl. durch Einstellung Überqualifizierter

[Quelle: WEUSTER 2004, S. 3]

Abb. 2-36:   Anforderungsniveau, Akzeptanzquote, Fehlertendenz

Folglich werden Kandidaten eingestellt, die zwar der Anforderung der Examensnoten entsprechen, objektiv jedoch ungeeignet für die Stelle sind. Dem entgegengesetzt führen hohe Anforderungen zu einer erhöhten Wahrscheinlichkeit Bewerber fälschlicherweise abzulehnen, da sie die geforderte Examensnote zwar nicht aufweisen, aber dennoch geeignet für die Stelle wären. Zu hohe Anforderung führen demnach nicht nur zu fälschlich abgelehnten Kandidaten, sondern ebenso zur Einstellung von Kandidaten, die für die Stelle überqualifiziert sind. Ziel eines Auswahlverfahrens sollte jedoch sein, den optimalen Bewerber aus einer Vielzahl an Bewerbern auszuwählen. In jedem Falle ist zu vermeiden, einen über- oder unterqualifizierten Bewerber auf die zu besetzende Stelle einzustellen.

Neben der Basisrate, der Bedarfsquote und der Akzeptanzquote lassen sich im Zusammenhang mit dem Personalauswahlprozess noch die **Fehlerquote**, die **Einstellquote** und die **Erfolgs-quote** ermitteln (zur detaillierten Beschreibung und Bedeutung dieser Kennziffern als *Wert-treiber* siehe Abschnitt 2.5.9).

2.5.4 Gütekriterien des Auswahlverfahrens

Prinzipiell birgt jedes Auswahlverfahren die Gefahr von Fehlentscheidungen. Aufgrund der Unterschiedlichkeit der Bewerber sollt die Bewertung – wie bei jedem Messverfahren – objek-tiv, reliabel und valide sein. Objektiv heißt, dass die Ergebnisse unabhängig von der Person des Messenden sind. Reliabilität bedeutet Messgenauigkeit und Validität sagt aus, dass auch das gemessen wird, was das Verfahren zu messen vorgibt.

(1) Objektivität

Objektiv ist ein Verfahren der Personalauswahl, wenn dieses unabhängig von den Beurteilern zu vergleichbaren, aussagekräftigen und fundierten Ergebnissen kommt. Verschiedene Ent-scheidungsträger bzw. Beurteiler müssten bei gleichen Bewerbern zu den gleichen oder annä-hernd gleichen Ergebnissen hinsichtlich der Eignung und Eignungsrangfolge kommen. Das Er-gebnis sollte stets nachvollziehbar und verständlich bleiben. Bleiben Faktoren bezüglich der Bestimmung der Eignung nicht nachvollziehbar beziehungsweise intransparent, führt dies zwangsläufig zu einer erhöhten Frustration des abgelehnten Bewerbers und möglicherweise zu einem Negativimage für das Unternehmen selbst. Gerade im Hinblick auf eine Vielzahl von Bewerbern ist die *Basisquote* von erhöhter Relevanz, da bei der Endauswahl eines geeigneten Bewerbers objektive Kriterien ein geeignetes Mittel darstellen, um ein sicheres, aber vor allen Dingen nachvollziehbares Ergebnis zu erlangen.

(2) Reliabilität

Unter **Reliabilität** oder **Zuverlässigkeit** wird die Genauigkeit eines Testverfahrens verstanden. Instrumente und Kriterien der Personalauswahl, die in ihrer Aussagekraft über geeignete Kan-didaten zu sehr von der Realität abweichen, werden als unzuverlässig und damit unreliabel charakterisiert. Werden Messungen beziehungsweise Tests mit vergleichbaren, aber nicht iden-tischen Instrumenten vorgenommen, ist von beeinflussbaren oder von schwankungsintensiven Testergebnissen auszugehen. Grundsätzlich stellt sich die Frage, inwieweit die Verlässlichkeit eines Tests durch die teilnehmenden Bewerber in seiner Zuverlässigkeit und der damit einher-gehenden Aussagekraft beeinflussbar wird. Durch die Teilnahme von Bewerbern, die verstärkt versuchen, auf das Messergebnis durch Eindrucksmanagement (engl. *Impression Management*) zu ihren Gunsten einzuwirken, ist es grundsätzlich möglich, dass Testergebnisse an Reliabilität verlieren. Dies ist insbesondere bei der Durchführung unstrukturierter Vorstellungsgespräche der Fall, die dem Bewerber sehr viel reaktiven Verhaltensspielraum gewähren und somit die Testergebnisse beeinflussen und damit die Reliabilität des Interviews verringern [vgl. MARTIN 2001, S. 141].

An dieser Stelle sollte betont werden, dass bei einer Messung und anschließender Wertung durch einzelne Personalverantwortliche, die Reliabilität der Messung von der hinreichenden Objektivität der Messinstrumente beziehungsweise Kriterien abhängt. Gerade bei der Vorauswahl ist dieser Zusammenhang zwischen Objektivität und Reliabilität des Auswahlverfahrens von immenser Bedeutung. Bei der Vorauswahl durch eine Zeugnisanalyse sind Objektivität und Reliabilität nicht mehr zu trennen, da der Personalverantwortliche selbst das Messinstrument darstellt. In diesem Fall ist die Objektivität kein eigenständiges Kriterium, sondern Bedingung der Reliabilität.

(3) Validität

Die **Validität** (oder auch Tauglichkeit genannt) misst bei einem Auswahlverfahren, inwieweit der Zweck, nämlich die Eignung beziehungsweise die geeignete Person, für die zu besetzende Stelle anhand der im Test aufgestellten Kriterien auch tatsächlich zu ermitteln ist. Ist die Objektivität oder die Reliabilität eines Verfahrens gering, so kann auch die Validität nicht hoch sein, andersherum ist es durchaus möglich, dass Verfahren mit hoher Objektivität und hoher Reliabilität wenig oder gar nicht valide sind. Ein solcher Fall liegt zum Beispiel vor, wenn Fertigkeiten, die objektiv und mit Zuverlässigkeit gemessen werden können, in einem Verfahren abgeprüft werden, diese aber bei der späteren Arbeitsstelle gar nicht erfüllt werden müssen. Im Umkehrschluss ist deshalb festzuhalten, dass Objektivität und Reliabilität zwar notwendige, nicht aber hinreichende Bedingungen für die Bestimmung der Effektivität des Auswahlverfahrens sind [vgl. WEUSTER 2004, S. 17].

Die Bestimmung der Validität eines Auswahlverfahrens wird sowohl durch die Schwäche der Auswahlinstrumente selbst, als aus auch durch die Schwäche der Bewertungskriterien beeinflusst. Bezüglich der Auswahlkriterien gibt es exakte oder gut messbare Größen. Objektiv feststellbare Größen bei der Personalauswahl sind zum Beispiel Abschlussgrade, Ausbildungen und Arbeitszeugnisse. Hingegen sind Motivation, Qualität und Umfang der Praxiserfahrung, aber auch *Soft Skills* wie die soziale Kompetenz eines Bewerbers bei der üblichen Vorauswahl oder in einem Vorstellungsgespräch nur unzureichend bestimmbar.

2.5.5 Bedeutung der Vorauswahl

Vor einem Auswahlverfahren ist die grundlegende Frage zu beantworten, wie man aus der Fülle an eingegangenen Bewerbungen die richtigen Kandidaten für das Auswahlverfahren ermittelt und welche Kriterien hierfür herangezogen werden. Die Vorauswahl ist ein sukzessiver Entscheidungsprozess, bei dem es darum geht, den optimalen Bewerber mit möglichst klar definierten Auswahlinstrumenten, die den oben erläuterten Ansprüchen der Objektivität, Reliabilität und Validität entsprechen, auszuwählen. Die Vorauswahl der eingeladenen Bewerber, die sich in einem Auswahlverfahren behaupten sollen, ist für die Besetzung der ausgeschriebenen Stelle von immenser Bedeutung. Ein Unternehmen ist aufgrund der hohen Personalkosten stets bestrebt denjenigen Bewerber auszusuchen, der von seinem Leistungsprofil dem Anforderungsprofil am besten entspricht und folglich den maximalen Mehrwert für das Unternehmen liefert. Jedoch ist gerade bei der Vorauswahl an Bewerbern die Schwierigkeit gegeben, bei

Vorsortierung und Mengenreduzierung der sich bewerbenden Personen eine weiterhin über-schaubare und sinnvoll prüfbare Anzahl an Bewerbern zu selektieren.

Folgendes Beispiel soll dies verdeutlichen: Ein Unternehmen lädt von 100 eingehenden Bewerbungen nur zehn Bewerber ein, so gehen die 90 nicht eingeladenen Bewerber im Prozess der Personalauswahl dem Unternehmen in der Regel unwiederbringlich verloren. Nur eine sorgfältige Vorauswahl kann das Risiko einer Fehleinschätzung beziehungsweise Fehlbesetzung reduzieren. Im Idealfall werden nur geeignete Bewerber eingeladen, so dass bei der Neuauswahl der zu besetzenden Stelle eine Fehlbesetzung a priori ausgeschlossen ist [vgl. KRÜGER 2002, S. 194].

Die Vorauswahl erfolgt oftmals nach dem bekannten Muster der sogenannten ABC-Analyse. Vorliegende Bewerbungen werden nach bestimmten in Kategorien in die Gruppen A, B und C eingeteilt. A Bewerber erscheinen dem Personalmanagement nach Durchsicht der vorliegenden Unterlagen als „gut geeignet", B erscheinen als „mit Abstrichen geeignet" und C als offensicht-lich „ungeeignet". Fraglich ist, durch welche Erwägungen die ABC-Analyse zustande kommt und inwiefern im Rahmen der Optimierung die Vorauswahl verbessert werden kann. Zudem wird eine Reduzierung der Bewerber auf eine realistisch prüfbare Anzahl von Bewerbungsun-terlagen häufig an Assistenten und Sekretärinnen delegiert, die am weiteren Auswahlverfahren nicht beteiligt und folglich für das Endergebnis auch nicht verantwortlich sind [vgl. WEUSTER 2004, S. 98].

Dieser Mangel an Verantwortung der Vorauswahlverantwortlichen führt naturgemäß zu einer geringen persönlichen Motivation für eine valide Vorauswahl. So kann es passieren, dass in-nerhalb von wenigen Sekunden entschieden wird, ob Bewerber weiter beachtet oder abgelehnt werden. Sicherlich gehen den Unternehmen viele geeignete Bewerber verloren, die nur auf-grund formeller Kriterien nicht in die engere Auswahl der Personalentscheider gekommen sind. Inwiefern Bewerberunterlagen bei einem solch geringen Zeitaufwand in der Vorauswahl nach objektiven Kriterien analysiert werden können, ist fraglich [vgl. SCHMITT/WERTH 1998, S. 16 ff.].

Insert 2-26 zeigt sehr deutlich, dass die Zeit, die Bewerber in die Erstellung ihrer Bewerbungs-unterlagen stecken, in keinem Verhältnis zu der von den Personalverantwortlichen eingesetzten Zeit für die Durchsicht der Bewerbungsunterlagen steht. So wird für die Hälfte aller Bewer-bungen nicht mehr als vier Minuten zur Durchsicht einer Online- oder Papier-basierten Bewer-bung aufgewendet.

Des Weiteren darf unterstellt werden, dass die Vorauswahl unvermeidlich durch sachfremde Überlegungen oder gar Vorurteile des Verantwortlichen beeinflusst wird, da jede Entscheidung subjektiv durch Erfahrungswerte mitgeprägt ist. Es ist deshalb zu empfehlen, die Verantwor-tung der Personalvorauswahl in die Hände mehrerer Personen zu legen, welche diese unabhän-gig voneinander vornehmen. Dabei sollte vorher eine Vereinheitlichung der Vorgehensweise festgelegt werden. In der Praxis ist die Verantwortlichkeit des Personalauswahlprozesses zwi-schen Personal- und Fachabteilung aufgeteilt. Üblicherweise nimmt die Personalabteilung eine erste grobe Sichtung vor, in der offensichtlich ungeeignete Kandidaten aussortiert werden und leitet diese dann an die entsprechende Fachabteilung weiter. Dabei steigt der Einfluss der Personalabteilung auf die Vorauswahl mit der Unternehmensgröße. Bei der Einladungsentscheidung allerdings dominiert die Fachabteilung das Entscheidungsergebnis [vgl. WEUSTER 2004, S. 99].

Insert

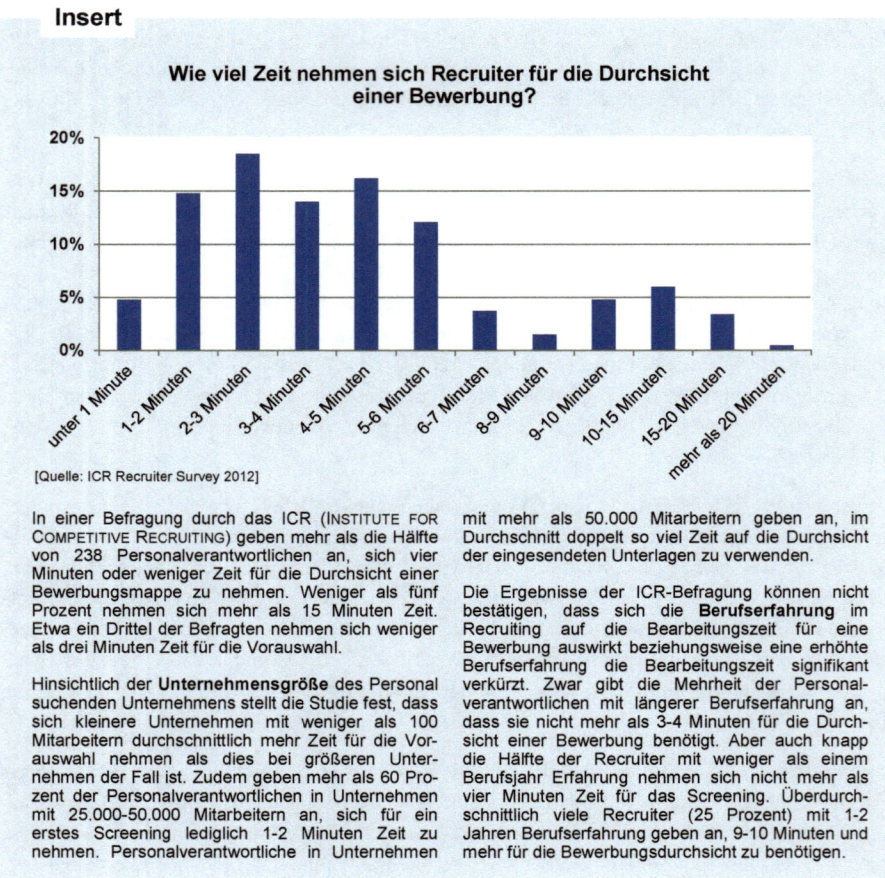

[Quelle: ICR Recruiter Survey 2012]

In einer Befragung durch das ICR (INSTITUTE FOR COMPETITIVE RECRUITING) geben mehr als die Hälfte von 238 Personalverantwortlichen an, sich vier Minuten oder weniger Zeit für die Durchsicht einer Bewerbungsmappe zu nehmen. Weniger als fünf Prozent nehmen sich mehr als 15 Minuten Zeit. Etwa ein Drittel der Befragten nehmen sich weniger als drei Minuten Zeit für die Vorauswahl.

Hinsichtlich der **Unternehmensgröße** des Personal suchenden Unternehmens stellt die Studie fest, dass sich kleinere Unternehmen mit weniger als 100 Mitarbeitern durchschnittlich mehr Zeit für die Vorauswahl nehmen als dies bei größeren Unternehmen der Fall ist. Zudem geben mehr als 60 Prozent der Personalverantwortlichen in Unternehmen mit 25.000-50.000 Mitarbeitern an, sich für ein erstes Screening lediglich 1-2 Minuten Zeit zu nehmen. Personalverantwortliche in Unternehmen

mit mehr als 50.000 Mitarbeitern geben an, im Durchschnitt doppelt so viel Zeit auf die Durchsicht der eingesendeten Unterlagen zu verwenden.

Die Ergebnisse der ICR-Befragung können nicht bestätigen, dass sich die **Berufserfahrung** im Recruiting auf die Bearbeitungszeit für eine Bewerbung auswirkt beziehungsweise eine erhöhte Berufserfahrung die Bearbeitungszeit signifikant verkürzt. Zwar gibt die Mehrheit der Personalverantwortlichen mit längerer Berufserfahrung an, dass sie nicht mehr als 3-4 Minuten für die Durchsicht einer Bewerbung benötigt. Aber auch knapp die Hälfte der Recruiter mit weniger als einem Berufsjahr Erfahrung nehmen sich nicht mehr als vier Minuten Zeit für das Screening. Überdurchschnittlich viele Recruiter (25 Prozent) mit 1-2 Jahren Berufserfahrung geben an, 9-10 Minuten und mehr für die Bewerbungsdurchsicht zu benötigen.

Insert 2-24: Durchschnittlich verwendete Zeit für Durchsicht einer Bewerbungsunterlage

2.5.6 Instrumente der Personalauswahl

Im Wesentlichen sind es drei Ausleseschwerpunkte, die die Grundlage für die Entscheidung bei der Auswahl externer Bewerber bilden [vgl. JUNG 2006, S. 154]:

– die detaillierte Prüfung der *Bewerbungsunterlagen* (Vorauswahl, Screening),

- die Durchführung von *Bewerbungsgesprächen* sowie ggf.
- die Durchführung von *Einstellungstesis*.

2.5.6.1 Bewerbungsunterlagen

Bewerbungsunterlagen – unabhängig davon, ob sie schriftlich oder via Internet eingereicht werden – sind der Türöffner für das Vorstellungsgespräch. Kaum ein Unternehmen oder eine Organisation wird einen Bewerber ausschließlich aufgrund seiner Bewerbungsunterlagen einstellen. Durch die Analyse der Bewerbungsunterlagen wird versucht, anhand von biografischen Daten eine Vorhersage des zukünftigen Arbeitsverhaltens auf der Basis vergangenen Verhaltens zu erreichen. Diese Einschätzung ist dann die Grundlage für eine Einladung zum Vorstellungsgespräch.

Die formalen Bewerbungsunterlagen umfassen üblicherweise folgende Dokumente:

- Bewerbungsanschreiben
- Bewerbungsfoto (nur im deutschsprachigen Raum)
- Lebenslauf (i. d. R. tabellarisch)
- Schul- und Ausbildungszeugnisse
- Arbeitszeugnisse
- Leistungsnachweise (Zertifikate).

Weitere Dokumente wie Personalfragebogen, Referenzen oder Arbeitsproben sind nicht immer erforderlich. Das Bewerbungsschreiben, der Lebenslauf sowie beigefügte Arbeitszeugnisse haben dabei die größte Aussagekraft.

Das **Anschreiben** sollte nicht mehr als eine Seite umfassen und die Motivation bzw. Beweggründe der Bewerbung nachvollziehbar widergeben. Es ist darauf zu achten, dass die Formalien (Adresse, Anrede) korrekt sowie Satzbau und Rechtschreibung fehlerfrei sind. Mit der Analyse des **Lebenslaufs** sollen Informationen über die bisherigen Tätigkeitsfelder des Bewerbers und dem damit verbundenen Erfolg eingeholt werden. Daher muss der Lebenslauf einen logischen und zeitlichen Überblick über die persönliche und berufliche Entwicklung des Bewerbers geben. **Schul- und Ausbildungszeugnisse** sind – neben Auslandspraktika und Sprachkenntnissen – besonders bei Hochschulabsolventen ein wichtiges Selektionskriterium. **Arbeitszeugnisse** können Hinweise auf das Arbeitsverhalten des Bewerbers enthalten und lassen bestimmte Schlüsse auf die Eigenschaften des Bewerbers zu.

Das **Screening**, d. h. die strukturierte Analyse der Bewerbungsunterlagen liefert erste Anhaltspunkte über die fachliche und persönliche Eignung des Bewerbers und sollte die in Abbildung 2-37 aufgeführten Aspekte enthalten. Dieser Profilabgleich wird heutzutage zumeist anhand von Online-Formularen durchgeführt (Online-Profilabgleich). Einem sorgfältig durchgeführten Screening der Bewerbungsunterlagen kommt auch deshalb eine besondere Bedeutung zu, weil hier regelmäßig das größte Einsparungspotenzial im Zuge des im Allgemeinen sehr zeit- und kostenaufwendigen Personalauswahlprozesses zu finden ist. Daher verwundert es kaum, dass besonders die leicht quantifizierbaren Auswahlkriterien wie Schul- und Examensnoten die do-

minierende Rolle beim Screening spielen und somit gute oder sehr gute Noten als „Eintrittskarte" zum Vorstellungsgespräch dienen. Dies hat allerdings den Nachteil, dass „weiche" Kriterien wie Persönlichkeit, Kommunikationsfähigkeit, Motivation und Kreativität, die (erst) im
Rahmen des Vorstellungsgesprächs eine Hauptrolle spielen (siehe auch Insert 2-26) und letztlich die entscheidenden Kriterien für einen „guten" Kandidaten sind, in der Vorauswahl
zwangsläufig unter den Tisch fallen.

Formale Aspekte
- Ist die Bewerbung ordentlich und übersichtlich angelegt?
- Ist die Bewerbung fehlerfrei und vollständig?
- Sind Art und Umfang der Bewerbung für die zu besetzende Position angemessen?

Anschreiben und Lebenslauf
- Geht aus dem Anschreiben die Motivation für die zu besetzende Position hervor?
- Sind die verschiedenen Tätigkeiten im Lebenslauf lückenlos belegt?
- Ist der Arbeitgeberwechsel nachvollziehbar?

Erforderliche Ausbildung
- Welche Qualifikation weisen die Zeugnisse aus?
- Welche Praktika wurden absolviert?
- Wurde ein ausbildungsbedingter Auslandsaufenthalt absolviert?

Erforderliche anforderungsspezifische Kenntnisse
- Welche Sprachkenntnisse liegen vor?
- Welche Fachkenntnisse (branchen-, funktions-, IT-bezogen) liegen vor?
- Welche Zusatzausbildungen, Lehrgänge etc. liegen vor?

Schul- und Studienleistungen
- Welche Fächer wurden in der schulischen Ausbildung belegt?
- Welche Fächer(kombinatonen) wurden im Studium vertieft?
- Welches Thema wurde in der Studienarbeit (Dissertation, Master-, Bachelorarbeit) behandelt?

Arbeitszeugnisse und Referenzen
- Welche Tätigkeiten nahm der Bewerber bislang wahr?
- Wie wurde die bisherige Arbeitsleistung bewertet?
- Wie wurde der Bewerber als Person bewertet?

Ergänzende anforderungsspezifische Aspekte und offengebliebene Fragen
- *Werden für das Vorstellungsgespräch vorgemerkt*

[Quelle: STOCK-HOMBURG 2013, S. 175 f. und SCHULER 2000, S. 80 (modifiziert)]

Abb. 2-37: Schema zur Auswertung von Bewerbungsunterlagen

Überhaupt ist der „Tunnelblick" vieler Personalreferenten auf die Noten vielfach weder gerechtfertigt noch zielführend für das personalsuchende Unternehmen. Natürlich sind (Ab-
schluss-)Noten nicht unwichtig, sie aber als *einzige* Eintrittskarte zum persönlichen Vorstellungsgespräch zu missbrauchen, ist häufig kurzsichtig und wenig dienlich, um die richtigen
Kandidaten für die ausgeschriebene Stelle zu bekommen. Sportliche Bestleistungen, ein selbst-
finanziertes Studium, ein Engagement als Schul- oder Studierendensprecher, Praktika oder
Auslandsaufenthalte, die allesamt vielleicht zu einer etwas schlechteren Durchschnittsnote,
aber auch zur Entwicklung der individuellen Persönlichkeit beigetragen haben, sollten den Unternehmen doch mindestens genau so viel Wert sein, wie die Noten mit der „Eins vor dem
Komma". Persönlichkeit kann man nicht lernen, Sprachen oder Mathematik sehr wohl. In diesem Sinne ist auch das Ranking der Einstellungskriterien von Top-Arbeitgebern in Insert 2-26
zu interpretieren. Es ist sicherlich legitim, dass jedes Unternehmen nur die Besten, also die sog.

High Potentials einstellen möchte. Doch wer sind die Besten? Und vor allem: Wer sind die Besten für das jeweilige Unternehmen? Und schließlich: Wozu braucht man High Potentials? Eine distanzierte und durchaus kritische Einstellung gegenüber den High Potentials zeigt HEINRICH WOTTAWA, der diese Zielgruppe mit den Condottieri, den italienischen Söldnerführern des späten Mittelalters, vergleicht (siehe Insert 2-25).

Insert

High Potentials – Die Condottieri unserer Zeit
von *Hermann Wottawa*

Condottieri sind Söldnerführer, die von den italienischen Stadtstaaten im späten Mittelalter beschäftigt wurden. Sie waren berüchtigt für ihre Launen, wechselten oft die Seiten für bessere Bezahlung und dies nicht nur vor, sondern auch mitten in der Schlacht. Aufgrund ihres Einflusses und ihrer Macht begannen sie, ihren Arbeitgebern die Bedingungen zu diktieren – waren aber dennoch enorm begehrt und unverzichtbar. Sind High Potentials die »Condottieri« unserer Zeit?

Am Anfang steht die Überlegung, wofür wir High Potentials brauchen. Als spätere Führungskraft? In der F&E-Abteilung? Als Top-Vertriebler? Und braucht man tatsächlich einen High Potential, der absolute Spitze ist oder »nur« einen guten Leistungsträger? High Potentials dienen häufig der Selbst-aufwertung ("Je mehr High Potentials ich habe, desto besser und angesehener bin ich selber"), sie dienen dem Image ("Bei uns arbeiten nur die Besten") oder sie dienen der Risikominimierung ("Wenn ich nur die Besten einstelle, kann mir nichts passieren"). Ob das aber wirklich so ist, muss doch zumindest in Frage gestellt werden. High Potentials können zwar enorm fit sein bei der Erreichung bestimmter Ziele (auch in schwierigen Fällen), aber sie wirken häufig souveräner und stabiler als sie wirklich sind. Viele hatten in ihrem ganzen Leben bezüglich Ausbildung und Beruf nie Misserfolge, waren immer ganz selbstverständlich die Besten und haben in diesem Kontext selten Grenzen erlebt, die ihnen andere gesetzt haben. Es ist nicht leicht, auf dieser Basis eine reife, gefestigte Persönlichkeit zu werden. Das kann dazu führen, dass es bei einer echten Krise zu Überreaktionen kommt.

Einer der erfolgreichsten Condottieri, Cesare Borgia, ist beim Tod seines Vaters, der auch sein »Arbeitgeber« war, psychisch zusammengebrochen und hatte in kürzester Zeit keine Erfolge mehr. Manche High Potentials haben auch Akzeptanzprobleme bei schwächeren Kollegen. Sie werden von diesen oft geachtet und vielleicht auch gefürchtet, aber seltener geliebt. Sie haben eine sehr spezielle Persönlichkeit und brauchen dafür eine sensible Führung, um voll motiviert zu sein. High Potentials sind zuweilen geschickte Manipulatoren und wenig mitarbeiterorientiert. Sie haben kaum Mitleid mit schwächeren Vorgesetzten und sind – besonders auch aus finanziellen Gründen – durchaus bereit, schnell zum Konkurrenten des Arbeitgebers zu wechseln. Ein besonderes Problem ist aber, dass die Investitionen in die Beziehung zum Unternehmen bei High Potentials für eine dauerhafte Bindung häufig fehlen. Oft beginnt das schon bei der Bewerbung: Nicht der High Potential investiert um die Stelle zu bekommen, sondern das Unternehmen, um den High Potential zu rekrutieren.

Cesare Borgia

Das steigert zwar die spätere Loyalität des Unternehmens zu diesem Mitarbeiter, aber nicht umgekehrt. Und das setzt sich fort: Immer wieder investiert das Unternehmen, weniger der High Potential. Bei so wenig emotionaler Bindung ist das nächste attraktive Angebot eines Headhunters herzlich willkommen. Schon die Condottieri waren gerade dann besonders geachtet und angesehen, wenn sie oft den »Arbeitgeber« wechselten, auch dann, wenn dieser sie gerade dringend gebraucht hätte. Wir erleben ähnliche Vorgänge nicht selten in der Wirtschaft. High Potentials sind etwas Wunderschönes und können viel für das Unternehmen leisten, aber ihre Pflege und Führung ist oft schwieriger, als man denkt. Kurzum: High Potentials sind sehr nützlich, aber ihr Beitrag zum Output des Unternehmens wird häufig überschätzt. Daher sollte man das große Potenzial der vielen "guten, normalen" Mitarbeiter nicht vernachlässigen und dort die Instrumente der Potenzialerkennung und Förderung ansetzen.
[Quelle: WOTTAWA 2008 – gekürzte Fassung]

Insert 2-25: High Potentials – die Condottieri unserer Zeit

2.5.6.2 Das Bewerbungsgespräch

Das Bewerbungsgespräch (oder Vorstellungsgespräch oder Einstellungsinterview) ist das am meisten verbreitete Instrument der Personalauswahl. Mit dem Bewerbungsgespräch werden mehrere Ziele verfolgt.

Das Unternehmen wird versuchen, die Einstellungen, Zielvorstellungen und Werte des Bewerbers kennenzulernen und ggf. offengebliebenen Fragen aus den Bewerbungsunterlagen nachzugehen. Hier geht es vor allem darum, über die offensichtlichen Eigenschaften des bzw. der Kandidaten wie Ausbildung, Noten, Erfahrung und Wissen hinaus möglichst tief in jene Eigenschaften einzutauchen, die das Unternehmen erst später zu spüren bekommt. Dies sind unter anderem so wichtige Eigenschaften wie Interessen, Talente, Werte, Gewissenhaftigkeit, Teamorientierung, Intelligenz, Motivation, Loyalität und Lernfähigkeit. Das Einstellungsgespräch ist dabei mit einem *Eisberg* zu vergleichen: Bestimmte Eigenschaften des Kandidaten sind offensichtlich, die Mehrzahl der Eigenschaften liegt aber unter der Oberfläche (siehe Abbildung 2-38). Die Aussagefähigkeit von Interviews lässt sich durch Steigerung des Strukturierungsgrades sowie durch die Schulung und den Einsatz mehrerer Interviewer erhöhen. Auch ist es durchaus üblich, mehrere Interviews mit unterschiedlichen Gesprächspartnern (auch an verschiedenen Tagen und Orten) durchzuführen. Selbst bei Einstiegspositionen für Hochschulabsolventen sind durchschnittlich drei Bewerbungsgespräche üblich.

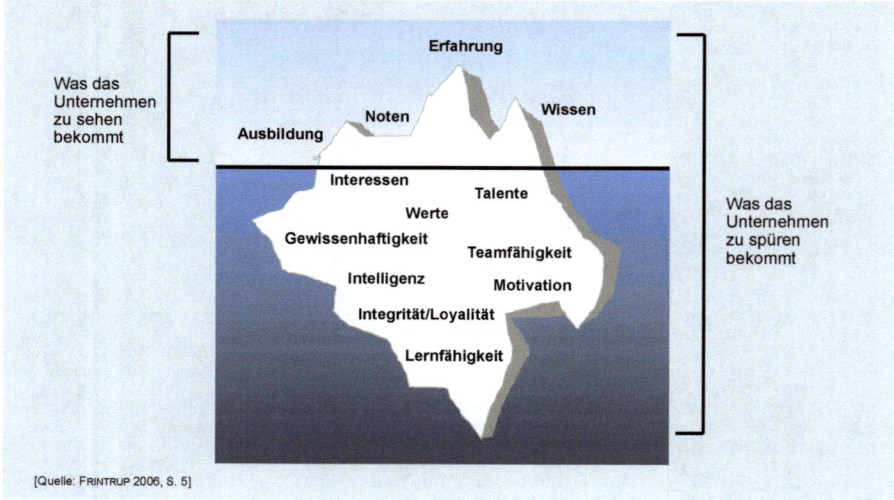

[Quelle: FRINTRUP 2006, S. 5]

Abb. 2-38:   Das Eisberg-Modell des Vorstellungsgesprächs

Die Gesprächsanteile beim Bewerbungsgespräch liegen zu etwa 80 Prozent beim Bewerber und lediglich zu 20 Prozent beim potenziellen Arbeitgeber. Übliche Fragen seitens des Arbeitgebers sind:

- „Wie sind Sie auf unser Unternehmen gestoßen?"

- „Warum haben Sie sich gerade bei unserem Unternehmen beworben?"

- „Was spricht Sie bei der ausgeschriebenen Stelle/Position besonders an?"

- „Warum sind gerade Sie für die Stelle/Position besonders geeignet?"

- „Warum wollen Sie den Arbeitsplatz wechseln?"

- „Wie gehen Sie mit Stresssituationen um?"

- „Welche Stärken (bzw. Schwächen) schreiben Ihnen Freunde zu?"

- „Was war Ihr bislang größter beruflicher Erfolg/Misserfolg?"

- „Welche Gehaltsvorstellungen haben Sie?"

- „Wie hoch ist Ihre Bereitschaft, einen Teil Ihres Einkommens als variablen Teil zu akzeptieren?"

- „Welche Hobbys betreiben Sie?"

Allerdings gibt es auch Fragestellungen, die vom Gesetzgeber als nicht zulässig angesehen werden. Hierzu zählen Fragen nach Vorstrafen, Vermögensverhältnissen, Heiratsabsichten, Vorliegen einer Schwangerschaft sowie Fragen zur Konfessions-, Gewerkschafts- oder Parte - zugehörigkeit [vgl. BARTSCHER et a. 2012, S. 231].

Ebenso wird der Bewerber im Vorstellungsgespräch versuchen, sich ein genaues Bild über das Unternehmen, die Arbeitsbedingungen, die Arbeitsplatzgestaltung sowie über Entwicklungs-möglichkeiten zu machen. Da der besonders qualifizierte Bewerber zumeist die Wahl zwischen Angeboten mehrerer Unternehmen hat, erwartet er konkrete und glaubwürdige Antworten auf seine Fragen [vgl. JUNG 2006, S. 168].

Während bei der Analyse der Bewerbungsunterlagen also generell mehr „harte" (also quantitative) Auswahlkriterien im Vordergrund stehen, sind es beim Bewerbungsgespräch überwiegend „weiche" (also qualitative) Faktoren. Dies belegt auch eine Umfrage des ResearchUnternehmers CRF INSTITUTE bei den Top-Arbeitgebern Deutschlands (siehe Insert 2-26).

Insert

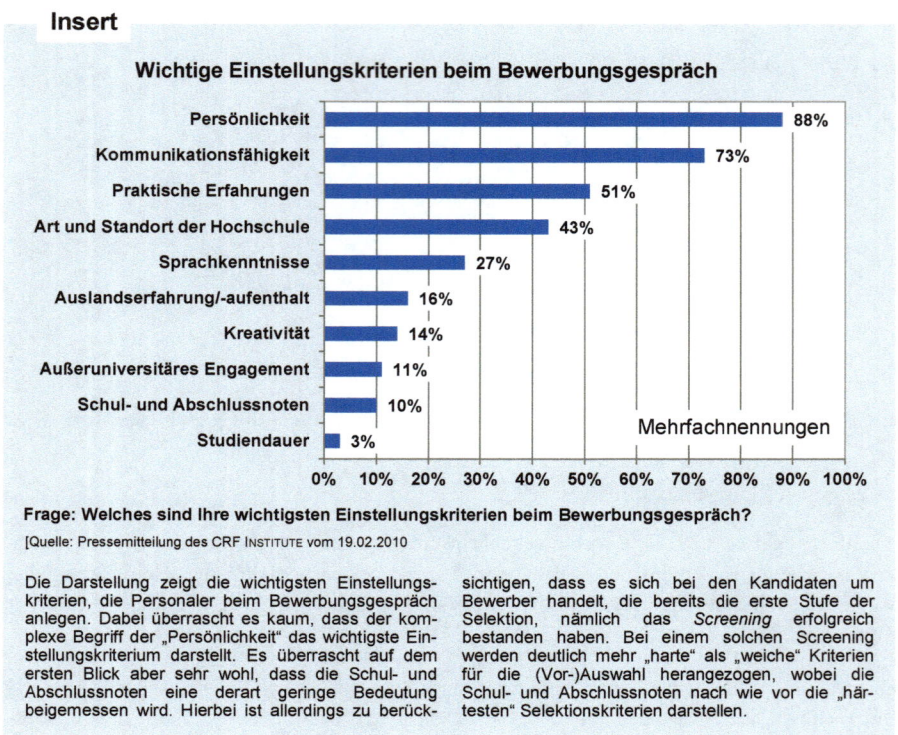

Wichtige Einstellungskriterien beim Bewerbungsgespräch

Frage: Welches sind Ihre wichtigsten Einstellungskriterien beim Bewerbungsgespräch?

[Quelle: Pressemitteilung des CRF Institute vom 19.02.2010]

Die Darstellung zeigt die wichtigsten Einstellungskriterien, die Personaler beim Bewerbungsgespräch anlegen. Dabei überrascht es kaum, dass der komplexe Begriff der „Persönlichkeit" das wichtigste Einstellungskriterium darstellt. Es überrascht auf dem ersten Blick aber sehr wohl, dass die Schul- und Abschlussnoten eine derart geringe Bedeutung beigemessen wird. Hierbei ist allerdings zu berück-sichtigen, dass es sich bei den Kandidaten um Bewerber handelt, die bereits die erste Stufe der Selektion, nämlich das *Screening* erfolgreich bestanden haben. Bei einem solchen Screening werden deutlich mehr „harte" als „weiche" Kriterien für die (Vor-)Auswahl herangezogen, wobei die Schul- und Abschlussnoten nach wie vor die „härtesten" Selektionskriterien darstellen.

Insert 2-26: Einstellungskriterien bei Hochschulabsolventen und Young Professionals

2.5.6.3 Einstellungstests

Mit der Einstellung von neuen Mitarbeitern sind erhebliche Investitionen verbunden. Da die Ergebnisse des Vorstellungsgesprächs unter Umständen nicht die notwendige Entscheidungssicherheit beispielsweise über Fragen der Einordnungsfähigkeit in ein Team oder Fragen der Persönlichkeitsentwicklung gewährleisten, führen Unternehmen Testverfahren durch, die eine bessere Bewerberbeurteilung erlauben sollen. Allerdings ist die Durchführung von Testverfahren rechtlich nur zulässig, wenn der Bewerber über Inhalt und Reichweite des Tests unterrichtet wurde, seine Zustimmung gegeben hat und sich der Test ausschließlich auf die Anforderungen des betreffenden Arbeitsplatzes bezieht [vgl. BRÖCKERMANN 2007, S. 134].

Generell lassen sich im Personalmarketing zwei Arten von Eignungstests einsetzen: *Persönlichkeitstests* und *Leistungstests* [vgl. JUNG 2006, S. 172 ff.]:

Mit **Persönlichkeitstests** soll bestimmt werden, welche charakteristischen Fähigkeiten, Einstellungen und Persönlichkeitsmerkmale bei den Bewerbern vorhanden sind. Bei der Personalauswahl ist darauf zu achten, dass die erhobenen Merkmale auch tatsächlich in Beziehung zu der zu besetzenden Position stehen und sie tatsächlich den Anforderungen der zu besetzenden Position entsprechen. Allgemein ist bei der Verwendung von psychologischen Tests eine zwar hohe Vergleichbarkeit unter den einzelnen Bewerbern gegeben, praktische Erfahrungen zeigen allerdings nur eine eingeschränkte Eignung bei der gezielten Bewerberauswahl.

Ziel von **Leistungstests** ist es, Aussagen über einzelne Fähigkeiten von Bewerbern zu ermitteln. Hierunter sind Verfahren zu fassen, die Urteils- und Denkvermögen, Sprachbeherrschung, Rechengewandtheit oder Raumvorstellung (Intelligenztests) aber auch Reaktionszeiten, Konzentrationsvermögen oder Geschicklichkeit messen. Leistungstests haben sich besonders dort bewährt, wenn es sich um Auswahltests für spezielle Tätigkeiten handelt.

2.5.6.4   Assessment Center

Ein besonders differenziertes Auswahlverfahren, in dem mehrere eignungsdiagnostische Instrumente und Techniken bzw. Aufgaben zusammengestellt und das vornehmlich bei Hochschulabsolventen, Nachwuchsführungskräften und Führungspersonal eingesetzt wird, ist das **Assessment Center** (kurz auch als *AC* bezeichnet). Das Assessment Center hat sich (mit unterschiedlicher Intensität) in nahezu allen namhaften Unternehmen etabliert, wenn auch teilweise unter alternativen Bezeichnungen wie *Personalauswahlverfahren*, *Recruiting Center*, *Bewerbertag*, *Potenzialanalyse-Tag*, *Development Center* oder *Personal Decision Day*. Teilnehmern an einem Assessment Center traut man die fachliche Bewältigung des neuen Aufgabenbereichs zu. Nun möchte der potenzielle Arbeitgeber erfahren, ob der Teilnehmer sein Wissen auch anwenden kann und die notwendige soziale Kompetenz für den neuen Job mitbringt (engl. *Soft Skills*). Darunter fallen vor allem zwischenmenschliche, analytische und administrative Fähigkeiten sowie das Leistungsverhalten [vgl. HAGMANN/HAGMANN 2011, S. 9 ff.].

In Abbildung 2-39 sind die jeweiligen Kriterien bzw. Ausprägungen dieser Soft Skills, die in einem Assessment Center beurteilt bzw. bewertet (engl. *to assess*) werden sollen.

Die Teilnehmer eines Assessment Center müssen zahlreiche Aufgaben und Übungen absolvieren und Prüfungen erfolgreich bestehen, damit auch alle notwendigen Qualifikationen abgefragt werden können. Die Teilnehmer werden dabei von mehreren Beobachtern (Verhältnis 2:1) beurteilt. Verhaltensorientierung, Methodenvielfalt, Mehrfachbeurteilung und Anforderungsbezogenheit sind Aspekte, die ein Assessment Center zur aufwendigsten und anspruchsvollsten Form des Gruppengesprächs machen. Eingesetzt wird das Verfahren auch für die (interne) Personalbeurteilung, Laufbahnplanung, Potenzialbeurteilung und Trainingsbedarfsanalyse. Individuelle Arbeitsproben, Gruppendiskussion mit oder ohne Rollenvorgabe, Präsentationen, Rollenspiele, Fallstudien, Schätzaufgaben, Postkorbübungen, Planspiele, Konstruktionsübungen, Selbst- und Fremdeinschätzung, Interviews sowie Fähigkeits- und Leistungstests sind häufig eingesetzte Bausteine im Assessment Center. Nicht zuletzt aufgrund dieser Vielfalt von Bewertungsbausteinen gilt das Assessment Center als eines der schwierigsten, härtesten und gefürchtetsten Personalauswahlverfahren. Zwischenzeitlich existiert eine Vielzahl fundierter Literatur, so dass sich Bewerber gezielt und solide auf ein Assessment Center vorbereiten können.

Trotz aller Weiterentwicklung und zahlreicher psychologischer Begleitstudien steht das Assessment Center weiterhin in der Kritik. Dabei werden aber nicht das Auswahlverfahren und die eingesetzten Bewertungsbausteine an sich kritisiert. Beanstandet wird vielmehr, dass das Verfahren die in ihm gesetzte Erwartung nicht erfüllt und somit eine Trefferquote und Sicherheit bei der Auswahl suggeriert, die nicht unbedingt zutreffen muss [vgl. HAGMANN/HAGMANN 2011, S. 9].

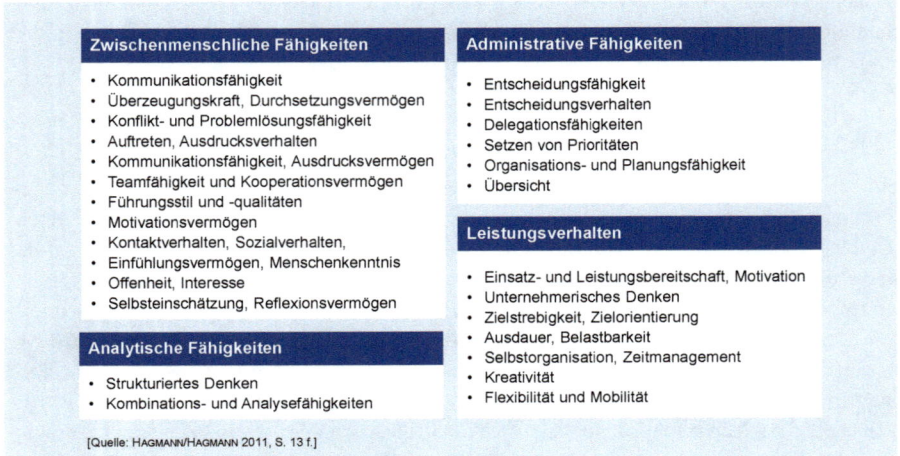

Abb. 2-39:   Wichtige Schlüsselqualifikationen im Assessment Center

2.5.7 Unterstützung durch Bewerbermanagementsysteme

Bewerber erwarten heutzutage nutzerfreundliche Suchmöglichkeiten nach Stellenangeboten auf der Karriereseite der Unternehmen, in den Internet-Jobbörsen oder in den einschlägigen sozialen Medien. Im Vordergrund stehen dabei einfache Bewerbungsmöglichkeiten, eine Eingangsbestätigung sowie eine jederzeitige Auskunftsmöglichkeit, wie es denn um ihre Bewerbung steht. Um diesen externen Anforderungen der Bewerber einerseits und den internen Anforderungen an die Messung der Prozessqualität andererseits gerecht zu werden, setzen viele Unternehmen verstärkt IT-gestützte Systeme für das Bewerbermanagement ein. Dabei werden unterschiedliche Verfahrensweisen verwendet. Insert 2-27 liefert den entsprechenden Überblick über die Ergebnisse einer Umfrage aus dem Herbst 2016 unter 297 Unternehmen.

Allerdings verrät die Studie nicht, ob die bei 60 Prozent der befragten Unternehmen eingesetzte **Bewerbermanagement-Software** mehrheitlich eine externe Softwarelösung ist, oder ob es sich um Eigenentwicklungen (z.B. auf Basis von Accessdatenblättern oder Excel-Dateien) handelt.

Insert

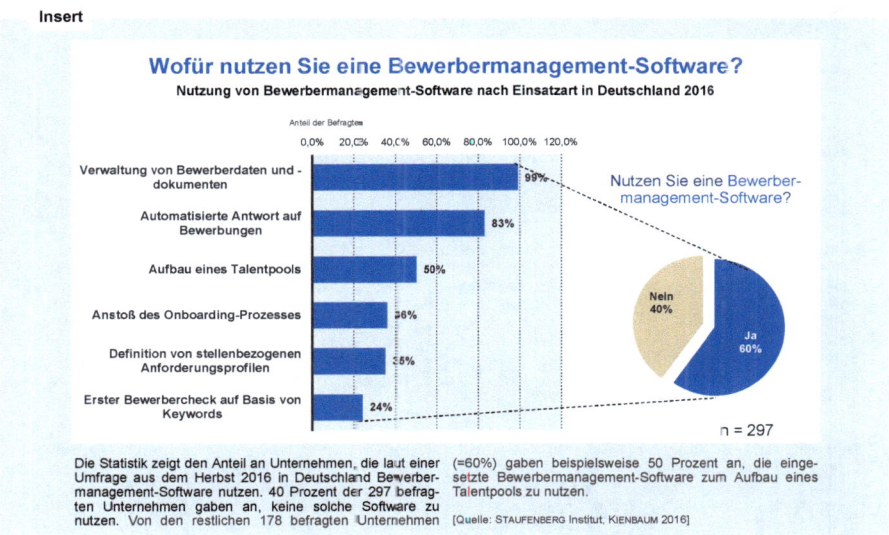

Die Statistik zeigt den Anteil an Unternehmen, die laut einer Umfrage aus dem Herbst 2016 in Deutschland Bewerbermanagement-Software nutzen. 40 Prozent der 297 befragten Unternehmen gaben an, keine solche Software zu nutzen. Von den restlichen 178 befragten Unternehmen (=60%) gaben beispielsweise 50 Prozent an, die eingesetzte Bewerbermanagement-Software zum Aufbau eines Talentpools zu nutzen.

[Quelle: STAUFENBERG Institut, KIENBAUM 2016]

Insert 2-27: Praktiziertes Bewerbermanagement

Neben dem Nutzungsgrad von Bewerbermanagement-Software ist die Frage nach ihrem Wertbeitrag von besonderem Interesse. Die letzte hierzu vorliegende Untersuchung stammt allerdings aus 2009. Zur Untersuchung des **Wertbeitrages** von Bewerbermanagementsystemen wurden in diesem Jahr Personalverantwortliche der 1.000 größten Unternehmen in Deutschland befragt.

Die Ergebnisse hinsichtlich der Performancedimensionen *Zeit*, *Kosten* und *Qualität* zeigen, dass durch den Einsatz dieser Systeme primär **Zeitreduktionen** innerhalb einzelner Prozessabschnitte der Personalbeschaffung und eine **Kostenreduktion** für die interne Bearbeitung von Bewerbungen erreicht werden. Eine Verbesserung der Qualität der eingestellten Wunschkandidaten kann hingegen nicht realisiert werden. Auch die Unternehmensgröße hat keinen Einfluss auf den Wertbeitrag der Bewerbermanagementsysteme. Die Autoren der Studie, an der Personalverantwortliche aus 110 Unternehmen teilnahmen, konstatieren zusammenfassend, *„dass die bisher eingesetzten Informationssysteme in der Personalrekrutierung durch eine Automatisierung von routinemäßigen Tätigkeiten in der Personalabteilung helfen, zeitliche und finanzielle Ressourcen für die strategische Personalarbeit frei zu setzen. Sie leisten indes keinen direkten Beitrag für strategische Aufgaben"* [ECKARDT et al. 2012, S. 88].

Insert 2-28 zeigt einen beispielhaften Prozessablauf für ein Bewerbermanagement-System.

Insert

Prozessablauf eines Bewerbermanagementsystems

Der Prozess des Bewerbermanagements folgt innerhalb des Systems dem folgenden Ablauf: Die Fachabteilung meldet den Bedarf an einem neuen Mitarbeiter über eine Schnittstelle des Systems an die
Personalabteilung und stößt somit den Personalbeschaffungsprozess an. Die Personalanforderung
muss anschließend genehmigt und die Anforderungen an den Bewerber zwischen Fach- und Personalabteilung abgestimmt werden. Entsprechende
Stellenprofile können hierzu in einer Datenbank ge-
speichert werden, um diese bei zukünftigen ähnlichen Vakanzen wieder verwenden zu können. Anschließend kann basierend auf den Stellenanforderungen durch das System eine Stellenanzeige generiert werden und diese über entsprechende Schnittstellen im Karrierebereich der
eigenen Webseite oder in einer Internet-Stellenbörse
veröffentlicht werden. Weitere Schnittstellen zu
Printmedien und der Arbeitsagentur sind beispielsweise umsetzbar. Die Nutzer des Systems
sollten per Mausklick entscheiden können, in
welchen Kanälen eine Anzeige geschaltet wird und
je nach Bedarf weitere Kanäle hinzufügen können.
Neben dieser passiven Suche nach neuen Mitarbeitern bieten sich interne Kandidatendatenbanken

oder Lebenslaufdatenbanken von Internet-Stellenbörsen für eine aktive Suche nach Bewerbern an.
Über Schnittstellen zu externen Systemen sowie
über das System selbst können die Recruiter nach
Kandidaten suchen und diese direkt ansprechen.
Nach Veröffentlichung der Stellenanzeige oder der
direkten Ansprache durch den Recruiter bewerben
sich Kandidaten über einen der drei Bewerbungs-
kanäle bei dem betreffenden Unternehmen. Dabei
kann das Online-Bewerbungsformular, welches
durch das System bereitgestellt wird, die dort eingegeben Daten direkt zur weiteren Verwendung
speichern. Die Vorauswahl kann im Anschluss auch
IT-basiert durchgeführt werden. Dabei kann das
System eingehende Bewerbungen hinsichtlich der in
der Stellenausschreibung definierten Kriterien
bewerten und für den Recruiter eine Liste der am
besten geeigneten Bewerbungen erstellen. Der
Recruiter trifft im Anschluss in enger Zusammenarbeit mit der Fachabteilung die endgültige Auswahlentscheidung und führt Selektionsschritte wie
Vorstellunggespräche durch. Diese prozessorientierte Sichtweise verdeutlicht, wie ein System als IT-
Dienstleistung (englisch: IT Service) unterstützend in
den Personalbeschaffungsprozess eingreifen kann.

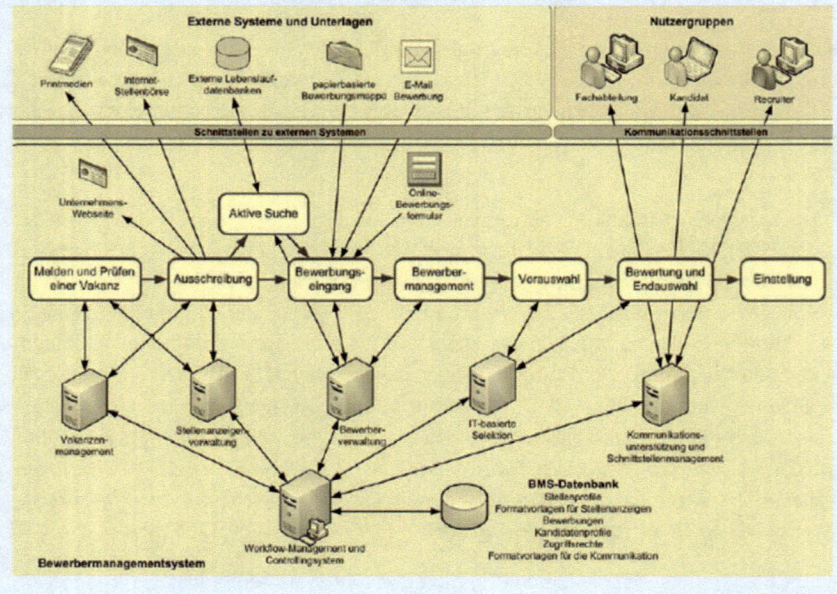

[Quelle: ECKARDT et al. 2012, S. 73]

Insert 2-28:   Beispielhafter Prozessablauf für ein Bewerbermanagementsystem

2.5.8 Personalintegration

Der Übergang zwischen den Phasen der Personalbeschaffungskette und der Phasen der Personalbetreuungskette wird durch die *Personalintegration* gekennzeichnet. Hier treffen Bewerber und Unternehmen nach einem positiv verlaufenen Auswahlprozess aufeinander, um das geschlossene Arbeitsverhältnis in eine für beide Seiten gedeihliche Zusammenarbeit umzusetzen. Die Personalintegration beschreibt die Einarbeitung des Mitarbeiters in die Anforderungen des Unternehmens. Sie ist ein wesentlicher Erfolgsfaktor dafür, dass der Neueinsteiger von Beginn an die an ihn gestellten Erwartungen erfüllt. Gleichzeitig erwartet aber auch der Mitarbeiter, dass seine im oben skizzierten Auswahl- und Entscheidungsprozess (Abbildung 2-38) aufgebaute Erwartungshaltung gefestigt wird. Die Erfahrungen der Integrationsphase entscheiden sehr häufig über die zukünftige Einstellung (Loyalität) zum Unternehmen und prägen den weiteren Werdegang als Mitarbeiter. Daher sollte dem Neueinsteiger gerade in der ersten Zeit ein hohes Maß an Aufmerksamkeit geschenkt werden [vgl. DGFP 2006, S. 80].

Wie Erfahrungen in der Praxis immer wieder zeigen, lässt sich bei vielen Unternehmen gerade in der Integrationsphase ein großes Verbesserungspotenzial erkennen. Hier geht es vor allem darum, der besonderen Situation des neuen Mitarbeiters an seinem "ersten Tag" gerecht zu werden. Da der neue Mitarbeiter in aller Regel mehrere Optionen bei der Wahl seines Arbeitgebers hatte, wird er Zweifel hegen, ob er die richtige Entscheidung getroffen hat. Dieses in der Sozialpsychologie als **kognitive Dissonanz** bezeichnete Phänomen tritt immer dann verstärkt auf, je wichtiger die Entscheidung, je ähnlicher die Alternativen, je dringlicher der Entschluss und je niedriger der Informationsstand bei den Entscheidungsträgern ist. Somit kommt dem Arbeitgeber die Aufgabe zu, alle Anstrengungen zu unternehmen, um die kognitive Dissonanz des Mitarbeiters aufzulösen bzw. zu beseitigen. Unzufriedene und enttäuschte Neueinsteiger neigen dazu, das Unternehmen bereits in der Probezeit zu verlassen und dadurch hohe Fluktuationskosten zu verursachen [vgl. DGFP 2006, S. 80].

Typische Einführungsmaßnahmen, um den Grundstein für eine zukünftige und nachhaltige Mitarbeiterbindung zu legen, sind *Einarbeitungspläne*, *Einführungsseminare* und *Mentorenprogramme*.

Die Vorbereitung und Aushändigung eines **Einarbeitungsplans**, der Termine mit wichtigen Gesprächspartnern, bestehende Arbeitsabläufe, Organigramme, Informationen über Standorte und Abteilungen etc. enthält, sollte für jeden neuen Arbeitgeber obligatorisch sein.

Eine der wirksamsten Maßnahmen ist es, den neuen Mitarbeiter am ersten Tag nicht direkt an seinen neuen Arbeitsplatz „zu setzen", sondern ihn im Rahmen eines **Einführungsseminars** zusammen mit anderen neuen Mitarbeitern willkommen zu heißen und über die besonderen Vorzüge des Unternehmens nachhaltig zu informieren. Das speziell für neue Mitarbeiter ausgerichtete Einführungsseminar wird von international orientierten Unternehmen sehr häufig als **Onboarding** bezeichnet. Ein solches Onboarding kann durchaus mehrere Tage umfassen und sollte von der Geschäftsleitung und dem Personalmanagement begleitet werden. Es vermittelt Kontakte über die Grenzen der eigenen Abteilung hinaus und fördert ein besseres Verständnis

der Zusammenhänge von Personen und Prozesse im Unternehmen. Die neuen Mitarbeiter erfahren dadurch eine besondere Anerkennung, werden in ihrer Auswahlentscheidung bestärkt
und für die weitere Arbeitsphase motiviert.

In Abbildung 2-40 sind die einzelnen Phasen und Vorzüge einer motivierenden Einarbeitung
und Einführung neuer Mitarbeiter dargestellt.

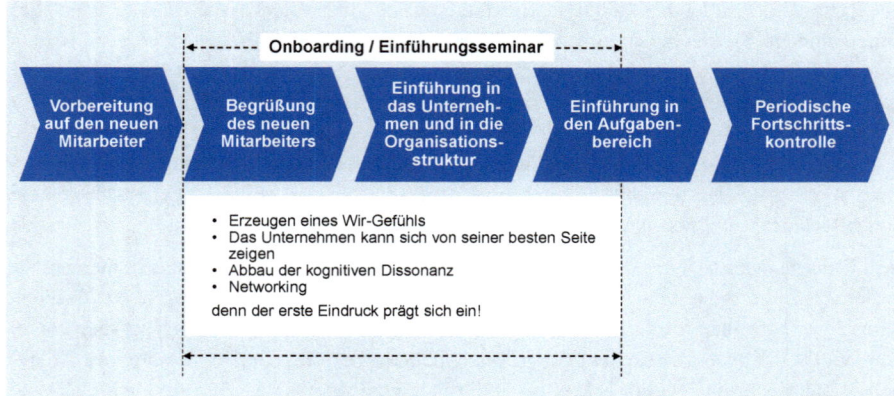

Abb. 2-40:   Prozess der Einführung und Einarbeitung neuer Mitarbeiter

Im Anschluss an das Onboarding ist es sinnvoll, dem Neueinsteiger einen Paten (Mentor) an
die Seite zu stellen, der die Einarbeitungszeit systematisch begleitet und bei Fragen und Problemen entsprechende Hilfestellung leistet. Ein **Mentorenprogramm** sollte mindestens bis zum
Ablauf der Probezeit befristet sein.

Erkennt das Unternehmen oder der neue Mitarbeiter, dass die Erwartungshaltungen nicht erfüllt
worden sind bzw. der Mitarbeiter nicht für die Stelle geeignet ist, so ermöglicht die Probezeit
eine sinnvolle Vereinfachung des Trennungsverfahrens [vgl. JUNG 2006, S. 183].

2.5.9 Optimierung der Bewerberakzeptanz

Zur Abrundung des Kapitels sollen die einzelnen Schritte des Aktionsfeldes Personalauswahl
und -integration zusammengefasst und die wichtigsten Parameter, Prozesse und Werttreiber im
Zusammenhang dargestellt werden.

(1) Aktionsparameter

Die Auswahl und Integration des Bewerbers als fünftes und letztes Aktionsfeld im Rahmen der
personalbeschaffungsorientierten Prozesskette sieht die Optimierung der Bewerberakzeptanz
als Zielsetzung vor. Die wesentlichen Parameter dieses Aktionsfeldes sind:

- Quantität und Qualität der **Einstellungsinterviews** und die
- **Mitarbeiterintegration**.

Damit ergibt sich für die Optimierung der Bewerberakzeptanz folgende Erweiterung:

> *Bewerberakzeptanz = f (Auswahl und Integration) = f (Quantität und Qualität der Ein-*
> *stellungsinterviews, Mitarbeiterintegration) → optimieren!*

(2) Prozesse und instrumentelle Unterstützung

In Abbildung 2-41 ist beispielhaft ein Prozessmodell für das Aktionsfeld *Personalauswahl und -integration* dargestellt. Die konkrete Ausgestaltung eines Prozessmodells ist wiederum von einer Vielzahl von Einflussfaktoren abhängig (Branche, Unternehmensgröße, Einführungsprogramme, Art der Werttreiber etc.).

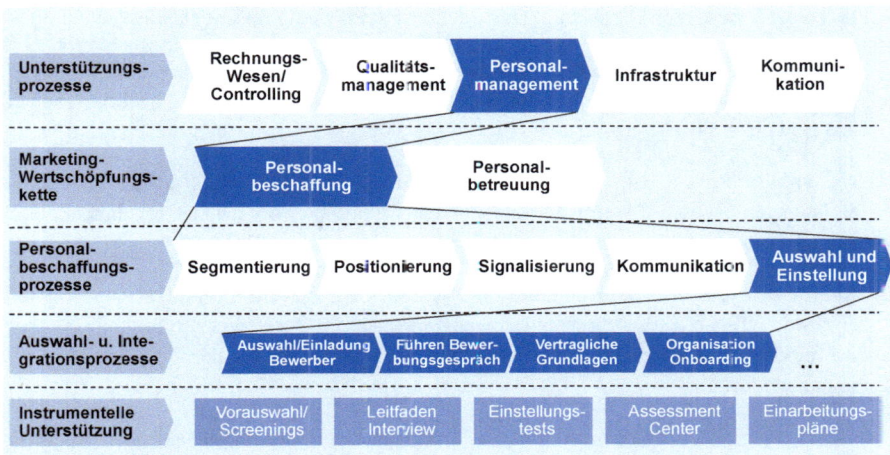

Abb. 2-41:   Prozessmodell für das Aktionsfeld „Personalauswahl und -integration"

Als instrumentelle Unterstützung des Personalauswahl- und Integrationsprozesses kommen Vorauswahl/Screenings, Interviewerleitfaden, Einstellungstests, Assessment Center sowie Einarbeitungspläne in Betracht.

(3) Werttreiber

Die Werttreiber des Aktionsfeldes *Personalauswahl und -integration* lassen sich in die Werttreiber für den Personalauswahlprozess und in die Werttreiber für den Integrationsprozess unterteilen.

Zu den wichtigsten Werttreibern für den **Auswahlprozess** zählen [vgl. WEUSTER 2004, S. 4 f. und DGFP 2004, S. 43]:

- **Akzeptanzquote**, d. h. die Anzahl der in der Vorauswahl (Akzeptanzquote I) bzw. in der Endauswahl (Akzeptanzquote II) als geeignet akzeptierten Bewerber zur Gesamtzahl aller Bewerber. Hier geht es darum, durch *angemessene* Anforderungen die *richtige* Akzeptanzquote zu erzielen. Sind die Anforderungen zu niedrig angesetzt, ergibt sich eine hohe Akzeptanzquote und damit die Tendenz zur Fehlbesetzung durch fälschlich

Akzeptierte. Sind die Anforderungen zu hoch, ist die Akzeptanzquote zu niedrig und damit besteht die Tendenz zu fälschlich Abgelehnten oder zur Einstellung von Überqualifizierten.

- **Fehlerquote**, d. h. die Anzahl der falschen Positiven und falschen Negativen zur Gesamtzahl der Bewerber. Werttreiber ist hier eine Verringerung der Fehlerquote, die zu einer höheren Effektivität und Effizienz des Auswahlprozesses führt.

- **Erfolgsquote**, d. h. die Anzahl der geeigneten Bewerber (wahre Positive) im Verhältnis zu den insgesamt als geeignet eigestuften Bewerbern (wahre Positive und falsche Positive). Werttreiber ist hier ein Auswahlprozess, der möglichst wenig falsche Positive selektiert.

- **Zusagequote**, d. h. die Anzahl der unterschriebenen Arbeitsverträge im Verhältnis zu den verschickten Vertragsangeboten. M. a. W., bekommt das Unternehmen auch tatsächlich alle Bewerber, die es verpflichten will.

- **Auswahlqualität**, d. h. die Anzahl der Vertragsangebote im Verhältnis zu den Gesprächseinladungen. Hinter diesem Werttreiber steht die Frage, ob das Unternehmen einen Auswahlprozess besitzt, der die geeigneten Kandidaten herausfiltert.

- **Reaktionsquote**, d. h. der Anteil der Erstreaktionen auf Bewerbungen, die beispw. in den ersten drei Tagen nach Bewerbungseingang erfolgen, im Verhältnis zur Gesamtzahl aller Bewerbungen. Werttreiber ist hier der kundenorientierte Umgang des Unternehmens mit seinen Bewerbern.

- **Gewinnungszeit**, d. h. der Anteil der Gewinnungs- und Rekrutierungsfälle, die in einem definierten Zeitraum von der Bedarfsäußerung bis zur Einstellung abgewickelt werden, im Verhältnis zu allen Gewinnungs- und Rekrutierungsfällen. Damit soll in Erfahrung gebracht werden, ob das Unternehmen in der Lage ist, Vakanzen zeitnah zu besetzen.

Eine weitere Kennzahl für den Personalauswahlprozess ist die **Einstellquote**, die die Anzahl der eingestellten Bewerber im Verhältnis zur Gesamtzahl der Bewerber angibt. Allerdings kann die Enstellquote ebenso wie die **Basisrate** (Basisquote) und die **Bedarfsquote** nicht zu den Werttreiber gezählt werden. Bei diesen Kennzahlen handelt es sich eher um deskriptive Größen, die die Größenverhältnisse eines Auswahlprozesses beschreiben, ohne jedoch einen Hebel für die Verbesserung von Effektivität und/oder Effizienz der Auswahl zu bieten.

Ein weiterer wichtiger Wertreiber für den Auswahlprozess ist schließlich die Nutzung eines **Bewerbermanagement-Systems**, dessen Wertbeitrag

- bei der Veröffentlichung von Stellenanzeigen im Internet,
- im Bewerbungseingang,
- im Bewerbermanagement und Selektion sowie
- bei Kennzahlen zur Steuerung und Kontrolle des Auswahlprozesses
unbestritten ist.

Als Werttreiber für den **Integrationsprozess** verbleibt die

- **Probezeitquote**, d. h. die Anzahl der Neueinstellungen, die das Unternehmen während der Probezeit verlassen, im Vergleich zur Gesamtzahl der Mitarbeiter. Je kleiner der Quotient ist, umso höher ist der Effekt als Werttreiber. Die Einstellung eines fälschlich Akzeptierten oder auch eines über- oder unterforderten neuen Mitarbeiters führt in aller Regel zu, dass dieser Mitarbeiter das Unternehmen innerhalb der Probezeit wieder verlässt. Daher weisen gerade neu eingestellte Mitarbeiter eine besonders hohe Fluktionsrate auf. Eine Verringerung der Probezeitquote ist daher ein echter Werttreiber, der zu entsprechenden Kosteneinsparungen führen kann.

(4) Zusammenfassung

In Abbildung 2-42 sind wesentliche Aspekte des Aktionsfeldes *Personalauswahl und -einstellung* (wie zugehöriger Aktionsbereich, Aktionsparameter, Instrumente, Werttreiber sowie das Optimierungskriterium) zusammengefasst.

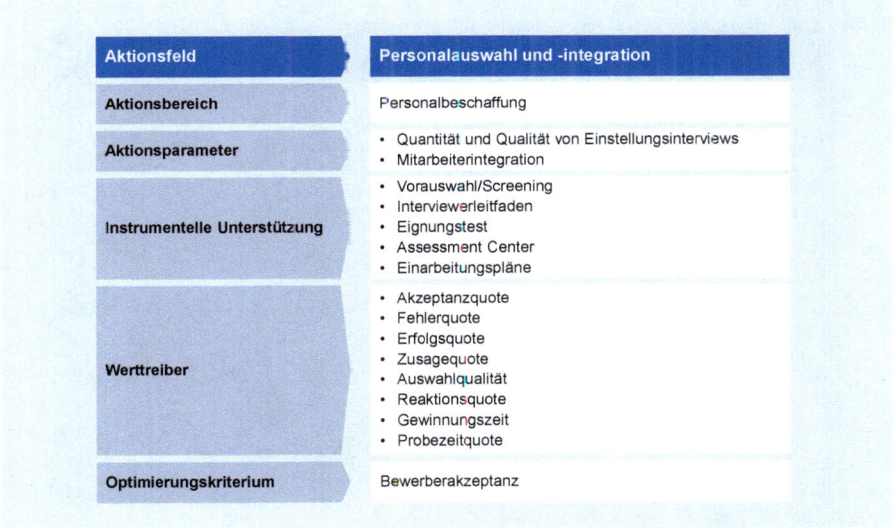

Aktionsfeld	Personalauswahl und -integration
Aktionsbereich	Personalbeschaffung
Aktionsparameter	• Quantität und Qualität von Einstellungsinterviews • Mitarbeiterintegration
Instrumentelle Unterstützung	• Vorauswahl/Screening • Interviewerleitfaden • Eignungstest • Assessment Center • Einarbeitungspläne
Werttreiber	• Akzeptanzquote • Fehlerquote • Erfolgsquote • Zusagequote • Auswahlqualität • Reaktionsquote • Gewinnungszeit • Probezeitquote
Optimierungskriterium	Bewerberakzeptanz

Abb. 2-42:   Wesentliche Aspekte des Aktionsfeldes „Personalauswahl und -integration"

Kontroll- und Vertiefungsfragen

(1)   Innerhalb eines Jahres hat das Softwarehaus „Smart soft" 45 Abgänge zu verzeichnen. Der Mitarbeiterbestand betrug am Jahresanfang 820 und am Jahresende 980. Wie hoch ist die Fluktuationsrate (engl. *Attrition rate*)? Wie viele Mitarbeiter hat das Softwarehaus in dem Jahr neu eingestellt?

(2)   Ein mittelständisches Maschinenbauunternehmen strebt zum Ende des Jahres einen Soll-Personalbestand von 3.200 Mitarbeitern an. Der Ist-Personalbestand beträgt Anfang des Jahres 2.800 Mitarbeiter. Im Laufe des Jahres wird mit 50 Abgängen und 20 Zugängen gerechnet. Wie hoch sind der Ersatzbedarf, der Zusatzbedarf und der Neubedarf?

(3)   In welchen Stufen sollte eine professionelle Segmentierung des Arbeitsmarktes angegangen werden?

(4)   Welche Aktionsparameter stehen dem Personalmanagement zur Optimierung des Bewerbernutzens zur Verfügung?

(5)   Worin besteht der Unterschied zwischen Bewerbernutzen und Bewerbervorteil?

(6)   Erläutern Sie das Konzept des strategischen Dreiecks im Personalmarketing. Worin liegt der besondere Unterschied zum (klassischen) Absatzmarketing?

(7)   Warum werden Stellenbeschreibungen künftig immer weniger relevant?

(8)   Warum ist das Employer Branding für die Positionierung des Arbeitgebers von herausragender Bedeutung?

(9)   Warum ist das Präferenz-Modell mit dem Signalisierungsmodell vergleichbar?

(10) Welche Vorteile hat die Signalisierung in Online-Medien gegenüber der Signalisierung in Print-Medien?

(11) Welche beiden Online-Signalisierungsformen sind für das Personalmarketing relevant?

(12) Was sind die besonderen Vorzüge eines Referral-Programms?

(13) Welche Kommunikationsmaßnahmen sind für den Arbeitgeber besonders effizient und effektiv?

(14) Worin besteht der wesentliche Unterschied zwischen der Online-Signalisierung und den Social Media-Aktivitäten eines Unternehmens?

(15) Welche Interessengruppen des Arbeitsmarktes profitieren von den Web 2.0-Applikationen?

(16) Welche Instrumente der Personalauswahl stehen dem Personalmanagement zur Verfügung?

(17) Was sind die besonderen Vorzüge eines Bewerbermanagement-Systems? Warum kann es Auswirkungen auf die Reputation des Unternehmens haben?

(18) Welche Aktionsparameter stehen dem Personalmanagement zur Optimierung des Ee-werbervertrauens zur Verfügung?

(19) Diskutieren Sie die Chancen einer Initiativbewerbung im Vergleich zu einer Empfeh-lungsbewerbung und zu einer gezielten Bewerbung.

(20) Warum besteht bei vielen Unternehmen besonders in der Integrationsphase ein großes Verbesserungspotenzial?

(21) Welche Vorteile hat ein Onboarding?

(22) Bei welchen Bewerbern ist die kognitive Dissonanz nach der Entscheidung für den neuen Arbeitgeber in der Regel besonders groß?

3. Personalbetreuung

3. Personalbetreuung

Die Prozesskette *Personalbetreuung* beschreibt den zweiten Teil der Personalmarketing-Gleichung (siehe Abbildung 3-01). Ihre Wirkung ist (aus Sicht des Unternehmens) nach *innen* gerichtet. Als *internes* Personalmarketing beschäftigt sie sich mit den unternehmensinternen Zielgruppen. Das sind alle Mitarbeitergruppen mit ihren spezifischen Eignungen, Motiven und Interessen. Vor allem geht es dabei um die strategisch wichtigen Mitarbeiter und Mitarbeitergruppen, die in hohem Maße dazu beitragen (sollen), dass das Unternehmen jetzt und in Zukunft erfolgreich ist.

Ziel des internen Personalmarketings ist es, das Commitment der Mitarbeiter und insbesondere der strategisch relevanten Mitarbeitergruppen zu sichern, um Fluktuation und Leistungsdefizite zu vermeiden [vgl. DGFP 2006, S. 32]. Im Vordergrund des internen Personalmarketings steht daher die **Mitarbeiterbindung** (engl. *Retention*).

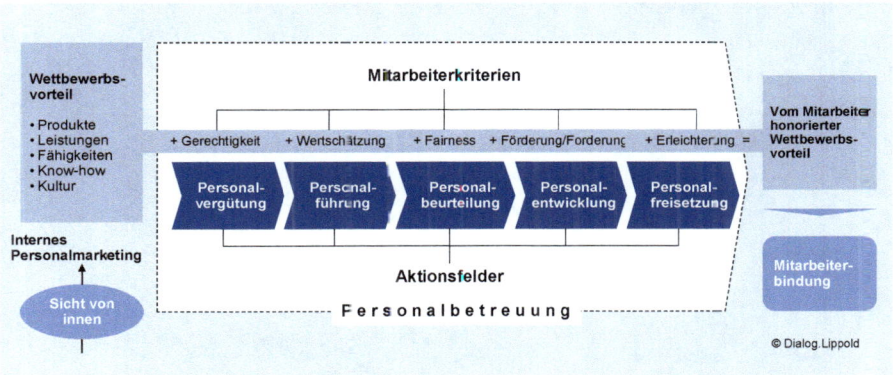

Abb. 3-01:   Die Wertschöpfungskette Personalbetreuung

Bestandteile der Wertschöpfungskette *Personalbetreuung* sind die Aktionsfelder Personalvergütung, -führung, -beurteilung, -entwicklung sowie -freisetzung. Es bestehen teilweise erhebliche Interdependenzen zwischen diesen Aktionsfeldern. Dies wird besonders deutlich am Instrument der *Zielvereinbarung*, das sich wie ein roter Faden durch nahezu alle Aktionsfelder der Wertkette *Personalbetreuung* zieht.

Das Aktionsfeld *Personalvergütung* wird als Teil eines umfassenden Anreiz- und Vergütungssystems behandelt, das die Wirkungszusammenhänge zwischen Motiven und materiellen sowie immateriellen Anreizen unter dem Aspekt der Gerechtigkeit verdeutlicht. Im Mittelpunkt stehen dabei die für die Gehaltsfindung relevanten Gerechtigkeitsprinzipien Anforderung, Markt und Leistung.

Das Aktionsfeld *Personalführung* wird als ein *Prozess* betrachtet, dessen Umsetzung inhaltlich durch die Wahrnehmung von Führungsaufgaben und in der Art und Weise durch den Führungsstil und das Führungsverhalten erfolgt. Darüber hinaus werden Aspekte zur Führungskommunikation sowie zu Führungsprinzipien vertieft. Im Vordergrund dieses Aktionsfeldes steht die Optimierung der Wertschätzung.

Das Aktionsfeld *Personalbeurteilung* befasst sich mit dem Beurteilungsprozess, den Prozessbeteiligten und den Kriterien der Beurteilung von Führungskräften und Mitarbeitern. Hinweise zu möglichen Beurteilungsfehlern und zur Bedeutung des Beurteilungsfeedbacks sind ebenfalls Bestandteile dieses Aktionsfeldes, das die Optimierung der Fairness zum Ziel hat.

Das Aktionsfeld *Personalentwicklung* mit seinen vielfältigen Ausprägungen und Maßnahmen ist die zentrale Zukunftsinvestition des Personalmanagements. Hier stehen neben dem Kompetenzmanagement vor allem das Leadership Management sowie die Vorstellung einiger Personalentwicklungsmethoden im Vordergrund der Betrachtung. Die Personalentwicklung hat die Optimierung der Forderung und Förderung der Mitarbeiter zum Ziel.

Im Aktionsfeld *Personalfreisetzung* schließlich werden Möglichkeiten zur Personalflexibilisierung insgesamt und konkrete Personalfreisetzungsmaßnahmen vorgestellt. Einen besonderen Schwerpunkt nehmen die Kündigung, das Entlassungsgespräch und das Austrittsinterview ein.

Ein zusammenfassender Überblick über die wichtigsten *Aktionsparameter*, *Instrumente* und *Werttreiber* rundet jeweils die Beschreibung eines Aktionsfeldes ab.

3.1   Personalvergütung

3.1.1 Aufgabe und Ziel der Personalvergütung

Der zweite Teil der zweigeteilten Personalmarketing-Gleichung, der auf die Personalbetreuung abzielt, beginnt mit der Bereitstellung von markt-, anforderungs- und leistungsgerechten **Anreiz- und Vergütungssystemen** (engl. *Compensation & Benefits*). Die zu zahlende Vergütung als materielle Gegenleistung für die Arbeitsleistung seiner Mitarbeiter ist für das Unternehmen ein *Kostenfaktor*. Für den Arbeitnehmer ist die ausgezahlte Vergütung *Einkommen*, aber zugleich ein Leistungsanreiz. Leistungsfördernd ist die Vergütung aber nur dann, wenn sie vom Arbeitnehmer als *gerecht* empfunden wird. Das Aktionsfeld *Personalvergütung* ist das erste Aktionsfeld der Prozesskette *Personalbetreuung* und hat die Optimierung der *Gerechtigkeit* als Zielfunktion:

$$Gerechtigkeit = f\,(Personalvergütung) \rightarrow optimieren!$$

Nicht wenige Personalverantwortliche stellen das *Entgelt* – besonders unter dem Aspekt der Mitarbeiterbindung – als den entscheidenden Baustein des betrieblichen Anreiz- und Vergütungssystems heraus. Eine solch eindimensionale Betrachtung wird den unterschiedlichen Verhaltensmotiven der Mitarbeiter jedoch nicht gerecht. Eine Untersuchung von TOWERS PERRIN zeigt, dass der entscheidende *Bindungsfaktor* augenscheinlich nicht so sehr die finanziellen (also materiellen) Anreize, sondern mehr die immateriellen Anreize wie Kommunikation von Karrieremöglichkeiten, Reputation des Arbeitgebers, ausreichende Entscheidungsfreiheit, Trainingsangebot, Work-Life-Balance u. ä. sind [vgl. TOWERS PERRIN 2007].

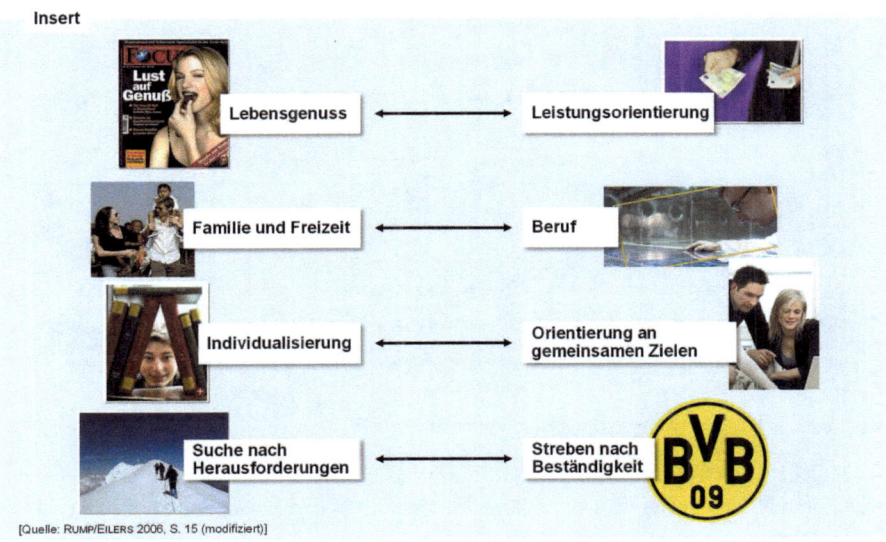

Insert

[Quelle: RUMP/EILERS 2006, S. 15 (modifiziert)]

Insert 3-01: Spannungsfelder im Wertewandel

Damit ist zugleich auch das Dreieck zwischen technisch organisatorischem Wandel, demografischer Entwicklung und die als **Wertewandel** bezeichneten Wertverschiebungen angesprochen. Bei Führungsnachwuchskräften bzw. jüngeren Mitarbeitern ist eine Eindeutigkeit der Werteorientierung (noch) nicht zu beobachten. Sie bewegen sich eher in Spannungsfeldern wie in Insert 3-01 dargestellt. Dies untermauern auch die entsprechenden Ergebnisse der EY-Absolventenbefragung von 2012. So gehören Familie und Freunde einerseits und Erfolg und Karriere andererseits zu den wichtigsten Werten der befragten Studienteilnehmer (siehe Insert 3-02).

Insert

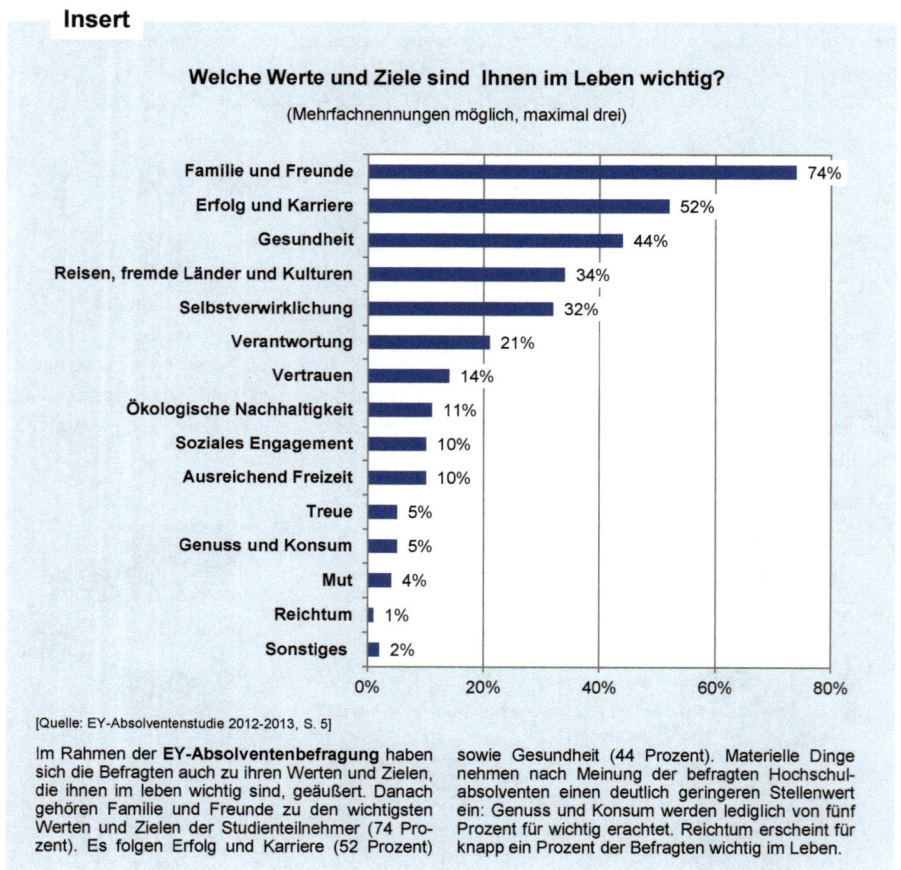

[Quelle: EY-Absolventenstudie 2012-2013, S. 5]

Im Rahmen der **EY-Absolventenbefragung** haben sich die Befragten auch zu ihren Werten und Zielen, die ihnen im leben wichtig sind, geäußert. Danach gehören Familie und Freunde zu den wichtigsten Werten und Zielen der Studienteilnehmer (74 Prozent). Es folgen Erfolg und Karriere (52 Prozent) sowie Gesundheit (44 Prozent). Materielle Dinge nehmen nach Meinung der befragten Hochschulabsolventen einen deutlich geringeren Stellenwert ein: Genuss und Konsum werden lediglich von fünf Prozent für wichtig erachtet. Reichtum erscheint für knapp ein Prozent der Befragten wichtig im Leben.

Insert 3-02: Werte und Ziele von Hochschulabsolventen

Betriebliche Anreizsysteme sollten diesen Spannungsfeldern, in denen sich die Mitarbeiter bewegen, möglichst gerecht werden. Es liegt daher nahe, sich zunächst mit den Grundlagen betrieblicher Anreizsysteme auseinanderzusetzen.

3.1.2 Betriebliche Anreizsysteme

Im Vordergrund betrieblicher Anreizsysteme liegt die bewusste Gestaltung von Arbeitsbedingungen, die zur Erreichung betrieblicher Ziele dienen. Anreizsysteme sind damit Bestandteil jeder Managementkonzeption und setzen die Rahmenbedingungen zur Motivation der Mitarbeiter [vgl. BECKER, F. G. 2009, S. 1].

3.1.2.1 Elemente von Anreizsystemen

Es kann zwischen finanziellen Anreizen (z. B. fixe und variable Entgelte), sozialen Anreizen (z. B. Kontakt mit Vorgesetzten und Kollegen), Anreizen der Arbeit selbst (z. B. Arbeitsumgebung, Arbeitsinhalt) sowie Anreizen des organisatorischen Umfeldes (z. B. Image des Unternehmens) unterschieden werden [vgl. VON ROSENSTIEL 1975, S. 231].

In Abbildung 3-02 sind diese vier Anreizkategorien mit beispielhaften Anreizelementen dargestellt.

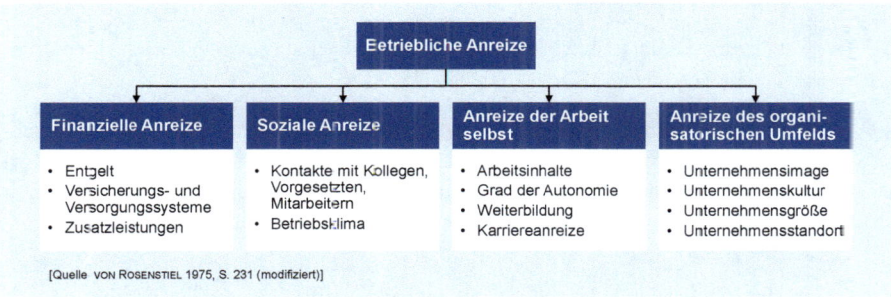

[Quelle VON ROSENSTIEL 1975, S. 231 (modifiziert)]

Abb. 3-02: Kategorien und beispielhafte Elemente betrieblicher Anreize

Ausgehend von diesen Anreizkategorien kann eine andere Unterteilung in *materielle* und *immaterielle* Anreize vorgenommen werden [vgl. BECKER, F. G. 2009, S. 11 f.]:

Unter dem **materiellen Anreizsystem** wird die Summe aller vom Unternehmen angebotenen und zu zahlenden Belohnungen für die erbrachten Arbeitsleistungen der Mitarbeiter verstanden. Die Belohnungen unterteilen sich in einen obligatorischen Teil mit Lohn/Gehalt, Urlaub, Sozial- und sonstige Nebenleistungen sowie in einen fakultativen Teil, durch den Mitarbeiter am ökonomischen Erfolg des Unternehmens bzw. an ihrer persönlichen Leistung teilnimmt.

Das **immaterielle Anreizsystem** betrifft jene Anreize, die durch die Teilnahme am Planungs- und Entscheidungssystem, am Karrieresystem, am Informationssystem oder am Organisationssystem des Unternehmens gesetzt wird.

Abbildung 3-03 liefert die entsprechende Übersicht.

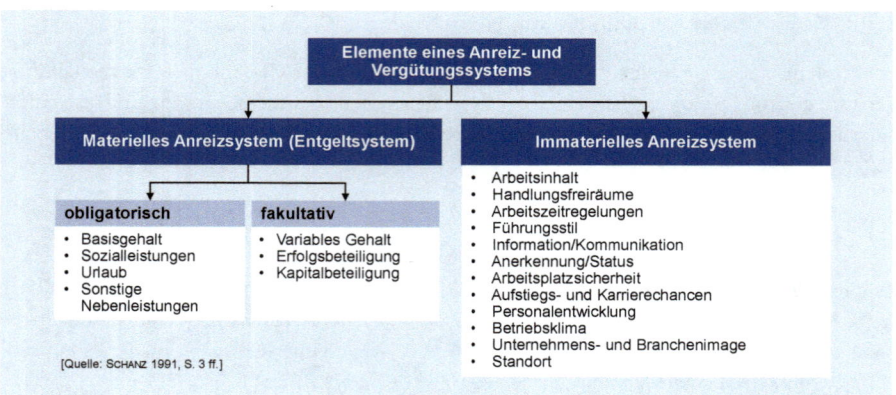

Abb. 3-03:   Elemente eines Anreiz- und Vergütungssystems

3.1.2.2   Anforderungen an Anreizsysteme

Bei der Gestaltung und Zielsetzung betrieblicher Anreizsysteme sollten folgende Anforderungen berücksichtigt werden [vgl. LOCHER 2002, S. 19 ff.]:

- **Leistungsorientierung.** Anreizsysteme sind leistungsorientiert, wenn sich Leistungsunterschiede auch in der Vergütung niederschlagen. Sind allerdings Leistungsergebnisse vornehmlich auf unternehmensinterne oder -externe Rahmenbedingungen zurückzuführen, so kann von diesen Resultaten allein nicht auf das Leistungsverhalten des Mitarbeiters geschlossen werden.

- **Gerechtigkeit.** Anreizsysteme sind so zu konzipieren, dass sie von den Mitarbeitern als gerecht wahrgenommen werden. Gelingt dies nicht, so ist mit entsprechender Demotivation und geringerer Leistungsbereitschaft der Mitarbeiter zu rechnen.

- **Transparenz.** Anreizsysteme sind transparent, wenn ihre Ausgestaltung für die Mitarbeiter nachvollziehbar, durchschaubar und in ihren Konsequenzen vorhersehbar ist. Transparenz führt zu einer objektiveren Vergabe von Belohnungen, so dass sich die Mitarbeiter gerecht behandelt fühlen.

- **Wirtschaftlichkeit.** Anreizsysteme genügen dem Postulat der Wirtschaftlichkeit, wenn die verursachten Kosten geringer sind als die erzielten Erträge. Mit anderen Worten, jedes Unternehmen muss sich sein Anreizsystem „leisten" können.

- **Integration.** Anreizsysteme müssen sich an den Unternehmenszielen orientierten und mit den anderen Führungssubsystemen in ein konsistentes Gesamtsystem integriert sein.

- **Individualität.** Anreizsysteme sind individualisiert, wenn den unterschiedlichen Bedürfnis- und Motivstrukturen der Mitarbeiter systematisch Rechnung getragen wird.

Der Geltungsbereich der o. a. Anforderungen bzw. Zielsetzungen erstreckt sich grundsätzlich auf alle Elemente des betrieblichen Anreizsystems, also sowohl auf die materiellen als auch auf die immateriellen Anreize. Die folgenden Ausführungen konzentrieren sich nun auf den reinen **Vergütungsbereich**, also auf die materielle Seite der Anreizsysteme, wobei die Aspekte der *Gerechtigkeit* und *Individualität* einen besonderen Schwerpunkt bilden.

3.1.3 Gestaltung der Personalvergütung

Die Gestaltung des Vergütungssystems zählt zu den zentralen Herausforderungen des Personalmanagements. Die Regelungen über die Zusammensetzung der Vergütung variieren mit den hierarchischen Positionen der Mitarbeiter. Während die Vergütung von Mitarbeitern ohne Personalverantwortung häufig gesetzlichen oder tariflichen Bestimmungen unterliegt, wird die Vergütung von Führungskräften in der Regel einzelvertraglich ausgehandelt. Dementsprechend verfügen Unternehmen bei der Gestaltung der Vergütung von Führungskräften einen deutlich größeren Spielraum [vgl. STOCK-HOMBURG 2013, S. 401 und EVERS 2009, S. 519].

3.1.3.1 Funktionen der Personalvergütung

Ein effektives und effizientes Vergütungssystem sollte folgenden Funktionen gerecht werden [vgl. STOCK-HOMBURG 2013, S. 401 f. und LOCHER 2002, S. 17 ff.]:

- **Sicherungsfunktion.** Hauptsächlich das Festgehalt (fixe Basisvergütung) trägt zur Sicherstellung der Grundversorgung des Mitarbeiters bei.

- **Motivationsfunktion.** Besonders den variablen Vergütungsbestandteilen wird ein hohes Motivationspotenzial beigemessen.

- **Steuerungsfunktion.** Diese Funktion hat die Aufgabe, das Leistungsverhalten der Mitarbeiter auf bestimmte Ziele des Unternehmens (z. B. besondere Produkt- oder Bereichsziele) auszurichten. Als Steuerungsfunktion eignen sich die Ziele für die variablen Gehaltsanteile.

- **Leistungssteigerungsfunktion.** Stärkere Anreize können dazu führen, dass Mitarbeiter insgesamt ihre Leistung steigern.

- **Selektionsfunktion.** Bei relativ hohen variablen Gehaltsbestandteilen werden tendenziell leistungsorientiertere und risikofreudigere Mitarbeiter angesprochen. Oftmals bewirken solche stark leistungs- bzw. erfolgsabhängigen Gehälter eine Selbstselektion (engl. *Self Selection*), die dazu führt, dass bestimmte Stellen nur mit besonders risikofreudigen Mitarbeitern besetzt sind.

- **Bindungsfunktion.** Ein als fair und attraktiv wahrgenommenes Vergütungssystem schafft immer auch Anreize für Führungskräfte und Mitarbeiter, im Unternehmen zu verbleiben.

- **Kooperationsförderungsfunktion.** Ein Vergütungssystem, das kooperative Verhaltensweisen (wie z. B. Teamarbeit) besonders honoriert, trägt zur Förderung der Zusammenarbeit bei.

Der Wirkungsgrad der hier aufgezeigten Funktionen kann durch eine entsprechende Zusammensetzung und Ausgestaltung der *Komponenten* des Vergütungssystems beeinflusst werden.

3.1.3.2   Komponenten der Personalvergütung

Die Gesamtvergütung (engl. *Total Compensation*) eines Mitarbeiters setzt sich aus folgenden grundlegenden Komponenten zusammen:

- Fixe Vergütung,
- Variable Vergütung und
- Zusatzleistungen.

Eine Systematisierung dieser Komponenten liefert Abbildung 3-04.

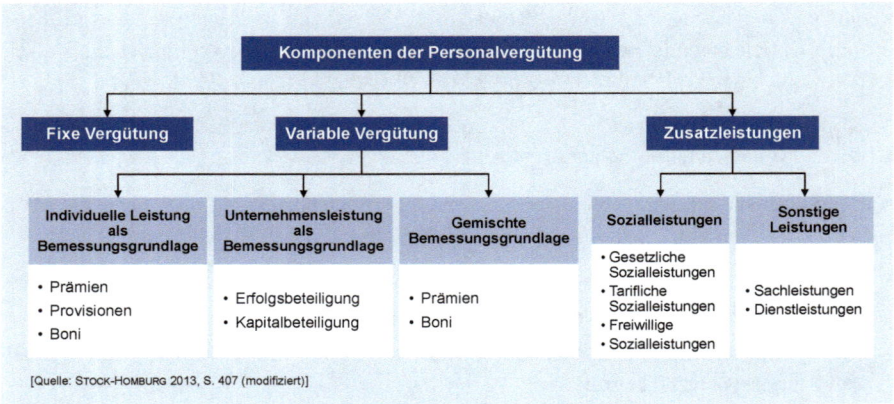

Abb. 3-04:   Grundlegende Komponenten der Personalvergütung

Fixe Vergütung. Die fixe Vergütung wird als Basisvergütung regelmäßig ausgezahlt und orientiert sich an den Anforderungen des Arbeitsplatzes sowie an der internen Wertigkeit, d. h. an der Bedeutung und am Wertschöpfungsbeitrag der Position. Sie stellt eine Mindestvergütung sicher und bildet somit das *Garantieeinkommen* für den Arbeitnehmer.

Variable Vergütung. Im Gegensatz zur fixen ist die variable Vergütung eine Einkommenskomponente, die von den individuellen Leistungen der Arbeitnehmer bzw. dem Unternehmenserfolg abhängt. Dieser Vergütungsbestandteil wird also nur unter der Voraussetzung ausgezahlt, dass bestimmte *Ergebnisse* erbracht werden.

Immer mehr Unternehmen gehen dazu über, einen Teil des unternehmerischen Risikos auf die Mitarbeiter zu verlagern. Vor allem im Management-Bereich setzt sich die erfolgsabhängige Vergütung zunehmend durch. So zeigen die Ergebnisse einer Online-Befragung des MANAGER MAGAZINS aus dem Jahre 2009, dass die variable Vergütung auf dem Vormarsch in nahezu allen Funktionsbereichen auf dem Vormarsch ist (siehe dazu Insert 3-03).

Insert

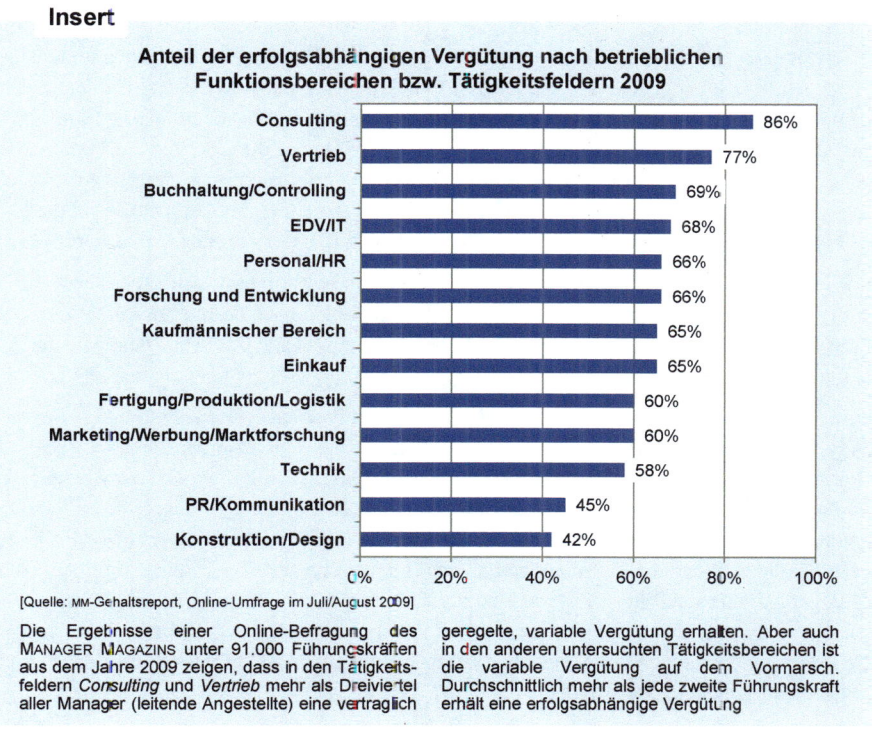

Anteil der erfolgsabhängigen Vergütung nach betrieblichen Funktionsbereichen bzw. Tätigkeitsfeldern 2009

Consulting	86%
Vertrieb	77%
Buchhaltung/Controlling	69%
EDV/IT	68%
Personal/HR	66%
Forschung und Entwicklung	66%
Kaufmännischer Bereich	65%
Einkauf	65%
Fertigung/Produktion/Logistik	60%
Marketing/Werbung/Marktforschung	60%
Technik	58%
PR/Kommunikation	45%
Konstruktion/Design	42%

[Quelle: MM-Gehaltsreport, Online-Umfrage im Juli/August 2009]

Die Ergebnisse einer Online-Befragung des MANAGER MAGAZINS unter 91.000 Führungskräften aus dem Jahre 2009 zeigen, dass in den Tätigkeitsfeldern *Consulting* und *Vertrieb* mehr als Dreiviertel aller Manager (leitende Angestellte) eine vertraglich geregelte, variable Vergütung erhalten. Aber auch in den anderen untersuchten Tätigkeitsbereichen ist die variable Vergütung auf dem Vormarsch. Durchschnittlich mehr als jede zweite Führungskraft erhält eine erfolgsabhängige Vergütung

Insert 3-03:   Variable Gehaltsanteile nach Funktionsbereichen

Die variable Vergütung von Führungskräften und Mitarbeitern zählt aber nach wie vor zu den intensiv diskutierten Bereichen der Personalvergütung. In Abbildung 3-05 sind die Chancen und Risiken der variablen Vergütung für Unternehmen und Mitarbeiter gegenübergestellt. Wirkungsweise, Ausgestaltung und Bemessungsgrundlagen variabler Vergütungsbestandteile werden in 3.1.7 vertieft.

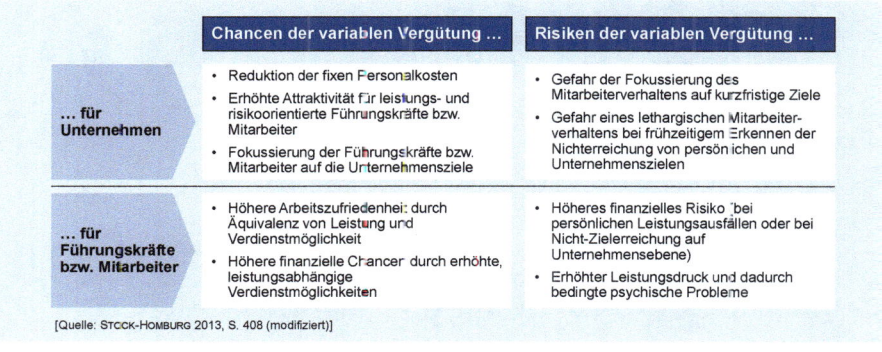

	Chancen der variablen Vergütung ...	Risiken der variablen Vergütung ...
... für Unternehmen	• Reduktion der fixen Personalkosten • Erhöhte Attraktivität für leistungs- und risikoorientierte Führungskräfte bzw. Mitarbeiter • Fokussierung der Führungskräfte bzw. Mitarbeiter auf die Unternehmensziele	• Gefahr der Fokussierung des Mitarbeiterverhaltens auf kurzfristige Ziele • Gefahr eines lethargischen Mitarbeiterverhaltens bei frühzeitigem Erkennen der Nichterreichung von persönlichen und Unternehmenszielen
... für Führungskräfte bzw. Mitarbeiter	• Höhere Arbeitszufriedenheit durch Äquivalenz von Leistung und Verdienstmöglichkeit • Höhere finanzielle Chancen durch erhöhte, leistungsabhängige Verdienstmöglichkeiten	• Höheres finanzielles Risiko (bei persönlichen Leistungsausfällen oder bei Nicht-Zielerreichung auf Unternehmensebene) • Erhöhter Leistungsdruck und dadurch bedingte psychische Probleme

[Quelle: STOCK-HOMBURG 2013, S. 408 (modifiziert)]

Abb. 3-05:   Chancen und Risiken der variablen Vergütung

3.1.3.3   Zusatzleistungen

Diese dritte Komponente der Personalvergütung lässt sich in Sozialleistungen und sonstige Leistungen unterteilen. Zu den *gesetzlichen Sozialleistungen*, die vom Gesetzgeber unter dem Sammelbegriff der **Sozialversicherung** zusammengefasst werden, zählen die Unfall-, Kranken-, Pflege-, Arbeitslosen- und Rentenversicherung. Während die Beiträge zur Unfallversicherung allein vom Arbeitgeber getragen werden, wird die Finanzierung der übrigen Sozialversicherungen jeweils zur Hälfte vom Arbeitgeber und Arbeitnehmer getragen. Abbildung 3-06 liefert einen groben Überblick über die Leistungen und Träger der Sozialversicherungen.

Tarifliche Sozialleistungen verpflichten Unternehmen zu bestimmten Zahlungen, die in Tarifverträgen geregelt sind. Darüber hinaus können Unternehmen noch bestimmte *freiwillige Sozialleistungen* (z. B. für die Altersvorsorge, Ausbildungszuschüsse, Jubiläumsgelder, Umzugsgeld) gewähren.

Sonstige Zusatzleistungen (wie z. B. Firmenwagen, Sabbaticals, Kinderbetreuung, Firmenhandy, Laptop, individuelle Urlaubsregelungen oder Aktien-Optionsprogramme) werden von Unternehmen als freiwillige Gehaltsnebenleistungen (engl. *Fringe Benefits*) vorwiegend zur Gewinnung und Bindung von Führungskräften eingesetzt. Bei der Führungskräfteentlohnung kommt diesen – zumeist nicht monetären – Vergütungsbestandteilen eine wichtige Rolle zu. Sie sollen die Bindung der Führungskraft an das Unternehmen erhöhen. Bei bestimmten Sachleistungen ist eine steuerliche Relevanz zu berücksichtigen. So stellt ein privat genutzter Firmenwagen einen geldwerten Vorteil war und muss vom Nutzer steuerlich berücksichtigt werden. Insert 3-04 gibt einen Überblick über Zusatzleistungen, die Unternehmen über das Grundgehalt hinaus anbieten.

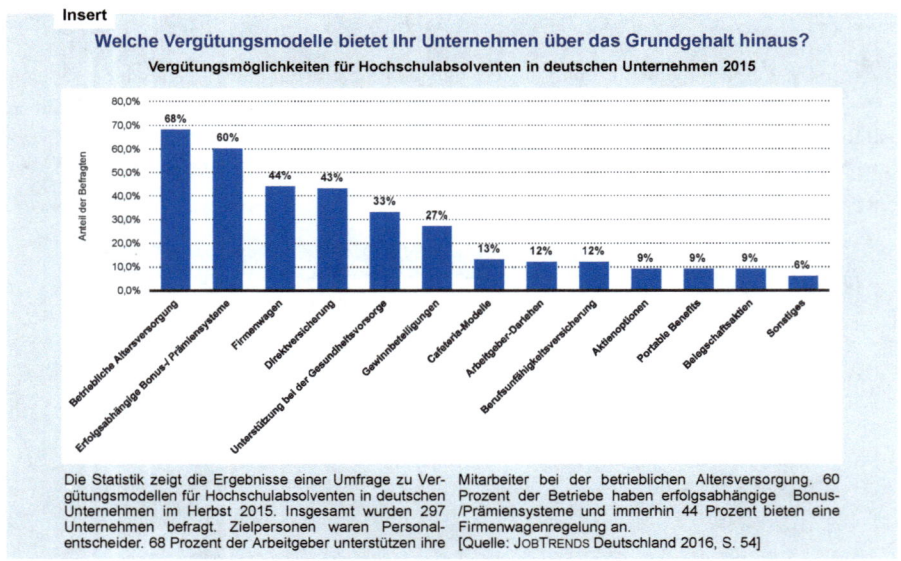

Die Statistik zeigt die Ergebnisse einer Umfrage zu Vergütungsmodellen für Hochschulabsolventen in deutschen Unternehmen im Herbst 2015. Insgesamt wurden 297 Unternehmen befragt. Zielpersonen waren Personalentscheider. 68 Prozent der Arbeitgeber unterstützen ihre Mitarbeiter bei der betrieblichen Altersversorgung. 60 Prozent der Betriebe haben erfolgsabhängige Bonus-/Prämiensysteme und immerhin 44 Prozent bieten eine Firmenwagenregelung an. [Quelle: JOBTRENDS Deutschland 2016, S. 54]

Insert 3-04: Vergütungsmodelle über das Grundgehalt hinaus

Unter den sonstigen Zusatzleistungen wird in jüngerer Zeit das **Sabbatical** besonders diskutiert (siehe Insert 3-05). Hierbei handelt es sich um eine mehrmonatige, teilweise sogar über ein Jahr hinausgehende Unterbrechung der Berufstätigkeit [vgl. SCHOLZ 2011, S. 323].

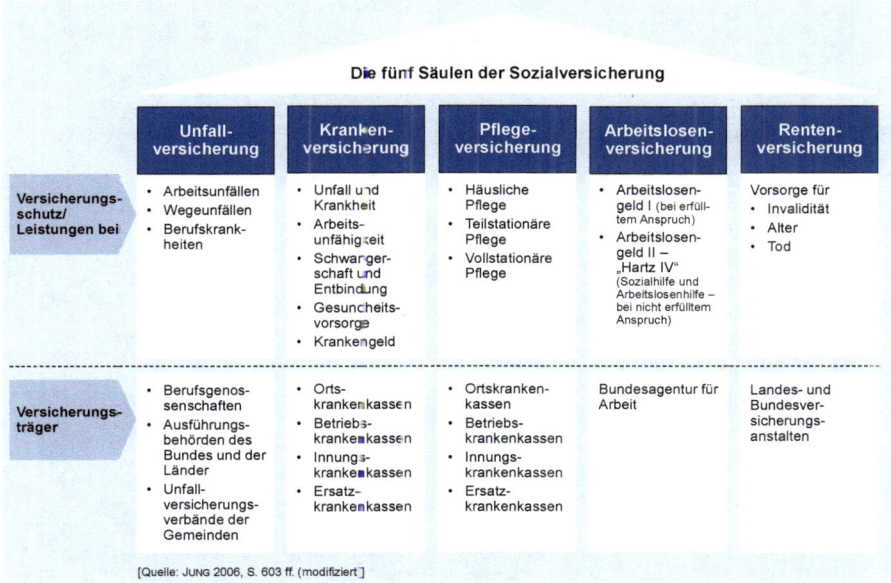

Die fünf Säulen der Sozialversicherung

	Unfall-versicherung	Kranken-versicherung	Pflege-versicherung	Arbeitslosen-versicherung	Renten-versicherung
Versicherungs-schutz/ Leistungen bei	• Arbeitsunfällen • Wegeunfällen • Berufskrank-heiten	• Unfall und Krankheit • Arbeits-unfähigkeit • Schwanger-schaft und Entbindung • Gesundheits-vorsorge • Krankengeld	• Häusliche Pflege • Teilstationäre Pflege • Vollstationäre Pflege	• Arbeitslosen-geld I (bei erfüll-tem Anspruch) • Arbeitslosen-geld II – „Hartz IV" (Sozialhilfe und Arbeitslosenhilfe – bei nicht erfülltem Anspruch)	Vorsorge für • Invalidität • Alter • Tod
Versicherungs-träger	• Berufsgenos-senschaften • Ausführungs-behörden des Bundes und der Länder • Unfall-versicherungs-verbände der Gemeinden	• Orts-krankenkassen • Betriebs-krankenkassen • Innungs-krankenkassen • Ersatz-krankenkassen	• Ortskranken-kassen • Betriebs-krankenkassen • Innungs-krankenkassen • Ersatz-krankenkassen	Bundesagentur für Arbeit	Landes- und Bundesver-sicherungs-anstalten

[Quelle: JUNG 2006, S. 603 ff. (modifiziert)]

Abb. 3-06: Die fünf Säulen der Sozialversicherung

Im Zusammenhang mit den freiwilligen Sozialleistungen hat sich mit dem **Cafeteria-System** ein Konzept etabliert, das dem einzelnen Mitarbeiter innerhalb eines vom Arbeitgeber vorge-gebenen Budgets erlaubt, zwischen verschiedenen Zusatzleistungen gemäß seinen eigenen Be-dürfnissen auszuwählen, ähnlich der Menüauswahl in einer Cafeteria [vgl. EDINGER 2002, S. 7].

Das **Cafeteria-System** besteht aus

- einem *Wahlbudget*, das sich häufig an dem Betrag orientiert, den das Unternehmen bislang für freiwillige Sozialleistungen ausgegeben hat,

- einem *Wahlangebot* mit mehreren Alternativen (z. B. Firmenwagen, Gewinnbeteiligung, Arbeitgeberdarlehen, Kindergartenplatz, Fortbildung, Urlaubstage u. ä.) und aus

- einer periodischen *Wahlmöglichkeit*, da sich die Bedürfnisse des Mitarbeiters im Zeitab-lauf ändern können [vgl. JUNG 2006, S. 901 f.].

Während das Cafeteria-System dem Mitarbeiter eine individuelle Abdeckung seiner Wünsche ermöglicht, entsteht für das Unternehmen ein nicht unerheblicher administrativer Aufwand (Kommunikation, Beratung, IT-Unterstützung). Auch kann die Unverfallbarkeit bestimmter

Leistungen in wirtschaftlich angespannten Situationen zu Problemen führen [vgl. JUNG 2006, S. 903].

Insert

Sabbatical

So bekommen Sie die Auszeit vom Job durch

Eine Weltreise oder ein Buch schreiben: Der Wunsch nach einer Auszeit vom Job ist bei deutschen Arbeitnehmern weit verbreitet. Und gar nicht so schwer umzusetzen – wenn Sie einige Dinge beachten. *Von Harald Czycholl*

Unternehmen müssen sich heute anstrengen, um ihre Leistungsträger nicht an die Konkurrenz zu verlieren. Fachkräfte sind Mangelware und entsprechend begehrt. Die gefragten Mitarbeiter können ein besseres Gehalt aushandeln – oder mal zurückschalten und dem Arbeitgeber eine Auszeit aushandeln. Viele Firmen reagieren auf diese Entwicklung, indem sie von sich aus Sabbatical-Modelle einführen. Sie ermöglichen Auszeiten von zwei, vier oder sechs Monaten. Der Arbeitsvertrag bleibt dabei bestehen, die Mitarbeiter erhalten auch während der Auszeit ihr Gehalt. Ermöglicht wird das durch eine Ansparphase, die der Auszeit vorangestellt wird: In dieser Phase werden Teile des Gehalts auf einem Zeitwertkonto angespart, um die Auszeit zu ermöglichen. Der eingebrachte Betrag wird verzinst und ist gegen Insolvenz abgesichert.

Eine Weltreise machen, ein Buch schreiben oder das Kind beim Schulstart begleiten: Für eine befristete berufliche Pause kann es viele Gründe geben. Einer Forsa-Umfrage im Auftrag des Bildungsministeriums zufolge sehnen sich 57 Prozent aller Arbeitnehmer nach einer solchen Auszeit. Gut zwei Drittel von ihnen möchten demnach die Pause nutzen, um mehr Zeit mit der Familie zu verbringen.

Auch unter Führungskräften ist der Wunsch nach einem Timeout verbreitet: Zwei Drittel der Manager träumen laut einer Studie der Personalberatung Heidrick & Struggles davon, für einige Monate die Seele baumeln zu lassen. Doch oft bleibt das Sabbatical ein Traum: Viele schrecken aus Angst vor beruflichen Nachteilen davor zurück. Damit die Berufspause Realität werden kann, ist eine umfassende Vorbereitung notwendig.

Obwohl der Arbeitnehmer grundsätzlich kein Recht auf ein Sabbatical hat, haben die Arbeitgeber durchaus Eigeninteressen, ihren Mitarbeitern eine Auszeit zu ermöglichen – und zwar nicht nur, um im Kampf um Fachkräfte zu punkten. Der Arbeitnehmer schenkt dem Arbeitgeber einen Mitarbeiter, der mit neuer Energie und Schaffenskraft zurückkehrt.

Damit Arbeitgeber und Arbeitnehmer auf der sicheren Seite sind, sollte eine schriftliche Sabbatical-Vereinbarung getroffen werden. Kernelement einer solchen Vereinbarung ist die Regelung der Sabbatical-Dauer sowie der Umstände der Rückkehr. In den Konstellationen, in denen der Arbeitgeber während des Sabbaticals weiter Gehalt bekommt, sollte zudem geregelt werden, dass der Mitarbeiter in dieser Zeit nicht zur Arbeit verpflichtet ist, das Arbeitsverhältnis aber ansonsten – etwa für die Berücksichtigung von Betriebszugehörigkeitszeiten – weiterläuft.

Es gibt verschiedene Arbeitszeit- und Lohnmodelle, die die Gestaltung eines Sabbaticals ermöglichen. Besonders beliebt ist die Teilzeitvariante. Dabei wird etwa für drei Jahre Teilzeit vereinbart, der Mitarbeiter arbeitet jedoch Vollzeit weiter und erwirtschaftet sich so Monat für Monat ein Zeitguthaben. Dieses nutzt er am Ende der Teilzeit für sein Sabbatical, während gleichzeitig das reduzierte Gehalt weiterläuft. Anschließend kehrt er auf seine Vollzeitstelle zurück. Die gleiche Grundidee zur Finanzierung eines Sabbaticals liegt einem befristeten Lohnverzicht zugrunde: Der Mitarbeiter arbeitet voll, bekommt aber nur einen Teil seines Gehalts ausgezahlt. Der Rest fließt auf ein Zeitwertkonto, auf dem sich dann mit der Zeit ein Guthaben ansammelt, das für die Gehaltsfortzahlung während der Auszeit genutzt wird. Dabei wird das Arbeitgeberbrutto eingezahlt, die eingezahlten Beträge sind weder steuer- noch sozialversicherungspflichtig.

Auch Überstunden und ungenutzte Urlaubstage können per Zeitwertkonto gesammelt und für das Sabbatical herangezogen werden. Eine interessante Variante für junge Eltern: Wer seinen Anspruch auf Elternzeit nicht voll ausschöpft, etwa weil er früher als erhofft einen Krippenplatz bekommen hat, kann den Restanspruch für ein Sabbatical nutzen. Vorausgesetzt, der Arbeitgeber stimmt zu, können so auch die gesamten zwölf Monate Elternzeit auf einen späteren Zeitpunkt gelegt werden – jedoch höchstens bis zum achten Geburtstag des Kindes. Der Vorteil all dieser Modelle liegt zum einen darin, dass man trotz Berufspause auf ein stabiles Einkommen zählen kann. Außerdem geht auch die soziale Absicherung nicht verloren: Die Beiträge zur gesetzlichen Renten-, Pflege- und Krankenversicherung laufen ununterbrochen weiter.

[Quelle: Welt.de, 06.07.13]

Insert 3-05: Sabbatical – „So bekommen Sie die Auszeit vom Job durch"

Die häufigste Ausprägung des Cafeteria-Modells in deutschen Unternehmen sind sogenannte **Flexible Benefits**. Flexible Benefits-Programme sind Pläne, in deren Rahmen die Mitarbeiter aus einem Angebot verschiedener Zusatzleistungen oder durch Gehaltsumwandlung bestimmte Zusatzleistungskomponenten oder -niveaus auswählen können. Betriebliche Altersvorsorge, Hinterbliebenenrente, Todesfallkapital, Berufsunfähigkeitsleistungen, Firmenwagen oder Extraurlaub sind die häufigsten Zusatzleistungen im Rahmen von Flexible Benefits-Programmen [vgl. RAUSER TOWERS PERRIN 2006, S. 3 und 17 f.].

Eine besonders attraktive Variante der Zusatzleistungen ist das Modell der **Deferred Compensation**, bei dem der Arbeitnehmer auf einen Teil seiner Gesamtvergütung zugunsten einer Altersvorsorgezusage verzichtet. Die aufgeschobene Auszahlung unterliegt damit nicht der sofortigen Versteuerung. Der angesammelte Betrag wird erst bei Eintritt in den Ruhestand besteuert. Als Durchführungsweg bietet sich für den Arbeitgeber die Pensionskasse, der Pensionsfonds oder die Direktversicherung an. Deferred Compensation bietet sowohl dem Arbeitgeber als auch dem Arbeitnehmer erhebliche Vorteile. Für das Unternehmen eröffnen sich neue Möglichkeiten im Rahmen seines Anreiz- und Vergütungssystems, ohne dass zusätzliche Kosten entstehen. Im Gegenteil, durch die aufgeschobene Auszahlung entsteht ein zusätzlicher Innenliquiditätseffekt. Für den Arbeitnehmer senkt sich die heutige Steuerlast, denn der Umwandlungsbetrag reduziert in voller Höhe sein steuerpflichtiges Einkommen. So werden Vergütungsbestandteile aus der Phase des aktiven Berufslebens, die zumeist durch eine höhere Besteuerung gekennzeichnet ist, in das Rentenalter verlagert, wo die Steuerlast üblicherweise geringer ist. Hinzu kommt, dass der Arbeitnehmer seine Ruhestands- bzw. Risikovorsorge entscheidend verbessern kann [vgl. JUNG 2006, S. 903].

3.1.4 Aspekte der Entgeltgerechtigkeit

Bei der Konzeption von Vergütungssystemen, die sowohl Unternehmens- als auch Mitarbeiterinteressen berücksichtigen sollte, steht ein Kriterium im Vordergrund, das als Grundvoraussetzung für die Akzeptanz bei den Mitarbeitern gilt: *Gerechtigkeit*. Die „faire Vergütung im Vergleich zu Kollegen" zählt zu den Top-3-Treibern der Mitarbeiterbindung und ist zweifellos der entscheidende Hygienefaktor aller Anreiz- und Vergütungssysteme [vgl. TOWERS PERRIN 2007].

Bei Fragen der Vergütung empfindet der Mitarbeiter sein Gehalt ganz subjektiv als gerecht oder auch ungerecht. Eine Aussage über die *absolute* Gerechtigkeit einer Vergütung kann nicht getroffen werden, lediglich eine Aussage über die *relative* Gerechtigkeit (im Vergleich zu den Kollegen, zum Branchendurchschnitt, zur Leistung, zum Alter oder auch zur Ausbildung) ist sinnvoll [vgl. TOKARSKI 2008, S.63].

Demnach wird die Vergütung dann als angemessen betrachtet, wenn sie als gerecht und ausgewogen wahrgenommen wird (siehe in diesem Zusammenhang auch die „gerechtigkeitstheoretischen" Überlegungen in Abschnitt 1.4.3.3). Um ein in diesem Sinne *gerechtes* Vergütungssystem zu gestalten, bedarf es der Klärung, wie Gerechtigkeitsempfindungen von Beschäftigten im Allgemeinen und Führungskräften im Besonderen zustande kommen und wie sich diese auf

das Arbeitsverhältnis auswirken. Dazu wird im ersten Schritt auf die verschiedenen Gerechtigkeits*prinzipien* Bezug genommen und anschließend den drei Gerechtigkeits*dimensionen* gegenübergestellt.

3.1.4.1   Gerechtigkeitsprinzipien

Die verschiedenen Komponenten der Entgeltgerechtigkeit, die in Abbildung 3-07 dargestellt
sind, werden auch als Gerechtigkeitsprinzipien bezeichnet. Folgende Prinzipien werden in der
Praxis verwendet [vgl. GÖBEL 2006, S. 210 ff.]:

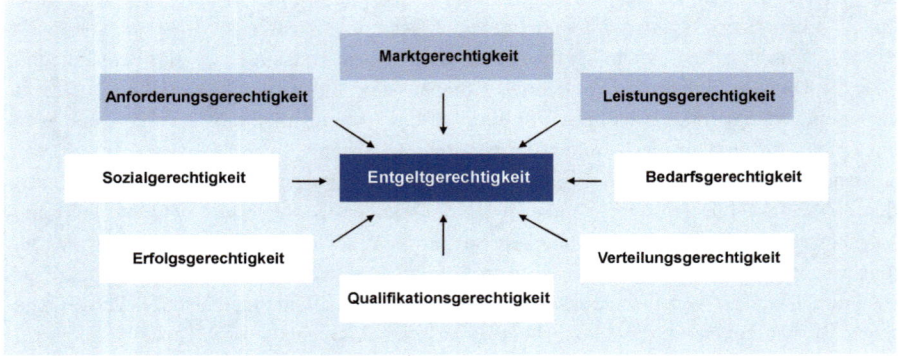

Abb. 3-07:   Komponenten der Entgeltgerechtigkeit

- **Anforderungsgerechtigkeit.** Die Vergütung richtet sich nach den Anforderungen, die mit
  einer bestimmten Stelle verbunden sind. Gerecht erscheint, bei höheren Anforderungen
  eine höhere Vergütung zu zahlen und vergleichbare Anforderungen auch gleich zu vergüten.

- **Marktgerechtigkeit.** Die Vergütung ändert sich mit der Nachfrage nach bestimmten Arbeitsleistungen. Gerecht erscheint, diejenigen besser zu vergüten, deren Arbeitsleistungen
  besonders stark nachgefragt werden. Dies führt zu unterschiedlichen Vergütungsstrukturen
  verschiedener Branchen und Berufe.

- **Leistungsgerechtigkeit.** Die Vergütung bezieht sich auf die individuelle Leistung einerseits (*individuelle* Leistungsgerechtigkeit) und auf die Unternehmensleistung andererseits
  (*kollektive* Leistungsgerechtigkeit). Gerecht erscheint, bei Mehrleistung eine höhere Vergütung zu zahlen und gleiche Leistung gleich zu vergüten.

- **Qualifikationsgerechtigkeit.** Dieses Prinzip berücksichtigt das Leistungsvermögen (Potenzial) eines Mitarbeiters, auch wenn es derzeit an seinem Arbeitsplatz nicht eingesetzt
  wird. Als gerecht gilt, Personen mit höherer Qualifikation auch eine höhere Vergütung zu
  zahlen bzw. bei gleicher Qualifikation gleich zu vergüten.

- **Erfolgsgerechtigkeit.** Die Höhe der Vergütung hängt vom wirtschaftlichen Erfolg des Unternehmens ab. Dieses Prinzip überschneidet sich zum Teil mit der Leistungsgerechtigkeit,

die neben der individuellen Leistung des Mitarbeiters auch die Unternehmensleistung (und damit den Unternehmenserfolg) mit einschließt.

- **Sozialgerechtigkeit.** Bei diesem Prinzip geht es um die Verteilung der Einkommenschancen in der Gesellschaft im Hinblick auf soziale Gesichtspunkte wie Alter, Familienstand etc.

- **Bedarfsgerechtigkeit.** Die Vergütung richtet sich nach dem persönlichen Bedarf des Arbeitnehmers. Als gerecht gilt, denjenigen besser zu vergüten, der beispielsweise eine Familie zu ernähren hat. Dieses Prinzip hat deutliche Überschneidungen zur Sozialgerechtigkeit.

- **Verteilungsgerechtigkeit.** Dieses Prinzip bezieht sich auf die Frage nach der gerechten Verteilung von Lohnsumme und Gewinn. Welcher Anteil vom erarbeiteten Mehrwert des Unternehmens steht den Kapitaleignern und welcher den Arbeitnehmern zu?

Angesichts dieser Vielzahl von teilweise widersprüchlichen und nicht überschneidungsfreien Prinzipien ist es nahezu unmöglich, einen allgemein als gerecht empfundenen Maßstab für die Vergütungsdifferenzierung zu finden [vgl. GÖBEL 2006, S. 211].

Letztendlich sind es aber drei **Kernprinzipien der Entgeltgerechtigkeit**, die für die Zusammensetzung der Gehaltsstruktur maßgeblich sind [vgl. LIPPOLD 2010, S. 18]:

- **Anforderungsgerechtigkeit** (im Hinblick auf die Qualität, Schwierigkeitsgrad oder Verantwortungsbereich der jeweiligen Position/Stelle),

- **Marktgerechtigkeit** (im Hinblick auf die Vergütungsstruktur der Branche bzw. des Wettbewerbs) sowie

- **Leistungsgerechtigkeit** (im Hinblick auf die Leistung der Führungskraft einerseits und des Unternehmens andererseits).

3.1.4.2   Gerechtigkeitsdimensionen

Diesen Gerechtigkeits*prinzipien* stehen sogenannte Gerechtigkeits*dimensionen* gegenüber, die sich mit den konkreten Austauschbeziehungen zwischen Personen und Organisationen befassen (siehe hierzu Abschnitt 1.4.3.3):

- **Distributive Gerechtigkeit** als wahrgenommene Gerechtigkeit bzw. Angemessenheit des materiellen Ergebnisses einer Austauschbeziehung (Beispiel: Festlegen der Gehaltsstruktur, Leisten von Bonuszahlungen bzw. Prämien)

- **Prozedurale Gerechtigkeit** als wahrgenommene Gerechtigkeit bzw. Angemessenheit der Abläufe und Praktiken in einer Austauschbeziehung (Beispiel: Transparent machen von Vergütungsstufen)

- **Interaktionale Gerechtigkeit** als wahrgenommene Gerechtigkeit bzw. Angemessenheit im zwischenmenschlichen Umgang mit dem Austauschpartner (Beispiel: Persönliches Überzeugen der Führungskraft vom gewählten Vergütungsmodell).

Werden die Gerechtigkeitsdimensionen den drei Gerechtigkeitsprinzipien gegenüber gestellt, so ergibt sich eine 3 x 3-Matrix. In Abbildung 3-08 ist diese Matrix mit beispielhaften Ansatzpunkten vervollständigt. Wie die Erfahrungen aus der Praxis zeigen, erfüllen viele Unternehmen die distributive und teilweise auch die prozedurale Gerechtigkeitsdimension. Die interaktionale Gerechtigkeit, d. h. das Aushandeln bestimmter Vergütungselemente wird bislang noch wenig praktiziert [vgl. BRIETZE/LIPPOLD 2011, S. 231 ff.].

Dimension / Prinzip	Interaktionale Gerechtigkeit	Prozedurale Gerechtigkeit	Distributive Gerechtigkeit
Anforderungs-gerechtigkeit	Aushandeln der jeweils passenden Karrierestufe	Transparent machen von Karrierestufen	Festlegen der generellen Karrierestufen
Marktgerechtigkeit	Aushandeln der jeweils passenden Gehalts-strukturelemente	Transparent machen von Gehaltsbandbreiten	Festlegen der generellen Gehaltsstruktur
Leistungs-gerechtigkeit	Aushandeln der jeweils passenden Zielvereinbarung	Transparent machen des Review-Prozesses	Leisten von Bonuszahlungen/ Prämien

[Quelle: BRIETZE/LIPPOLD 2011, S.231]

Abb. 3-08:   Gegenüberstellung von Gerechtigkeitsdimensionen und -prinzipien

3.1.5 Anforderungsgerechtigkeit

Der erste Schritt der Gehaltsfindung bezieht sich auf die *Anforderungsgerechtigkeit*. Sie orientiert sich an den Anforderungen der Position (Ausbildung, Erfahrung, Kompetenz, Verantwortung etc.). Aus diesem Grund haben viele Unternehmen ein **Karrierestufen-Modell** (engl. *Grading System*) aus Rollen und Kompetenzen entwickelt, das jeder Karrierestufe (engl. *Grade*) ein bestimmtes Zieleinkommen (100%-Gehalt) zuordnet. Das Grading-System dient einerseits der grundsätzlichen Einstufung des Mitarbeiters in Abhängigkeit vom Anforderungsgrad seiner Position/Rolle und andererseits zur Festlegung des (relativen) variablen Gehaltsbestandteils, d. h. je größer die Anforderung an die Position/Rolle und damit die Verantwortung des Mitarbeiters ist, desto höher ist der variable Gehaltsanteil.

In Abbildung 3-09 ist ein sechsstufiges Karriere-Modell am Beispiel des Marketingbereichs dargestellt. Jeweils eine Rolle/Position ist dabei einem Grade zugeordnet. Grundlage der Zuordnung ist ein rollenbezogenes **Kompetenzmodell** (engl. *Competency Model*), in dem die erforderlichen fachlichen, sozialen und methodischen Qualifikationen, Fähigkeiten und Erfahrungen für jede Karrierestufe aufgeführt sind. Wie aus dem beispielhaften Grading-System weiter zu entnehmen ist, wird für jede Karrierestufe eine Aufteilung des Zielgehalts (100 Prozent) in Fixgehalt und variables Gehalt vorgenommen.

Ein solches Karrierestufen-Modell bildet den Orientierungsrahmen sowohl für die anforderungsgerechte Einstufung der Führungskräfte und Mitarbeiter als auch für die entsprechende Entgeltfindung. Darüber hinaus zeigt es den Beschäftigten zugleich die Entwicklungsmöglichkeiten im Rahmen der persönlichen Laufbahnplanung.

Grade (Karrierestufe)	Rolle/Position	Anteil Fixgehalt am 100%-Zieleinkommen	Anteil variables Gehalt am 100%-Zieleinkommen
6	Marketing Vorstand	60 %	40 %
5	Marketing Direktor	70 %	30 %
4	Marketing Manager	75 %	25 %
3	Marketing Professional	80 %	20 %
2	Marketing Specialist	85 %	15 %
1	Marketing Analyst	90 %	10 %

Abb. 3-09:   Rollenbezogenes Karrierestufen-Modell am Beispiel des Marketingbereichs

3.1.6 Marktgerechtigkeit

Der zweite Schritt der Gehaltsfindung bezieht sich auf die *Marktgerechtigkeit*. Hier geht es in erster Linie darum, das *relative Vergütungsniveau* im Vergleich zu anderen Unternehmen fest-zulegen [vgl. BROWN et al. 2003, S. 752]. Es ist in erster Linie an der Vergütungsstruktur der Branche bzw. des Wettbewerbs sowie im internationalen Bereich zusätzlich an Kaufkraftkrite-rien ausgerichtet.

Grundsätzlich können Unternehmen drei alternative **Vergütungsstrategien** in Bezug auf das Vergütungsniveau wählen [vgl. BROWN et al. 2003, S. 752; TOSI/WERNER 1995, S. 1673]:

- **Benchmarkstrategie.** Diese Strategie ist dadurch gekennzeichnet, dass das gewählte Ver-gütungsniveau über dem Marktdurchschnitt liegt. Sie bietet sich an, um hoch qualifizierte Führungskräfte und Mitarbeiter zu gewinnen und zu binden.

- **Matchingstrategie.** Bei dieser Strategie entspricht das gewählte Vergütungsniveau dem Markt- bzw. Branchendurchschnitt.

- **Laggingstrategie.** Unternehmen, die diese Strategie wählen, bieten ihren Führungskräften bzw. Mitarbeitern eine Vergütung an, die unterhalb des Marktdurchschnitts liegt.

Die genannten Vergütungsstrategien können für das Unternehmen insgesamt oder nur für be-stimmte Bereiche oder Berufsgruppen festgelegt werden. Häufig wird das allgemein festge-setzte Vergütungsniveau in Einzelfällen (z. B. für die Gewinnung bestimmter Spezialisten) mo-difiziert [vgl. STOCK-HOMBURG 2013, S. 404].

Um grundsätzlich bei der Gewinnung und Bindung strategisch wichtiger Führungskräfte und Mitarbeiter auch außerhalb der allgemein gewählten Vergütungsstrategie entsprechend flexibel reagieren zu können, bietet sich die Gestaltung von **Vergütungsbandbreiten** an. Solche Band-breiten sind in das unternehmensweite Grading-System eingebettet und eröffnen die Möglich-keit, jeden Mitarbeiter entsprechend bestimmter Merkmale (z. B. Alter, Erfahrung, Spezial-kenntnisse) innerhalb einer Karrierestufe unterschiedlich zu vergüten.

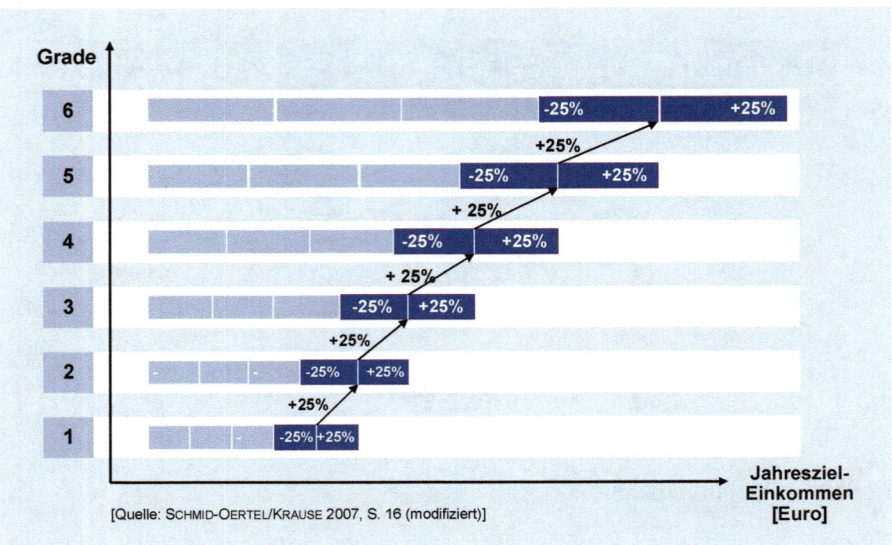

Abb. 3-10:   Vergütungsbandbreiten

In Abbildung 3-10 ist ein Vergütungsbandbreiten-System modellhaft dargestellt. Jede Hierarchiestufe ist mit einem Vergütungsband belegt, dessen Grenzen maximal 25 Prozent vom jeweiligen Mittelwert abweichen können. Außerdem liegt die durchschnittliche Vergütung jeder Hierarchiestufe jeweils 25 Prozent über der darunterliegenden Stufe. Ein derart gestaltetes Bandbreiten-System gestattet eine individuell gerechte Positionierung des Mitarbeiters in jedem Grade.

3.1.7 Leistungsgerechtigkeit

Der dritte Schritt der Gehaltsfindung zielt auf die *Leistungsgerechtigkeit* ab. Dieses Gerechtigkeitsprinzip wird vorzugsweise durch die Gestaltung variabler Vergütungskomponenten realisiert.

3.1.7.1 Bemessungsgrundlagen

Als Bemessungsgrundlagen der variablen Vergütung dienen die individuellen Leistungen des Mitarbeiters und/oder die Unternehmensleistung. Die *individuelle* Leistung wird am Zielerreichungsgrad, am Potenzialabgleich sowie im Mitarbeitervergleich (Kalibrierung) gemessen, wobei die Ergebnisse der Personalbeurteilung (vgl. Abschnitt 3.3) hierzu die Grundlage bilden. Besonders wichtig ist, dass die betroffenen Führungskräfte und Mitarbeiter ihre Leistungen direkt beeinflussen können und diese auch messbar sind. Dies hat in der Praxis dazu geführt, dass vorzugsweise im Vertrieb die individuelle Leistung (z. B. der erzielte Auftragseingang) als Bemessungsgrundlage für die variable Vergütung herangezogen wird. In anderen Funktionsbereichen, in denen die Leistungen der Mitarbeiter und Führungskräfte nur begrenzt quantifiziert und nicht eindeutig zugeordnet werden können, kann die Einführung einer leistungsbezogenen variablen Vergütung zu Umsetzungs- und Akzeptanzproblemen führen [vgl. STOCK-HOMBURG 2013, S. 409].

Bestimmungsgrund für die *kollektive* Leistung ist die Jahresperformance (Gewinn, Umsatz, Deckungsbeitrag o. ä.) des Unternehmens bzw. relevanter Teilbereiche. Im Vergleich zur Messung der individuellen Leistung sind die Bestimmungsfaktoren der Unternehmensleistung i. d. R. deutlich einfacher zu quantifizieren.

3.1.7.2 Zusammensetzung der variablen Vergütung

In der Praxis haben sich im Wesentlichen drei Grundformen der Zusammensetzung der variablen Vergütungsbestandteile durchgesetzt (siehe Abbildung 3-11):

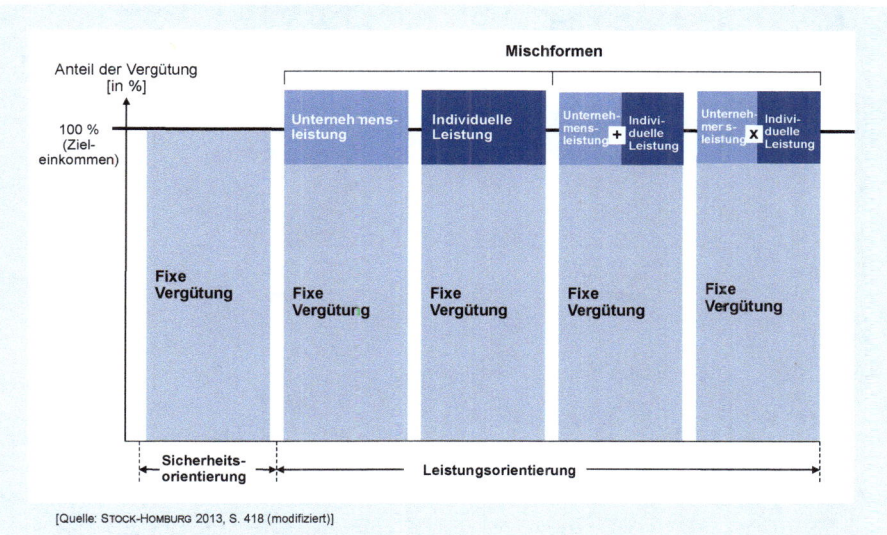

[Quelle: STOCK-HOMBURG 2013, S. 418 (modifiziert)]

Abb. 3-11: Ausgewählte Kombinationsmöglichkeiten von fixer und variabler Vergütung

- Der variable Anteil wird ausschließlich durch die Ergebnisse der **individuellen Leistung** (engl. *Performance*) bestimmt.

- Nur die **Leistung des Unternehmens** bzw. relevanter Unternehmensteile wird zur Bestimmung des variablen Anteils herangezogen.

- Es wird sowohl die individuelle Leistung als auch die Unternehmensperformance berücksichtigt. Bei dieser **Mischform** gibt es zwei Varianten, die sich auf die Verknüpfung der beiden variablen Gehaltsanteile beziehen. In der einen Variante werden der individuelle Anteil (auch als *individueller Faktor* (IF) bezeichnet) und der Unternehmensanteil (auch als Unternehmens- oder *Businessfaktor* (BF) bezeichnet) addiert. Bei der zweiten Variante wird der individuelle Faktor mit dem Businessfaktor multiplikativ miteinander verknüpft, so dass unter bestimmten Umständen (z. B. bei vollständiger Schlechtleistung des Unternehmens oder des Mitarbeiters und damit BF=0 bzw. IF=0) kein variables Gehalt ausgezahlt wird.

In diesem Zusammenhang soll erwähnt werden, dass alle drei beschriebenen Varianten eine Deckelung des variablen Anteils bei 200 Prozent vorsehen sollten, d. h. selbst bei einer deutlichen Planüberfüllung des Unternehmens und des Mitarbeiters kann der auszuzahlende variable Anteil demnach das Zweifache seiner (100%-) Zielgröße nicht überschreiten (siehe Abbildung 3-12).

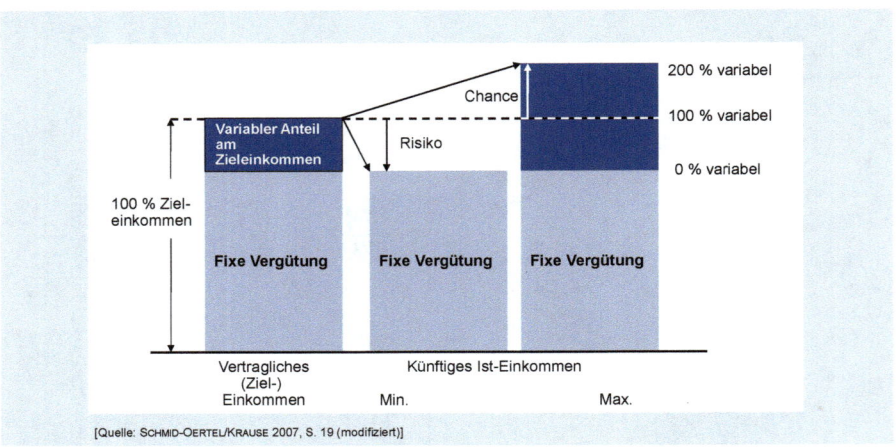

Abb. 3-12: Grundsätze der variablen Vergütung

Die Deckelung der Höhe des auszuzahlenden variablen Anteils ist angesichts der Diskussion um exorbitante Managergehälter von besonderer Bedeutung. Schlechte Bedingungen auf dem Arbeitsmarkt und hohe Konzessionen seitens der Arbeitnehmer auf der einen Seite und rapide steigende Bezüge der Topmanager auf der anderen Seite haben die Prinzipien der Leistungs- und Erfolgsgerechtigkeit in das Blickfeld scharfer Kritik gerückt und zwangsläufig die Frage aufgeworfen, ob die Vergütung der Führungskräfte noch gerecht bzw. gerechtfertigt ist [vgl. BRIETZE/LIPPOLD 2011, S. 230 sowie die umfassende Darstellung von FREIBURG 2005].

3.1.7.3 Zielarten variabler Vergütung

Ebenso wie das (klassische) Marketing bestrebt ist, den Umsatz durch verstärktes Eingehen auf die individuellen Bedürfnisse der Zielgruppen zu steigern, setzt sich auch im modernen Personalmanagement zunehmend die Erkenntnis durch, dass Vergütungssysteme die Potenziale der Mitarbeiter und Führungskräfte nur dann optimal nutzen, wenn sie individualisiert sind [vgl.

LOCHER 2002, S. 1]. Ein Ausdruck dieser Individualisierung sind ausdifferenzierte **Zielkataloge** für Mitarbeiter, die aus mehreren Zielarten pro Grade bestehen. Damit wird den unterschiedlichen Anforderungen, den spezifischen Kenntnissen und Fähigkeiten sowie den individuellen Zielsetzungen der Führungskräfte Rechnung getragen.

Ein modellhaftes Beispiel für die verschiedenen Zielarten in der Beratungsbranche liefert Abbildung 3-13. Danach werden jedem Grade sowohl Unternehmens- als auch persönliche Ziele zugeordnet. Je nach unternehmerischer Zielsetzung lassen sich die Ziele zusätzlich gewichten, wobei durchaus zu berücksichtigen ist, dass mathematische Scheingenauigkeiten den eigentlichen Nutzeffekt überlagern können.

Zielart	Bewertung	6	5	4	3	2	1
Unternehmensziele	Ergebnisziele	○	○	○	○	○	○
Bereichsziele	Ergebnisziele	○	○	○	○	○	○
Strategische Ziele	Persönliche Ziele	●	●				
Verantwortetes Delivery-Volumen	Ergebnisziele	●	●	●			
Sales	Auftragseingang	●	●	●	●		
Delivery	Auslastung			●		●	●
Qualität Projekte	Persönliche Ziele			●	●	●	
Innovation/Konzeption	Persönliche Ziele			●	●	●	
Führungsverhalten	Persönliche Ziele			●	●		
Teamverhalten	Persönliche Ziele				●	●	●
Kundenverhalten	Persönliche Ziele				●	●	●
Persönliche Kompetenzentwicklung	Persönliche Ziele				●	●	●

Grade (Karrierestufe)

○ Unternehmensziele ● Individuelle Ziele

[Quelle: PREEN 2009, S. 22]

Abb. 3-13: Zielkatalog am Beispiel der Beratungsbranche

3.1.7.4 Zusammenhang zwischen Leistung und Vergütung

Im Zusammenhang mit der variablen Vergütung als Anreizsystem ist weiterhin die Frage zu klären, in welcher Relation die Vergütung zur Leistung stehen soll. Im Wesentlichen bieten sich Vergütungsmodelle an, die den Zusammenhang zwischen Leistung und Vergütung entweder *linear*, *progressiv*, *degressiv* oder *S-förmig* abbilden. In Abbildung 3-14 sind die vier Grundmodelle veranschaulicht.

Die Form, die in der Praxis am häufigsten verwendet wird, ist das **lineare Vergütungsmodell**. Bei diesem Modell wird zusätzlich zur fixen Vergütung eine variable Vergütung realisiert, die – sofern sie einen zuvor definierten *Schwellenwert* überschreitet – mit der Leistung linear ansteigt. Der Bereich zwischen Schwellenwert und maximaler Vergütungshöhe wird als *Anreizzone* bezeichnet.

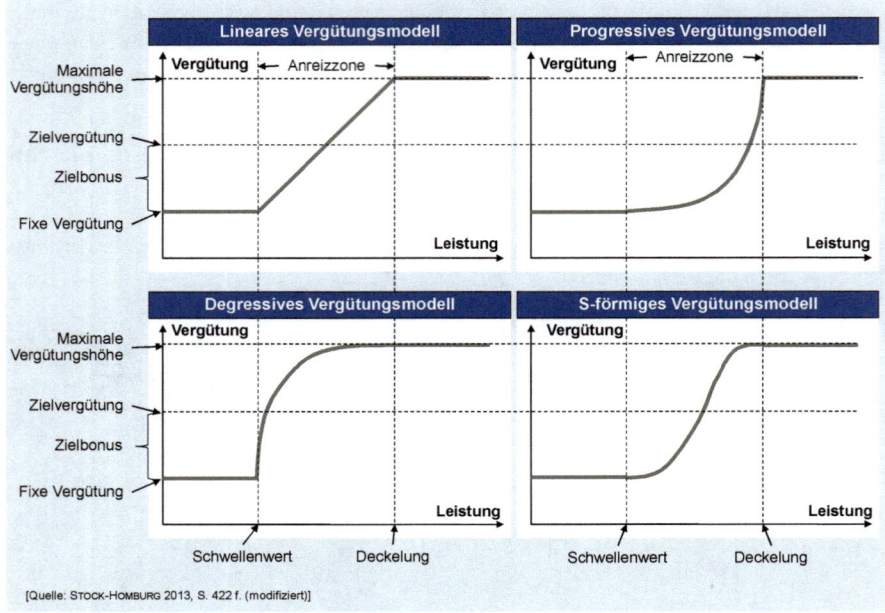

Abb. 3-14:   Darstellung unterschiedlicher variabler Vergütungsmodelle

Im **progressiven Vergütungsmodell** befindet sich die Höhe der Vergütung in der Anreizzone zunächst unterhalb der des linearen Modells, um dann überproportional zur Leistung anzusteigen. Ziel des Modells ist es, für besonders leistungsstarke Mitarbeiter zusätzliche Anreize für weitere Leistungssteigerungen zu schaffen.

Beim **degressiven Vergütungsmodell** nimmt der Anstieg der Vergütung pro Leistungseinheit ab, je höher das Leistungsniveau ist. Besonders leistungsfähige Mitarbeiter werden tendenziell benachteiligt, weil sie nur geringfügig besser bezahlt werden als nicht so leistungsstarke Mitarbeiter.

Im unteren Leistungsbereich des **S-förmigen Vergütungsmodells**, das die beiden vorangegangenen Zusammenhänge kombiniert, steigt die Vergütung überproportional, im oberen dagegen unterproportional.

3.1.7.5   Praxisbeispiel

Als Beispiel für ein praktiziertes Anreizsystem, das die drei Gerechtigkeitsprinzipien (Anforderungs-, Markt- und Leistungsgerechtigkeit) vollumfänglich umgesetzt hat, soll hier abschließend ein Vergütungsmodell vorgestellt werden, das das Beratungsunternehmen CAPGEMINI als „Salary Split Model" weltweit für seine strategischen Geschäftseinheiten *Consulting*, *Technology* und *Outsourcing* eingeführt hat (siehe Insert 3-06).

Insert

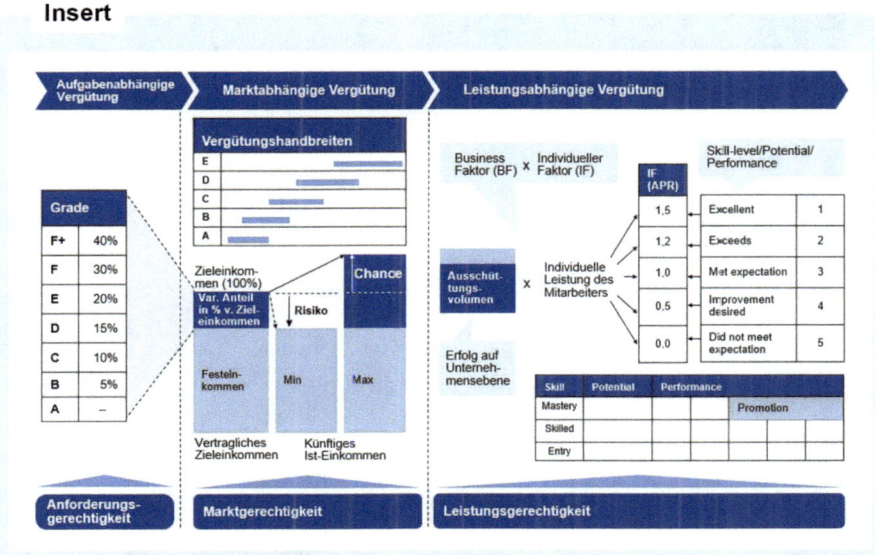

[Quelle: BRIETZE/LIPPOLD 2011, S. 233]

Der erste Schritt der Gehaltsfindung bei CAPGEMINI bezieht sich auf die *Anforderungsgerechtigkeit*. Der Anforderungsgrad der Position/Stelle bestimmt die Einstufung in das Grading-System und zugleich des relativen variablen Gehaltsanteil.

Der zweite Schritt bezieht sich auf die *Marktgerechtigkeit*. Die hierzu festgelegten Gehaltsbandbreiten sind an der Vergütungsstruktur der Branche und im internationalen Bereich an Kaufkraftkriterien ausgerichtet. Die Bandbreiten sind nicht nur den Hierarchiestufen zugeordnet, sondern sind zudem auch an den drei Disziplinen *Consulting*, *Technology* und *Outsourcing* ausgerichtet; d. h. jede Hierarchiestufe verfügt über drei unterschiedliche Bandbreiten. Dies ist auch deshalb erforderlich, weil die Durchschnittsgehälter in der Consulting-Disziplin zum Teil deutlich über denen der anderen Disziplinen liegen.

Der dritte Schritt der Gehaltsfindung zielt sowohl auf die kollektive als auch auf die individuelle *Leistungsgerechtigkeit* ab. Bestimmungsgrund für die kollektive Leistung ist die Jahresperformance (Gewinn, Umsatz) des Unternehmens bzw. relevanter Teilbereiche. Sie bestimmt als Business Faktor (BF) den ersten Teil des variablen Gehalts. Die individuelle Leistung wird am Zielerreichungsgrad, am Potentialabgleich sowie im Mitarbeitervergleich (Kalibrierung) gemessen und in einem individuellen Faktor (IF) ausgedrückt. Der individuelle Faktor bestimmt den zweiten Teil des variablen Gehaltsanteils. Beide Faktoren sind multiplikativ miteinander verknüpft.

Insert 3-06: Praxisbeispiel für ein Anreiz- und Vergütungssystem

3.1.8 Internationale Personalvergütung

3.1.8.1 Ziele internationaler Entgeltpolitik

Ein wesentliches Gestaltungselement des internationalen Personalmarketings ist die Entlohnungspolitik. Eine effiziente Entgeltpolitik sollte folgende Ziele verfolgen [vgl. FESTING et al. 2011, S. 382 f.]:

- **Förderung** der **internationalen Mobilität.** Die Entgeltpolitik sollte einen Anreiz schaffen, um Mitarbeiter, die für die Übernahme ausländischer Aufgaben qualifiziert sind, hierfür zu motivieren und zum Verbleib in dieser Position anzuhalten.

- **Transparenz und Gerechtigkeit.** Um den Personaltransfer der ausländischen Niederlassungen untereinander sowie zwischen Stammhaus und den ausländischen Niederlassungen zu fördern, sollte gewährleistet sein, dass Stammhausmitarbeiter und Mitarbeiter dritter Länder, die in demselben Entsendungsland tätig sind, ein vergleichbares Paket von Vergütungsleistungen erhalten.

- **Kosten-Nutzen-Relation.** Jeder Auslandseinsatz muss für sich betrachtet werden, denn der Lebensstandard eines Mitarbeiters richtet sich nach seinen individuellen Rahmenbedingungen. Ob ein Mitarbeiter alleine oder mit seiner Familie ins Ausland übersiedelt, hat wesentlichen Einfluss auf die Höhe seines Entgelts, weil die Art und Höhe der Zulagen variieren.

Schließlich sollte in den einzelnen Niederlassungen ein attraktives Gehaltsniveau im Vergleich zu den Gehältern der führenden Wettbewerber bestehen. Die in der Praxis zu beobachtenden Entlohnungssysteme für ins Ausland entsandte Mitarbeiter sollten ein Basisgehalt, eine Auslandszulage, einen Zuschuss zu den Lebenshaltungskosten sowie zusätzliche Sozialleistungen beinhalten. Abbildung 3-15 zeigt den Inhalt dieser Entgeltkomponenten.

Entgeltkomponenten für den internationalen Einsatz			
Basisgehalt	**Auslandszulage**	**Zuschuss zu den Lebenshaltungskosten**	**Zusätzliche Sozialleistungen**
• Bildet die Kalkulationsgrundlage, für die verschiedenen zusätzlichen Sonderleistungen • Stellt ein Äquivalent zur Entlohnung im Stammland dar, auf dessen Grundlage auch das Gehalt nach einer Rückkehr aus dem Ausland ermittelt wird	• Dient primär dazu, die Attraktivität der ausländischen Arbeitsstelle zu erhöhen • Entschädigt für zusätzliche Anstrengungen oder Gefahren im Ausland	• Beinhaltet allgemeine Lebenshaltungskosten, Erziehungs- und Wohnbeihilfen sowie einen Ausgleich für Steuerunterschiede • Mitarbeiter, die ins Ausland entsendet werden, sollen damit den gleichen Lebensstandard wie im Inland halten können	• Dienen beispielsweise der Finanzierung von Heimatbesuchen

Abb. 3-15:   Entgeltkomponenten für den internationalen Einsatz

3.1.8.2   Gehaltsfindung für Expatriates

Die Gestaltung internationaler Kompensationspakete ist komplex und vielfältig. Das Gehalt für alle Tätigkeiten sowohl im nationalen Bereich als auch auf internationaler Ebene wird in aller Regel durch drei Faktoren bestimmt [vgl. FESTING et al. 2011, S. 387]:

- Wert einer Stelle, der durch eine Stellenbewertung ermittelt werden kann,

- Marktwert, der aus einem Gehaltsvergleich resultiert,

- Mitarbeiterleistung, die im Rahmen der Leistungsbeurteilung erfasst wird.

Bei internationalen Tätigkeiten des Expatriates kommen jedoch noch weitere Faktoren hinzu:

- Auslandszulage, die je nach der zu erwartenden Lebensqualität im Einsatzland erfolgt

- Kaufkraftausgleich, der Unterschiede im Niveau der Lebenshaltungskosten berücksichtigt.

Dieser Prozess ist Gegenstand der Nettovergleichsrechnung (engl. *Balance Sheet Approach*), in der das bisherige Vergleichsgehalt dem zukünftigen Gehalt in steuerneutralisierter Form gegenübergestellt wird. Die Bestimmungsfaktoren der Gehaltsfindung von Expatriates ist in Abbildung 3-16 dargestellt.

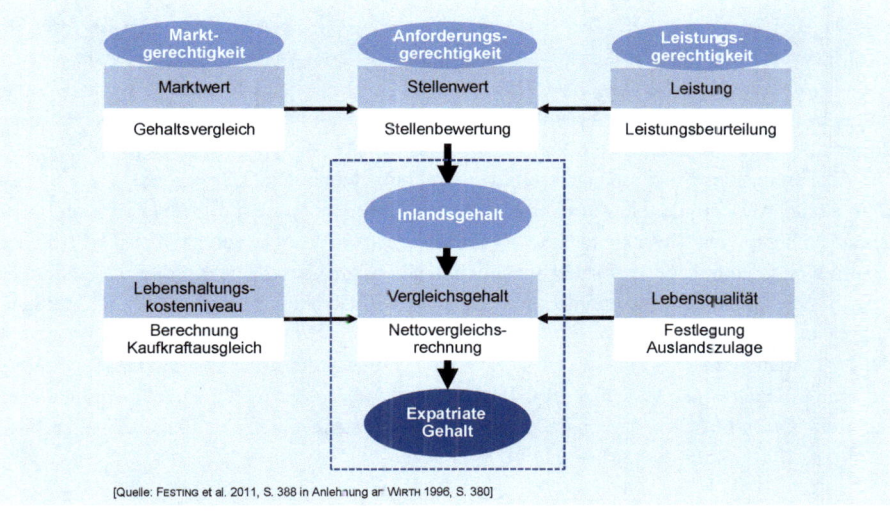

[Quelle: FESTING et al. 2011, S. 388 in Anlehnung an WIRTH 1996, S. 380]

Abb. 3-16:   Bestimmungsfaktoren der Gehaltsfindung für Expatriates

Für international tätige Mitarbeiter müssen die materiellen und immateriellen Mehrbelastungen durch den Auslandseinsatz ausgeglichen werden. Mehrkosten wie erhöhte Lebenshaltungskosten oder Schulkosten für die Kinder vom Arbeitgeber sollten getragen werden. Auch für extreme klimatische Belastungen oder besonders schwierige soziale Situationen ist ein Ausgleich zu zahlen. Die Zusammensetzung solcher zusätzlichen Zahlungen sollte dem Mitarbeiter gegenüber transparent gemacht werden. Viele Unternehmen ermitteln das Gehalt ihrer Expatriates mit Hilfe der **Nettovergleichsrechnung**. Sie verfolgen die Zielsetzung, dass entsandte Mitarbeiter keine finanziellen Verluste erleiden sollen. Es wird daher ein Gleichgewicht zwischen dem bisherigen Gehalt und den Bezügen hergestellt, die der Mitarbeiter während seines Auslandseinsatzes erhält. Die Basis bildet ein **Kaufkraftvergleich** zwischen In- und Ausland, der gewährleisten soll, dass Mitarbeiter in vergleichbaren Positionen gleichgestellt sind. Dazu wird das bisherige Bruttoinlandsgehalt in verschiedene Bestandteile wie Steuern und Sozialabgaben, Kosten für Unterkunft, für den Erwerb von Gütern und Dienstleistungen und ein restliches Einkommen für evtl. Ausgleichszahlungen aufgegliedert [vgl. FESTING et al. 2011, S. 388 ff.].

3.1.8.3   Grundmodelle internationaler Entgeltpolitik

In der Literatur werden – entsprechend der Typologie von PERLMUTTER (siehe Abschnitt 1.3.3) – vier Grundmodelle internationaler Vergütungspolitik unterschieden: die ethnozentrische, die polyzentrische, die regiozentrische und die geozentrische Vergütungsstrategie. Bei genauerer Betrachtung sind es aber letztlich zwei Ansätze oder Grundmuster, die in der Praxis häufig angewandt werden [vgl. DGFP 2010, S. 89 ff.]:

- Heimatland-Ansatz (engl. *Home based approach*)
- Einsatzland-Ansatz (engl. *Host based approach*)

In der Regel wird bei *Short Term Assignments*, also bei Auslandsentsendungen von drei bis zwölf Monaten, der **Heimatland-Ansatz** angewendet. Dieser Ansatz ist durch eine *ethnozentrische* Grundhaltung gekennzeichnet. Das heißt, die Entgeltpolitik ist durch Vergütungsmodalitäten bestimmt, die in der Unternehmenszentrale entwickelt worden sind. Das bisherige Einkommen wird demnach fortgeführt und es gibt einsatzlandesspezifische Ausgleichszahlungen. Die Auszahlung des Einkommens erfolgt weiterhin im Heimatland. Der besondere Vorteil des Heimatland-Ansatzes liegt im Gerechtigkeitsaspekt: Alle Expatriates aus dem Heimatland werden unabhängig vom Einsatzland ähnlich behandelt. Ein weiterer Vorteil ist, dass die Erfüllung der im Heimatland weiterlaufenden Verpflichtungen (Versicherungen, Kredite, …) sichergestellt ist. Zudem ist eine Wiedereingliederung bei der Rückkehr sehr einfach möglich, da dann lediglich die Zulagen auf das im Einsatzland gezahlte Grundentgelt wegfallen. Hauptnachteil des Heimatland-Ansatzes sind die teilweise hohen Gehaltsunterschiede zu den Gastlandmitarbeitern: Delegierte aus verschiedenen Ländern und lokale Mitarbeiter erzielen bei gleicher Funktion und gleicher Leistung im gleichen Tätigkeitsland unterschiedliche Gehälter [vgl. OECHSLER/PAUL 2019, S. 431].

Bei *Long Term Assignments*, also bei Auslandsentsendungen von einem bis zu fünf Jahren, kommt häufiger der **Einsatzland-Ansatz** zur Anwendung. Hier wird der Expatriate ins Einkommenssystem des Gastlandes integriert und erhält ein dort übliches Funktionseinkommen. Sollte damit der bisherige Lebensstandard nicht abgesichert werden können – zum Beispiel von Hoch- in Niedriglohnländer –, wird zusätzlich eine *Expatriate Allowance* gewährt. Bei diesem Ansatz erfolgt im Wesentlichen eine Ausrichtung der Entgeltpolitik an den Vergütungsmodalitäten des Einsatzlandes, während das im Heimatland verwendete Entgeltsystem keine oder nur geringe Beachtung findet. Dies sind typische Kennzeichen einer *polyzentrischen* Orientierung: Landesspezifische Besonderheiten prägen die Gestaltung der Entgeltpolitik. Vorteile dieses Ansatzes liegen in der Gleichbehandlung der Expatriates mit den lokalen Kollegen, so dass Konflikte und Neid vermieden werden können, sowie in der hohen Flexibilität und Anpassungsfähigkeit bei Veränderungen vor Ort. Zudem ist der Verwaltungsaufwand geringer. Diesen Vorzügen steht der Nachteil gegenüber, dass sich lokale Gehaltsstrukturen von denen des

Heimatlandes des Expatriates unterscheidet. Daher sind Mitarbeiter häufig sehr schwer zu motivieren, an Einsatzorten mit einem niedrigen Gehaltsniveau zu arbeiten. Hinzu kommen ggf. Konvertierungs- und Transferrisiken bei Geldüberweisungen ins Heimatland [vgl. OECHSLER/PAUL 2019, S. 432].

3.1.8.4 Besteuerung während der Auslandsentsendung

Steuern machen einen nicht unerheblichen Anteil an den Kosten einer Auslandsentsendung aus. Dabei ist grundsätzlich zu klären, ob das Einkommen in Deutschland, im Ausland oder in beiden Ländern besteuert werden muss. Maßgebend sind die Ansässigkeit der entsandten Mitarbeiter und die Dauer der Entsendung. Um eine doppelte Versteuerung für ein und denselben Steuergegenstand zu vermeiden, hat die Bundesrepublik Deutschland mit über 80 Ländern ein **Doppelbesteuerungsabkommen** geschlossen. Es gibt zwei Methoden der Vermeidung bzw. Minderung der Doppelbesteuerung [vgl. FESTING et al. 2011, S. 399 ff.]:

- Freistellungsmethode
- Anrechnungsmethode.

Bei der **Freistellungsmethode** regelt das Doppelbesteuerungsabkommen, dass die Einkommensteuer in dem Land abgeführt wird, in dem der Mitarbeiter tätig ist (Einsatzland), während das Heimatland auf eine Besteuerung verzichtet. Damit ist die Doppelbesteuerung vermieden.

Bei der **Anrechnungsmethode** besteuern beide beteiligten Länder die entsprechenden Einkünfte. Das Heimatland verpflichtet sich jedoch, die im Einsatzland gezahlte Steuer auf seine Steuern anzurechnen, so dass auf diese Weise die doppelte Besteuerung vermieden wird. Im Ergebnis werden die entsprechenden Einkünfte immer mit dem höheren der in beiden Ländern geltenden Steuersätze besteuert [vgl. DGFP 2010, S. 43].

Die meisten Doppelbesteuerungsabkommen sehen die Freistellungsmethode vor.

Sofern es sich um dem Heimatland-Ansatz handelt, ist im Vorfeld zu entscheiden, wie und in welcher Höhe der Expatriat an der Besteuerung seines Entgelts und seiner sonstigen vertraglichen Leistungen beteiligt wird. Die in der Praxis gängigsten **Steuerausgleichsmethoden** sind:

- Steuerausgleich (engl. *Tax Equalization*)
- Steuerschutz (engl. *Tax Protection*).

Bei der **Tax Equalization** werden von dem Mitarbeiter die gleichen Steuern gezahlt, die er getragen hätte, wäre er im Heimatland geblieben (hypothetische Steuer). Der Arbeitgeber übernimmt die tatsächliche Steuer im Gastland. Die Hauptvorteile dieses Ansatzes liegen in der Transparenz und Vergleichbarkeit für alle entsandten Mitarbeiter an sämtlichen Standorten des Unternehmens. Allerdings ist dadurch auch der administrative Aufwand entsprechend höher und die Umsetzung im Prinzip komplexer als beim Modell der Tax Protection.

Bei der Steuerausgleichsmethode der **Tax Protection** wird der Mitarbeiter vor zusätzlicher Steuerbelastung geschützt. Der Arbeitnehmer bezahlt die Summe, die er im Heimatland zahlen würde, wenn das Gesamteinkommen dort versteuert würde. Sollten die tatsächlich bezahlten Steuern höher sein als die im Heimatland hypothetisch berechnete Steuer, wird die Mehrbelastung gegen Nachweis vom Unternehmen übernommen. Ist die Steuer jedoch niedriger als im Heimatland, so verbleiben die Steuervorteile aufgrund niedrigerer Steuersätze im Ausland beim Arbeitnehmer. Dieser Ansatz ist für diejenigen Expatriates von Vorteil, die in Lander mit niedrigen Steuersätzen entsandt werden. Allerdings ist zum Zeitpunkt der Auszahlung der Vergangenheit das Nettogehalt des Mitarbeiters nicht bekannt.

Abbildung 3-17 stellt Vor- und Nachteile der beiden Steuerausgleichsmethoden gegenüber.

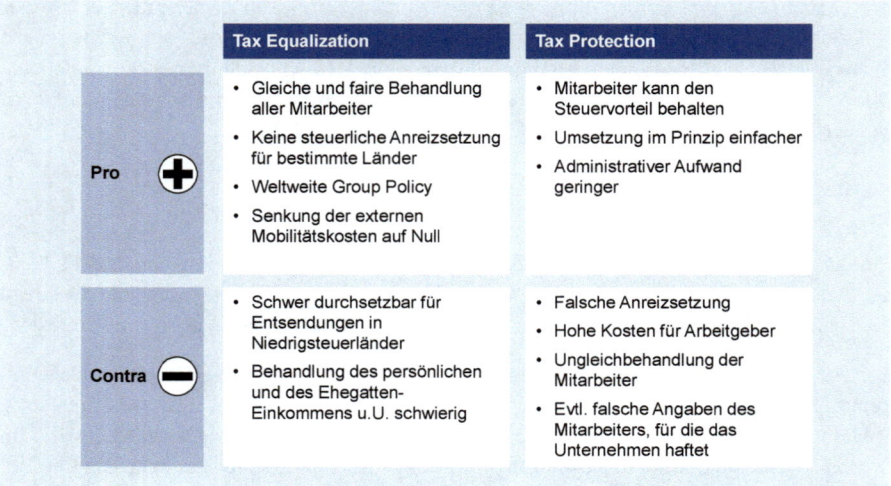

Abb. 3-17:   Pro und Contra Tax Policies

3.1.9 Optimierung der Gerechtigkeit

Zur Abrundung des Kapitels sollen die einzelnen Schritte des Aktionsfeldes *Personalvergütung* zusammengefasst und die wichtigsten Parameter, Prozesse und Werttreiber im Zusammenhang dargestellt werden.

(1) Aktionsparameter

(Relative) Gerechtigkeit ist das zentrale Optimierungskriterium des Aktionsfeldes *Personalvergütung*. Insgesamt sind es drei Aktionsparameter, von denen diese Optimierung abhängt:

- **Fixe Vergütung** als Garantieeinkommen, das auf die Anforderungsgerechtigkeit abzielt,
- **Variable Vergütung**, die auf die Markt- und Leistungsgerechtigkeit fokussiert ist, sowie
- **Zusatzleistungen**.

Damit ergibt sich für die Optimierung der Gerechtigkeit folgender, erweiterter Ansatz:

Gerechtigkeit = f (Personalvergütung) = f (Fixe Vergütung, variable Vergütung,
Zusatzleistungen) → optimieren!

(2) Prozesse und instrumentelle Unterstützung

In Abbildung 3-18 ist beispielhaft ein Prozessmodell für das Aktionsfeld *Personalvergütung*
dargestellt. Die konkrete Ausgestaltung eines Prozessmodells ist von einer Vielzahl von
Einflussfaktoren abhängig (Branche, Unternehmensgröße, Art des Anreiz- und Vergütungssystems, Art der Werttreiber).

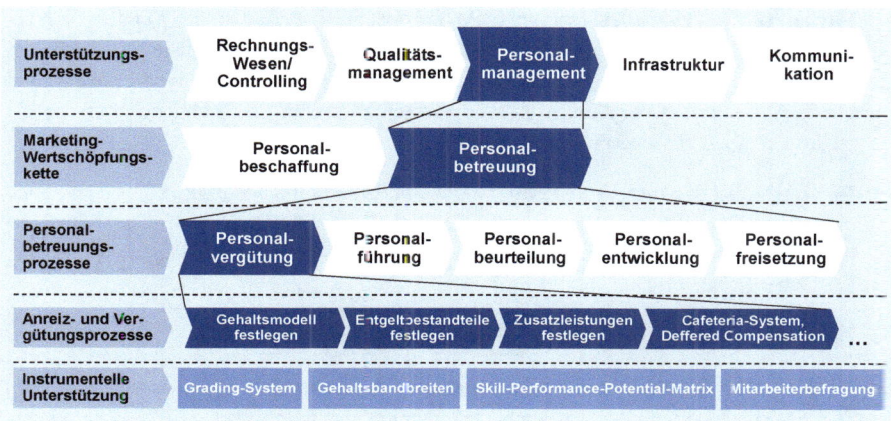

Abb. 3-18:   Prozessmodell für das Aktionsfeld „Personalvergütung"

Die wichtigsten Instrumente zur Unterstützung der Anreiz- und Vergütungsprozesse sind ein
Hierarchie-Stufensystem (Grading-System), Gehaltsbandbreiten, eine Skill-Performance-
Potential-Matrix sowie gfs. die Ergebnisse einer jährlichen Mitarbeiterbefragung über den
Zufriedenheitsgrad des Anreiz- und Vergütungssystems.

(3) Werttreiber

Als *Werttreiber* des Aktionsfeldes *Personalvergütung* kommen u. a. in Betracht [vgl. DGFP
2004, S. 44 f.]:

- **Wahrgenommene Vergütungsgerechtigkeit**, d. h. der Anteil der Mitarbeiter, die im Rahmen einer Mitarbeiterbefragung die Vergütung als gerecht und positiv empfinden, in
  Verhältnis zu allen Mitarbeitern. Werttreiber ist ein gerechtes Vergütungssystem, mit dem
  das Unternehmen das Commitment der Mitarbeiter sicherstellt.

- **Erfolgsabhängiges Vergütungssystem**, d. h. der Anteil der Mitarbeiter mit variablen Ent-
  geltbestandteilen (leistungsorientiert/erfolgsorientiert) im Verhältniss zu allen Mitarbei-

tern. Hierbei geht es um die Frage, ob das Unternehmen durch eine erfolgsabhängige Vergütung für relevante Mitarbeiter das Engagement für die Unternehmensentwicklung berücksichtigt.

- **Zielvereinbarungs- und Vergütungsquote für Führungskräfte**, d. h. der Anteil der Führungskäfte mit Zielvereinbarungen und daran gekoppelte variable Vergütung an der Gesamtzahl der Führungskräfte. Mit einem Zielvereinbarungssystem und daran gekoppelte Vergütungsbestandteile beeinflusst das Unternehmen die Strategie- und Zielumsetzung bei den Führungskräften.

- **Variabilität des Entgeltsystems im Führungskräftebereich**, d. h. der Anteil des ausgeschütteten Entgeltvolumens im Verhältnis zum maximal erreichbaren, finanzkennzahlengetriebenen Volumen variabler Entgeltbestandteile. Bei diesem Werttreiber geht es um die Frage, ob das Vergütungssystem die Fähigkeit hat, die Gehälter der Führungskräfte an das Unternehmensergebnis anzupassen.

- **Nutzungsgrad der Instrumente für finanzielle Mitarbeiterbeteiligung**, d. h. der Anteil der Mitarbeiter, die Beteiligungsinstrumente (z. B. Aktien-Optionen) nutzen, im Verhältnis zu allen Mitarbeitern. Die Frage ist demnach, ob das Unternehmen die Mitarbeiter am Unternehmensergebnis bzw. -erfolg beteiligt?

(4) Zusammenfassung

In Abbildung 3-19 sind alle wesentlichen Aspekte des Aktionsfeldes *Personalvergütung* (übergeordneter Aktionsbereich, Aktionsparameter, Instrumente, Werttreiber sowie Optimierungskriterium) zusammengefasst.

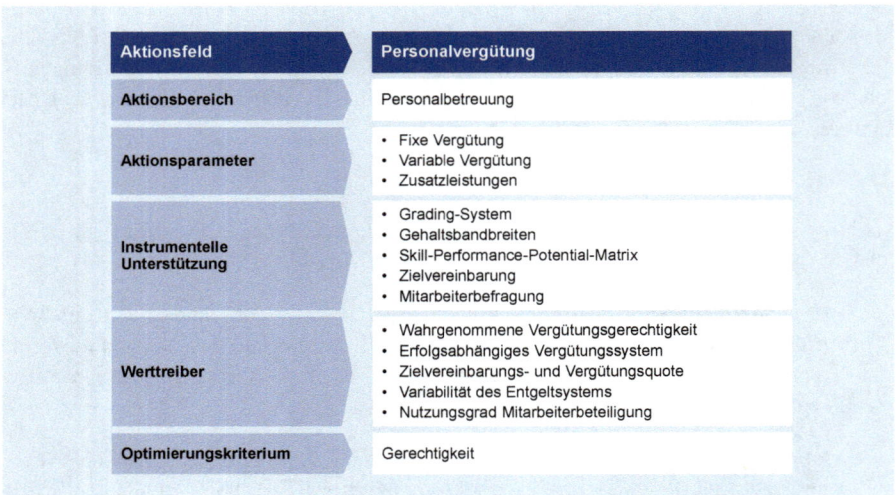

Aktionsfeld	Personalvergütung
Aktionsbereich	Personalbetreuung
Aktionsparameter	• Fixe Vergütung • Variable Vergütung • Zusatzleistungen
Instrumentelle Unterstützung	• Grading-System • Gehaltsbandbreiten • Skill-Performance-Potential-Matrix • Zielvereinbarung • Mitarbeiterbefragung
Werttreiber	• Wahrgenommene Vergütungsgerechtigkeit • Erfolgsabhängiges Vergütungssystem • Zielvereinbarungs- und Vergütungsquote • Variabilität des Entgeltsystems • Nutzungsgrad Mitarbeiterbeteiligung
Optimierungskriterium	Gerechtigkeit

Abb. 3-19:   Wesentliche Aspekte des Aktionsfeldes „Personalvergütung"

3.2   Personalführung

3.2.1 Aufgabe und Ziel der Personalführung

Das zweite wichtige Aktionsfeld im Personalbetreuungsprozess ist die *Personalführung*. Es hat die Optimierung der *Wertschätzung* zum Ziel:

$$Wertschätzung = f\ (Personalführung) \rightarrow optimieren!$$

Der Führungsbegriff wird häufig gleichgesetzt mit Management und Leitung. Verallgemeinert wird er anstelle von Unternehmensführung oder Mitarbeiterführung verwendet. Hier soll ausschließlich das Führen von Menschen durch Menschen diskutiert und dargestellt werden. Am geeignetsten (und kürzesten) erscheint deshalb die Definition von **Führung** durch VON ROSEN-STIEL [2003, S. 4]:

„Führung ist zielbezogene Einflussnahme. Die Geführten sollen dazu bewegt werden, bestimmte Ziele, die sich meist aus den Zielen des Unternehmens ableiten, zu erreichen."

Die grundsätzlichen Aufgaben eines Managers sind es, ein Unternehmen bzw. eine Organisation zu leiten und die Menschen in diesem System zu führen. Der Bereich der Unternehmensführung beinhaltet dabei die „klassischen" sachbezogene Führungs-, Leitungs- und Verwaltungsaufgaben aus der Betriebswirtschaftslehre. Mitarbeiterführung ist dagegen die personenbezogene, verhaltenswissenschaftliche Komponente des Managements, die auch als **Personalführung** (engl. *Leadership*) bezeichnet wird [vgl. STAEHLE 1999, S. 72].

Zumindest theoretisch existieren drei Formen der Mitarbeiterführung: die Führung durch Strukturen (z. B. durch Organigramme, Stellenbeschreibungen oder Anreizsysteme), die Führung durch Menschen und die eigene Führung (Selbstmanagement). Im Rahmen der Mitarbeiterführung gibt es Führer (= Führungskraft) und Geführte (= Mitarbeiter).

Abbildung 3-20 zeigt, wie Führung als Teil des Managements gesehen werden kann und wie dieser Begriff mit anderen Führungsbegriffen zusammenhängt. Grau hinterlegt sind diejenigen Bereiche, die in diesem Lehrbuch behandelt werden.

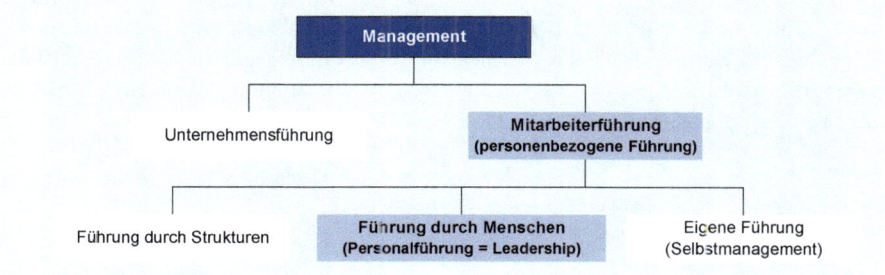

Abb. 3-20:   Führungsbegriffe im Kontext

In der Personalführung zeichnet sich in den letzten Jahren ein Paradigmenwechsel ab. Während bislang Mitarbeiter in erster Linie mit Aufgaben bzw. mit Aufträgen geführt wurden, orientieren sich Führungsentscheidungen heute mehr und mehr an den Ergebnissen. Allerdings verfügen Führungskräfte nicht mehr über alle wichtigen Informationen, um *allein* ergebnisorientierte Entscheidungen treffen zu können. Daher kann das alte Führungsmuster „Führung durch wenige Führungskräfte - Ausführung durch viele Mitarbeiter" nicht mehr funktionieren. Mitarbeiter sollten früh in die Planungs- und Entscheidungsprozesse ihrer Unternehmen eingebunden werden und Handlungsspielraum bekommen. Damit werden die Unternehmensziele zu Zielen der Mitarbeiter [vgl. SCHRÖDER 2002, S. 2].

Dementsprechend verlagern sich die Aufgaben der Führungskräfte im Wesentlichen in drei Richtungen [vgl. DOPPLER/LAUTERBURG 2005, S. 68 f.]:

- **Zukunftssicherung,** d. h. der Vorgesetzte muss die notwendigen Rahmenbedingungen hinsichtlich Infrastruktur und Ressourcen schaffen, damit die Mitarbeiter ihre Aufgaben auch in Zukunft selbständig, effektiv und effizient erfüllen können;

- **Menschenführung,** d. h. die Ausbildung und Betreuung der Mitarbeiter und die Unterstützung bei speziellen Problemen stehen hierbei ebenso im Vordergrund wie die Entwicklung leistungsfähiger Teams und das Führen mit Zielvereinbarungen;

- **Veränderungsmanagement** (engl. *Change Management*), d. h. Koordination von Tagesgeschäft und Projektarbeit, Steuerung des Personaleinsatzes, Bereinigung von Konfliktsituationen, Sicherstellen der internen und externen Kommunikation sowie die sorgfältige Behandlung besonders heikler Personalfälle.

Der damit angesprochene Trend zur **dezentralen Selbststeuerung** der Mitarbeiter trifft bei diesen auf einen fruchtbaren Boden. Zum einen sind viele Mitarbeiter heute beruflich qualifizierter als früher und deshalb in der Lage, dispositive Aufgaben im Sinne einer Ergebnisorientierung zu übernehmen. Zum anderen haben vor allem die Vertreter der jüngeren Generation eine andere Einstellung zu ihrem Beruf: Ein hohes Maß an Selbstständigkeit und Handlungsspielraum gehören zu ihren wichtigsten Motivationsfaktoren [vgl. DOPPLER/LAUTERBURG 2005, S. 67].

Führung als zielbezogene Einflussnahme ist ein **Prozess,** dessen Umsetzung durch die Wahrnehmung von **Führungsaufgaben** (z. B. Zielvereinbarung, Delegation etc.) erfolgt. Die Form bzw. die Art und Weise, in der die Führungsaufgaben von den Führungskräften wahrgenommen werden, wird als **Führungsstil** (z. B. kooperativ) bezeichnet. Führungsstile sind somit *Verhaltensmuster* für Führungssituationen, in denen eine Führungskraft ihre Mitarbeiter führt. **Führungsverhalten** ist dagegen das *aktuelle* Verhalten einer Führungsperson in einer konkreten Führungssituation [vgl. BRÖCKERMANN 2007, S. 343].

In Abbildung 3-21 sind die Zusammenhänge zwischen Führungsprozess, Führungsaufgaben und Führungsstil veranschaulicht.

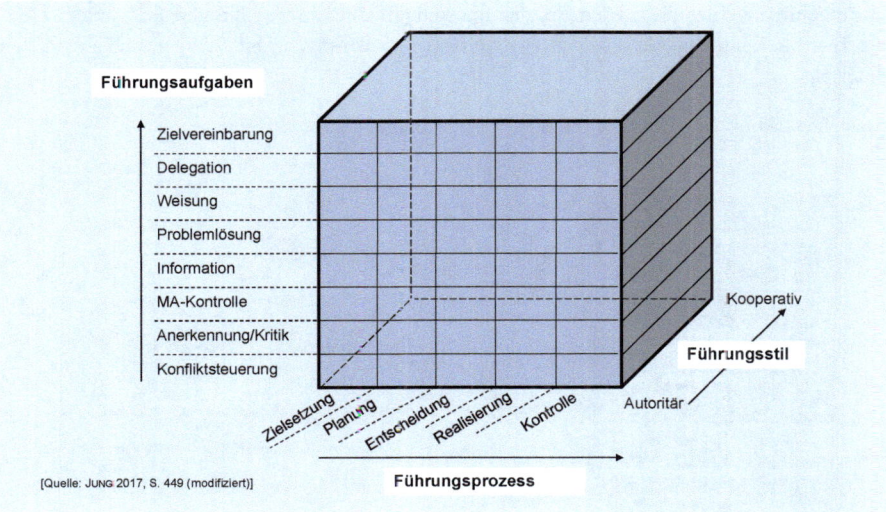

Führungsaufgaben

Zielvereinbarung
Delegation
Weisung
Problemlösung
Information
MA-Kontrolle
Anerkennung/Kritik
Konfliktsteuerung

Kooperativ

Führungsstil

Zielsetzung
Planung
Entscheidung
Realisierung
Kontrolle

Autoritär

[Quelle: JUNG 2017, S. 449 (modifiziert)]

Führungsprozess

Abb. 3-21:   Zusammenhang zwischen Führungsprozess, -aufgaben und -stil

Typische **Führungssituationen** sind durch folgende Merkmale gekennzeichnet [vgl. BER-
THEL/BECKER 2007, S. 108; STOCK-HOMBURG 2013, S. 455 f.]:

- In einer Führungssituation befinden sich *mindestens zwei Personen* – die Führungsperson
  und mindestens ein geführter Mitarbeiter.

- Die Führungssituation ist durch eine *soziale Interaktion* gekennzeichnet, d. h. das Verhalten der Führungskraft und das des Mitarbeiters bedingen sich gegenseitig.

- Die Interaktion ist *asymmetrisch*, d. h. die Führungsperson kann ihren Willen aufgrund
  unterschiedlicher Machtverteilung leichter durchsetzen.

- Die Einflussnahme durch die Führungskraft ist *zielorientiert*, d. h. die Führungsperson
  agiert im Sinne der Unternehmensziele.

- Die Interaktion ist *dynamisch*, da Führung permanenten Veränderungen sowohl auf der
  Unternehmensseite als auch auf Seiten der geführten Mitarbeiter ausgesetzt ist.

Neben Führungsprozess, Führungsaufgaben und Führungsstilen sind die *Führungsinstrumente*
zu nennen, die sich in erster Linie auf technische Hilfsmittel oder einfache Prozeduren der
Führung beziehen. Im weitesten Sinne lässt sich auch die *Führungskommunikation*, die den
Informationsaustausch zwischen Führungskraft und Mitarbeitern betrifft, als Führungsinstru-
ment auffassen. *Führungsprinzipien* kennzeichnen die Art und Weise der Koordination des
Verantwortungsbereichs einer Führungskraft. *Führungstheorien* schließlich sind aus der Ver-
haltensforschung abgeleitete Basisaussagen über die Beziehungen zwischen „Führern" und
„Geführten" [vgl. auch SCHOLZ 2011, S. 389].

Im Folgenden werden diese Begriffe, die unterschiedlich komplex sind und auch unterschiedlich zur Erhellung des Aktionsfelds *Personalführung* beitragen, mit Inhalten und Beispielen hinterlegt.

Zuvor fasst Abbildung 3-22 diese begriffliche Grundlegung zusammen.

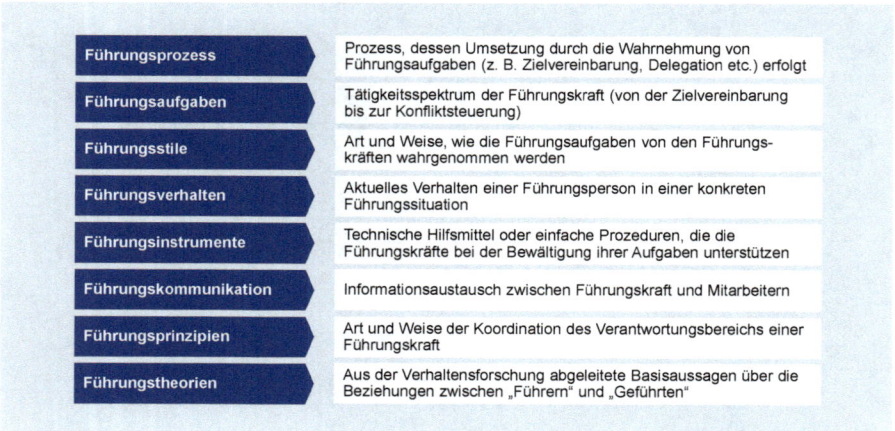

Führungsprozess	Prozess, dessen Umsetzung durch die Wahrnehmung von Führungsaufgaben (z. B. Zielvereinbarung, Delegation etc.) erfolgt
Führungsaufgaben	Tätigkeitsspektrum der Führungskraft (von der Zielvereinbarung bis zur Konfliktsteuerung)
Führungsstile	Art und Weise, wie die Führungsaufgaben von den Führungskräften wahrgenommen werden
Führungsverhalten	Aktuelles Verhalten einer Führungsperson in einer konkreten Führungssituation
Führungsinstrumente	Technische Hilfsmittel oder einfache Prozeduren, die die Führungskräfte bei der Bewältigung ihrer Aufgaben unterstützen
Führungskommunikation	Informationsaustausch zwischen Führungskraft und Mitarbeitern
Führungsprinzipien	Art und Weise der Koordination des Verantwortungsbereichs einer Führungskraft
Führungstheorien	Aus der Verhaltensforschung abgeleitete Basisaussagen über die Beziehungen zwischen „Führern" und „Geführten"

Abb. 3-22:   Begriffliche Grundlegung im Aktionsfeld „Personalführung"

3.2.2 Führungsprozess

Im Rahmen des Personalführungsprozesses sind folgende Phasen angesprochen, die bei der Wahrnehmung der eigentlichen Führungsaufgaben immer wieder durchlaufen werden müssen [vgl. JUNG 2006, S. 441 ff.]:

- Zielsetzung (engl. *Target Setting*),
- Planung (engl. *Planning*),
- Entscheidung (engl. *Decision*)
- Realisierung (engl. *Realization*) und
- Kontrolle (engl. *Controlling*).

3.2.2.1   Zielsetzung und Planung

Der Mechanismus der Zielsetzung ermöglicht eine Fokussierung der Handlungsthemen, die zum Gegenstand konkreter Pläne gemacht werden sollen [vgl. STEINMANN/SCHREYÖGG 2005, S. 146]. Ziele erzeugen so etwas wie eine „Sogwirkung". Sie helfen Arbeitsabläufe, Arbeitsaufgaben sowie die Zusammenarbeit der Organisationseinheiten und der Mitarbeiter untereinander transparent zu machen.

Mitarbeiter wollen motiviert und wertgeschätzt werden. Freundlichkeit, Engagement, Identifikation, Motivation und Begeisterung lassen sich nicht verordnen. Aber man kann Spielregeln der Kooperation entwickeln, von denen alle Beteiligten profitieren und eine Art „Win-Win-Situation" erzeugen. Hierzu sind Ziele eine entscheidende Voraussetzung [vgl. EYER/HAUSSMANN 2005, S. 12].

Ziele sollten möglichst konkret, d. h. mess- und überprüfbar sein. Interpretationsfähige Formulierungen, die leicht Leerformel-Charakter annehmen, sollten vermieden werden (Beispiel: „Wir streben nach überdurchschnittlicher Motivation unserer Mitarbeiter"). In der Zielformulierung sollten

- **Zielinhalt** (Was soll erreicht werden?),
- **Zielerreichungsgrad** (Wie viel soll erreicht werden?) und
- **Zielperiode** (Wann soll es erreicht werden?)

enthalten sein [vgl. BECKER, J. 2009, S. 23 f.].

Die **Planung** gibt eine Orientierung dessen an, was zu tun ist, um die definierten Ziele zu erreichen. Sie befasst sich mit den Maßnahmen, Mitteln und Wegen zur Zielerreichung. Planung ist kein einmaliger, in sich abgeschlossener Akt, sondern ein rollierender Prozess. Unter den vielfältigen Aspekten der Planung, die sich durch eine starke Analysetätigkeit auszeichnet, soll hier lediglich der zeitliche Gesichtspunkt erwähnt werden. Während die **strategische Planung** den grundsätzlichen und damit zumeist längerfristigen Handlungsrahmen für zentrale Unternehmensentscheidungen vorgibt, zielt die **operative Planung** darauf ab, eine konkrete Orientierung für das Tagesgeschäft zu gewinnen [vgl. STEINMANN/SCHREYÖGG 2005, S. 163].

3.2.2.2   Entscheidung, Realisierung und Kontrolle

In allen Unternehmenseinheiten wird tagtäglich eine Vielzahl von Entscheidungen getroffen. Diese sind nach Inhalt, Häufigkeit und Tragweite sehr unterschiedlich. Zwei Merkmale sind jedoch allen komplexeren Entscheidungen gemeinsam [vgl. JUNG 2006, S. 445 f.]:

- Entscheiden bedeutet die Auswahl aus mehreren *Handlungsalternativen*.

- Entscheidungen werden unter dem Aspekt des *Risikos* getroffen, d. h. es ist i. d. R. nicht genau bekannt, wie sich die verschiedenen Handlungsmöglichkeiten auswirken werden.

Typisch für Entscheidungen im Personalbereich ist zudem, dass diese Entscheidungen nicht *isoliert* getroffen werden, da häufig ein Zusammenhang mit anderen Managementbereichen besteht.

Das Setzen von Zielen, ihre Umsetzung in Pläne und das Treffen der Entscheidungen reichen aber nicht aus, um den Erfolg der Maßnahmen zu gewährleisten. Wichtig ist die **Realisierung**, also die praktische *Umsetzung* des Gewollten. Es ist nicht Aufgabe der Führungskräfte, die erforderlichen Aktivitäten zur Zielerreichung selbst auszuführen. Vielmehr geht es in dieser Phase darum, generelle organisatorische Regelungen zu treffen und durch Einwirken auf die Mitarbeiter (z. B. durch Veranlassen, Unterweisen bzw. Einweisen) dafür zu sorgen, dass der Plan umgesetzt wird [vgl. JUNG 2006, S. 446].

Erst durch eine **Kontrolle** der umgesetzten Maßnahmen ist es möglich, dass eine für die Regelung des Unternehmensgeschehens erforderliche *Rückkopplung* (engl. *Feedback*) stattfindet. Die Kontrollfunktion, die Soll-Größen der Planung mit den Ist-Größen der Realisierung vergleicht, gibt Auskunft über den Grad der Zielerreichung.

3.2.3 Führungsaufgaben

Die konkrete Anwendung des Führungsprozesses erfolgt durch die Wahrnehmung der Führungsaufgaben, wie Ziele und Zielvereinbarungen erarbeiten, Mitarbeiter auswählen, beurteilen und entwickeln, Projekte managen, Teams bilden, entwickeln und lenken. Im Zuge einer stärkeren Systematisierung können diese Führungsaufgaben unterteilt werden in die teilweise *formalisierten Sachaufgaben* wie Personalvergütung, Personalbeurteilung oder Personalentwicklung, die in diesem Buch jeweils in eigenen Abschnitten behandelt werden, und den mehr *situations- und personenbezogenen Aufgaben* wie [vgl. JUNG 2006, S. 449 ff.]

- Zielvereinbarung,
- Delegation und Weisung,
- Problemlösung,
- Information und Kontrolle,
- Anerkennung und Kritik sowie
- Konfliktsteuerung.

Grundsätzlich sind die Führungsaufgaben eingebettet in die übergelagerten Managementfunktionen eines Unternehmens (Planung, Organisation, Personaleinsatz, Führung und Kontrolle (siehe hierzu auch 4.1.1)).

Abbildung 3-23 veranschaulicht den Managementprozess, in den die Personalführungsaufgaben integriert sind, und gibt darüber hinaus einen Überblick über weitere Einzelaufgaben, die den Funktionen zuzuordnen sind.

3.2.3.1 Zielvereinbarung

Die Zielvereinbarung ist ein besonderer Aspekt des Führungsmodells „Führen mit Zielen" (engl. *Management by Objectives – MbO*). In einem Zielvereinbarungsgespräch werden aus den Unternehmenszielen, den Zielvorstellungen des Vorgesetzten und des einzelnen Mitarbeiters gemeinsame Mitarbeiterziele, deren Zielerreichungsgrad und Maßnahmen zur Zielerreichung vereinbart und schriftlich fixiert. Wichtig ist, dass die Zielvereinbarung nicht aus einem reinen Aufgabenkatalog besteht, sondern vielmehr konkrete Ziele und messbare Ergebnisse enthält. Damit gewinnt jenes Führungsverhalten an Bedeutung, das den (beteiligten) Mitarbeiter in seiner komplexen und vernetzten Arbeitswelt am besten würdigt (wertschätzt) [vgl. LIPPOLD 2010, S. 21].

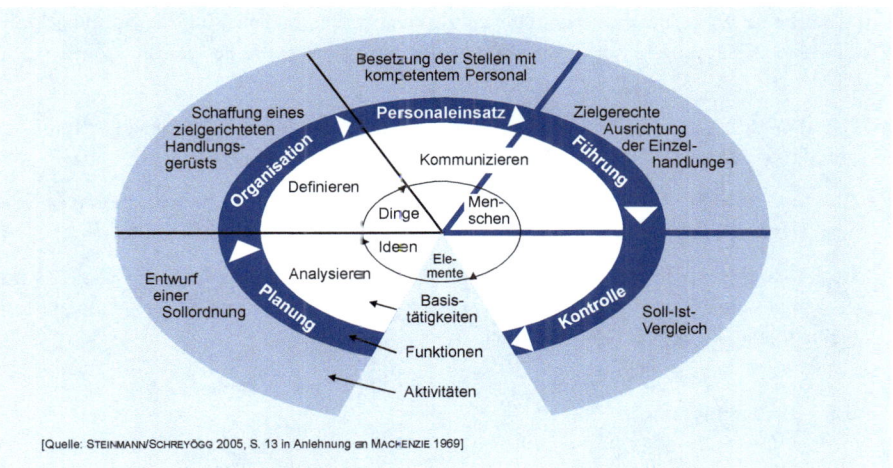

[Quelle: STEINMANN/SCHREYÖGG 2005, S. 13 in Anlehnung an MACKENZIE 1969]

Abb. 3-23:   Managementfunktionen

Der Vorteil einer Zielvereinbarung gegenüber einer reinen Zielvorgabe liegt darin, dass der aktiv beteiligte Mitarbeiter einen konkreten Orientierungsrahmen erhält und damit seine Identifikation mit den Zielen seiner Tätigkeit erhöht wird. Nachteilig ist der zweifellos höhere Zeitaufwand [vgl. JUNG 2006, S. 450].

3.2.3.2   Delegation und Weisung

Um seine Führungsaufgaben erfüllen zu können, muss ein Vorgesetzter Tätigkeiten mit genau abgegrenzten Befugnissen (Kompetenzen) und Verantwortlichkeiten zur selbständigen Erledigung an geeignete Mitarbeiter übertragen. Die Vorteile der **Delegation** sind im Wesentlichen [vgl. JUNG 2006, S. 451; STOCK-HOMBURG 2013, S. 546]:

– Zeitersparnis und Entlastung der Führungskraft,

– Vergrößerung des Freiraums der Führungsperson für strategische Fragestellungen,

– Erfüllung der Mitarbeiterbedürfnisse nach Anerkennung und Selbstverwirklichung,

– Nutzung von Kenntnissen, Fähigkeiten und Erfahrungen der Mitarbeiter und

– Ausbau der Fähigkeiten potenzialstarker Mitarbeiter.

Demgegenüber stehen folgende Verhaltensweisen, die ein Delegieren erschweren [vgl. JUNG 2006, S. 451]:

– Geringes Zutrauen der Führungskraft in die Fähigkeiten seiner Mitarbeiter,

– Nichtanerkennung brauchbarer Vorschläge der Mitarbeiter und

– Scheuen des Erklärungsaufwands bei der Übertragung anspruchsvoller Aufgaben.

Um Mitarbeiter zu bestimmten Handlungen zu veranlassen, bedient sich die Führungskraft **Weisungen**. Diese sollten eindeutig, klar und vollständig sein. Typische Weisungsformen sind [vgl. JUNG 2017, S. 452 f.]:

- **Der Befehl.** Diese Form der Weisung ist heutzutage in den wenigsten Fällen als Mittel zur Führung geeignet. Der Befehl schließt Mitdenken und Eigenverantwortlichkeit aus.

- **Die Anweisung.** Eine Anweisung ist dann erforderlich, wenn genau vorgeschrieben ist, wie eine Arbeit erledigt werden soll. Eine Anweisung wird zumeist schriftlich fixiert.

- **Der Auftrag.** Wesentlich zeitsparender als die Anweisung ist der Auftrag. Hierbei wird dem Mitarbeiter nur ein grober Rahmen vorgegeben, so dass es ihm weitgehend überlassen bleibt, wie und womit er den Auftrag ausführt.

3.2.3.3   Problemlösung

„Führung durch Anerkennung" ist eine häufig praktizierte Maxime, wenn es darum geht, Führungspositionen zu besetzen. Eine Führungskraft erwirbt sich vor allem dann bei ihren Mitarbeitern Anerkennung, wenn sie neben dem formalen Führungsverhalten auch entsprechende Problemlösungskompetenz nachweisen kann.

Dabei geht es manchmal gar nicht so sehr darum, dass die Führungskraft auftretende Probleme selber löst. Vielmehr muss sie in der Lage sein, Probleme rechtzeitig zu erkennen, ihre Ursachen zu analysieren, sie zu vermeiden bzw. Lösungswege aufzuzeigen, um gemeinsam mit den Mitarbeitern eine Problemlösung zu erarbeiten [vgl. JUNG 2017, S. 454].

3.2.3.4   Information und Kontrolle

Eine der wichtigsten Führungsaufgaben ist es, Mitarbeiter hinreichend mit **Informationen** zu versorgen, damit sie bereit und in der Lage sind, Mitverantwortung zu übernehmen. Ein guter Mitarbeiter ist zugleich auch immer ein gut informierter Mitarbeiter.

Grundsätzlich ist zu unterscheiden zwischen Informationen, die für die Aufgabenerfüllung erforderlich sind, und aufgabenunabhängigen, aber wünschenswerten Informationen. Die Auswertung vieler Mitarbeiterbefragungen zeigt, dass die Informationsversorgung zu den wichtigsten zu verbessernden Maßnahmen zählen. Fehlende, falsche, unzureichende oder missverständliche Informationen über den (wahren) Geschäftsverlauf oder die Kostensituation führen häufig zu Unverständnis für manch unternehmerische Entscheidung und heizen die „Gerüchteküche" an. Motivations- und Vertrauensverluste sind häufig die Folge [vgl. auch JUNG 2006, S. 456].

Gerade in prekären Situationen ist das Management gut beraten, statt zu dementieren, offen, ehrlich und vertrauensvoll zu informieren. Ein Beispiel hierfür ist der Informationsbrief des NOKIA-Vorstandsvorsitzenden (CEO) STEPHEN ELOG an alle Mitarbeiter des seinerzeit weltgrößten Mobiltelefon-Herstellers (siehe Insert 3-07).

Mit der **Kontrolle** der Mitarbeiter ist nicht die allgemeine Kontrollfunktion aus dem Führungsprozess (siehe 3.3.3) angesprochen. Hier geht es vielmehr um die Kontrolle der konkreten Umsetzung einer Aufgabe, die dem Mitarbeiter vom Vorgesetzten zugewiesen wurde. In der Regel
handelt es sich bei der Mitarbeiterkontrolle um eine **Ergebniskontrolle**, d. h. es wird geprüft,
mit welchem qualitativen oder quantitativen Ergebnis der Mitarbeiter die ihm übertragene Aufgabe durchgeführt hat. Eine solche Art der Kontrolle wird von den Mitarbeitern nicht nur hin-
genommen, sondern im Sinne einer Information und Bestätigung auch gewünscht. Ohne Kontrolle lassen sich Ziele nicht zuverlässig erreichen. Zu viel Kontrolle wird allerdings nicht nur
als lästig empfunden, sondern viele Mitarbeiter sehen dahinter auch Misstrauen in ihre Fähigkeiten [vgl. JUNG 2017, S. 457 f.].

Insert

„Wir stehen auf einer brennenden Bohrinsel"

Der Vorstandschef des Handymarktführers schildert die Lage in dramatischen Worten – Auszüge seines Brandbriefs

Hallo zusammen,
es gibt da eine ganz passende Geschichte über einen Mann, der auf einer Bohrinsel in der Nordsee
arbeitete. Eines Nachts wird er von einer lauten
Explosion aus dem Schlaf gerissen, durch die die
gesamte Bohrinsel plötzlich in Brand gerät. Innerhalb weniger Augenblicke ist er von einem Flam-
menmeer umgeben. Durch den Rauch und die Hitze
schafft er es gerade noch, sich einen Weg durch
das Chaos zum Rand der Bohrinsel zu bahnen. (...)
    Er könnte jetzt auf der Bohrinsel stehen blei-
ben und von den Flammen verschlungen werden.
Oder er könnte 30 Meter in die Tiefe ins eiskalte Wasser stürzen. (...) Er springt. (...) Unter normalen Umständen hätte der Mann im Traum nicht
daran gedacht, sich ins eiskalte Wasser zu stürzen.
Aber das war keine alltägliche Situation – die
Bohrinsel stand in Flammen. Der Mann überlebte
den Sturz und die See. Nach der Rettung sagte er,
eine „brennende Bohrinsel" habe dazu geführt,
dass er sein Verhalten radikal geändert habe.
    Auch wir stehen auf einer „brennenden Bohrin-
sel". (...) Und: Bei uns gab es nicht nur eine Explosion – bei uns sammelt sich an mehreren Stellen
Glut, die das Feuer, das um uns lodert, nährt. (...)
    Apple hat den Markt aufgemischt, indem es
das Smartphone neu definiert hat und Entwickler
in ein geschlossenes, aber sehr leistungsstarkes
Ökosystem lockt. (...) Apple hat gezeigt: Wenn das

Design stimmt, dann kaufen die Verbraucher auch
ein teures Telefon mit großartigem Nutzererleb-
nis, und Entwickler erstellen Anwendungen dafür.
Sie haben die Spielregeln verändert, und heute
herrscht Apple über das Premiumsegment.
    Und dann ist da Android (Googles Betriebssys-
tem, d. Red.). Im Zeitraum von rund zwei Jahren
hat Android eine Plattform geschaffen, die Anwendungsentwickler, Serviceprovider und Hardware-
hersteller attraktiv finden. Angefangen hat Android am oberen Ende, inzwischen gewinnen sie
im Mittelfeld hinzu und bewegen sich rasch in
Richtung Mobiltelefone für weniger als 100 Euro.
Google entwickelt Sogwirkung. (...)
    Wir sind zurückgefallen, haben große Trends ver-
passt und Zeit verloren. (...) 2007 wurde das erste
iPhone ausgeliefert, und wir haben immer noch kein
Produkt, das dessen Anmutung nahe kommt. Vor etwas mehr als zwei Jahren tauchte Android auf, und
diese Woche haben sie uns die Führungsposition bei
Smartphone-Verkäufen abgenommen.
    Hier bei Nokia verfügen wir über einige bril-
lante Innovationsquellen, aber wir machen Innovationen nicht schnell genug marktfähig. Wir dach-
ten, (das Betriebssystem) Meego könnte eine
Plattform für erfolgreiche Smartphones im oberen
Marktsegment sein. Stand jetzt werden wir Ende
2011 möglicherweise aber nur ein Meego-Produkt
auf dem Markt haben. (...)

Der Krieg der Geräte ist ein Krieg der Ökosys-
teme geworden, und jedes Ökosystem umfasst
nicht nur Hardware und Software, sondern auch
Entwickler, Anwendungen, E-Commerce, Werbung,
Suchabfragen, soziale Netzwerke, ortsbezogene
Dienste, Unified Communications und vieles andere mehr. Unsere Wettbewerber nehmen uns
nicht über ihre Geräte Marktanteil ab, sie nehmen
ihn uns mit einem kompletten Ökosystem ab. Das
heißt, wir müssen entscheiden, wie wir entweder
ein Ökosystem bauen, eines verbessern oder einem beitreten. (...)
    Wie konnte es so weit kommen? (...) Ich glaube,
es hängt zumindest teilweise mit unserer Haltung
bei Nokia zusammen. (...) Ich glaube, uns hat es an
Verantwortlichkeit und Führungsstärke gemangelt,
die den Konzern in diesen aufwühlenden Zeiten
ausrichtet und dirigiert. (...) Wir arbeiten intern
nicht zusammen. (...)
    Wenn wir am 11. Februar die neue Strategie
vorstellen, wird es enorme Anstrengungen bedür-
fen, um unser Unternehmen zu verändern. Die
brennende Bohrinsel hat bei dem Mann eine Ver-
haltensänderung bewirkt. Er tat einen kühnen, mu-
tigen Schritt in eine ungewisse Zukunft. (...) Wir
haben jetzt die großartige Gelegenheit, es ihm
gleichzutun.   *Stephen*

ÜBERSETZUNG AUS DEM ENGLISCHEN: KATRIN GÜNTHER

[Quelle: FINANCIAL TIMES DEUTSCHLAND, 10.02.2011]

Insert 3-07:   *„Wir stehen auf einer brennenden Bohrinsel"*

3.2.3.5   Anerkennung und Kritik

Das durch die Mitarbeiterkontrolle gegebene „Feedback" ist daneben auch für die Führungskraft eine gute Möglichkeit, dem Grundbedürfnis des Mitarbeiters nach **Anerkennung** nach-
zukommen. Anerkennung ist ein ganz entscheidender Motivationsfaktor – nicht nur im Arbeitsleben. Auf der anderen Seite ist der Vorgesetzte aber auch verpflichtet, die Schlechtleistung
seines Mitarbeiters sachlich zu kritisieren, denn ohne Kritik und der daraus folgenden Einsicht
ist keine Veränderung möglich [vgl. JUNG 2017, S. 459 ff.].

Damit der Mitarbeiter Fehler einsieht und bereit ist, sein Verhalten zukünftig zu verändern,
sollten bei der negativen Kritik einige Regeln eingehalten werden:

- Fehlerhaftes Verhalten sollte möglichst sofort angesprochen werden, da sonst Fehler zur Gewohnheit werden.

- Der Vorgesetzte sollte nicht persönlich werden, sondern ausschließlich die Sache kritisieren (konstruktive Kritik).

- Die Kritik sollte nur „unter vier Augen" ausgesprochen werden, da sonst die Gefahr des „Gesichtsverlusts" besteht.

- Kritik sollte nicht hinter dem Rücken des betroffenen Mitarbeiters ausgeübt werden.

3.2.3.6   Konfliktsteuerung

„Wo immer es menschliches Leben gibt, gibt es auch Konflikt" [DAHRENDORF 1975, S. 181].

Die Ursachen für Konflikte im Unternehmen können ebenso vielfältig sein wie ihre Gestaltungsformen. Nachteilig können Konflikte sein, wenn sie zur Instabilität führen und das Vertrauen erschüttern. Vorteilhaft sind Konflikte dann, wenn sie Energien und Kreativität freisetzen und zu gewünschten Veränderungen führen [vgl. JUNG 2017, S. 462 f.].

Neben Konflikten zwischen Personen sind in der betrieblichen Praxis vor allem Konflikte zwischen verschiedenen Gruppen (insbesondere Organisationseinheiten) anzutreffen. Konflikte zwischen Organisationseinheiten entstehen häufig nach Fusionen oder Unternehmensübernahmen und können sehr lange andauern. Konfliktursache ist hier das „Aufeinanderprallen" unterschiedlicher Unternehmenskulturen, d. h. Menschen mit unterschiedlichsten Kenntnissen, Fähigkeiten und Werthaltungen treffen aufeinander, so dass Konflikte immer wahrscheinlicher werden. Können solche Konflikte nicht bewältigt werden, führt dies zur Enttäuschung und Frustration bei den Betroffenen. Die Konfliktbewältigung nach Unternehmenszusammenschlüssen ist deshalb besonders wichtig, weil ansonsten die mit einer Fusion gewünschten Synergieeffekte zunichte gemacht werden können.

Es gehört zu den Aufgaben einer Führungskraft, Bedingungen zu schaffen, die zur Konfliktvermeidung beitragen oder eine entsprechende Lösung herbeiführen. Daher ist es wichtig, die Entstehung eines Konfliktes richtig „einordnen" zu können.

Folgende Konflikttypen können auftreten [vgl. SCHULER 2006, S. 626 f.]:

- **Bewertungskonflikt**, d. h. der Wert eines Ziels wird unterschiedlich bewertet;

- **Beurteilungskonflikt**, d. h. die Parteien sind sich über das Ziel einig, aber nicht über den Weg zur Zielerreichung;

- **Verteilungskonflikt**, d. h. die Parteien streiten über die Verteilung knapper Ressourcen (Anreize, Statussymbole, Aufgaben);

- **Beziehungskonflikt**, d. h. eine Partei fühlt sich durch die andere persönlich herabgesetzt oder zurückgewiesen.

In Gruppen kommt es vor allem dann zu Konflikten, wenn die Verantwortlichkeiten und Entscheidungsbefugnisse nicht geklärt sind. Unkoordiniertem Handeln und auch Streit um die Verantwortung für das Scheitern, nachdem das Ziel nicht erreicht wurde, sind in solchen Fällen vorprogrammiert. Wie sollte die Führungskraft mit Konflikten umgehen? Nach HEDWIG KELLNER gibt es drei Möglichkeiten, dem entstandenen Konflikt zu begegnen:

- **Unterdrücken**, d. h. der Konflikt wird ignoriert oder verdrängt. Es findet also keine Aktion seitens der Führungskraft statt. Diese Form der „Konfliktbewältigung" funktioniert meist nicht, so dass dann eine Eskalation die Folge ist.

- **Lösen**, d. h. der Konflikt wird zur Kenntnis genommen und Aktionen mit dem Ziel der Problemlösung werden ausgeführt. Eine richtige Problemlösung führt nicht zu Folgekonflikten.

- **Akzeptieren**, d. h. der Konflikt wird zur Kenntnis genommen und es finden keine Aktionen statt. Stattdessen wird nach Möglichkeiten gesucht, mit dem Problem zu leben.

In jedem Fall sollte versucht werden, einen Konflikt zu lösen und damit eine Eskalation zu vermeiden. Unterdrücken oder Akzeptieren von Konflikten sind eher selten und für eine langfristige Zusammenarbeit ungeeignet [vgl. KELLNER 2000, S.112 ff.].

Das **Dual-Concern-Modell** von DEAN G. PRUITT und PETER CARNEVALE [1993] geht dagegen von fünf Grundstrategien zur Bewältigung von Konflikten aus. Dabei sind zwei Motive für Konfliktsituationen charakterisierend. Zum einen das Motiv, die eigenen Interessen durchzusetzen (Eigeninteresse) und sich selbst zu behaupten, und zum anderen das Kooperationsmotiv, die Bedürfnisse der anderen Partei ebenfalls zu berücksichtigen. Damit ist die Sichtweise aufgehoben, dass Menschen in Konfliktsituationen immer aus egoistischen Motiven oder vollkommen selbstlos handeln. Abbildung 3-24 zeigt die fünf Alternativen für das Verhalten in Konflikt- bzw. Verhandlungssituationen [vgl. SCHULER 2006, S. 632].

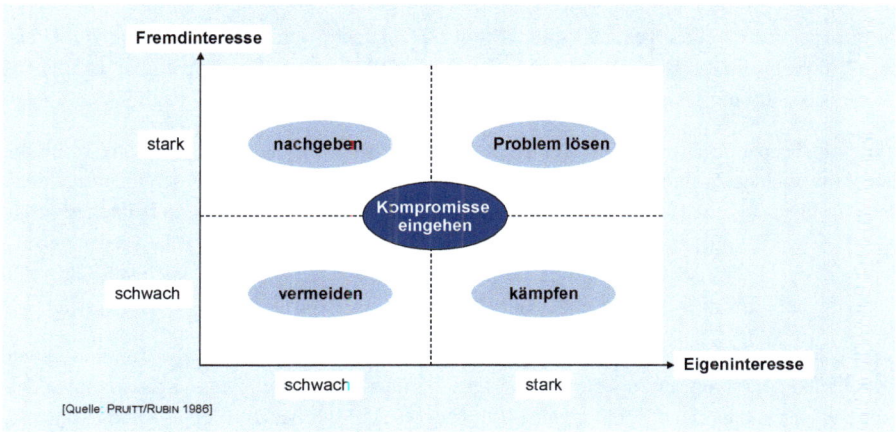

Abb. 3-24:   Das Dual-Concern-Modell

Einen Schritt weiter gehen ONNE JANSEN und EWERT VAN DE VLIERT, die an das Dual-Concern-Modell anknüpfen, aber die Strategie „Kämpfen" stärker differenzieren. Damit können letztlich acht Formen des Konfliktverhaltens unterschieden werden (siehe Abbildung 3-25).

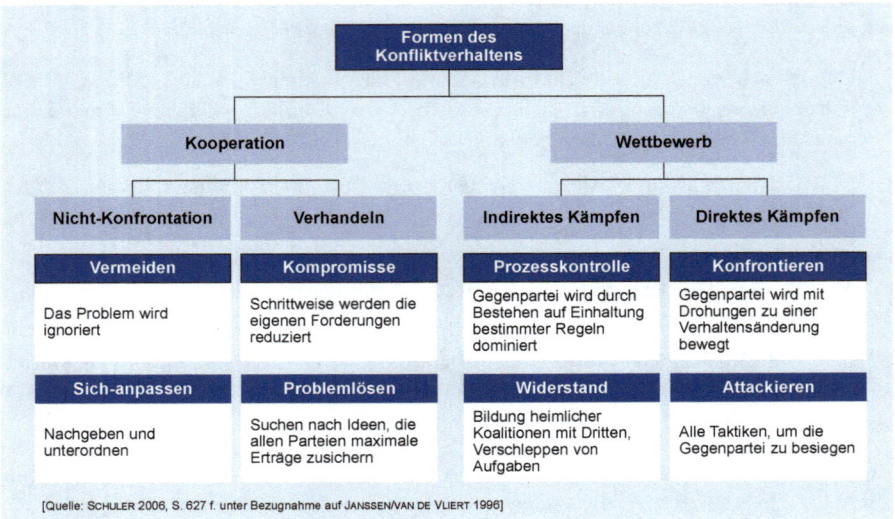

[Quelle: SCHULER 2006, S. 627 f. unter Bezugnahme auf JANSSEN/VAN DE VLIERT 1996]

Abb. 3-25:   Formen des Konfliktverhaltens

3.2.4 Klassische Führungsansätze und -theorien – ein Überblick

Zunächst erscheint eine gewisse Unterscheidung zwischen **Führungstheorien** (bzw. führungstheoretischen Ansätzen), **Führungskonzepten** und **Führungsstilen** erforderlich.

Gedankenkonstrukte, die geeignet sind, Führungsphänomene der Realität aufgrund von Ursache-Wirkungsverhältnissen zu erklären und der Identifikation von Gesetzmäßigkeiten dienen, werden als **Führungstheorien** bezeichnet.

Führungskonzepte dagegen sind auf die praktische Anwendung und Ausgestaltung von Führung ausgerichtet. Während etwa im Bereich klassischer Ansätze der Eigenschaftsansatz oder der Verhaltensansatz als Führungstheorien zu bezeichnen sind, handelt es sich bei den neueren Ansätzen wie „Agile Führung" oder „Digital Leadership" eher um praktische Führungskonzepte, deren theoretische Fundierung derzeit noch unzureichend sind. Gleichwohl sind die Grenzen nicht immer trennscharf zu ziehen.

Der **Führungsstil** schließlich gibt die Form an, in der die Führungskraft ihre Führungsaufgaben im Rahmen der Organisation wahrnimmt. Der Führungsstil ist somit die Grundausrichtung des Führungsverhaltens eines Vorgesetzten gegenüber seinen Mitarbeitern [vgl. LANG/RYBNIKOVA 2014, S. 27 f. sowie JUNG 2017, S. 421].

Die **klassischen Führungsansätze und -theorien** haben gemeinsam, dass sie Aussagen über die Bedeutung von Führungseigenschaften, Führungsverhaltensweisen und Führungssituationen im Hinblick auf den **Erfolg** von Führungskräften treffen. Kenntnisse über menschliche und zwischenmenschliche Prozesse sowie über die Mechanismen bestimmter Führungsansätze und -theorien erhöhen die Wahrscheinlichkeit, dass sich eine Führungskraft in einer bestimmten Situation richtig bzw. erfolgreich verhält. Solche Ansätze und -theorien aus verschiedenen Wissenschaften (vor allem der Psychologie und Soziologie) werden im Folgenden kurz vorgestellt [siehe dazu auch LIPPOLD 2015, S. 25-46 und LIPPOLD 2014, S. 209-228].

Im Kern kann zwischen drei verschiedenen *Strömungen* der Personalführungsforschung entsprechend Abbildung 3-26 unterschieden werden [vgl. STOCK-HOMBURG 2013, S. 457 ff.]

- **Eigenschaftsorientierte Ansätze** (= Eigenschaftstheorien und -modelle der Führung),
- **Verhaltensorientierte Ansätze** (= Führungsstiltheorien und -modelle) und
- **Situative Ansätze** (= situative Führungstheorien und-modelle).

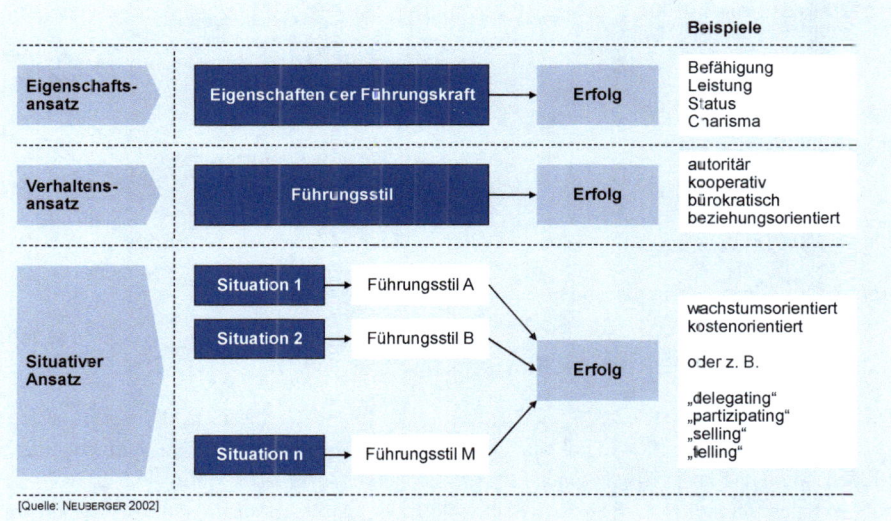

Abb. 3-26:   Schema des eigenschafts-, des verhaltens- und des situativen Ansatzes

Eine weitere Unterteilung der verschiedenen Führungstheorien kann anhand der Anzahl der verwendeten *Kriterien* zur Beschreibung des Führungsverhaltens vorgenommen werden [vgl. BRÖCKERMANN 2007, S. 343 f.]:

- **Eindimensionale Führungsansätze** normieren das Führungsverhalten lediglich nach einem Kriterium, dem Entscheidungsspielraum der Führungskraft.

- **Zweidimensionale Führungsansätze** basieren in der Mehrzahl auf den Kriterien Beziehungsorientierung und Aufgabenorientierung zur Beschreibung des Führungsverhaltens.

- **Mehrdimensionale Führungsansätze** verwenden mehr als zwei Kriterien zur Beschreibung von Führungsstilen.

Abbildung 3-27 gibt einen Überblick über die gängigsten theoretisch-konzeptionellen Ansätze in der Personalführung, die im Folgenden kurz vorgestellt werden sollen.

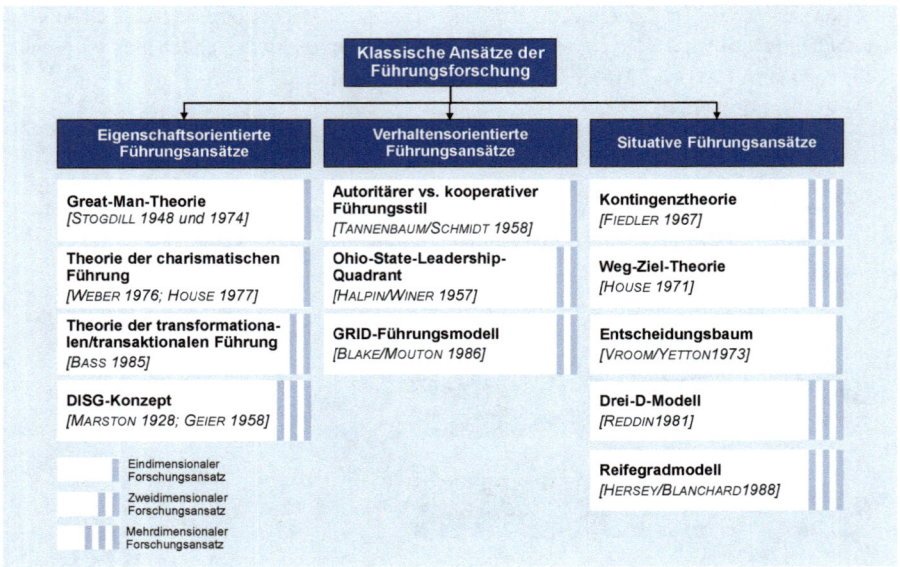

Abb. 3-27:   Theoretisch-konzeptionelle Ansätze der Personalführung

3.2.5 Eigenschaftsorientierte Führungsansätze

Die **Eigenschaftstheorie** (engl. *Trait Theory*) ist der historisch älteste Erklärungsansatz der Führung. Er geht in seinem Grundkonzept davon aus, dass Führung und Führungserfolg maßgeblich von den Persönlichkeitseigenschaften der Führungskraft bestimmt werden. Es wird angenommen, dass effektiv Führende bestimmte Eigenschaften besitzen, um Einfluss auf die Handlungen der Geführten auszuüben. Eigenschaften werden als zeitstabil und situationsunabhängig definiert, sie sollen klar feststellbar und messbar sein. Auch das Handeln der Führungsperson wird als Ergebnis dieser Persönlichkeitsmerkmale angesehen. Zu den wichtigsten Ansätzen der eigenschaftsorientierten Führungstheorie zählen:

- Great-Man-Theorie,
- Theorie der charismatischen Führung,
- Theorie der transformationalen/transaktionalen Führung und
- das DISG-Konzept.

3.2.5.1   Great-Man-Theorie

Bis zur Mitte des 20. Jahrhunderts konzentrierte sich die Führungsforschung hauptsächlich auf die Great-Man-Theorie, die vielfach auch mit der **Eigenschaftstheorie insgesamt** gleichgesetzt wird. Die Great-Man-Theorie ist in erster Linie an berühmten Einzelpersonen der Geschichte, sowohl aus Politik und Militär als auch dem Sozialbereich, ausgerichtet. Demzufolge sei nur eine kleine Minderheit der Menschen aufgrund ihrer Persönlichkeitsstruktur in der Lage, Führungsaufgaben auszuüben. Führende werden als einzigartige, besondere Persönlichkeiten angesehen, ausgestattet mit angeborenen Qualitäten und Charaktereigenschaften, die sie auf natürliche Weise zur Führung befähigten. Im Mittelpunkt des Forschungsinteresses steht daher die Frage, welche dieser Qualitäten und Charaktereigenschaften einen erfolgreichen von einem erfolglosen Führer und was den Führer von den Geführten unterscheidet [vgl. STAEHLE 1999, S. 331 f.].

Aus einer Vielzahl von Studien, in denen unterschiedliche Charaktereigenschaften untersucht wurden und deren Systematisierung auf RALPH STOGDILL [1948 und 1974] zurückgeht, konnten fünf Merkmalsgruppen identifiziert werden, die einen korrelativen Bezug zum Führungserfolg haben [vgl. VON ROSENSTIEL 2003, S. 7 f.]:

- **Befähigung** (Intelligenz, Wachsamkeit, verbale Gewandtheit, Originalität, Urteilskraft);
- **Leistung** (Schulische Leistung, Wissen, sportliche Leistung);
- **Verantwortlichkeit** (Zuverlässigkeit, Initiative, Ausdauer, Aggressivität, Selbstvertrauen, Wunsch, sich auszuzeichnen);
- **Partizipation** (Aktivität, Soziabilität, Kooperationsbereitschaft, Anpassungsfähigkeit, Humor);
- **Status** (Sozioökonomische Position, Popularität).

Die Sichtweise, dass Führungserfolg lediglich auf die Persönlichkeitsmerkmale des Führers zurückzuführen ist, gilt heute als überholt. Doch trotz aller Kritik genießt dieser Ansatz immer noch große Popularität, da die Grundannahmen der Theorie dem „Elitedenken" vieler Manager entsprechen. Auch ist offensichtlich, dass die Person des Führenden eine sehr wichtige Variable im Führungsprozess darstellt.

3.2.5.2   Theorie der charismatischen Führung

Unter den eigenschaftsorientierten Führungsansätzen wird die Theorie der charismatischen Führung meist zuerst genannt. Sie geht von der Annahme aus, dass die Ausstrahlung einer Führungskraft in hohem Maße das Verhalten der geführten Mitarbeiter beeinflusst. Für MAX WEBER [1976] ist **Charisma** einer der Auslöser für Autorität. Charismatische Führung kann zu außerordentlicher Motivation und zu überdurchschnittlichen Leistungen der Geführten führen. Voraussetzung dafür ist, dass die Führungsperson von den Mitarbeitern als charismatisch erlebt wird [vgl. STOCK-HOMBURG 2013, S. 459].

Folgende Indikatoren der charismatischen Führung können festgestellt werden [vgl. HOUSE 1977, S. 206 ff.]:

- Auf Seiten der Mitarbeiter: absolutes Vertrauen, Akzeptanz, Zuneigung, Folgsamkeit und Loyalität gegenüber der Führungskraft;

- Auf Seiten der Führungskraft: ungewöhnlich ausgeprägte visionäre Kraft, starker Machtwille, Dominanz, Einflussstreben, hohes Selbstbewusstsein und Glaube an die eigenen Werte.

Allerdings sind mit der charismatischen Führung nicht nur Chancen, sondern auch Risiken verbunden. So unterbleibt häufig ein kritisches Hinterfragen der Vision und ihrer Implementation. Charismatische Persönlichkeiten sind in der Lage, fundamentale Veränderungen in Organisationen und Gesellschaften zu bewirken. Diese können zu außergewöhnlichen Erfolgen, aber auch zu Misserfolgen führen. Somit ist ein bewusster, reflektierender Umgang mit dem Phänomen *Charisma* erforderlich [vgl. HAUSER 2000, S. 69].

Die Theorie der charismatischen Führung (und damit der Eigenschaftsansatz) hat in jüngster Zeit wieder an Bedeutung gewonnen („Neocharisma-Ansätze"); allerdings wird Charisma jetzt als stärker erlernbar angesehen [vgl. SCHIRMER/WOYDT 2016, S. 205].

3.2.5.3   Theorie der transaktionalen/transformationalen Führung

Dieser Forschungsansatz, der ebenfalls zu den eigenschaftsorientierten Führungstheorien zählt, unterscheidet im Kern zwischen zwei Aspekten der Führung: der transaktionalen und der transformationalen Führung. Der transaktionale Ansatz wurde in den 1980er Jahren schrittweise durch Forschungsarbeiten auf transformationaler Basis insbesondere von BERNARD BASS [1985] ergänzt [vgl. STOCK-HOMBURG 2013, S. 463].

Die Idee der **transaktionalen Führung** beruht auf zweiseitigen Nutzenkalkülen zwischen Führungsperson und Mitarbeitern. Führung wird dabei im Wesentlichen als Austauschprozess begriffen. Die Führungskraft hat ein spezifisches Bündel an Zielen, das sie für sich und das Unternehmen verfolgt. Die Aufgabe der Führungskraft besteht nun darin, den Mitarbeitern zu verdeutlichen, welche Leistungen von ihnen erwartet werden und welche Anreize diese im Gegenzug erhalten. Die transaktionale Führung erfolgt im Rahmen dieses Austauschprozesses nach dem Prinzip „Geben und Nehmen" [vgl. SCHOLZ 2011, S. 391 und 403].

Die **transformationale Führung**, die eine starke Nähe zur Theorie der charismatischen Führung aufweist, zielt dagegen auf die Beeinflussung grundlegender Überzeugungen der Geführten ab. Durch charismatisches Verhalten, Inspiration, intellektuelle Stimulation und individuelle Wertschätzung wird der Mitarbeiter dazu gebracht, Dinge völlig neu zu sehen und zu tun, sein Anspruchsniveau und seine Einstellung zu verändern und sich ggf. für höhere Ziele einzusetzen. Die transformationale Führung trägt insbesondere bei Veränderungsprozessen dazu bei, Visionen in Unternehmen zu verankern und erfolgreich umzusetzen [vgl. STOCK-HOMBURG 2013, S. 463 ff.].

Abbildung 3-28 grenzt die transaktionale von der transformationalen Führung ab. Der Austauschgedanke „Geld gegen Leistung" aus der transaktionalen Führung führte letztlich zur transformationalen Führung, die aber durch Charisma, Inspiration, Wertschätzung und intellektuelle Stimulierung ein Mitreißen der Geführten zu höheren Leistungsebenen propagiert (*„full range of leadership"*) [vgl. SCHIRMER/WOYDT 2016, S. 205].

Merkmal \ Facette der Führung	Transaktionale Führung	Transformationale Führung
Koordinations- mechanismen der Führung	• Verträge • Belohnung • Bestrafung	• Begeisterung • Zusammengehörigkeit • Vertrauen • Kreativität
Ziel der Mitarbeitermotivation	Äußere Anreize (extrinsisch)	Die Aufgabe selbst (intrinsisch)
Fokus der Zielerreichung	Eher kurzfristig	Mittel- bis langfristig
Zielinhalte	Materielle Ziele	Ideelle Ziele
Rolle der Führungsperson	Instrukteur	• Lehrer • Coach

[Quelle: STOCK-HOMBURG 2013, S. 464]

Abb. 3-28:   Abgrenzung zwischen transaktionaler/transformationaler Mitarbeiterführung

3.2.5.4   DISG-Konzept

Auf Grundlage der Überlegungen von WILLIAM M. MARSTON [1928] entwickelte JOHN GEIER [1958] mit dem DISG®-Persönlichkeitsprofil ein Instrument, das sich im Personalmanagement und insbesondere bei der Führungskräftebewertung einer zunehmenden Beliebtheit erfreut [vgl. GAY 2006, S. 17 ff.].

Das DISG-Konzept zeigt persönlichkeitsbedingte Verhaltensweisen erfolgreicher Führungspersonen auf und zählt damit ebenfalls zu den eigenschaftsorientierten Führungstheorien. Dabei wird angenommen, dass die Verhaltenstendenzen einer Führungskraft durch seine Persönlichkeitsstruktur bestimmt werden. Die Persönlichkeitsstruktur (→ Persönlichkeitsprofil) wiederum hängt davon ab, welche Anteile eine Führungskraft an den vier Persönlichkeitsmerkmalen **D**ominanz, **I**nitiative, **S**tetigkeit und **G**ewissenhaftigkeit aufweist. Die Verhaltenstendenzen selbst werden festgemacht an den beiden Faktoren

– **Wahrnehmung des Umfeldes**, d. h. inwieweit eine Führungsperson die situativen Rahmenbedingungen als angenehm bzw. anstrengend (stressig) empfindet und

– **Reaktion auf das Umfeld**, d. h. inwieweit eine Führungskraft situative Herausforderungen eher bestimmt (aktiv) oder eher zurückhaltend (passiv) annehmen [vgl. GAY 2006, S. 18 f].

Damit sind zugleich auch die **vier Quadranten** des DISG®-Konzeptes beschrieben (siehe Abbildung 3-29).

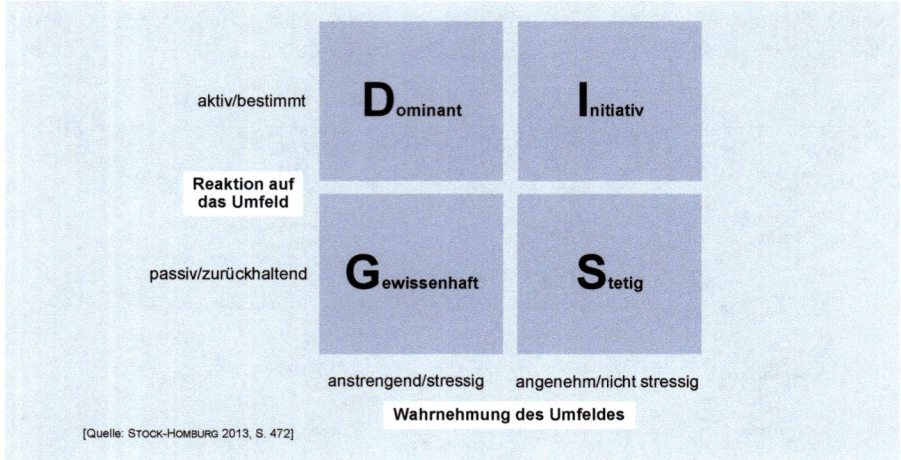

Abb. 3-29:   Die vier Quadranten des DISG®-Konzeptes

Jedes der vier Persönlichkeitsmerkmale verfügt über Stärken und Schwächen in Bezug auf das Führungsverhalten [vgl. STOCK-HOMBURG 2013, S. 473 ff.]:

- Das Merkmal **Dominanz** zeichnet eine Führungsperson mit hoher Entschlossenheit, Zielorientierung und Aktivität aus. Andererseits haben solche Führungskräfte ein hohes Maß an Ungeduld und nur eine geringe Bereitschaft und Fähigkeit zum Zuhören.

- Eine hohe Ausprägung des Merkmals **Initiative** charakterisiert eine Führungskraft mit positiver Umfeldwahrnehmung, die ihre Mitarbeiter begeistert und sich für sie einsetzt. Auf der anderen Seite konzentrieren sich solche Führungskräfte ungern auf Fakten und Details.

- Führungskräfte mit einer hohen Ausprägung des Merkmals **Stetigkeit** haben ein hohes Sicherheitsbedürfnis, eine hohe Loyalität zum Unternehmen und eine ruhige und freundliche Ausstrahlung. Anderseits werden solche Führungspersonen ungern initiativ und haben nur eine geringe Konfliktbereitschaft.

- Das Merkmal **Gewissenhaftigkeit** charakterisiert Führungskräfte, die gründlich und ausdauernd sind sowie Daten mit hoher Präzision analysieren. Auf der anderen Seite haben solche Führungspersonen nur eine begrenzte Fähigkeit zur Improvisation und eine geringe Umsetzungsgeschwindigkeit aufgrund der Neigung zum Perfektionismus.

Die Anwendung des DISG®-Konzepts als Testverfahren im Rahmen der Führungskräftebewertung erfolgt in der Regel durch Selbsteinschätzung der betroffenen Führungsperson. Dabei wird diese gebeten, sich selbst in einer vorgegebenen Situation anhand einer Reihe von kurzen Aussagen einzuschätzen. Anschließend werden die Aussagen anhand eines Lösungsschemas ausgewertet, wobei jede Aussage einem Buchstaben (D, I, S bzw. G) zugeordnet wird.

STOCK-HOMBURG [2013, S. 482] betont zwar, dass das primär in der Unternehmenspraxis angewendete DISG® Persönlichkeits-Profil auf empirischer Basis mehrfach auf Validität und Reliabilität überprüft und die grundlegenden Dimensionen des Profils bestätigt wurden. Auf der anderen Seite werden Bedenken dahingehend geäußert, dass das äußerst komplexe Phänomen „Persönlichkeit" auf vier Dimensionen reduziert und somit das Denken in „Schubladen" gefördert wird [vgl. MYERS 2010, S. 554 ff.].

3.2.6 Verhaltensorientierte Führungsansätze

Verhaltensorientierte Führungsansätze werden auch als **Führungsstilkonzepte** bezeichnet. Führungsstile als regelmäßig wiederkehrende Muster des Führungsverhaltens können häufig nur anhand mehrerer Merkmale beschrieben werden. Zu diesen Beschreibungsmerkmalen zählen die von einer Führungskraft wahrgenommene Bedeutung der Zielerreichung, die Art der Willensbildung, die Beziehungen in der Gruppe der Geführten, die Form der Kontrolle, die Art der Sanktionierung und die Einstellung und Fürsorge einer Führungsperson gegenüber den Mitarbeitern. Die Führungsstilforschung versucht nun, dass hierin begründete Komplexitätsproblem durch die Bildung von Führungsstiltypen zu vereinfachen [vgl. MACHARZINA/WOLF 2010, S. 580 unter Bezugnahme auf BAUMGARTEN 1977, S. 27].

Unter den verschiedenen Führungsstilkonzepten sollen hier

- das autoritäre vs. kooperative Führungsstil-Konzept,
- der Ohio-State-Leadership-Quadrant und
- das Verhaltensgitter-Modell

vorgestellt werden.

3.2.6.1 Führungsstilkontinuum

Das Führungsstilkontinuum von ROBERT TANNENBAUM und WARREN SCHMIDT [1958] ist der Klassiker unter den verhaltensorientierten Forschungsansätzen. Autoritärer und kooperativer Führungsstil werden als Extrempunkte eines eindimensionalen Kontinuums betrachtet (siehe Abbildung 3-30):

- Das **autoritäre Verhalten** ist dadurch gekennzeichnet, dass die Führungskraft den Mitarbeitern die Aufgaben zuweist, dass sie die Art der Aufgabenerfüllung vorschreibt und dass sie den Mitarbeitern keine persönliche Wertschätzung entgegenbringt [vgl. STEINMANN/SCHREYÖGG 2005, S. 653].

- Das **kooperative Verhalten** der Führungskraft dagegen gestattet den Mitarbeitern ihre Arbeitsaufgaben selbst zu verteilen sowie Aufgabe und Zielsetzung in der Gruppe zu diskutieren. Die Führungskraft bringt allen Mitgliedern der Gruppe eine hohe Wertschätzung entgegen und sich selbst aktiv in das Gruppenleben ein [vgl. STEINMANN/ SCHREYÖGG 2005, S. 653].

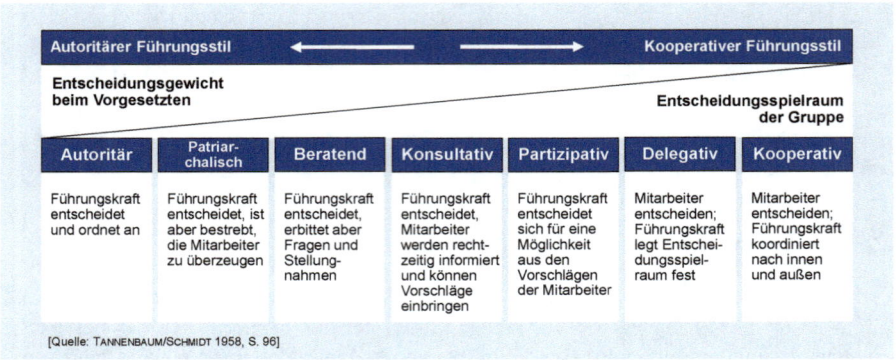

Abb. 3-30:   Eindimensionale Klassifikation von Führungsstilen

Nach Auffassung von TANNENBAUM/SCHMIDT ist grundsätzlich keiner der sieben Führungsstile zu bevorzugen. Je nach Konstellation der Führungssituation ist ein unterschiedlicher Führungsstil erforderlich. Um erfolgreich zu führen, muss die Führungskraft die verschiedenen
Einflussfaktoren richtig einschätzen und in der Lage sein, sein Führungsverhalten den jeweiligen Gegebenheiten anzupassen. Wesentlicher Kritikpunkt an diesem Modell ist, dass nur ein
Verhaltensmerkmal der Führung, nämlich die Entscheidungspartizipation, berücksichtigt wird
[vgl. JUNG 2006, S. 424].

3.2.6.2   Ohio-State-Leadership-Quadrant

Die Erkenntnisse der Ohio-Studien sind in hohem Maße prägend für die Führungsstilforschung.
Das Forscherteam der Ohio-State-University um ANDREW HALPIN und BEN WINER [1957]
identifizierte zwei unabhängige *Grunddimensionen* des Führungsverhaltens:

- Leistungs- bzw. Aufgabenorientierung *(engl. Initiating Structure)* und
- Mitarbeiter- bzw. Beziehungsorientierung *(engl. Consideration).*

Der wesentliche Unterschied zu den traditionellen Führungsstiltheorien liegt in einer Abkehr
von der Annahme des eindimensionalen Führungsstilkontinuums. Leistungs- bzw. Aufgabenorientierung und Mitarbeiter- bzw. Beziehungsorientierung werden nicht mehr als sich gegenseitig ausschließend betrachtet, sondern als zwei unabhängige Faktoren, die kombinierbar
sind und gemeinsam zur Beschreibung von Führungsverhalten dienen. Eine Führungsperson
kann demnach gleichzeitig eine hohe Beziehungsorientierung und eine hohe Aufgabenorientierung aufweisen [vgl. HUNGENBERG/WULF 2011, S. 369].

- Die Verhaltensdimension **Leistungs- bzw. Aufgabenorientierung** bezieht sich auf die
  sachliche Ebene der Führung. Sie kennzeichnet beispielsweise das Setzen und Kommunizieren klarer Ziele, die Definition und Abgrenzung von Kompetenzen, die sorgfältige Planung der wichtigsten Aufgaben, Ergebniskontrollen oder das Setzen von externen Leis-
  tungsanreizen.

- Die Verhaltensdimension **Mitarbeiter- bzw. Beziehungsorientierung** betont dagegen die *zwischenmenschliche* Beziehung. Sie charakterisiert den persönlichen Respekt, die Wertschätzung gegenüber dem Mitarbeiter und die Rücksichtnahme auf die Belange der Mitarbeiter.

Legt man die beiden Dimensionen des Führungsverhaltens zu Grunde, so lassen sich in Form des Ohio-State-Quadranten vier grundlegende Führungsstile identifizieren (siehe Abbildung 3-31).

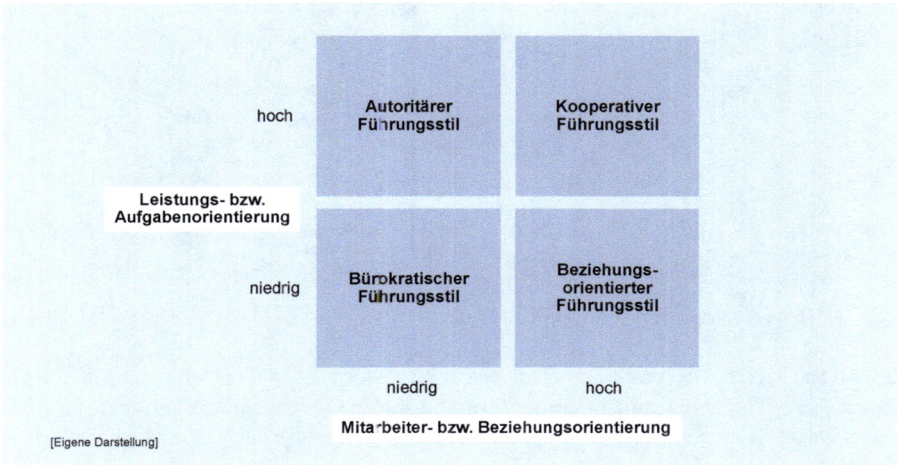

Abb. 3-31: Führungsstile des Ohio-State-Quadranten

3.2.6.3 Verhaltensgitter-Modell

Das Verhaltensgitter-Modell (auch als *Managerial Grid* bezeichnet), das 1960 von ROBERT BLAKE und JANE MOUTON im Rahmen eines Führungstrainings für EXXON entwickelt wurde, baut unmittelbar auf den Erkenntnissen der Ohio-Studien auf. Es arbeitet ebenfalls mit den beiden Dimensionen **Aufgabenorientierung** und **Beziehungsorientierung**, wobei diese mit ihren unterschiedlichen Ausprägungen in einem **Verhaltensgitter** auf zwei Achsen erfasst werden. Die eine Achse beschreibt das Bemühen um den Mitarbeiter (Mitarbeiterorientierung als sozio-emotionale Orientierung), die andere Achse zeigt das Interesse an der Aufgabe auf (Aufgabenorientierung als sach-rationale Orientierung).

Der prinzipielle Unterschied zum Ohio-Modell besteht darin, dass BLAKE und MOUTON die beiden Dimensionen nicht in zwei, sondern in neun Stufen einteilen. Somit lassen sich theoretisch 81 verschiedenen Führungsstile abbilden. BLAKE und MOUTON konzentrieren sich jedoch auf fünf zentrale Führungsstile: 1.1, 1.9, 5.5, 9.1 und 9.9 [vgl. BLAKE/MOUTON 1964, S. 14 FF.]

Abbildung 3-32 zeigt eine vereinfachte Darstellung dieses Verhaltensgitters.

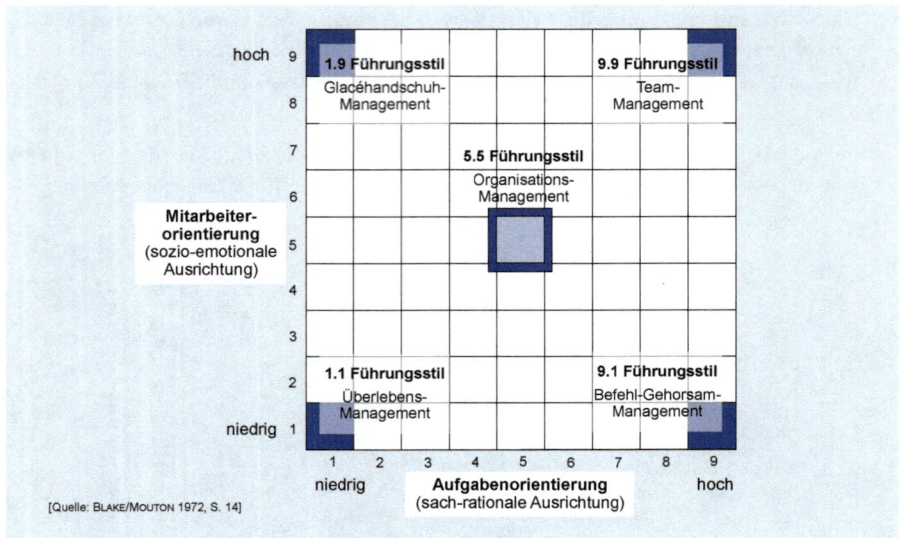

Abb. 3-32:   Das Verhaltensgitter (GRID-System)

BLAKE und MOUTON bewerten den Führungsstil 9.1 als nicht sinnvoll, den Führungsstil 5.5 als unpraktisch, den Führungsstil 1.9 als idealistisch und den Führungsstil 1.1 als unmöglich. Erstrebenswert ist ihrer Ansicht nach ausschließlich der Führungsstil 9.9. Die Vorteilhaftigkeit dieses Führungsstils konnte allerdings empirisch nicht nachgewiesen werden.

Wenn auch das Verhaltensgitter auf anschauliche Weise das breite Spektrum von möglichen Führungsverhaltensweisen darstellt, so ist doch die Frage zu stellen, ob der Führungsstil 9,9 überhaupt praktizierbar ist. So lässt sich eher die These vertreten, dass erfolgreiche Personalführung durch einen Führungsstil gekennzeichnet ist, der rechts der Diagonale zwischen den Führungsstilen 1.9 und 9.1 liegt. Ebenso ist grundsätzlich zu fragen, ob zweidimensionale Erklärungsansätze überhaupt in der Lage sind, die Komplexität von Führungsprozessen abzubilden, ohne die situativen Rahmenbedingungen, also die Abhängigkeit von bestimmten Führungssituationen zu berücksichtigen [vgl. STEINMANN/SCHREYÖGG 2005, S. 662 f.; HUNGENBERG/WULFF 2011, S. 371].

3.2.7 Situative Führungsansätze

Die Situationstheorie der Personalführung geht davon aus, dass die Vorteilhaftigkeit des Führungsverhaltens von den jeweiligen situativen Umständen abhängt. Daher – so die Situationstheorie – setzt eine erfolgreiche Personalführung auch immer eine Analyse des Handlungskontexts voraus. Die verschiedenen situativen Ansätze unterscheiden sich nun im Wesentlichen dadurch, welche Faktoren („Situationsvariablen") bei der Gestaltung des Führungsverhaltens zu berücksichtigen sind [vgl. MACHARZINA/WOLF 2010, S. 578 f.].

Folgende Ansätze sollen hier kurz vorgestellt werden:

- die Kontingenztheorie,
- die Weg-Ziel-Theorie,
- der Entscheidungsbaum,
- das Drei-D-Modell und
- das situative Reifegradmodell.

3.2.7.1 Kontingenztheorie

Der erste umfassende situative Führungsansatz wurde von FRED F. FIEDLER [1967] als sogenannte **Kontingenztheorie der Führung** vorgelegt. Als Grundannahme der Kontingenztheorie
gilt, dass der Führungserfolg vom Zusammenspiel des Führungsverhaltens und der Führungssituation abhängt. Im Kern geht es FIEDLER darum, einen optimalen Fit zwischen der Führungsperson und ihrer individuellen Führungssituation zu finden, um eine hohe Leistung der geführten Gruppe sicherzustellen. Die Kontingenztheorie stellt folgende drei Kernvariablen in den
Mittelpunkt [vgl. STEINMANN/SCHREYÖGG 2005, S. 667 ff.]:

- Führungsstil,
- Führungserfolg und
- Führungssituation.

Zur Messung des **Führungsstils** unterscheidet FIEDLER zwischen einem aufgabenbezogenen
und einem personenbezogenen Führungsstil. Er nutzt dabei den von ihm entwickelten LPC-
Wert *(LPC = Least Preffered Coworker)*, der mit Hilfe eines Fragebogens ermittelt wird. Der
Fragebogen, der von den Führungskräften ausgefüllt wird, enthält 16 bipolare Paare von Adjektiven (z. B. das Gegensatzpaar „freundlich – unfreundlich"). Der LPC-Wert ergibt sich dann
aus der Summe der Einzelbewertungen. Ein hoher LPC-Wert besagt, dass die betreffende Führungskraft den am wenigsten geschätzten Mitarbeiter noch relativ wohlwollend beurteilt. Eine
solch positive Beurteilung gilt als Indikator für einen personenbezogenen Führungsstil. Ein
niedriger LPC-Wert, also eine durchgehend negative Bewertung des am wenigsten geschätzten
Mitarbeiters, wird als aufgabenorientierter Führungsstil gewertet.

Untersucht man die beiden mittels LPC-Wert gemessenen Führungsstile auf ihre Erfolgsrele-
vanz, so ergibt sich nach FIEDLER als zweite Kernvariable der **Führungserfolg**. Als Führungserfolg wird die Effektivität der Führung in Bezug auf die Leistungen bzw. Produktivität der
geführten Mitarbeiter und deren Zufriedenheit angesehen.

Zur Operationalisierung der **Führungssituation** führt FIEDLER das Konstrukt *„situationale
Günstigkeit"* mit folgenden drei Variablen an:

- **Positionsmacht** (mit den beiden Ausprägungen „stark" und „schwach"), d. h. inwieweit
die Führungskraft aufgrund ihrer hierarchischen Position im Unternehmen in der Lage ist,
die von ihm geführten Mitarbeiter zu beeinflussen;

- **Aufgabenstruktur** (mit den beiden Ausprägungen „hoch" und „niedrig"), d. h. je höher der Strukturierungsgrad der Aufgabe ist, umso leichter und einfacher lassen sich die Aktivitäten der geführten Mitarbeiter koordinieren und kontrollieren;

- **Beziehung zwischen Führungskraft und geführten Mitarbeitern** (mit den beiden Ausprägungen „gut" und „schlecht"), d. h. je besser das Verhältnis zwischen der Führungsperson und seinen Mitarbeitern auf zwischenmenschlicher Ebene ist, desto leichter ist tendenziell die Führungssituation.

Da alle drei Variablen jeweils zwei Ausprägungen besitzen, ergeben sich aus deren Kombination insgesamt acht mögliche Führungssituationen. Die so ermittelten Führungssituationen lassen sich nun danach systematisieren, inwieweit sie die Aktivitäten einer Führungskraft begünstigen. FIEDLER selbst bezeichnet seinen Ansatz als *„Kontingenztheorie der Führungseffektivität"*, weil er die Effekte verschiedener Führungsstile abhängig *(= kontingent)* von den drei situativen Variablen macht [vgl. NEUBERGER 2002, S. 498].

Der wesentliche Unterschied zu den Annahmen des Ohio-Modells (und damit auch des Verhaltensgitter-Modells) liegt darin, dass in verschiedenen Führungssituationen durchaus unterschiedliche Führungsstile geeignet sind. So sind nach den Annahmen von FIEDLER Führungspersonen in besonders günstigen oder in besonders ungünstigen Situationen mit einem leistungsorientierten Führungsstil erfolgreicher als mit einem mitarbeiterbezogenen Führungsstil. Dagegen erweist sich der mitarbeiterorientierte Führungsstil in Situationen mit mittlerer Günstigkeit als besonders geeignet [vgl. STOCK-HOMBURG 2013, S. 495].

Diese „intuitive Plausibilität" von FIEDLERS Ergebnissen konnte allerdings empirisch nicht bestätigt werden. Neben den Messproblemen werden als weitere Schwächen genannt: der sehr einseitige und eindimensionale LPC-Wert, die selektive (und damit unvollständige) Auswahl der Situationsvariablen und die mangelnde Berücksichtigung des Einflusses des Führungsstils auf die Führungssituation [vgl. HUNGENBERG/WULFF 2011, S. 376 f.].

Gleichwohl kommt FIEDLER das Verdienst zu, eine Grundlage für alle weiteren situativen Führungstheorien gelegt zu haben.

3.2.7.2   Weg-Ziel-Theorie

Die Weg-Ziel-Theorie (engl. *Path-Goal-Theory*), die ebenfalls den situativen Führungsansätzen zuzurechnen ist, geht auf ROBERT J. HOUSE [1971] zurück. Die Bezeichnung „Weg-Ziel" meint, dass effektive Führungskräfte durch ihr Führungsverhalten in der Lage sind, den Mitarbeitern bei der Erfüllung ihrer Ziele als Wegbereiter zu dienen und Hindernisse aus dem Weg zu räumen. Dabei geht HOUSE im Gegensatz zu FIEDLER davon aus, dass Führungskräfte je nach Situation ihr Führungsverhalten entsprechend anpassen. Der Einfluss des Führungsverhaltens auf den Führungserfolg wird als mehrstufige Wirkungskette betrachtet. Dabei werden zunächst vier Ausprägungen des Führungsverhaltens unterschieden [vgl. HUNGENBERG/WULFF 2011, S. 381 f.]:

- Unterstützende Führung (engl. *Supportive Leadership*)
- Direktive Führung (engl. *Directive Leadership*)
- Partizipative Führung (engl. *Participative Leadership*)
- Ergebnisorientierte Führung (engl. *Achievement-oriented Leadership*).

Das Führungsverhalten mit seinen vier Ausprägungen stellt die unabhängige Variable dar. Der Führungserfolg (also die Leistungen und die Zufriedenheit der Mitarbeiter) als Zielgröße der Weg-Ziel-Theorie ist die abhängige Variable. Der Zusammenhang zwischen Führungsverhalten und Führungserfolg wird zusätzlich durch die Erwartungen und die Valenzen (d. h. Wertigkeit der Zielerfüllung) der geführten Mitarbeiter bestimmt.

Für HOUSE ist es nun bedeutsam, dass die Führungskraft ihr Verhalten auf die jeweilige Führungssituation, in der geführt wird, ausrichtet. Solche Führungssituationen können in der Weg-Ziel-Theorie durch Merkmale der Umwelt, Merkmale der Geführten und Merkmale der Aufgabe selbst beeinflusst werden. Konkrete Ausprägungen dieser situativen Variablen können sein [vgl. STOCK/HOMBURG 2008, S. 420 f.]:

- Mangelndes Selbstvertrauen der Mitarbeiter
- Geringe Eindeutigkeit der Aufgaben
- Geringer Grad der Herausforderung durch die Aufgabe
- Ungerechte Belohnungen.

Für jede dieser Situationen gibt HOUSE Empfehlungen für die optimale Führung. So empfiehlt er bspw. bei einer geringen Eindeutigkeit der Aufgabe die direktive Führung, bei der die Erwartungen klar definiert und die Zuständigkeiten eindeutig geregelt werden. Erfolgreiche Führung im Sinne der Weg-Ziel-Theorie setzt also voraus, dass Führungskräfte die Situation und die Rahmenbedingungen analysieren, um das richtige Führungsverhalten danach auszurichten [vgl. STOCK/HOMBURG 2008, S. 420 ff.].

Empirische Untersuchungen konnten nachweisen, dass die partizipative Führung bei komplexen Aufgabenstellungen besonders sinnvoll ist. Darüber hinaus wurden in diesen Untersuchungen die unterstützende und die ergebnisorientierte Führung als universell, d. h. kulturunabhängig einsetzbar identifiziert. Dagegen hängt der Führungserfolg der direktiven und der partizipativen von der jeweiligen Länderkultur ab [vgl. SAGIE/KOSLOWSKI 1994; SCHRIESHEIM et al. 2006; WOFFORD/LISKA 1993].

3.2.7.3   Entscheidungsbaum

Zu den situativen Führungsansätzen zählt auch der 1973 von VICTOR H. VROOM und PHILIP W. YETTON vorgelegte Entscheidungsbaum. Er unterscheidet sich von den meisten anderen theoretischen Ansätzen durch einen stärkeren Anwendungsbezug, da er sich die Schlüsselaktivität einer Führungskraft – nämlich das Entscheidungsverhalten zum Ausgangspunkt nimmt.

Im Kern werden dabei fünf praxisrelevanten Situationsprofilen fünf entsprechende Führungsstile zugeordnet. Das Ergebnis des Ansatzes ist eine Entscheidungslogik, mit deren Hilfe die

Führungsperson die gegebene Führungssituation strukturieren und auf dieser Basis den geeigneten Führungsstil bestimmen kann.

Mit Hilfe von sieben Filterfragen, die in den Entscheidungsbaum eingearbeitet werden, kann die Führungsperson ein Profil seiner Entscheidungssituation erstellen.

Den praxisrelevanten Situationsprofilen werden sodann fünf Führungsstile zugeordnet.

Da sich die fünf Führungsstile nur durch das Maß der Mitarbeiterpartizipation an den Entscheidungen unterscheiden, ist der Entscheidungsbaum von VROOM/YETTON den eindimensionalen Führungstheorien zuzuordnen. Neben der Eindimensionalität des Führungsstils wird auch die „mechanistische" Anlage und der damit verbundene ständige Wechsel zwischen den Führungsstilformen kritisiert [vgl. JUNG 2006, S. 440 f.].

3.2.7.4 Drei-D-Modell

Das sogenannte Drei-D-Modell wurde von WILLIAM REDDIN [1981] entwickelt und ist ebenfalls den situativen Führungsansätzen zuzuordnen. Das Modell geht von den Dimensionen *Aufgabenorientierung* und *Beziehungsorientierung* und den daraus in der Ohio-Studie abgeleiteten vier Grundführungsstilen aus: Verfahrens-, Beziehungs-, Integrations- und Aufgabenstil. REDDIN ist der Ansicht, dass alle vier Grundstile je nach Situation effizient und erfolgreich sein können. Führungserfolg ist vor allem dann zu erwarten, wenn Führungssituation und Führungsverhalten übereinstimmen. Es ist also die Aufgabe der Führungsperson, zunächst die konkrete Führungssituation zu analysieren und daraufhin den geeigneten Führungsstil zu wählen. Um diese Überlegung deutlich zu machen, führt REDDIN eine dritte Dimension, die **Effektivität** ein.

Dementsprechend bekommen die vier Grundstile jeweils zwei zusätzliche Ausprägungen – eine mit niedriger und eine mit hoher Effektivität [vgl. SCHOLZ 2011, S. 401 f.]:

- Der **Verfahrensstil** ist durch Regeln, Vorschriften, Methoden und Verfahren gekennzeichnet und bevorzugt stabile Umweltbedingungen. Unter solchen Bedingungen praktiziert der *Bürokrat* (bzw. *Verwalter*) durchaus einen sinnvollen Führungsstil, weil er für einen reibungslosen Ablauf aller Prozesse entlang der fixierten Spielregeln sorgt. In dynamischen Umweltsituationen dagegen beharrt er auf Regeln und Vorschriften und behindert andere. REDDIN bezeichnet daher eine Führungskraft, die in einer solchen Situation den Verfahrensstil anwendet, als *Kneifer*.

- Der **Beziehungsstil** betont die guten Beziehungen zwischen der Führungskraft und seinen Mitarbeitern. In der Ausprägung als *Förderer* motiviert die Führungsperson ihre Mitarbeiter und sorgt für eine vertrauensvolle Atmosphäre. In der Ausprägung als *Gefälligkeitsapostel* geht sie allen Konflikten aus dem Wege und vernachlässigt die Zielerreichung.

- Beim **Aufgabenstil** stehen Leistung und das erreichte Ergebnis im Vordergrund. In der Ausprägung als *Macher* führt die Führungskraft ihre Mitarbeiter durch Erfahrung, Wissen und Initiative. Als *Autokrat* beharrt sie dagegen auf ihre Amtsautorität und überfordert die Mitarbeiter mit allzu ehrgeizigen Zielvorstellungen.

- Der **Integrationsstil** strebt nach einem ausgewogenen Verhältnis der Beziehungs- und der Aufgabenkomponente. In der Ausprägung als *Integrierer* entscheidet und führt die Führungskraft kooperativ, motiviert und fördert ihre Mitarbeiter zielorientiert. Als *Kompromissler* dagegen möchte es die Führungsperson allen recht machen, so dass die Bearbeitungszeit steigt und die Mitarbeitermotivation sinkt.

Das Drei-D-Modell von REDDIN verlangt von den Führungskräften, alle vier Führungsstile je nach gegebener Situation anzuwenden. Diese hohe Führungsstilflexibilität setzt ein gezieltes Training voraus.

3.2.7.5 Situatives Reifegradmodell

Das situative Führungskonzept von HERSEY und BLANCHARD [1981] nimmt die Auswahl des geeigneten Führungsstils in Abhängigkeit vom aufgabenrelevanten Reifegrad des Mitarbeiters vor. Ausgangspunkt des Modells sind die zwei Dimensionen *Beziehungsorientierung* und *Aufgabenorientierung*, die mit dem aufgabenrelevanten *Reifegrad* des Mitarbeiters als dritte Dimension verknüpft werden. Daraus ergeben sich vier Führungsstile [vgl. STOCK-HOMBURG 2013, S. 501]:

- **Autoritärer (unterweisender) Führungsstil** (*„telling"*). Dieser Führungsstil zeichnet sich durch eine hohe Aufgaben- und niedrige Beziehungsorientierung aus. Der aufgabenrelevante Reifegrad des Mitarbeiters ist gering bis niedrig. Die Führungskraft gibt dem Mitarbeiter eindeutig vor, welche Tätigkeiten dieser entsprechend auszuführen hat.

- **Integrierender (verkaufender) Führungsstil** (*„selling"*). Hohe Aufgaben- und hohe Beziehungsorientierung kennzeichnen diesen Führungsstil. Der aufgabenrelevante Reifegrad des Mitarbeiters ist ebenfalls gering bis niedrig. Die Führungsperson berücksichtigt bei der Entscheidungsfindung zwar die Meinung des Mitarbeiters, behält sich aber die letzte Entscheidung vor.

- **Partizipativer Führungsstil** (*„participating"*). Dieser Stil verbindet hohe Beziehungsorientierung mit niedriger Aufgabenorientierung. Der aufgabenrelevante Reifegrad des Mitarbeiters in diesem Bereich ist mittel bis hoch. Der Mitarbeiter spielt bei der Entscheidungsfindung und -durchsetzung eine aktive Rolle.

- **Delegationsstil** (*„delegating"*). Der delegierende Stil ist gekennzeichnet durch eine niedrige Aufgaben- und Beziehungsorientierung, wobei der aufgabenrelevante Reifegrad in diesem Segment als mittel bis hoch anzusetzen ist. Die Führungskraft überträgt dem Mitarbeiter die Entscheidungsbefugnis und die Verantwortung für die Durchführung.

Die Grundannahme dieses Modells ist, dass mit zunehmendem aufgabenrelevantem Reifegrad des Mitarbeiters der aufgabenorientierte Führungsbedarf abnimmt. So muss beispielsweise einem Mitarbeiter mit hoher Motivation, aber mit mäßigen bis geringen aufgabenorientierten Kenntnissen die Aufgabe eher „verkauft", bei geringer Motivation eher angewiesen werden.

Für die Führung von hoch motivierten Nachwuchskräften (High Potentials) eignen sich besonders der partizipative und der integrierende Führungsstil. Zur optimalen Führung muss der Vorgesetzte demnach in allen vier Führungsstilen kompetent sein [vgl. JUNG 2006, S. 433 f.].

Hier setzt auch die **Kritik** an diesem Modell an. Zum einen werden die extrem hohen Anforderungen an die Stilflexibilität der Führungskraft als Überforderung angesehen, zum anderen
wird bemängelt, dass andere situationsrelevante Faktoren vernachlässigt werden. Positiv wird
herausgestellt, dass die Fähigkeiten und Kenntnisse der Mitarbeiter, die in anderen Modellen
kaum oder gar nicht einbezogen werden, im Ansatz von HERSEY/BLANCHARD zur Geltung
kommen [vgl. JUNG 2006, S. 434].

Abbildung 3.33 veranschaulicht die vier situativen Führungsstile mit ihren Dimensionen.

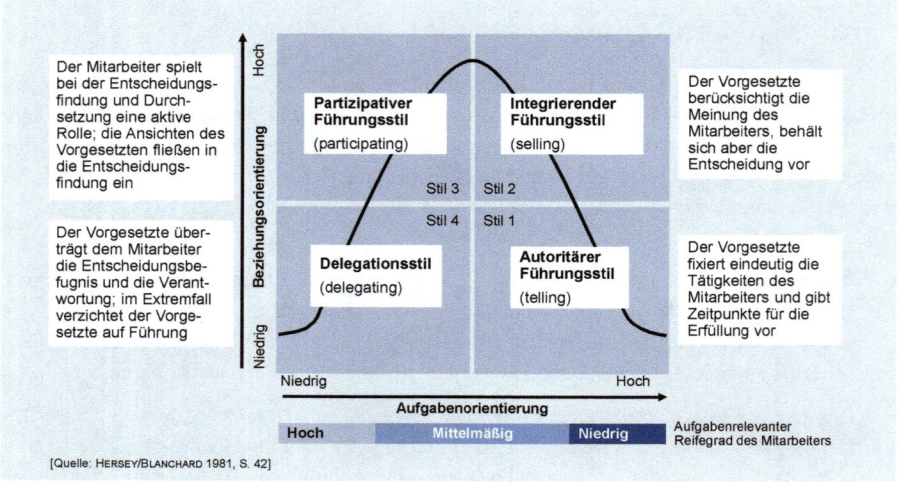

Abb. 3-33:   Das situative Führungskonzept von HERSEY/BLANCHARD

3.2.8 Neue Führungsansätze und -konzepte

Ständig formieren sich neue Herausforderungen an das Führen von Mitarbeitern. "New Work"
und "Digital Natives" sind die aktuellen Stichworte. Wo Manager in früheren Zeiten vor allem
aus der Zentrale agieren konnten, vergrößert sich ihr Wirkungsbereich sehr schnell, verteilt sich
meist auf mehrere Märkte und Umgebungen und vor allem auf Mitarbeiter einer neuen Generation. So ist es nur logisch, dass Führung sich solchen Gegebenheiten anpassen muss. Vor
wenigen Jahren ging man noch davon aus, dass Mitarbeiter eine starke Hand brauchen, dass
ihnen ein klares Ziel und vor allem der Weg dahin vorgegeben werden muss. Die neuen Führungsansätze berücksichtigen dagegen, dass auch gewisse Freiheiten und selbstständiges Handeln durchaus effizienter zum vorgegebenen Ziel führen können. **Klassische Führungstheorien und -konzepte** verbinden den Führungserfolg in erster Linie mit dem Verhalten und den
Eigenschaften des Vorgesetzten. **Neuere Ansätze** ermöglichen dagegen eine breitere Perspek-

tive auf Führung, indem sie den Interaktionsprozess zwischen Führungskräften und Mitarbeitern, die Bedeutung der Mitarbeiter und den organisationalen Kontext stärker in den Vordergrund rücken [vgl. LIPPOLD 2019d].

Nicht nur die Vielzahl von jährlich erscheinenden Führungsratgebern, sondern auch die Sichtung aktueller Trainingskonzepte macht deutlich, dass das Thema Personalführung und neue Führungskonzepte eine Blütezeit erlebt. Doch wie lässt sich die Flut neuer Führungstheorien und -konzepte erklären? Welches sind Ursachen und gesellschaftliche Kontexte ihrer Entstehung? Welche inhaltlichen Gemeinsamkeiten und welche Unterschiede lassen sich bei den neuen, teilweise sehr modisch klingenden Führungsansätzen ausmachen? Und vor allem: Welchen Nutzen bringen die neuen Konzepte? [vgl. im Folgenden auch LANG/RYBNIKOVA 2014, S. 16 ff.].

Beispielhaft für die Vielzahl neuer Führungsansätze, die auch kurz als New Leadership-Ansätze (und manchmal sogar als „Führungsinstrumente aus dem Silicon Valley") bezeichnet werden, sollen einige besonders intensiv diskutierten Konzepte vorgestellt werden. Im Vordergrund steht hierbei jedoch keine theoretische Durchdringung der einzelnen Führungsansätze, sondern lediglich eine kurze inhaltliche Darstellung der wichtigsten Ausprägungen:

- Super Leadership
- Geteilte und verteilte Führung
- Agile Führung
- Systemische Führung
- Virtuelle Führung
- Digitale Führung.

3.2.8.1   Super Leadership

Der **Super Leadership-Ansatz** (engl. *Super Leadership Theory*), der auf CHARLES MANZ und HENRY SIMS [1987 und 1991] zurückgeht, befasst sich mit den Herausforderungen einer dezentralen Arbeitswelt, in der es für Führungskräfte mitunter sehr schwierig sein kann, Mitarbeiter zeitnah zu erreichen und deren Verhaltensweisen in ihrem Verantwortungsbereich durch direkte Einflussnahme zu steuern. Vor diesem Hintergrund wird verstärkt auf weichere, weniger starre Formen der Arbeitsorganisation gesetzt. Diese beinhalten unter anderem eine größere Selbständigkeit der Mitarbeiter. Der Super Leadership-Ansatz, der zu den transformationalen New Leadership-Theorien zählt, beschäftigt sich daher intensiv mit der Antwort auf die Frage, wie es Führungskräften gelingen kann, Mitarbeiter zur Selbstorganisation oder „Selbstführung" zu motivieren bzw. zu befähigen. Diese Fähigkeit wird als „Self Leadership" bezeichnet. In der Theorie agiert also der Führende als „Super Leader", der seinen Mitarbeitern flexiblere Rahmenbedingungen für eine zweckgerichtete Selbststeuerung schafft [vgl. STOCK-HOMBURG 2013, S. 515 ff.].

Das Konzept der Super Leadership grenzt sich somit spürbar von klassischen Führungsstilen ab, bei denen der Vorgesetzte die Verhaltenssteuerung der Geführten übernimmt, den Spielraum seiner Mitarbeiter also klar begrenzt. Der Führende agiert nicht mehr als eine Art „Über-

Führer", sondern eher als am Arbeitsablauf orientierter Gestalter, der seinen Mitarbeitern Freiräume lässt und die Möglichkeit eröffnet, sich selbst zu organisieren. Der Vorgesetzte selbst sieht sich dabei als Prozessmoderator. Um eine erfolgreiche Self Leadership durchzusetzen, schlagen die Führungsforscher MANZ und SIMS einen mehrstufigen Prozess vor, an dessen Ende eine Einführung der Self-Leadership durch Super Leadership erfolgt ist. Dieses Ziel ist dann erreicht, wenn sich Mitarbeiter Aufgaben und Informationen selbstständig suchen und Entscheidungen eigenständig treffen. Grundlage sind dabei stets die Wertvorstellungen des Unternehmens und dessen Strategien [vgl. SCHIRMER/WOYDT 2016, S. 192].

Als Kritik zum Super-Leadership-Ansatz wird angemerkt, dass große Teile des Führungserfolges dann nicht von der Führungskraft abhängen, sondern vom Mitarbeiter beziehungsweise einzelnen Mitarbeitern. Außerdem ist fraglich, ob dieser Führungsansatz sinnvoll in allen Bereichen oder Branchen angewendet werden kann [vgl. WEIBLER 2016, S. 390].

3.2.8.2 Geteilte und verteilte Führung

Infolge von Globalisierung und Digitalisierung verbunden mit neueren Organisationsansätzen (Stichwort: flachere Hierarchien) und zunehmender Forderung nach stärkerer Demokratisierung unternehmerischer Entscheidungsprozesse rückt ein weiterer New Leadership-Ansatz in den Blickpunkt des Interesses – die geteilte Führung (engl. *Shared Leadership*). Bei diesem Ansatz steht, wie auch beim Super-Leadership-Ansatz, nicht mehr der Vorgesetzte als Alleinentscheider im Fokus des Führungsprozesses. Vielmehr steht die Frage im Vordergrund, wie Führung in Organisationen aufgeteilt werden soll, um Motivation und Leistung zu optimieren. Führung ist demnach nicht eine Kette von Anweisungen, die vom Vorgesetzten an seine Mitarbeiter weitergegeben wird. Vielmehr sollen sich Führender und Geführter vor dem Hintergrund der Zielvorgabe als quasi Gleichberechtigte sehen. Der Vorgesetzte agiert eher als Beschleuniger, statt die Rolle des Entscheiders einzunehmen [vgl. SCHIRMER/WOYDT 2016, S. 195 ff.; LANG/RYBNIKOVA 2014, S. 151 ff.].

Als Grund für das Entstehen dieser neuen Führungstheorie werden häufig der Wandel der Gesellschaft und der Einzug der „Generation Y" in den Arbeitsmarkt genannt, die nun nach und nach die Mitglieder anderer Generationen (Generation X) ablösen. Wo Mitglieder der Generation X mit Hierarchien und kontrollierten Abläufen aufgewachsen waren, stehen bei den heutigen Digital Natives der Generation Y viel stärker emotionale Werte im Fokus ihres Denkens und ihrer Haltung. Dies führt zwangsläufig dazu, dass die Arbeitsplatzwahl für Mitglieder der Generation Y oftmals an andere Ansprüche geknüpft ist als für die Vorgänger-Generationen. Neben der Kompetenz- und Führungserweiterung durch das Team ist ein Verständnis von geteilter Führung verbreitet, bei dem zwei Chefs die Führungsrolle in Teilzeit zusammen ausüben. Eine solche Variante der geteilten Führung bietet sich immer dann an, wenn Teilzeit im Unternehmen einen hohen, akzeptierten Stellenwert hat.

In der Praxis wird Shared Leadership unterschiedlich bewertet. Als positive Ergebnisse konnten oftmals mehr Vertrauen unter den Teammitgliedern, eine bessere Teamperformance und auch eine höhere Zufriedenheit der Beschäftigten festgestellt werden. „Fehlende Orientierung" oder „Machtmissbrauch" durch Teammitglieder sind dagegen als negative Effekte zu verbuchen. Um „Geteilte Führung" in einem Unternehmen zu etablieren, bedarf es eines gewissen Durchhaltevermögens, denn Teil einer Einführung ist sowohl eine Einübungs- als auch eine Findungsphase aller Mitwirkenden. Als begünstigender Faktor für die Einführung kristallisierte sich nach Studienergebnissen ein hoher Frauenanteil, verbunden mit einem insgesamt geringen Altersdurchschnitt, heraus. Außerdem zählten eine hohe ethnische Diversität und ein großes gegenseitiges Vertrauen innerhalb der Gruppe. Dementgegen stehen auf der Seite der Führungskräfte Faktoren wie Kontroll- und Machtverlust, Furcht vor Anarchie, persönliche Unsicherheit und mangelnde Fähigkeiten im Umgang mit nichtdirektivem Führungsverhalten. Auf Seiten der Mitarbeiter können Furcht vor zu viel Macht und Verantwortung sowie Angst vor Statusverlust eine Herausforderung darstellen [vgl. LANG/RYBNIKOVA 2014, S. 168 ff.].

In Abgrenzung zur geteilten Führung schließt das (etwas) weitergehende Konzept der **verteilten Führung** (engl. *Distributed Leadership*) über die Gruppe hinausgehende, aber in diese hineinwirkende strukturelle und z.T. auch kulturelle Führungsformen zusätzlich mit ein. Dabei spielen formale, pragmatische, strategische, regionale, aber auch kulturelle Verteilung von Führung dann eine Rolle, wenn die gemeinsamen Annahmen über eine natürliche Teilung der Führungsprozesse die Arbeitsgrundlage bilden [vgl. LANG/RYBNIKOVA 2014, S. 168 ff.].

Grundsätzlich haben Shared und Distributed Leadership-Ansätze immer dann eine besondere Relevanz, wenn es um Teilung und Verteilung von **Führungsaufgaben**, um Aufteilung der **Führungsverantwortung**, um Teilung und Verteilung von **Machtressourcen** sowie um **gemeinsame, kollektive Einflussausübung** geht.

3.2.8.3   Agile Führung

Eine praxisbezogene Ausprägung des Shared Leadership ist die agile Führung, die seit Jahren stark an Bedeutung gewinnt. Dabei wird agile Führung als Verhalten interpretiert, bei der die Mitarbeiter selbstbestimmt den Weg der Aufgabenbewältigung festlegen und somit in Entscheidungen eingebunden werden. Wichtig ist dabei, dass hierarchische Strukturen aufgebrochen werden. Mitarbeiter sollen ihre Kompetenzen selber erkennen, einschätzen und sich gegenseitig Feedback geben. Agiles Führen kann sogar bedeuten, dass Führungsfunktionen nach dem Motto „Mitarbeiter wählen ihren Chef" infolge eines basisdemokratischen Wahlprozesses temporär auf einzelne Mitarbeiter übertragen werden [vgl. SCHIRMER/WOYDT 2016, S. 200].

Der Begriff **Agilität** unterscheidet folgende Ebenen:

- Agile Werte und Prinzipien, die im sogenannten *agilen Manifest* festgelegt sind,
- Agile Methoden (z.B. Scrum, IT-Kanban, Design Thinking) und
- Agile Praktiken, Techniken und Tools (Product Owner, Product Backlog, Time Boxing).

Die agile Führung ist in der Softwareentwicklung entstanden und dort inzwischen eher die Regel denn die Ausnahme. Aber auch im IT-nahen Umfeld, wie beispielsweise der Einführung von ERP-Systemen und im Non-IT-Bereich, wie der Produktentwicklung, spielen agile Methoden und Prinzipien eine immer wichtigere Rolle. Agile Methoden stellen Werte und Prinzipien in den Vordergrund, wo bisher Methoden und Techniken im Fokus waren. Die Softwareentwicklungsmethodik **Scrum** kann dabei als eine Art Vorreiter der agilen Führung bezeichnet werden: Anstatt Projekte nach starren Plänen zu führen, gehen agile Projekte flexibler vor. Scrum kommt aus dem Rugby-Sport und bezeichnet eine „Gedränge-Formation", in der sich die beiden Teams nach einer kurzen Spielunterbrechung zur Weiterführung wieder zusammenfinden. Scrum setzt auf selbstorganisierende Teams ohne Projektleiter in der Softwareentwicklung. Die Teams teilen das Gesamtprojekt in kurze Intervalle (Sprints) auf. Am Ende der Intervalle stehen in sich abgeschlossene Teilergebnisse, die durch eigenverantwortliche und selbstorganisiert arbeitende Entwickler realisiert werden. Damit wird auf die bisher sehr umfangreichen, bürokratischen Planungs- und Vorbereitungsprozesse verzichtet, die letztlich zu einer Trennung von Planung und Ausführung führten [vgl. SCHIRMER/WOYDT 2016, S. 199].

In agilen Organisationen „formieren sich Mitarbeiter in Squads (interdisziplinäre Produktteams), Tribes (Zusammenschluss von Squads mit gemeinsamer Business Mission) und Chapters (Wissens- und Erfahrungsschwerpunkte über die Squads hinweg) zu ständig neuen Teams. Die Führungsorganisation umfasst Product Owners (Prozessverantwortliche innerhalb eines Squads), Tribe Leads (Managementverantwortliche innerhalb eines Tribes) und Chapter Leads (hierarchische Funktion mit ganzheitlicher Personalverantwortung innerhalb eines Chapters). Zusätzlich bieten agile Coaches individuelle Begleitung von Einzelpersonen oder Moderation von Teams an" [JOCHMANN 2019].

Agile Methoden treffen immer dann auf fruchtbaren Boden, wenn sich das Führungsverständnis zunächst der Projektmanager und dann der Führungskräfte mit wandelt. Der Boden hierfür scheint aber gut aufbereitet, denn agile Methoden finden zunehmend Interesse bei Teamleitern wie im Top-Management und werden deutlich positiver bewertet als die des klassischen Projektmanagements. Allerdings zeigen Umfragen, dass erst 20 Prozent aller befragten Unternehmen (n = 902) agile Methoden durchgängig („nach Lehrbuch") bei der Durchführung und Planung von Projekten einsetzen und nutzen [Quelle: GPM-Status Quo Agile 2017].

3.2.8.4   Systemische Führung

Obwohl die transformationalen New-Leadership-Ansätze davon ausgehen, dass Entscheidungsprozesse weitgehend selbstorganisiert durch die Mitarbeiter geschehen, so sind sie jedoch noch so gestaltet, dass Führungskräfte steuernd eingreifen können. Bei der **systemischen Führung** betrachtet man Unternehmen als Systeme, in denen Lenkungshandlungen dagegen zu einer Vielzahl von direkten und indirekten Führungsreaktionen führen, womit eine klassische, beeinflussende Führung „unmöglich" wird. „Systeme sind Ganzheiten, die sich aus einzelnen Elementen zusammensetzen die miteinander über Relationen verbunden sind und interagieren Unternehmen stellen mit ihren Subsystemen und Elementen, d. h. Abteilungen und Mitarbeitern, komplexe Systeme dar. Komplexität beschreibt dabei die Fähigkeit eines Systems, eine große Zahl verschiedener Zustände einnehmen zu können bzw. mit einer großen Zahl unterschiedlich zusammengesetzter Reaktionen auf Impulse reagieren zu können." [SCHIRMER/WOYDT 2016, S. 201].

Mit dieser Beschreibung werden Unternehmen von einfacheren Systemen wie zum Beispiel Maschinen, die auf gewisse Reize nur mit einer bestimmten Reaktion antworten können, abgegrenzt. Bei der systemischen Führung geht man davon aus, dass die **Komplexität** ein wichtiger Bestandteil wirksamer Führung ist. Dabei beschränkt sie sich nicht auf die Beziehungen zwischen Führungskräften und Mitarbeitern allein, sondern schließt die Beziehungen aller beteiligten Stakeholder des Systems ein. Die Führungskraft agiert dabei lediglich als Impulsgeber. Aufgrund der großen Komplexität und der vielen Einflüsse ist ein Steuern der Prozesse durch die Führungskraft so kaum noch möglich.

Der wichtigste Baustein der systemischen Führung ist die **Kommunikation.** Hierbei gilt es vor allem, den Mitarbeitern durch eine gezielte Gesprächsführung neue Perspektiven darzustellen. Ziel dabei ist allerdings nicht, dass alle Mitarbeiter später eine einheitliche Sichtweise vertreten. Um zu diesem Punkt zu kommen, werden von Führungskräften Werkzeuge wie Skalen- oder Klassifikationsfragen genutzt. Skalenfragen werden dazu eingesetzt, um Wertigkeiten oder Bedeutungen einschätzen zu können. Eine mögliche Skalenfrage wäre hier: „Wie wichtig ist auf einer Skala von eins bis zehn die Zufriedenheit unserer Mitarbeiter?" Eine Klassifikationsfrage wird eingesetzt, um unterschiedliche Betrachtungsweisen erkennbar zu machen, so beispielsweise: „Welche unserer neuen Produkte werden den meisten wirtschaftlichen Erfolg bringen?"

Die Systemische Führung liefert keine einfachen Lösungen in Form von Handlungsanweisungen. Daher wird versucht, die wahrgenommene Realität der Mitarbeiter so zu beeinflussen, dass Lösungen selbstorganisiert gefunden werden können. Allerdings verwehrt die sehr spezifische Theoriefundierung vielen Praktikern einen Zugang zur Systemischen Führung [vgl. SCHIRMER/WOYDT 2016, S. 203].

3.2.8.5   Virtuelle Führung (Führung mit neuen Medien)

Virtualität beschreibt Eigenschaften eines konkreten Objekts, die nicht physisch, aber durch den Einsatz von Zusatzspezifikationen (z.B. von neuen Kommunikationsmöglichkeiten) realisiert werden können. Bei virtueller Führung kann mit Hilfe dieser Zusatzeigenschaften trotz physischer Abwesenheit von Führungskräften geführt werden. Es geht hier also nicht um die „Führung der Möglichkeit nach", sondern um die Führung realer Mitarbeiter mit Hilfe von modernen Informations- und Kommunikationstechnologien bzw. sozialen Medien [vgl. WALD 2014, S. 356 ff.].

Das zentrale Problem virtueller Führung ergibt sich aus der **Distanz** bzw. den fehlenden persönlichen Kontakten zwischen Führenden und Geführten. Dabei ist die Entfernung nicht entscheidend für die Effektivität der Kommunikation, wohl aber für die Effektivität der Führung. Der fehlende persönliche Bezug und fehlende Informationen zum sozialen Kontext erschweren den Aufbau sozialer Beziehungen und von Vertrauen. Dies kann Passivität und Leistungszurückhaltung der Mitarbeiter hervorrufen. Andererseits werden der Umgang mit dieser Distanz, d.h. die erfolgreiche Kommunikation mit modernen Medien, sowie der Aufbau und der Erhalt von Vertrauen, unter virtuellen Bedingungen unverzichtbar. Letztlich sind es nach PETER M. WALD vier Perspektiven, aus denen man sich dem Phänomen der virtuellen Führung nähern kann:

- Virtuelle Führung als Führung aus der Distanz
- Virtuelle Führung als E-Leadership – Mit neuen Medien führen
- Virtuelle Führung als Führung mit neuen Beziehungen
- Virtuelle Führung als emergente (neu aufkommende) Führung.

Führung kann unter virtuellen Bedingungen auf verschiedene Instanzen „verteilt" werden, d.h. die Teamführung, wenn also Teammitglieder gemeinsam Führung ausüben, kann unter virtuellen Bedingungen empfehlenswert zu sein, weil damit die Selbststeuerungsfähigkeit des Teams erhöht wird. Gemeinsam ausgeübte Führung beeinflusst die Leistung stärker als in konventionellen Teams. Fragen nach dem Verhältnis der Führungsformen (zentral/verteilt, transaktional/transformational), Wirkungen ihres Einflusses und die Umsetzung interaktionaler Führung unter virtuellen Bedingungen sind aber bislang noch unbeantwortet. Abbildung 3-34 fasst die verschiedenen Perspektiven virtueller Führung und ihre Kernaussagen zusammen.

Perspektive	Spezifische Sicht	Kernaussagen
Distanz	Virtuelle Führung als Führung aus der Entfernung, die Vertrauen voraussetzt	Virtuelle Führung ist Führung räumlich entfernter Personen, ist Führung mit zusätzlichen Charakteristika, wie räumliche, soziale, kulturelle Distanz, ist medienunterstützte Führung und findet unter veränderten Organisationsformen statt
Neue Medien	Virtuelle Führung als Führung unter Nutzung von Neuen Medien, Informations- und Kommunikationstechnologien und sozialen Medien, Führung als E-Leadership	Virtuelle Führung ist ein sozialer Einflussprozess, der durch Medien vermittelt wird, um Veränderungen in Einstellungen, Emotionen, dem Denken und Verhalten und/oder der Leistung von Individuen, Gruppen und/oder Organisationen zu erreichen
Neue Beziehung	Virtuelle Führung als Führung mit veränderten Führungsbeziehungen, neu verteilten Informationen und neuen Kontrollmöglichkeiten	Virtuelle Führung ist Führung, die den veränderten Möglichkeiten einer veränderten Verteilung von Informationen insbesondere durch verstärkten Einsatz von sozialen Medien Rechnung trägt, bei der es auch zu Emergenzen kommen kann
Führungsstilpräferenz	Virtuelle Führung als Führung in virtuellen Organisationen oder unter den Bedingungen der Virtualität	Unter virtuellen Bedingungen oder bei verstärkter Nutzung von IuK kommt es zu veränderten Präferenzen hinsichtlich der verschiedenen Führungskonzepte: geeignet scheinen v.a. geteilte/transaktionale/transformationale sowie partizipative, zielorientierte Führung

[Quelle: WALD 2014, S. 368]

Abb. 3-34: Zusammenfassung von Kernaussagen zur virtuellen Führung

Die Empfehlungen zur Gestaltung virtueller Führung beinhalten neben Hinweisen für die Auswahl und Entwicklung von Führungskräften auch konkrete Vorschläge zur Umsetzung virtueller Führung mittels Kommunikation, Vertrauen, Beziehungen und Distanzführung. In Abbildung 3-35 finden sich entsprechende Vorschläge zu ausgewählten Anforderungen.

Anforderungen	Beispiele
Kommunikation bzw. kommunikative Fähigkeiten	• Zuhören, Sondieren, Beratungen führen • Anreicherung der Kommunikation • Medienkompetenz und Fähigkeit zum konstruktiven Feedback, Kommunikation einer klaren Vision
Vertrauen bzw. Vertrauensaufbau	• Förderung von Bindung und Commitment • Aufbau und Unterstützung des Vertrauens durch neue Medien, Sicherstellung, dass Diversität angenommen wird • Fairnessbewusstsein, hohe Integrität und Vertrauensbereitschaft
Umgang mit Beziehungen	• Gezielter Aufbau und Erhalt der Beziehungen auch durch uK/soziale Medien • Erkennen von Bedürfnissen über die Distanz sowie partizipative Orientierung • Förderung einer Atmosphäre der Zusammenarbeit und Empowerment
Distanzführung	• Arbeitsfortschritte erkennen, Zielerreichung kontrollieren, Work-Life-Balance sichern, Umgang mit Komplexität • Steuerung virtueller Work-Life-Zyklen, Teamfortschritte (mit Medien beobachten), Ausbau der Sichtbarkeit der Teammitglieder • Niedriges Kontrollbedürfnis und realistische Zielsetzung

[Quelle: WALD 2014, S. 375]

Abb. 3-35: Ausgewählte Anforderungen an Führungskräfte im virtuellen Kontext

3.2.8.6 Digitale Führung

Zunächst eine Klarstellung: Es gibt keine „digitale Führung" (und sollte es auch nie geben). Gemeint ist vielmehr eine „digitale Führungs**kompetenz**". Hinter dem Begriff „Kompetenz" steht die Frage, ob eine Person die Fähigkeit besitzt, selbstorganisiert zu handeln. Kompetenzen bilden den Kern dessen, was man als einen fähigen Mitarbeiter bezeichnet. Kompetenzen sind der zentrale Faktor für die Leistungsfähigkeit des Individuums und damit auch für die Leistungsfähigkeit des Teams, der Abteilung und des Unternehmens als Ganzes. Im Mittelpunkt steht demnach die tatsächliche Handlungsfähigkeit der betreffenden Person. **Kompetenzen** gehen damit deutlich über **Qualifikationen** hinaus. Während eine Qualifikation bestätigt, dass ein formal definiertes und – zumindest in der Theorie – objektives Lernziel (z.B. der Bachelorabschluss in Business Administration) erreicht wurde, bezieht sich eine Aussage über die Kompetenz einer Person darauf, welche Fähigkeiten eine Person tatsächlich besitzt [vgl. CIESIELSKI/SCHUTZ 2016, S. 105 f.].

Kompetenzen umfassen die Gesamtheit der Erfahrungen, Handlungsantriebe, Werte und Ideale einer Person oder einer Community. In der Kompetenzforschung haben sich nach ERPEN-BECK/HEYSE **vier Schlüsselkompetenzgruppen** herausgebildet (siehe Insert 3-08 sowie ausführlich Abschnitt 3.4.2):

- **Personale Kompetenzen** (z.B. Loyalität, Glaubwürdigkeit, Eigenverantwortung)
- **Aktivitäts- und Handlungskompetenzen** (z.B. Tatkraft, Entscheidungsfähigkeit, Initiative)
- **Fach- und Methodenkompetenzen** (z.B. Fachwissen, Planungsverhalten, Marktkenntnisse)
- **Sozial-kommunikative Kompetenzen** (z.B. Kommunikations-, Integrations-, Teamfähigkeit).

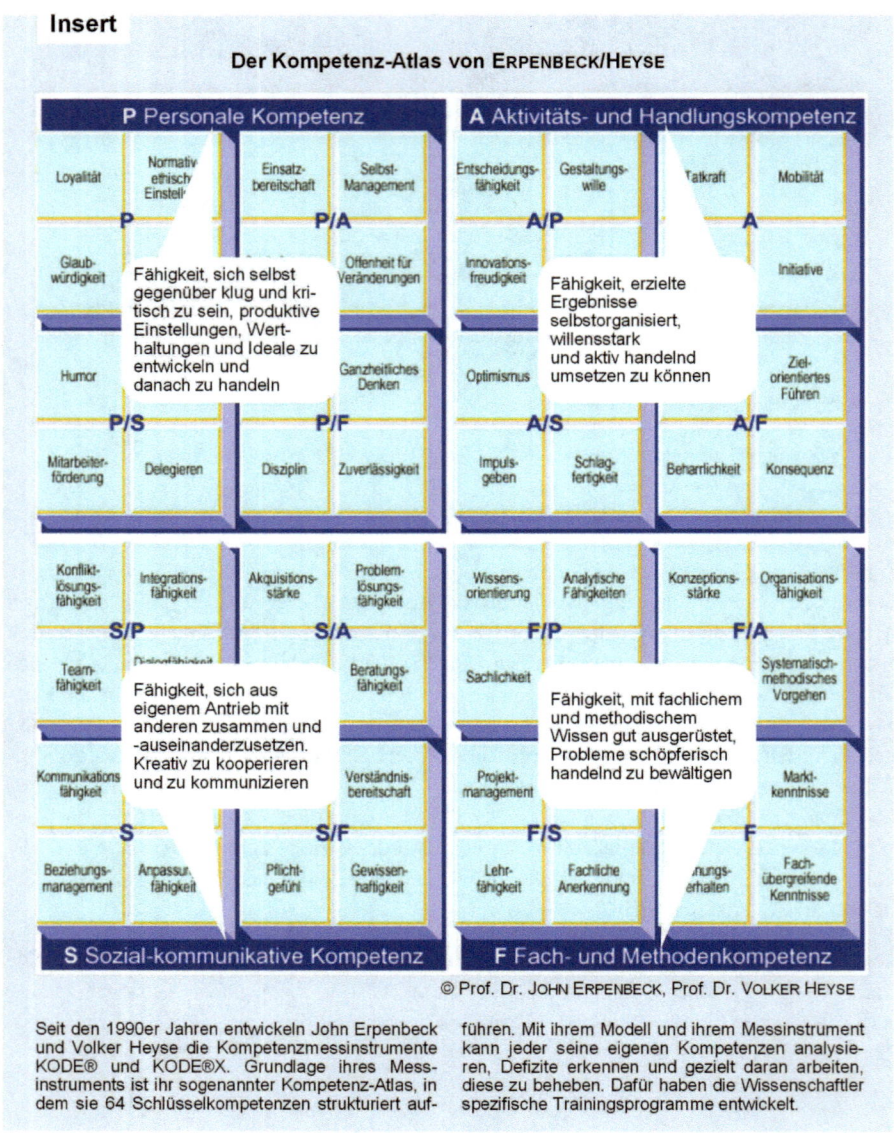

Insert 3-08: Der Kompetenz-Atlas nach ERPENBECK/HEYSE

Explizit *nicht* enthalten in den Schlüsselkompetenzgruppen ist die **Führungskompetenz**. Sie ist vielmehr eine **Querschnittskompetenz**. Führungskompetenz wird am häufigsten mit folgenden Schlüsselkompetenzen in Verbindung gebracht:

- Kommunikationsfähigkeit
- Entscheidungsfähigkeit
- Teamfähigkeit.

Interessanterweise liegt bislang das Augenmerk bei den Führungstrainings allerdings auf den Methoden und Fachkompetenzen.

Geht man jetzt von der (herkömmlichen) Führungskompetenz zur **digitalen Führungskompetenz** über, so kommen ganz offensichtlich zwei Kompetenzen hinzu, die in der Kompetenzarchitektur so nicht zu finden und daher ebenfalls als Querschnittskompetenzen zu bezeichnen sind: die Medienkompetenz und die interkulturelle Kompetenz. **Medienkompetenz** wird zwar nicht unbedingt von einer Führungskraft erwartet, der sichere Umgang mit sozialen Medien wird aber immer wieder als entscheidender Mangel aktueller Führungskräfte angesehen. Als solch ein Mangel gilt auch die **interkulturelle Kompetenz**, denn in der Praxis nehmen Führungskräfte meist nur dann an interkulturellen Trainings teil, wenn sie eine längere Zeit im Ausland verbringen werden. Auf der Grundlage dieser beiden (zusätzlichen) Kompetenzen müssen für die konkreten Führungsaufgaben verschiedene Teil- und Schlüsselkompetenzen ermittelt, definiert und gewichtet werden [vgl. CIESIELSKI/SCHUTZ 2016, S. 122].

3.2.9 Zur Vereinbarkeit alter und neuer Führungskonzepte

3.2.9.1 Führungserfolg und Führungsverständnis im Vergleich

Alle genannten Führungskonzepte haben zwar ihren Ursprung in neuen Anforderungen (Umgang mit räumliche Distanz, mit neuen Medien, mit flachen Hierarchien, mit unterschiedlichen Wertvorstellungen verschiedener Generationen etc.), letztendlich sind es aber sehr ähnliche und teilweise überschneidende Ausprägungen eines grundsätzlich neuen Führungsverständnisses, das sich wie folgt skizzieren lässt:

- **Gemeinsames Verständnis** von Zielen und Aufgaben als sich entwickelnde Basis der Kommunikation
- **Gemeinsame Verantwortlichkeit der Gruppe** für den Prozess und die Entwicklung der eigenen Kooperationsfähigkeiten
- **Gemeinsame, selbstorganisierte Führung**, sowohl auf Projekt- als auch auf Abteilungsebene
- Jahresendprozesse **ohne Kalibrierung** der Mitarbeiter
- Hohes Maß an gegenseitigem **Vertrauen**
- Hinterfragen der **Sinnhaftigkeit** von Aufgaben und Akzeptanz einer **positiven Fehlerkultur.**

Abbildung 3-36 liefert einen groben Vergleich klassischer und neuer Führungskonzepte.

	Klassische Ansätze	Neuere Ansätze
Einflussausübung	Einseitig	Wechselseitig
Führungshandeln	Führungsstil	Strategien, Taktiken
Machtbeziehung	Herrschaft der Führer	Anteil der Geführten, Machtbalancen
Instrument der Zielerreichung	Erfolg abhängig von Führungsstil	Viele Faktoren, vernetzt, zirkulär, viele Alternativen
Merkmal der Persönlichkeit	Eigenschaften der Führungskraft	Zuschreibung durch Geführte
Gruppenphänomen	Formelle Führung, Statik	Informelle, emergente Prozesse, Dynamik
Führungsansätze	Eigenschaftsansatz, Verhaltensansatz, Situativer Ansatz	New Leadership-Ansätze, Systemische Ansätze, Virtuelle Ansätze

[Quelle: modifiziert nach LANG/RYBNIKOVA 2014, S. 24]

Abb. 3-36: Vergleich klassischer und neuerer Führungskonzepte

In den neuen Führungskonzepten wird die Führungsrolle also ziemlich anders gesehen als in den klassischen Führungstheorien. Wesentliche Elemente der **Führung** übernehmen selbstorganisierte Teams. Damit liegt einer Organisation, in der praktisch jeder Führung übernehmen kann, eine ganz andere Führungshaltung zugrunde: Mitarbeitern wird grundsätzlich vertraut. Solche Organisationsmodelle entsprechen in ihrer ausgeprägten Form dem **transformationalen und kooperativen Führungsstil**.

3.2.9.2 Umsetzung neuer Führungskonzepte in die Praxis

Wirft man einen Blick auf die gegenwärtige Führungspraxis in deutschen Unternehmen, so lässt sich das Aufeinanderprallen von klassischen und neuen Führungskonzepten am besten an den beiden Polen unserer Unternehmenslandschaft illustrieren: Start-ups und Großunternehmen [siehe im Folgenden LIPPOLD 2017, S. 370 ff.].

(1) Umsetzung in Start-ups

Start-ups, die häufig (noch) keinerlei Hierarchien kennen, verstehen sich sehr gut darin, alle Eigenschaften der Generation Y (und zunehmend auch der Generation Z) zu nutzen und auch in ihrem Sinne zu bestärken. Wo andere Unternehmen an ihre Grenzen stoßen und mit den Eigenschaften und Ansichten der **Digital Natives** (wie z.B. das permanente Hinterfragen der traditionellen Praxis) nicht umgehen können, werden sie in Start-ups unterstützt. Im Gegenzug sind zumindest die „Ypsiloner" bereit, eine hohe Leistungsbereitschaft zu zeigen. Statussymbole wie Dienstwagen sind von geringerer Bedeutung. Wichtig dagegen ist die intrinsische Motivation der Mitarbeiter. Sie hinterfragen die zu erledigenden Aufgaben und wollen die Sinnhaftigkeit darin erkennen. Ähnliches gilt auch für das Feedback. Zwar suchen Mitarbeiter der Generation Y offensiv das Feedback, jedoch entscheiden sie kritisch, ob sie es annehmen. Für Start-ups ist es wichtig, dass Führungskräfte zwar ein klares Ziel definieren, jedoch nicht den dorthin Weg vorgeben. Dadurch können sich Mitarbeiter mit der Aufgabe identifizieren und sind motivierter. Das steigert wiederum die Zufriedenheit und Loyalität. Bei den Freiräumen, die Mitarbeiter bei diesem „Coaching-Ansatz" genießen, geht **Autorität** nicht verloren. Diese erhält die Führungskraft aber nicht durch Status oder Macht. Vielmehr ist wichtig, dass sie gegenüber dem Mitarbeiter eine natürliche Autorität (besser: **Respekt**) erlangt. Das kann dadurch erreicht werden, dass Mitarbeiter durch die Erfüllung von Zielen auch ihren persönlichen Zielen näherkommen. Dadurch akzeptiert sie die Führungskraft. Wichtig für die jungen Mitarbeiter ist die Authentizität der Führungskraft. Merkt der Mitarbeiter, dass ihm etwas vorgespielt wird, verliert er schnell den Respekt gegenüber seinem Vorgesetzten [vgl. RIEDERLE 2014].

(2) Umsetzung in Groß- und Mittelbetrieben

Der enorme Erfolg, den Start-ups mit ihren innovativen Führungsstilen haben, bleibt auch **großen Unternehmen** nicht verborgen.

„Wir erleben gerade einen Paradigmenwechsel in deutschen Unternehmen. Entscheidungsfähigkeit und Macht werden zunehmend auf Teams oder Projektgruppen verlagert. Der einzelne kluge Kopf wird Teil von Kooperationsnetzen. Geführte erwarten zunehmend andere Menschenführung, Führungskräfte sind zunehmend auf der Suche nach einem anderen Verständnis von Führung und beide wollen eine neue Führungskultur" [THOMAS SATTELBERGER in Forum Gute Führung 2014, S. 17].

Viele Unternehmen übernehmen gewisse Aspekte der neuen Führungsansätze, die sich aus dem Umgang mit den veränderten Wertvorstellungen der neuen Generationen ergeben (siehe Insert 3-09), und führen sie in den eigenen Organisationen ein.

Ein Musterfall dafür ist der Verlag AXEL SPRINGER SE, dessen Aktivitäten als beispielhaft im Umgang mit den besonderen Herausforderungen der digitalen Transformation gelten. Im Rahmen seiner Umstrukturierung vom physischen Print-Verlag zum digitalen Medienkonzern tätigte AXEL SPRINGER in den Jahren 2006 bis 2015 mehr als 230 Investments vornehmlich in Start-up-Unternehmen. Aufgrund der Erfahrungen mit diesen M&A-Aktivitäten wirbt der Konzern mit dem Slogan „Alle Chancen eines Start-ups". Mit dieser Arbeitgeberkampagne will man potenziellen Mitarbeitern zeigen, dass das Unternehmen die Sicherheit und Vorteile eines Konzerns und gleichzeitig die Dynamik und Arbeitskultur eines kleineren Start-ups bietet [vgl. LAUDON 2017].

Insert

[Quelle: AXEL SPRINGER SE]

Wie kaum ein anderes Unternehmen der Medien-branche hat sich die AXEL SPRINGER SE auf die digitale Transformation eingestellt. Zu den jüngeren strategischen Maßnahmen zählen der Verkauf verschiedener Zeitungen und Zeitschriften an die FUNKE Mediengruppe sowie die Zusammenführung von N24 und Welt-Gruppe. Neue Akquisitionen im Bereich Rubriken und diverse Investitionen in journalistische Portale in den USA sowie eine neue Marktsegmentierung in die Bereiche ‚Bezahlange-bote‘, ‚Vermarktungsangebote‘ und ‚Rubrikenan-gebote‘ runden die strategische Neuausrichtung ab. Die digitale Transformation erfordert aber nicht nur neue Geschäftsstrategien, sondern auch neue Führungsmodelle, die sich an den veränderten Werten der Mitarbeiter orientieren müssen.

Insert 3-09: „Die alten Werte verändern sich"

Ziel dieser Neuformierung in Richtung digitaler Führung muss es sein, die Führungskompetenz dahingehend zu entwickeln, dass mit Begeisterung und Offenheit geführt wird.

Begeisterung deshalb, weil selbst begeistert sein und andere begeistern können, zwei der wichtigsten elementaren Führungseigenschaften sind. Begeisterung vor allem auch deshalb, weil die Generation Z (Geburtsjahrgänge ab 1995) in der Führung durch Begeisterung einen ganz wichtigen Schlüssel für oder gegen ein Unternehmen als Arbeitgeber sieht.

Offenheit deshalb, weil in einer sich ständig ändernden Umwelt eine permanente Lern- und Veränderungsoffenheit essentiell ist. Offenheit aber auch deshalb, weil organisationale Offenheit und damit **Vertrauen** die Währung im digitalen Zeitalter und in der digitalen Führungskultur ist.

3.2.9.3 Hybride Führungskraft

Um in dem neuen, digital geprägten Umfeld zu bestehen, ist also ganz offensichtlich die **hybride Führungskraft** ein möglicher Schlüssel zum Führungserfolg. Das heißt, für die Führungskraft ist es wichtig, sowohl in der virtuellen als auch in der analogen Welt als ein menschliches Wesen wahrgenommen zu werden, um mit den Mitarbeitern deren Werte teilen zu können. Am Ende sind es Persönlichkeiten, die Präsenz zeigen und eine Identität sichtbar machen, die offline und online zur Kenntnis genommen werden kann. Auf die aktive Gestaltung solcher Identitäten sollte Führung in der digitalen Welt viel Wert legen [vgl. CIESIELSKI/ SCHUTZ 2015, S. 140 ff. und HILDEBRANDT et al. (2013), S. 163 ff.].

HILDEBRANDT et al. unterscheiden im Kontext hybrider Arbeitsräume drei **Präsenzarten**.

- Soziale Präsenz (engl. *Social Presence*)
- Kognitive Präsenz (engl. *Cognitive Presence*)
- Führungspräsenz (engl. *Leadership Presence*).

Soziale Präsenz ist die Wahrnehmung, die andere von einem als Person in einem virtuellen Umfeld haben. In virtueller Interaktion kann soziale Präsenz im Wesentlichen durch folgende Reaktionen gezeigt werden:

- Affektive Reaktionen (wie Emotionen, Humor, Selbstoffenbarungen)
- Bindende Reaktionen (Ausrufe und Grüße, die Gruppe mit „wir" und „unser" ansprechen)
- Bezugnehmende Reaktionen (Nutzung von „Bearbeitungsfunktionen", direktes Zitieren, Bezugnehmen auf die Inhalte anderer Nachrichten).

Kognititve Präsenz ist das menschliche Vermögen, Bedeutungen und Wissen aus einem Prozess der Reflexion und Kommunikation in einem virtuellen Rahmen zu ziehen. Wenn Einsichten aus Diskussionen und Konflikten gewonnen werden, wenn Synthesen vorgeschlagen und Informationen ausgetauscht werden oder wenn Probleme angesprochen oder Lösungsvorschläge gemacht werden, so sind dies Indikatoren für kognitive Präsenz.

Führungspräsenz schließlich bindet soziale und kognitive Präsenz zusammen, sorgt proaktiv dafür, dass die technischen und kulturellen Rahmenbedingungen vorhanden sind, in denen die

Gruppe interagieren kann. Es werden Beziehungen und Aufgaben betrachtet und stets als Rollenvorbild agiert. In den meisten Fällen geht es um Formen der Moderation und des Coachings. Eine digitale Führung sollte stets virtuelle Verfügbarkeiten haben. So sollte die Führungskraft einmal die Woche z. B. via WebEx online zur Verfügung stehen oder die Präsenz durch das Schreiben eines Blogs erhöhen.

Soziale, kognitive und Führungskompetenz sind auch das Ergebnis der **Medienkompetenz** der jeweiligen Führungskraft. Medienkompetenz als Teil der digitalen Führungskompetenz ist dabei als eine Querschnittskompetenz zu betrachten, die das Entwickeln verschiedener Kompetenzbereiche notwendig macht – ähnlich der digitalen Führungskompetenz. Dabei geht es unter anderem darum, den richtigen Medienmix für die optimale Zusammenarbeit zu finden.

Medienkompetenz macht vor allem auch Generationsunterschiede deutlich, denn bei dieser Kompetenzart geht es nicht allein um die Frage, welche Medien eingesetzt werden, um zu kommunizieren, sondern es muss auch berücksichtigt werden, mit welchem Kompetenzniveau die jeweilige Gruppe an die Anwendung der Technologien herangeht. Wird die gesamte Bandbreite der Medienkanäle nicht ausprobiert, kann es durchaus vorkommen, dass nicht alle Gruppenmitglieder ihre Probleme und Herausforderungen rechtzeitig und stark genug kommunizieren können.

3.2.9.4   Zur Demokratisierung von Führung

Allen neuen Führungsansätzen ist eines gemeinsam: Sie weisen einen deutlich höheren **Demokratisierungsgrad** auf als die klassischen Führungskonzepte [vgl. im Folgenden LIPPOLD 2018c].

Es ist zwar richtig, dass Führungskräfte, die auf persönliche Macht, Einfluss, Status und Prestige fixiert sind, in jeder Organisation überflüssig sind. Unter solch einer schlechten Führung haben alle Mitarbeiter zu leiden und hier trifft sicherlich die Erkenntnis zu, dass ein Mitarbeiter, der kündigt, nicht das Unternehmen, sondern den Chef verlässt.

Die Frage aber ist, ob man deshalb die Führung total „demokratisieren" sollte? Und überhaupt: Wie viel Demokratie verträgt Führung eigentlich?

Wollen wir wirklich nicht mehr von den Vorteilen guter Führung profitieren? Wollen wir auf motivierende Zielsetzungen, positiv wirkendes Feedback, Wertschätzung der Arbeit, individuelle Forderung und Förderung und ein offenes Ohr für die Sorgen der Mitarbeiter verzichten? Wären Fußballmannschaften ohne Trainer wie Pep Guardiola, Jürgen Klopp oder Jupp Heynckes genauso erfolgreich, wenn sie sich selbstorganisieren würden? Wer in einer Organisation arbeitet, in der Führung durch Vorgesetzte positiv wirkt, käme wohl kaum auf die Idee, die Führungskräfte abzuschaffen [vgl. SCHERER 2018a].

Bei aller Euphorie über die neuen, progressiven Zusammenarbeitsmodelle sollte die Passung von Führungsstil und Organisationsform immer wieder auf den Prüfstand gestellt werden. Denn es gibt es einen Punkt, an dem der optimale Grad der Mitbestimmung für die jeweilige Organisation erreicht ist. Abbildung 3-37 zeigt sehr anschaulich, dass Demokratisierung keine lineare Funktion ist, die automatisch zu mehr Erfolg führt. Maximale Demokratisierung ist also suboptimal.

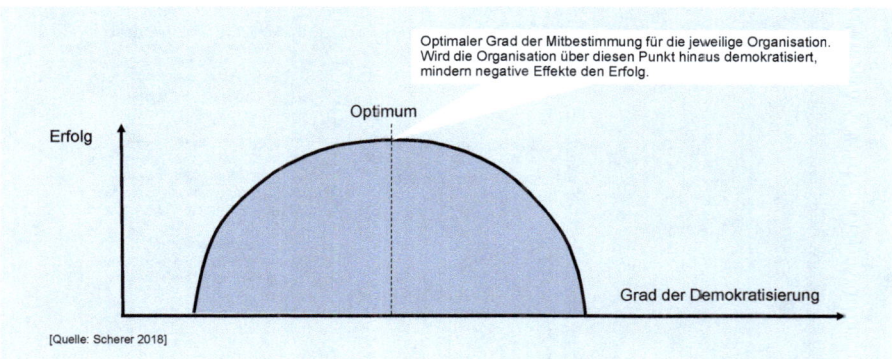

Abb. 3-37:   *Optimaler Grad der organisationalen Mitbestimmung*

Wird die Organisation über diesen Punkt hinaus „demokratisiert", kann der Schuss nach hinten losgehen, denn

- nicht jeder Mitarbeiter möchte Zunahme an Verantwortung und den Leistungsdruck einer Führungsposition übernehmen,
- nicht jeder Mitarbeiter möchte an Entscheidungen beteiligt werden,
- nicht jedes Unternehmen verfügt über eine homogene Mitarbeiterschaft, die bspw. alle derselben Generation (Y) angehört,
- nicht jedes Unternehmen hat so gute Voraussetzungen für eine agile Organisation wie Start-ups.

THOMAS J. SCHERER kommt zu der Erkenntnis, dass die Abschaffung klassischer Führungsstrukturen dazu führt, dass sich dann eine Dynamik in Gang setzt, in der Machtkämpfe um informelle Positionen ausgetragen werden. Schließlich gäbe es eine nicht unbeträchtliche Anzahl von Menschen, „die am Ende des Tages, wenn sie keine Konsequenzen zu fürchten hätten, ihr eigenes Wohl über das der Organisation oder des Teams stellen würden? Und braucht es nicht vielleicht formelle Führung, um Individualinteressen ausgleichen und Mobbing unterbinden zu können?" [SCHERER 2018a]

Diese Überlegungen machen sehr deutlich, dass es letztlich doch immer wieder formeller und damit klassischer Führungsansätze bedarf, um letztlich den Rahmen für gemeinsame, selbstorganisierte Führung zu schaffen und diese damit überhaupt erst ermöglichen.

Abbildung 3-38 fasst die wichtigsten Überlegungen zum Miteinander von klassischen und New Work-Führungskonzepten zusammen:

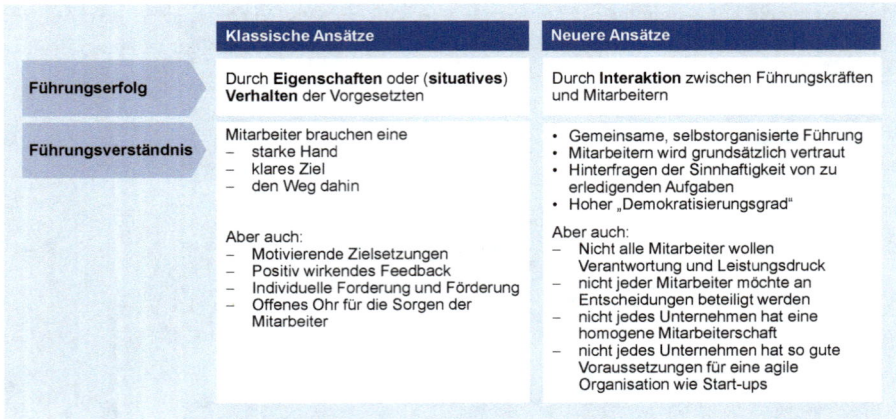

	Klassische Ansätze	Neuere Ansätze
Führungserfolg	Durch **Eigenschaften** oder (**situatives**) **Verhalten** der Vorgesetzten	Durch **Interaktion** zwischen Führungskräften und Mitarbeitern
Führungsverständnis	Mitarbeiter brauchen eine – starke Hand – klares Ziel – den Weg dahin Aber auch: – Motivierende Zielsetzungen – Positiv wirkendes Feedback – Individuelle Forderung und Förderung – Offenes Ohr für die Sorgen der Mitarbeiter	• Gemeinsame, selbstorganisierte Führung • Mitarbeitern wird grundsätzlich vertraut • Hinterfragen der Sinnhaftigkeit von zu erledigenden Aufgaben • Hoher „Demokratisierungsgrad" Aber auch: – Nicht alle Mitarbeiter wollen Verantwortung und Leistungsdruck – nicht jeder Mitarbeiter möchte an Entscheidungen beteiligt werden – nicht jedes Unternehmen hat eine homogene Mitarbeiterschaft – nicht jedes Unternehmen hat so gute Voraussetzungen für eine agile Organisation wie Start-ups

Abb. 3-38:   Miteinander von klassischen und New Work-Führungskonzepten

3.2.9.5   Unverhandelbare Führungsaspekte

Eine (Führungs-)Kultur lässt sich nicht verordnen und schon gar nicht in der Form einführen, dass danach der „ganze Laden anders tickt". Ganz im Gegenteil, eine **Kultur muss (vor)gelebt** werden und hierzu benötigt man die richtigen Vorreiter. Für diese ist es wichtig, dass sie sowohl in der digitalen als auch in der analogen Welt als Menschen wahrgenommen werden, mit denen die Mitarbeiter bestimmte Werte teilen können (Stichwort: Hybride Führungskraft).

Unabhängig davon, ob man auf transaktionale Führungsansätze einerseits oder auf transformationale, agile, virtuelle oder verteilte Führung andererseits bzw. auf klassisch geführte oder selbstorganisierte Teams setzt, folgende **Kennzeichen einer Führungskultur** sollten nicht verhandelbar sein [vgl. im Folgenden LIPPOLD 2019c]:

- **Führung nicht durch Status oder Macht, sondern durch Anerkennung und Respekt**

Führung durch Status und Macht bedeutet – aus Sicht der Geführten – dass hier Anerkennung von anderen „gegeben" ist. Gerade bei jüngeren Organisationen wird ein solcher Status besonders hinterfragt, diskutiert und kritisiert. Damit besteht die Gefahr, dass Führung instabil wird. Aus Gründen einer stabilen Führungskultur sollte somit Anerkennung und Respekt auch immer direkt von den geführten Mitarbeitern kommen.

- **Führung mit Begeisterung, Wertschätzung und Offenheit**

Wer selbst begeistert ist und andere begeistern kann, verfügt über zwei der wichtigsten elementaren Führungseigenschaften. Wertschätzung ist das höchste Gut, das die Vorgesetzten ihren Mitarbeitern gegenüber erweisen können. Organisationale Offenheit und damit Vertrauen ist die Währung im digitalen Zeitalter.

- **Über das Eigeninteresse hinausgehendes Engagement**

Ein Mitarbeiterengagement, das weit über das Eigeninteresse hinaus geht und damit der Gesamtheit dient, kann gar nicht hoch genug eingestuft werden. Es hat entscheidenden Einfluss auf Motivation, Anerkennung und Respekt bei allen beteiligten Führungskräften und Mitarbeitern.

- **Ergebnisse und nicht unbedingt Leistung zählen**

Bei der Beurteilung von Führungskräften und Mitarbeitern sollte die allseits bekannte physikalische Messlatte „Leistung ist Arbeit in der Zeiteinheit" so langsam der Vergangenheit angehören. Entscheidend ist nicht, wie lange jemand täglich am Schreibtisch sitzt, sondern welche Ergebnisse er erzielt hat.

- **Gemeinsame Erforschung neuer Lösungen und Denkweisen durch die Gruppe**

Gute Führung kann auch informell aufgrund von Gruppenprozessen entstehen. Dazu ist eine Interaktions- und Beziehungsqualität erforderlich, die einen konstruktiven und generativen Dialog erlaubt. Zudem ist eine gute Interaktions- und Beziehungsqualität häufig eine Voraussetzung für das Wir-Gefühl einer Gruppe.

Es steht außer Frage, dass die New Work-Führungsansätze eine ganze Reihe von Vorteilen mit sich bringen. Flexibel, dynamisch, agil und demokratisch sind die Attribute, die am häufigsten im Zusammenhang mit **zeitgemäßer Führung** genannt werden. Es steht auch außer Frage, dass sie Unternehmen dazu verhelfen können, eine höhere Entscheidungsqualität, Kreativität, Agilität und damit gute Gewinne zu erreichen.

Doch sind auch wirklich alle Unternehmen für solch eine Art Führung gleichermaßen geeignet? Und wenn ja, wie können es Unternehmen mit einer eher **autoritären Führungskultur** schaffen, sich hin zu einer kooperativen Führungskultur zu entwickeln, ohne allerdings eine maximale Demokratisierung der Führung anzustreben. Wie können Führungskulturen, die bislang von Anweisungen, Vorgaben und Kontrolle leben, den Weg in ein digitales Zeitalter mit einer disruptiven Organisationsumgebung finden?

Es sind nicht so sehr die formellen Strukturen, Strategien und Prozessen, die bei diesem Weg eine entscheidende Rolle spielen. Es sind vielmehr vor allem **weiche Faktoren** wie gemeinsam geteilte Werte, Fähigkeiten der Mitarbeiter und eine geeignete Arbeitskultur, die über den erfolgreichen Weg eines Unternehmens in eine agile Arbeitsumgebung entscheiden. Passt eine sich selbst führende Organisation hier in das Gesamtkonzept der Unternehmung, kann diese ein erfolgreicher Weg in die Zukunft sein [vgl. SCHERER 2018b].

Es geht also nicht mehr um die Vor- oder Nachteile der digitalen Transformation und der damit verbundenen organisatorischen Rahmenbedingungen, sondern darum, wie unsere Unternehmen diesen unaufhaltsamen **gesellschaftlichen Trend** für sich nutzen. Es geht darum, agiles Arbeiten zu ermöglichen, Silodenken aufzubrechen und eine ausgeprägte Innovations- und Kundenorientierung zu praktizieren, ohne dabei allerdings den Demokratisierungsgrad der Führung zu maximieren. Dazu bedarf es einer Feedback- und Fehlerkultur, die dafür sorgt, dass sich Organisation und Führungskräfte weiterentwickeln und sich die Digitalisierung zu Nutze machen [vgl. ARON-WEIDLICH 2018].

3.2.10 Führungsinstrumente

Zu den Führungsinstrumenten zählen die Formen der *Führungskommunikation* sowie die verschiedenen *Führungstechniken*, die unter der Bezeichnung „Management by ..." – Konzepte im deutschen Sprachraum weite Verbreitung gefunden und teilweise auch als *Führungsprinzipien* bezeichnet werden.

3.2.10.1 Führungskommunikation

Die Kommunikation ist wohl das wichtigste Führungsinstrument. Führungskommunikation zielt darauf ab, den Informationsaustausch zwischen der Führungskraft und ihren Mitarbeitern zu verbessern. Im Gegensatz zur Mitarbeiterinformation (siehe 3.2.2), die nur in eine Richtung wirkt, ist die Kommunikation immer zweiseitig ausgerichtet. Gleichgültig, wie man sich in einer zwischenmenschlichen Situation verhält, ob man spricht oder sich abwendet, es wirkt auf den anderen ein und es findet eine Rückkopplung statt. Untersuchungen belegen, dass wir maßgeblich auch über die Körpersprache, also Gestik, Mimik, Körperhaltung und Bewegungen, sowie auch über Aussehen und Kleidung kommunizieren. Kommunikation ist also ein Verhalten, das anderen etwas mitteilt [vgl. JUNG 2006, S. 466; BRÖCKERMANN 2007, S. 365].

Manager müssen permanent kommunizieren, sei es mit Kollegen oder Mitarbeitern, mit wichtigen (Schlüssel-) Kunden (engl. *Key Accounts*), mit Aufsichtsgremien oder Analysten. Kurz gesagt: Kommunikation ist die Kernaufgabe des Managements [vgl. BUSS 2009, S. 246].

Kommunikation in Führungssituationen findet im Wesentlichen mündlich oder schriftlich statt. Zu den Gesprächen als Mittel der **mündlichen Kommunikation** zählen

- das **Mitarbeitergespräch** als Gespräch zwischen Führungskraft und Mitarbeiter unter vier Augen, um wichtige Entscheidungstatbestände oder bedeutsame Vorgänge im Arbeitsablauf zu erörtern und

- die **Besprechung** als Zusammenkunft mit mehreren Mitarbeitern gleichzeitig, um diese Personengruppe im Hinblick auf einen zu erreichenden Zustand zu überzeugen, zu aktivieren und zu motivieren [vgl. JUNG 2006, S. 478 ff.].

In der **schriftlichen Führungskommunikation** hat sich die **E-Mail** als nahezu einziges Kommunikationsmittel durchgesetzt. Ihre leichte Handhabung hat allerdings auch dazu geführt, dass sie zunehmend andere Kommunikationsformen verdrängt. Es ist zu beobachten, dass viele Manager dazu übergegangen sind, nahezu ausschließlich per E-Mail zu kommunizieren („Management by E-Mail"). Hier ist vor allem auch die richtige Dosierung der Informationsmenge angesprochen.

Besonders hinzuweisen ist auf die Unterscheidung zwischen formeller und informeller Kommunikation. Während die **formelle Kommunikation** dem Informations- und Gedankenaustausch hinsichtlich der Aufgabenerfüllung dient, ist die **informelle Kommunikation** an keine

Regelung gebunden. Sie wird vornehmlich als Lückenbüßer für Mängel in der formellen Kommunikation benutzt und schlägt sich häufig in der sogenannten „Gerüchteküche" nieder [vgl. BRÖCKERMANN 2007, S. 364].

3.2.10.2 Führungstechniken

Eine weitere Gruppe von Führungsinstrumenten zielt auf die bessere *Koordination* des Verantwortungsbereichs einer Führungskraft ab. Die wichtigsten Führungstechniken (= Prinzipen) für die Koordination der Personalführung sind:

- Führen durch Ziele (engl. *Management by Objectives – MbO*)
- Führen durch Delegation (engl. *Management by Delegation*) und
- Führen durch Partizipation (engl. *Management by Participation*).

(1) Management by Objectives

Das Führen durch Ziele bzw. **Zielvereinbarungen** ist das bekannteste Führungsprinzip. Auf die Bedeutung der Zielvereinbarung wurde bereits im Zusammenhang mit der Wahrnehmung von Führungsaufgaben eingegangen.

Grundgedanke dieses Führungsprinzips ist die Frage: Wie stellt die Führungskraft sicher, dass der geführte Mitarbeiter das Richtige tut *(Effektivität)* und dass er es richtig tut *(Effizienz)*? Voraussetzung beim MbO ist, dass die Mitarbeiter eine Vorstellung von dem haben, was von ihnen erwartet wird. Den Orientierungsrahmen geben Ziele vor, die in einer Zielvereinbarung festgelegt werden. Beim MbO werden nicht bestimmte Aufgaben, die nach festgelegten Vorschriften zu erledigen sind, sondern grundsätzlich Ziele vorgegeben. Im Sinne einer besseren Umsetzungswahrscheinlichkeit werden die Ziele gemeinsam von Vorgesetzten und Mitarbeitern erarbeitet, nicht jedoch Regelungen darüber getroffen, wie diese Ziele zu erreichen sind. Insgesamt fordert das MbO einen eher kooperativen Führungsstil, da sich Führungskraft und Mitarbeiter gleichzeitig den erarbeiteten Zielen verpflichtet fühlen sollten [vgl. JUNG 2006, S. 501; BRÖCKERMANN 2007, S. 330].

Ziele sollten bestimmten Anforderungen genügen, die im sogenannten SMART-Prinzip verankert sind (Abbildung 3-39).

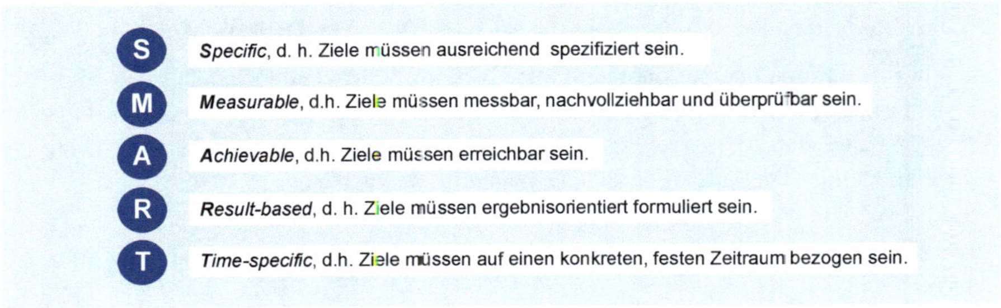

S *Specific*, d. h. Ziele müssen ausreichend spezifiziert sein.

M *Measurable*, d.h. Ziele müssen messbar, nachvollziehbar und überprüfbar sein.

A *Achievable*, d.h. Ziele müssen erreichbar sein.

R *Result-based*, d. h. Ziele müssen ergebnisorientiert formuliert sein.

T *Time-specific*, d.h. Ziele müssen auf einen konkreten, festen Zeitraum bezogen sein.

Abb. 3-39:   Das SMART-Prinzip

(2) Management by Delegation

Der Grundgedanke des Führens durch Delegation ist die weitgehende Übertragung von Aufgaben, Entscheidungen und Verantwortung auf die Mitarbeiterebene. Die Notwendigkeit dieses Führungsprinzips ergibt sich aus der Überlegung, dass eine Führungsperson unmöglich alle Aufgaben selbst erledigen kann. Dies führt im schlimmsten Fall zum Erlahmen aller Prozesse im Verantwortungsbereich der Führungskraft [vgl. STOCK-HOMBURG 2013, S. 546].

Erfolgreiches Delegieren setzt voraus, dass

- die Aufgaben rechtzeitig an die Mitarbeiter übertragen werden, damit die Aufgabenerfüllung termingerecht sichergestellt werden kann,

- gleichzeitig Verantwortung und Kompetenzen übertragen werden, damit die Mitarbeiter auch über die zur Aufgabendurchführung evtl. benötigten Weisungskompetenzen verfügen,

- die Aufgabenstellung eindeutig und klar formuliert ist und damit Unsicherheiten bei der Aufgabenerfüllung vermieden werden sowie

- alle erforderlichen Informationen bereitgestellt werden, damit die Aufgabenerfüllung vollumfänglich erfolgen kann [vgl. STOCK- HOMBURG 2013, S. 546 f.].

Wesentliche Vorteile dieses Führungsprinzips wurden bereits in 3.2.3 vorgestellt.

(3) Management by Participation

Ein weiteres Führungsinstrument zur besseren Koordination des Verantwortungsbereichs einer Führungskraft ist die Einbindung von Mitarbeitern in den Entscheidungsprozess. Sie dient in erster Linie dazu, weitere Perspektiven der Aufgabenerfüllung zu berücksichtigen sowie die Motivation der Mitarbeiter bei der Umsetzung der Entscheidungen zu erhöhen [vgl. STOCK-HOMBURG 2013, S. 548].

Um diese Vorteile der Partizipation zu gewährleisten, sollten folgende Rahmenbedingungen vorliegen [vgl. STOCK-HOMBURG 2013, S. 550 unter Bezugnahme auf STAEHLE 1999, S. 536]:

- Die Mitarbeiter haben in Bezug auf die Aufgabenstellung gleiche Ziele.

- Die Mitarbeiter sind aufgrund ihrer Kenntnisse und Erfahrungen in der Lage, zur Entscheidungsfindung beizutragen.

- Die Mitarbeiter haben ein hohes Maß an Eigenständigkeit und Selbstbestimmung.

Alle drei aufgeführten Führungsprinzipien sind nicht isoliert zu betrachten, d. h. sie schließen sich nicht gegenseitig aus. Dies zeigt sich besonders am Führungsprinzip *Management by Objectives*, das eine Zusammenarbeit und Partizipation z. B. bei der Zielvereinbarung sowie eine Delegation z. B. bei der Aufgabenerfüllung bewusst vorsieht.

Darüber hinaus gibt es noch eine Reihe anderer, weitgehend selbsterklärender Führungsprinzipien wie

- Führung durch Eingriff in Ausnahmefällen (engl. *Management by Exception – MbE*),
- Management durch Systemsteuerung (engl. *Management by Systems – MbS*),

- Management durch Motivation (engl. *Management by Motivation – MbM*) und
- Management by Walking Around.

Gerade das **Management by Walking Around**, bei dem der häufige direkte Kontakt zwischen der Führungskraft und ihren Mitarbeitern im Vordergrund steht, wird aufgrund der hohen Zeitbelastung des Managements zunehmend vernachlässigt. Dabei zählt dieses Führungsprinzip zu den effektivsten überhaupt, um Mitarbeiter zu guten Leistungen zu motivieren und damit zu den gewünschten Ergebnissen zu kommen.

3.2.11   Personalführung im internationalen Bereich

Im Rahmen der weltweiten GLOBE-Studie (siehe auch Abschnitt 1.3.3.2) konnte auch festgestellt werden, welche Eigenschaften und Verhaltensweisen Führungskräfte kennzeichnen, die als besonders erfolgreich eingestuft werden. Die Studie hat **sechs globale Führungsdimensionen** (siehe Insert 3-10) identifiziert, die die Abbildung von landeskulturellen Unterschieden und Gemeinsamkeiten erlauben: charismatisch, teamorientiert, partizipativ, humanorientiert, autonomieorientiert sowie defensiv [vgl. FESTING et al. 2011, S. 106]:

- **Charismatische Führung** reflektiert die Fähigkeit, andere zu inspirieren, motivieren und eine Leistung zu erzielen, die auf strikt eingehaltenen Grundwerten basiert.

- **Teamorientierte Führung** bezeichnet einen Führungsstil, der Gruppenarbeit bevorzugt und ein gemeinsames Ziel unter den Gruppenmitgliedern anstrebt.

- **Partizipative Führung** kennzeichnet das Ausmaß, bis zu welchem Führungskräfte andere bei der Entscheidungsfindung und Umsetzung beteiligen

- **Humanorientierte Führung** ist ein Führungsstil, der einen großzügigen, unterstützenden und bedachten Umgang mit Mitarbeitern anstrebt.

- **Autonome Führung** bezeichnet einen Führungsstil, der auf Unabhängigkeit und Individualität der Vorgesetzten abhebt.

- **Defensive Führung** (engl. *self-protective leadership*) bedeutet, dass der Vorgesetzte auf die Wahrung des Gesichts des Einzelnen und der Gruppe achtet. Führungspersonen sind dabei statusorientiert, selbstzentriert, konfliktorientiert und gesichtswahrend.

Die sechs Führungsdimensionen unterscheiden sich länderspezifisch und zeigen, dass – ebenso wie es keinen einheitlichen Führungsstil gibt – auch kein einheitliches internationales Führungsverständnis existiert. Im Fall der Führung von Mitarbeitern unterschiedlicher Nationalitäten liegt die Schwierigkeit eher im Umgang mit den individuell unterschiedlichen Sozialisationen, Rollenerwartungen, Werten, Einstellungen, Bedürfnissen und Verhaltensweisen. Anzustreben als Führungskraft ist daher das Leitbild der Individualisierung. Auf eine Schematisierung des Führungsverhaltens sowie auf einen standardisierten Einsatz von Führungsinstrumenten ist dagegen zu verzichten.

Insert

Internationale Führungsdimensionen

Globale Dimension	Definition	Primäre Dimensionen
Charismatisch	Das Ausmaß, in dem Mitarbeiter auf Basis positiver Werte und mit hohen Leistungserwartungen inspiriert und motiviert werden	Leistungsorientiert Visionär Inspirierend Integer Selbstaufopfernd Bestimmt
Teamorientiert	Das Ausmaß, in dem gemeinsame Ziele implementiert und Arbeitseinheiten (Teams) entwickelt werden	Teamintegrierend Kollaborativ Administrativ kompetent Diplomatisch Böswillig (recodiert)
Partizipativ	Das Ausmaß, in dem andere bei Entscheidungen beteiligt werden	Autokratisch (recodiert) Non-partizipativ (recodiert)
Humanorientiert	Das Ausmaß, in dem zwischenmenschlich unterstützend, fair, höflich und umsichtig agiert wird	Humanorientiert Bescheiden
Autonomieorientiert	Das Ausmaß, in dem unabhängig von anderen und in individueller Art und Weise agiert wird	Autonomieorientiert
Defensiv	Das Ausmaß, in dem selbstschützend und statusbewahrend agiert wird	Selbstbezogen Statusorientiert Konfliktorientiert Gesicht wahrend Bürokratisch

Das Insert gibt einen Überblick über die sechs globalen Führungsdimensionen mit den primären Führungsdimensionen, die diese jeweils umfassen. Die Dimension autonomieorientiert ist dabei ein Sonderfall, da die primäre Führungsdimension hier der globalen entspricht. Die 21 primären Führungsdimensionen wie auch die sechs globalen Führungsdimensionen unterscheiden sich darin, als wie hinderlich oder förderlich diese für herausragende Führung betrachtet werden. Gleichzeitig eignen sie sich dafür, zwischen den Ländern wie auch zwischen den beteiligten Kulturclustern der GLOBE-Studie zu differenzieren. [Quelle: BRODBECK 2016, S. 136 ff.]

Insert 3-10: Internationale Führungsdimensionen

In einem nächsten Schritt werden nunmehr die sechs identifizierten Führungsdimensionen den zehn Länderclustern der GLOBE-Studie zugeordnet.

Bei charismatischem Führungsverhalten hat das Cluster des angelsächsischen Raums die höchsten Werte, gefolgt von Lateinamerika, Südasien, dem germanischen und dem nordischen Europa. Bei teamorientierter Führung steht das lateinamerikanische Cluster an der Spitze. Der partizipative Führungsstil hat im germanischen Europa seine höchste Bedeutung. Humanorientiert ist man im Führungsverhalten vor allem in südasiatischen Ländern, autonome Führung ist hingegen am stärksten im osteuropäischen Cluster verbreitet, defensive Führung eher in Südasien.

In Abbildung 3-40 sind die auf Clusterebene aggregierten Ergebnisse dargestellt. Dabei wird jeweils angegeben, welche Bedeutung der jeweiligen Führungsdimension für das einzelne Ländercluster beigemessen wird (hohe, mittlere oder wenig Bedeutung).

	Hohe Bedeutung ++	Mittlere Bedeutung +/-	Wenig Bedeutung - -
Charismatic Leadership	Anglo Latin America Southern Asia Germanic Europe Nordic Europe	Sub Sahara Latin Europe Eastern Europe Confucian Asia	Middle East
Team-oriented Leadership	Latin America	Europe Southern Asia Anglo Sub-Sahara Confucian Asia	Middle East
Partizipative Leadership	Germanic Europe Nordic Europe Anglo	Latin America Latin Europe Sub Sahara	Eastern Europe Southern Asia Confucian Asia Middle East
Human-oriented Leadership	Southern Asia Sub Sahara Anglo	Confucian Asia Latin America Middle East Eastern Europe Germanic Europe	Eastern Europe Southern Asia Confucian Asia Middle East
Autonomous Leadership	Eastern Europe Germanic Europe	Nordic Europe Anglo Southern Asia Confucian Asia	Latin America Latin Europe Middle East Sub Sahara
Self-protective Leadership	Southern Asia Middle East Confucian Asia Eastern Europe	Latin America Sub Sahara Latin Europe	Anglo Germanic Europe Nordic Europe

[Quelle: HOUSE et al. 2004, S. 684]

Abb. 3-40: Zuordnung von Länderclustern zu Führungsdimensionen

Auf der Grundlage der Zuordnung von Führungsdimensionen und Ländercluster hat GLOBE fünf kulturuniversell förderliche und drei kulturuniversell hinderliche Merkmale und Verhaltensweisen der Führung ermittelt.

Weltweit akzeptable und effektive Führung zeichnet sich nach GLOBE durch folgende Führungsattribute aus [vgl. BRODBECK 2016, S. 183]:

- Integrität, die sich in vertrauenswürdigem, gerechtem, ehrlichem und zuverlässigem Verhalten äußert,
- visionäres Verhalten, das durch Voraussichtigkeit und planendes Handeln gekennzeichnet ist,
- inspirierendes Verhalten, das ermutigt, motiviert, anspornt sowie eine positive, dynamische Haltung und Vertrauen schafft, und ein
- teambildendes Verhalten, das mit Informiertheit sowie koordinativer und administrativer Kompetenz einhergeht;
- dies alles gepaart mit einem hohen Grad an diplomatischem Geschick, Bestimmtheit, Entscheidungsfreude und einer starken Orientierung an exzellenter Leistung.

Als **weltweit inakzeptable und ineffektive Führungsattribute** sollten nach Globe folgende Merkmale und Verhaltensweisen vermieden werden, weil sie kulturübergreifend als der effektiven Führung sehr abträglich gelten [vgl. BRODBECK 2016, S. 183]:

- Reizbarkeit und Rücksichtslosigkeit,

- diktatorisches, egozentrisches, ungeselliges, einzelgängerisches Verhalten sowie

- zweideutiges und unkooperatives Verhalten.

Vor dem Hintergrund der weltweit empfehlenswerten bzw. zu vermeidenden Führungsattribute lassen sich drei alternative **Strategien zur interkulturellen Mitarbeiterführung** identifizieren [vgl. Stock-Homburg 2013, S. 660]:

- **Standardisierungsstrategie**. Hier erfolgt eine einheitliche Ausrichtung der Führung über alle Ländergrenzen hinaus. Diese Strategie folgt der *Universalitätsthese*, das heißt der vorgegebene Führungsrahmen ist in unterschiedlichen Kulturkreisen gleichermaßen erfolgreich.
- **Differenzierungsstrategie**. Diese strategische Ausrichtung folgt der *Kulturabhängigkeitsthese*, das heißt die individuelle Mitarbeiterführung wird der jeweiligen Kultur angepasst. Bei diesem Ansatz kann in den Tochtergesellschaften eine andere Mitarbeiterführung praktiziert werden als in der Muttergesellschaft.
- **Hybride Strategie**. Die hybride strategische Ausrichtung beschreibt den Mittelweg. Das bedeutet konkret, dass bestimmte Führungsaktivitäten interkulturell übertragen werden, andere sind dagegen weniger oder gar nicht übertragbar.

3.2.12   Optimierung der Wertschätzung

Zum Ende des Kapitels sollen die einzelnen Schritte des Aktionsfeldes *Personalführung* zusammengefasst und die wichtigsten Parameter, Prozesse und Werttreiber im Zusammenhang dargestellt werden.

(1) Aktionsparameter

Wertschätzung (der Mitarbeiter) ist das entscheidende Optimierungskriterium des Aktionsfeldes *Personalführung*. Maßgebend sind dazu folgende Aktionsparameter, von denen diese Optimierung abhängt:

- **Führungsaufgaben** als konkrete Ausgestaltung des Führungsprozesses,

- **Führungsverhalten** als situative Reaktion in bestimmten Führungssituationen,

- **Führungsstil** als Art und Weise wie Führungsaufgaben durch die Führungskraft wahrgenommen werden und

- **Führungsprinzip** zur besseren Koordination des Verantwortungsbereichs einer Führungskraft.

Damit ergibt sich für die Optimierung der Wertschätzung der erweiterte Ansatz:

$$\text{Wertschätzung} = f\,(Personalführung) = f\,(Führungsaufgaben, Führungsverhalten,}$$
$$Führungsstil, Führungsprinzip) \rightarrow optimieren!$$

(2) Prozesse und instrumentelle Unterstützung

In Abbildung 3-41 ist beispielhaft ein Prozessmodell für das Aktionsfeld *Personalführung*
dargestellt. Die konkrete Ausgestaltung eines Prozessmodells ist von einer Vielzahl von
Einflussfaktoren abhängig (Branche, Unternehmensgröße, Art des Anreiz- und Vergütungssystems, Art der Werttreiber).

Die wichtigsten Instrumente zur Unterstützung der Personalführung sind grundsätzlich alle
Formen der Führungskommunikation, also das Mitarbeitergespräch, die Zielvereinbarung, die
(Team-)Besprechung, Feedback-Gespräche, die E-Mail sowie die Ergebnisse einer jährlichen
Mitarbeiterbefragung über die Qualität der Personalführung.

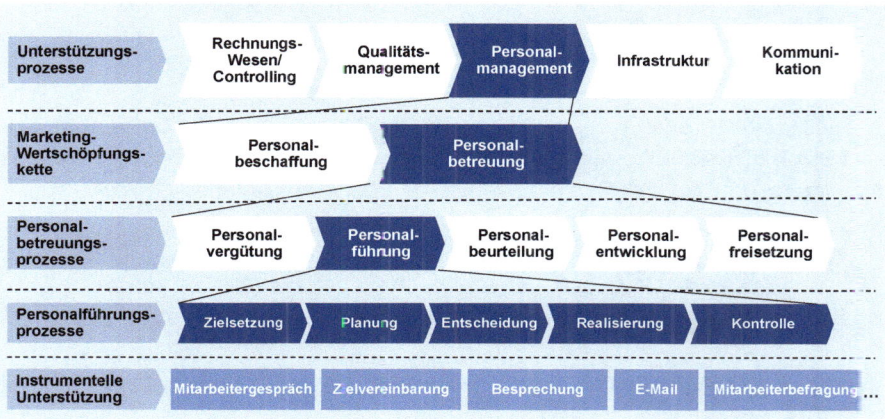

Abb. 3-41:   Prozessmodell für das Aktionsfeld „Personalführung"

(3) Werttreiber

Zu den wichtigsten *Werttreibern* im Aktionsfeld der *Personalführung* zählen [vgl. DGFP 2004,
S. 46 f.]:

- **Akzeptanzquote der Führungsinstrumente**, d. h. der Anteil der Mitarbeiter, die z. B. im
  Rahmen der Mitarbeiterbefragung die Führungsinstrumente (Zielvereinbarung, Leistungsbeurteilung, variable Vergütung, Feedback-Gespräch) positiv bewerten, im Verhältnis zu
  allen Mitarbeitern. Bei diesem Werttreiber geht es um die richtige Anwendung der
  Führungsinstrumente.

- **Umsetzungsquote der Führungsinstrumente**, d. h. der Anteil der Führungskräfte, die
  Führungsinstrumente wie Zielvereinbarung, Leistungsbeurteilung und Feedback-Gespräch
  einsetzen. Hierbei geht es um den konsequenten Einsatz der Führungsinstrumente zur
  Strategie- und Zielumsetzung des Unternehmens.

- **Führungskräftequote**, d. h. die Anzahl der Führungskräfte-Kandidaten mit definierten
  Kompetenzen im Verhältnis zur Planzahl. Damit wird in Erfahrung gebracht, ob es dem

Unternehmen gelingt, der aktuellen Situation entsprechend Führungsnachwuchs mit den erforderlichen Kompetenzen in ausreichender Anzahl zur Verfügung zu stellen.

- **Führungskräftequalität**, d. h. der Anteil der Mitarbeiter, die im Rahmen einer Mitarbeiterbefragung den direkten Vorgesetzten positiv bewerten, im Verhältnis zu allen Mitarbeitern. Werttreiber sind gute Führungskräfte, die optimale Leistungsbedingungen für die Mitarbeiter sicherstellen.

- **Wahrgenommene Führungskommunikation**, d. h. der Anteil der Mitarbeiter, die im Rahmen einer Mitarbeiterbefragung die Information und Kommunikation durch die Führungskräfte positiv oder neutral (= unkritisch) bewerten, im Verhältnis zu allen Mitarbeitern. Hierbei geht es um die Frage, wie der Mitarbeiter die Führungskommunikation im Unternehmen beurteilt.

(4) Zusammenfassung

In Abbildung 3-42 sind alle wesentlichen Aspekte des Aktionsfeldes *Personalführung* (übergeordneter Aktionsbereich, Aktionsparameter, Instrumente, Werttreiber sowie Optimierungskriterium) zusammengefasst.

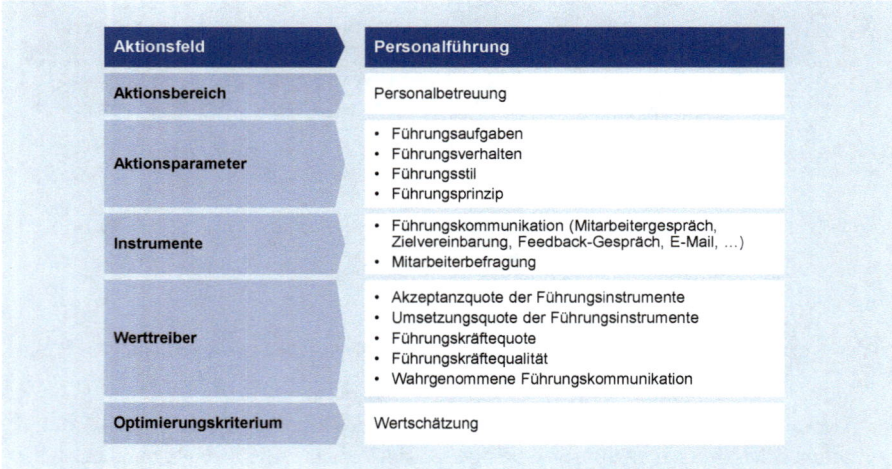

Abb. 3-42:   Wesentliche Aspekte des Aktionsfeldes „Personalführung"

3.3 Personalbeurteilung

3.3.1 Aufgabe und Ziel der Personalbeurteilung

Die Personalbeurteilung setzt als drittes Aktionsfeld in der Personalbetreuungsprozesskette auf den beiden Säulen *Leistungsbeurteilung* und *Potenzialbeurteilung* auf. Eine jederzeit *faire* Beurteilung ist das Kriterium. Das Aktionsfeld *Personalbeurteilung* ist also auf die Optimierung der *Fairness* ausgerichtet:

Fairness = f (Personalbeurteilung) → optimieren!

Aufgabe und Zielsetzung der Personalbeurteilung ist es, Personalentlohnung, -entwicklung und -einsatz zu objektivieren. Synonym wird – gerade in international agierenden Unternehmen – häufig der Begriff **Performance Management** verwendet. Durch eine Beurteilung können die unterschiedlichen Potenziale der Mitarbeiter besser genutzt und aufeinander abgestimmt werden. Schwachstellen innerhalb der Organisation sollen auf diesem Wege aufgedeckt und behoben werden [vgl. KIEFER/KNEBEL 2004, S. 24 ff.].

Ausgangspunkt der inhaltlichen Ausformung der Personalbeurteilungsaktivitäten ist die Definition von DOMSCH/GERPOTT [1992]:

„**Personalbeurteilung** ... ist die geplante, formalisierte und standardisierte Bewertung von Organisationsmitgliedern (Personal, Beurteilte) im Hinblick auf bestimmte Kriterien durch von der Organisation dazu explizit beauftragte Personen (= Beurteiler) auf der Basis sozialer Wahrnehmungsprozesse im Arbeitsalltag.“

Durch die systematische Auswertung einer Vielzahl von Beobachtungen und Beurteilungen des Personals im Unternehmen lassen sich Erkenntnisse sammeln, die für die verschiedensten Entscheidungen des Personalmanagements erforderlich sind [vgl. JUNG 2006, S. 743 ff.; STEINMANN/ SCHREYÖGG 2005, S. 794]:

– Durch die Bereitstellung von Daten über die Leistungen der Mitarbeiter kann ein **leistungsgerechtes Entgelt** ermittelt werden.

– Durch die periodische Beurteilung stehen aktuelle Daten zur Personalstruktur zur Verfügung, die im Rahmen der **Personaleinsatzplanung** verwendet werden können.

– Die Personalbeurteilung liefert relevante Informationen zur Bestimmung des **Fort- und Weiterbildungsbedarfs**.

– Die systematische Personalbeurteilung kann als Instrument zur **Unterstützung des Führungsprozesses** dienen.

– Die Leistungs- und Potenzialbeurteilung (inkl. Beurteilungsfeedback) erhöht die **Motivation und Förderung der individuellen Entwicklung** der Mitarbeiter.

– Hinzu kommt noch die **Informationsfunktion für die Mitarbeiter**, denn nach § 82 II BetrVG können Arbeitnehmer verlangen, dass mit ihnen die Leistungsbeurteilung und die Möglichkeiten der weiteren beruflichen Entwicklung erörtert werden.

Damit wird deutlich, dass das Aktionsfeld *Personalbeurteilung* eine gewisse Querschnittsfunktion darstellt. So werden die Ergebnisse der Personalbeurteilung zugleich auch für die *Personalgewinnung* (Personalbedarfsplanung, interne Personalbeschaffung) sowie in den Aktionsfeldern *Personalentwicklung*, *Personalfreisetzung*, *Personalvergütung* und *Personalführung* verwendet.

Die Anlässe für die Durchführung einer Personalbeurteilung sind vielfältig. Beurteilungen können u. a. erstellt werden

– bei Jahres-/Halbjahresbeurteilungen,

– nach Ablauf der Probezeit,

– beim Wechsel des Vorgesetzten,

– bei Versetzung sowie

– bei Beendigung des Arbeitsverhältnisses.

Im Rahmen dieser Darstellung soll lediglich auf den (periodischen) Aspekt der Jahres- bzw. Halbjahresbeurteilung eingegangen werden.

3.3.2 Beteiligte und Formen der Personalbeurteilung

Grundsätzlich existieren verschiedene Konstellationen, wer wen beurteilen kann. In Abbildung 3-43 sind die wichtigsten Formen der Personalbeurteilung aufgeführt.

	Beurteilter	Beurteiler
Mitarbeiterbeurteilung	Mitarbeiter	Vorgesetzter, Review-Team
Vorgesetztenbeurteilung	Vorgesetzter	Mitarbeiter
Selbstbeurteilung	Mitarbeiter	Mitarbeiter
Kollegenbeurteilung	Kollege	Kollegen
Beurteilung durch Externe	Beschäftigte	Externe (Berater)
360⁰-Feedback	Beschäftigte	Interne + Externe

[Quelle: BRÖCKERMANN 2007, S. 223 (modifiziert)]

Abb. 3-43:   Zuständigkeiten bei Personalbeurteilungen

Die häufigste Form der Personalbeurteilung ist die **Mitarbeiterbeurteilung**. In der Regel ist der Beurteiler der direkte Vorgesetzte des Beurteilten. Da das aktuelle Arbeitsverhalten Gegenstand der Beurteilung ist, hat i. d. R. nur dieser ausreichende Beurteilungsinformationen. Bei mehreren Vorgesetzten (z. B. in einer Matrixorganisation) kann eine gemeinsame Beurteilung in Betracht gezogen werden. Im Rahmen von Assessments für bestimmte Positionen kann aber auch ein **Review-Team** die Rolle des Beurteilers einnehmen. Ein solches Review-Team besteht aus Mitarbeitern bzw. Führungskräften, die mindestens eine Hierarchiestufe über der zu beurteilenden Person angesiedelt sind. Zeitweise werden Review-Teams auch aus externen Beratern gebildet, um so ein höheres Maß an Neutralität und Objektivität zu gewährleisten. Neben der Mitarbeiterbeurteilung existieren weitere Formen der Personalbeurteilung:

Vorgesetztenbeurteilungen sind Verfahren, bei denen Mitarbeiter das Arbeits- und Führungsverhalten sowie die Fähigkeiten und Kenntnisse ihrer direkten Vorgesetzten nach qualitativen Beurteilungskriterien bewerten. Vorgesetztenbeurteilungen können konkrete Hinweise auf notwendige bzw. aus Sicht des Mitarbeiters wünschenswerte Änderungen des Führungsverhaltens geben [vgl. BRÖCKERMANN 2007, S. 224].

Die **Selbstbeurteilung** wird häufig in Zusammenhang mit der Zeugniserstellung durchgeführt. Der betroffene Mitarbeiter wird gebeten, sein Arbeitszeugnis vorzuformulieren. Die Erstellung eines *Arbeitszeugnisses* ist bei Ausscheiden des betroffenen Mitarbeiters obligatorisch. Sie wird aber auch regelmäßig bei einem *Vorgesetztenwechsel* oder bei *Versetzungen* vorgenommen. Wichtig ist in diesem Zusammenhang die sogenannte *Zeugnissprache*, deren Formulierung an bestimmte Kriterien gebunden ist. In Abbildung 3-44 sind einige Formulierungsbeispiele und deren Bedeutung angeführt. Ursächlich verantwortlich für das „Auseinanderklaffen" sind die durch das Bundesarbeitsgericht formulierte Pflicht zur wahrheitsgemäßen Zeugniserstellung und die Pflicht zur wohlwollenden Zeugniserteilung. An sich sind beide Anforderungen sinnvoll, doch führen sie in der Praxis häufig zu einem Widerspruch, der nur durch Interpretation aufgelöst werden kann [vgl. OECHSLER/PAUL 2019, S. 235].

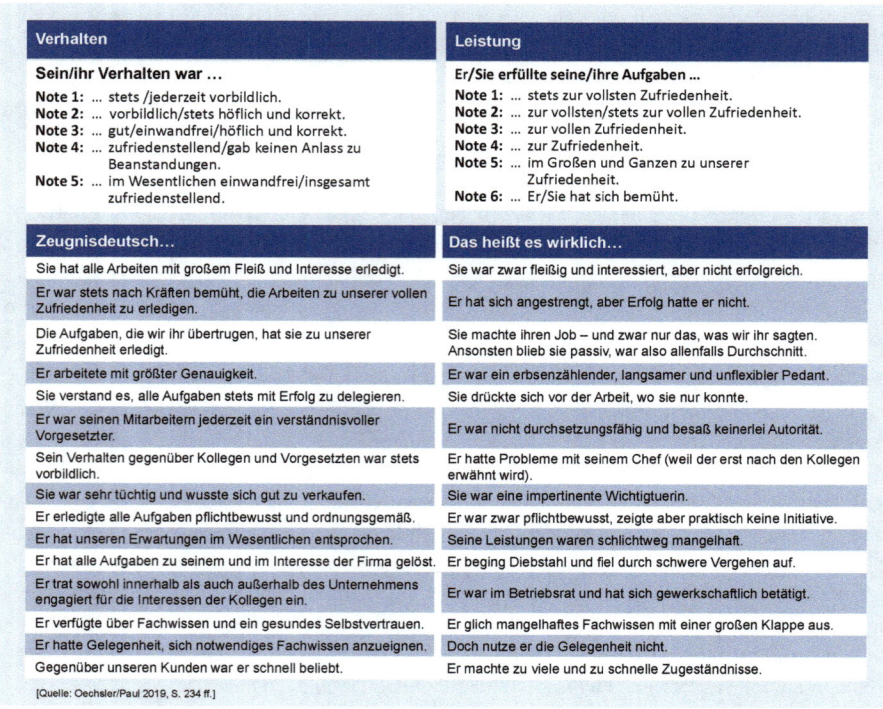

Verhalten		Leistung	
Sein/ihr Verhalten war ...		**Er/Sie erfüllte seine/ihre Aufgaben ...**	
Note 1: ... stets /jederzeit vorbildlich.		**Note 1:** ... stets zur vollsten Zufriedenheit.	
Note 2: ... vorbildlich/stets höflich und korrekt.		**Note 2:** ... zur vollsten/stets zur vollen Zufriedenheit.	
Note 3: ... gut/einwandfrei/höflich und korrekt.		**Note 3:** ... zur vollen Zufriedenheit.	
Note 4: ... zufriedenstellend/gab keinen Anlass zu Beanstandungen.		**Note 4:** ... zur Zufriedenheit.	
Note 5: ... im Wesentlichen einwandfrei/insgesamt zufriedenstellend.		**Note 5:** ... im Großen und Ganzen zu unserer Zufriedenheit.	
		Note 6: ... Er/Sie hat sich bemüht.	

Zeugnisdeutsch...	Das heißt es wirklich...
Sie hat alle Arbeiten mit großem Fleiß und Interesse erledigt.	Sie war zwar fleißig und interessiert, aber nicht erfolgreich.
Er war stets nach Kräften bemüht, die Arbeiten zu unserer vollen Zufriedenheit zu erledigen.	Er hat sich angestrengt, aber Erfolg hatte er nicht.
Die Aufgaben, die wir ihr übertrugen, hat sie zu unserer Zufriedenheit erledigt.	Sie machte ihren Job – und zwar nur das, was wir ihr sagten. Ansonsten blieb sie passiv, war also allenfalls Durchschnitt.
Er arbeitete mit größter Genauigkeit.	Er war ein erbsenzählender, langsamer und unflexibler Pedant.
Sie verstand es, alle Aufgaben stets mit Erfolg zu delegieren.	Sie drückte sich vor der Arbeit, wo sie nur konnte.
Er war seinen Mitarbeitern jederzeit ein verständnisvoller Vorgesetzter.	Er war nicht durchsetzungsfähig und besaß keinerlei Autorität.
Sein Verhalten gegenüber Kollegen und Vorgesetzten war stets vorbildlich.	Er hatte Probleme mit seinem Chef (weil der erst nach den Kollegen erwähnt wird).
Sie war sehr tüchtig und wusste sich gut zu verkaufen.	Sie war eine impertinente Wichtigtuerin.
Er erledigte alle Aufgaben pflichtbewusst und ordnungsgemäß.	Er war zwar pflichtbewusst, zeigte aber praktisch keine Initiative.
Er hat unseren Erwartungen im Wesentlichen entsprochen.	Seine Leistungen waren schlichtweg mangelhaft.
Er hat alle Aufgaben zu seinem und im Interesse der Firma gelöst.	Er beging Diebstahl und fiel durch schwere Vergehen auf.
Er trat sowohl innerhalb als auch außerhalb des Unternehmens engagiert für die Interessen der Kollegen ein.	Er war im Betriebsrat und hat sich gewerkschaftlich betätigt.
Er verfügte über Fachwissen und ein gesundes Selbstvertrauen.	Er glich mangelhaftes Fachwissen mit einer großen Klappe aus.
Er hatte Gelegenheit, sich notwendiges Fachwissen anzueignen.	Doch nutze er die Gelegenheit nicht.
Gegenüber unseren Kunden war er schnell beliebt.	Er machte zu viele und zu schnelle Zugeständnisse.

[Quelle: Oechsler/Paul 2019, S. 234 ff.]

Abb. 3-44:   Zeugniscode und Bewertung bzw. entsprechende Interpretation

Weniger häufig wird die **Kollegenbeurteilung** praktiziert. Die Beurteilung erfolgt entweder in Beurteilungskonferenzen oder jeder Einzelne gibt seine Beurteilung beim Vorgesetzten ab.

Manche Unternehmen setzen zur Beurteilung ihrer Mitarbeiter und Führungskräfte auch die Expertise von **Externen** ein. Diese Gruppe von Beurteilern setzt sich zumeist aus Beratern zusammen, die sich auf Beurteilungsverfahren spezialisiert haben. Die Ergebnisse ermöglichen vor allem im Branchenvergleich ein objektives und neutrales Bild der Beurteilungszielgruppe.

Eine besondere Form der Beurteilung ist das **360⁰-Feedback**, das eine anonyme Beurteilung des Mitarbeiters von verschiedenen Seiten vorsieht. Im Normalfall wird die 360⁰-Beurteilung wird von Führungskräften, Mitarbeitern und Kollegen vorgenommen. Es können aber auch zusätzlich die Beurteilungen von Kunden, Lieferanten oder Dienstleistern in den Beurteilungsprozess einbezogen werden [vgl. SCHOLZ 2011, S. 391].

3.3.3 Beurteilungsfehler

Grundsätzlich sollten alle Beurteilende über Kenntnisse und Erfahrungen in der Personalbeurteilung verfügen. Dadurch lassen sich Beurteilungsfehler zwar nicht vollständig vermeiden, jedoch erheblich reduzieren. Jeder Beurteilende unterliegt einer Reihe von subjektiven Einflüssen, die dazu führen, bestimmte Aspekte stärker oder verfremdet zu sehen und andere eher

auszublenden. Diese Wahrnehmungsverzerrungen werden durch *intrapersonelle, interperso-*
nelle und *sonstige* Einflüsse hervorgerufen (siehe Abbildung 3-45):

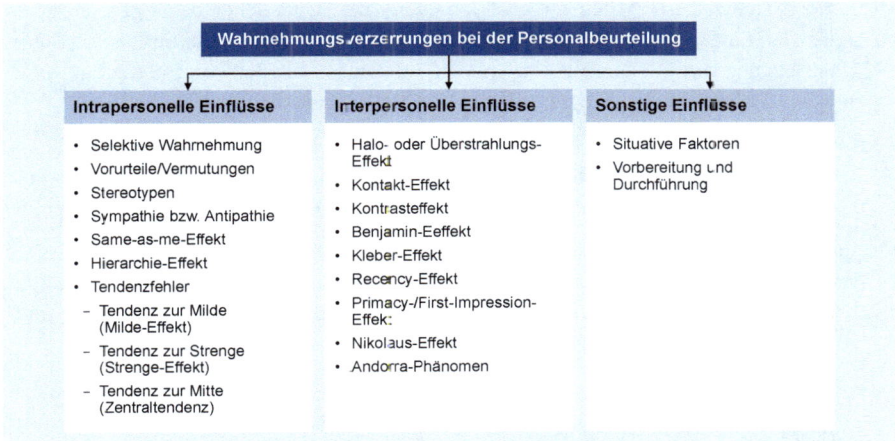

Abb. 3-45:   Wahrnehmungsverzerrungen bei der Personalbeurteilung

3.3.3.1   Intrapersonelle Einflüsse

Intrapersonelle Einflüsse lassen sich unmittelbar auf den Beurteiler zurückführen bzw. liegen
in der Persönlichkeitsstruktur des Beurteilers begründet. Zu den intrapersonellen Einflussfaktoren zählen im Einzelnen:

*   Die **selektive Wahrnehmung** führt dazu, dass der Beurteiler aus einer Vielzahl von Infor-
    mationen nur einen kleinen Ausschnitt bewusst oder unbewusst auswählt und diese zur
    Grundlage seines Urteils macht.
*   Das Denken in **Stereotypen** führt zu Vorurteilen, die das Gesamturteil über jemanden prä-
    gen (Asiaten – fleißig, Dicke – gemütlich).
*   **Vorurteile und Vermutungen** beruhen auf positiven oder negativen Erfahrungen, die der
    Beurteiler mit ähnlichen Personen gemacht hat. Sie überdecken die tatsächlichen Fakten
    und Zusammenhänge.
*   **Sympathie bzw. Antipathie** führt in Form von Zu- oder Abneigung zu verfälschten Er-
    gebnissen.
*   Der **Same-as-me-Effekt** liegt vor, wenn ein ähnlicher Werdegang, Ausbildung, Charakter
    oder Herkunft zu verbesserter Bewertung führen.
*   Der **Hierarchieeffekt** liegt dann vor, wenn die Beurteilung umso besser ausfällt, je höher
    die hierarchische Position des Beurteilten ist [vgl. STEINMANN/SCHREYÖGG 2005, S. 799].
*   Beurteiler können durch die **Projektion ihres persönlichen Wertesystems** zu einer Fehl-
    einschätzung gelangen. In diesem Fall übertragen sie Vorstellungen und Erwartungen, die
    sie bei sich selbst wahrnehmen, unreflektiert auf andere.

Zu den intrapersonellen Einflüssen zählen schließlich noch **Tendenzfehler**, die aus den unterschiedlichen Beurteilungsgewohnheiten des Beurteilenden resultieren (siehe Abbildung 3-46).

- Bei der **Tendenz zur Milde** *(Milde-Effekt)* neigt der Beurteilende dazu, generell keine negativen Aussagen über die Beurteilten zu machen. Der Milde-Effekt tritt empirischen Untersuchungen zur Folge dann verstärkt auf, wenn die Beurteilung für Beförderungszwecke durchgeführt wird [vgl. STEINMANN/SCHREYÖGG 2005, S. 799].

- Im Gegensatz dazu steht die **Tendenz zur Strenge** *(Strenge-Effekt)*, bei der der Beurteilende aufgrund seines sehr hohen individuellen Anspruchsniveaus gute oder sehr gute Leistungen als normal ansieht.

- Eine **Tendenz zur Mitte** *(Zentraltendenz)* liegt dann vor, wenn bei der Beurteilung einer Person positive und negative Extremurteile vermieden werden. Der vorsichtige Beurteilende nimmt eine Maßstabsverschiebung derart vor, dass er überproportional häufig mittlere Urteilswerte über seine Mitarbeiter abgibt.

Alle drei genannten Tendenzfehler müssen in ihrer Auswirkung (z.B. bei der Kalibrierung von Mitarbeitern) nicht unbedingt gravierend sein, solange der Beurteiler die jeweils eingeschlagene Tendenz bei der Beurteilung aller Mitarbeiter durchhält.

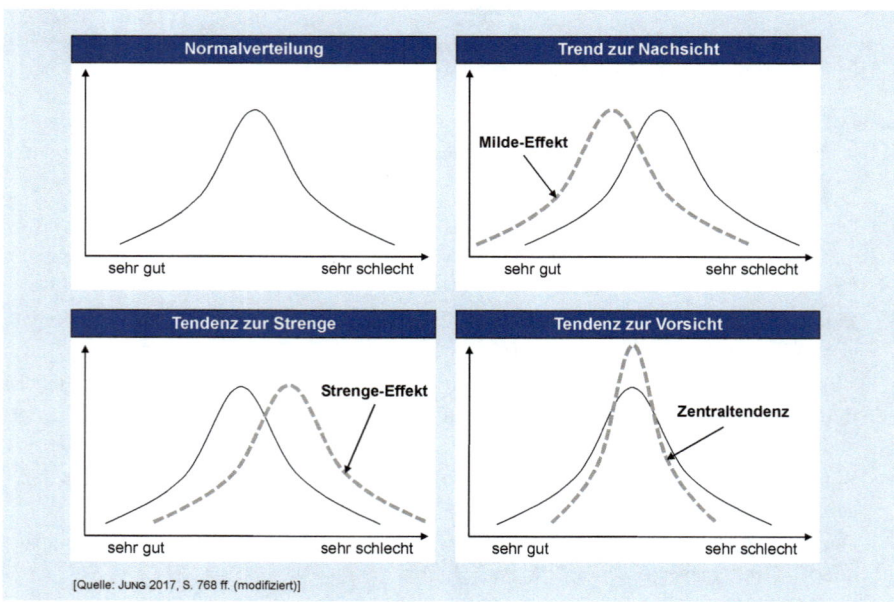

Abb. 3-46:   Urteilstendenzen

3.3.3.2 Interpersonelle und sonstige Einflüsse

Interpersonelle Einflüsse liegen in der Beziehung zwischen den Beteiligten der Personalbeurteilung begründet und können ebenfalls zu Wahrnehmungsverzerrungen führen. Diese Einflüsse können sich als Sympathie oder Antipathie bemerkbar machen [vgl. JUNG 2006, S. 764 f.].

- Bedeutsam ist der so genannte **Halo- oder Überstrahlungseffekt**, bei dem die beurteilende Person von einer prägnanten Eigenschaft bzw. einem spezifischen Verhalten auf andere Merkmale des Beurteilten schließt.

- Beim **Kontakt-Effekt** fällt die Beurteilung eines Mitarbeiters umso besser aus, je häufiger er Kontakt mit dem Beurteiler hat.

- Der **Kontrast-Effekt** besagt, dass der Beurteilte mit seinem Vorgänger verglichen wird. Dabei werden durchschnittliche Leistungen schlechter beurteilt, wenn der Vorgänger besonders gut war.

- Beim **Benjamin-Effekt** wird der (meist junge) Mitarbeiter unterschätzt („so jung, der muss noch viel lernen").

- Beim **Kleber-Effekt** haften dem Beurteilten vorausgegangene (positive oder negative) Beurteilungen an.

- Der **Recency-Effekt** drückt aus, dass der Beurteilende bei der Bewertung speziell auf Ereignisse, die erst kürzlich stattgefunden haben, abzielt.

- Der **Primacy-/First-Impression-Effekt** drückt aus, dass die in einer Beurteilungsperiode zuerst erhaltenen Informationen bzw. Eindrücke auf den Beurteilenden größere Wirkung erzielen als später erhaltene und von daher unbewusst bei der Bewertung übergewichtet werden.

- Der **Nikolaus-Effekt** geht davon aus, dass der Beurteilte seine Leistung im Hinblick auf den Beurteilungszeitpunkt sukzessiv steigert (so wie Kinder zum Nikolaustag immer „lieber" werden).

- Das **Andorra-Phänomen**, das nach einem Schauspiel von MAX FRISCH benannt ist, geht von einer gegenseitigen Einflussnahme dahingehend aus, dass der Beurteilte in die Rolle schlüpft, die sein Gegenüber (also der Beurteiler) von ihm erwartet.

Zu den **sonstigen Einflüssen**, die beim Personalbeurteilungsprozess zu Fehleinschätzungen führen können, zählen situative Einflüsse und Fehler bei der Vorbereitung und Durchführung einer Beurteilung. **Situative Einflüsse** gehen auf die besondere Situation einer Prüfung und die augenblickliche Rolle der Beteiligten zurück. Unzureichende Erfahrung der Beurteilenden bei der **Vorbereitung und Durchführung** sowie unbestimmte Beurteilungskriterien führen zu weiteren Beurteilungsfehlern.

3.3.4 Kriterien der Personalbeurteilung

Zu den vorbereitenden Maßnahmen einer Personalbeurteilung gehört die Auswahl und Festlegung der Beurteilungskriterien. Unter der Vielzahl der zur Verfügung stehenden Beurteilungskriterien lassen sich folgende Hauptgruppen einteilen (siehe Abbildung 3-47):

- Systematisierung nach den Bezugsgrößen,
- Systematisierung nach dem zeitlichen Horizont und
- Systematisierung nach dem Grad der Quantifizierung.

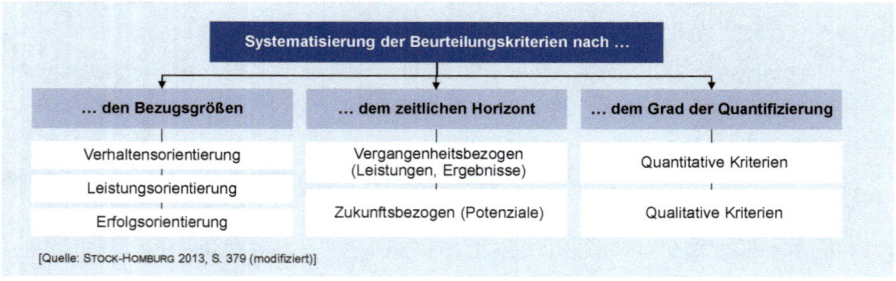

Abb. 3-47:   Systematisierung von Kriterien der Personalbeurteilung

3.3.4.1   Systematisierung nach den Bezugsgrößen

Bei diesem Systematisierungsansatz geht es um die drei Beurteilungsgegenstände Arbeits*verhalten*, Arbeits*leistung* und Arbeits*ergebnis* (siehe Abbildung 3-48).

- Im Mittelpunkt des **verhaltensorientierten Ansatzes** steht die Beurteilung der Persönlichkeit des Mitarbeiters. Es interessieren vor allem die Input-Eigenschaften des Mitarbeiters wie Loyalität, Dominanz, Intelligenz und Kreativität [vgl. STEINMANN/ SCHREYÖGG 2005, S. 796].

- Der **leistungsorientierte Ansatz** stellt den Tätigkeitsvollzug, also die Arbeitsleistung des Mitarbeiters in den Mittelpunkt der Beurteilung. Beurteilt wird also nicht die Persönlichkeit, sondern das im Transformationsprozess konkret beobachtete Leistungsvermögen des Mitarbeiters.

- Beim **ergebnisorientierten Ansatz** zählt weder die Persönlichkeit noch das Leistungsvermögen eines Mitarbeiters, entscheidend ist vielmehr das tatsächlich erreichte Ergebnis, d. h. der Output des Transformationsprozesses. Insbesondere das Entscheidungsverhalten von Führungskräften wird heutzutage ausschließlich am erzielten Ergebnis gemessen.

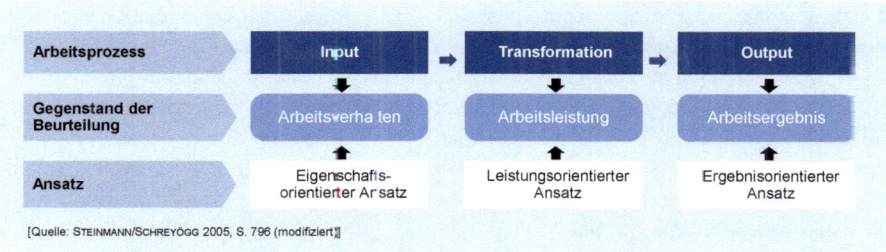

[Quelle: STEINMANN/SCHREYÖGG 2005, S. 796 (modifiziert)]

Abb. 3-48:   Systematisierungsansätze nach Bezugsgrößen

3.3.4.2   Systematisierung nach dem zeitlichen Horizont

Bei diesem Systematisierungsansatz geht es um die Frage, ob Mitarbeiter bzw. Führungskräfte mehr an der erreichten Leistung (Ergebnis, Output) oder mehr an ihrem Leistungsvermögen (Potenzial) gemessen werden sollten.

- Die **Leistungs- bzw. Ergebnisbeurteilung** ist vergangenheitsbezogen und berücksichtigt den „Output" des Mitarbeiters. Das Leistungsergebnis, also das Ausmaß der Erreichung der vorgegebenen Ziele, wird bei diesem Verfahren erfasst und bewertet. Sie ist maßgebend bei der Bewertung der Zielerreichung und damit auch zugleich das entscheidende Kriterium für eine gerechte, differenzierte Vergütung [vgl. JUNG 2006, S. 738].

- Die **Potenzialbeurteilung** ist eher zukunftsbezogen und bewertet Qualifikation und Eignung des Mitarbeiters. In die Beurteilung geht vor allem der erwartete zukünftige Beitrag von Führungskräften bzw. Mitarbeitern zur Erreichung der Unternehmensziele [vgl. STOCK-HOMBURG 2013, S. 379].

Werden beide Kriterien miteinander kombiniert, so ergibt sich – wie in Abbildung 3-49 dargestellt – eine **Leistungs-Potenzial-Matrix** (engl. *Performance-Potential-Matrix*). In dieser Portfolio-Matrix werden Mitarbeiter bzw. Führungskräfte entsprechend ihrer Leistungsergebnisse und ihrer Potenziale positioniert.

Besondere Aufmerksamkeit sollte das Personalmanagement den *„Solid Performers"* und den *„Promotable Performers"* widmen. Bei diesen Personengruppen besteht offensichtlich der größte Personalentwicklungsbedarf. Die *„Solid Performers"* erbringen zwar eine gute Leistung im Hinblick auf die an sie gestellten Anforderungen, sie verfügen aber über keine hohe Entwicklungsfähigkeit. *„Promotable Performers"* verfügen über ein hohes Entwicklungspotenzial, das aber durch das bisherige Aufgabengebiet nicht ausgeschöpft wird.

Durch geeignete Entwicklungsmaßnahmen, die einerseits den Bindungswillen erhöhen und andererseits Karrieremöglichkeiten aufzeigen, ließen sich beide Personengruppen entsprechend motivieren. Insgesamt ermöglicht die Leistungs-Potenzial-Matrix eine Analyse der Ist-Situation über die Leistungs- und Potenzialträger im Unternehmen. Ungleichgewichte in der Mitarbeiterstruktur lassen sich auf diese Weise aufzeigen [vgl. KOSUB 2009, S. 112].

Die oben beschriebene Matrix ist auch gleichzeitig Teil umfassender **Performance-Measure-ment-Systeme**, die zwischenzeitlich Einzug in viele, vor allem größere Unternehmen gehalten haben. In solche Systeme fließen neben den Leistungs- und Potenzialbeurteilungen der Mitarbeiter auch Projekt- und Kundenbeurteilungen sowie eine Vielzahl von Kennziffern (z. B. über Fluktuation, Mitarbeiter- und Kundenzufriedenheit u. ä.) ein. Sie dienen neben der Performance-Messung von Mitarbeitern auch zur Beurteilung der Leistungsfähigkeit von Abteilungen und Unternehmensbereichen [zur grundsätzlichen Ausgestaltung von Performance-Measurement-Systemen siehe GRÜNING 2002].

Als zentrales Element der Personalbeurteilung gilt die **Jahresendbeurteilung** (engl. *Year-End-Review*). Sie ist in vielen Unternehmen Grundlage für die Bestimmung der Höhe des variablen Gehaltsanteils, für evtl. Vergütungserhöhungen sowie für Beförderungen (engl. *Promotions*) im Rahmen des Grading-Systems.

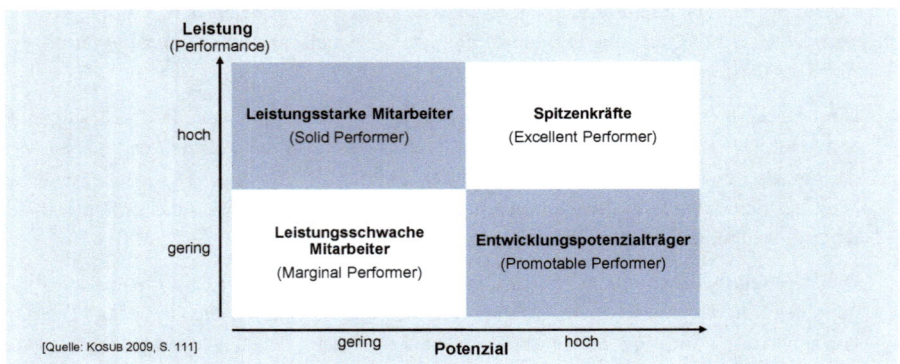

Abb. 3-49:   Leistungs-Potenzial-Matrix

Als **Praxisbeispiel** soll hier die Vorgehensweise und Struktur des Year-End-Reviews des Beratungsunternehmens CAPGEMINI angeführt werden. Neben der Performance- und der Potenzialbeurteilung als Soll-Ist-Vergleich wird bei diesem Year-End-Review mit dem sogenannten *Skill-Level*, das die Verweildauer des Mitarbeiters auf einer Karrierestufe (engl. *Time in Grade*) kennzeichnet, noch eine weitere Dimension in der Beurteilungssystematik berücksichtigt. Insert 3-11 gibt einen Überblick über die Funktionsweise dieses Praxisbeispiels mit der Skill-Level/Potential/Performance-Matrix als zentrales Darstellungsmittel.

Insert

Skill-Level	Poten-tial	Performance				
		Low		Normal	High	
		5	4	3	2	1
Mastery	A			Promotion possible	Lehmann	
	B	Müller		Schulze	Jansen	
	C		Meier Krause	Neumann	Becker	Schmidt
	D			Fischer		
Skilled	A				Wagner	
	B		Becker	Baumann		
	C			Weber Koch		
	D		Schneider			
Entry	A					
	B			Bauer		
	C					
	D					

5 = Did not meet expectations	A = High potential
4 = Improvement desired	B = Steady growth
3 = Met expectations	C = Steady
2 = Exceeds	D = At risk
1 = Excellent	

Quelle: LIPPOLD 2010, S. 23

Grundlage für den **Jahresendprozess** (engl. *Year End Review*) ist die *Zielvereinbarung*, die Anfang eines jeden Geschäftsjahres zwischen Mitarbeitern und Vorgesetzten verabschiedet wird. Sie orientiert sich an den vorgegebenen Standardzielen pro Grade (Karrierestufe). Diesen Standardzielen liegen – neben individuellen Zielen wie Auslastung, Sales-Bei-trag, Delivery-Volumen etc. – vier Verhaltensdimensionen zu Grunde:

• Managementverhalten,
• Führungsverhalten,
• Teamverhalten und
• kundenorientiertes Verhalten.

Die Führungskraft (der Vorgesetzte/Mentor) verdichtet diese Kriterien zu einem Gesamteindruck, der dann im Year-End-Review einem *Peer-Vergleich* gestellt wird. In diesem Peer-Vergleich werden alle Mitarbeiter der gleichen Karrierestufe (Grade) gegeneinander kalibriert (siehe Abbildung)

Dies geschieht anhand einer vorbereiteten Matrixdarstellung mit folgenden drei Dimensionen:

• **Performance** mit den Ausprägungen *„excellent"* (1), *„exceeds"* (2), *„met expectations"* (3), *„improvement desired"* (4) und *„did not meet expectations"* (5),
• **Potential** mit den Ausprägungen *„high potential"* (A), *„steady growth"* (B, *„steady"* (C) und *„at risk"* (D) und
• **Time in Grade** mit den Ausprägungen *„mastery"*, *„skilled"* und *„entry"*.

Nur diejenigen Mitarbeiter, die in dieser Darstellung gleichzeitig den Bereichen Mastery, Performance 1 bis 3 und Potential A und B zugeordnet sind, können befördert und beim nächsten Review im Grade n+1 geführt werden. Bei der Kalibrierung ist ferner darauf zu achten, dass die zu beurteilenden Mitarbeiter hinsichtlich der Performance-Beurteilung *gleichverteilt* eingestuft werden. D. h. der Performance-Wert muss für alle Mitarbeiter im Durchschnitt dem *Normal-Wert* „Met expectations" (= 3) entsprechen. Die derart vorgenommene Kalibrierung wirkt in drei Richtungen: Sie ist maßgebend für die Berechnung des variablen Gehaltsanteils, für eine evtl. strukturelle Gehaltserhöhung sowie für die Möglichkeit einer Beförderung.

Insert 3-11: Die Skill-Level/Potential/Performance-Matrix von CAPGEMINI

3.3.4.3 Systematik nach dem Grad der Quantifizierung

Eine weitere Systematisierung kann anhand der Unterscheidung zwischen quantitativen und qualitativen Kriterien erfolgen. **Quantitative Beurteilungsgrößen** sind eindeutig und objektiv messbare Größen. Bei der objektiven Messung werden operationalisierbare und empirisch überprüfbare Indikatoren verwendet, die eindeutig quantifizierbar sind. Beispiele für eine Führungskraft bzw. einen Mitarbeiter im Vertriebsbereich sind:

• Erzieltes (Bereichs-)Ergebnis,
• Anzahl akquirierter Kunden,
• Anzahl durchgeführter Kundenbesuche,
• Erzielter Auftragseingang,
• Erzielter Umsatz,
• Anzahl Reklamationen,
• Fehlzeiten u.v.a.m.

In der Praxis werden Unternehmensziele zunehmend mit der von KAPLAN/NORTON [1992] entwickelten **Balanced Scorecard**, in der quantitativ bewertbare Beurteilungskriterien formuliert, systematisiert und dann sukzessive auf Bereichs-, Abteilungs- und Mitarbeiterebene herunter gebrochen werden (siehe Abbildung 3-50).

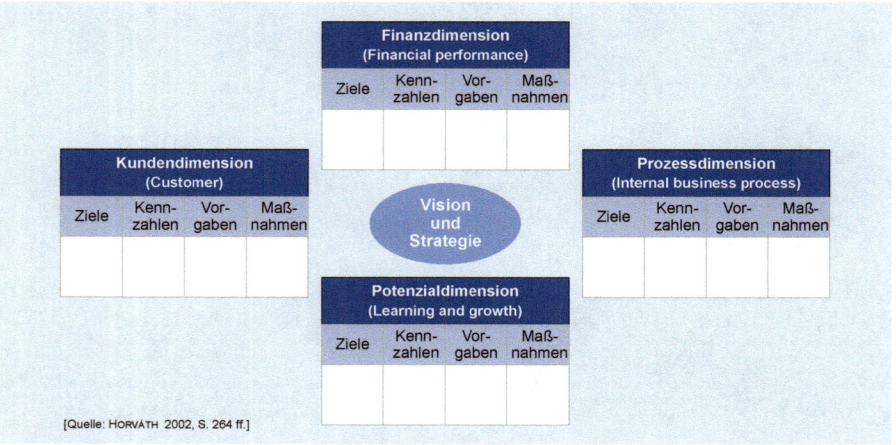

Abb. 3-50: Die vier Dimensionen des Balanced Scorecard

Grundgedanke der Balanced Scorecard ist die Umsetzung von Visionen und Strategien des Unternehmens in operative Maßnahmen. Das dazu entwickelte Kennzahlenraster der Balanced Scorecard umfasst insgesamt vier Dimensionen:

- Finanzwirtschaftliche Dimension (Sicht des Aktionärs bzw. Investors),
- Kundenbezogene Dimension (Sicht des Kunden),
- Prozessbezogene Dimension (Sicht nach innen auf die Geschäftsprozesse) und
- Potenzialbezogene Dimension (Sicht aus der Lern- und Entwicklungsperspektive).

Für den Personalbereich besonders relevant ist die Lern- und Entwicklungsperspektive. Die daraus resultierende Verbindung der klassischen Zielvereinbarung mit der Balanced Scorecard führt zwangsläufig dazu, auch in die Zielvereinbarung verstärkt quantitative Ziele als sogenannte *Key Performance Indicators* (KPIs) zu übernehmen. Durch die ganzheitliche Zielentwicklung kann jeder einzelne Mitarbeiter seinen Anteil am Erreichen der Team-, Bereichs- und Gesamtunternehmensziele verfolgen. Wenn das strategische Ziel des Unternehmens z. B. die Steigerung der Kundenzufriedenheit ist, könnte ein Servicemitarbeiter als persönliches Ziel die Erhöhung der Anzahl seiner Kundenkontakte ableiten.

Mit dieser Kopplung von Führungs- und Anreizsystemen ist eine wichtige Voraussetzung für die Einführung von variablen, leistungsabhängigen Vergütungsbestandteilen gegeben. In Kombination mit einem garantierten fixen Vergütungsanteil kann der variable Vergütungsanteil die erbrachten Leistungen angemessen honorieren. Die Höhe des variablen Entgeltbestandteils hängt dabei vom Ausmaß ab, mit dem die in der Balanced Scorecard definierten Zielvorgaben bzw. Kennzahlen erreicht werden. Das variable Entgelt ist bei der beschriebenen Vorgehens-weise sowohl vom Grad der individuellen Zielerreichung als auch vom Erfolg auf Gruppen- und Unternehmensebene abhängig. Die Kennzahlen der Balanced Scorecard liefern dabei für alle drei Ebenen die entsprechenden Erfolgsindikatoren.

Eine Vielzahl von Untersuchungsmerkmalen bei der Bewertung von Führungskräften und Mit-arbeitern bezieht sich auf deren Fähigkeiten und Verhalten. Hierbei handelt es sich um **quali-tative Bewertungskriterien**, die sich einer eindeutigen und objektiven Messbarkeit entziehen. Die Beurteilung solcher qualitativen Größen unterliegt subjektiven Einflüssen, d. h. die Bewer-tung kann von Beurteilendem zu Beurteilendem erheblich variieren [vgl. STOCK-HOMBURG 2013, S. 381].

Mögliche Beurteilungskriterien über das Verhalten von Führungsnachwuchskräften liefert Ab-bildung 3-51.

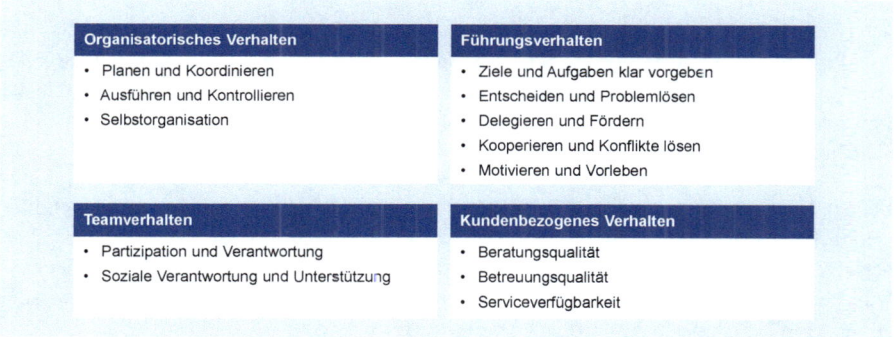

Abb. 3-51:   Verhaltensdimensionen von Führungsnachwuchskräften (Beispiel)

Sind die Beurteilungskriterien und deren Ausprägungen festgelegt, so gilt es, für die Bewertung möglichst eindeutige Messvorschriften zu entwickeln. Durch die Vorgabe einer Messvorschrift soll die Vergleichbarkeit der Ergebnisse sichergestellt und gleichzeitig der subjektive Einfluss der Beurteilenden auf das Beurteilungsergebnis minimiert werden. Für diesen Zweck existiert eine Reihe von Verfahren, die unterschiedliche Einsatzgebiete haben und verschiedene Vor- und Nachteile aufweisen:

Eine **Ratingskala** (oder **Einstufungsskala**) gibt in Form von Zahlen, verbalen Beschreibungen oder Beispielen, markierte Abschnitte eines Merkmalkontinuums vor. Bei der Beurteilung wird diejenige Stufe der Ratingskala markiert, die der Ausprägung des Kriteriums bei dem betroffe-nen Beurteilungsobjekt entspricht. Die Abstände zwischen den Skalenpunkten sind gleich groß. Unter der Voraussetzung einer sorgfältigen Konstruktion und Handhabung stellt die Ra-tingskala ein wertvolles Instrument dar, das sich in der Praxis vielfach bewährt hat (siehe Ab-bildung 3-52).

	- 2	- 1	0	+ 1	+ 2
Zustimmung	nein	eher nein	weiß nicht	eher ja	ja
Häufigkeit	nie	selten	gelegentlich	oft	immer
Intensität	gar nicht	kaum	mittelmäßig	ziemlich	außerordentlich
Wahrscheinlichkeit	keinesfalls	wahrscheinlich nicht	vielleicht	ziemlich wahrscheinlich	ganz sicher

Abb. 3-52: Beispiel für Ratingskalen mit unterschiedlichen Merkmalen

Beim **Rangordnungsverfahren** wird bezüglich des interessierenden Kriteriums eine Rangordnung hergestellt. Die Beurteilung erfolgt mit Hilfe der Methode des paarweisen Vergleichs, d. h. alle zu beurteilenden Mitarbeiter werden jeweils mit allen anderen verglichen. Aus der sich ergebenden Matrix wird anschließend eine Rangfolge gebildet.

Das **Polaritätsprofil** besteht aus mehreren Beurteilungskriterien. Jedem Kriterium werden zwei gegensätzliche Eigenschaftsbezeichnungen zugeordnet, zwischen denen diverse graduelle Unterschiede angegeben sind. Die vom Beurteiler angegebenen Grade werden durch einen Linienzug verbunden, so dass sich ein Polaritätsprofil ergibt (siehe Abbildung 3-53).

Bei der **Methode der kritischen Vorfälle** werden spezielle Vorkommnisse, die in einer definierten Periode angefallen sind, gesammelt. Als Vorfälle kommen sowohl positive als auch negative Ereignisse in Frage. Die Weiterverarbeitung dieser Daten kann summarisch oder analytisch erfolgen. Die Methode der kritischen Vorfälle sollte in der Regel nur im Zusammenhang mit anderen Verfahren als Ergänzung eingesetzt werden.

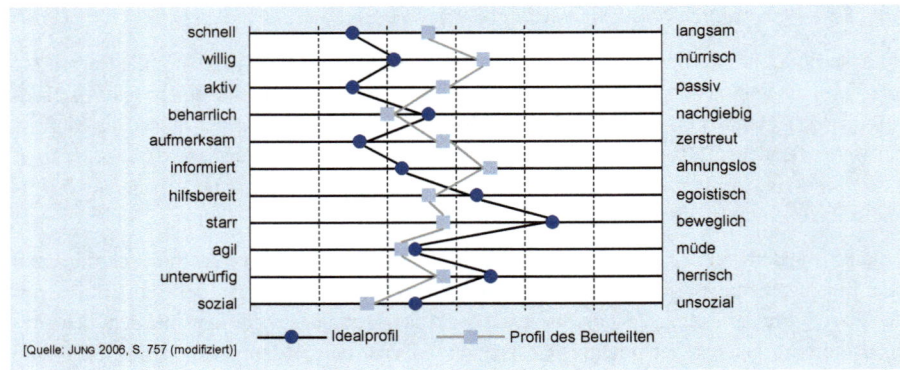

[Quelle: JUNG 2006, S. 757 (modifiziert)]

Abb. 3-53: Beispiel eines Polaritätsprofils für das Merkmal „soziales Verhalten"

Beim **Vorgabevergleichsverfahren** werden die Mitarbeiter bezüglich ihrer Zielerreichung beurteilt. Dies geschieht in der Regel mit der Vergabe von Prozentwerten. Die vollständige Erreichung eines vorgegebenen Zieles wird mit einem Wert von 100 Prozent ausgezeichnet (siehe Abbildung 3-54).

Mitarbeiter:	Klaus Möller	Claudia Schmidt	Jens Schulte
Beurteilungskriterium	**Zielerreichung**	**Zielerreichung**	**Zielerreichung**
Organisatorisches Verhalten	110 %	100 %	90 %
Teamverhalten	90 %	120 %	110 %
Führungsverhalten	120 %	130 %	100 %
Kundenbezogenes Verhalten	100 %	110 %	80 %
Gesamtbewertung	**105 %**	**115 %**	**95 %**

Abb. 3-54:   Beispiel für ein Vorgabevergleichsverfahren

3.3.5 Das Beurteilungsfeedback

Dem **Feedback-Gespräch** zwischen Mitarbeiter und Vorgesetzten, das sich grundsätzlich an eine Beurteilung anschließen sollte, kommt im Rahmen des gesamten Verfahrens eine erhebliche Bedeutung zu. Auch hierbei steht das Ziel der Personalbeurteilung, nämlich die **Fairness** im Mittelpunkt. Durch das Beurteilungsfeedback erhält der Mitarbeiter diverse Informationen, denen folgende Fragestellungen zu Grunde liegen:

• Was hat der Beurteilende konkret beobachtet?
• Was schließt der Beurteilende daraus?
• Welche Entwicklungspotenziale können daraus abgeleitet werden?

Das Beurteilungsgespräch kann bei richtiger Handhabung ein wesentliches Instrument innerhalb des Führungsprozesses darstellen und in erheblichem Maße zur Motivation der Mitarbeiter beitragen. Soll ein Beurteilungsgespräch die daran gestellten Erwartungen erfüllen, so ist neben einer gründlichen Vorbereitung (z. B. anhand einer Checkliste) eine konstruktive, offene und zielorientierte Gesprächsführung unabdingbar. Bei der Gesprächsführung hat es sich als vorteilhaft erwiesen, gewisse Ablaufstrukturen vorzusehen.

Bei der **Gesprächseröffnung** sollte versucht werden, eine entspannte Stimmung zu schaffen und Verkrampfungen abzubauen. Nach der Begrüßung ist der Anlass des Gesprächs noch einmal darzulegen.

In der **Überleitung** sollte ein Überblick über den Gesprächsverlauf und die Ziele der Besprechung gegeben werden.

Die Besprechung der positiven und negativen Beurteilungen bildet den **Hauptteil** des Gesprächs. Dabei sollte mit den positiven Ergebnissen bzw. Entwicklungen seit der letzten Beurteilung begonnen werden. Die Besprechung negativer Ergebnisse sollte immer auf Grundlage gesicherter und sachlicher Informationen beruhen und für den Beurteilten transparent sein. Schwächen dürfen nicht als unüberwindbar, sondern immer nur in Verbindung mit Förderungsmöglichkeiten dargestellt werden. Als Grundsatz gilt: keine negative Kritik ohne anschließende Handlungsimplikation. Ziel ist es, sich zwischen den Beteiligten zu einigen. Gelingt dies nicht, sollte dem Beurteilten die Gelegenheit gegeben werden, seinen Widerspruch, der anschließend in schriftlicher Form in die Personalakte eingeht, zu formulieren.

Am **Schluss** des Gespräches sollten die wesentlichen Ergebnisse und die geplanten Aktionen noch einmal zusammengefasst werden. Der Vorgesetzte sollte darauf achten, das Gespräch einvernehmlich ausklingen zu lassen.

3.3.6 Leistungs- und Potenzialbeurteilung international tätiger Mitarbeiter

Die grundlegenden Beurteilungskriterien (zeitlicher Horizont, Bezugsgröße, Grad der Quantifizierung) weichen bei internationalen Beurteilungen nicht groß von den nationalen Bewertungsmaßstäben ab.

Im Zusammenhang mit dem **zeitlichen Horizont** ist anzunehmen, dass langfristig orientierte Kulturen (wie beispielsweise China oder Japan) eher potenzialbezogene Beurteilungskriterien bevorzugen. Dagegen konzentrieren sich kurzfristig orientierte Kulturen (wie beispielsweise USA oder Großbritannien) tendenziell auf die Gegenwart bzw. die nahe Zukunft. Hier dürften also eher die aktuelle Performance und weniger langfristige Potenzialbeurteilungen im Fokus stehen [vgl. STOCK-HOMBURG 2013, S. 437].

Hinsichtlich des **Quantifizierungsgrades** kann zwischen quantitativen und qualitativen Kriterien unterschieden werden. In internationalen Beurteilungssituationen werden als quantitative Beurteilungskriterien insbesondere Kennzahlen wie länderspezifische Umsatz- oder Marktanteilsdaten herangezogen. Zu den qualitativen Beurteilungskriterien zählen vornehmlich Merkmale bzw. Verhaltensweisen der Beurteilten.

Inwieweit quantitative Kriterien für die Beurteilung im internationalen Bereich herangezogen werden können, hängt in erster Linie von der **Internationalisierungsausrichtung** des Unternehmens ab [vgl. STOCK-HOMBURG 2013, S. 437 f.]:

- Bei der **ethnozentrischen Internationalisierungsausrichtung** orientiert sich die Auswahl der Beurteilungskriterien an den kulturellen Besonderheiten des Heimatlandes. Hier dominieren in erster Linie quantitative Kriterien, um Lösungen über verschiedene Kulturen hinweg leichter vergleichbar zu machen.

- Die Auswahl der Beurteilungskriterien bei der **polyzentrischen Ausrichtung** orientiert sich an den lokalen Besonderheiten verschiedener Länderniederlassungen eines Unternehmens. Gewichtung quantitativer und qualitativer Kriterien hängt von der Landeskultur der jeweiligen Niederlassung ab.

- Bei der **geozentrischen Ausrichtung** liegt ein unternehmensweites, international standardisiertes Verständnis der Beurteilungskriterien vor, d.h. die Beurteilung orientiert sich an der „kulturellen Schnittmenge". Es werden vorwiegend quantitative Kriterien herangezogen.

- Darüber hinaus gibt es noch die **regiozentrische Orientierung**, die eine Weiterentwicklung der polyzentrischen Orientierung darstellt. Es werden nicht Unterschiede einzelner

Länder berücksichtigt, sondern einzelner Ländergruppen, die in sich relativ homogen sind. Die Beurteilungskriterien variieren in diesem Fall von Region zu Region.

Ein weiterer Aspekt für die effektive Durchführung der Beurteilung ist der **Kommunikationsstil** des Beurteilers. Durch kulturbedingte Unterschiede im Sprachstil zwischen Beurteilern und Beurteilten können Irritationen auf beiden Seiten auftreten. Im Grundsatz kann zwischen folgenden fünf Merkmalen im Sprachstil unterschieden werden: Direktheit, Präzision, Beziehungsorientierung, Standardisierung und Selbstorientierung des Sprachstils [vgl. STOCK-HOMBURG 2013, S. 440].

Abbildung 3-55 zeigt die zum Teil sehr deutlichen Unterschiede im Kommunikationsstil bei Personalbeurteilungen im internationalen Bereich.

Merkmale im Sprachstil	Germanisches Cluster	Anglo-cluster weltweit	Konfuzian. asiatisches Cluster	Süd-asiatisches Cluster	Beschreibung der Ausprägung des Sprachstils bei Beurteilungen
Beispielhafte Länder	Deutschland Österreich Schweiz	USA Kanada Australien	Cina Hong Kong Japan	Indien Thailand	
Direktheit	hoch	hoch	gering	mittel	Offene und eindeutige Kommunikation auch in kritischen Situationen
Präzision	hoch	mittel	gering	mittel	Explizite und eindeutige Ansprache zwischenmenschlicher und sachlicher Aspekte
Standardisierung	gering	mittel	hoch	hoch	Häufige Verwendung von Formulierungen mit kulturell vordefinierter Bedeutung
Beziehungsorientierung	gering	gering	mittel	hoch	Argumente werden nicht logisch, sondern primär zwischenmenschlich begründet
Selbstorientierung	hoch	mittel	gering	mittel	Beurteiler wenden zur Beurteilung primär die eigene Perspektive an

[Quelle: STOCK-HOMBURG 2013, S. 441]

Abb. 3-55:   Kulturelle Unterschiede im Kommunikationsstil

3.3.6 Optimierung der Fairness

In diesem Abschnitt werden die einzelnen Schritte des Aktionsfeldes *Personalbeurteilung* zusammengefasst und die wichtigsten Parameter, Prozesse, Instrumente und Werttreiber im Zusammenhang dargestellt.

(1) Aktionsparameter

Fairness ist das zentrale Optimierungskriterium für das Aktionsfeld *Personalbeurteilung*. Es sind im Wesentlichen zwei Aktionsparameter, die die Optimierung der Fairness bestimmen:

- **Beurteilungskriterien** zur Einordnung von Verhalten, Leistung und Potenzial der Mitarbeiter und
- **Beurteilungsfeedback** zur Motivation der Mitarbeiter.

Damit ergibt sich für die Optimierung der Fairness folgender, erweiterter Ansatz:

Fairness = f (Personalbeurteilung) = f (Beurteilungskriterien, Beurteilungsfeedback)
→ *optimieren!*

(2) Prozesse und instrumentelle Unterstützung

Eine wichtige Voraussetzung dafür, dass die Personalbeurteilungsergebnisse fair und vergleichbar sind, ist die anforderungsgerechte Systematisierung des Beurteilungsprozesses. In Abbildung 3-56 ist ein idealtypischer Beurteilungsprozess dargestellt.

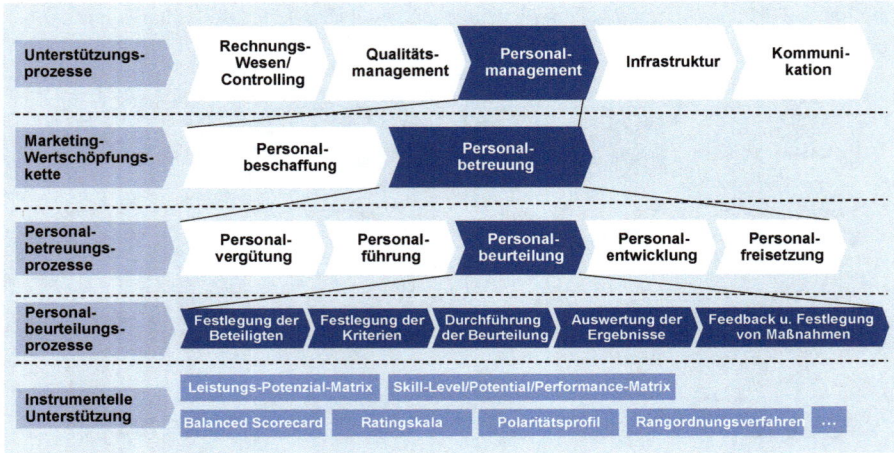

Abb. 3-56:   Prozessmodell für das Aktionsfeld „Personalbeurteilung"

In der ersten Stufe erfolgt die **Auswahl der Beteiligten** am Beurteilungsprozess. Diese Stufe ist immer dann von Bedeutung, wenn Externe oder mehrere Personen die Rolle des Beurteilenden (engl. *Review Team*) übernehmen. Ansonsten ist der Beurteilende der unmittelbare Vorgesetzte des Beurteilten.

In der zweiten Stufe werden die relevanten **Beurteilungskriterien** festgelegt. Diese sollten weitgehend standardisiert sein und einen unmittelbaren Bezug zur Leistung der beurteilten Person haben. Um die Ausprägungen der ausgewählten Kriterien bei den jeweils zu beurteilenden Personen festzustellen, werden geeignete Messverfahren ausgewählt. Sie dienen der Optimierung menschlicher Urteilsfähigkeit.

Die **Durchführung der Beurteilung** wird in der dritten Stufe vorgenommen. Die Beurteilungen können schriftlich, mündlich oder per Online-Befragung vorgenommen werden.

Die vierte Stufe befasst sich mit der **Auswertung der Beurteilungsergebnisse**. Dem Personalbereich obliegt die Abwicklung des Verfahrens und die Aufbereitung der Daten.

Aus den Beurteilungsergebnissen werden in der fünften Stufe entsprechende **Maßnahmen** abgeleitet. Hierbei kann es sich um die Teilnahme an Personalentwicklungsprogrammen, um Versetzungen oder um Konsequenzen bei der Höhe der variablen Vergütung handeln.

In der letzten Stufe erfolgt ein **Feedback** der Beurteilungsergebnisse an den Beurteilten. Dieses Feedback sollte möglichst zeitnah und in einem persönlichen Gespräch erfolgen [vgl. STOCK-HOMBURG 2013, S. 394 ff.].

(3) Werttreiber

Zu den wichtigen *Werttreibern* im Aktionsfeld *Personalbeurteilung* gehören:

- **Feedback-Gesprächsquote**, d. h. der Anteil aller Mitarbeiter, die ein oder mehrere Feedback-Gespräche mit ihrer Führungskraft führen, im Verhältnis zu allen Mitarbeitern. Es wird untersucht, ob Unternehmen mit dem Feedback-Gespräch eine wichtige Maßnahme zur Identifikation und Bindung erfolgskritischer Mitarbeiter sicherstellen.

- **Vorgesetztenbeurteilungsquote**, d. h. der Anteil aller Mitarbeiter, die eine Beurteilung ihres direkten Vorgesetzten durchführen, im Verhältnis zu allen Mitarbeitern. Aus solchen Beurteilungen können sich konkrete Hinweise auf notwendige bzw. wünschenswerte Änderungen im Sinne eines fairen Führungsverhaltens ergeben.

- **Balanced Scorecard-Einsatzquote**, d. h. der Anteil aller Organisationseinheiten, die die Balanced Scorecard als Beurteilungssystem einsetzen, im Verhältnis zu allen Organisationseinheiten. Durch die ganzheitliche Zielentwicklung mit Hilfe der Balanced Scorecard kann jeder einzelne Mitarbeiter seinen Anteil am Erreichen der Team-, Bereichs- und Gesamtunternehmensziele verfolgen.

In Abbildung 3-57 sind die wichtigsten Punkte des Aktionsfeldes *Personalbeurteilung* (übergeordneter Aktionsbereich, Aktionsparameter, Instrumente, Werttreiber sowie Optimierungskriterium) zusammengefasst.

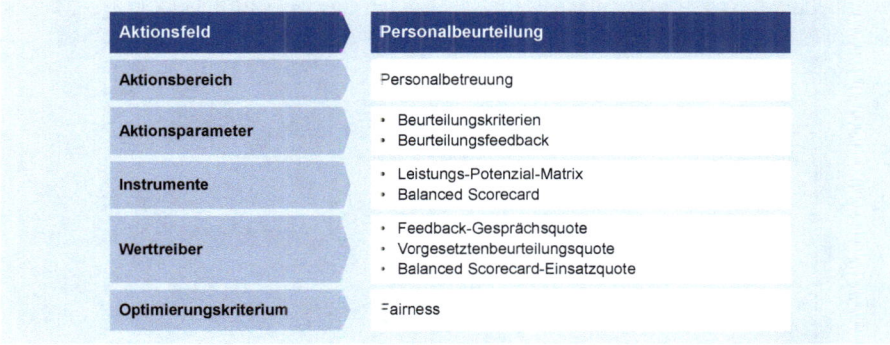

Aktionsfeld	Personalbeurteilung
Aktionsbereich	Personalbetreuung
Aktionsparameter	• Beurteilungskriterien • Beurteilungsfeedback
Instrumente	• Leistungs-Potenzial-Matrix • Balanced Scorecard
Werttreiber	• Feedback-Gesprächsquote • Vorgesetztenbeurteilungsquote • Balanced Scorecard-Einsatzquote
Optimierungskriterium	Fairness

Abb. 3-57:   Wesentliche Aspekte des Aktionsfeldes „Personalbeurteilung"

3.4   Personalentwicklung

3.4.1 Aufgabe und Ziel der Personalentwicklung

Die Qualifizierung von Mitarbeitern und Führungskräften stellt eine zentrale Voraussetzung für Unternehmen dar, um langfristig wettbewerbsfähig zu sein. Mitarbeiter mit *der richtigen* fachlichen Qualifikation und den *richtigen* sozialen und kommunikativen Kompetenzen sowie die Managementqualitäten einer Führungskraft sind wesentliche Erfolgsfaktoren. Da sich die Angebote auf dem Absatzmarkt – zumindest in vielen Dienstleistungsbereichen – immer ähnlicher werden, definieren Unternehmen Alleinstellungsmerkmale und Wettbewerbsvorteile zunehmend über das Personal [vgl. BECKER/SEFFNER 2002, S. 2].

Somit gilt es, die Personalentwicklung und hier speziell die Führungskräfteentwicklung (Leadership Development) als viertes Aktionsfeld im Rahmen der Prozesskette *Personalbindung* im Hinblick auf die *Mitarbeiterforderung und -förderung* zu optimieren:

> *Forderung und Förderung = f (Personalentwicklung) → optimieren!*

Inhalte der Personalentwicklung sind zum einen die Vermittlung von Qualifikationen im Sinne einer unternehmensgerechten *Aus- und Weiterbildung* (⇒ Forderung) und zum anderen Maßnahmen zur Unterstützung der beruflichen Entwicklung und Karriere (⇒ Förderung). Von besonderer Bedeutung ist darüber hinaus die Entwicklung von Führungsnachwuchskräften. Ihre Funktion als Repräsentant, Vorbild, Entscheidungsträger und Meinungsbildner macht die Führungskraft zum Multiplikator in der Personalentwicklung [vgl. STOCK-HOMBURG 2013, S. 206 unter Bezugnahme auf SEIDEL 1993, S. 248].

In Abbildung 3-58 ist der Zusammenhang zwischen Inhalten und generellen Zielen der Personalentwicklung dargestellt.

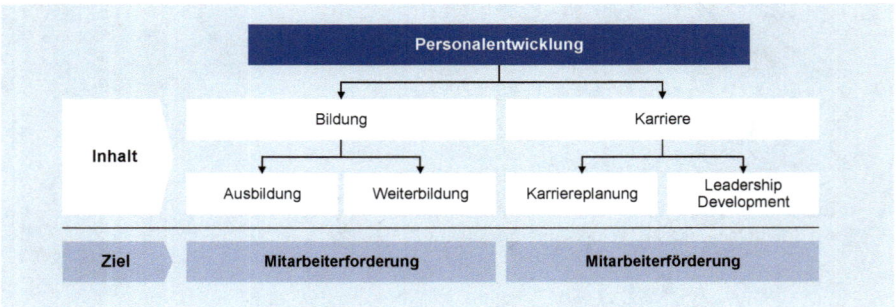

Abb. 3-58:   Inhalte und Ziele der Personalentwicklung

Bei Unternehmen lassen sich nach JUNG [2006, S. 250 f.] im Allgemeinen zwei **Ansätze der Personalentwicklung** beobachten. Die eine Vorgehensweise versucht, die aktuellen Arbeitsplatzanforderungen mit den entsprechenden Qualifikationen in Einklang zu bringen. Der zweite (und sicherlich effektivere) Ansatz verfolgt das Ziel, über die gegenwärtigen Anforderungen hinaus flexible Mitarbeiterqualifikationen zu schaffen und eine individuelle Personalentwicklung zu praktizieren. Im Vordergrund steht dabei die Vermittlung weitgehend arbeitsplatzunabhängiger **Schlüsselqualifikationen**, die der Halbwertszeit des Wissens und dem lebenslangen Lernen Rechnung tragen. Abbildung 3-59 stellt die Wertentwicklung verschiedener Wissensarten im Zeitablauf dar. Besonders das berufliche Fachwissen, das Technologiewissen und das IT-Fachwissen veralten sehr schnell, wenn es im Rahmen der Personalentwicklung nicht kontinuierlich aufgefrischt wird [vgl. STOCK-HOMBURG 2013, S. 202 f.].

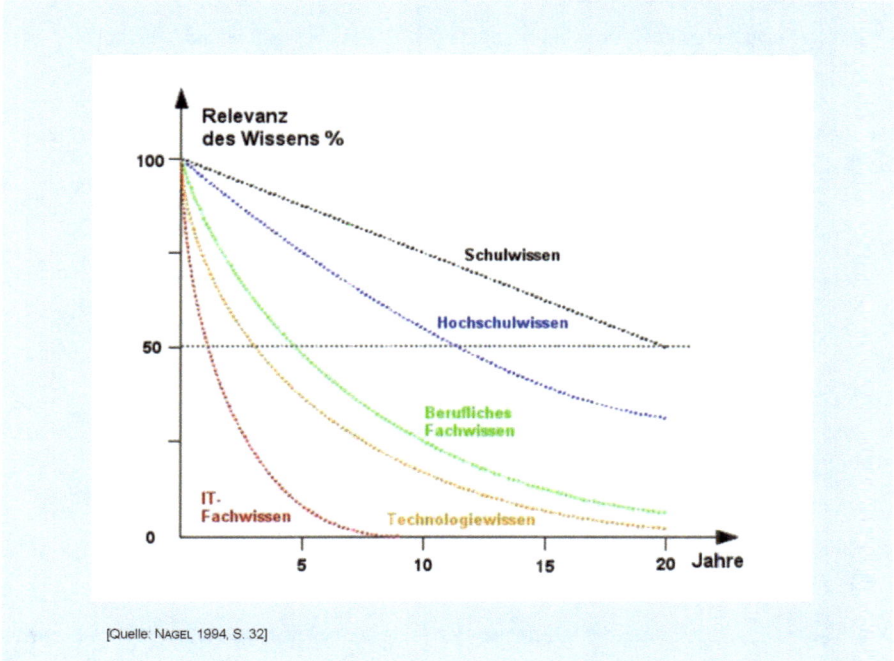

Abb. 3-59:   Die Halbwertszeit des Wissens

Die zentrale Aufgabe der Personalentwicklung liegt demnach darin, die Menschen durch Lernen zu befähigen, sich in der dynamischen Welt der Arbeit zurechtzufinden. Nur mit systematisch betriebener Aus- und Weiterbildung kann es gelingen, über die gesamte Dauer des Berufslebens den sich wandelnden Anforderungen gewachsen zu sein. Systematische Förderung der Eignung und Neigung sichert qualifizierte und motivierte Mitarbeiter. Daneben muss der durch die veränderten Bedürfnisse entstandene **Wertewandel** von der Personalentwicklung aufgenommen und die daraus gewonnenen Erkenntnisse in Bildung und Förderung umgesetzt werden.

Sowohl das Unternehmen als auch seine Mitarbeiter verbinden mit der Personalentwicklung jeweils eigene Zielvorstellungen. **Ziele** der Personalentwicklung **aus Sicht des Unternehmens** sind [vgl. STOCK-HOMBURG 2013, S. 209 f.]:

- Verbesserung der Arbeitsleistung von Führungskräften bzw. Mitarbeitern,

- Erhöhung der Anpassungsfähigkeit der Führungskräfte bzw. Mitarbeiter hinsichtlich neuer Anforderungen und neuer Situationen,

- Steigerung von Eigenverantwortlichkeit, Eigeninitiative und Selbständigkeit der Führungskräfte bzw. Mitarbeiter,

- Steigerung der Identifikation und Motivation von Führungskräften und Mitarbeitern,

- Erhöhung der Attraktivität als Arbeitgeber auf dem Arbeitsmarkt.

Mitarbeiterbezogene Ziele der Personalentwicklung sind [vgl. STOCK-HOMBURG 2013, S. 209 f.]:

- Verbesserung der Karriere- und Aufstiegsmöglichkeiten innerhalb und außerhalb des Unternehmens,

- Klarheit über die beruflichen Ziele und Aufstiegsmöglichkeiten im Unternehmen,

- Schaffung von Möglichkeiten, um über das fachliche Wissen hinaus betriebsspezifisches Know-how und Flexibilität zur Bewältigung anstehender Veränderungsprozesse zu erlangen,

- Steigerung der individuellen Mobilität auf dem Arbeitsmarkt,

- Schaffung von Möglichkeiten zur Selbstverwirklichung z. B. unter dem Aspekt der Übernahme von größerer Verantwortung einerseits und der Work-Life-Balance andererseits.

3.4.2 Qualifikation und Kompetenzmanagement

Die oben beschriebenen Ziele der Personalentwicklung können erst dann erreicht werden, wenn die Leistungsanforderungen des Arbeitsplatzes die Qualifikation des Mitarbeiters entsprechen. Folglich ist eine genaue Kenntnis der Qualifikationen notwendig, um die Mitarbeiter am richtigen Arbeitsplatz einsetzen und gezielte Fördermaßnahmen durchführen zu können.

Da sich die Anforderungen an die funktionelle Flexibilität der Mitarbeiter zunehmend erhöhen, ist neben der fachlichen Qualifizierung ein besonderer Wert auf die Förderung der überfachlichen Qualifizierung zu legen, um die Mitarbeiter mit umfassender Handlungskompetenz auszustatten.

In diesem Zusammenhang kommt dem *Kompetenzmanagement* eine besondere Bedeutung zu. Es ermittelt, steuert und entwickelt Kompetenzen, die heute und in der Zukunft für die Umsetzung der Unternehmensziele benötigt werden. Es legt fest, welche Fähigkeiten und Verhaltensweisen verändert bzw. entwickelt werden sollen. Damit weist das Kompetenzmanagement in zwei Richtungen. Zum einen geht es darum, was das Unternehmen oder die Unternehmenseinheit können muss, um seine/ihre Ziele zu erreichen (organisationale Kompetenz). Zum anderen

sind die Fähigkeiten, Kenntnisse und Verhaltensweisen von Personen gefragt, die sie benötigen, um ihre individuellen Anforderungen (im Sinne der gesetzten Ziele) zu bewältigen (rol-
lenbezogene Kompetenz) [vgl. LIPPOLD 2010, S. 25].

Den wohl rund um den Kompetenzbegriff wichtigsten Forschungsansatz liefert die **Kompetenzarchitektur** von JOHN ERPENBECK und VOLKER HEYSE. Danach wird in einem ersten
Schritt der **Kompetenzbegriff** von ähnlichen Begriffen wie *Fertigkeiten* und *Qualifikationen*
abgegrenzt (siehe Insert 3-12). Die Autoren erklären Kompetenz als „Selbstorganisationsdis-
positionen des Individuums". Damit meinen sie, dass eine agierende Person eine bestimmte
Situation selbstorganisiert unter Zuhilfenahme der jeweiligen „Dispositionen (Anlagen, Fähigkeiten, Bereitschaften)" meistert und somit kompetentes Handeln aufweist [vgl. BAUER/ SOOS
2017, S. 13f.].

Insert

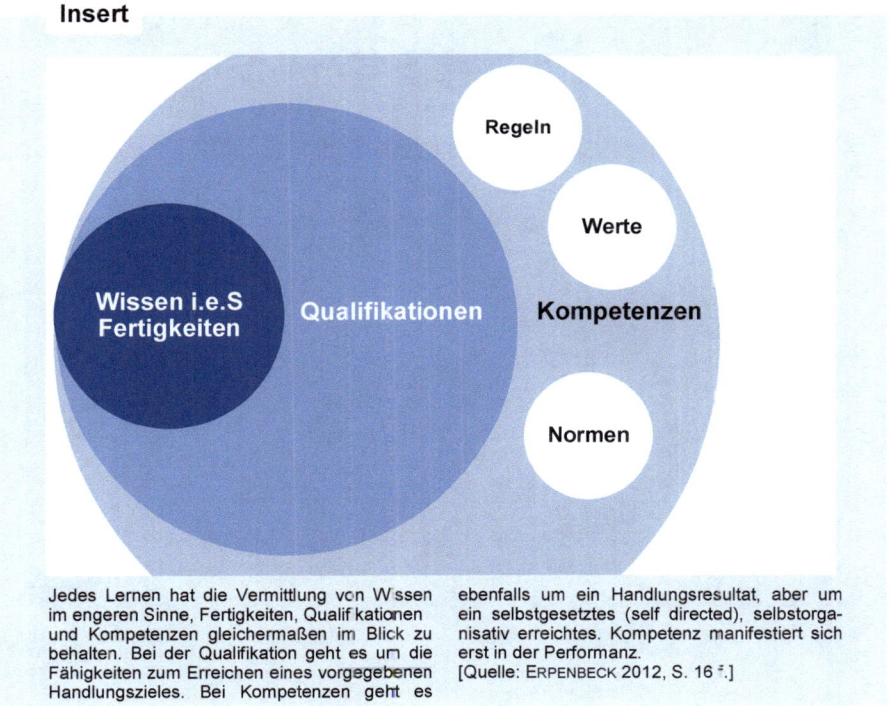

Jedes Lernen hat die Vermittlung von Wissen im engeren Sinne, Fertigkeiten, Qualifikationen und Kompetenzen gleichermaßen im Blick zu behalten. Bei der Qualifikation geht es um die Fähigkeiten zum Erreichen eines vorgegebenen Handlungszieles. Bei Kompetenzen geht es	ebenfalls um ein Handlungsresultat, aber um ein selbstgesetztes (self directed), selbstorga- nisativ erreichtes. Kompetenz manifestiert sich erst in der Performanz. [Quelle: ERPENBECK 2012, S. 16 f.]

Insert 3-12:   Kompetenzen schließen Wissen, Fertigkeiten und Qualifikationen ein

Kompetenz ist somit die *„Fähigkeit einer Person zum selbstorganisierten, kreativen Handeln"*
[ERPENBECK/ HEYSE 2007], wenn sie sich mit einer ungewohnten Situation konfrontiert sieht.
Auf der Grundlage dieses Kompetenzbegriffs haben ERPENBECK/HEYSE eine Kompetenzarchitektur (siehe Insert 3-13) entwickelt, die im Kern aus vier menschlichen **Basiskompetenzgruppen** (engl. *key competences*) besteht und die bereits in Abschnitt 3.2.8.6 namhaft gemacht wurden.

Detailliertere (Teil-)Kompetenzen, auch Schlüsselkompetenzen genannt, sind meist auf betriebliche oder umfassendere Problemsituationen bezogen. Es gibt eine Fülle solcher Schlüsselkompetenzen. Das theoretische wie praktische Problem besteht aber darin, sie unter plausiblen Gesichtspunkten zu ordnen, zu definieren und zu einem praktikablen Set zusammenzufassen, der für Unternehmen ein sinnvolles Kompetenzmanagement ermöglicht und personalwirtschaftlich schlüssige Aussagen zu Individual- und Teamkompetenzen gestattet. Ein solches praktikables Set liefert das KODE®X Kompetenzmanagementsystem. Dieses versucht, die Fülle von hunderten „herumgeisternden" Kompetenzbegriffen auf ein überschaubares Tableau von 64 zu reduzieren. Der zugrunde liegende Kompetenzatlas hat sich inzwischen vielfach bewährt [Quelle: ERPENBECK 2012, S. 20].

Insert 3-13: Der Kompetenzatlas von ERPENBECK/HEYSE

Diese insgesamt vier Basiskompetenzgruppen umfassen nach ERPENBECK die

- Fähigkeiten, das eigene Handeln selbstorganisiert, selbstreflexiv und kritisch zu hinterfragen und eigene produktive, kreativitätsfördernde Einstellungen, Werthaltungen, Ideale usw. zu entwickeln (P)
- Fähigkeiten, selbstorganisiert, aktiv und willensstark erzielte Ergebnisse umsetzen zu können, alles Wissen und Werten integrierend (A)
- Fähigkeiten, mit dem fachlichen und methodischen Wissen gut ausgerüstet und über eigenes Wissen verfügend Probleme selbstorganisiert und schöpferisch bewältigen zu können (F)
- Fähigkeiten, Kommunikations- und Kooperationsprozesse auf interpersonaler und/ oder interorganisationaler Ebene selbstorganisiert so zu optimieren und zu effektivieren, dass Konfliktpotenziale minimiert werden (S).

Den vier Basiskompetenzgruppen (P), (A), (F) und (S) werden sodann aus einer Fülle von über Hunderten Kompetenzbegriffen jeweils 16 sogenannte **Schlüsselkompetenzen** zugeordnet, so dass man letztlich ein „überschaubares und praktikables" Tableau von 64 Schlüsselkompetenzen erhält.

Entscheidend ist nunmehr, nicht nur Wissen, sondern vielmehr Kompetenzen zu vermitteln. Zu den besonders wirksamen **Formen der Kompetenzentwicklung** in der Praxis zählen [vgl. ERPENBECK 2012, S. 33 ff.]:

- **Erfahrungslernen** (Kompetenzentwicklung erfolgt hierbei durch Wissen, das durch eigenes Handeln erworben wurde.)
- **Erlebnislernen** (Kompetenzentwicklung wird nicht durch Wissen im engeren Sinne vermittelt, sondern es werden z.B. Dissonanzsituationen so unumgänglich gemacht, dass intendierte Werthaltungen handlungswirksam werden können.)
- **Lernen durch subjektivierendes Handeln** (Kompetenzentwicklung erfolgt durch Handeln, das auf Erfahrungen und Erlebnissen einzelner Menschen aufbaut.)
- **Informelles Lernen** (Kompetenzentwicklung wird durch im Kooperations- und Kommunikationsprozess selbstorganisiert entstandene Regeln, Werte und Normen vorangetrieben.)
- **Situiertes Lernen** (Kompetenzentwicklung erfolgt anhand möglichst authentischer Problemsituationen.)
- **Expertiselernen** (Kompetenzentwicklung durch das, was Könner zu Könnern macht. Einziger Indikator für ihre Könnerschaft ist ihre Leistung beim Ausüben einer Tätigkeit.).

3.4.3 Personalentwicklungsmethoden

Maßnahmen der Personalentwicklung lassen sich nach zeitlicher und räumlicher Nähe zum Arbeitsplatz unterscheiden [vgl. WUNDERER 2011]:

- Training-into-the-job (arbeitsplatzvorbereitende Maßnahmen)
- Training-on-the-job (arbeitsplatzbezogene Maßnahmen)

- Training-parallel-to-the Job (arbeitsplatzbegleitende Maßnahmen)
- Training-near-the-job (arbeitsplatznahe Maßnahmen)
- Training-off-the-job (arbeitsplatzübergreifende Maßnahmen)
- Training-out-of-the-job (austrittsvorbereitende Maßnahmen).

In Abbildung 3-61 sind die wichtigsten Maßnahmen der Personalentwicklung im Überblick dargestellt.

Abb. 3-61:   Maßnahmen der Personalentwicklung

3.4.3.1   Training-into-the-job

Training-into-the-job-Methoden sind nicht der Weiterbildung, sondern der *Ausbildung* des Mitarbeiters zuzuordnen. Es geht also um die erstmalige Qualifikation zur Ausübung einer bestimmten beruflichen Tätigkeit. Die Berufsausbildung erfolgt in Deutschland üblicherweise im **dualen System**. Dies bedeutet, dass die Ausbildungsfunktionen auf den Staat (Berufsschule bzw. Hochschule) einerseits und auf die Unternehmen andererseits aufgeteilt sind. Ziel der beruflichen Erstausbildung im dualen System ist die Vermittlung einer breit angelegten beruflichen Grundbildung im Rahmen eines geordneten Ausbildungsgangs sowie der Erwerb der erforderlichen Berufserfahrungen (vgl. §1 Abs. 3 BBiG). Dem gegenüber finden Praktika oder Trainee-Programme ausschließlich in Betrieben der Wirtschaft statt.

Praktika dienen der Vermittlung praktischer Erfahrungen für den zukünftigen Beruf. Es handelt sich dabei um eine befristete Maßnahme, die zeitlich vor oder während der Berufsausbildung liegt. Der Anreiz für Unternehmen, Praktika anzubieten, besteht u. a. in der Möglichkeit, potentielle Mitarbeiter kennenzulernen und bei Eignung in ein festes Arbeitsverhältnis zu übernehmen (vgl. 2.4.2).

Zielgruppe von **Trainee-Programmen** sind Hochschulabsolventen (Trainees), denen der Übergang von der vorwiegend theoretischen Ausbildung an der Hochschule in die berufliche Erfahrungspraxis erleichtert werden soll. Ein Trainee-Programm erstreckt sich in der Regel über einen Zeitraum zwischen 12 und 24 Monaten. Zielsetzung ist es, den Trainees einen systematischen Überblick über das Unternehmen mit seinen vielseitigen Einsatzmöglichkeiten zu geben (vgl. 2.4.2).

Ebenso zu nennen sind **Einführungsprogramme**, die eine verkürzte, meist auf wenige Tage oder Wochen begrenzte Ausbildung darstellen. Das Ziel von Einführungsprogrammen besteht darin, neuen Mitarbeitern sowohl spezielle Kenntnisse zu vermitteln, als auch ihre Eingliederung in das Unternehmen zu fördern.

Eine besondere Form von Training-into-the-job-Methoden sind **Patenschaftsprogramme**. Hier werden neuen Mitarbeitern erfahrene Kollegen als „Paten" zur Seite gestellt, die in den ersten Wochen und Monaten (und manchmal auch Jahren) bei allen Fragen rund um die neue Tätigkeit und das Unternehmen zur Verfügung stehen [vgl. HUNGENBERG/WULF (2011),   S. 347 f.].

3.4.3.2   Training-on-the-job

Bei den Personalentwicklungsmethoden am Arbeitsplatz handelt es sich um Weiterbildungsmaßnahmen. Sie sind dadurch gekennzeichnet, dass das Lernfeld des Mitarbeiters zugleich auch sein Funktionsfeld ist, für das ihm entsprechende Kenntnisse, Fähigkeiten und Erfahrungen vermittelt werden sollen. Durch die tägliche Auseinandersetzung mit den sach- und personalbezogenen Anforderungen kommt dieser Personalentwicklungsmaßnahme sicherlich die größte Bedeutung zu [vgl. JUNG 2006, S. 282].

Besonders der Führungskraft kommt bei der Personalentwicklung „on the job" eine wichtige Rolle zu. Sie hat die Aufgabe, den Mitarbeiter fachlich und persönlich zu fördern. Vor allem **Projektarbeit** wird als ein besonders geeignetes Instrument für die Kompetenzentwicklung angesehen. Projekte sind einmalig eingerichtete Organisationseinheiten. Sie ermöglichen eine gezielte Förderung von Fachwissen, Analyse- und Problemlösungsfähigkeiten sowie von Phantasie und Kreativität. Je nach Art der Aufgabenstellung können in Projekten unterschiedliche Kompetenzen besonders gefördert werden (Erfahrungslernen, Erlebnislernen, situiertes Lernen).

Ähnliche Grundideen wie mit der Projektarbeit werden mit dem Einsatz in **Nachfolge- oder Assistentenstellen** sowie mit der Übertragung von **Stellvertreterpositionen** oder **Sonderaufgaben** verfolgt. Mitarbeiter erhalten bei diesen Maßnahmen der Personalentwicklung „on the job" eine begrenzte Verantwortung für ausgewählte, zusätzliche Aufgaben. Dadurch wird ihnen die Möglichkeit gegeben, sich mit einer neuen Aufgabe vertraut zu machen und notwendiges Wissen, erforderliche Fähigkeiten oder auch soziale Kompetenzen zu erwerben, ohne bereits direkt „im Rampenlicht" zu stehen. Je nach Art der übertragenen Aufgaben werden dabei unterschiedliche Kompetenzen gefördert. Gleichzeitig profitieren Mitarbeiter gerade in Nachfolge- und Assistentenstellen von der Unterstützung und dem Feedback ihres Vorgesetzten [vgl. HUNGENBERG/WULF (2011), S. 348].

Planmäßige Einarbeitung sowie Anleitung, Beratung und Kontrolle durch den Vorgesetzten sollen den Lernprozess systematisch begleiten. Um die Qualifikationen von Mitarbeitern und Führungskräften zu erweitern, zu vertiefen und deren Leistungsvermögen zu fördern, haben sich folgende Formen der Arbeitsstrukturierung bewährt:

* Job Enlargement (Arbeitserweiterung),
* Job Enrichment (Arbeitsbereicherung) sowie
* Job Rotation (Arbeitsplatzwechsel).

Beim **Job Enlargement** findet eine quantitative Aufgabenerweiterung statt, d. h. die bisherigen Aufgaben werden um qualitativ gleichwertige Aufgaben erweitert. Dadurch soll die starke Unterteilung eines Arbeitsprozesses aufgehoben werden, um die Mitarbeiter für den Gesamtzusammenhang der zu bearbeitenden Aufgaben zu sensibilisieren. Job Enlargement hat seinen Schwerpunkt im produzierenden Bereich [vgl. MENTZEL 2005, S. 173].

Beim **Job Enrichment** werden die bisherigen Aufgaben um qualitativ höherwertige, aber zusammenhängende Arbeitselemente erweitert. Durch die Übernahme anspruchsvollerer Aufgaben erhalten die Mitarbeiter die Möglichkeit, den Gestaltungsspielraum zu erweitern und neue Fähigkeiten zu entwickeln und anzuwenden.

Job Rotation bietet die Gelegenheit, durch einen systematisch geplanten Arbeitsplatzwechsel andere Aufgaben vorübergehend zu übernehmen. Durch die Rotation soll die Mobilität gesteigert, enges Ressortdenken abgebaut und die Sozialkompetenz erhöht werden. Job Rotation beruht auf der Ansicht, ein Mitarbeiter müsse verschiedene Unternehmensaktivitäten kennen, um die Funktionsweise des Gesamtunternehmens besser zu verstehen und ggf. Innovationen zu fördern.

3.4.3.3   Training-parallel-to-the-job

Unter dem Oberbegriff Personalentwicklung „parallel to the job" werden neuere Methoden der Qualifizierung und Weiterentwicklung zusammengefasst. Zu den Methoden zählen unter anderem Coaching, Mentoring und Counselling.

Coaching ist ein Mittel zur Förderung der Entwicklung von Führungskräften und Mitarbeitern und vereinfacht in der Regel dadurch angestoßene Veränderungsprozesse. Es wird auf Basis einer tragfähigen und durch gegenseitige Akzeptanz gekennzeichneten Beratungsbeziehung – gesteuert durch einen dafür qualifizierten *Coach* (m/w/d) - in mehreren freiwilligen und vertraulichen Sitzungen abgehalten. Der Coach zieht für die einzelnen Sessions diverse Gesprächstechniken und seine professionelle Erfahrung heran, um den *Coachee* (m/w/d) dabei zu unterstützen, dessen gesetzten Ziele zu erreichen. Klassisches Coaching wird immer als Begleitprozess verstanden. Der Coachee als Partner auf Augenhöhe legt seine Ziele selbst fest und führt Lösungen (Veränderungen) eigenständig herbei. Ein professioneller Coaching-Prozess ist jederzeit transparent zu gestalten. Der Coach bespricht mit dem Coachee die Vorgehensweise, erklärt Techniken und Tools und beendet jede Sitzung mit der Möglichkeit zu beidseitigem Feedback. Ein Coaching kann generell nur dann erfolgreich sein, wenn der Wunsch nach Unterstützung und die Änderungsbereitschaft beim Coachee vorhanden sind.

Ging man in der Vergangenheit überwiegend von defizitär veranlassten Coachings aus (Negativanlass: Behebung einer bestimmten Problemsituation und dadurch Erreichung von gesetzten Leistungsstandards) setzen sich heute verstärkt der Potenzial- sowie der Präventivansatz durch. Unter dem *Potenzialansatz* versteht man die effektive Nutzung vorhandener, aber noch nicht ausgeschöpfter Potenziale, oder sogar erst deren Entdeckung. Beim *Präventivansatz* des Coachings sollen beispielsweise bestimmte, als störend empfundene Verhaltensweisen oder Situationen in Zukunft vermieden werden. Weiterhin wird Präventiv-Coaching begleitend zum Beförderungsprozess eingesetzt: Hierbei sollen neue Wege und Möglichkeiten aufgezeigt werden, die eigenen Potenziale zu erschließen (z. B. zur Vorbereitung auf die neuen Aufgaben).

Coaching wird so nicht länger als Mittel der „Bestrafung" seitens des Managements und/oder der Personalabteilung eingesetzt, um störendes Verhalten des Mitarbeiters auszumerzen. Heute fragen Führungskräfte und Mitarbeiter Coaching gleichsam als Entwicklungsinstrument und Incentive nach. Management und Personalabteilung wiederum bieten gerne Coaching an, da es individuell und gezielt beim Mitarbeiter ansetzt und kostenseitig überschaubar ist.

Die Begriffe *Coaching*, *Coach* und *Coachee* sind nicht geschützt, so dass hier keine eindeutigen Definitionen herangezogen werden können. Dadurch ist auch Scharlatanen der Weg in den Coaching-Markt geebnet worden. Seit Jahren gibt es Bestrebungen, Begrifflichkeiten und Qualifizierungsmaßnahmen zu schützen und mit Qualitätsstandards zu belegen. Derzeit gibt es in Deutschland mehr als eine Handvoll großer, nennenswerter Coaching-Verbände mit jeweils mehr als 100 Mitgliedern. Diese Verbände verstehen es als ihre primäre Aufgabe, den Begriff *Coaching* zu definieren und den Berufsstand des *Coaches* mit Qualitätskriterien auszukleiden. Management und Personalabteilung haben so die Möglichkeit, geeignete Coaches über einen der bestehenden Verbände zu identifizieren und zu engagieren. Handelt der Auftraggeber im Namen eines größeren Unternehmers, mag es sinnvoll erscheinen, einen eigenen Auswahlprozess zu fahren, um einen firmeneigenen Coaching-Pool mit externen Coaches zu etablieren. Diese werden meist durch Rahmenverträge an den Auftraggeber gebunden und bei Bedarf angefragt. Somit ist sichergestellt, dass nicht nur die gesetzten Qualitätsanforderungen an den Coach gegeben sind, sondern auch, dass die Kulturen und Werte von Auftraggeber und Coach zueinander passen.

Im Gegensatz zum Coaching ist **Mentoring** geprägt durch seinen losen Beziehungscharakter, d. h. es besteht kein wie auch immer gearteter Vertrag zwischen den Gesprächsparteien. Der *Mentor* zeichnet sich durch einen gewissen Erfahrungsvorsprung gegenüber dem *Mentee* (m/w) aus und berät diesen losgelöst von disziplinarischer Weisungsbefugnis. Für die konkrete Auswahl eines passenden Mentors für einen etwa neu an Bord kommenden Mitarbeiter bedeutet dies, dass der Vorgesetzte nie gleichzeitig auch Mentor sein kann. Der Vorteil an dieser Konstellation liegt darin, dass der Mentee so immer eine Anlaufstelle hat, falls es Probleme oder Herausforderungen gibt, die nicht mit dem Vorgesetzten besprochen werden können oder wollen. Mentoring zeichnet sich vor allem dadurch aus, dass Mentee und Mentor freiwillig miteinander arbeiten. In vielen Konzernen ist es deshalb üblich, dass der Mentee seinen Mentor selbstständig identifiziert. In diesem Fall spricht man vom informellen Mentoring. Beim formellen Mentoring wiederum wird Mitarbeitern – meist juniore oder kürzlich eingestellte – ein Mentor an die Seite gestellt und vorab firmenseitig ausgewählt. Beim Mentoring handelt es sich um einen langfristig angelegten Entwicklungsprozess, im Gegensatz zum klassischen Coaching, das nach einem halben, maximal einem Jahr seinen Abschluss findet. Im Idealfall arbeiten Mentor, Mentee und Vorgesetzter konstruktiv miteinander, tauschen sich aus, beraten sich und bringen das Potenzial des Mentees gemeinsam zur Entfaltung.

Mentoring als unterstützende Lernbeziehung hat das Ziel, Wissen und Erfahrung auszutauschen und weiterzugeben. Ferner hilft Mentoring beim Ausbilden von Führungsqualitäten und der Leistungssteigerung. Die Partnerschaft zwischen Mentor und Mentee ist idealerweise geprägt von professioneller Freundschaft, der Mentee empfindet das Mentoring als geschützten Raum, indem er auch seine Ängste und Nöte preisgeben kann. Nicht zuletzt ist der Mentor aufgerufen, seinem Mentee ein Stück weit den Weg zu ebnen, indem er ihn z. B. seinem persönlichen Netzwerk zuführt oder ihn mit erfahrenen, langjährigen Firmenmitgliedern bekannt macht. Manche Mentoren nehmen auch Einfluss auf die Beurteilung ihrer Mentees, indem sie diese offen „bewerben".

Ein effektiver Mentor zeichnet sich durch einen gewissen Reifegrad und eine bislang erfolgreiche Laufbahn im eigenen Unternehmen aus. Weiterhin sollte er entsprechend auf seine Rolle vorbereitet bzw. geschult worden sein. So ist es in vielen Firmen üblich, regelmäßig Mentorentrainings durchzuführen, um sorgfältig zukünftige Mentoren auszubilden und diesbezüglich einen Qualitätsstandard sicherzustellen. Ist der Mentor mit den oben genannten Attributen ausgestattet, so hat er beste Voraussetzungen, seine Mentees entsprechend zu begleiten, zu vertreten und zu entwickeln.

Das **Counselling** schließlich nimmt eine andere Perspektive ein als Coaching und Mentoring. Bei diesem Konzept geht es um die Beratung einer Führungskraft durch seine Mitarbeiter. Konkret steht das Feedback von Mitarbeitern zu Führungsverhalten und Führungsbeziehungen im Vordergrund. Die Personalentwicklung erfolgt beim Counselling also quasi „von unten".

3.4.3.4   Training-near-the-job

Die wichtigsten Methoden der Weiterbildung, die in unmittelbarer Nähe des Arbeitsplatzes des Mitarbeiters eingesetzt werden, sind

- Qualitätszirkel,
- Lernstatt und
- Projekte.

Qualitätszirkel wurden in Japan als Methode der Qualitätssicherung entwickelt. Sie beruhen auf dem Grundgedanken, dass betriebliche Probleme besonders gut von Mitarbeitern gelöst werden können, die unmittelbar betroffen sind und aufgrund ihrer Erfahrungen und Kenntnisse der Arbeitsabläufe direkten Zugang zur Problemstellung haben. An Qualitätszirkeln nehmen durchschnittlich fünf bis zehn Mitglieder teil. Es werden Problemlösungs- und Kreativitätstechniken eingesetzt, um bspw. kontinuierliche Verbesserungen in der Produktion zu erzielen. Durch die Zusammenarbeit zwischen den einzelnen Mitarbeitern soll gleichzeitig die Zufriedenheit, Identifikation und Qualifikation gesteigert werden. Obwohl die Wurzeln der Qualitätszirkel im produzierenden Bereich liegen, wird diese Methode heute zunehmend auch im administrativen Bereich eingesetzt [vgl. STOCK-HOMBURG 2013, S. 245 ff.].

Hinter dem Begriff **Lernstatt** verbirgt sich der Gedanke des selbstorganisierten Lernens in der Werkstatt. In der Lernstatt werden betriebliche Erfahrungen ausgetauscht und vertieft, das Grundwissen über betriebliche Zusammenhänge erweitert und der Wissensstand auf ein einheitliches Niveau gehoben. Die Lerngruppe setzt sich üblicherweise aus sechs bis acht Teilnehmern eines Arbeitsbereiches zusammen und wird primär in unteren Hierarchieebenen des produzierenden Bereichs eingesetzt [vgl. MENTZEL 2005, S. 214].

Projekte sind komplexe Vorhaben mit begrenzten Ressourcen, die aus Sicht des Unternehmens Aufgaben- bzw. Problemstellungen mit hohem Neuigkeitscharakter für das Unternehmen enthalten. Projektarbeit ist in der Regel abteilungsübergreifend organisiert. Sie stellt daher erhebliche Anforderungen an die Kommunikationsfähigkeit der Teammitglieder. Projektarbeit fördert problemorientiertes Lernen bei der Lösung realer unternehmerischer Probleme.

3.4.3.5   Training-off-the-job

Zu den arbeitsplatzübergreifenden Personalentwicklungsmaßnahmen zählen im Wesentlichen

- Fortbildung/Bildungsurlaub,
- Seminare,
- Workshops,
- Assessment Center,
- Fallstudien,
- Rollenspiele,
- Planspiele und
- E-Learning.

Ziel der **Fortbildung** ist die Vermittlung von weiterführendem Fachwissen zur Erhöhung der fachlichen Qualifikation. Die Fortbildungsmaßnahme wird in der Regel von externen Bildungsträgern durchgeführt. Sofern eine gesetzliche oder tarifvertragliche Anspruchsgrundlage besteht, ist auch ein **Bildungsurlaub** unter Fortzahlung des Arbeitsentgelts möglich. Der Bildungsurlaub soll der politischen und beruflichen Fortbildung dienen [vgl. JUNG 2006, S. 297].

Seminare sind zeitlich begrenzte Bildungsmaßnahmen von zumeist ein bis zwei Tagen. Bei *internen* Seminaren liegt die Verantwortung für die Zielsetzung, Planung und Durchführung im Unternehmen selbst. Bei *externen* Seminaren können das Unternehmen oder die Teilnehmer keinen unmittelbaren Einfluss auf Zielsetzung und Gestaltung des Seminarinhalts nehmen.

Sinn und Zweck eines **Workshops** ist zumeist die Ideenfindung, der Erfahrungsaustausch sowie die Erarbeitung von Problemlösungen. Workshops dienen vorwiegend der internen Organisations- bzw. Bereichsentwicklung. Sie sollen die Leistungsfähigkeit der Organisation steigern und die Zusammenarbeit verbessern. Die Qualität und Akzeptanz der erarbeiteten Vorschläge und Lösungen hängen in starkem Maße von der Vorbereitung und der Art der Durchführung der Veranstaltung ab. Bei der Durchführung haben sich bestimmte Workshop-Techniken (z. B. Metaplan-Technik) bewährt.

Bei einem **Assessment Center** handelt es sich um eine seminarähnliche Veranstaltung von mindestens eintägiger Dauer, bei der mit den Teilnehmern verschiedenartige Gruppen- und Einzelübungen durchgeführt werden. Diese Übungen stellen realistische Arbeits- und Entscheidungssituationen aus dem Alltag eines Unternehmens dar. Das Assessment Center kann als Personalauswahlinstrument, zur Potenzialermittlung, zur Analyse des individuellen Personalentwicklungsbedarfs und als Förderinstrument verwendet werden (siehe hierzu ausführlich 2.5.3).

Mit Hilfe von **Fallstudien** simuliert eine Gruppe bestimmte Problemsituationen und Anforderungen aus dem betrieblichen Alltag. Die Teilnehmer der Gruppe entwickeln bei der Anwendung der Fallstudie, in der innerhalb einer vorgegebenen Zeit ein Lösungsvorschlag erarbeitet werden soll, analytische Fähigkeiten, die ihnen in der täglichen Praxis das Vorbereiten und Treffen von Entscheidungen erleichtern soll [vgl. JUNG 2006, S. 293].

In **Rollenspielen** werden persönliche oder allgemeine Konflikt- und Entscheidungssituationen simuliert. Die Teilnehmer übernehmen verschiedene Rollen, um Verständnis für unterschiedliche Standpunkte und Verhaltensweisen zu bekommen. Das Rollenspiel wird von den anderen Teilnehmern beobachtet und anschließend im gemeinsamen Gespräch analysiert. Für die Analyse wird häufig eine Videokamera eingesetzt, die den Trainingseffekt erhöht und die Feedback-Analyse deutlich verbessert [vgl. DEHNER/LABITZKE 2007, S. 152 ff.].

Mit Hilfe von **Planspielen**, denen softwaregestützte, komplexe Modellannahmen zugrunde liegen, werden Entscheidungsprozesse mit Hilfe des Computers simuliert. Zu Beginn des Planspiels erhalten alle Teilnehmer Informationen über die Spielregeln sowie über die internen und externen Einflussfaktoren des Modells. Das Planspiel verläuft über mehrere Perioden, so dass die Teilnehmer die Möglichkeit haben, nach der jeweiligen, veränderten Marktsituation ihre Entscheidungen zu treffen. Planspiele ermöglichen eine Sensibilisierung der Teilnehmer für die vielfältigen Wirkungszusammenhänge in einem vernetzten System, wie es jedes Unternehmen darstellt [vgl. JUNG 2006, S. 295].

Als **E-Learning** (engl. *Electronic Learning*) werden alle Lernprozesse bezeichnet, in denen gezielt multimediale und telekommunikative Technologien zum Einsatz kommen. Derzeit dominieren beim E-Learning zwei Lösungstechnologien. Zum einen liegt der Fokus auf Online-Technologien über das Internet und zum anderen auf Offline-Technologien (z. B. Computer Based Training (CBT) auf CD-ROM). Unabhängig vom Technologiekonzept gilt E-Learning als ein Gedankenkonstrukt, das ein didaktisches Konzept mit geeigneten Medien umsetzt. Das E-Learning, das noch vor wenigen Jahren als die Bildungsform der Zukunft galt, hat sich allerdings nicht in dem Maße entwickelt und durchgesetzt, wie dies die Prognosen voraussagten. Die Frage ist, ob dies auf die zu hohen Erwartungen zurückzuführen ist, oder ob das E-Learning die traditionellen Bildungsformen nicht ersetzen, sondern nur unterstützen kann.

3.4.3.6 Training-out-of-the-Job

Beim Training-out-of-the-Job stehen Qualifizierungsmaßnahmen im Vordergrund, die den Austritt eines Mitarbeiters aus dem Unternehmen vorbereiten. Es kann sich dabei um einen geplanten Austritt – z. B. durch den Übergang in den Ruhestand – oder um einen ungeplanten Austritt handeln (z. B. durch Entlassungen aufgrund einer Werksschließung).

Im Rahmen der **Ruhestandsvorbereitung** sind es vor allem gleitende Ruhestandsregelungen oder **Altersteilzeit** (siehe 3.5.4.2), die den Übergang in den Ruhestand erleichtern und ggf. Wissen und Fähigkeiten von ausscheidenden Mitarbeitern für das Unternehmen erhalten sollen.

Beim **Outplacement** steht die Sicherung der Beschäftigungsfähigkeit (engl. *Employability*) der ausscheidenden Mitarbeiter im Vordergrund (siehe auch 3.5.4.2). Zur beruflichen Neuorientierung stehen Maßnahmen wie bspw. Umschulungen, Aufbau von Kontakten, Vorbereitung auf Vorstellungsgespräche zur Verfügung, die eine Weiterbeschäftigung bei anderen Unternehmen ermöglichen soll. Neben der Hilfestellung bei der Suche nach einem neuen Arbeitgeber, können ausscheidende Mitarbeiter auch bei der Existenzgründung unterstützt werden. Mit den genannten Maßnahmen kann das Unternehmen die Trennungskosten reduzieren, Imageverluste in der Öffentlichkeit vermeiden und negative Wirkungen auf die verbleibenden Mitarbeiter einschränken [vgl. HUNGENBERG/WULF 2011, S. 398 und 410 f.].

3.4.4 Führungskräfteentwicklung

Das Thema *Führungskräfteentwicklung* (engl. *Leadership Development*) steht seit Jahren ganz oben auf der Liste der Top-Themen des Personalmanagements (siehe 1.1.2). Ein besonderes Augenmerk müssen Unternehmen auf die **Karriereplanung** ihrer Führungsnachwuchskräfte legen. Hierbei geht es darum, die persönlichen und beruflichen Ziele der Potenzialträger mit den Interessen des Unternehmens in Einklang zu bringen. Diese Facette der Personalentwicklung zielt somit auf die **Mitarbeiterförderung und -bindung** ab.

Mit dem Begriff *Karriere* wird in erster Linie die *Führungs*laufbahn assoziiert. Der Aufstieg im Rahmen einer Führungskarriere bedeutet in der Regel einen Zuwachs an Kompetenz, Status, Macht und Vergütung in Verbindung mit den einzelnen Karriereschritten. In der Unternehmenspraxis gewinnt zunehmend aber auch die *Fach*karriere an Bedeutung. Aus Unternehmenssicht liegt hierbei der Fokus auf der Förderung und Bindung von Spezialisten [vgl. STOCK-HOMBURG 2013, S. 267 f.].

Bei der Karriereplanung sollte das Unternehmen berücksichtigen, dass Mitarbeiter – gleich ob sie eine Führungs- oder eine Fachlaufbahn anstreben – im Hinblick auf ihre Karriere unterschiedliche Ziele verfolgen können. Eine gute Grundlage für eine zielgerichtete Förderung ist daher eine gute Einschätzung des Unternehmens über die Karriereziele und -motive der betroffenen Nachwuchs- und Führungskräfte. Hilfreich bei der Bewertung kann eine Typologie von Karrieretypen sein. In Abbildung 3-62 ist beispielhaft eine **Typologie weiblicher und männlicher Führungskräfte** aufgeführt. Nach diesem Ansatz werden die *berufliche*, die *persönliche* und die *familiäre Dimension* zur Typenbildung herangezogen.

	Weibliche Führungskräfte	Männliche Führungskräfte
Typ 1	Die Beziehungsorientierte	Der Isolierte
Typ 2	Die Karrierefokussierte	Der immer Erreichbare
Typ 3	Die Familienorientierte	Der konsequent Beziehungsorientierte
Typ 4	Die Unabhängige	Der unterstützte Karriereorientierte

[Quelle: STOCK-HOMBURG 2013, S. 273 ff.]

Abb. 3-62:   Karrieretypen weiblicher und männlicher Führungskräfte

Die Führungskräfteentwicklung ist bei vielen Unternehmen in den Mittelpunkt aller Personal-entwicklungsmaßnahmen, teilweise sogar des gesamten Personalmarketings gerückt. Ob als *Talents, High Potentials* oder als *Leaders of Tomorrow* bezeichnet, nahezu alle größeren und international agierenden Unternehmen entwerfen derzeit Programme, um die Zielgruppe der Führungsnachwuchskräfte adäquat fördern und binden zu können.

So beginnen die ersten international ausgerichteten Dienstleistungsunternehmen damit, ihre Personalentwicklung komplett umzustellen und auf sämtliche Rankings ihrer Mitarbeiter künf-tig zu verzichten. Der Grund: Die jährlichen Gespräche seien mit viel Aufwand, aber wenig Ertrag verbunden. In einem Interview mit der Washington Post erklärte PIERRE NANTERME, CEO des IT-Dienstleisters ACCENTURE:

„Manager müssen die richtige Person für die richtige Stelle auswählen und sie mit ausrei-chend Freiraum ausstatten. Die Kunst guter Führung besteht nicht darin, Angestellte ständig miteinander zu vergleichen" [Zeit-Online am 27.08.2015: So geht gute Führung].

Das bedeutet in der Konsequenz, dass die vielen Year-End-Reviews, die in aller Regel mit einer **Kalibrierung der Mitarbeiter** (also einem Vergleich bzw. Ranking der Kollegen einer Grade-Stufe) verbunden sind, obsolet werden. Das führt zu einer Entschlackung von liebgewonnenen, organisationsweiten Prozessen, die aus einem Vollständigkeits- und Kontrollwahn einst instal-liert wurden, aber einer Vertrauens- und Führungskultur diametral entgegenstehen. Das kommt einem **Paradigmenwechsel in der Personalentwicklung** gleich. Die digitale Transformation ist also ein Leadership- *und* ein Kultur-Thema. Jede Arbeitskultur braucht ihren eigenen Zu-gang zu den jeweils passenden Kommunikationstechnologien. Jede Kultur tickt anders, verar-beitet ihre Informations- und Kommunikationsflüsse unterschiedlich. Hier besteht zum Teil ein erheblicher Handlungsbedarf, denn Kultur wird nicht verordnet, sondern muss (vor-)gelebt werden. Letztlich geht es um die Frage, wie es Führungskräfte schaffen können, *„dass die menschliche Lebendigkeit und Intelligenz in ihrer Organisation aktiviert oder erhalten bleibt und dass nicht das Regime der Prozesse, Strukturen und Technologien jegliche Unberechen-barkeit, Unvorhersehbarkeit, Spontaneität und damit Kreativität der menschlichen Natur er-stickt"* [CIESIELSKI/SCHUTZ 2015, S. XII].

Ebenso obsolet ist das **falsche Konstrukt des Talentmanagements**, mit dem heute immer noch standardisierte Führungsklone als künftige Vorgesetzte produziert werden sollen. Den Unternehmen ist im Hinblick auf die digitale Transformation vielmehr zu raten, Führungskräfte hinsichtlich der Eignung für den virtuellen Kontext auszuwählen bzw. entsprechende Personal-entwicklungsangebote (Beziehungstraining) anzubieten. Denn im Kern geht es bei der digitalen Führung um Beziehungsarbeit, d.h. um wertebasierte Beziehungen, die aufgebaut, gepflegt und gegebenenfalls auch professionell beendet werden müssen. Allerdings wird das Konzept der Führungskräfteauswahl nur dann funktionieren, wenn ausreichend kompetente Führungskräfte zur Verfügung stehen. Da dies aber in aller Regel nicht der Fall ist, müssen individuelle **Talen-tentfaltungsformate** erarbeitet werden, um die gewünschten Kompetenzen in soziologisch fassbaren Konfliktsituationen unter Managementanforderungen mit entsprechender Selbstref-lexion zu entwickeln.

Digitalisierung und ihr Einsatz sollte allerdings niemals Selbstzweck, sondern ein Mittel zum Zweck sein. Es kommt nicht so sehr auf die Technologie an, sondern vor allem darauf, wie man sie im Sinne der Kundenanforderungen umsetzt und nutzt. Insofern sollte die Digitalisierungs-strategie immer auch integraler Bestandteil der Geschäftsstrategie sein und nicht umgekehrt. Es geht bei der Digitalisierung also nicht darum, alles nur noch digital zu tun. Vielmehr kommt es darauf an, Digitalisierung als integralen Bestandteil von Prozessen und Kanälen zu nutzen [vgl. LEICHSENRING 2019].

3.4.5 Interkulturelle Personalentwicklung

Eine besondere Bedeutung im Rahmen der Personalentwicklung – und hier insbesondere der Führungskräfteentwicklung – kommt dem **Auslandseinsatz** zu. Er wird häufig gewählt, wenn eine Karriere durch den Aufbau internationaler beruflicher Erfahrung angestrebt wird. Im Vor-dergrund stehen der Erwerb und die Vertiefung von Sprachkenntnissen und das Kennenlernen ausländischer Geschäftspraktiken und Verhaltensweisen. Je nach Zielsetzung kann der Aus-landseinsatz zwischen wenigen Wochen und mehreren Jahren dauern.

Die interkulturelle Personalentwicklung ist damit eine zentrale Aufgabe im Rahmen eines in-terkulturellen Personalmanagements. Sie umfasst alle planerischen und gestalterischen Aktivi-täten, die auf die Entwicklung der interkulturellen Kompetenz von Führungskräften und Mit-arbeiter eines Unternehmens gerichtet sind.

Diese Aktivitäten schließen sowohl interkulturelles Training als auch interkulturelle Karriere-planung und das Sammeln von interkulturellen Erfahrungen durch kürzere und längere Aus-landsaufenthalte ein. Danach lassen sich verschiedene Entsendungstypen unterscheiden [vgl. FESTING et al. 2011, S. 298 f.]:

- Fachliche Entsendung (zum kurzzeitigen Wissenstransfer)
- Entwicklungsentsendung (zur Entwicklung eines lokalen/regionalen Verständnisses des Expatriates)
- Strategische Entsendung (höchst anspruchsvolle Aktivitäten zur Entwicklung einer glo-balen Perspektive seitens des Expatriates)
- Funktionale Entsendung (länger andauernde Entsendung zum Transfer von Prozessen und Praktiken, ohne besondere Berücksichtigung von Entwicklungszielen).

Neben einer allgemeinen Entwicklung interkultureller Kompetenzen gehören auch Trainings für konkrete Auslandeinsätze zur interkulturellen Personalentwicklung. Die bedarfsgerechte Auswahl und Kombination von Trainingsinstrumenten kann sich dabei nach folgenden Kriterien richten [vgl. LANG/BALDAUF 2016, S. 140]:

- Neuheit der internationalen Aufgabenstellung
- Fremdartigkeit der Landeskultur der Interaktionspartner
- Häufigkeit und Intensität von erwarteten Kontakten mit fremdkulturellen Partnern.

Wesentliche Einflussfaktoren auf die Leistungen des Expatriates sind [vgl. FESTING et al. 2011, S. 298 f.]:

- Kultureller Anpassungsprozess (des Entsandten und seiner Familie)
- Arbeitsumwelt im Gastland
- Unterstützung der entsendenden Organisationseinheit
- Ausgestaltung der Aufgabe
- Gesamtvergütung.

Die fünf beschriebenen Einflussfaktoren wirken alle auf die Leistung der entsandten Mitarbeiter und müssen bei der Planung und Anwendung jedes Performance Management Systems berücksichtigt werden.

3.4.6 Genderspezifische Personalentwicklung

Es ist eine Tatsache, dass Frauen aus familiären Gründen beruflich häufiger Abstriche in Bezug auf den eigenen Beruf und die eigene Karriere machen als Männer. Angesichts des Fach- und Führungskräftemangels werden weibliche Arbeitnehmer aber immer wichtiger für die Unternehmen. Um Frauen an das Unternehmen zu binden und besser zu integrieren, sollten Unternehmen neben einer familienfreundlichen Gestaltung der Arbeitszeiten die Qualifizierung der weiblichen Arbeitskräfte stärker beachten. Speziell der Wiedereinstieg nach einem Mutterschafts- und Erziehungsurlaub ins Berufsleben kann durch gezielte Qualifizierungsmaßnahmen während der Berufspause erleichtert werden. Zudem sollte gezielt auf die Förderung der Karriere von weiblichen Arbeitnehmern geachtet werden.

Besonders interessant ist die Erfahrung, dass Qualifizierungs- und andere Personalentwicklungsmaßnahmen, die gezielt auf Frauen und ihre vielfältigen Lebensmuster zugeschnitten sind, sich in aller Regel auch optimal für Männer erweisen. Das Personalentwicklungsmanagement darf und soll sich sogar an den Frauen orientieren, wenn sie für beide Geschlechter Gültigkeit haben sollen. Überhaupt kann durch geschlechtergemischte Fortbildungen die Zusammenarbeit von Frauen und Männern gefördert werden. Weibliche und Teilnehmer können so voneinander lernen und die Unterschiede in den Verhaltens- und Denkweisen können während einer Maßnahme thematisiert und einander nähergebracht werden [vgl. STALDER 1997, S. 22].

Es geht aber nicht nur darum, auf welche Personalentwicklungsmaßnahmen Frauen am besten ansprechen. Vielmehr sollten die Rahmenbedingungen so angepasst werden, dass mehr Frauen die Teilnahme an solchen Maßnahmen ermöglicht wird. So werden Weiterbildungen häufig nicht für Teilzeitstellen angeboten, obwohl gerade diese vielfach von Frauen besetzt sind. Auch werden zumeist nur Führungskräfte oder höhere Facharbeiter in Personalentwicklungsmaßnahmen eingebunden. Auch in diesen Positionen sind Frauen seltener anzutreffen. Fortbildungen, die weit entfernt vom Arbeitsplatz oder Wohnort durchgeführt werden oder gar eine Übernachtung erforderlich machen, sind zumeist Ausschlusskriterien für berufstätige Mütter.

3.4.7 Controlling der Personalentwicklung

Jede Personalentwicklungsmaßnahme stellt eine Investition in Humankapital dar und wie jede Investition bedarf sie der Bewertung und Kontrolle. Insert 3-14 zeigt, wie sich die betrieblichen Weiterbildungskosten in Deutschland durchschnittlich auf den einzelnen Beschäftigten aufteilen.

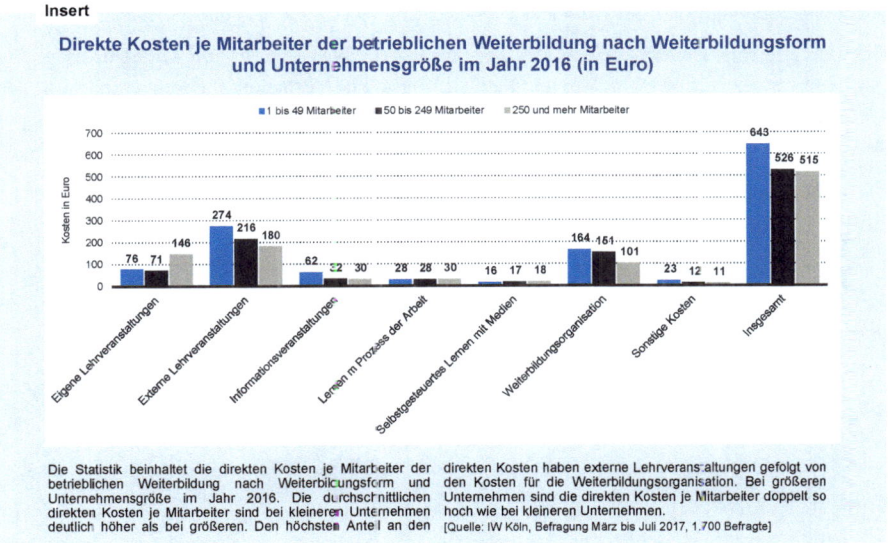

Insert

Direkte Kosten je Mitarbeiter der betrieblichen Weiterbildung nach Weiterbildungsform und Unternehmensgröße im Jahr 2016 (in Euro)

Die Statistik beinhaltet die direkten Kosten je Mitarbeiter der betrieblichen Weiterbildung nach Weiterbildungsform und Unternehmensgröße im Jahr 2016. Die durchschnittlichen direkten Kosten je Mitarbeiter sind bei kleineren Unternehmen deutlich höher als bei größeren. Den höchsten Anteil an den direkten Kosten haben externe Lehrveranstaltungen gefolgt von den Kosten für die Weiterbildungsorganisation. Bei größeren Unternehmen sind die direkten Kosten je Mitarbeiter doppelt so hoch wie bei kleineren Unternehmen. [Quelle: IW Köln, Befragung März bis Juli 2017, 1.700 Befragte]

Insert 3-14: Direkte Weiterbildungskosten je Mitarbeiter in Deutschland 2016

Unternehmen müssen daran interessiert sein, dass sich diese Personalentwicklungsaktivitäten auch auszahlen. Daraus erwächst für die Verantwortlichen der Personalentwicklung ein Rechtfertigungsdruck, dass die eingeleiteten Maßnahmen auch einen Wertbeitrag für das Unternehmen bringen. Es wird der Beweis für eine konkrete Auswirkung der Maßnahmen auf das Unternehmensergebnis verlangt. Gefragt ist demnach ein Controlling der Personalentwicklungsmaßnahmen.

Das Controlling der Personalentwicklung umfasst eine Planungs-, Bewertungs- und Informationsfunktion, die als Gesamtsystem auf die Koordination und Steuerung der Personalentwicklungsprozesse und damit auf die Zielsetzung des Unternehmens auszurichten sind. Die Aufgabe des Personalentwicklungscontrollings besteht nun darin, die Kosten und den Erfolg der Entwicklungsaktivitäten zu erfassen und darzustellen. Dabei ist zwischen der *ökonomischen* und der *pädagogischen Erfolgskontrolle* zu unterscheiden [vgl. JUNG 2006, S. 303 ff.]:

Die **ökonomische Erfolgskontrolle** befasst sich zum einen mit dem *Kostencontrolling*, das Art und Umfang entstandener Kosten, verursachende Kostenstellen sowie Kostenvergleiche alternativer Personalentwicklungsmaßnahmen darstellt. Zum anderen ist es ausgerichtet auf das *Rentabilitätscontrolling*, bei dem Kosten-Nutzen-Vergleiche, Investitionsrechnungen und Rentabilitätsschätzungen im Vordergrund stehen.

Das Hauptproblem bei der ökonomischen Erfolgskontrolle liegt darin, einen konkreten *Ursache-Wirkungs-Zusammenhang* zwischen den Entwicklungsmaßnahmen und den Erfolgsgrößen zu ermitteln. Besonders schwierig ist darüber hinaus die Erfassung der aus den Bildungsmaßnahmen resultierenden Erlöse, da Investitionen in Mitarbeiter mit individuellen Interessen und Zielen kaum mit Sachinvestitionen vergleichbar sind. Es existieren jedoch erste Ansätze, Investitionsrechnungen für das Humankapital aufzustellen [vgl. JUNG 2006, S. 304].

Die **pädagogische Erfolgskontrolle** befasst sich mit dem *Lernerfolgscontrolling*, das den Umfang übertragener Lernerfolge sowie Qualifikations- und Verhaltensänderungen darzustellen versucht. Besonders problematisch ist dabei die Messbarkeit des Bildungserfolges von dispositiven Tätigkeiten.

Zur pädagogischen Erfolgskontrolle können folgende Messmethoden eingesetzt werden [vgl. JUNG 2006, S. 305 f.]:

- Befragungen (zur Akzeptanzprüfung von Bildungsmaßnahmen mit Hilfe von Beurteilungsbögen),

- Prüfungen und Tests (zur Messung des Wissenszuwachses),

- Erfolgsmessung durch Mitarbeiterbeurteilungen (zur Messung der Veränderung von Verhaltensweisen),

- Direkte Erfolgsmessung am Arbeitsplatz (mit Hilfe von Lernkurven, die mit einer Idealvorgabe verglichen werden) und

- Erfolgsermittlung durch Kennzahlen (wie Umsatz, Fehlzeiten, Fluktuation, Verbesserungsvorschläge etc.).

3.4.8 Optimierung der Forderung und Förderung

In diesem Abschnitt sollen die einzelnen Schritte des Aktionsfeldes Personalentwicklung zusammengefasst und die wichtigsten Parameter, Prozesse, Instrumente und Werttreiber im Zusammenhang dargestellt werden.

(1) Aktionsparameter

Forderung und **Förderung** der Mitarbeiter sind die angestrebten Optimierungskriterien des Aktionsfelds *Personalentwicklung*. Es sind vor allem zwei Aktionsparameter, die diese Optimierung der Forderung und Förderung bestimmen:

- Höhe des **Aus- und Weiterbildungsbudgets**, das maßgebend für die zukünftige Innovationskraft eines Unternehmens ist sowie

- **Leadership Development**, das einen entscheidenden Bindungsfaktor für wertvolle Führungsnachwuchskräfte darstellt.

Damit ergibt sich für die Optimierung der Forderung und Förderung folgender, erweiterter Ansatz:

> *Forderung und Förderung = f (Personalentwicklung) = f (Aus- und Weiterbildungsbudget, Leadership Development) → optimieren!*

(2) Prozesse und instrumentelle Unterstützung

Der Personalentwicklungsprozess beinhaltet vier Phasen [vgl. Steinmann/Schreyögg 2005, S. 821]:

- Ermittlung des **Entwicklungsbedarfs**, d. h. die Bestimmung der Ziele und Inhalte der Personalentwicklung,

- Formulierung geeigneter **Entwicklungsmaßnahmen** einschließlich der Auswahl entsprechender Methoden der Personalentwicklung,

- **Gestaltung und Durchführung** der Entwicklungsmaßnahmen einschließlich Transfersicherung sowie

- **Evaluation** des Entwicklungserfolgs.

Abbildung 3-63 zeigt beispielhaft ein Prozessmodell für das Aktionsfeld Personalentwicklung. Die konkrete Ausgestaltung des Prozessmodells ist von einer Vielzahl von Einflussfaktoren abhängig (Branche, Unternehmensgröße etc.).

Den Unternehmen steht ein weites Spektrum an Methoden der Personalentwicklung zur Verfügung. Hierzu zählen die verschiedenen Trainings, die sich nach dem Lernort in „into-the-job", „on-the-job", "parallel-to-the-job", „near-the-job", „off-the-job" und „out-of-the-job" einteilen lassen. Zur instrumentellen Unterstützung dienen auch die Ergebnisse der Mitarbeiterbefragung, das Personalcontrolling sowie die Zielvereinbarung, in der der individuelle Trainingsbedarf festgehalten werden sollte.

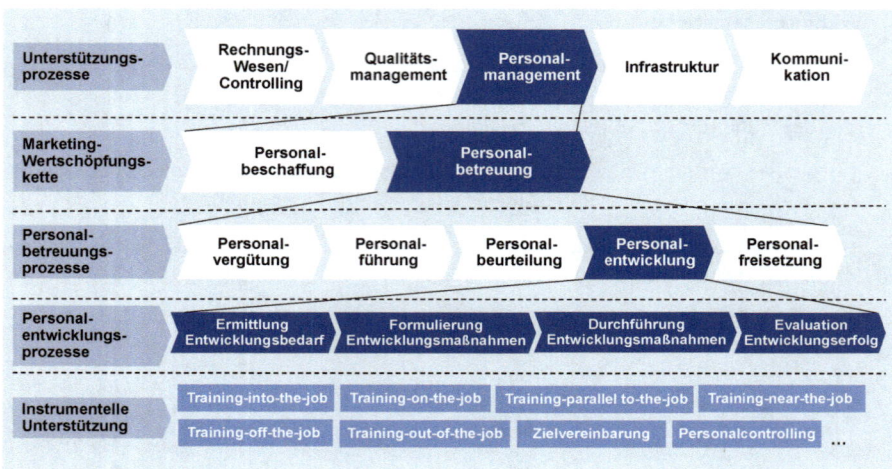

Abb. 3-63:   Prozessmodell für das Aktionsfeld „Personalentwicklung"

(3) Werttreiber

Werttreiber des Aktionsfeldes *Personalentwicklung* sind im Wesentlichen [vgl. DGFP 2004, S. 44 ff.]:

• **Wahrgenommene Personalentwicklung**, d. h. der Anteil der Mitarbeiter, die im Rahmen einer Mitarbeiterbefragung die Personalentwicklungsaktivitäten des Unternehmens positiv bewerten, im Vergleich zu allen Mitarbeitern. Untersucht wird, ob das Unternehmen durch gute Personalentwicklungssysteme optimale Entwicklungsmöglichkeiten der Mitarbeiter sicherstellen kann.

• **Bindungsquote der Leistungs-/Potenzialträger**, d. h. die verbleibenden Leistungs- und Potenzialträger nach einem definierten Zeitraum im Verhältnis zu den Leistungs- und Potenzialträgern zu Beginn des Zeitraums. Die Fragestellung ist hierbei, ob es dem Unternehmen gelingt, die Motivation und das Commitment der Leistungs- und Potenzialträger aufrecht zu halten.

• **Umsetzungsquote der Personalentwicklungsmaßnahmen für Führungskräfte und Spezialisten**, d. h. der Anteil der umgesetzten Personalentwicklungsmaßnahmen für Führungskräfte und Spezialisten im Verhältnis zu allen definierten Personalentwicklungsmaßnahmen. Werttreiber sind hier die konsequente und termingerechte Umsetzung aller geplanten Personalentwicklungsmaßnahmen.

• **Mindestverweildauerquote von Führungskräften**, d. h. der Anteil der Führungskräfte, die ihre derzeitige Position seit mehr als drei Jahren und weniger als acht Jahre ausüben, im Verhältnis zu allen Führungskräften. Die Fragestellung hierbei ist, ob das Unternehmen Führungskräfte so einsetzt, dass eine optimale Lernkurve erreicht wird.

- **Förderquote von Führungskräften**, d. h. der Anteil der Führungskräfte, die den definierten Umfang der Weiterbildung pro Jahr erreicht, im Verhältnis zu allen Führungskräften. Werttreiber ist hierbei die Kompetenzentwicklung der Führungskräfte, so dass diese ihre Aufgaben auch in Zukunft erfüllen können.

- **Führungsnachwuchsförderung**, d. h. der Anteil der High Potentials, die zu einem bestimmten Zeitpunkt die nächste Entwicklungsstufe erreicht haben. Hierbei steht die Frage im Vordergrund, ob das Unternehmen seine High Potentials entsprechend fördert und weiterentwickelt.

- **Interne Besetzungsquote**, d. h. der Anteil der intern besetzten Stellen im Vergleich zur Anzahl der extern besetzten Stellen. Es wird untersucht, ob es dem Unternehmen gelingt, Mitarbeiter zu fördern und ihnen Entwicklungsangebote anzubieten.

(4) Zusammenfassung

In Abbildung 3-64 sind wesentliche Aspekte des Aktionsfeldes *Personalentwicklung* (übergeordneter Aktionsbereich, Aktionsparameter, Instrumente, Werttreiber sowie Optimierungskriterium) zusammengefasst.

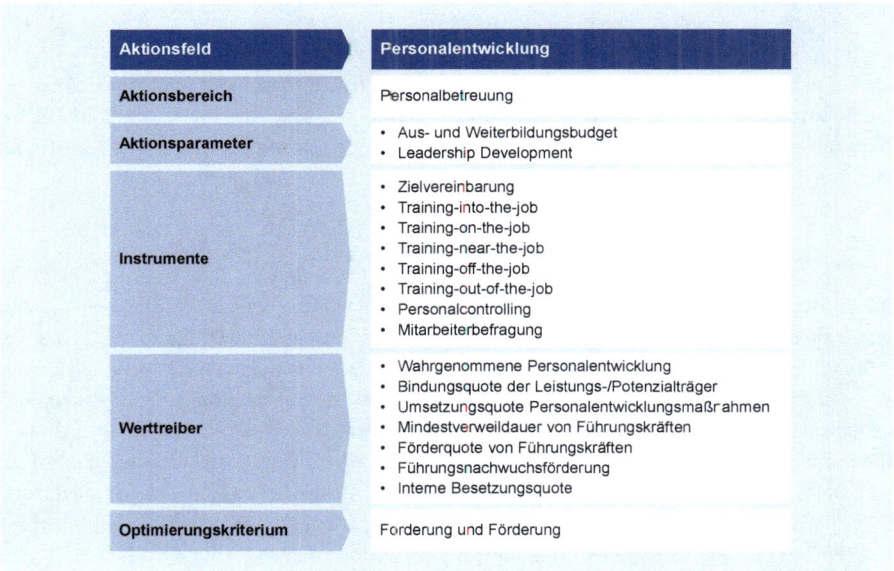

Abb. 3-64: Wesentliche Aspekte des Aktionsfeldes „Personalentwicklung"

3.5   Personalfreisetzung

3.5.1 Aufgabe und Ziel der Personalfreisetzung

Das letzte Aktionsfeld im Rahmen der Wertschöpfungskette *Personalbetreuung* stellt die Personalfreisetzung dar. Ziel der Personalfreisetzung ist es, eine Überkapazität des Personalbestands zu vermeiden bzw. den Personalbestand abzubauen. Auf diese Situation müssen Unternehmen mit einer erhöhten Flexibilität reagieren. Diese Flexibilität erstreckt sich auf den aktuellen Personalbestand, aber auch auf vorhandene Arbeitszeitstrukturen und Vergütungssysteme, auf die Personalqualifikation, auf die Personalorganisation und auf die Personalführung. Erst wenn sich personelle Überdeckungen nicht mit Hilfe innerbetrieblicher Maßnahmen beseitigen lassen, müssen Freisetzungen durch Beendigung bestehender Arbeitsverhältnisse in Betracht gezogen werden.

Die Förderung des freiwilligen Ausscheidens von Mitarbeitern kann sich – zumindest beim Einsatz *positiver* Förderung – als eine Lösung („Erleichterung") im Interesse der betroffenen Mitarbeiter und des Unternehmens erweisen. Daher geht es bei der Personalfreisetzung in erster Linie um die Optimierung der *Erleichterung*.

$$Erleichterung = f\,(Personalfreisetzung) \rightarrow optimieren!$$

Formal gesehen bedeuten Personalfreisetzungen den Abbau einer personellen Überdeckung in quantitativer, qualitativer, örtlicher und zeitlicher Hinsicht. Die Ausgangsinformation einer Personalfreisetzung ist ein negativer Saldo zwischen voraussichtlichem Personalbestand und dem Soll-Personalbestand (vgl. 2.1.2) [vgl. SPRINGER/SAGIRLI 2006, S. 6].

3.5.2 Rahmenbedingungen der Personalfreisetzung

Die Freisetzung personeller Kapazitäten kann verschiedene Ursachen haben. Einige von ihnen lassen sich weitgehend vorhersagen und ermöglichen somit eine frühzeitige und antizipative Planung des Freisetzungsbedarfs. Im Rahmen einer solchen *antizipativen Personalfreisetzung* wird versucht, das Entstehen von Personalüberhängen frühzeitig zu prognostizieren und entsprechende Maßnahmen einzuleiten. So können vorübergehende oder vorhersehbare Absatz- und Produktionsrückgänge verstärkt für Aktivitäten im Bereich der Personalentwicklung sowie für Urlaub oder Betriebsferien genutzt werden. Andere Entwicklungen sind weitgehend unvorhersehbar wie z. B. konjunkturelle Einbrüche und erlauben nur eine *reaktive Planung der Personalfreisetzung* [vgl. SCHOLZ 2011, S. 490].

Eine entsprechende Gegenüberstellung von weitgehend vorhersehbaren bzw. unvorhersehbaren Umständen liefert Abbildung 3-65.

Nicht vorhersehbare Auswirkungen auf die Situation des Arbeitsmarktes hatte die Wirtschaftskrise 2009 auf nahezu alle Branchen und Unternehmen. Die flexible Handhabung der Arbeitszeiten führte nach Einschätzung des *Instituts für Arbeitsmarkt und Berufsforschung* dazu, dass

2009 aufgrund von Kurzarbeit und dem Abbau von Guthaben auf Arbeitszeitkonten rein ⊃ech-
nerisch 1,2 Millionen Beschäftigurgsverhältnisse gesichert werden konnten (siehe dazu das
Insert 3-15).

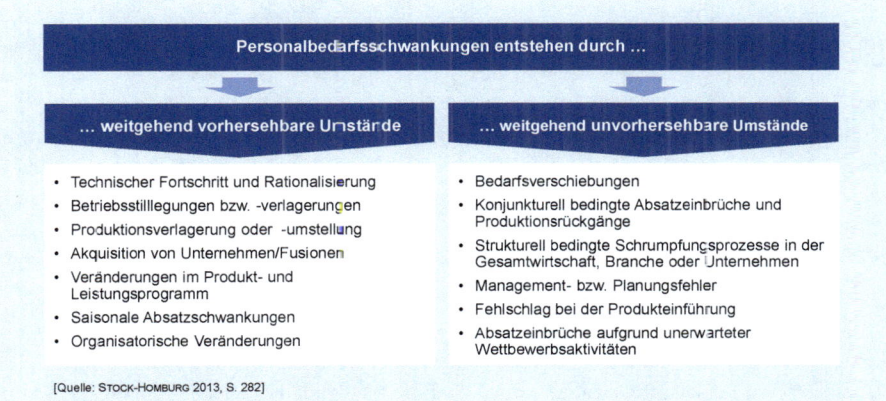

[Quelle: STOCK-HOMBURG 2013, S. 282]

Abb. 3-65: Mögliche Ursachen der Personalfreisetzung

Ursachen für eine Freisetzung lassen sich also auf vorübergehende (z. B. konjunkturell ⊃der
saisonal bedingte Bedarfsschwankungen) oder auf dauerhafte Bedarfsrückgänge (z. B. bei Be-
triebsstilllegungen oder Geschäftsaufgabe) zurückführen.

Insert

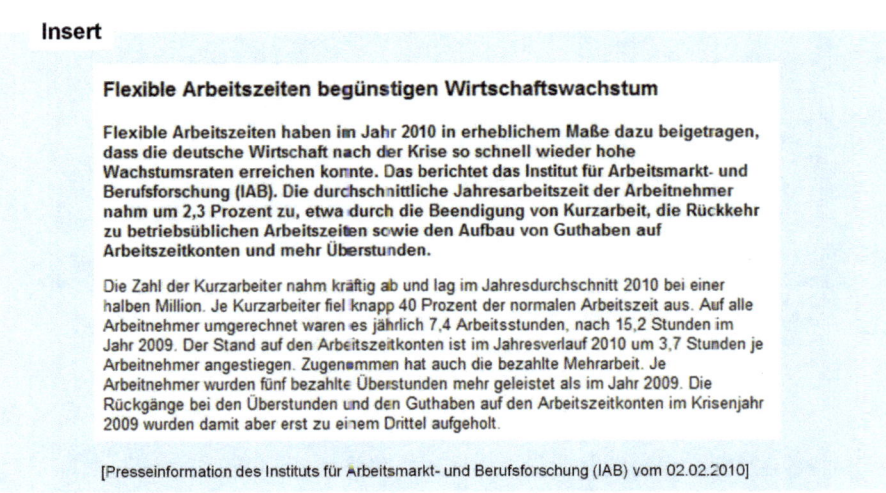

Insert 3-15: „Flexible Arbeitszeiten begünstigen Wirtschaftswachstum"

Neben diesen unternehmens-, branchen- oder technologiebedingten Ursachen existieren grundsätzlich aber auch *mitarbeiterbezogene* Gründe der Personalfreisetzung. Diese Ursachen können im Verhalten oder in der Person (z. B. mangelnde Fähigkeiten) des Mitarbeiters begründet sein [vgl. JUNG 2006, S. 315].

Notwendige Maßnahmen der Personalfreisetzung sind in jedem Fall möglichst frühzeitig einzuleiten. Nur so lässt sich eine bestmögliche Anpassung der bestehenden Arbeitsverhältnisse an die veränderten Rahmenbedingungen erreichen. Auf einschneidende Maßnahmen sollte dabei möglichst verzichtet werden. Kann allerdings auf schwerwiegende Einschnitte nicht verzichtet werden, ist auf die sozialverträgliche Ausgestaltung der Freisetzung zu achten, so dass negative Folgen für den betroffenen Arbeitnehmer gemildert werden können. Eine frühzeitige Information der betroffenen Mitarbeiter und des Betriebsrats ist gemäß § 102 BetrVG obligatorisch. Eine ohne Anhörung des Betriebsrats ausgesprochene Kündigung ist unwirksam [vgl. SCHOLZ 2011, S. 496].

Personalfreisetzung ist nicht in jedem Fall gleichzusetzen mit einer Kündigung; sie besagt lediglich, dass ein weiterer Verbleib des Stelleninhabers auf seiner jetzigen Position auszuschließen ist. So sind Personalfreisetzungen auch über die Änderung bestehender Arbeitsrechtsverhältnisse realisierbar. Man kann somit zwischen einer Personalfreisetzung *mit* und *ohne* Personalabbau unterscheiden. Eine Freisetzungsmaßnahme mit Personalabbau ist z. B. die Entlassung von Mitarbeitern. Der Abbau von Überstunden oder die Einführung der Kurzarbeit stellt dagegen eine Maßnahme ohne Bestandsreduktion dar (siehe Abbildung 3-66).

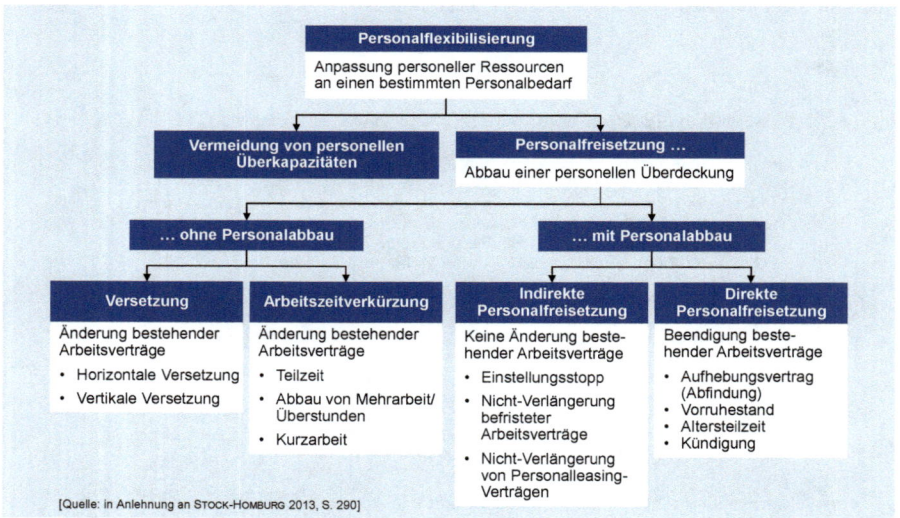

Abb. 3-66:   Maßnahmen zur Personalfreisetzung

3.5.3 Personalfreisetzung ohne Personalabbau

Die beiden zentralen Maßnahmengruppen zur Personalfreisetzung ohne Personalabbau sind

- *Versetzung* sowie
- Maßnahmen zur *Arbeitszeitverkürzung.*

3.5.3.1 Versetzung

Versetzungen innerhalb eines Unternehmens stellen für die aufnehmende Organisationseinheit einen Personalbeschaffungsvorgang und für die abgebende Einheit eine Freisetzung dar. Versetzungen sind zumeist mit Personalentwicklungsmaßnahmen verbunden, die darauf abzielen, Mitarbeiter für andere gleichwertige oder höherwertige Tätigkeiten zu befähigen. Bei Tätigkeiten auf derselben Hierarchieebene handelt es sich um **horizontale Versetzungen**, bei höher- oder minderwertigen Tätigkeiten um **vertikale Versetzungen**, die mit einem hierarchischen Auf- oder Abstieg verbunden sind [vgl. STOCK-HOMBURG 2013, S. 291 unter Bezugnahme auf HENTZE/GRAF 2005, S. 379].

Im Gegensatz zur (Beendigungs-)Kündigung spricht man bei einer Versetzung von einer **Änderungskündigung**, da der Arbeitgeber mit der Kündigung ein Vertragsangebot verbindet, das Arbeitsverhältnis zu geänderten Bedingungen fortzusetzen. Eine Änderungskündigung hat stets Vorrang vor einer (Beendigungs-)Kündigung. Verfügt der Arbeitgeber über eine zumutbare Beschäftigungsmöglichkeit, so kann er eine Änderungskündigung aussprechen. Der Betriebsrat muss in jedem Fall in Kenntnis gesetzt werden und wegen der Kündigung (§ 102 BetrVG) und Neueinstellung (§ 99 BetrVG) sein Einverständnis erklären. Ob dem Arbeitnehmer die neue Tätigkeit zuzumuten ist, hängt davon ab, wie stark sich die neue und die bisherige Beschäftigung nach ihren Anforderungen und Arbeitsbedingungen unterscheiden. Dabei kommt es vor allem auf die geforderte Qualifikation, die Höhe der Vergütung, die Stellung im Betrieb und das gesellschaftliche Ansehen der Tätigkeiten an. Ist der Arbeitnehmer mit der Änderungskündigung nicht einverstanden, will aber sein bisheriges Arbeitsverhältnis behalten, muss er innerhalb der Kündigungsfrist seinen Vorbehalt erklären und beim Arbeitsgericht Klage erheben [vgl. SPRINGER/SAGIRLI 2006, S. 13].

3.5.3.2 Arbeitszeitverkürzung

Zu den Maßnahmen der Arbeitszeitverkürzung zählen

- Teilzeitarbeit,
- Job Sharing,
- Abrufarbeit,
- Abbau von Mehrarbeit,
- Zeitwertkonten und
- Kurzarbeit.

Die Umwandlung von Vollzeit- in **Teilzeitarbeit** ist – ebenso wie die Versetzung – eine Möglichkeit der Personalfreisetzung ohne direkten Personalabbau. Arbeitnehmer gelten als teilzeitbeschäftigt, wenn ihre regelmäßige Arbeitszeit kürzer ist als die regelmäßige Arbeitszeit vergleichbarer vollzeitbeschäftigter Personen im Unternehmen (§ 2 BeschFG). Das Kündigungsschutzgesetz ebenso wie die Entgeltfortzahlung im Krankheitsfall gilt für Teilzeitarbeitnehmer wie für Vollzeitbeschäftigte gleichermaßen. Teilzeitarbeit zählt neben befristete und geringfügige Beschäftigungen sowie Zeitarbeit laut Statistischem Bundesamt zu den atypischen Beschäftigungsformen. Insgesamt sind es 2016 4,8 Millionen Beschäftigte, die einer Teilzeitarbeit bis zu 20 Stunden/Woche nachgehen (siehe Insert 3-16).

Insert

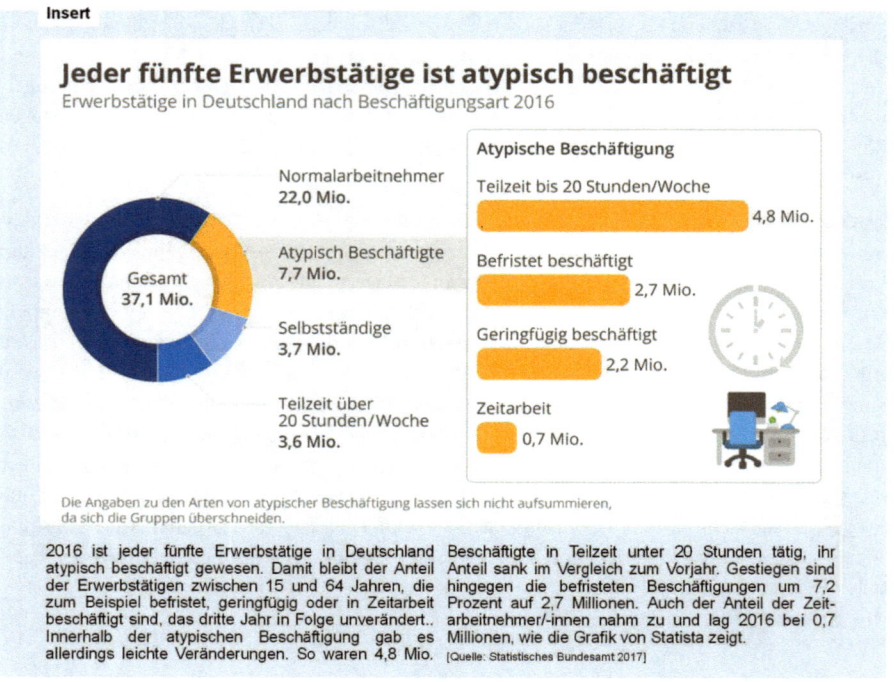

Insert 3-16: Jeder fünfte Erwerbstätige ist atypisch beschäftigt

Familiäre Verpflichtungen sind zumeist der Hauptgrund für eine Teilzeittätigkeit. Darüber hinaus bekommt die Teilzeitbeschäftigung wegen der Diskussion über die *Frauenquote* eine neue Qualität. Für Frauen, die in Führungspositionen drängen, muss die Balance zwischen Beruf und Privatleben (Kindererziehung) verbessert werden. Hier bietet die Teilzeit häufig die einzige Möglichkeit. Teilzeitarbeit ist ein Mittel für Arbeitgeber, schnell auf unterschiedliche Arbeitsaufkommen zu reagieren. Mit diesen Schwankungen richtig umzugehen, wird immer häufiger zu einer wettbewerbsentscheidenden Frage. Zudem ermöglicht Teilzeitarbeit vielen Arbeitnehmerinnen und Arbeitnehmern, mehr Zeit in der Familie, mit Freunden, Hobbies, ehrenamtlichen Tätigkeiten und sozialem Engagement zu verbringen.

Die Verkürzung der täglichen Arbeitszeit ist die traditionelle und bisher immer noch am meisten praktizierte Form der Teilzeitarbeit. Bei dem aus den USA stammenden **Job Sharing** wird Teilzeitarbeit geschaffen, indem sich zwei oder mehrere Arbeitnehmer einen Vollzeitarbeitsplatz teilen. Von der klassischen Form der Teilzeitarbeit unterscheidet sich Job Sharing dadurch, dass der Arbeitnehmer innerhalb bestimmter Grenzen über seinen Tagesablauf frei verfügen kann. So sind feste Einsatzzeiten lediglich für das Job Sharing-Team als Ganzes vorgegeben [vgl. BISANI 1995, S. 39].

Bei **Abrufarbeit**, auch als kapazitätsorientierte variable Arbeitszeit (KAPOVAZ) bezeichnet, vereinbart das Unternehmen ein bestimmtes Kontingent an Stunden, das vom Arbeitnehmer über einen längeren Zeitraum (Monat oder Jahr) flexibel abzuleisten ist. Damit besteht die Möglichkeit, den Personalbestand flexibel an die betrieblichen Erfordernisse anzupassen [vgl. SPRINGER/SAGIRLI 2006, S. 6].

Eine weitere „sanfte" Maßnahme der Personalfreisetzung ist die Arbeitszeitverkürzung in Form des **Abbaus von Mehrarbeit bzw. Überstunden.** Unter Mehrarbeit wird die Arbeitszeit verstanden, die die im Arbeitszeitgesetz (ArbZG) festgelegte Arbeitszeit überschreitet. Durch den Abbau von Überstunden ergeben sich Vorteile für Arbeitgeber und Arbeitnehmer. Zum einen reduzieren sich die Personalkosten und zum anderen dürften sich die Fehlzeiten aufgrund eines verbesserten Gesundheitszustandes der von den Überstunden betroffenen Arbeitnehmern verringern. Unter dem Freisetzungsaspekt gilt der Abbau von Mehrarbeit daher als Rückkehr zum Normalzustand [vgl. JUNG 2006, S. 321].

Als besonders attraktive Form der *Arbeitszeitflexibilisierung* ist das **Zeitwertkonto** einzustufen. Hierbei handelt es sich um ein Arbeitszeitkonto, in das der Mitarbeiter Arbeitsentgelt oder Arbeitszeit einbringen kann, um es damit beispielsweise zur Verlängerung des Erziehungsurlaubs, für eine Fortbildung, für einen vorzeitigen Ruhestand oder für die Teilzeitarbeit zu nutzen. Auch die Umwandlung des Wertguthabens in eine betriebliche Altersversorgung kommt bei einer entsprechenden Vereinbarung in Betracht. Einer repräsentativen Umfrage aus dem Jahr 2008 zur Folge gaben 12 Prozent aller befragten Unternehmen (n = 1.710) an, Langzeitkonten für ihre Mitarbeiter zu führen [vgl. HILDEBRANDT et al. 2009, S. 54]. Durch das Gesetz zur Verbesserung der Rahmenbedingungen für die Absicherung flexibler Arbeitszeitregelungen („Flexi II"), das am 1. Januar 2009 in Kraft getreten ist, haben Zeitwertkonten weiter an Attraktivität und Verbreitung gewonnen. Nicht nur der Arbeitnehmer, sondern auch der Arbeitgeber profitiert von einer flexibleren Ausgestaltung der Arbeitszeiten über einen längeren Zeitraum hinweg. Betriebsbedingte Kündigungen und die damit einhergehenden Kosten für Abfindungen und Sozialpläne lassen sich so leichter vermeiden [siehe auch KÜMMERLE et al. 2006, S. 1 f.].

Bei **Kurzarbeit** wird die betriebsübliche Arbeitszeit ebenfalls vorübergehend reduziert. Sie stellt somit eine Abkehr vom Normalzustand dar und führt zu einer Verringerung der Personalkosten einerseits und zu unfreiwilligen Verdiensteinbußen der Beschäftigten andererseits. Eine Reduktion des Mitarbeiterbestandes findet dagegen nicht statt. Die Kurzarbeit hat sich während der Bankenkrise 2008/2009 als Instrument zur Flexibilisierung der Arbeitszeit besonders bewährt (siehe Insert 3-17).

Insert

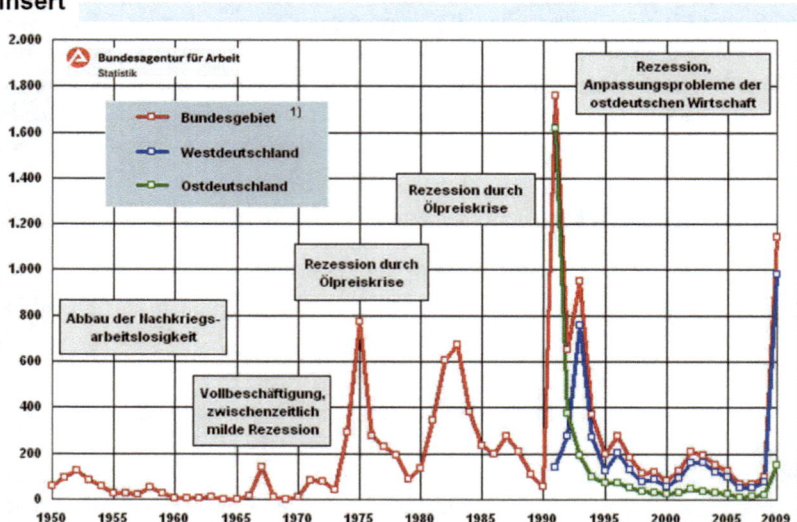

Die Kurzarbeit hat ganz offensichtlich maßgeblich dazu beigetragen, dass die Arbeitslosigkeit in Deutschland trotz der Wirtschaftskrise nur gering angestiegen ist (siehe obere Grafik). Waren 2008 im Jahresdurchschnitt 3,27 Millionen Menschen arbeitslos, zählte 2009 die Statistik der Arbeitsagentur 3,42 Millionen. Im Jahr 2010 gingen die Arbeitslosenzahlen sogar auf 3,24 Millionen Personen zurück. Insgesamt empfingen im Krisenjahr 2009 rund 1,2 Millionen Leistungsempfänger Kurzarbeitergeld. Der Presseartikel der FTD fasst die damalige Situation auf dem Arbeitsmarkt zusammen. Deutlich wird hierbei, in welchem Umfang die Unternehmen das Instrument der Kurzarbeit zur Flexibilisierung der Arbeitszeit herangezogen haben.

Deutschland arbeitet kurz

Jeder zweite Autobauer zeitweilig in Kurzarbeit · 670 000 Anmeldungen im März · Zeitarbeit greift erstmals zu Hilfen

VON MAIKE RADEMAKER, BERLIN

In der Hoffnung auf ein schnelles Anziehen der Konjunktur melden weiterhin Tausende Firmen Kurzarbeit an. Im März gingen bei der Bundesagentur für Arbeit (BA) 24 000 Kurzarbeitsanzeigen für rund 670 000 Beschäftigte ein, das sind fast so viele wie im Februar. Die meisten Anzeigen kamen aus dem Maschinenbau und der Automobilbranche. Damit wurde seit Oktober 2008 für insgesamt 2,15 Millionen Arbeitnehmer Kurzarbeit beantragt – ein Rekord in der Bundesrepublik.

Der Trend, Kurzarbeit als Brücke bis zu besseren Zeiten zu nutzen, ist damit ungebrochen. Beantragt werden kann der entsprechende Zuschuss der BA für bis zu 18 Monate. Der Arbeitgeberverband Gesamtmetall zeigte sich allerdings skeptisch, ob das Instrument über so lange Zeiten eingesetzt werden kann. Die meisten Betriebe könnten die Kurzarbeit „finanziell kaum 12 oder 18 Monate durchhalten", sagte Gesamtmetall-Chef Martin Kannegiesser dem „Handelsblatt".

Spitzenreiter war im März der Maschinenbau, allein im März 91 000 Kurz-

arbeiter meldete, gefolgt von der Metallindustrie. Zählt man die Kurzarbeiter der vergangenen Monate zusammen, führt das die Automobilbranche die Statistik an – dort sind es insgesamt 420 000 Beschäftigte – oder jeder zweite Arbeitnehmer. Mit insgesamt 160 000 Menschen in Kurzarbeit erreicht der Maschinenbau inzwischen fast dieselbe Quote.

Die bundesweite, intensive Werbung für das Instrument wirkt nun auch in der Zeitarbeit: Wurden bislang von den ehemals 700 000 Mitarbeitern viele entlassen, scheint die Branche umzudenken, um Fachkräfte zu halten: Allein im März meldeten Zeitarbeitsfirmen für 43 000 Beschäftigte Kurzarbeit an – im Februar waren es nur 19 000.

Bei den Ländern liegen Baden-Württemberg, Bayern und Nordrhein-Westfalen vorne. Allein am Automobilstandort Baden-Württemberg gingen im März neue Anzeigen für 153 000 Beschäftigte aus allen Branchen ein – das sind über 30 000 mehr als im Februar. In Hamburg, dem Logistikdrehpunkt im Norden, wurden im März für 20 000 Beschäftigte Kurzarbeit angemeldet, im Februar waren es noch 5260.

„Das zeigt, dass das Instrument der Kurzarbeit angenommen wird und die Unternehmen versuchen, gemeinsam mit ihren Mitarbeitern durch die Krise zu kommen", sagte ein Sprecher des Bundesarbeitsministeriums. Deswegen wird dort auch der SPD-interne Vorschlag skeptisch betrachtet, das Arbeitslosengeld von derzeit durchschnittlich 12 Monaten zu verlängern oder die von der Bundesagentur geförderte Altersteilzeit wieder einzuführen. „Das ist das falsche Signal, es geht derzeit darum,

dass die Unternehmen die Mitarbeiter halten", hieß es.

Die Anzeigen zur Kurzarbeit, die die BA erhält, sind allerdings nur vorläufig. Viele Firmen melden zunächst ein Maximum an Mitarbeitern an, schöpfen das Kontingent dann aber nicht aus, weil etwa die Abwrackprämie zu neuen Aufträgen verhilft. Die BA will im Mai eine Bilanz für die tatsächliche Kurzarbeiterzahl veröffentlichen.

Gesamtmetall prüft derzeit, ob eine neue Form von Transfergesellschaften als Anschluss an die Konjunkturbrücke Kurzarbeit eingesetzt werden könnten. Dabei geht es nicht um klassische Transfergesellschaften, in die gekündigte Mitarbeiter überführt werden, um nach einer Weiterbildung auf neue Arbeitsplätze vermittelt zu werden. Stattdessen würden Mitarbeiter in einer solchen Gesellschaft mit staatlicher Unterstützung qualifiziert, könnten später aber in die alte Firma zurück. Nach Vorstellungen des Vorsitzenden der Arbeitnehmergruppe der CDU, Gerald Weiß, könnten auch für Lehrlinge Transfergesellschaften gegründet werden, die durch eine Insolvenz ihre Lehrstelle verloren haben.

Im Leerlauf

Angezeigte Kurzarbeiter in Deutschland im März 2009* in tsd.

	Anzahl	Anteil an allen Kurzarbeitern in %
Maschinenbau	91	13,6
Herstellung von Metallprodukten	78	11,6
Automobilindustrie	51	7,6
Herstellung von elektr. Ausrüstungen	48	7,2
Metallerzeugung u. -bearbeitung	43	6,5
Zeitarbeit	43	6,5

*vorläufig

[Quelle: FINANCIAL TIMES DEUTSCHLAND, 06.04.2009]

Insert 3-17:　Kurzarbeit

Kurzarbeit ist eine Freisetzungsmaßnahme, bei der zahlreiche rechtliche Grundlagen zu beachten sind und die durch das Arbeitsförderungsgesetz (AFG) geregelt wird. Neben rechtlichen Voraussetzungen bedarf es zur Einführung von Kurzarbeit der Mitbestimmung des Betriebsrats (§ 87 BetrVG). Um den betroffenen Mitarbeitern ihre Arbeitsplätze zu erhalten, wird der Einkommensausfall der Arbeitnehmer gemäß $ 63 AFG in Form von *Kurzarbeitergeld* teilweise von der Bundesagentur für Arbeit ausgeglichen) [vgl. STOCK-HOMBURG 2013, S. 293].

3.5.4 Personalfreisetzung mit Personalabbau

Lässt sich eine Personalbestandsreduktion nicht vermeiden, so hat der Arbeitgeber prinzipiell die Wahl zwischen *indirekten* und *direkten* Personalfreisetzungsmaßnahmen. Die indirekte Freisetzung zielt auf einen Personalabbau ab, ohne dass bisherige Arbeitsverhältnisse davon berührt werden. Die direkte Personalfreisetzung ist dagegen immer mit einer Beendigung bestehender Arbeitsverhältnisse verbunden.

3.5.4.1 Indirekte Personalfreisetzung

Zu den Maßnahmen der indirekten Personalfreisetzung, bei denen es sich um eine Personalflexibilisierung durch Umgehung der Arbeitgeberverantwortung handelt, zählen

- Einstellungsbeschränkungen,
- Nichtverlängerung befristeter Arbeitsverträge sowie
- Nichtverlängerung von Personalleasing-Verträgen.

Kann ein Unternehmen trotz des Einsatzes arbeitsverkürzender Maßnahmen (siehe 3.5.3) seine Arbeitnehmer im bestehenden, zahlenmäßigen Umfang nicht halten, so bietet es sich an, die natürliche Fluktuation durch **Einstellungsbeschränkungen** zu nutzen. Einstellungsbeschränkungen können einen *generellen* Einstellungsstopp, einen *qualifizierten* Einstellungsstopp (Begrenzung auf bestimmte Berufe, Mitarbeitergruppen, Betriebsteile) oder einen *modifizierten* Einstellungsstopp (besonders intensive Prüfung der Einstellung neuer Mitarbeiter) bedeuten [vgl. STOCK-HOMBURG 2013, S. 302].

Einstellungsbeschränkungen werden i. d. R. befristet angesetzt, da ansonsten negative Auswirkungen zu erwarten sind. So besteht die Gefahr des Imageverlustes als Arbeitgeber, der Verschlechterung der Alters- und Qualifikationsstruktur sowie einer allgemeinen Verunsicherung bei den Mitarbeitern, die dazu führen kann, dass qualifizierte Mitarbeiter einen Unternehmenswechsel anstreben und weniger qualifizierte Mitarbeiter im Unternehmen verbleiben [vgl. JUNG 2006, S. 324].

Eine weitere indirekte Maßnahme der Personalfreisetzung ist die **Nichtverlängerung befristeter Arbeitsverträge**. Sie stellt ebenfalls eine Möglichkeit dar, die Flexibilität im Personalbereich zu erhöhen. Befristete Arbeitsverhältnisse räumen dem Arbeitgeber grundsätzlich Flexibilitätsspielräume ein. Beide Vertragsparteien vereinbaren, dass das Arbeitsverhältnis nach einer bestimmten Zeit automatisch endet, ohne dass es einer Kündigung bedarf. Innerhalb der Befristung sind Kündigungen von beiden Seiten nur bei schwerwiegenden Gründen möglich.

Ein befristetes Arbeitsverhältnis bedarf eines sachlich gerechtfertigten Grundes. Es kann zwischen einer *Zeit-* und einer *Zweckbefristung* unterschieden werden. Eine Zeitbefristung liegt vor, wenn die Dauer des Arbeitsverhältnisses auf einen begrenzten Zeitraum beschränkt ist (z. B. Zeitarbeitsvertrag für Saisonarbeit im Gaststättengewerbe). Bei einer Zweckbefristung ergibt sich die Dauer des Arbeitsverhältnisses aus der Erfüllung einer Arbeitsleistung (z. B. zweckbestimmter Arbeitsvertrag für die Dauer eines IT-Umstellungsprojektes) (§15 Abs. 2 Teilzeit- und Befristungsgesetz – TzBfG). Generell können befristete Verträge bis zu einer Dauer von zwei Jahren geschlossen werden. Bis zu dieser Gesamtdauer ist auch die höchstens dreimalige Verlängerung eines befristeten Arbeitsvertrags zulässig [vgl. SPRINGER/SAGIRLI 2006, S. 39].

Die befristete Beschäftigung hat 2017 mit einem Anteil von 8,3 Prozent an der betrieblichen Gesamtbeschäftigung ihren vorläufigen Höchststand erreicht. Insert 3-18 liefert einen Überblick über Befristungsquoten seit 2001.

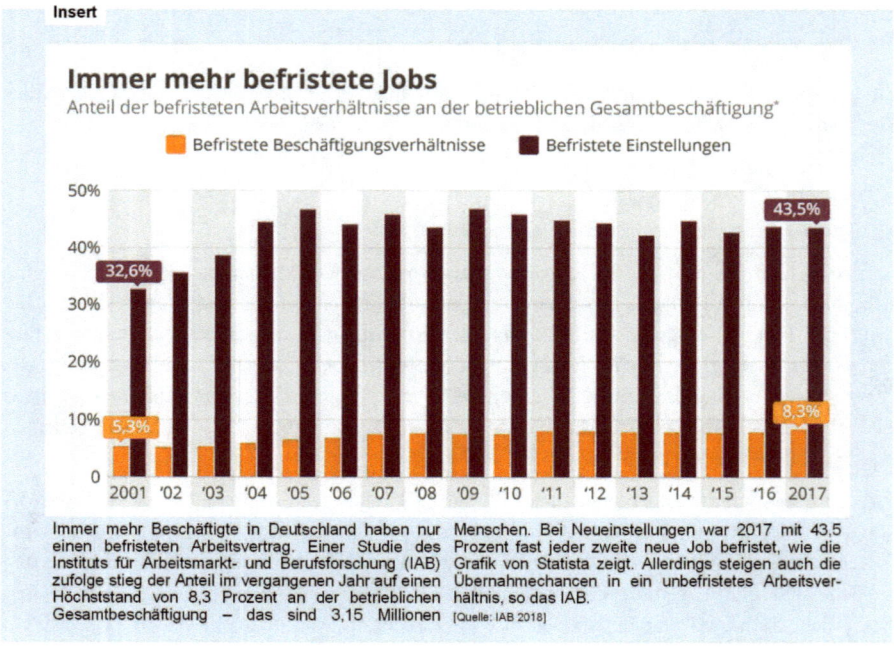

Insert 3-18: Befristete Arbeitsverträge

Eine weitere Maßnahme der indirekten Personalfreisetzung ist die **Nichtverlängerung von Personalleasing-Verträgen**. Beim Personalleasing stellt der Leasing-Geber Leiharbeitnehmer („Leiharbeiter") – unter Aufrechterhaltung eines geschlossenen Arbeitsvertrages – einem Dritten (Leasing-Nehmer) zur Verfügung (§1 Arbeitnehmerüberlassungsgesetz AÜG). Der Leasing-Geber erhält für die zeitlich befristete Bereitstellung von Leiharbeitnehmern eine entsprechende Vergütung vom Leasing-Nehmer. Der Leasing-Geber übernimmt als Arbeitgeber sämtliche Arbeitgeberpflichten, insbesondere übernimmt er die Vergütung und den Arbeitgeberanteil an der Sozialversicherung. Der Leasing-Nehmer schließt mit dem Leasing-Geber einen Arbeitnehmerüberlassungsvertrag. Mit diesem Vertrag erhält der Leasing-Nehmer ein Weisungsrecht gegenüber dem Leiharbeitnehmer. Gleichzeitig meldet der Leasing-Nehmer Beginn und Ende der Leiharbeit bei der Krankenkasse des Leiharbeitnehmers an. Im Arbeitnehmerüberlassungsvertrag und im Arbeitsvertrag des Leiharbeitnehmers sind die zu erfüllenden Arbeitsaufgaben und die zulässigen Einsatzorte anzugeben. Für den Leasing-Nehmer ist die Kündigung oder die Nichtverlängerung eines Leasingvertrages eine relativ problemlose Freisetzungsmaßnahme. Für den Leiharbeitnehmer bedeutet diese Maßnahme keine Entlassung, da er mit dem Leasing-Geber einen Arbeitsvertrag abgeschlossen hat [vgl. STOCK-HOMBURG 2013, S. 302 f.].

Zeitarbeit oder Leiharbeit bedeutet also, dass ein Zeitarbeitsunternehmen einem weiteren Unternehmen Arbeitskräfte zur Verfügung stellt, diese aber nicht bei diesem, sondern bei der Zeitarbeitsfirma angestellt werden. In Deutschland gab es im Jahr 2017 rund 11.500 Unternehmen, die ausschließlich oder überwiegend Zeitarbeit betreiben. Die größten Zeitarbeitsunternehmen nach Umsatz ,internen Mitarbeitern sowie der Anzahl der Zeitarbeitnehmer in Deutschland sind RANDSTAD, ADECCO und MANPOWERGROUP. Die Anzahl der Zeitarbeitnehmer in Deutschland belief sich im Jahr 2017 auf rund eine Millionen (siehe Insert 3-19).

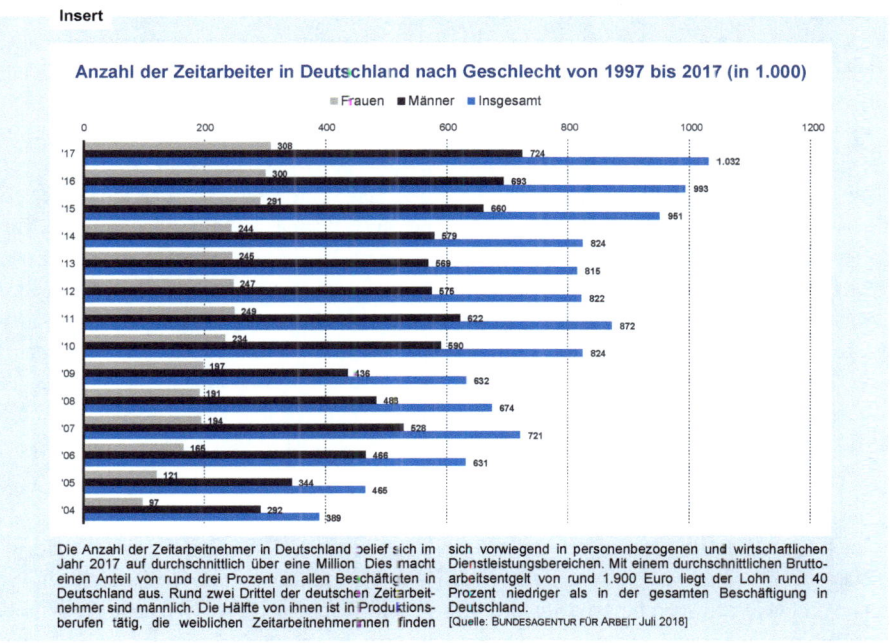

Insert 3-19: Anzahl der Zeitarbeiter in Deutschland von 1997 bis 2017

3.5.4.2   Direkte Personalfreisetzung

Direkte Maßnahmen der Personalfreisetzung zielen darauf ab, einen relativ kurzfristigen Personalabbau herbeizuführen. Im Vordergrund steht dabei die Beendigung bestehender Arbeitsverhältnisse. Folgende Maßnahmen sollen näher betrachtet werden:

- Aufhebungsvertrag,
- Outplacement,
- Vorruhestand/Altersteilzeit sowie
- Entlassung/Kündigung.

Lässt sich eine Personalbestandsreduktion nicht vermeiden, so ist eine positive Förderung des freiwilligen Ausscheidens durch einen **Aufhebungsvertrag** einer arbeitgeberseitigen Kündigung in aller Regel vorzuziehen. Bei einer Aufhebungsvereinbarung verständigen sich Arbeitgeber und Arbeitnehmer in gegenseitigem Einvernehmen, den Arbeitsvertrag zu einem bestimmten Zeitpunkt aufzulösen. Die Initiative geht hierbei i. d. R. vom Arbeitgeber aus und muss begründet werden. Das Einverständnis eines Arbeitnehmers zu einem Aufhebungsvertrag wird in der Regel über die Vereinbarung einer Abfindungssumme erreicht. Das Unternehmen kann Aufhebungsverträge gezielt anbieten, so dass die Möglichkeit besteht, die Alters- und Qualifikationsstruktur zu lenken und zu verbessern [vgl. JUNG 2006, S. 326].

Im Rahmen der Aufhebungsvereinbarung kann auch ein **Outplacement** vereinbart werden, das zusätzliche Leistungen wie Beratung und Hilfe bei der Suche nach einer neuen Stelle beinhaltet (siehe auch 3.4.3.6). Outplacement, das im angloamerikanischen Raum bereits seit Ende der 60er Jahre praktiziert wird, findet in Deutschland erst seit einigen Jahren zunehmende Verbreitung. Häufig wird ein Beratungsunternehmen mit der Betreuung der direkt betroffenen Arbeitnehmer beauftragt. Der Schwerpunkt des Outplacement-Prozesses liegt auf der beruflichen Neuorientierung und Weiterentwicklung des betroffenen Mitarbeiters. Die Beratung kann auf einen Arbeitnehmer beschränkt sein, sie kann aber auch für mehrere Personen erfolgen. Ein Gruppen-Outplacement bietet die Möglichkeit, eine qualifizierte Trennungsberatung zu einem relativ günstigen Preis für einen größeren Adressatenkreis nutzbar zu machen. Ein individuelles Outplacement wird i. d. R. bei Führungskräften bevorzugt. Das Outplacement bringt aber auch einige wesentliche Vorteile für das Unternehmen mit sich. So können zeit- und kostenaufwendige Arbeitsgerichtsprozesse ebenso vermieden werden wie ein etwaiger Imageverlust des Unternehmens in der Öffentlichkeit. Auch unterbleiben beim Outplacement in aller Regel negative Auswirkungen auf die verbleibenden Mitarbeiter [vgl. ACHOURI 2015, S. 89 ff.].

Der **Vorruhestand** bzw. die *vorgezogene Pensionierung* soll älteren Arbeitnehmern das vorzeitige Ausscheiden aus dem Erwerbsleben ermöglichen und damit Arbeitsplätze für junge Arbeitnehmer freimachen. Neben dem Abbau von Überkapazitäten kann somit auch eine Herabsetzung des Durchschnittsalters erreicht werden. Der Vorruhestand ist für die Betroffenen nur dann von Interesse, wenn für sie dadurch keine wesentlichen materiellen Nachteile erwachsen. Vor diesem Hintergrund setzen Unternehmen Anreize in Form von Abfindungen bzw. betrieblicher Altersvorsorge [vgl. JUNG 2006, S. 326 und STOCK-HOMBURG 2013, S. 296].

Eine besonders bevorzugte Form des „sanften" Vorruhestands ist die **Altersteilzeit,** die sowohl für Arbeitnehmer als auch Arbeitgeber eine ganze Reihe von (primär steuerlichen) Vorteilen beinhaltet. Die Altersteilzeit, deren Durchführung im Altersteilzeitgesetz (AltTZG) geregelt wird, soll Beschäftigten, die mindestens das 55. Lebensjahr vollendet haben, einen gleitenden Übergang vom Erwerbsleben in den Ruhestand ermöglichen. Mit dieser Regelung ist gleichzeitig eine neue Beschäftigungsmöglichkeit für Arbeitslose verbunden, die für den freiwerdenden Arbeitsplatz eingesetzt werden [vgl. JUNG 2006, S. 325].

Das Modell der Altersteilzeit sieht vor, dass die bisherige Arbeitszeit des Arbeitnehmers halbiert wird. Wie dann die Arbeitszeit während der Altersteilzeit verteilt wird, können Arbeitnehmer und Arbeitgeber frei vereinbaren. Grundsätzlich werden zwei Modelle praktiziert: Das *Gleichverteilungsmodell* sieht eine schrittweise Reduktion der Arbeitszeit vor (z. B. erstes Jahr 100 Prozent Arbeitszeit, zweites Jahr 80 Prozent, drittes Jahr 60 Prozent usw.). Bei der neueren und heute fast ausschließlich genutzten Form des *Block-Modells* werden zwei gleich lange Zeitblöcke gebildet: eine Vollarbeitszeitphase und eine anschließende Freistellungsphase. Während der gesamten Altersteilzeit zahlt der Arbeitgeber 50 Prozent des bisherigen Gehalts plus gesetzlich geregelte Aufstockungsbeträge, unabhängig davon, wie die Arbeitszeit verteilt wird (siehe Abbildung 3-67).

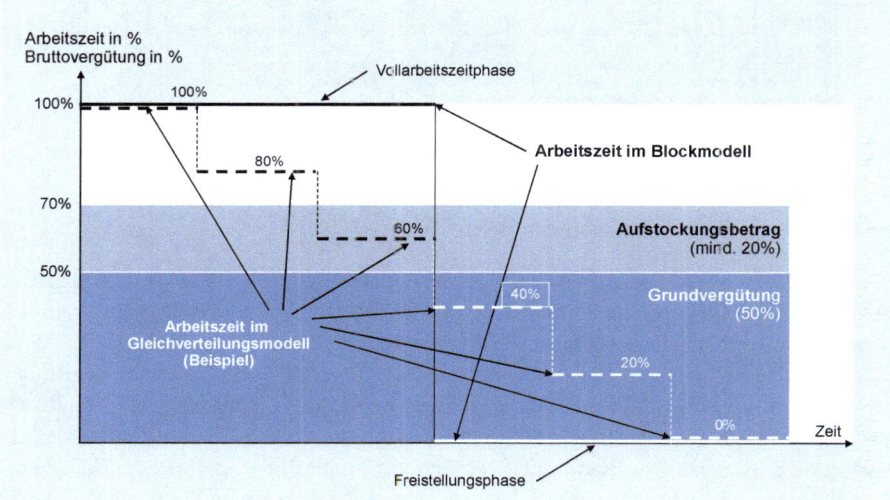

Abb. 3-67:   Gegenüberstellung Gleichverteilungs- und Blockmodell in der Altersteilzeit

3.5.5 Die Kündigung

Eine Kündigung durch den Arbeitnehmer kommt etwa doppelt so häufig vor, wie eine arbeitgeberseitige Kündigung. Zumindest ist dies das (vielleicht etwas überraschende Ergebnis) einer repräsentativen Umfrage, die INFRATEST im Auftrag des DIW (Deutsches Institut für Wirtschaftsforschung) durchgeführt hat (siehe Abbildung 3-20).

Insert

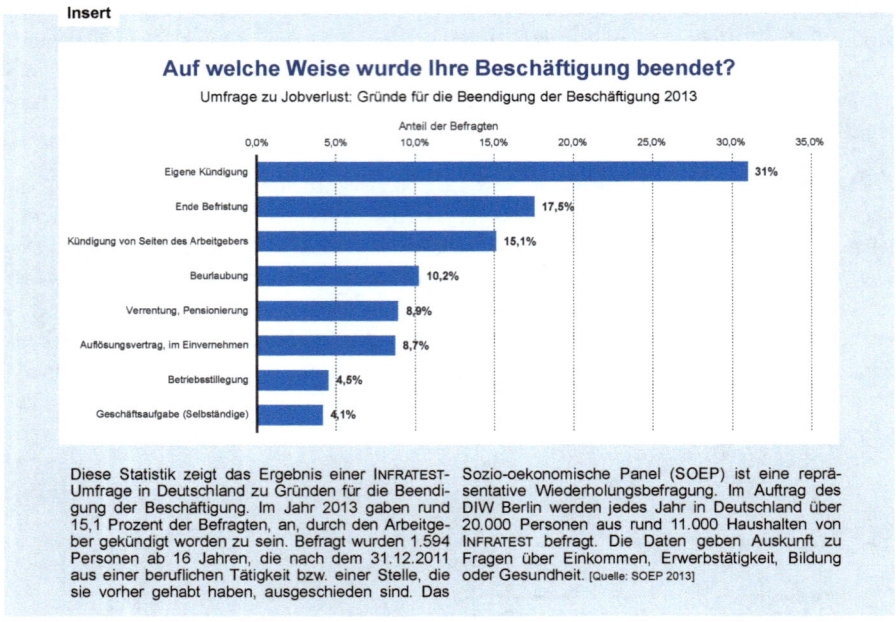

Diese Statistik zeigt das Ergebnis einer INFRATEST-Umfrage in Deutschland zu Gründen für die Beendigung der Beschäftigung. Im Jahr 2013 gaben rund 15,1 Prozent der Befragten, an, durch den Arbeitgeber gekündigt worden zu sein. Befragt wurden 1.594 Personen ab 16 Jahren, die nach dem 31.12.2011 aus einer beruflichen Tätigkeit bzw. einer Stelle, die sie vorher gehabt haben, ausgeschieden sind. Das Sozio-oekonomische Panel (SOEP) ist eine repräsentative Wiederholungsbefragung. Im Auftrag des DIW Berlin werden jedes Jahr in Deutschland über 20.000 Personen aus rund 11.000 Haushalten von INFRATEST befragt. Die Daten geben Auskunft zu Fragen über Einkommen, Erwerbstätigkeit, Bildung oder Gesundheit. [Quelle: SOEP 2013]

Insert 3-20: Umfrage zu Jobverlust: Gründe für die Beendigung der Beschäftigung 2013

3.5.5.1 Kommunikation der Kündigung

Lässt sich eine Aufhebungsvereinbarung nicht ermöglichen, so ist die **Kündigung** der letzte in Betracht kommende Weg zum Personalabbau. Die Kündigung stellt die bedeutsamste Art der Beendigung von Arbeitsverhältnissen dar. Bestehende Arbeitsrechtsverhältnisse sind in Deutschland durch Vorschriften in verschiedenen Gesetzen sowie durch Tarifverträge und Betriebsvereinbarungen geschützt. Bei Personalfreisetzungen durch Aufhebung des Arbeitsverhältnisses sind besonders das Kündigungsschutzgesetz (KSchG) und Teile des Betriebsverfassungsgesetzes (BetrVG) von Bedeutung. Grundsätzlich ist eine Entlassung von Arbeitnehmern, die mindestens seit sechs Monaten im Unternehmen beschäftigt sind, nur dann möglich, wenn gewichtige Gründe in der Person bzw. im Verhalten des Arbeitnehmers vorliegen oder wenn dringende betriebliche Erfordernisse einer Weiterbeschäftigung entgegenstehen [vgl. SPRINGER/SAGIRLI 2006, S. 23].

Vor jeder Kündigung ist der Betriebsrat schriftlich über die Gründe der Kündigung zu unterrichten. Ohne Anhörung des Betriebsrates sind ausgesprochene Kündigungen unwirksam (§ 102 BetrVG). Der Betriebsrat kann der Kündigung innerhalb einer Woche widersprechen, wenn soziale Gesichtspunkte nicht ausreichend berücksichtigt wurden (§ 1 KSchG) oder ein Verstoß gegen betriebliche Auswahlrichtlinien (§ 95 BetrVG) vorliegt. Eine Kündigung ist aber trotz Widerspruch des Betriebsrats möglich. Der Arbeitnehmer hat in diesem Falle die Möglichkeit, eine *Kündigungsschutzklage* (§ 4 KSchG) vor dem Arbeitsgericht einzureichen. Bis

zu einer rechtskräftigen Entscheidung kann er in der Regel seine Weiterbeschäftigung erwirken
(§ 102 BetrVG). Eine Kündigung kann sowohl *ordentlich* als auch *außerordentlich* erfolgen
(siehe Abbildung 3-68). Beide Formen der Kündigung müssen dem Vertragspartner schriftlich
zugehen [vgl. STOCK-HOMBURG 2013, S. 300 f.].

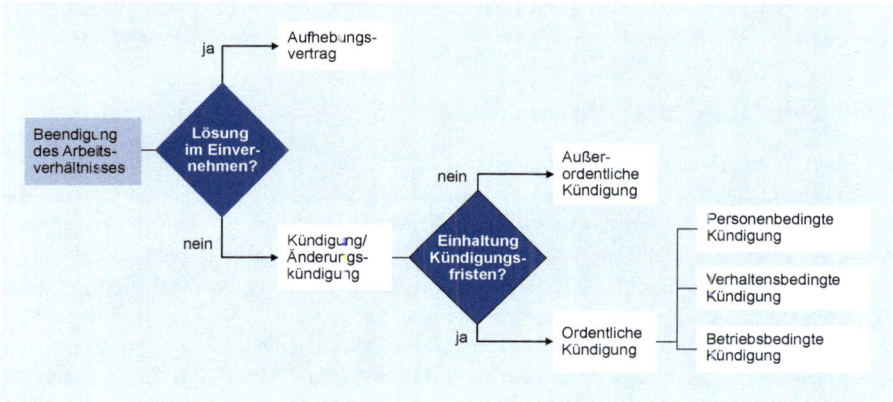

Abb. 3-68:   Ablaufstruktur bei der Beendigung des Arbeitsverhältnisses

Die **außerordentliche (fristlose) Kündigung**, die nur bei schweren Verstößen im Vertrauensbereich ausgesprochen werden kann, ist mit sofortiger Wirkung zulässig, wenn eine Fortsetzung des bestehenden Arbeitsverhältnisses aufgrund eines schwerwiegenden Grundes unzumutbar ist. Wichtige Gründe für den Arbeitgeber können sein: Anstellungsbetrug, dauerhafte
Arbeitsunfähigkeit, beharrliche Arbeitsverweigerung, grobe Verletzung der Treuepflicht sowie
Verstöße gegen das Wettbewerbsverbot. Aus Sicht des Arbeitnehmers können folgende Gründe
zu einer außerordentlichen Kündigung führen: Nichtzahlung der Vergütung durch den Arbeitgeber, dauerhafte Arbeitsunfähigkeit sowie Tätlichkeit oder erheblicher Ehrverlust [vgl. JUNG
2006, S. 337].

Eine **ordentliche Kündigung** bedarf zu ihrer Wirksamkeit keines sachlichen Grundes, wenn
sie durch den Arbeitnehmer ausgesprochen wird. Dagegen bedarf es bei der Kündigung durch
den Arbeitgeber eines Grundes, der sozial gerechtfertigt ist. Grundsätzlich ist bei folgenden,
als besonders schutzbedürftig eingestuften Personen eine ordentliche Kündigung ausgeschlossen bzw. nur unter bestimmten Voraussetzungen zulässig: Schwerbehinderte, Auszubildende,
Schwangere bzw. Personen in Erziehungsurlaub, Betriebsratsmitglieder, Abgeordnete sowie
Wehr- und Zivildienstleistende. Eine ordentliche Kündigung kann gemäß Kündigungsschutzgesetz (§ 1 KSchG) bei folgenden Gründen durch den Arbeitgeber ausgesprochen werden:

- **Betriebsbedingte Gründe** (z. B. bei Rationalisierung, Umstellung oder Einschränkung
  der Produktion),

- **Verhaltensbedingte Gründe** (z. B. bei Fehlverhalten, Vertragsverletzung) und

- **Personenbedingte Gründe** (z. B. bei Krankheit, mangelnder Eignung, Nachlassen der Arbeitsfähigkeit).

Bei *betriebsbedingten* Kündigungen handelt es sich in der Regel um eine gruppenbezogene Form der Personalfreisetzung. *Verhaltens- und personenbedingte* Kündigungen werden hingegen einem einzelnen, konkreten Mitarbeiter ausgesprochen (einzelfallbezogene Personalfreisetzung).

3.5.5.2   Betriebsbedingte Kündigung

Ursachen für betriebsbedingte Kündigungen sind Veränderungen der betrieblichen Personalbedarfsstruktur. Als **betriebsbedingte Gründe** kommen Rationalisierungsmaßnahmen, Umstellung oder Einschränkung der Produktion oder Auftragseinbrüche in Betracht. Die Entlassung von Mitarbeitern sollte dabei stets eine „Ultima ratio" darstellen und erst dann in Betracht gezogen werden, wenn sozial weniger einschneidende Maßnahmen durch Änderung bestehender Arbeitsverhältnisse unmöglich, sinnlos oder unzumutbar sind. Im Vorfeld einer betriebsbedingten Kündigung sind daher alle innerbetrieblichen Maßnahmen in Betracht zu ziehen, um die personelle Überdeckung auf anderem Wege zu beseitigen. So ist eine Beendigungskündigung nach §1 KSchG nur dann sozial gerechtfertigt, wenn dringende betriebliche Erfordernisse vorliegen, die eine Weiterbeschäftigung des Arbeitnehmers im gleichen Betrieb ausschließen. Das bedeutet, dass eine Weiterbeschäftigung weder an einem anderen freien Arbeitsplatz, noch unter geänderten Arbeitsbedingungen oder nach Umschulungs- bzw. Fortbildungsmaßnahmen möglich ist [vgl. SPRINGER/SAGIRLI 2006, S. 26].

Nach § 1 des KSchG muss bei einer betriebsbedingten Kündigung eine **Sozialauswahl** stattfinden. Der mit dem Betriebsrat abzustimmende Kriterienkatalog orientiert sich primär am Grundsatz der sozialen Angemessenheit (§ 1 KSchG). Eine betriebsbedingte Kündigung ist nur dann gerechtfertigt, wenn unter vergleichbaren und in ihrer Funktion austauschbaren Arbeitnehmern dem sozial am wenigsten hart Betroffenen gekündigt wird. Der Arbeitgeber muss daher unter vergleichbaren Arbeitnehmern eine Interessenabwägung vornehmen, eine soziale Auswahl treffen und diese begründen. Die Auswahl der betroffenen Arbeitnehmer basiert i. d. R. auf einem Punktesystem [siehe hierzu die Darstellung bei JUNG 2006, S. 335].

Bei Freisetzung einer größeren Zahl von Mitarbeitern (gruppenbezogene Personalfreisetzung) sind weiterführende Aktivitäten zur Freisetzungsabwicklung nötig. In einem ersten Schritt ist die Dauer des Personalüberhangs zu antizipieren. Besteht dieser nur vorübergehend, ist die Einführung von Kurzarbeit zu prüfen (§ 19 KSchG), ansonsten stellt sich die Frage nach einer Betriebsänderung (§ 111 BetrVG). Liegt eine Betriebsänderung vor, so können sich die Betriebspartner auf einen **Interessenausgleich** oder die Aufstellung eines **Sozialplans** verständigen. Als Betriebsänderung gelten z. B. Stilllegung, Verlegung und Zusammenschluss des gesamten Betriebs, grundlegende Änderungen der Betriebsorganisation, des Betriebszwecks oder der Betriebsanlagen sowie die Einführung grundlegend neuer Arbeitsmethoden. Auch ein bloßer Personalabbau ohne betriebliche Organisations- oder Strukturveränderung kann als Betriebsänderung angesehen werden [vgl. SCHOLZ 2011, S. 497].

3.5.5.3 Verhaltensbedingte Kündigung

Verhaltensbedingt ist eine Kündigung, wenn sie im willentlichen Verhalten des einzelnen Mitarbeiters begründet liegt. Folgende Verhaltensweisen können zu einer verhaltensbedingten Kündigung führen [vgl. JUNG 2006, S. 333]:

- Pflichtverletzung im Leistungsbereich (z. B. Schlecht- oder Minderleistung)
- Pflichtverletzung im Vertrauensbereich (z. B. Fälschung, Diebstahl)
- Pflichtverletzung im betrieblichen Bereich (z. B. „Krankfeiern", Störung des Betriebsablaufs).

Grundsätzlich ist bei einer Pflichtverletzung im Leistungsbereich eine Kündigung nur nach einer vorherigen **Abmahnung** möglich. Eine Abmahnung, die sozusagen eine „gelbe Karte" darstellt, ist die Erklärung eines Arbeitgebers, dass er ein bestimmtes Verhalten des Arbeitnehmers missbilligt. Die Abmahnung sollte ereignisbezogen formuliert sein und zum Bestandteil der Personalakte werden. Der Arbeitgeber verbindet damit den Hinweis, dass im Wiederholungsfall Inhalt oder Bestand des Arbeitsverhältnisses gefährdet sind. Dieser Hinweis, d. h. die Androhung einer arbeitsrechtlichen Konsequenz, muss für den betroffenen Arbeitnehmer hinreichend bestimmt und deutlich erteilt werden [vgl. SCHOLZ 2011, S. 499].

3.5.5.4 Personenbedingte Kündigung

Bei einer personenbedingten Kündigung liegt der Freisetzungsgrund in der **mangelnden Fähigkeiten** des Mitarbeiters zur Erbringung der geforderten Arbeitsleistung. Der Mitarbeiter ist dabei nicht selbst am Umstand der Sachlage schuldig. Im engeren Sinne ist hier der Umstand der Arbeitsunfähigkeit durch **Krankheit** zu verstehen. Krankheitsbedingte Kündigungen als Unterfall der personenbedingten Kündigung (§ 1 KSchG) können bei häufigen Kurzerkrankungen oder lang andauernden Erkrankungen ausgesprochen werden. Die Berechtigung zur krankheitsbedingten Kündigung resultiert aus einer umfassenden Kette von Prüffragen, nämlich die

- ungünstige Zukunftsprognose, die besagt, dass auch in Zukunft mit erheblichen Fehlzeiten des Arbeitnehmers aufgrund des bisherigen Krankheitsverlaufs zu rechnen ist,
- Maßgeblichkeit, d. h. kommt es durch den Ausfall zu Störungen im Betriebsablauf,
- Fehlende Alternativbeschäftigungsmöglichkeiten, d. h. kann der Arbeitnehmer ggf. auf einer anderen Position im Unternehmen weiterbeschäftigt werden sowie
- Interessenabwägung, d. h. was ist dem Unternehmen und was ist dem Mitarbeiter zuzumuten [vgl. SCHOLZ 2011, S. 494 f.].

3.5.6 Entlassungsgespräch und Austrittsinterview

Die Entlassung von Mitarbeitern gehört zu den schlimmsten Pflichten, die eine Führungskraft wahrnehmen muss. Entlassungen gehören zum Führungsgeschäft dazu. Die Frage ist allerdings, wie eine solche Aufgabe anzugehen ist. Das Einfachste ist, die Aufgabe dem Personalmanagement zu überlassen und sich zurückzuziehen oder sich hinter dem Sozialplan zu verstecken. Doch wer seine Führungsaufgabe ernst nimmt und dem Image des Unternehmens nicht schaden will, muss sich persönlich mit dem Betroffenen einlassen – so schwer es einem auch fällt, denn **Entlassungsgespräche** gehen unter die Haut [vgl. DOPPLER/LAUTERBURG 2005, S. 44 f.].

Werden sie aber fair, aufrichtig und ohne geliehene Autorität mit der Intension geführt, dass der Betroffene sein Gesicht nicht verliert, dann wird die für das Aktionsfeld *Personalfreisetzung* angestrebte **Erleichterung** nicht eine ironische Attitüde, sondern im beidseitigem Interesse die Zielsetzung eines seriösen Freistellungsprozesses. Dies wird auch besonders deutlich, wenn man einmal die verschiedenen Kündigungsgründe analysiert, aus denen befragte Mitarbeiter kündigen würden (siehe Insert 3-21). Da ist dann ein „Ende mit Schrecken" oft sinnvoller als ein „Schrecken ohne Ende".

Kommt es im Unternehmen zu einer Personalfreisetzung, so sind auch vom Personalmanagement verschiedene Maßnahmen zu ergreifen. Neben der Erstellung eines **Arbeitszeugnisses** sollte der ausscheidende Mitarbeiter mit Hilfe eines **Austrittsinterviews** (engl. *Exit Interview*) zu charakteristischen Merkmalen des Unternehmens, zu Stärken und Schwächen in der Personalführung sowie zu seiner subjektiven Bewertung dieser Aspekte befragt werden. Kündigt der Mitarbeiter, so bietet ein Austrittsinterview zudem die Gelegenheit, Gründe für das geplante Ausscheiden zu erheben. Darüber hinaus dient ein Exit-Interview meist auch praktischen Angelegenheiten wie der Information des Arbeitnehmers über weitere Rechte und Pflichten oder der Rückgabe firmeneigener Gegenstände. Mit einem Austrittsinterview lassen sich verschiedene Problembereiche in einem Unternehmen identifizieren. Die erhobenen Daten bilden somit eine wesentliche Grundlage für die Formulierung von Personalentwicklungsmaßnahmen. Austrittsinterviews können schriftlich oder mündlich durchgeführt werden, es sind dabei freie oder strukturierte Formen der Interviewdurchführung denkbar. Als Interviewer sollte ein unbeteiligter Dritter fungieren (z. B. ein Mitarbeiter des Personalbereichs), nicht der unmittelbare Vorgesetzte oder ein Mitglied der eigenen Arbeitsgruppe. Austrittsinterviews finden in der betrieblichen Praxis bislang nur wenig Anwendung. Eine Ursache hierfür könnte in der möglichen Informationsverfälschung durch den ausscheidenden Mitarbeiter liegen. So besteht bei einer Kündigung die Gefahr, dass der Mitarbeiter Merkmale des Unternehmens übertrieben negativ bewertet oder sich mit seinen Antworten an Vorgesetzten und Kollegen rächt. Kündigt der Mitarbeiter selbst, so könnte er versuchen, sich durch harmlose Antworten der langwierigen Frageprozedur zu entziehen.

Diese Probleme lassen sich durch eine **Standardisierung der Interviews** reduzieren. So stellt ein einheitlich formulierter Interviewleitfaden sicher, dass alle relevanten Themen behandelt werden und nicht nur bestimmte Fragestellungen im Mittelpunkt des Gesprächs stehen. Die Standardisierung der Interviewfragen kann auch über sogenannte Imagekarten erfolgen. Der ausscheidende Mitarbeiter ordnet dabei Karten mit Imagefaktoren (gutes Betriebsklima, gute Sozialleistungen, gute Arbeitsplatzgestaltung etc.) verschiedenen Kategorien zu (z. B. im Unternehmen verwirklicht, im Unternehmen nicht verwirklicht). Im Anschluss wird die Einschätzung des Unternehmens mit dem Mitarbeiter besprochen. Eine weitere Möglichkeit, die Validität des Verfahrens zu erhöhen, besteht in der Durchführung des Interviews durch einen geschulten externen Berater.

Insert

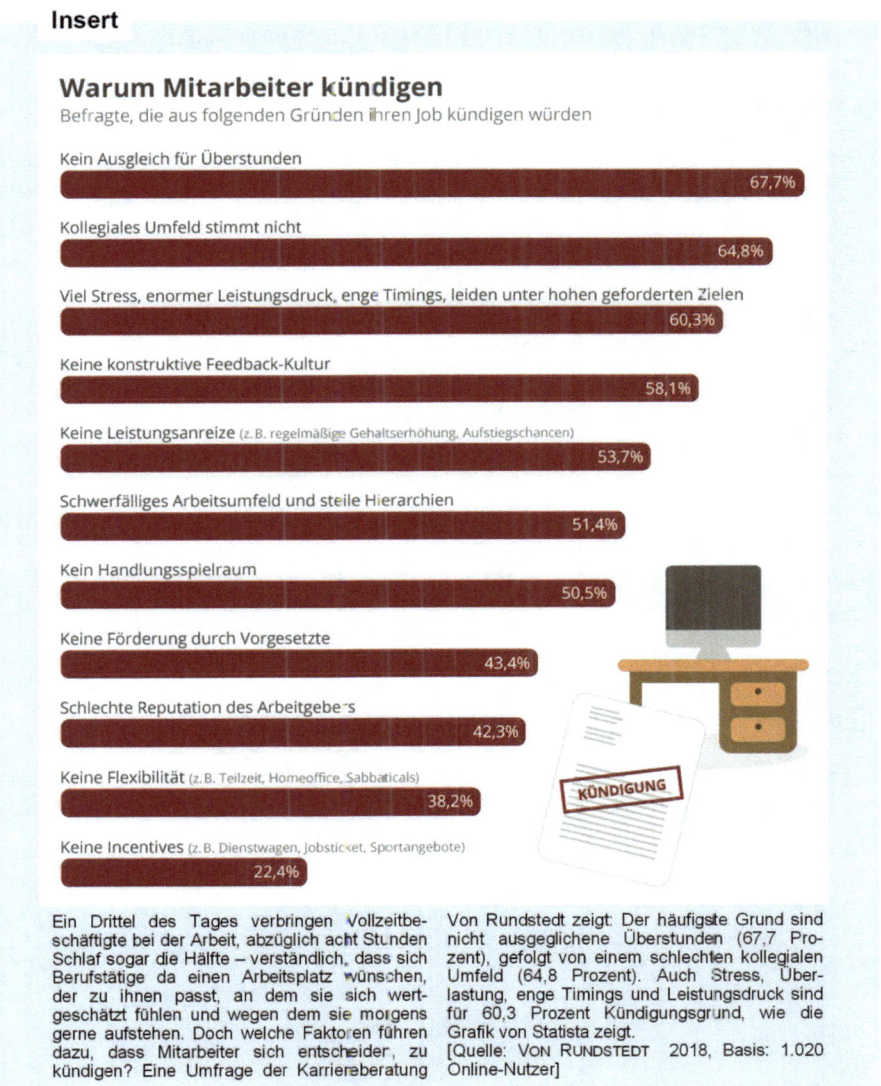

Warum Mitarbeiter kündigen
Befragte, die aus folgenden Gründen ihren Job kündigen würden

Kein Ausgleich für Überstunden — 67,7%

Kollegiales Umfeld stimmt nicht — 64,8%

Viel Stress, enormer Leistungsdruck, enge Timings, leiden unter hohen geforderten Zielen — 60,3%

Keine konstruktive Feedback-Kultur — 58,1%

Keine Leistungsanreize (z.B. regelmäßige Gehaltserhöhung, Aufstiegschancen) — 53,7%

Schwerfälliges Arbeitsumfeld und steile Hierarchien — 51,4%

Kein Handlungsspielraum — 50,5%

Keine Förderung durch Vorgesetzte — 43,4%

Schlechte Reputation des Arbeitgebers — 42,3%

Keine Flexibilität (z.B. Teilzeit, Homeoffice, Sabbaticals) — 38,2%

Keine Incentives (z.B. Dienstwagen, Jobsticket, Sportangebote) — 22,4%

Ein Drittel des Tages verbringen Vollzeitbeschäftigte bei der Arbeit, abzüglich acht Stunden Schlaf sogar die Hälfte – verständlich, dass sich Berufstätige da einen Arbeitsplatz wünschen, der zu ihnen passt, an dem sie sich wertgeschätzt fühlen und wegen dem sie morgens gerne aufstehen. Doch welche Faktoren führen dazu, dass Mitarbeiter sich entscheiden, zu kündigen? Eine Umfrage der Karriereberatung Von Rundstedt zeigt: Der häufigste Grund sind nicht ausgeglichene Überstunden (67,7 Prozent), gefolgt von einem schlechten kollegialen Umfeld (64,8 Prozent). Auch Stress, Überlastung, enge Timings und Leistungsdruck sind für 60,3 Prozent Kündigungsgrund, wie die Grafik von Statista zeigt.
[Quelle: VON RUNDSTEDT 2018, Basis: 1.020 Online-Nutzer]

Insert 3-21: „Aus welchen Gründen Mitarbeiter kündigen würden"

Im Rahmen von Entlassungen erleiden sowohl Arbeitnehmer als auch Arbeitgeber i. d. R. materielle und ideelle Schäden. Der möglichst weitgehende Verzicht auf betriebsbedingte Personalfreisetzungen liegt somit auch im Interesse des Unternehmens. So geht mit der Entlassung

eines Mitarbeiters auch wertvolles Know-how verloren, welches bei einem Anstieg des Personalbedarfs durch aufwendige Beschaffungs- oder Entwicklungsmaßnahmen neu erworben werden muss. In bestimmten Branchen (z. B. Unternehmensberatung) müssen für die reinen Kosten der Ersatzbeschaffung (engl. *Replacement*) eines neuen Mitarbeiters etwa die Höhe eines
halben Jahresgehaltes angesetzt werden [vgl. LIPPOLD 2010, S. 27].

3.5.7 Optimierung der Erleichterung

Auch hier sollen die einzelnen Schritte des Aktionsfeldes *Personalfreisetzung* zusammengefasst und die wichtigsten Parameter, Prozesse, Instrumente und Werttreiber im Zusammenhang
dargestellt werden.

(1) Aktionsparameter

Erleichterung ist das angestrebte Optimierungskriterium des Aktionsfeldes *Personalfreisetzung*. Es sind im Wesentlichen zwei Aktionsparameter, die die Optimierung der Erleichterung
bestimmen:

- **Personalflexibilisierung**, d. h. alle Möglichkeiten und Maßnahmen ausschöpfen, die dem
  Unternehmen zur Verfügung stehen, um letztlich eine Kündigung als „ultima ratio" zu
  vermeiden und das

- **Entlassungsgespräch** (falls eine Kündigung unumgänglich ist), das vom Vorgesetzten
  verantwortungsvoll und seriös zu führen ist.

Damit ergibt sich für die Optimierung der Erleichterung folgender, erweiterter Ansatz:

*Erleichterung = f (Personalfreisetzung) = f (Personalflexibilisierung, Entlassungsge-
spräch) → optimieren!*

(2) Prozesse und instrumentelle Unterstützung

In Abbildung 3-69 ist beispielhaft ein Prozessmodell für das Aktionsfeld *Personalfreisetzung*
dargestellt. Die konkrete Ausgestaltung des Prozessmodells ist allerdings von der wirtschaftliche Situation und anderen Einflussfaktoren abhängig.

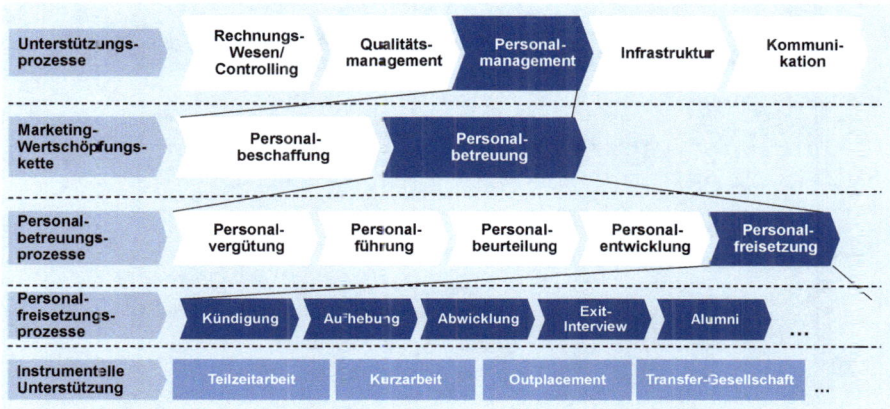

Abb. 3-69:   Prozessmodell für das Aktionsfeld „Personalfreisetzung"

(3) Werttreiber

Die wichtigsten *Werttreiber* im Aktionsfeld *Personalfreisetzung* sind [vgl. DGFP 2004, S. 44]:

- **Exitanalyse**, d. h. der Anteil analysierter Austrittsfälle im Verhältnis zu allen, um alters-bedingtes Ausscheiden bereinigte Austrittsfälle. Es geht um die Frage, ob das Unter-nehmen Klarheit über die Ausscheidungsgründe besitzt.

- **Austrittsinterviewquote**, d. h. der Anteil der Entlassungsgespräche, die der Personalvor-gesetzte geführt hat, im Verhältnis zu allen Entlassungsgesprächen. Hier geht es darum, dass das Unternehmen keinen Imageschaden bei einer Freisetzung davonträgt.

(4) Zusammenfassung

In Abbildung 3-70 sind die wichtigsten Punkte des Aktionsfeldes *Personalfreisetzung* (über-geordneter Aktionsbereich, Aktionsparameter, Instrumente, Werttreiber sowie Optimierungs-kriterium) zusammengefasst.

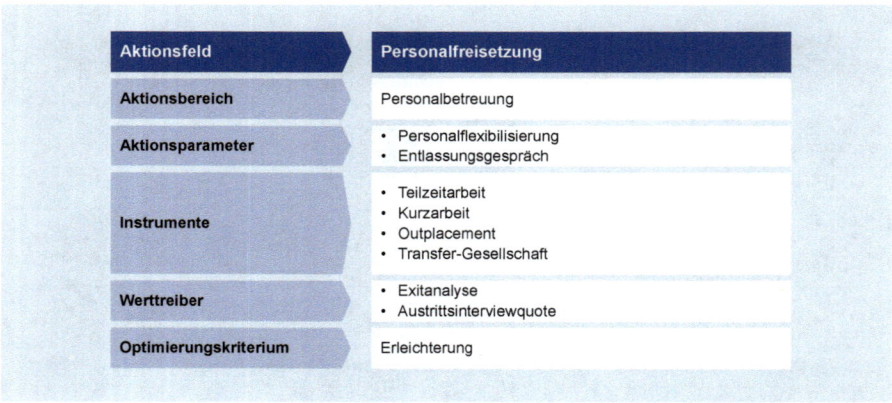

Abb. 3-70:   Wesentliche Aspekte des Aktionsfeldes „Personalfreisetzung"

Kontroll- und Vertiefungsfragen

(1)   Das Zieleinkommen eines Mitarbeiters beträgt 80.000 Euro (= 100 %). Sein variabler Anteil beträgt 20 % (=16.000 Euro) und setzt sich zu 50 % aus seiner persönlichen Leistung und zu 50 % aus dem Unternehmenserfolg zusammen. Beide Komponenten sind multiplikativ miteinander verbunden. In der Jahresendbeurteilung erhält der Mitarbeiter einen individuellen Faktor von 1,2 für seine persönliche Leistung. Der realisierte Gewinn des Unternehmens beträgt 110 % vom Plangewinn. Wie hoch ist der Betrag, den der Mitarbeiter zum Jahresende für seinen variablen Anteil erhält?

(2)   Auf welche Kernprinzipien der Entgeltgerechtigkeit sollte ein Anreiz- und Vergütungssystem mindestens aufbauen?

(3)   Warum sind im Allgemeinen eher im Vertriebsbereich als im administrativen Bereich variable Gehaltsanteile üblich?

(4)   Welche Vorteile hat das Cafeteria-Modell für den Arbeitnehmer? Welche Nachteile hat es für den Arbeitgeber?

(5)   Was ist – zeitlich gesehen – die Haupttätigkeit einer Führungskraft?

(6)   Worin unterscheiden sich Führungsstil und Führungsverhalten?

(7)   Erläutern Sie den Führungsgrundsatz „Führung durch Anerkennung".

(8)   Wodurch unterscheiden sich die neuen Führungsansätze und -konzepte grundsätzlich von den klassischen Führungstheorien?

(9)   Welche Schlüsselkompetenzen zeichnen eine Führungskraft aus?

(10) Warum gibt es keine digitale Führung, sondern ausschließlich eine digitale Führungskompetenz?

(11) Warum sind neuere Führungsansätze in Startups leichter umzusetzen als in größeren Betrieben?

(12) Warum lässt sich Führung bzw. Leadership nicht vollständig demokratisieren?

(13) Zu welchen Anlässen werden Beurteilungen durchgeführt?

(14) Welche vier Beurteilungsdimensionen sind bei der Balanced Scorecard maßgebend?

(15) Warum hat sich E-Learning nicht den allgemeinen Erwartungen entsprechend durchgesetzt?

(16) Wodurch kommt es zu Wahrnehmungsverzerrungen bei Personalbeurteilungen?

(17) Erläutern Sie das Andorra-Phänomen?

(18) Wodurch unterscheidet sich der Recency-Effekt vom First-Impression-Effekt?

(19) Warum ist die Personalfreisetzung nicht in jedem Fall mit einer Kündigung gleichzusetzen?

(20) Welche Möglichkeiten der Arbeitszeitverkürzung gibt es?

(21) Warum werden die indirekten Personalfreisetzungsmaßnahmen häufig auch als „Königsweg" des Personalabbaus bezeichnet?

(22) Welche Gründe müssen vorliegen, um eine ordentliche Kündigung aussprechen zu können?

(23) Warum wird die Altersteilzeit als besonders „sanfte" Form der Personalfreisetzung bezeichnet? Trifft dies auch für das Block-Modell zu?

(24) Welche Maßnahmen muss das Personalmanagement im Zusammenhang mit einer Kündigung ergreifen?

(25) Warum geht es im Aktionsfeld Personalfreisetzung um die Optimierung der Erleichterung?

4. Personalorganisation

4. Personalorganisation

Das vierte und letzte Kapitel beschreibt neben den generellen organisatorischen Grundlagen die Organisation des Personalsektors sowie weiterführende Organisationsansätze.

Zu den generellen organisatorischen Grundlagen zählen die Darstellung der Unterschiede zwischen Aufbau-, Ablauf- und Prozessorganisation sowie eine Einführung in das Business Process Reengineering.

Die Einordnung des Personalsektors in die Unternehmenshierarchie sowie spezielle personale Organisationsformen bilden einen weiteren Fokus.

Weiterführende Organisationsansätze wie das Shared Service Center und das Outsourcing sowie Überlegungen zu Near- und Offshoring-Ansätzen runden den organisatorischen Teil ab.

Einen besonderen Schwerpunkt bildet das Change Management mit grundsätzlichen Überlegungen zu den Widerständen von Veränderungen, zu Treibern (Promotoren) und Bremsern (Opponenten) und zum Verhalten in Change-Prozessen.

4.1   Organisatorische Grundlagen

4.1.1   Einführung

Jedes Unternehmen ist prinzipiell eingebettet zwischen dem Beschaffungsmarkt und dem Absatzmarkt. Zwischen diesen beiden Polen werden Güter bewegt und entsprechend finanziert. Der betriebliche **Güterfluss** (in einem Industriebetrieb) verläuft – vereinfacht ausgedrückt – vom **Einkauf** der Roh-, Hilfs- und Betriebsstoffe über die entsprechende Veredelung in der **Produktion** bis zum **Verkauf** der Fertigprodukte. Die aus dem Verkauf erzielten Umsätze dienen zur Bezahlung bzw. zur **Finanzierung** der Einsatzstoffe, der Mitarbeiter, der Gebäude, der Anlagen etc. Die Verkaufserlöse bilden dementsprechend den Ausgangspunkt des betrieblichen Werteflusses, der sich damit gegenläufig zum Güterfluss bewegt. Einkauf, Produktion und Verkauf bilden die betrieblichen **Sachfunktionen** und zusammen mit der Finanzierung die betrieblichen **Kernfunktionen**. Abbildung 4-01 stellt diesen Zusammenhang schematisch dar.

Abb. 4-01:   Die betrieblichen Grundfunktionen im Überblick

Eine planvoll organisierte Wirtschaftseinheit ist das Unternehmen aber erst dann, wenn diese Funktionsbereiche entsprechend den Unternehmenszielen koordiniert und gesteuert werden. Diese Leitungsfunktion ist die wesentliche Aufgabe des **Managements**. Managementaufgaben fallen in und zwischen jedem Bereich des Unternehmens an, gleich ob im Einkaufs-, Produktions-, Vertriebs- oder Finanzbereich. Das Management ist quasi eine komplexe Verknüpfungsaktivität, die den Leistungserstellungsprozess netzartig überlagert und in alle Sachfunktionsbereiche steuernd eingreift [vgl. STEINMANN/SCHREYÖGG 2005, S. 7].

Aus der Verzahnung von Managementfunktionen und originären betrieblichen Funktionen haben sich eigenständige Managementbereiche entwickelt. So hat sich die Bezeichnung **Einkaufsmanagement** ebenso etabliert wie **Produktionsmanagement**, **Marketingmanagement** oder **Finanzmanagement**. Aber auch der mehrere Funktionsbereiche übergreifende Begriff des **Logistikmanagements** hat sich in der betrieblichen Praxis durchgesetzt.

Neben den „klassischen" Managementbereichen werden zunehmend weitere Gebiete mit Managementfunktionen belegt. Hierzu zählen speziell das **Innovations- und Technologiemanagement** sowie das **Informations- und Kommunikationsmanagement**, wobei die Bestandteile beider Begriffspaare auch singulär verwendet werden. Allen Managementbegriffen liegt – unabhängig von ihrem Sachbezug – folgendes, gemeinsames Funktionsspektrum zu Grunde [vgl. auch 3.2.3].

- Planung (engl. *Planning*),
- Organisation (engl. *Organizing*),
- Personal (engl. *Staffing*),
- Führung (engl. *Directing*) und
- Kontrolle (engl. *Controlling*).

Dieser als **Fünferkanon** bezeichnete Funktionsumfang hat sich als Standard in der modernen Managementlehre durchgesetzt [vgl. STEINMANN/SCHREYÖGG 2005, S. 10].

Er steht nicht im Gegensatz zu den originären betrieblichen Funktionen, sondern ergänzt diese als Querschnittsfunktionen. In Abbildung 4-02 ist der Gesamtzusammenhang zwischen betrieblichen Grundfunktionen und Managementfunktionen dargestellt.

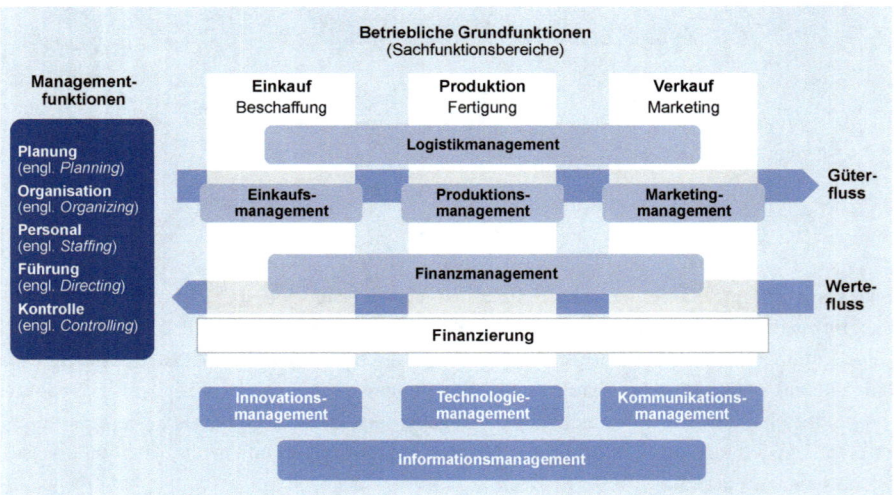

Abb. 4-02:   Betrieblichen Grundfunktionen und Managementfunktionen

Die nachfolgenden Ausführungen konzentrieren sich auf die Managementfunktion *Organisation* bzw. *Organisationsentwicklung*. Hierbei geht es um die Schaffung eines Handlungsgefüges zur Realisierung der Unternehmenspläne, also um die Einrichtung von Stellen und Abteilungen, denen entsprechende Aufgaben, Kompetenzen und Weisungsbefugnisse zugewiesen werden.

Die veränderte Sichtweise des Personals als Erfolgsfaktor des Unternehmens hat u. a. dazu geführt, dass dem Personalmanagement neben den Aktionsfeldern der Personalbeschaffung und Personalbetreuung häufig auch die **Organisationsentwicklung** übertragen wird. Diese organisatorische Zuordnung findet in der Bereichsbezeichnung „**Personal und Organisation**" ihren Ausdruck.

Nach dem herkömmlichen Organisationsverständnis soll hier zwischen

- Aufbauorganisation (oder Strukturorganisation),
- Ablauforganisation und
- Prozessorganisation

unterschieden. Alle drei organisatorischen Grundprinzipien werden im Folgenden vorgestellt.

4.1.2 Aufbauorganisation

Die Aufbauorganisation bildet das hierarchische Handlungsgefüge des Unternehmens. Sie legt fest, welche Aufgaben von welchen Personen bzw. Stellen wahrgenommen werden. Methodisch gesehen setzt die organisatorische Verteilung der Unternehmensaktivitäten also eine systematische Durchdringung der *Aufgaben* voraus.

Grundsätzlich ist dabei zwischen *Aufgabenanalyse* und *Aufgabensynthese* zu unterscheiden Analyse und Synthese bilden die Lösung des **Dualproblems der Organisation**, das sich aus dem Problem der Arbeitsteilung (Differenzierung) und dem Problem der Arbeitsvereinigung (Integration) zusammensetzt [vgl. STEINMANN/SCHREYÖGG 2005, S. 443].

4.1.2.1   Aufgabenanalyse und -synthese

Zunächst ist das *Problem der Arbeitsteilung* zu lösen. Hier wird im Rahmen einer **Aufgabenanalyse** eine Gesamtaufgabe in verteilungsfähige Teilaufgaben zerlegt. Diese art- und mengenmäßige Zerlegung erfolgt nach ERICH KOSIOL [1966, S. 60 ff.] in folgenden fünf Dimensionen:

- Verrichtungs- bzw. Funktionsanalyse (zerlegt die Aufgaben in *Tätigkeitsarten*),
- Objektanalyse (zerlegt die Aufgaben in *Objekte*),
- Phasenanalyse (zerlegt die Aufgaben in die Phasen *Planung*, *Realisierung* und *Kontrolle*).
- Ranganalyse (zerlegt die Aufgaben in *Entscheidungs- und Ausführungsarbeiten*),
- Zweckbeziehungsanalyse (zerlegt die Aufgaben in *Zweck- und unterstützende Aufgaben*).

Wie Abbildung 4-03 zeigt, hat die KOSIOL'sche Systematik ihre Relevanz bis heute nicht verloren.

Aus der *organisatorischen Differenzierung* der Gesamtaufgabe ergibt sich sodann die Notwendigkeit der *organisatorischen Integration*, d. h. die Zusammenfassung der Teilaufgaben zu sinnvollen Organisationseinheiten. In der KOSIOL'schen Organisationslehre wird diese Problemstellung von der **Aufgabensynthese** wahrgenommen. Danach werden Aufgaben und Teilaufgaben zu sinnvollen und verteilungsfähigen Aufgabenkomplexen zusammengefasst, die

dann zu Stellen und Abteilungen gebündelt werden können. Aus dieser **Aufgabensynthese**
ergibt sich die grundlegende Struktur der Organisation.

Kriterium	Beispiele nach Kosiol	Heutige Relevanz
Verrichtung/Funktion	Sägen, schweißen, nieten, einkaufen, herstellen, verpacken, montieren, lagern, verkaufen	Kernsachfunktionen wie • Einkauf/Beschaffung • Forschung und Entwicklung • Produktion/Fertigung • Marketing/Vertrieb
Objekt	Roh-, Hilfs- und Betriebs-stoffe, Fertigprodukte, Zwischenprodukte	• Produkte/Produktgruppen • Regionen/Märkte • Kunden/Kundengruppen
Phase	Planen, durchführen, kontrollieren	
Rang	Entscheidungen, Ausführungsarbeiten	
Zweckbeziehung	Zweckaufgaben, unter-stützende Aufgaben	• Kernaufgaben • Supportaufgaben

Abb. 4-03:   Heutige Relevanz der KOSIOL'schen Aufgabenanalyse

Gleichartige Aufgaben werden in der Aufgabensynthese nach zwei Grundprinzipien behandelt
[vgl. VAHS 2009, S. 57]:

- **Aufgabenzentralisierung** als Zusammenfassung von Teilaufgaben, die hinsichtlich eines
  Merkmals gleichartig sind. Man spricht in diesem Zusammenhang auch von Artenteilung
  oder funktionaler Arbeitsteilung.

- **Aufgabendezentralisierung** als Trennung von Teilaufgaben, die hinsichtlich eines Merkmals gleichartig sind (Mengenteilung oder segmentierende Arbeitsteilung).

Abbildung 4-04 stellt Aufgabenanalyse und -synthese im Zusammenhang dar.

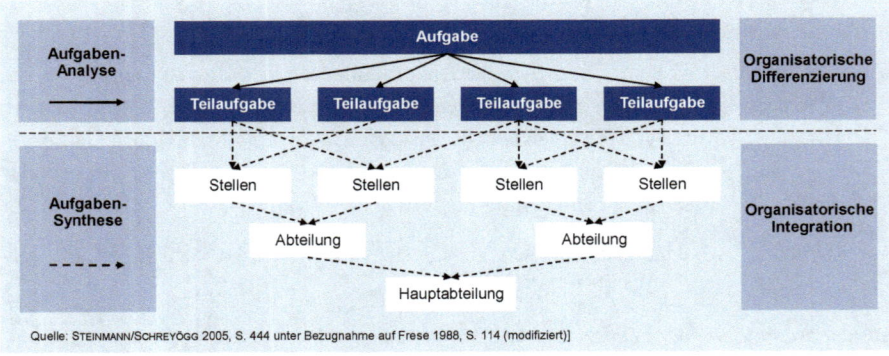

Abb. 4-04:   Aufgabenanalyse und -synthese

4.1.2.2 Organisationseinheiten

Die **Stelle** ist die kleinste organisatorische Einheit. Ist eine Stelle mit einer Weisungsbefugnis gegenüber anderen Stellen ausgestattet, wird sie als **Instanz** bezeichnet. Eine Stelle ohne Weisungsbefugnis ist eine **Stabs- oder Dienstleistungsstelle**. Durch die Zusammenfassung und hierarchische Abstufung mehrerer Stellen entstehen **Abteilungen**, die wiederum zu Hauptabteilungen, Unternehmensbereichen etc. verknüpft werden können. Auf diese Weise entsteht ein Leitungsaufbau als rangmäßige Zuordnung (Hierarchie) der einzelnen Instanzen. Eine so beschriebene Hierarchie dient vor allem der Lösung von Abstimmungsproblemen zwischen den Instanzen. Solche Probleme, die teilweise auch in Konflikten äußern, werden solange im Rahmen der Hierarchie nach oben weitergegeben, bis eine Instanz gefunden ist, deren Entscheidungsbefugnisse die zu koordinierenden Bereiche gemeinsam umspannt. In letzter Konsequenz ist das die oberste Instanz [vgl. STEINMANN/SCHREYÖGG 2005, S. 457].

Häufig ist es sinnvoll, bestimmte Aufgaben nicht einer einzigen Person, sondern einer Personengruppe zu übertragen. Solche Personenmehrheiten, die zumeist über einen längeren Zeitraum in direkter Interaktion stehen, werden als **Gruppe** oder **Gremium** bezeichnet. Gremien können hauptamtlich (z. B. als Leitungs- oder Arbeitsgruppe), nebenamtlich (als Ausschuss oder Problemlösungsgruppe) oder sowohl vollzeitlich als auch teilzeitlich (z. B. als Projektgruppe) gebildet werden [vgl. VAHS 2009, S. 83 ff.].

4.1.2.3 Strukturtypen der Organisation

Grundsätzlich werden **drei Strukturtypen** diskutiert, wenn es um die hierarchische Festlegung von entscheidungsbefugten Instanzen und Instanzenwegen geht [siehe auch STEINMANN/ SCHREYÖGG 2005, S. 457 ff. sowie die entsprechende Übersicht in Abbildung 4-05]:

- Einlinienorganisation,
- Stablinienorganisation und
- Mehrlinienorganisation.

Einlinienorganisation. Maßgeblich für diesen Strukturtyp ist das Prinzip der Einheit der Auftragserteilung. Danach hat ein Mitarbeiter nur einen direkten (weisungsbefugten) Vorgesetzten. Dies gilt nicht umgekehrt, da eine übergeordnete Instanz gewöhnlich mehreren Stellen gegenüber weisungsbefugt ist. Der Vorteil der Einlinienorganisation liegt in der eindeutig abgegrenzten Weisungskompetenz. Nachteilig wirkt sich dagegen der hohe Kommunikationsaufwand aufgrund langer Instanzenwege aus.

Stablinienorganisation. Dieser Strukturtyp ist eine um eine oder mehrere Stabsstelle(n) erweiterte Form der Einlinienorganisation. Stabsstellen haben weder Entscheidungs- noch Weisungsbefugnisse. Sie werden vor allem dann eingerichtet, wenn ein Spezialistenteam einer bestimmten Instanz zuarbeiten und diese damit entlasten soll. Typische Beispiele in Unternehmen sind die *Marktforschung* als Stabsstelle der Marketingleitung oder die *Interne Revision* als Stabsstelle des Vorstands.

Mehrlinienorganisation. Dieser Strukturtyp ist quasi das Gegenstück zur Einlinienorganisation. Die Mehrlinienorganisation verteilt die Führungsaufgabe auf mehrere, spezialisierte Instanzen, so dass ein Mitarbeiter an mehrere Vorgesetzte berichtet. In der Praxis ist dieser Strukturtyp auf wenig Akzeptanz gestoßen, da er mit der Aufweichung der Autorität verbunden ist. Erst in neuerer Zeit wird die **Matrixorganisation** als eine spezielle Ausprägung dieses Organisationstyps häufiger praktiziert.

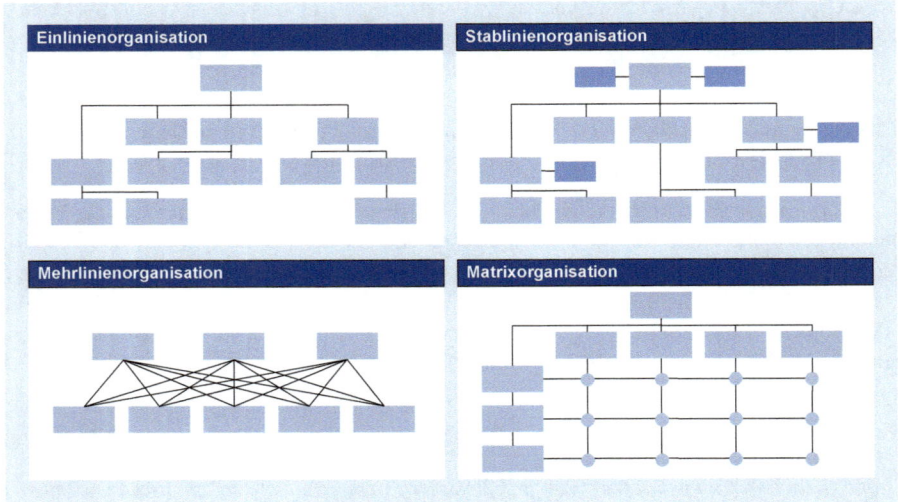

Abb. 4-05:   Strukturtypen der betrieblichen Organisation

4.1.2.4   Funktionale Organisation

Eine funktionale Gliederung liegt vor, wenn die zweitoberste Hierarchieebene des Unternehmens eine Spezialisierung nach den betrieblichen Funktionen (z. B. Vertrieb, Entwicklung, Produktion, kaufmännischer Bereich) vorsieht. Im kaufmännischen Bereich sind i. d. R. unterstützende Funktionen wie Finanzierung, Controlling oder Personal integriert. Diese Organisationsform dominiert bei Unternehmen, die nur ein Geschäftsfeld bearbeiten oder über ein homogenes Produktprogramm verfügen, sowie bei kleineren- und mittleren Unternehmen (KMUs).

In Abbildung 4-06 sind die Grundzüge der funktionalen Organisation dargestellt.

Der Vorteil dieser Organisationsform liegt in Spezialisierungsgewinnen und Produktivitätssteigerungen durch Nutzung hochkompetenter spezialisierter Einheiten. Allerdings gestaltet sich die horizontale Koordination, d. h. die Abstimmung zwischen den Funktionsbereichen außerordentlich schwer. Viele organisatorische Schnittstellen, Ressortegoismen und hohe Fragmentierung der Arbeitsabläufe führen daher zu einem erhöhten Kommunikations- und Integrationsaufwand.

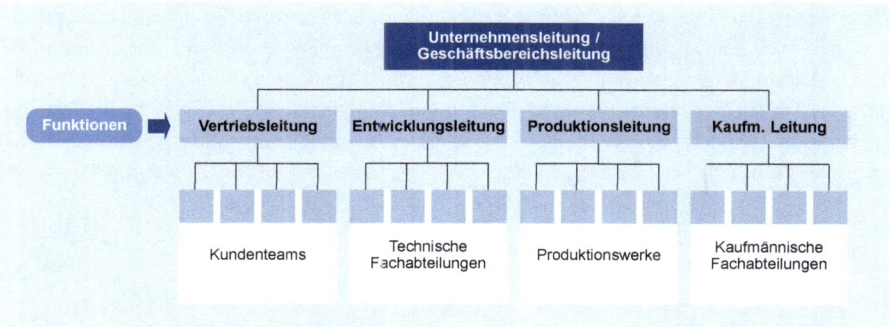

Abb. 4-06:   Beispiel für eine funktionale Organisation

4.1.2.5   Objektorientierte Organisation

Eine objektorientierte Gliederung liegt vor, wenn die zweitoberste Hierarchieebene eine Orientierung an Objekten vorsieht. Hier bilden Geschäftsbereiche (engl. *Business Units*), Produktgruppen, Kunden, Kundengruppen oder Regionen/Märkte das Spezialisierungskriterium. Häufig wird die Objektorientierung einer Organisation auch als **divisionale Organisation**, **Spartenorganisation** oder **Geschäftsbereichsorganisation** bezeichnet. Unterhalb der Spartenebene erfolgt der Organisationsaufbau häufig nach funktionalen Kriterien (siehe Abbildung 4-07).

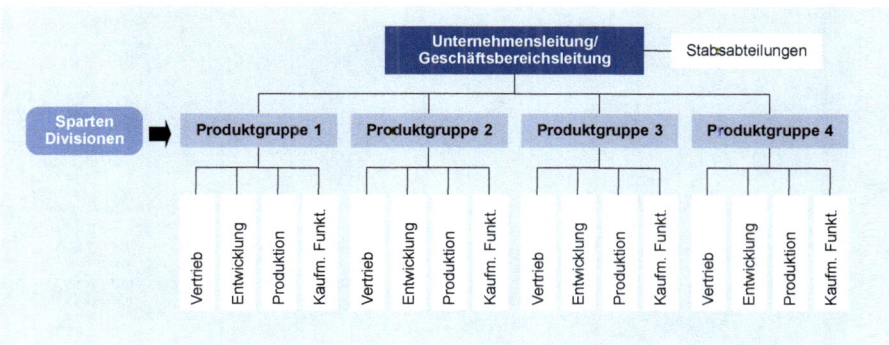

Abb. 4-07:   Beispiel für eine objektorientierte Organisation

Bei Großunternehmen ist aber auch eine *mehrstufige* Divisionalisierung üblich, d. h. auch unterhalb der zweiten Hierarchieebene findet eine Gliederung nach Objekten statt (z. B. folgt im Rahmen einer Geschäftsbereichsorganisation eine Untergliederung nach Ländern oder nach Produktgruppen). Voraussetzung für den Aufbau einer Spartenorganisation ist die Aufteilung der geschäftlichen Aktivitäten in möglichst homogene, gut voneinander abgrenzbare Sektoren. Dies ist häufig dann der Fall, wenn eine Erfolgszurechnung *(Profit- und Loss-Verantwortung)* zu den einzelnen Sektoren möglich ist.

Mit einer objektorientierten Aufbauorganisation ist eine bessere Ausrichtung auf die jeweiligen Divisionsstrategien ebenso gewährleistet wie eine Entlastung der Unternehmensgesamtführung. Auch sind Unternehmenszukäufe oder der Verkauf von Teilbereichen leichter zu bewerkstelligen. Diesen Vorteilen stehen ein höherer administrativer Aufwand (durch Spartenerfolgsrechnungen, Transferpreis-Regelungen etc.) sowie eine Vervielfachung hoher Führungspositionen als wesentliche Nachteile gegenüber [vgl. STEINMANN/SCHREYÖGG 2005, S. 452].

Insert 4-01 zeigt die Konzernstruktur der DEUTSCHEN TELEKOM aus dem Jahre 2003 als Beispiel für eine Spartenorganisation.

Insert

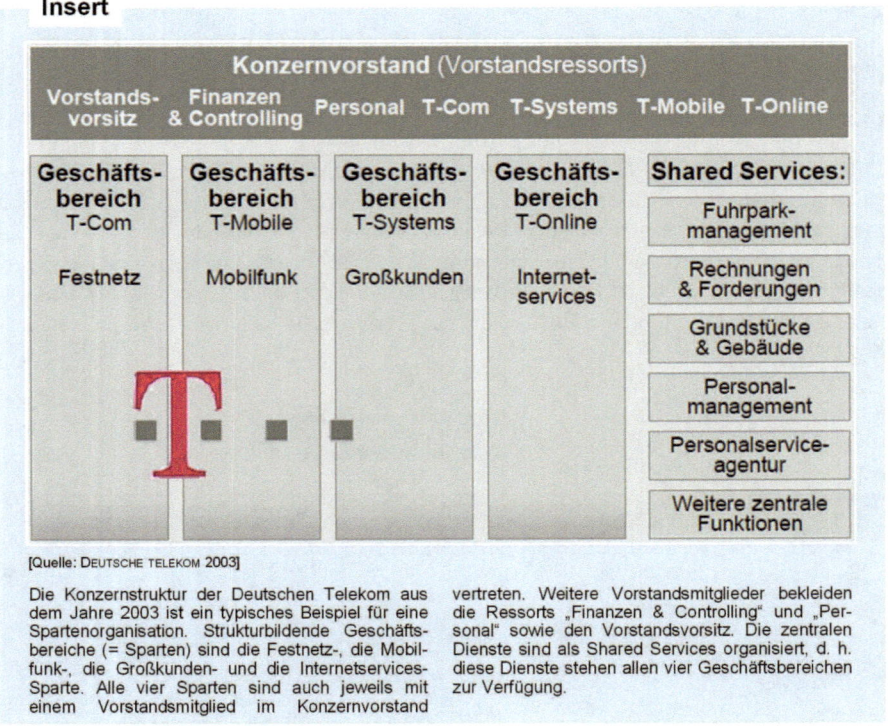

[Quelle: DEUTSCHE TELEKOM 2003]

Die Konzernstruktur der Deutschen Telekom aus dem Jahre 2003 ist ein typisches Beispiel für eine Spartenorganisation. Strukturbildende Geschäftsbereiche (= Sparten) sind die Festnetz-, die Mobilfunk-, die Großkunden- und die Internetservices-Sparte. Alle vier Sparten sind auch jeweils mit einem Vorstandsmitglied im Konzernvorstand vertreten. Weitere Vorstandsmitglieder bekleiden die Ressorts „Finanzen & Controlling" und „Personal" sowie den Vorstandsvorsitz. Die zentralen Dienste sind als Shared Services organisiert, d. h. diese Dienste stehen allen vier Geschäftsbereichen zur Verfügung.

Insert 4-01: Die Konzernstruktur der DEUTSCHEN TELEKOM 2003

Die Aufbauorganisation wird auch als Strukturorganisation bezeichnet und bildet die Grundlage für das **Organigramm** eines Unternehmens. Das Organigramm ist eine schaubildartige Darstellung der Organisationsstruktur und gibt einen Überblick über die Leitungsstruktur, wobei neben den allgemein üblichen Linieninstanzen Stabstellen gesondert gekennzeichnet sind.

4.1.2.6 Matrix- und Tensororganisation

Die (zweidimensionale) **Matrixorganisation** ist eine besonders strukturierte Form der Mehr-linienorganisation, bei dem genau zwei Leitungssysteme miteinander kombiniert werden (siehe Abbildung 4-08). Die Mitarbeiter stehen dementsprechend in zwei Weisungsbeziehungen, d. h. sie sind gleichzeitig dem Leiter eines horizontalen Verantwortungsbereichs (z. B. Vertriebsma-nager) und dem Leiter eines vertikalen Verantwortungsbereichs (z. B. Produktmanager) unter-stellt. Die Besonderheit bei der Matrixorganisation liegt darin, dass bei Konflikten oder Mei-nungsverschiedenheiten keine organisatorisch bestimmte Dominanz zugunsten der horizonta-len oder der vertikalen Achse geschaffen ist. Die Befürworter dieses Strukturtyps vertrauen vielmehr auf die besseren Argumente und die Bereitschaft zur Kooperation.

Während die Matrixorganisation unter gleichzeitiger Anwendung von zwei Gestaltungsdimen-sionen gebildet wird, kommt bei der **Tensororganisation** noch mindestens eine weitere Di-mension hinzu. Tensororganisationen sind besonders bei international agierenden Unterneh-men beliebt. Neben den Strukturdimensionen „Funktionen" und „Produkte bzw. Produktgrup-pen" bilden geografischen Einheiten häufig die dritte Dimension [vgl. VAHS 2009, S. 171 f.].

Kürzere Kommunikationswege, Förderung des Teamgedankens, Problemlösungen unter Be-rücksichtigung unterschiedlicher Standpunkte stehen einem höheren Kommunikationsauf-wand, einer schwerfälligen Entscheidungsfindung und vor allem der Unsicherheit bei einer Mehrfachunterstellung gegenüber. Gerade bei größeren, international agierenden Unterneh-men, bei denen mindestens zwei Gliederungsdimensionen wettbewerbsrelevant sind, wird die Matrixorganisation praktiziert.

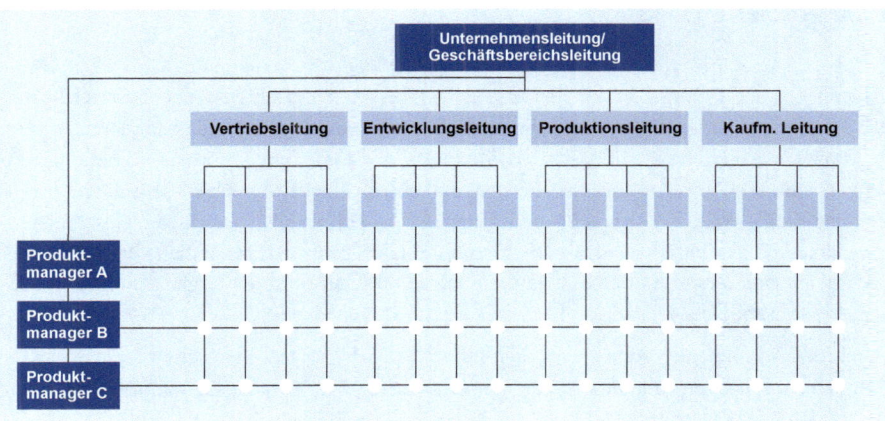

Abb. 4-08: Beispiel für eine Matrixorganisation

4.1.3 Ablauforganisation

Während die Aufbauorganisation auf einer *statischen* Betrachtung basiert, liegt der Ablauforganisation eine *dynamische* Analyse der Organisationszusammenhänge zu Grunde. Sie befasst sich mit der zeitlichen und räumlichen Gestaltung der Arbeitsabläufe innerhalb der Stellen und Abteilungen mit dem Ziel, diese möglichst straff, d. h. optimal zu organisieren. Sie will die Frage beantworten, welcher Stelleninhaber die entsprechende Aufgabe wann, wo und mit welchem Ressourceneinsatz zu erledigen hat.

Da die oben beschriebene Aufgabensynthese, die im Rahmen der Aufbauorganisation durchgeführt wird, Voraussetzung für die Zuordnung der Abläufe ist, kann die Ablauforganisation erst dann gestaltet werden, wenn die Aufbauorganisation mit der Festlegung von Stellen, Abteilungen und dem Leitungssystem abgeschlossen ist. Bei dieser Form der Organisationsentwicklung wird also die Ablauforganisation von der Aufbauorganisation dominiert.

In kleineren Unternehmen stellt der damit verbundene Blick von oben auf die Organisation kein Problem dar, weil sich die Mitarbeiter untereinander kennen und das Zusammenwirken der Funktionen und Abläufe verstehen. In wachsenden Organisationen werden dagegen Abteilungen zu **Silos**: „groß, dick und fensterlos" [OSTERLOH/FROST 2003, S. 28 f.].

Durch die isolierte Betrachtung von arbeitsplatzbezogenen Abläufen ergibt sich ein nur sehr begrenztes Optimierungspotenzial. Auch zeigt sich in der Unternehmenspraxis, dass eine solche Organisation funktionalen Ressortegoismen Vorschub leistet, weil die Bereichsmanager nur noch ihre eigenen Aufgaben sehen.

4.1.4 Prozessorganisation

Die oben skizzierte Vorgehensweise bei der Organisationsentwicklung führt also zu einem vertikalen Blick auf die Organisation, bei dem stellenübergreifende Abläufe nicht ausreichend berücksichtigt werden. Funktions- und Hierarchiebarrieren sowie operative Inseln führen zu einer funktionalen Abschottung, Informationsfilterung sowie Steuerungs- und Koordinationsprobleme. Da die Wettbewerbs- und Überlebensfähigkeit von Unternehmen von der schnellen, fehlerfreien, flexiblen und effizienten Abwicklung der auf den Kunden gerichteten Geschäftsprozesse abhängt, gewinnt die Prozessorientierung in allen Branchen zunehmend an Bedeutung. Die grundlegende **Prozessidee** besteht darin, einen 90-Grad-Shift der Organisation vorzunehmen (siehe Abbildung 4-09).

Durch den Wechsel der Perspektive dominieren bei der Prozessorganisation nicht mehr die Abteilungen mit ihren Abläufen, sondern der Fokus liegt auf Vorgangsketten bzw. Prozessen, die auf den Kunden ausgerichtet sind [vgl. WISS 2001, S. 10].

Ein Prozess ist eine Struktur, deren Elemente (Aufgaben) durch logische Folgebeziehungen miteinander verknüpft sind. Jeder Prozess wird durch einen Input initiiert und führt zu einem Output, der einen Wert für den Kunden schafft. Innerhalb des Prozesses werden Vorgaben (Input) in Ergebnisse (Output) umgewandelt [vgl. SCHMELZER/SESSELMANN 2006, S. 67 ff.].

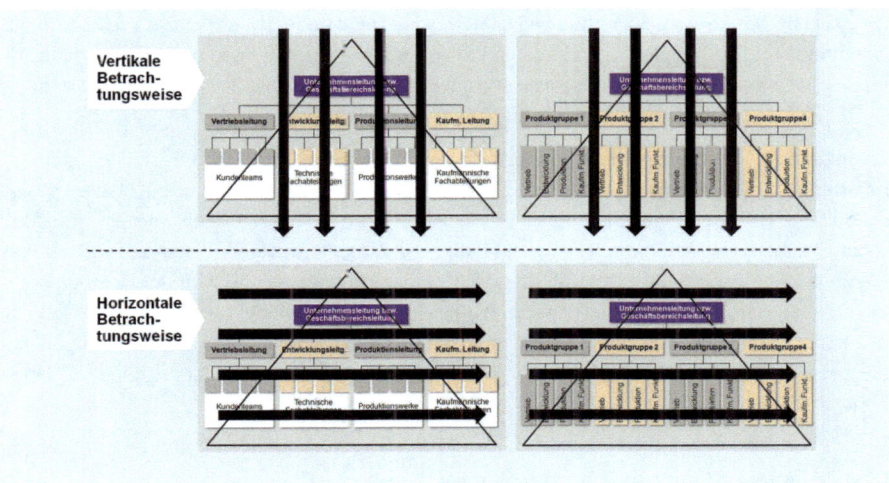

Abb. 4-09:   Der 90-Grad-Shift

Prozesse wiederum bilden eine Folge von weiteren Prozessen im Unternehmen und werden durch Anforderung des Kunden für den Kunden umgesetzt. Unter Kunden sind dabei sowohl externe als auch interne Kunden zu verstehen. Jeder Prozess liefert Ergebnisse, mit denen der anschließende Prozess weiterarbeitet. Das Verhältnis zwischen aufeinander folgenden Prozessen ist eine **Kunde-Lieferant-Beziehung**. Mit dem letzten Prozess der Prozesskette erfolgt die Erstellung der betrieblichen Leistung für den Kunden. Die Prozesskette ist linear und Teil der betrieblichen Wertschöpfungskette. Die Durchführung von Prozessschritten wird durch Informationen gesteuert. Die Verbesserung der Prozesse wird heutzutage durch betriebswirtschaftliche Software vorgenommen.

Jedem Prozess kommen damit drei verschiedene Rollen zu [vgl. WISS 2001, S. 27]:

– Der betrachtete Prozess ist **Kunde** von Materialien und Informationen eines vorausgehenden Prozesses.

– Der betrachtete Prozess ist **Verarbeiter** der erhaltenen Leistungen.

– Der betrachtete Prozess übernimmt die Rolle eines **Lieferanten** gemäß den Anforderungen des nachfolgenden Prozesses und gibt die erstellten Ergebnisse weiter.

Bei der prozessorientierten Organisation eines Unternehmens wird versucht, Prozessziele und die hieraus resultierenden Ergebnisse in den Vordergrund zu stellen. Diese sind im Regelfall nicht deckungsgleich, wenn man sie mit den Abteilungs- bzw. Bereichszielen und -ergebnissen der klassischen Organisation vergleicht.

Der zunehmende Zwang zur Dezentralisierung im Hinblick auf Markt- und Kundennähe, zur Umgestaltung der Produktpalette, zur Reduktion des Verwaltungsaufwands, zur Verflachung der Hierarchien u. ä. führt in immer kürzeren Abständen zur Verlagerung oder zum Wegfall von Aufgaben und zu neuen Schnittstellen in der Organisation. Diesem permanenten Wandel wird das herkömmliche Organisationsverständnis mit hochgradig zentralen und arbeitsteiligen Strukturen nicht mehr gerecht. Gefragt sind also weniger stör- und krisenanfällige Organisationsformen, wie dies bei der Prozessorganisation der Fall ist [vgl. DOPPLER/ LAUTERBURG 2005, S. 37 und S. 55].

Gestaltungsziel der Prozessorganisation ist die dauerhafte Strukturierung und die laufende Optimierung von Unternehmensprozessen. Im Gegensatz zum Analyse-Synthese-Konzept erfolgt die Stellen- und Abteilungsbildung unter ausdrücklicher Berücksichtigung der spezifischen Anforderungen eines effizienten Prozessablaufs. Die Aufgabenverteilung und die Bildung von Stellen orientieren sich dabei vor allem an der Vorgangsmenge, der Anzahl der Bearbeitungsschritte und den jeweiligen Bearbeitungszeiten. Die mit der Orientierung an der Wertschöpfungskette verbundene Steigerung der Prozesseffizienz erschließt dazu ein erhebliches Optimierungspotenzial [vgl. VAHS 2009, S. 235 f. unter Bezugnahme auf GAITANIDES et al. 1994, S. 5].

4.1.5 Business Process Reengineering

Das Geschäftsprozessmanagement – und damit die Prozessidee – hat über das *Business Process Reengineering* (BPR) von HAMMER/CHAMPY Eingang in die moderne Managementlehre gefunden. Die **vier Grundaussagen** (engl. *Essentials*) des Business Process Reengineering sind:

- Business Process Reengineering orientiert sich an den entscheidenden **Geschäftsprozessen**.

- Die Geschäftsprozesse müssen auf die **Kunden** (interne und externe Kunden) ausgerichtet sein.

- Das Unternehmen muss sich auf seine **Kernkompetenzen** konzentrieren.

- Die Möglichkeiten der aktuellen **Informationstechnologie** zur Prozessunterstützung müssen intensiv genutzt werden.

Business Process Reengineering bedeutet fundamentales Umdenken und radikales Neugestalten von Geschäftsprozessen, um **dramatische Verbesserungen** bei bedeutenden Kennzahlen wie Kosten, Qualität, Service und Durchlaufzeit zu erreichen. Beim Business Process Reengineering geht es nicht um marginale Veränderungen, sondern um **Quantensprünge**. Verbesserungen von 50 Prozent und mehr sind gefordert. Das bedeutet nicht nur die Abkehr vom rein funktionalen Denken, sondern dass **neue Management- und Teamkulturen** erforderlich sind [vgl. HAMMER/CHAMPY 1994, S. 12 und S. 113 f.].

Business Process Reengineering befasst sich mit den Arbeitsabläufen und versucht diese aus Sicht des Geschäftes, d. h. aus Kundensicht zu optimieren. Es soll die traditionelle funktionsorientierte Organisationsentwicklung überwinden helfen. Es beschränkt sich nicht nur auf die Arbeitsabläufe in den klassischen betrieblichen Funktionsbereichen, sondern es beschäftigt sich intensiv mit den Kundenbedürfnissen. Demzufolge werden die Prozesse an den Anforderungen der (externen und internen) Kunden ausgerichtet und nicht an den Anforderungen der Organisation [vgl. GADATSCH 2008, S. 12].

Kundenorientierung ist also die zentrale Leitlinie des Geschäftsprozessmanagements. Je besser und effizienter ein Unternehmen seine Geschäftsprozesse beherrscht und die Kundenanforderungen erfüllt, umso wettbewerbsfähiger wird es sein. Beispiele für die wichtigsten Geschäftsprozesse eines Industrieunternehmens liefert Abbildung 4-10. Die dort aufgeführten Geschäftsprozesse haben jeweils einen Bezug zum Kunden.

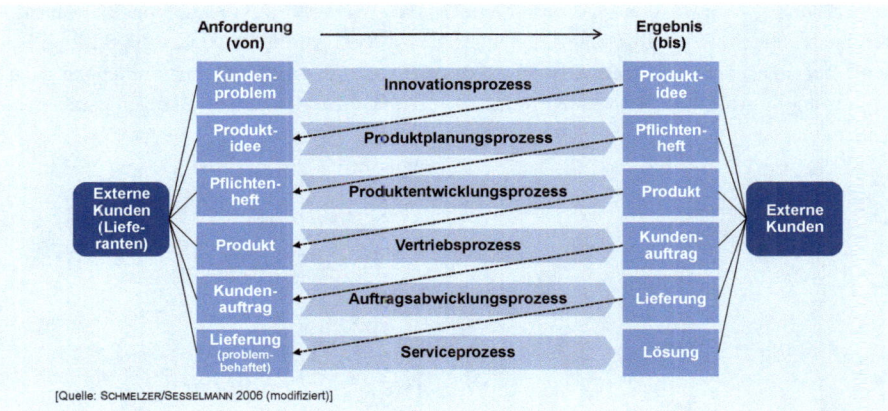

[Quelle: SCHMELZER/SESSELMANN 2006 (modifiziert)]

Abb. 4-10:   Geschäftsprozesse in Industrieunternehmen mit Serienprodukten

Prozesse in Unternehmen müssen schnell, kundenorientiert und qualitativ hochwertig ablaufen. Die „Entschlackung" eines häufig als hinderlich (weil zu teuer) empfundenen Verwaltungsapparates (engl. *Overhead*) steht daher heute ganz oben auf der Liste des Handlungsbedarfs. In diesem Zusammenhang haben sich vier (allerdings nicht ganz überschneidungsfreie) Begriffe (die vier „R" der Transformation) im Umfeld des Business Process Reengineering durchgesetzt [vgl. SCHNIEDER 2004, S. 230 ff.]:

– Beim **Renewing** (Erneuerung) geht es um verbesserte Schulung und organisatorische Einbindung von Mitarbeitern in das Unternehmen. Neue Fähigkeiten sollen erworben und die Motivation der Mitarbeiter verbessert werden.

– **Revitalizing** (Revitalisierung) zielt auf die gesamte Überarbeitung und Neugestaltung der Geschäftsprozesse ab.

– Beim **Reframing** (Einstellungsänderungen) sollen herkömmliche Denkmuster abgelegt werden und neue Wege bei der Prozessgestaltung beschritten werden. Neue Visionen und Entschlusskraft stehen hierbei im Vordergrund.

– **Restructuring** (Restrukturierung) hat die Neugestaltung bzw. Änderung des Aktivitätenportfolios zum Ziel.

Amerikanische und deutsche Unternehmensberatungen trugen wesentlich dazu bei, das Prozessbewusstsein zu verbreiten. So hat fast jedes Beratungsunternehmen zwischenzeitlich seine eigenen Methoden und Techniken zur Prozessorganisation entwickelt. Es verwundert daher auch nicht, dass sich für ein und dieselbe Idee eine ganze Reihe **synonymer Begriffe** etabliert haben: *Business Process Redesign, Business Reengineering, Process Innovation, Core Process Redesign, Process Redesign, Business Engineering* [vgl. WISS 2001, S. 7].

Im Gegensatz zu dieser Begriffsvielfalt rund um das *Business Process Reengineering* gibt es aber noch weitere, teilweise ergänzende Ansätze, die sich im „magischen" Dreieck von Qualität, Zeit und Kosten mit etwas anderen Zielsetzungen bei der Prozessbetrachtung bewährt haben [siehe hierzu die ausführliche Darstellung bei SCHMELZER/SESSELMANN 2006]. Eine Beschreibung dieser **Managementansätze** würde den hier vorgegebenen Rahmen sprengen. Stattdessen sind in Abbildung 4-11 einige Ansätze mit ihren zentralen Fragestellungen dargestellt.

Abb. 4-11:   Management-Ansätze (Auswahl) bei der Prozessgestaltung

Bereits in 1.6.1 wurde auf den Beitrag von **Wertschöpfungsketten** (Wertketten) zum Unternehmenserfolg eingegangen. Hierbei handelt es sich um Geschäftsprozesse, die zu Prozessketten verknüpft sind und deren Output idealerweise einen höheren Wert für das Unternehmen darstellt als der ursprünglich eingesetzte Input. Zu den bekanntesten Wertschöpfungsketten zählen:

– **CRM (Customer Relationship Management)** beschreibt die Geschäftsprozesse zur Kundengewinnung, Angebots- und Auftragserstellung sowie Betreuung und Wartung.

– **PLM (Product Lifecycle Management)** beschreibt die Geschäftsprozesse von der Produktportfolio-Planung über Produktplanung, Produktentwicklung und Produktpflege bis zum Produktauslauf sowie Individualentwicklungen.

– **SCM (Supply Chain Management)** beschreibt die Geschäftsprozesse vom Lieferantenmanagement über den Einkauf und alle Fertigungsstufen bis zur Lieferung an den Kunden ggf. mit Installation und Inbetriebnahme.

Wichtige Beiträge für die organisatorische Gestaltung der Geschäftsprozesse leisten prozess-orientierte **ERP-Systeme** *(ERP = Enterprise Resource Planning)*. Hierbei handelt es sich um integrierte Standardsoftwaresysteme, deren Teilsysteme zwar funktional ausgerichtet sind, über eine gemeinsame Datenbasis aber die Integration dieser Teilsysteme ermöglichen. Typische Einsatzfelder sind Produktionsplanung und -steuerung (PPS), Einkauf- und Materialwirtschaft bzw. Logistik, Vertrieb, Kostenrechnung und Controlling sowie Personal. Das bekannteste ERP-System ist SAP R/3, das sowohl in Deutschland als auch international in diesem Anwendungsgebiet Marktführer ist. Insert 4-02 gibt einen Überblick über die Marktanteile im deutschen und im weltweiten ERP-Markt.

ERP-Systeme drängen Individualsoftware, die eigens für ein bestimmtes Anwendungsgebiet entwickelt wird, immer stärker zurück. Maßgebend dafür sind die hohen Entwicklungs- und Wartungskosten sowie die mangelnde Portierbarkeit von Individualsoftware über die Unternehmensgrenzen hinaus. ERP-Systeme wurden zunächst nahezu ausschließlich für Großunternehmen konzipiert, heute gewinnen sie auch in mittleren Betrieben zunehmend an Bedeutung.

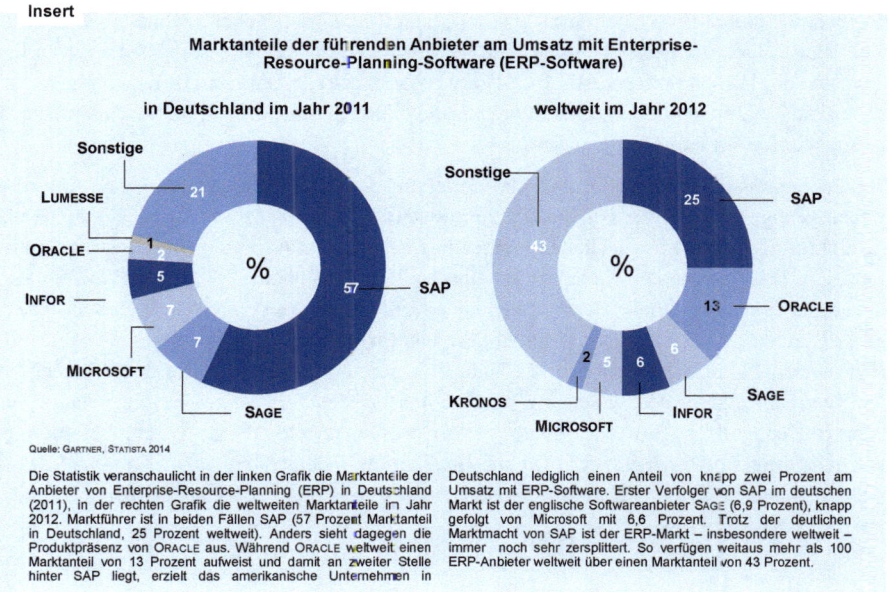

Insert

Die Statistik veranschaulicht in der linken Grafik die Marktanteile der Anbieter von Enterprise-Resource-Planning (ERP) in Deutschland (2011), in der rechten Grafik die weltweiten Marktanteile im Jahr 2012. Marktführer ist in beiden Fällen SAP (57 Prozent Marktanteil in Deutschland, 25 Prozent weltweit). Anders sieht dagegen die Produktpräsenz von ORACLE aus. Während ORACLE weltweit einen Marktanteil von 13 Prozent aufweist und damit an zweiter Stelle hinter SAP liegt, erzielt das amerikanische Unternehmen in Deutschland lediglich einen Anteil von knapp zwei Prozent am Umsatz mit ERP-Software. Erster Verfolger von SAP im deutschen Markt ist der englische Softwareanbieter SAGE (6,9 Prozent), knapp gefolgt von Microsoft mit 6,6 Prozent. Trotz der deutlichen Marktmacht von SAP ist der ERP-Markt – insbesondere weltweit – immer noch sehr zersplittert. So verfügen weitaus mehr als 100 ERP-Anbieter weltweit über einen Marktanteil von 43 Prozent.

Insert 4-02: Marktanteile im deutschen und weltweiten ERP-Markt

4.2   Organisation des Personalsektors

4.2.1 Einführung

Die organisatorische Gliederung der betrieblichen Funktion *Personal* sowie ihre Stellung innerhalb der Unternehmensorganisation ist grundsätzlich abhängig von der Größe des Unternehmens und der Bedeutung, die dem Personalsektor im Unternehmen beigemessen wird. Folgenden Fragen soll in diesem Zusammenhang nachgegangen werden:

– Wie ist der Personalsektor in die hierarchische Struktur des Unternehmens eingebettet?
– Wie ist der Personalsektor *in sich* strukturiert?
– Wer trägt die organisatorische Verantwortung für die personalen (Teil-)Prozesse?

Zunächst ist festzustellen, dass nicht nur die Arbeitswelt im Allgemeinen, sondern auch die sie begleitende Organisation einem permanenten Wandel unterworfen ist. Der Wandel im Personalbereich ist gekennzeichnet durch permanente Innovationen, die durch einen fortwährenden Kostendruck, durch neue Qualitätsziele sowie durch den Einsatz neuer Technologien bedingt sind. Die „Phasen der Ruhe" gehören auch im Personalsektor der Vergangenheit an. Den Ergebnissen des HR-Barometers 2011 [S. 81] zur Folge haben alle befragten Unternehmen in den letzten zwei Jahren mindestens eine Reorganisation durchgeführt, ein Drittel der Unternehmen hat sogar „großformatig" reorganisiert.

Darüber hinaus sollte die organisatorische Gestaltung des Personalbereichs gewissen Anforderungen genügen. So hat die Personalorganisation für **Transparenz** zu sorgen, indem sie die Zuständig- und Verantwortlichkeiten innerhalb der jeweiligen Abteilungen festlegt und kommuniziert. Erfolgreiche Personalarbeit zeichnet sich durch ein hohes Maß an **Flexibilität** aus, zu der eine reaktionsschnelle Bearbeitung der Anforderungen von Seiten der internen und externen Kunden zählt. Ohnehin ist **Kundennähe und -orientierung** ein wichtiges Merkmal moderner Personalarbeit. Insbesondere die Nähe zu den internen Kunden, also den Mitarbeitern des Unternehmens, ist Voraussetzung für eine hohe Akzeptanz. Aber auch die Belange der externen Kunden (z. B. Bewerber) sollten zeitnah bearbeitet werden. Eine weitere Anforderung ist **Vernetzung** im Unternehmen sowie die **Integration** in den Unternehmenskontext. Funktionale Schnittstellen zu den Leistungsbereichen und Vermeidung von Doppelarbeiten ist hierunter in erster Linie zu verstehen [vgl. BARTSCHER et al. 2012, S. 156 f.].

4.2.2 Einordnung des Personalsektors in die Unternehmenshierarchie

Hinsichtlich der Einordnung des Personalsektors in die hierarchische Struktur des Unternehmens sind in der Praxis alle unter 4.1.2 vorgestellten Organisationsformen zu finden: Einordnung in eine funktionale Organisation, in eine objektorientierte Organisation und in eine Matrixorganisation. Wie das HR-Barometer 2011 [S. 53] weiter zeigt, sind die drei Organisationsformen unterschiedlich verteilt. 17 Prozent der befragten Unternehmen sind nach Funktionen organisiert, 40 Prozent nach Objekten (Geschäftsbereich, Regionen) und 43 Prozent sind als Matrix organisiert.

Da die Personalfunktion dem Business folgen sollte, ist die organisatorische Eingliederung des Personalsektors grundsätzlich an der Gesamtorganisation auszurichten. In einem regional ausgerichteten Unternehmen werden regionale Personalmanager gefragt. In einer Spartenorganisation nach Geschäftsbereichen benötigen die Business Units ihre eigene Personalbetreuung.

4.2.2.1 Einordnung in die funktionale Organisation

In Kleinbetrieben existiert üblicherweise keine eigenständige Abteilung für die Personalaktivitäten. Personelle Entscheidungen werden meist vom Unternehmer/Geschäftsführer oder vom kaufmännischen Leiter wahrgenommen. Ebenso ist die Lohn- und Gehaltsabrechnung häufig in andere Verwaltungsbereiche (z. B. Buchhaltung) integriert.

In mittleren und größeren Unternehmen mit funktionaler Organisationsausrichtung ist der Personalsektor entweder der kaufmännischen Leitung oder direkt der Unternehmensleitung unterstellt. In Großunternehmen ist der Personalsektor regelmäßig auf der ersten Hierarchieebene (also im Vorstand oder in der Geschäftsführung) vertreten. In Abbildung 4-12 ist eine Einordnung auf der zweiten Hierarchieebene dargestellt.

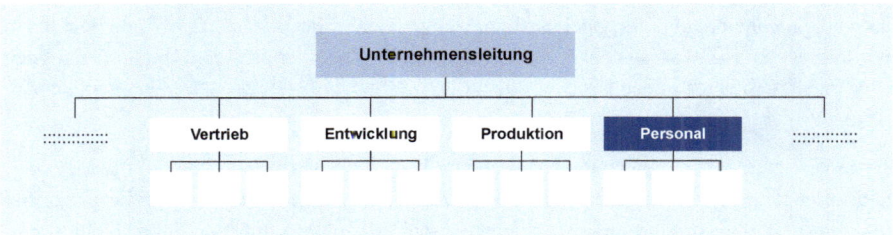

Abb. 4-12:   Einordnung des Personalsektors in eine funktionale Organisation

4.2.2.2 Einordnung in die objektorientierte Organisation

Vornehmlich größere Unternehmen sind nach der Organisationsform der objektorientierten Organisation aufgebaut. Objekte können Produkte, Produktgruppen oder Regionen sein, die dann zu Geschäftsbereichen zusammengefasst werden. Jeder Geschäftsbereich verfügt bei dieser Organisationsform über eigene Personalmanagementressourcen. Auf diese Weise kann eine Personalpolitik verfolgt werden, die genau auf die spezifischen Anforderungen des jeweiligen Geschäftsbereichs zugeschnitten ist.

Dies ist besonders dann von Vorteil, wenn die Geschäftsbereiche sehr heterogen sind. Nachteilig ist diese Organisationsform dann, wenn die Unternehmensleitung ein einheitliches, unternehmensübergreifendes Personalkonzept verfolgt. Um diesem Nachteil entgegenzuwirken, richten objektorientierte Organisationen auf Ebene der (Gesamt-)Unternehmensleitung eine zentrale Personalabteilung ein, die für die Koordination einer einheitlichen Personalausrichtung zuständig ist. Abbildung 4-13 zeigt die organisatorische Eingliederung des Personalbereichs in eine Spartenorganisation mit einer zusätzlichen, zentralen Stabsstelle auf der Stufe der ersten Unternehmenshierarchie.

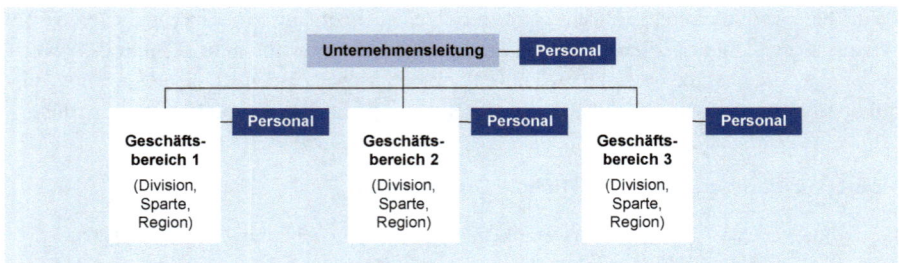

Abb. 4-13:   Einordnung des Personalsektors in eine objektorientierte Organisation

4.2.2.3   Einordnung in die Matrixorganisation

Bei der Matrixorganisation wird der funktionale Aspekt mit der objektorientierten Sichtweise verknüpft. Damit soll sichergestellt werden, dass die spezifischen personalpolitischen Anforderungen der Geschäftsbereiche von vornherein mit den unternehmensweiten Personalleitlinien vereinbart werden (siehe Abbildung 4-14).

Durch die nicht eindeutige Kompetenzabgrenzung, die der Matrixorganisation inne liegt, kann es allerdings zu Konfliktfällen kommen. Viele Unternehmen nehmen diese nicht eindeutigen Weisungsbeziehungen in Kauf und setzen auf die Kooperationsfähigkeit des Personalmanagements.

Besonders international agierende Unternehmen, die sehr gute Erfahrungen mit der Matrixorganisation gemacht haben, gehen sogar noch einen Schritt weiter, in dem sie **dreidimensional gekreuzte Organisationen** aus Funktionen, Geschäftsbereichen und Geografie (Länder) entwickeln und einführen.

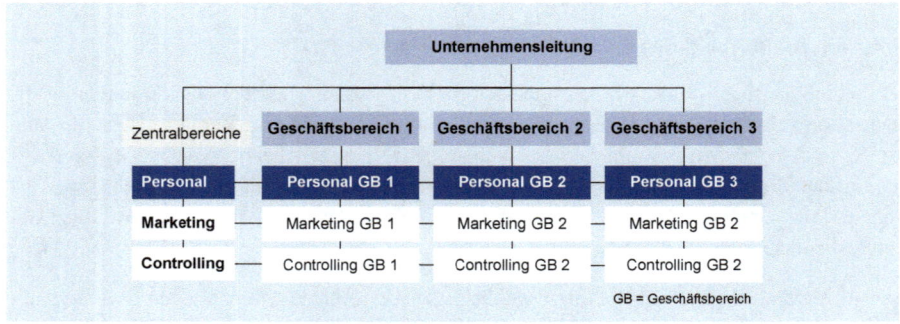

Abb. 4-14:   Einordnung des Personalsektors in eine Matrixorganisation

4.2.3 Herkömmliche Organisationsformen des Personalsektors

Ebenso wie für die Unternehmensorganisation insgesamt lassen sich auch für den Personalsektor im Detail die beiden organisatorischen Grundformen, nämlich die funktionale und die objektbezogene Ausrichtung, anwenden.

4.2.3.1 Funktionale Ausrichtung

Bei der funktionalen Perspektive erfüllt der Personalsektor seine Aufgaben entsprechend der personalwirtschaftlichen Funktionen wie z. B. Personalplanung, Personalbeschaffung, Personalbetreuung oder Personalentwicklung (siehe Abbildung 4-15). Diese Organisationsform ist gekennzeichnet durch eine *zentrale Ausrichtung*, d. h. eine Leitungsperson (Personalchef) koordiniert die direkt untergeordneten Abteilungen und hat die zentrale Entscheidungsgewalt aller personalwirtschaftlichen Fragen. Ein weiteres Kennzeichen ist das *Eialiniensystem*, d. h. eine Unterabteilung des Personalsektors erhält ihre Aufträge und Anweisungen ausschließlich von einer einzigen übergeordneten Stelle bzw. Instanz. Vorteile dieser funktionalen Ausrichtung sind die hohe Spezialisierung einerseits und die eindeutig geregelten Zuständigkeiten anderseits. Nachteilig wirkt sich allerdings aus, dass die Kunden des Personalsektors (Mitarbeiter, Führungskräfte etc.) unterschiedliche Ansprechpartner haben und damit bei komplexen und organisationsübergreifenden Fragen keine zielgerichtete Kommunikation stattfinden kann. Auch führt die klare Ressortabgrenzung im Personalsektor häufig zu Ressoregoismen und „Silodenken". Generell lässt sich feststellen, dass die funktionale Organisation des Personalsektors eher in kleineren und mittleren Unternehmen zum Tragen kommt [vgl. BARTSCHER et al. 2012, S. 157 f.].

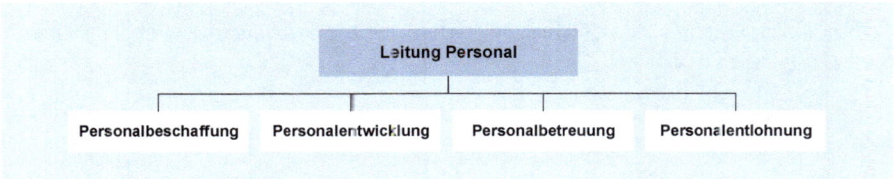

Abb. 4-15:   Funktionsorientierte Organisationsstruktur des Personalsektors

4.2.3.2 Objektbezogene Ausrichtung

Im Rahmen der objektbezogenen Perspektive wird die Personalarbeit nach Objekten aufgeteilt und zugeordnet. Objekte können dabei Unternehmensbereiche, Mitarbeitergruppen oder auch Produktgruppen sein (siehe Abbildung 4-16). Auch hier werden die einzelnen Organisationseinheiten von einem Personalleiter koordiniert. Bei dieser organisatorischen Ausrichtung haben interne Kunden in der Regel einen festen Ansprechpartner, der auf die besonderen Bedürfnisse jeder einzelnen Objektgruppe ausgerichtet ist. Die Gefahr der objektbezogenen Struktur liegt darin, dass sich die einzelnen Personalbereiche verselbständigen und eigenständige Konzepte, Instrumente und Lösungen entwickeln. Die Gefahr ist immer dann besonders groß, wenn die Objektbereiche sehr unterschiedlich sind und eine besondere Stellung für sich beanspruchen.

Die objektbezogene Ausrichtung der Personalaktivitäten kommt naturgemäß eher in größeren, zumeist auch international agierenden Unternehmen zur Anwendung [vgl. BARTSCHER et al. 2012, S. 159].

Abbildung 4-16 zeigt drei verschiedene objektorientierte Ausrichtungen des Personalsektors.

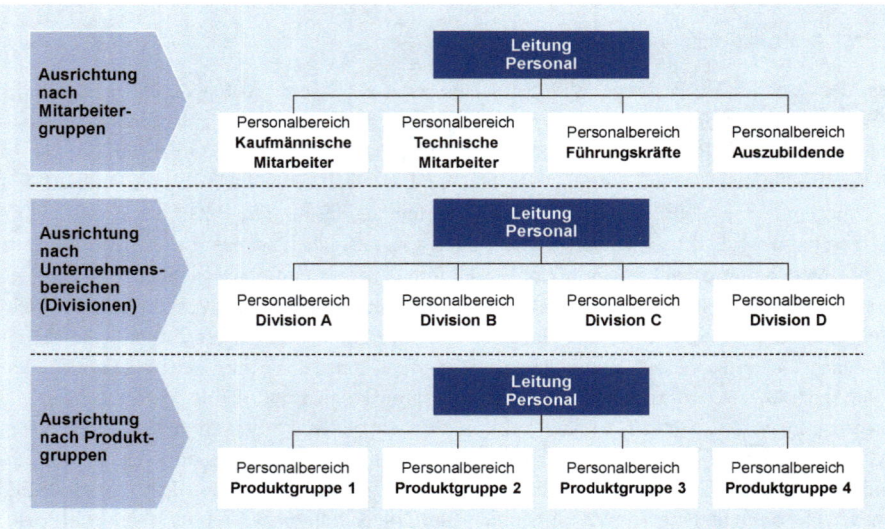

Abb. 4-16:   Objektorientierte Organisationsstrukturen des Personalsektors

Darüber hinaus wird in vielen Unternehmen eine Mischform aus funktionaler und objektbezogener Organisation praktiziert.

4.2.4 Moderne Organisationsformen des Personalsektors

Der organisatorische Aufbau des Personalsektors ist von einigen wesentlichen Einflussfaktoren abhängig. Neben der Größe des Unternehmens und der Bedeutung, die dem Personalbereich grundsätzlich beigemessen wird, zählen zu diesen Einflussfaktoren die

- Breite und Tiefe des **Aufgabenspektrums**, das die Personaler zu bewältigen haben,

- Umsetzungsqualität des **Business-Partner-Konzepts**,

- **Betreuungsquote**, die als Kennzahl die Anzahl der Mitarbeiter des Unternehmens zur Anzahl der Mitarbeiter des Personalsektors in Beziehung setzt,

- Einsatzbreite und -tiefe der **technologischen Infrastruktur** speziell unter dem Aspekt der software- und medientechnischen Unterstützung,

- Bereitschaft zur Umsetzung des **Business Process Outsourcing** („Make-or-Buy") in Verbindung mit dem allgegenwärtigen Kostendruck auf alle administrativen Bereiche.

Genau die Berücksichtigung dieser Einflussfaktoren bzw. Rahmenbedingungen haben zur Weiterentwicklung der Organisationsformen nahezu aller „zentralen Dienste" (Marketing, Personal, Controlling etc.) geführt. So hat sich im Personalsektor ein Organisationsmodell entwickelt, das sich vor allem bei größeren, international agierenden Unternehmen als **„Trias der HR-Organisation"** durchgesetzt hat. Hinter diesem Begriff steht ein *HR Service Delivery-Modell* mit folgenden drei Organisationsmoduln [vgl. HR-BAROMETER 2011, S. 14]:

- **Business Partner** zur individuellen Beratung und Betreuung von Führungskräften und Mitarbeitern der Gesamtorganisation,

- **Service Center** zur reibungslosen und effizienten Administration aller transaktionsorientierten Personalaktivitäten,

- **Competence Center** für Spezialthemen wie Compensation & Benefits, Talent Development und Leadership Development.

Grundlage dieses organisatorischen "Dreiklangs" ist eine **technologische Plattform**, die sich durch Systeme wie *Employee Self Service* (ESS), *Management Self Service* (MSS), Mitarbeiterportale und E-Recruiting auszeichnet.

Um eine Organisation des Personalsektors auf Basis des HR Service Delivery-Modells zu entwickeln, ist zunächst eine konkrete Analyse des Aufgaben- und Kompetenzspektrums der drei Organisationsmodule durchzuführen. Abbildung 4-17 zeigt beispielhaft eine solche Analyse.

4.2.4.1 Organisationsmodul Competence Center

Im strategisch ausgerichteten **Competence Center** (Strategic HR) ist die gesamte HR-Expertise für bestimmte Personalthemen gebündelt. Die Mitarbeiter dieses Organisationsmoduls sind hoch spezialisiert und befassen sich mit Themen wie personale Grundsatzfragen, Anreiz- und Vergütungssystemen, Demografie Management, Employer Branding sowie Personalentwicklungsthemen wie Talent und Leadership Management. Die Experten in diesem Bereich bearbeiten demnach Themen, die ganz oben auf der Agenda der Top-Themen des Personalmanagements stehen. Zudem fallen die konzeptionelle Entwicklung und der inhaltliche Aufbau der technologischen Plattform mit seinem Angebot an Self Services in den Aufgabenbereich des Competence Centers.

Dieser Bereich ist eher **zentral** zu organisieren, weil die notwendige Expertise für das Gesamtunternehmen gebündelt und nur an einer Stelle vorgehalten werden sollte. Dazu bietet es sich an, das hoch spezialisierte Competence Center als sogenanntes **Corporate Center** direkt an die Unternehmensleitung anzubinden.

Organisations-modul	Competence Center	Business Partner	Service Center
Bereich	**Strategic HR**	**Relationship HR**	**Transactional HR**
Ausrichtung	Strategisch, Leadership-orientiert	Kunden- bzw. Mitarbeiter-orientiert	Service-orientiert
Kompetenzen	**HR Experten** • Verantwortlich für spezielle Themen • Grundsatzfragen und Richtlinien (geben Richtung und Stabilität vor) • HR-Expertise	**HR Business Partner** • Verantwortlich für HR-Leistungen im Rahmen der Geschäfts(bereichs)ziele • Kontaktpartner für Management und Mitarbeiter • Hohe Flexibilität	**HR Administratoren** • Administrative Leistungen zur Unterstützung der HR • Kostenoptimierte Dienstleistungen • Definierte Standards, hohe Volumina
Aufgaben	Bearbeitung von Top-Themen wie • Entwicklung HR-Policies • Anreiz- und Vergütungssystem • Demografie Management • Employer Branding • Talent Management • Leadership Management	Bearbeitung beziehungs-orientierter Themen wie • Personalauswahl • Personalintegration • Karriereberatung • Zielvereinbarungen • Year-End-Reviews • Onboarding • Coaching	Bearbeitung administrativer Themen wie • Personalabrechnung inkl. Steuern/Versicherungen • Personalentsendungen • E-Recruiting • Flexible Benefits • Deferred Compensation • Self Services
Organisation	**Zentral** (als Corporate Center)	**Dezentral** (Zuordnung zu Geschäftsbereichen)	**Zentral** (als Service Center)

Abb. 4-17:   Aufgaben- und Kompetenzspektrum des HR Service Delivery-Modells

4.2.4.2   Organisationsmodul Business Partner

Das Aufgabenspektrum des Business Partner-Organisationsmoduls ist prozessorientiert. Füh-rungskräfte und Mitarbeiter der Gesamtorganisation sind nach dem Prozessmodell (interne) Kunden und zugleich (interne) Lieferanten der HR-Business Partner. Diese hohe Beziehungs-orientierung (engl. *Relationship*) führt zur Bezeichnung „Relationship HR". Als Ansprechpart-ner für Management und Mitarbeiter sind die Business Partner u. a. zuständig für die Personal-auswahl und -integration, für die Betreuung und Beratung im Rahmen der Karriereplanung und für die Planung und Durchführung der Jahresendgespräche (engl. *Year-End-Review*) im Rah-men des Performance Management Systems.

Um im Rahmen dieses Prozessmodells der Anforderung nach Kundennähe gerecht werden zu können, ist dieses Organisationsmodul **dezentral** zu organisieren.

4.2.4.3   Organisationsmodul Service Center

Im Organisationsmodul Service Center sind alle transaktionsorientierten Dienstleistungen („Transactional HR") gebündelt, die zur Unterstützung der personalen Prozesse erforderlich sind. Es handelt sich dabei in erster Linie um Dienstleistungen mit einem hohen Transaktions-volumen wie die Personalabrechnung inkl. Steuern und Versicherungen, Personalentsendungen (bei international agierenden Unternehmen), die Verwaltung von *Cafeteria-Modellen, Zeit-wertkonten, Flexible Benefits* und *Deferred Compensation* sowie das E-Recruiting. In diesem

Organisationsmodul sollte auch die technologische Plattform mit seinem Angebot an Self Services verwaltet werden.

Ähnlich wie das Competence Center sollte auch das Service Center **zentral** organisiert sein, da solche kostenoptimierten Dienstleistungen ebenfalls nur an einer Stelle des Unternehmens administriert werden sollten. Da sich alle Geschäftsbereiche die in diesem Center angebotenen Dienstleistungen teilen, wird es auch als **Shared Service Center** bezeichnet.

In Abbildung 4-18 sind die einzelnen Aufgaben der drei Organisationsmodule zu Aufgabenbereichen zusammengefasst und im Überblick dargestellt.

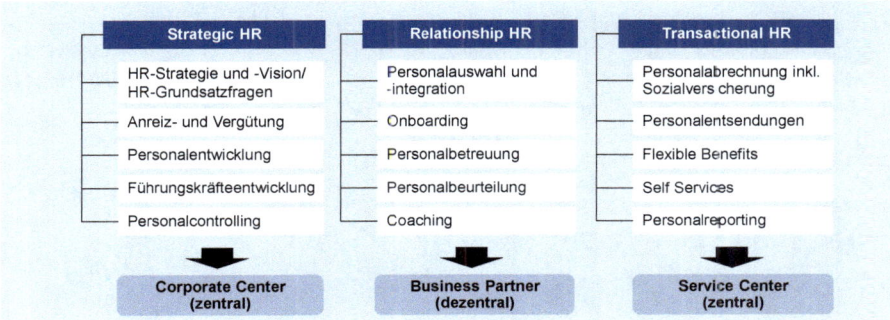

Abb. 4-18:   Aufgabenbereiche der drei personalen Organisationsmodule

Gliedert man diese personale Organisationsstruktur in eine Gesamtorganisation ein, die nach Geschäftsbereichen strukturiert ist, so bietet es sich an, die zentralen Organisationsmodule auf der hierarchischen Ebene der Unternehmensleitung anzubinden. Das für das Personal zuständige Vorstands- oder Geschäftsführungsmitglied hätte dann unmittelbare Weisungsbefugnis sowohl für das Corporate Center als auch für das Shared Service Center (siehe hierzu die Darstellung in Abbildung 4-19). Die Business Partner-Organisation ist dagegen dezentral organisiert, d. h. jedem Geschäftsbereich sind die zugehörigen HR-Business Partner direkt zugeordnet.

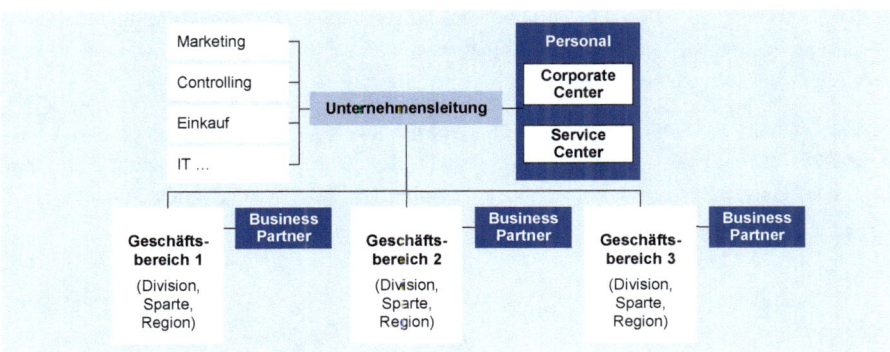

Abb. 4-19:   Organisatorische Zuordnung der drei Organisationsmodule

Die oben skizzierte organisatorische Anbindung ließe sich aber auch dahingehend modifizieren, dass das gesamte Shared Service Center oder bestimmte Teile (Prozesse) davon ausgegliedert und die Verantwortung für die Leistungserbringung an Dritte übertragen werden. Man spricht hierbei vom **Business Process Outsourcing**. Diese und weitere Formen des Outsourcings werden im Abschnitt 4.3 behandelt.

4.2.5 Self Service Center

Unter Self Services werden automatisierte Dienstleistungen verstanden, die vom Mitarbeiter selbst nachgefragt werden. Grundlage ist eine Intranet-basierte Serviceplattform als technische und organisatorische Schnittstelle zum Mitarbeiter. Sie dient der Informationsbereitstellung und Abwicklung von administrativen Prozessen. Die Serviceplattform optimiert HR-Prozesse durch Automatisierung und elektronische Integration von Arbeitsabläufen.

Grundsätzlich werden im Bereich der Self Services zwischen

• Employee Self Services (ESS) und
• Manager Self Services (MSS)

unterschieden.

Bei den **Employee Self Services** erfolgt der Zugang über ein Mitarbeiterportal. Wichtige Anwendungsfelder sind die Anforderung von Entgeltnachweisen und -abrechnungen, die Erstellung und Änderung eines Urlaubs- oder Reiseantrags, die Buchung oder Stornierung einer Schulungsmaßnahme sowie die Verwaltung von persönlichen Informationen wie Anschrift oder Bankverbindung. Das Mitarbeiterportal fungiert außerdem als zentrale Ausschreibungs- und Bewerbungsplattform für die interne Stellenausschreibung. Darüber hinaus sind Eingaben im Rahmen des jährlichen Mitarbeiterbeurteilungsprozesses möglich.

Der Zugang zu **Manager Self Services** erfolgt über das Managerportal, das die Führungskraft direkt in Workflow- und Freigabeprozesse einbindet. Manager können über die Portalfunktionen Reisekosten, Budgets von Projekten oder den Mitarbeiterbeurteilungsprozess überwachen. Besonders wichtig sind in diesem Zusammenhang der ständige Zugang zu Informationen über Gehaltsentwicklungen, Mitarbeiterbeurteilungen und Mitarbeitergespräche sowie die Verfolgung relevanter Bewerbungsprozesse.

Es bietet sich an, die Self Services in die Service Center-Organisation einzubinden. In Abbildung 4-20 ist ein Organisationsmodell dargestellt, dass eine eindeutige Trennung von Leistungserbringung, Beratung und Steuerung aller Aktivitäten des Personalsektors vorsieht.

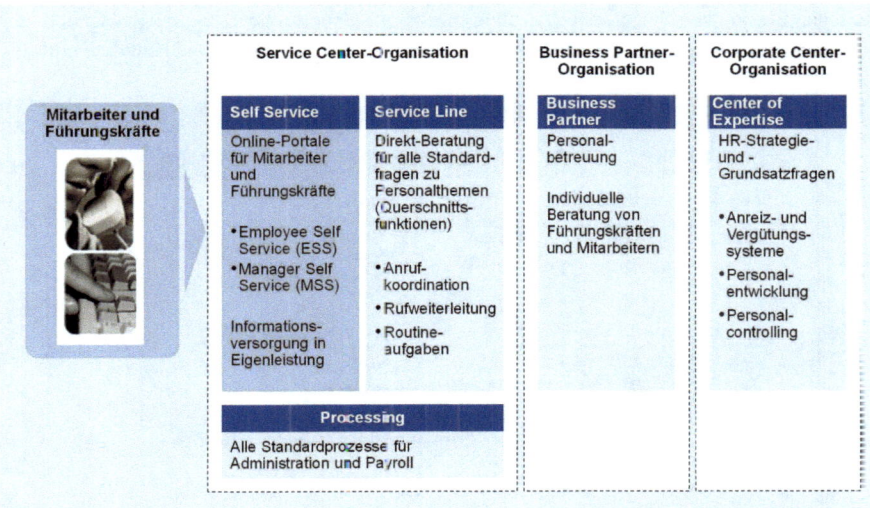

Abb. 4-20: Einbindung der Self Services in die Service Center Organisation

Mit der Einführung von Self Services ist eine ganze Reihe von Qualitätsvorteilen verbunden [vgl. APPEL 2011, S. 6]:

– Hochwertige Personalberatung durch konsequente Kundenorientierung in der Leistungs-erbringung,

– Optimierter Informationszugang durch Informationsversorgung des Mitarbeiters in Ei-genleistung und bessere Erreichbarkeit der Informationswege,

– Reduktion von Suchzeiten durch klare Zuständigkeiten und Verantwortlichkeiten der Personalfunktionen,

– Schnellere Prozessbearbeitung, d. h. kürzere Durchlauf- /Antwortzeiten durch Reduktion von Schnittstellen und Medienbrüchen.

Neben den Qualitätsvorteilen sind folgende Kostenvorteile in Verbindung mit Self Services zu nennen [vgl. APPEL 2011, S. 6]:

– Skalenvorteile durch Bündelung und Standardisierung administrativer Routinetätigkei-ten und Prozessbestandteile,

– Verlagerung auf „preiswerte" Informationswege durch Nutzung von Mitarbeiter- und Managerportalen sowie der Service Line,

– Effizienter Einsatz der Personalressourcen durch aufgabenadäquate Leistungs- und Qua-lifikationsprofile in der Service Line,

– Kurzfristig und langfristig flexibler Einsatz von Mitarbeitern in der Service Line z. B. durch Einsatz von Jobrotation.

Durch den Einsatz von Self Services in Verbindung mit einer Service Line verspricht sich beispielsweise das Chemieunternehmen BASF eine Reduktion der persönlichen Kontakte mit Mitarbeitern des Personalbereichs auf ca. 10 Prozent (siehe Abbildung 4-21).

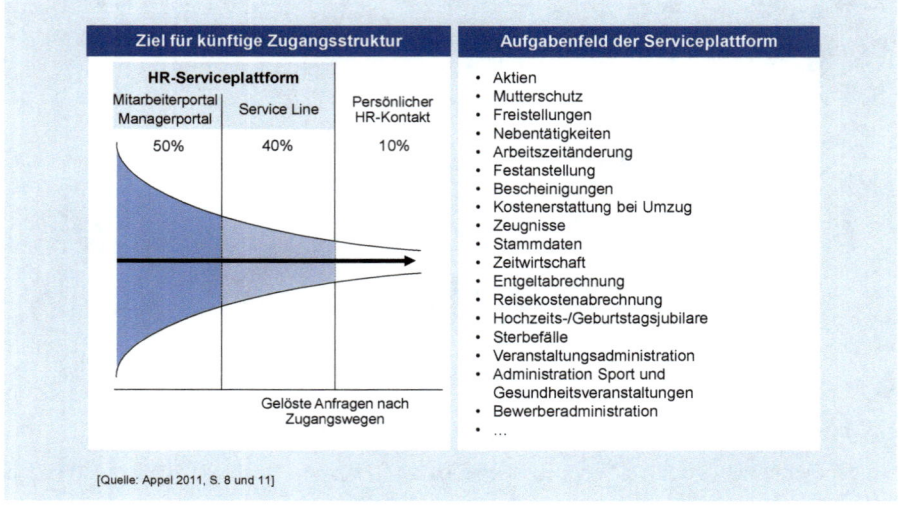

Abb. 4-21:   HR-Serviceplattform bei BASF

4.3 Auslagerung von Organisationseinheiten

4.3.1 Shared Service Center

Seit einigen Jahren zeichnet sich der Trend ab, unterstützende Geschäftsprozesse aus einzelnen Unternehmensbereichen herauszulösen und als Shared Service Center (SSC) zu einer bereichs-übergreifenden Organisationseinheit zusammenzufassen. Es handelt sich dabei um interne, zentrale Organisationseinheiten, die ihre Dienstleistungen nun für alle Unternehmensbereiche an verschiedenen Standorten anbieten. Sie versprechen für die Durchführung der Prozesse messbare wirtschaftliche Vorteile und ein höheres Maß an Kundenorientierung. Im Gegensatz zur klassischen Zentralisierung von unterstützenden Funktionen (engl. *Support Functions*) wird das Shared Service Center als eigenständige Einheit geführt. Einen Konzeptvergleich zur klassischen Zentralisierung sowie zur Dezentralisierung von Support-Funktionen liefert Abbildung 4-22.

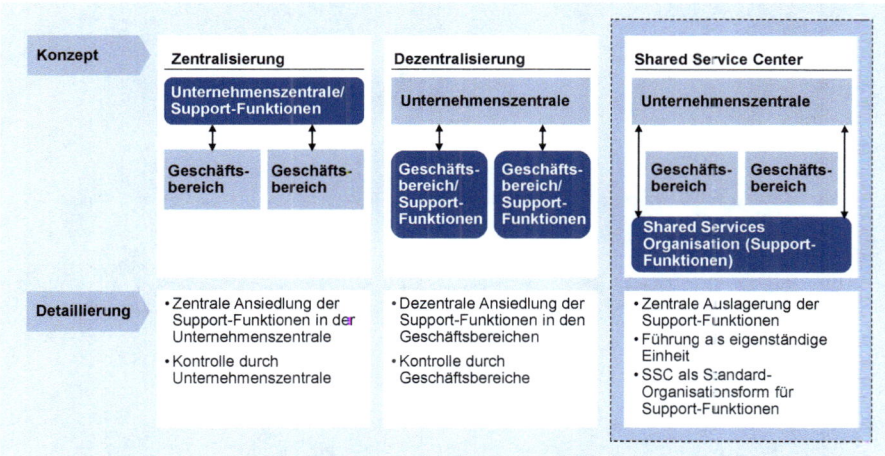

Abb. 4-22:   Konzept und Detaillierung des Shared Service Center

Mit der Einrichtung eines Shared Service Center werden grundsätzlich folgende Ziele verfolgt:

- **Messbarkeit** der Dienstleistungen hinsichtlich Qualität, Kosten und Zeit,

- Festgelegte **Leistungserbringung und -kontrolle** anhand von Service Level Agreements,

- **Kostenreduktion** durch Standardisierung der Prozesse sowie durch Nutzung von Skalen-erträgen, Synergien und Stellenabbau,

- Klare Trennung von (Prozess- und Produkt-)**Verantwortlichkeiten** bei gleichzeitiger Ent-lastung der Personalbetreuer von unterstützenden Aufgaben,

- Steigerung der **Prozessqualität** durch standardisierte Prozesse,

- Sicherstellung definierter **Qualitätsstandards,**

- Konzentration auf **Kernprozesse** in den Geschäftseinheiten,

- **Wettbewerbsfähigkeit** der Shared Services.

Shared Service Center sind schon seit Jahren ein bei zahlreichen Großunternehmen eingesetztes und praxiserprobtes Organisationskonzept. Wie die Ergebnisse einer Untersuchung der Prüfungs- und Beratungsgesellschaft KPMG zeigen, ist das SSC-Konzept zwischenzeitlich aber auch im **Mittelstand** angekommen (siehe Insert 4-03).

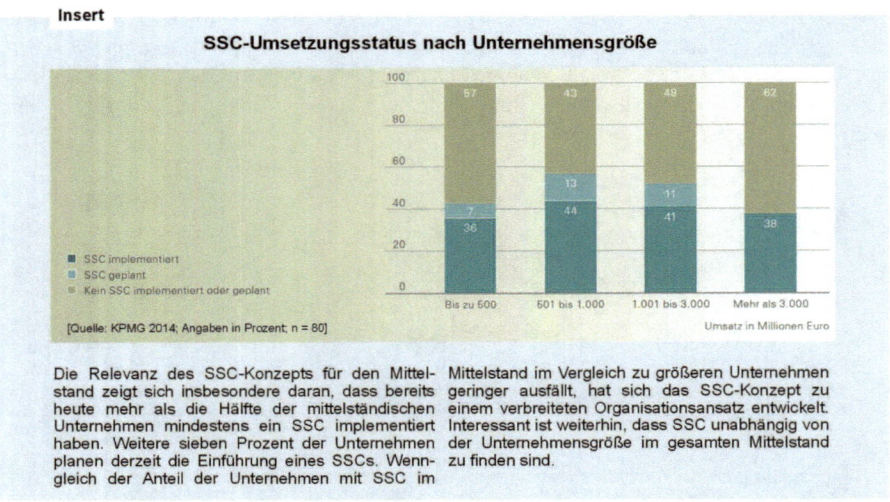

Die Relevanz des SSC-Konzepts für den Mittelstand zeigt sich insbesondere daran, dass bereits heute mehr als die Hälfte der mittelständischen Unternehmen mindestens ein SSC implementiert haben. Weitere sieben Prozent der Unternehmen planen derzeit die Einführung eines SSCs. Wenngleich der Anteil der Unternehmen mit SSC im Mittelstand im Vergleich zu größeren Unternehmen geringer ausfällt, hat sich das SSC-Konzept zu einem verbreiteten Organisationsansatz entwickelt. Interessant ist weiterhin, dass SSC unabhängig von der Unternehmensgröße im gesamten Mittelstand zu finden sind.

Insert 4-03: SSC-Umsetzungsstatus nach Unternehmensgröße

Shared Service Center sind heute also fester Bestandteil jeder Geschäftsstrategie. Die Dienstleistungen, die SSCs für Unternehmen durchführen, haben sich jedoch verändert. Waren es früher reine Routinetätigkeiten für IT oder Accounting, verlagern Unternehmen heute zunehmend auch wissensintensive und höchst anspruchsvolle Tätigkeiten in ein Shared Service Center.

Insbesondere die **Digitalisierung** hat die Arbeit in Shared Service Centern tiefgreifend verändert: Knapp zwei Drittel der Center setzen mittlerweile auf Robotic Process Automation (RPA), um zeitintensive und repetitive Aufgaben zu automatisieren. 26 Prozent nutzen virtuelle Assistenten, sogenannte Chatbots, um automatisierte Services zu erbringen. Und in fast jedem zehnten SSC kommt schon heute Künstliche Intelligenz zum Einsatz. Diese digitalen Technologien helfen nicht nur dabei, die Effizienz zu steigern, Kosten zu sparen und die Qualität der Dienstleistungen zu erhöhen. Sie übernehmen auch immer komplexere Aufgaben.

Diese Transformation hat auch weitreichende Auswirkungen auf die Personalsituation. Es bedarf an motivierten und gut ausgebildeten Mitarbeitern, die diesen zunehmend anspruchsvollen

Aufgaben gerecht werden – und eine möglichst niedrige Fluktuation, damit aufgebautes Wissen nicht direkt wieder verloren geht. Um Mitarbeiter in ihren SSCs zu halten, setzen die Befragen auf einen Mix aus finanziellen und nicht-finanziellen Anreizen: 88 Prozent bieten ihrer Belegschaft Vorteile wie reduzierte Versicherungsbeiträge oder kostenlose Mitgliedschaften im Fitnessstudio. 86 Prozent setzen auf Weiterbildung, 80 Prozent zahlen einen Bonus. Das sind die Ergebnisse einer PwC-Studie „Shared Services – Digitalise Your Services" vom Frühjahr 2019. Die Untersuchung basiert auf der Befragung von Unternehmen, die zusammen mehr als 160 Shared Service Center weltweit betreiben.

Auf Shared Service Center werden Prozesse aus nahezu allen betrieblichen Funktionsbereichen übertragen. Insert 4-04 gibt einen aktuellen Überblick über Shared Service Center nach Funktionsbereichen.

Insert

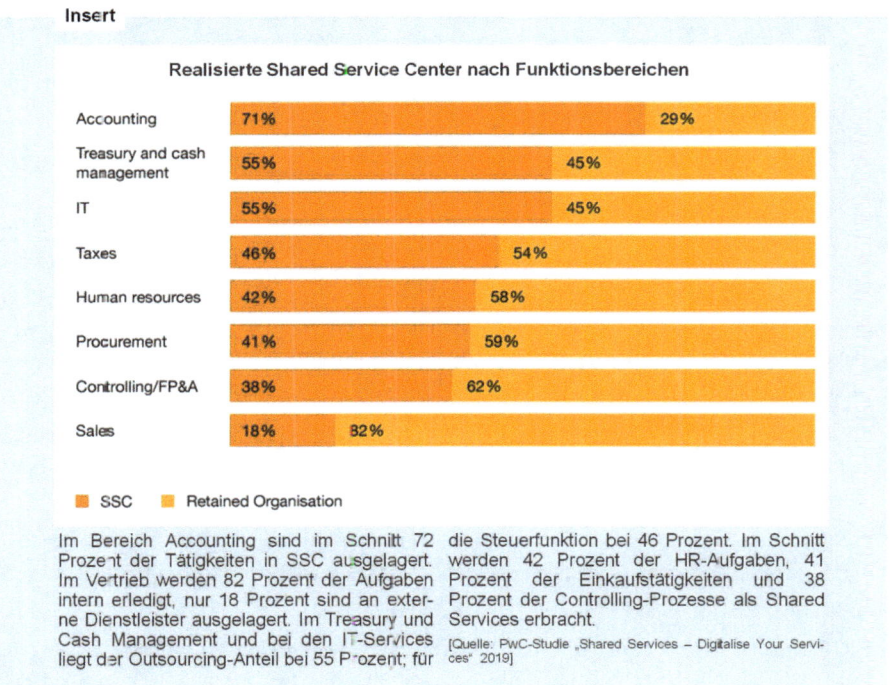

Realisierte Shared Service Center nach Funktionsbereichen

	SSC	Retained Organisation
Accounting	71%	29%
Treasury and cash management	55%	45%
IT	55%	45%
Taxes	46%	54%
Human resources	42%	58%
Procurement	41%	59%
Controlling/FP&A	38%	62%
Sales	18%	82%

■ SSC   ■ Retained Organisation

Im Bereich Accounting sind im Schnitt 72 Prozent der Tätigkeiten in SSC ausgelagert. Im Vertrieb werden 82 Prozent der Aufgaben intern erledigt, nur 18 Prozent sind an externe Dienstleister ausgelagert. Im Treasury und Cash Management und bei den IT-Services liegt der Outsourcing-Anteil bei 55 Prozent; für die Steuerfunktion bei 46 Prozent. Im Schnitt werden 42 Prozent der HR-Aufgaben, 41 Prozent der Einkaufstätigkeiten und 38 Prozent der Controlling-Prozesse als Shared Services erbracht. [Quelle: PwC-Studie „Shared Services – Digitalise Your Services" 2019]

Insert 4-04: Status quo von Shared Service Centern 2019

Das wichtigste Instrument für den erfolgreichen Betrieb eines Shared Service Center ist das **Service Level Agreement** (SLA). Es handelt sich dabei um eine Vereinbarung zwischen dem Center und seinem Kunden und beschreibt die für den Kunden zu erbringenden Leistungsbestandteile und deren Qualität zu einem definierten Preis. Im SLA sind Verantwortlichkeiten, Rechte und Pflichten des Dienstleistungserbringers und dessen Kunden definiert. Zusätzlich bestimmt es die Ansprechpartner auf beiden Vertragsseiten. Inhalt und Umfang der erbrachten Leistungen des Shared Service Center werden mit Hilfe wichtiger Leistungsindikatoren (engl.

Key Performance Indicators – KPIs) gemessen und ggf. veränderten Geschäftsbedürfnissen angepasst.

Abbildung 4-23 liefert einen Überblick über bevorzugte und besonders geeignete Anwendungsbebiete für Shared Services.

Finanz- und Rechnungswesen	Human Resources	IT	Marketing/Vertrieb	Beschaffung
• Hauptbuchhaltung • Kreditoren/ Debitoren • Konzern-Cash-Pooling • Finanzmittel-verwaltung • Ausgaben-abwicklung • Anlagen/ Vermö-gensverwaltung • Fremdwährungs-risiko	• Gehaltsabrechnung • Kommission und Prämien • Weiterbildung • Mitarbeiterdaten-verwaltung	• Einheitliches IT-Management • Hardware- und Soft-ware-Beschaffung • Software-Lizenz-Management • ERP-System und Support • Support und Training • Entwicklung und Instandhaltung	• Auftragsabwicklung • Tele-Sales-Management • Telemarketing Management • Reklamierungen und Rücksendungen • Technischer Support • Service-Management	• Warenbestands-management • Logistik • Produktions-management • Datenbank-management • Promotion-management • Vertriebs-management

Abb. 4-23:   Bevorzugte Anwendungsbereiche für Shared Services

4.3.2 Geografische Auslagerung von Organisationseinheiten (X-Shoring)

Im Zuge der Einrichtung von Shared Service Centern kommt es – nicht zuletzt unter Kostengesichtspunkten – häufig zu Standortverlagerungen. Hierbei wird je nach Entfernung der **geografischen Verlagerung** zwischen folgenden Varianten („X-Shoring") unterschieden:

• **Onshoring** – Verlagerung von Aktivitäten an einen anderen Standort im eigenen Land; für deutsche Unternehmen bedeutet Onshoring demnach eine Standortverlagerung innerhalb Deutschlands;

• **Nearshoring** – Verlagerung von Aktivitäten an einen Standort in nahe gelegene Länder; für deutsche Unternehmen bedeutet Nearshoring eine Standortverlagerung eine in europäische Länder wie z. B. Polen, Rumänien oder Slowakei;

• **Offshoring** – Verlagerung von Aktivitäten an einen Standort in weit entfernte Länder; für deutsche Unternehmen bedeutet Offshoring eine Standortverlagerung z. B. in asiatische Länder wie China, Indien oder Vietnam.

Auslöser für die Entscheidung zur geografischen Auslagerung von Shared Service Center oder sonstigen Organisationseinheiten sind die teilweise günstigeren Rahmenbedingungen im Ausland besonders bei den Arbeitskosten. So kann die Verlagerung an einen Near- oder Offshore-Standort durchaus ein beachtliches Einsparungspotenzial bergen. Abbildung 4-24 liefert einen Überblick über die unterschiedlichen Standortfaktoren, die bei der Auslagerung unternehmerischer Funktionen und Prozesse berücksichtigt werden müssen. Nearshoring-Konzepte haben den Vorteil von geringeren Risiken und schnelleren Abstimmungen, verbunden allerdings mit höheren Personalkosten im Vergleich zu Offshore-Standorten.

Onshoring (Deutschland)	Nearshoring (Osteuropa)	Offshoring (Asien)
+ Keine Sprachbarrieren + Deutsches Rechtssystem + Gute Infrastruktur + Technisches Know-how vorhanden + Qualifiziertes Personal + Nähe zum Unternehmen	+ Keine/geringe Sprachbarrieren + Niedrige Lohnkosten + Nähe zu Deutschland + Geringe kulturelle Anpassungen	+ Sehr niedrige Lohnkosten + Flexible Rahmenbedingungen
- Hohe Lohnkosten - Unflexible Rahmen-bedingungen - Arbeitnehmerfreundliches Kündigungsschutzgesetz	- Weniger qualifiziertes Personal verfügbar - Schlechtere Infrastruktur - Größerer Implementierungs-aufwand des Shared Service Center	- Größere Sprachbarrieren - Kulturelle Unterschiede - Fremdes Rechtssystem - Schlechtere Infrastruktur - Weniger qualifiziertes Personal verfügbar - Große räumliche Distanz - Sehr großer Implementierungs-aufwand des Shared Service Center

Abb. 4-24:   Vor- und Nachteile von On-, Near- und Offshore-Standorten

Wichtig für die Standortentscheidung sind die Relevanz einzelner Punkte, die Identifizierung der Risikobereitschaft und die Formulierung einer eindeutigen Risiko-Gewinn-Spanne.

Allerdings ist **Offshoring** – so die PwC-Studie vom Frühjahr 2019 – für viele Unternehmen kein Thema mehr. Als Standort sind vielmehr wieder Länder mit Zugang zu hochqualifizierten Mitarbeitern für komplexe, wissensintensive Tätigkeiten. Rund ein Viertel der europäischen Befragten hat sogar kürzlich ein Center in Deutschland, Großbritannien oder der Schweiz aufgebaut oder Tätigkeiten in eines dieser Länder verlagert.

4.3.3 Rechtliche Auslagerung von Organisationseinheiten (Outsourcing)

Im Zusammenhang mit der geografischen Verlagerung von Organisationseinheiten kann auch über die **rechtliche Ausgliederung** von Organisationseinheiten entschieden werden. Die Abgabe der rechtlichen und damit unternehmerischen Verantwortung an ein Drittunternehmen wird als **Outsourcing** bezeichnet. Outsourcing ist damit eine spezielle Form des Fremdbezugs von bisher intern erbrachten Leistungen. Zwischen On-, Near- und Offshoring einerseits und dem Outsourcing andererseits besteht grundsätzlich kein zwingender, sachlicher Zusammenhang, obgleich die verschiedenen Begriffe immer wieder zu Missverständnissen führen. Abbildung 4-25 liefert eine entsprechende begriffliche Abgrenzung.

Vorreiter beim Fremdbezug von bislang intern erbrachten Leistungen ist das IT-Outsourcing. Hierbei dominierte zunächst das infrastrukturorientierte Outsourcing (Hardware, IT-Netze). Aktuell gewinnen aber das anwendungsbezogene Outsourcing (engl. *Application Management*) und das prozessorientierte Outsourcing (engl. *Business Process Outsourcing*) zunehmend an Bedeutung im Rahmen des IT-Outsourcings.

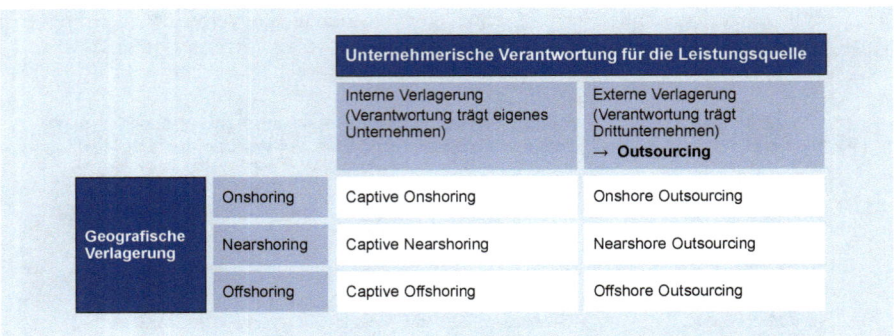

Abb. 4-25:   Begriffliche Abgrenzung zwischen X-Shoring und Outsourcing

Wesentliche Gründe für die Auslagerung eines Shared Service Center im Rahmen eines Out-
sourcing-Vertrags sind:

– Kostenreduktion durch geringere *Total Cost of Ownership*, die nicht nur die Anschaf-
  fungskosten einer bestimmten Infrastruktur, sondern auch die späteren Nutzungskosten
  (Modifikationen, Wartung) berücksichtigt,

– Konzentration auf die eigentliche Kernkompetenz,

– Mangel an Know-how oder qualifizierten Arbeitskräften,

– Höhere Leistung und bessere Qualität,

– Schnellere Reaktion auf Veränderungen,

– Höhere Spezialisierung.

Demgegenüber sind aber auch einige Risiken zu berücksichtigen, die mit dem Outsourcing
einhergehen können:

– Qualität der ausgelagerten Prozesse kann nicht beeinflusst werden,

– Abhängigkeit vom Drittunternehmen,

– Möglicher Verlust von internem Know-how,

– Fehler bei der Wirtschaftlichkeitsberechnung eines Outsourcing-Projekts,

– Kommunikationsmängel bei der Umsetzung der Outsourcing-Maßnahme (Change Management).

Eine grundsätzliche Einschätzung darüber, ob zentrale Unterstützungsleistungen und -prozesse
in eigener Regie lokal, als Shared Service Center oder als Fremdbezug in Form eines Business
Process Outsourcing organisiert werden sollten, liefert Abbildung 4-26. Danach wird der Entscheidungsprozess anhand der beiden Parameter „Reifegrad der Prozesse" und „Kosteneinspa-
rungspotenzial" bestimmt. Je höher der Reifegrad (engl. *Maturity*), also die Stabilität der Prozesse ist und je höhere Kosteneinsparungen (engl. *Cost Savings*) angestrebt werden, umso mehr
spricht dies für eine „Buy"-Entscheidung in Form eines Business Process Outsourcing.

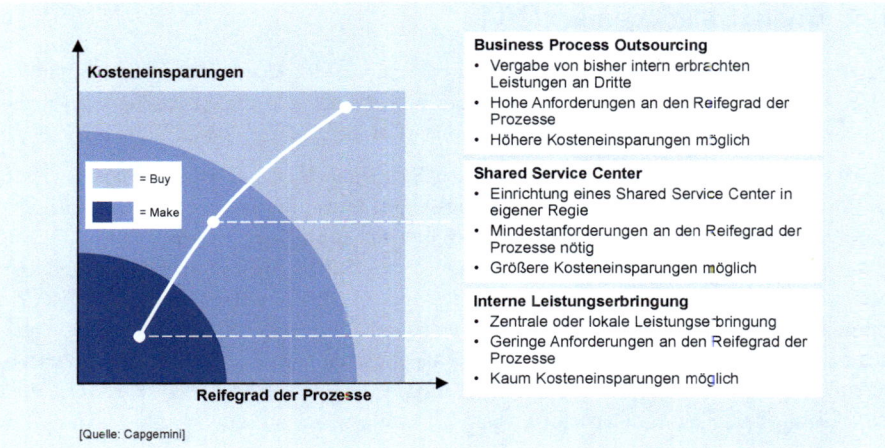

Abb. 4-26:   Parameter für „Make-or-Buy"-Entscheidungen bei Support-Funktionen

Wenn auch der IT-Bereich als Vorreiter für das Outsourcing gilt, so haben sich im Personal-sektor ebenfalls sehr früh bestimmte Prozesse abgezeichnet, bei denen eine rechtliche Ausglie-derung sinnvoll erscheint. Letztlich – und das zeigten bereits die Ausführungen in Abschnitt 4.2 – sind es aber immer nur Teilbereiche bzw. Teilprozesse im Personalsektor, die sich für ein Outsourcing anbieten. Grundsätzlich gilt, dass die wirklich strategischen Prozesse wie z. B. HR-Strategie- und Grundsatzfragen, Anreiz- und Vergütungssysteme, die Personal- und Füh-rungskräfteentwicklung oder das Personalcontrolling in den wenigsten Fällen rechtlich ausge-lagert werden. Hier würden die Unternehmen Gefahr laufen, ihre Kernkompetenz im Personal-management zu verlieren.

4.4   Change Management

Das **Veränderungsmanagement** (engl. *Change Management*) steuert und begleitet kulturelle, strukturelle und organisatorische Veränderungen im Unternehmen, um die Risiken zu reduzieren, die sich durch Veränderung und Transformation ergeben können [vgl. REGER 2009, S. 5].

Dabei steht die Umsetzung von neuen Strategien, Strukturen, Systemen oder Verhaltensweisen im Vordergrund. Bei Restrukturierungen, umfassenden Prozessveränderungen, der Implementierung von ERP-Systemen und der Neuausrichtung von Strategien oder Post-Merger-Integrationen gilt es, das entsprechende Geschäftsmodell möglichst schnell in operative Ergebnisse umzuwandeln. Entscheidend für den Erfolg einer notwendigen Umsetzungsmaßnahme ist, wie gut und wie schnell sich Mitarbeiter an die Veränderung anpassen und ihre Arbeit daran ausrichten. Führungskräfte und Mitarbeiter müssen zielgerichtet mobilisiert und motiviert werden, damit sie die bevorstehenden Veränderungen mitgestalten und vorantreiben. Flexibilität und Veränderungsfähigkeit ist demnach ein wichtiger Erfolgsfaktor im Wettbewerb.

Change Management zählt seit Jahren zu den aktuellen Top-Themen des Personalmanagements, die mit hoher Priorität angegangen werden müssen (siehe Abschnitt 1.1.2). Wandel ist somit zu einer **Daueraufgabe** geworden, der sich Führungskräfte und Mitarbeiter jederzeit und immer wieder stellen müssen.

4.4.1 Ursachen und Aktionsfelder von Change

4.4.1.1   Ursachen und erste Auswirkungen

Werden die vielfältigen Ursachen, die als Gründe für Veränderungen immer wieder genannt werden, zusammenstellt und ordnet, so lassen sich zwei grundlegende **Ursachenkomplexe** ausmachen [vgl. VAHS 2009, S. 310 ff.]:

– **Externe Ursachen**, die von *außen* auf die Organisation als Problemdruck wirken. Zu den wichtigsten unternehmensexternen Einflüssen zählen der Druck des Marktes und des Wettbewerbs, Firmenübernahmen sowie technologische Veränderungen. Hinzu kommt ein gesellschaftlicher Wertewandel, der hierzulande besonders durch ein vergleichsweise hohes Bildungs- und Wohlstandsniveau beeinflusst wird.

– **Interne Ursachen**, die von *innen* als Problemdruck auf die Organisation wirken. Interne Auslöser für Veränderungsprozesse können Fehlentscheidung der Vergangenheit, Kostendruck, Wachstumsinitiativen, eine Neuformulierung der Unternehmensstrategie oder neue Managementkonzepte sein.

Daraus lassen sich **erste Auswirkungen** ableiten, die sich unmittelbar in Programmen konkretisieren und in Abbildung 4-27 ohne auf Anspruch auf Vollständigkeit aufgeführt sind.

Abb. 4-27:   Ursaschen und Auswirkungen von Change

4.4.1.2   Aktionsfelder

Veränderungsprozesse mit einer großen Reichweite und Tiefe für Aufbau-, Ablauf- und Pro-zessstrukturen werden auch als **transformativer Wandel** bezeichnet und sollten nicht isoliert betrachtet werden. Vielmehr ist dafür Sorge zu tragen, dass die erkannten Ursachen und die geplanten Veränderungsmaßnahmen in dem dynamischen Gesamtzusammenhang der vier **Aktionsfelder des Change Management** zu sehen sind [vgl. VAHS 2009, S. 334 ff.]:

Aktionsfeld 1: Strategie. Die Strategie – also der Weg zum Ziel – wird durch bereits eingetre-tene oder noch zu erwartende Veränderungen beeinflusst. Erfolgt die Strategie reaktiv, so spricht man von einer *Anpassungsstrategie*. Sie kann aber auch aktiv als *Innovationsstrategie* formuliert werden. In Bezug auf die Reichweite der in den Veränderungsprozess einbezogenen Strategieebenen kann zwischen *Unternehmensstrategie, Geschäftsbereichsstrategien* oder *Funktionsbereichsstrategien* unterschieden werden. Unabhängig von den einbezogenen Unter-nehmensebenen wirkt die Formulierung einer neuen Strategie nicht nur nach *außen,* sondern auch nach *innen*, d. h. sie bleibt in aller Regel nicht ohne Auswirkungen auf die bestehenden Organisationsstrukturen.

Aktionsfeld 2: Kultur. Gegenüber den „harten" Faktoren gewinnt die Unternehmenskultur als „weiches" Aktionsfeld für ein erfolgreiches Veränderungsmanagement zunehmend an Bedeu-tung. Mitarbeiter erwarten abwechslungsreiche und verantwortungsvolle Aufgaben, die Frei-räume für ihre persönliche Entfaltung bieten. Daher müssen sie auch rechtzeitig über Verände-rungen informiert und in den Veränderungsprozess eingebunden werden. Geschieht dies nicht oder nicht rechtzeitig, so meldet sich allzu häufig das „natürliche Immunsystem" einer Organisation.

Aktionsfeld 3: Technologie. Versteht man unter *Technologie* ganz allgemein Verfahren, Methoden, Maschinen, Werkzeuge, Werkstoffe und das damit verbundene Anwendungswissen, so werden diese vorrangig im Produktionsbereich von Industriebetrieben eingesetzt. Anstehende Veränderungen betreffen hier also vornehmlich den Herstellungsprozess. Veränderungen im Bereich der **Informations- und Kommunikationstechnologie** (IKT) betreffen jedoch nicht nur den Fertigungsbereich (z. B. als Embedded Software), sondern auch den Verwaltungsbereich sowie ganz besonders auch Dienstleistungsunternehmen wie Banken, Versicherungen, Logistik- und Handelsbetriebe. Hier hat die Entwicklung der IKT einen unmittelbaren Einfluss auf die Veränderung der Unternehmensstrukturen. So eröffnet die IKT heute in einem zunehmenden Maße die Chance zur Gestaltung von Prozessen und Strukturen. Mehr noch, in vielen Branchen hat sich die IKT als strategischer Erfolgsfaktor entpuppt. Ein Stichwort hierzu ist die **Digitale Transformation**.

Aktionsfeld 4: Organisation. Mit dem Aktionsfeld *Organisation* sind typische Maßnahmen der **Reorganisation** von Unternehmen angesprochen. Dazu zählen der Abbau von Hierarchieebenen ebenso wie die Einrichtung von Cost- und Profit-Centern oder der Übergang von einer funktionalen zu einer prozessorientierten Struktur. **Restrukturierungsmaßnahmen** (engl. *Restructuring*) sind die konsequenteste Form eines transformativen Wandels, wenn eine strategische Neuausrichtung andere Strukturen verlangt.

Aktionsfeld 5: Kommunikation. Das fünfte und wohl wichtigste Aktionsfeld ist die *Kommunikation*. Eine rechtzeitige, klare und offene Information der Organisationsmitglieder über die Ursachen, Ziele und Fortschritte des Wandels stellt sicher, dass die Gründe für die Einleitung eines Veränderungsprozesses auch verstanden werden. Führungskräfte und Mitarbeiter werden sich nur dann für den Wandel einsetzen, wenn sie ausreichend über das Veränderungsvorhaben informiert sind und den Gesamtzusammenhang zur Unternehmens- bzw. Marktstrategie kennen. Denn: *Ein gut informierter Mitarbeiter ist zumeist auch ein guter Mitarbeiter.*

4.4.2 Promotoren und Opponenten

Veränderungen sind für unsere Unternehmen zur Daueraufgabe geworden. Der Grund: Ohne Veränderung gibt es keinen Erfolg, kein Wachstum, keine Weiterentwicklung. Allerdings ist die Veränderung lediglich Voraussetzung, aber nicht Garant für den Erfolg. Denn Veränderungen können auch schiefgehen. Sie können zu Verunsicherung führen und diese wiederum führt zu Unvernunft.

Veränderungen werden zwar von außen angestoßen, aber sie werden von innen gefördert oder – und das ist die entscheidende Erkenntnis – von innen gebremst. Folglich ist es für jedes Unternehmen von existentieller Bedeutung, die **Treiber** und **Bremser** von Veränderungen, die es nahezu in jeder Abteilung gibt, zu kennen. Mitarbeiter, die Veränderungen (wie z.B. Wachstumsinitiativen, Merger/Demerger, organisatorische Neuformierung) eher fördern und unterstützen, werden als **Promotoren** bezeichnet. Bremser dagegen – und die sind zumeist in der

Mehrzahl – verhindern oder verlangsamen den Veränderungsprozess. Sie sind die **Opponenten**. Doch Opponenten müssen nicht von vornherein Unrecht haben. Im Gegenteil, viele Beispiele zeigen, dass die Motive für eine ablehnende Haltung im Vorfeld hätten ernster genommen werden müssen.

Promotoren und vor allem Opponenten aufzuspüren, ist also eine sehr wichtige Aufgabe für das Top-Management, denn die geplanten Veränderungen sollen Wachstum oder wenigstens Stabilität mit sich bringen – sonst hätte man sie ja nicht initiiert. Wachstum entsteht zwar am Markt und wird von diesem angestoßen, doch der eigentliche **Wachstumsprozess** wird **von innen gefördert** oder **von innen gebremst**.

Promotoren und Opponenten lassen sich folgendermaßen klassifizieren [vgl. Lippold 2019a]:

- **Machtpromotoren bzw. -opponenten** beeinflussen den Veränderungsprozess aufgrund ihrer hierarchischen Stellung in der Organisation.

- **Fachpromotoren bzw. -opponenten** nehmen Einfluss aufgrund ihrer entsprechenden fachlichen Expertise und ihres Informationsstands.

Prozesspromoten bzw. -opponenten sind zumeist die größte und wichtigste Gruppe. **Prozesspromotoren** beeinflussen den Veränderungsprozess aufgrund der **formellen** Kommunikationswege, in dem sie Verbindungen zwischen Macht- und Fachpromoten herstellen und dadurch Barrieren überwinden. **Prozessopponenten** dagegen konzentrieren sich mehr auf die **informellen** Kommunikationsbeziehungen und behindern den Veränderungsprozess, in dem sie organisatorische und fachliche Hindernisse errichten und Verbindungen zwischen Machtopponenten und Fachopponenten herstellen.

Da die Opponenten bzw. Bremser sehr häufig am längeren Hebel sitzen, gilt es, solche informellen Strukturen zu erkennen und aufzubrechen. Dabei kommt den Führungskräften eine ganz wesentliche Vorbildfunktion zu, um die Mitarbeiter als Träger des Wachstums zu begeistern.

Ein Lösungsansatz sind **altersgemischte Führungsteams**, die idealerweise aus drei Gruppen bestehen: **Junge Führungskräfte** sorgen für neues Denken und neue Ideen. Sie sind offener für digitale Entwicklungen, zeigen mehr Mut zu grundlegenden Veränderungen und legen ein anderes Tempo vor. Die Jungen öffnen vor allem Türen zu neuen Technologien. Die zweite Gruppe sind **erfahrene „Quereinsteiger"** aus anderen Unternehmen. Sie leiden nicht unter Betriebsblindheit und haben aufgrund ihrer Seniorität mehr Durchsetzungsvermögen bei Veränderungen. Bestehende Produkte hingegen werden vor allem von der dritten Gruppe, den **älteren Führungskräften** vorangetrieben. Sie haben die notwendige Erfahrung, Weitsicht und Durchsetzungskraft. Diese drei Gruppen können sich perfekt ergänzen und so die informellen Opponentenstrukturen aufbrechen.

4.4.3 Umgang mit Widerständen

Jede Veränderung löst Verunsicherung, teilweise sogar Ängste und das Gefühl von Kontrollverlust bei den Mitarbeitern aus. Sie wissen nicht, was auf sie zu kommt, wie sie sich in der neuen Situation oder während der Übergangsphase verhalten sollen. So sind Widerstände (engl. *Resistance to Change*) ganz normale und unvermeidliche Begleiterscheinungen von Veränderungsprozessen.

Widerstände lassen sich oftmals auf fehlende Akzeptanz und Perspektiven, auf fehlende Qualifikation, auf fehlendes Verständnis für den Veränderungsdruck oder auf fehlerhafte Kommunikation zurückführen [vgl. REGER 2009, S. 18 f.].

4.4.3.1   Widerstand als „Zwillingsbruder" der Veränderung

Jede Veränderung wird von Widerständen begleitet. Ob es sich um Sanierung und Personalabbau, um die Einführung von ERP-Systemen oder um Unternehmenskauf oder -verkauf handelt, in jedem Fall werden im Umfeld solcher Veränderungen Widerstände aufgebaut. Widerstände sind also so etwas wie der **Zwillingsbruder** der Veränderung. Derartige Barrieren haben – um im familiären Bild zu bleiben – in aller Regel vier „Väter":

Der erste "Vater" ist das **Nicht-Wollen**. Hierbei handelt es sich um **Willensbarrieren** bei den beteiligten und betroffenen Mitarbeitern. Die Angst vor Veränderung und der Wunsch, am Status quo festzuhalten, führen zu einer ablehnenden Haltung gegenüber der geplanten Veränderung. Dabei können sachliche, persönliche oder auch machtpolitische Gründe eine Rolle spielen. Fehlende Akzeptanz und fehlende Perspektive führen beim „Nicht-Wollen" also zu einer Ablehnung gegenüber der Veränderung.

Der zweite "Vater" ist das **Nicht-Können**. Häufig sind es neue Technologien oder auch Defizite bei den Fremdsprachen, die zu **Fähigkeitsbarrieren** führen. Letztlich werden mit einer Veränderung völlig neue Ziele angesteuert, die vielleicht mit traditioneller Technik oder ohne Englischkenntnisse nicht erreichbar sind. Da intensives Um- und Weiterlernen gefragt ist, führt das „Nicht-Können" zu einer Blockade oder Störung des Wandels aus Angst vor dem Versagen.

Der dritte „Vater" ist das **Nicht-Wissen**. Für den Nicht-Wissenden ist der neue Zustand ungewiss; er ist nicht davon überzeugt, dass es mit der Veränderung besser wird. Er baut **Wissensbarrieren** auf. Fehlende Informationen über Gründe und Durchführung der geplanten Veränderung – meist hervorgerufen durch eine falsche Kommunikationspolitik – ziehen eine Ablehnung des Wandels nach sich. Das fehlende Verständnis für die Vorteile der Neuformierung führt somit zu einem Mangel an Kontrolle.

Der vierte und letzte „Vater" ist das **Nicht-Dürfen**. Mitarbeiter und Führungskräfte, die wissen, können und wollen, werden nicht zur Veränderung beitragen, wenn sie nicht dürfen. Das heißt, es gibt eine Veränderungsbereitschaft, ja manchmal sogar ein Veränderungsdrang, der aber unterbunden wird. Letztlich geht es hierbei um Ressourcen, die nicht vorhanden sind oder die für den Veränderungsprozess nicht bereitgestellt werden.

In Abbildung 4-28 sind die „vier Väter" der oben beschriebenen Barrieren aufgeführt.

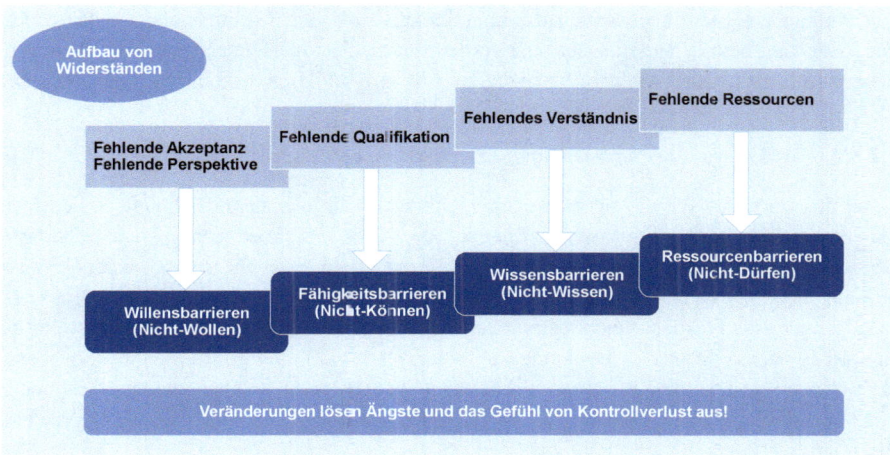

Willensbarrieren (Nicht-Wollen) — Fehlende Akzeptanz Fehlende Perspektive
Fähigkeitsbarrieren (Nicht-Können) — Fehlende Qualifikation
Wissensbarrieren (Nicht-Wissen) — Fehlendes Verständnis
Ressourcenbarrieren (Nicht-Dürfen) — Fehlende Ressourcen
Aufbau von Widerständen
Veränderungen lösen Ängste und das Gefühl von Kontrollverlust aus!

Abb. 4-28:   Die „vier Väter" der Widerstandsbarrieren

Bleibt die Frage, wie man den Nicht-Wollenden, den Nicht-Könnenden, den Nicht-Wissenden und den Nicht-Dürfenden am besten begegnet, um der geplanten Veränderung zum Erfolg zu verhelfen.

Willensbarrieren lassen sich damit abbauen, dass man solche Mitarbeiter aktiv in den Veränderungsprozess einbindet, Fehler zulässt und eine anreizkompatible Organisationslösung einrichtet, bei der die Mitarbeiter durch Erfüllung der gestellten Aufgabe auch ihre eigenen Ziele erreichen können.

Fähigkeitsbarrieren begegnet man mit einer raschen Qualifizierung der Betroffenen. Sind solche Qualifizierungen nicht mehr möglich, so sind langjährige Arbeits- und Sozialbeziehungen ebenso zu berücksichtigen wie der Schutz von Personen, die vom Wandel negativ betroffen sind.

Wissensbarrieren sind relativ leicht abzubauen. Eine rechtzeitige und offene Information der Organisationsmitglieder über die Ursachen, Ziele und Fortschritte des Wandels stellt sicher, dass die Gründe für die Einleitung eines Veränderungsprozesses auch verstanden werden. Führungskräfte und Mitarbeiter werden sich nur dann für den Wandel einsetzen, wenn sie ausreichend über das Veränderungsvorhaben informiert sind und den Gesamtzusammenhang zur Unternehmens- bzw. Marktstrategie kennen. Alle Beteiligten und Betroffenen müssen mit geeigneten Kommunikationsmitteln und -maßnahmen angesprochen werden, um ein konsistentes Bild der Veränderung zu erzeugen.

Ressourcenbarrieren sind wohl am leichtesten abzubauen, wenn man über die entsprechenden finanziellen Mittel verfügt. Zu diesen Barrieren zählen aber nicht nur finanzielle und zeitliche Restriktionen, sondern auch mangelnde Unterstützung durch unwillige Führungskräfte.

Der Aufbau eines vertrauensvollen Kommunikations- und Arbeitsklimas, das ein laufendes Feedback über den Veränderungsprozess fordert und in die Maßnahmengestaltung einfließen lässt, ist somit eine ganz wichtige Voraussetzung für den erfolgreichen Unternehmenswandel.

4.4.3.2   Widerstand bei Unternehmenszusammenschlüssen

Unter all den Ursachen, die für einen Unternehmenswandel verantwortlich sind, sollen hier Unternehmenszusammenschlüsse näher betrachtet werden, weil Fusionen im Dienstleistungsbereich als Musterbeispiel für fehlgeschlagene Veränderungen gelten. Und besonders hier ist es nicht unbedingt so, dass Opponenten per se unrecht haben müssen. Besonders im Dienstleistungsbereich, wo Fusionen und Übernahmen Hochkonjunktur haben und sogar über ein Zusammengehen von Deutscher Bank und Commerzbank spekuliert wird, werden mehr als **zwei Drittel der angestrebten Fusionen ein Misserfolg**. Hier sollten Bedenkenträger besonders ernst genommen werden. Ihre Motive für eine ablehnende Haltung sollten schon im Vorfeld diskutiert und möglichst ausgeräumt werden.

Die Gefahr, dass Change Prozesse scheitern, ist also nicht zu unterschätzen, denn Veränderungen gegen den Willen einer Mehrheit lassen sich zwar durchsetzen, aber meistens nicht erfolgreich umsetzen. Anstelle der erhofften Wertsteigerung kommt es dann überwiegend zu **Wertvernichtung** und **Rentabilitätseinbußen.**

Häufig muss der strategische „Fit" – also Verbundeffekte (economies of scope), Größenvorteile (economies of scale), schnellerer Markteintritt und -durchdringung (economies of speed) sowie Know-how-Zuwächse bzw. „Skill-Effekte" – als Begründung herhalten. In den allermeisten Fällen werden diese Erklärungsmuster, die man auch unter dem Begriff **„Synergie-Effekte"** zusammenfassen kann, den M&A-Transaktionen zur Rechtfertigung und Plausibilität im Nachhinein „untergeschoben".

Doch solche **harten Faktoren** spielen im Hinblick auf den Erfolg der Fusion erfahrungsgemäß nur eine untergeordnete Rolle. Viel wichtiger ist der Umgang mit den **weichen Faktoren** und dies ist an erster Stelle – neben einer überzeugenden Unternehmensvision – die **Unternehmenskultur**. Warum? Weil jedes Mal unterschiedliche Unternehmenskulturen aufeinanderprallen, wenn zwei (oder mehr) Unternehmen fusionieren. Die Unternehmenskultur gilt zwar als **weicher Faktor** – hat jedoch harte Auswirkungen: Das Scheitern einer Unternehmenszusammenlegung ist zumeist darauf zurückzuführen, dass es nicht gelungen ist, verschiedene Unternehmenskulturen harmonisch miteinander zu verschmelzen.

Starke **Verunsicherung** („Was passiert mit mir?"), **Misstrauen** gegenüber den Mitarbeitern des anderen Unternehmens und ein Gefühl von **Kontrollverlust** werden zum täglichen Begleiter während der Merger-Phase. Bei den Mitarbeitern des vermeintlich „schwächeren" Unternehmens kann ein Gefühl von Unterlegenheit aufkommen. Diese Emotionen führen dazu, dass sich die Mitarbeiter nur noch mit sich selbst beschäftigen – das operative Tagesgeschäft und besonders die **Kundenbeziehungen werden zweitrangig**. Im Extremfall kommt es zur inneren oder tatsächlichen Kündigung, wobei bekanntermaßen die besten Mitarbeiter häufig das Unternehmen zuerst verlassen. Werden kulturelle Unterschiede nicht berücksichtigt, kann dies zu Widerständen und Konflikten führen, die den Integrationsfortschritt behindern oder gar zum Stillstand bringen.

Um solche Situationen der Verunsicherung zu vermeiden, sind grundsätzlich **drei Strategien der kulturellen Integration** denkbar [vgl. LIPPOLD 2019b]:

- **Kulturpluralismus**, d. h. beide Kulturen bleiben nebeneinander bestehen. Man könnte, da es ja eine Art „Hochzeit" ist, auch von einer **„offenen Ehe"** sprechen. Beide Unternehmen können ihre Kulturwerte (z.B. Führungsstil, Entscheidungsverhalten, Gehaltsstruktur, Umgang mit Kunden etc.) aufrechterhalten. Jeder kann weiterhin im Rahmen der gemeinsamen Ziele relativ autonom agieren. Es handelt sich um eine ziemlich erfolgreiche Form des Zusammenschlusses, da die erforderlichen Veränderungen eher gering sind.

- **Übernahme einer Kultur**, in der Regel der des Käufers bzw. der des wirtschaftlich stärkeren Partners. Man kann auch vom Konzept der **„traditionellen Ehe"** sprechen. Um die Ziele des Zusammenschlusses zu erreichen, wird das übernommene Unternehmen dem Übernehmer angepasst. Der Erfolg des Mergers hängt hierbei entscheidend davon ab, ob das übernommene Unternehmen bereit ist, diese Art von „Ehevertrag" zu akzeptieren.

- **Symbiose der Kulturen** („Best of Both"). Dies entspricht dem Konzept der **„modernen Ehe"**. Die Fusionspartner schätzen gegenseitig die Kompetenz und Fähigkeit des jeweils anderen Managements hoch ein. Die beiderseitige „Integration" führt zu großen Veränderungen für beide Seiten. Dieser Fall setzt eine ausgesprochen hohe Integrationsfähigkeit voraus.

Doch wie realistisch bzw. erfolgversprechend sind solche **„Kulturverordnungen"** eigentlich?

Bei der **traditionellen Ehe**, also bei der verordneten Übernahme der Kultur des Käufers, werden sich – eine starke Kultur des übernommenen Unternehmens vorausgesetzt – alle wirklich wichtigen Mitarbeiter „aus dem Staube" machen.

Bei der **modernen Ehe** fehlen i.d.R. die Instrumente, die Transparenz und die Zeit, um die Kulturen so aufzudröseln, dass schlussendlich nur noch die Vorzüge beider Kulturen in der **Zielkultur** zum Tragen kommen.

Bleibt schließlich noch die **offene Ehe** als die wohl realistischste Strategie, denn Kulturen kann man nicht verordnen, sondern müssen (vor-)gelebt werden. Hier bleiben beide Kulturen (zunächst) nebeneinander bestehen. Die Gefahr einer Auseinanderentwicklung besteht dann nicht, wenn man besonders wichtige Positionen zunächst doppelt besetzt, bis sich der endgültige Stelleninhaber „ausmendelt". Dieses Vorgehen wird bei Zusammenschlüssen von Dienstleistungsunternehmen bevorzugt. Allerdings kann es hierbei geschehen, dass sich die (dann stärkere) Kultur des übernommenen Unternehmens durchsetzt, obwohl dieses durchaus kleiner sein kann als das übernehmende. Man spricht in diesem Fall von einem Reverse-Merger bzw. **Reverse Takeover**.

Egal ob freundliche Übernahme, Fusion auf Augenhöhe, Verschmelzung oder Integration – die Sollbruchstellen bei jedem Zusammenschluss liegen bei den Faktoren des strategisch-strukturellen Erklärungsansatzes (also der Unternehmensvision und -mission) oder – und das ist allermeist der Fall – im unternehmens**kulturellen** Bereich.

Schiere Größe allerdings ist noch lange kein Garant für den Fusionserfolg. Größe sollte nicht nur begründet, sondern es sollten auch die Nachteile der Größe gegengerechnet werden. Insbesondere die **verantwortlichen Aufsichtsräte** sind hier gefordert.

4.4.3.3 Reaktionen auf geplante Veränderungen

Hinsichtlich der Reaktionen auf geplante Veränderungen lassen sich unterschiedliche Personengruppen unterscheiden. Etwa ein Drittel der Betroffenen steht den Veränderungen offen und positiv gegenüber, ein Drittel verhält sich abwartend und neutral und das letzte Drittel lehnt den Wandel leidenschaftlich ab. Differenziert man diese Einteilung weiter, so können sieben Typen von Personen in Verbindung mit Veränderungsreaktionen ausgemacht werden, wobei eine Normalverteilung der einzelnen Typen unterstellt wird [vgl. VAHS 2009, S. 344 ff. unter Bezugnahme auf KREBSBACH-GNATH 1992, S. 37 ff.]:

- **Visionäre und Missionare**. Diese eher kleine Schlüsselgruppe gehört in der Regel dem Top-Management an und haben die Ziele und Maßnahmen des geplanten Wandels mit erarbeitet oder mit initiiert. Sie sind vom Veränderungserfolg überzeugt und versuchen nun, die übrigen Organisationsmitglieder von der Notwendigkeit der Veränderung zu überzeugen.

- **Aktive Gläubige**. Auch diese Personengruppe akzeptiert den bevorstehenden Wandel und ist bereit, ihre ganze Arbeits- und Überzeugungsarbeit einzusetzen, um die Ziele und neuen Ideen in die Organisation zu tragen.

- **Opportunisten**. Sie wägen zunächst einmal ab, welche persönlichen Vor- und Nachteile der Wandel für sie bringen kann. Gegenüber ihren veränderungsbereiten Vorgesetzten äußern sie sich positiv, gegenüber ihren Kollegen und Mitarbeitern eher zurückhaltend und skeptisch.

- **Abwartende und Gleichgültige**. Diese größte Personengruppe zeigt eine sehr geringe Bereitschaft, sich aktiv an der Veränderung zu beteiligen. Sie wollen erst einmal Erfolge sehen und eine spürbare Verbesserung ihrer persönlichen Arbeitssituation erfahren.

- **Untergrundkämpfer**. Sie gehen verdeckt vor und betätigen sich als Stimmungsmacher gegen die Neuerungen.

- **Offene Gegner**. Diese Gruppe von Widerständlern, der es um die Sache und nicht um persönliche Privilegien geht, zeigt ihre ablehnende Haltung offen. Sie argumentiert mit „offenem Visier" und ist davon überzeugt, dass die Entscheidung falsch und der eingeschlagene Weg nicht zielführend ist.

– **Emigranten**. Diese eher kleine Gruppe hat sich entschlossen, den Wandel keinesfalls mitzutragen und verlässt das Unternehmen. Häufig handelt es sich dabei um Leistungsträger, die nach der Veränderung keine ausreichende Perspektive für sich sehen.

In Abbildung 4-29 sind die typischen Einstellungen gegenüber dem organisatorischen Wandel als Normalverteilung so dargestellt, dass auf der Abszisse die Veränderungsbereitschaft von links (Begeisterung, Zustimmung) nach rechts (Skepsis, Ablehnung) immer weiter abnimmt. Allerdings muss auch hierzu angemerkt werden, dass die unterstellte Normalverteilung durchaus plausibel erscheint, empirisch aber nicht abgesichert ist.

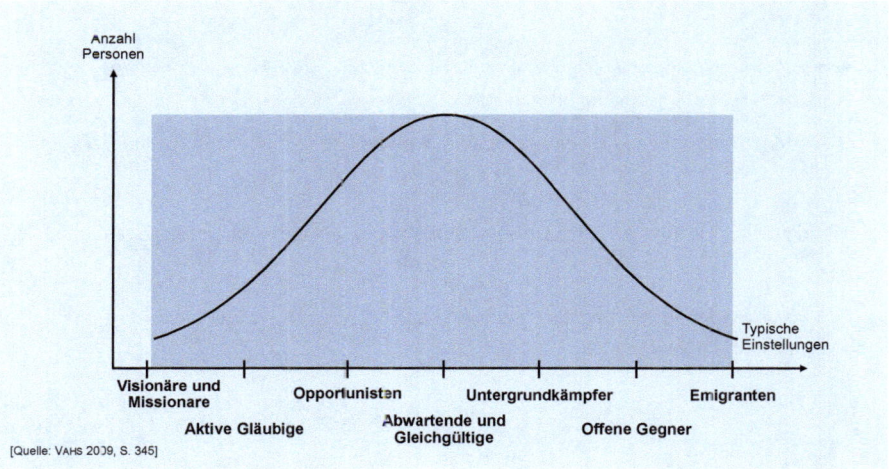

Abb. 4-29:   Typische Einstellungen gegenüber dem organisatorischen Wandel

4.4.3.4   Phasen der Veränderung

Jede Veränderung ist ein Prozess, der zweckmäßiger Weise in folgenden fünf Phasen ablaufen sollte [vgl. KRÜGER 2002, S. 49]:

– **Initialisierung**, d. h. der Veränderungsbedarf wird festgestellt und die Veränderungsträger müssen informiert werden,

– **Konzipierung**, d. h. die Ziele der Veränderung sind festzulegen und die entsprechenden Maßnahmen zu entwickeln,

– **Mobilisierung**, d. h. das Veränderungskonzept muss kommuniziert und Veränderungsbereitschaft und Veränderungsfähigkeit geschaffen werden,

– **Umsetzung**, d. h. die priorisierten Veränderungsvorhaben sind durchzuführen und Folgeprojekte anzustoßen,

– **Verstetigung**, d. h. die Veränderungsergebnisse müssen verankert und Veränderungsbereitschaft und -fähigkeit abgesichert werden.

4.4.3.5   Erfolgsfaktoren von Change Management-Projekten

Generell sind es drei Voraussetzungen, die den Erfolg von Change-Projekten bestimmen [vgl.
REGER 2009, S. 14]:

– **Veränderungsbedarf**, d. h. die grundsätzliche Erkenntnis und Überzeugung, dass eine
Veränderung zu einer besseren Ausgangssituation führt und damit wettbewerbsrelevant
ist,

– **Veränderungsfähigkeit**, d. h. das Potenzial von Führungskräften und Mitarbeitern, die
Veränderung erfolgreich umzusetzen und

– **Veränderungsbereitschaft**, d. h. den Willen aller Beteiligten und Betroffenen zur Umsetzung.

Nur wenn alle drei Voraussetzungen zusammenkommen, hat das Change Management „leich-
tes Spiel".

In Abbildung 4-30 sind die Beziehungszusammenhänge von Veränderungsbedarf, -fähigkeit
und -bereitschaft dargestellt.

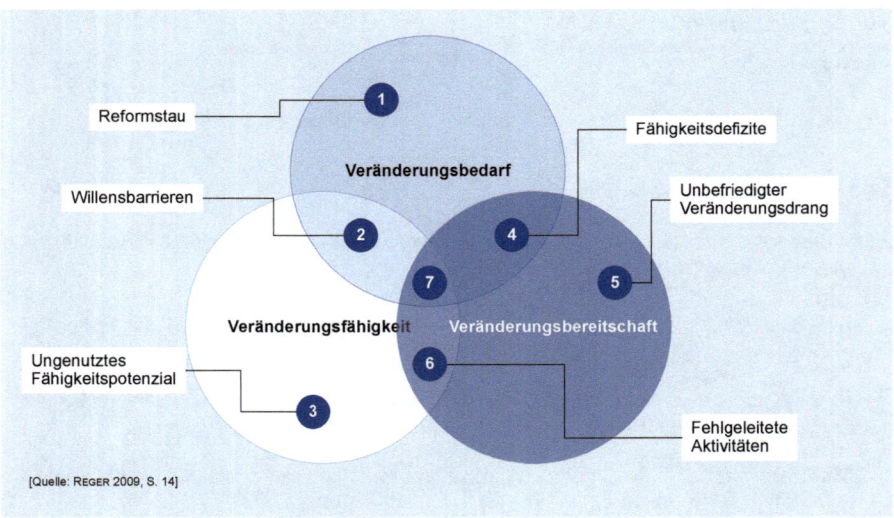

[Quelle: REGER 2009, S. 14]

Abb. 4-30:   Zusammenhang von Veränderungsbedarf, -fähigkeit und -bereitschaft

Ein wichtiger Bestandteil des Change Management ist eine klare, konsequente und konsistente **Kommunikation**. Eine rechtzeitige und offene Information der Organisationsmitglieder über die Ursachen, Ziele und Fortschritte des Wandels stellt sicher, dass die Gründe für die Einleitung eines Veränderungsprozesses auch verstanden werden. Führungskräfte und Mitarbeiter werden sich nur dann für den Wandel einsetzen, wenn sie ausreichend über das Veränderungsvorhaben informiert sind und den Gesamtzusammenhang zur Unternehmens- bzw. Marktstrategie kennen. Alle Beteiligten und Betroffenen müssen mit geeigneten Kommunikationsmitteln und -maßnahmen angesprochen werden, um ein konsistentes Bild der Veränderung zu erzeugen. Der Aufbau eines vertrauensvollen Kommunikations- und Arbeitsklimas, das ein laufendes Feedback über den Veränderungsprozess fordert und in die Maßnahmengestaltung einfließen lässt, ist somit eine ganz wichtige Voraussetzung für den erfolgreichen Unternehmenswandel [vgl. VAHS 2009, S. 355].

Jedes Change Management-Team sollte sich darüber im Klaren sein, dass sich ohne Ziele, Aktionspläne, Ressourcen, Fähigkeiten, Anreize und Informationen die gewünschte Veränderung nicht einstellen wird. Im Gegenteil, fehlt bereits eine dieser Komponenten, so ist Aktionismus, Chaos, Frustration, Angst oder Verwirrung vorprogrammiert.

Abbildung 4-31 zeigt sehr anschaulich, was das Fehlen einzelner Komponenten im Change Management-Prozess bewirken kann. Besonders deutlich werden diese Effekte, wenn man die Ursachen fehlgeschlagener Change-Projekte analysiert.

[Quelle: UNKRIG 2005, S. 45]

Abb. 4-31:   Komponenten der gewünschten Veränderung

In Insert 4-05 sind die häufigsten Ursachen für IT-Projekte, die die Erwartungen nicht erfüllt haben, aufgelistet. Daran wird deutlich, dass es im Wesentlichen immer wieder an der Vernachlässigung mindestens einer der o. g. Komponenten liegt, wenn Projekte nicht den gewünschten Erfolg bringen.

Konkret muss das Unternehmen Sorge dafür tragen, dass die Veränderung zu einer Anreiz-kompatiblen Organisationslösung führt, d. h. der Mitarbeiter sollte durch Erfüllung der gestell-ten Aufgabe auch seine eigenen Ziele erreichen können. Darüber hinaus ist die Motivation der Mitarbeiter auf ein gemeinsames Ziel auszurichten, um den Abbau von Blockaden zu erleich-tern. Auch eine gezielte Steuerung der Erwartungen sowie eine entsprechende Qualifizierung der Mitarbeiter sind Grundlagen für einen erfolgreichen Change Management-Prozess.

Fazit: Eine der Veränderung positiv gegenüberstehende Unternehmenskultur, eine angemes-sene und zielgruppenorientierte Kommunikation sowie ein kompetentes Change Management-Team, das mit entsprechenden Ressourcen ausgestattet ist, bilden die wichtigsten Grundlagen für einen erfolgreichen Wandel im Unternehmen.

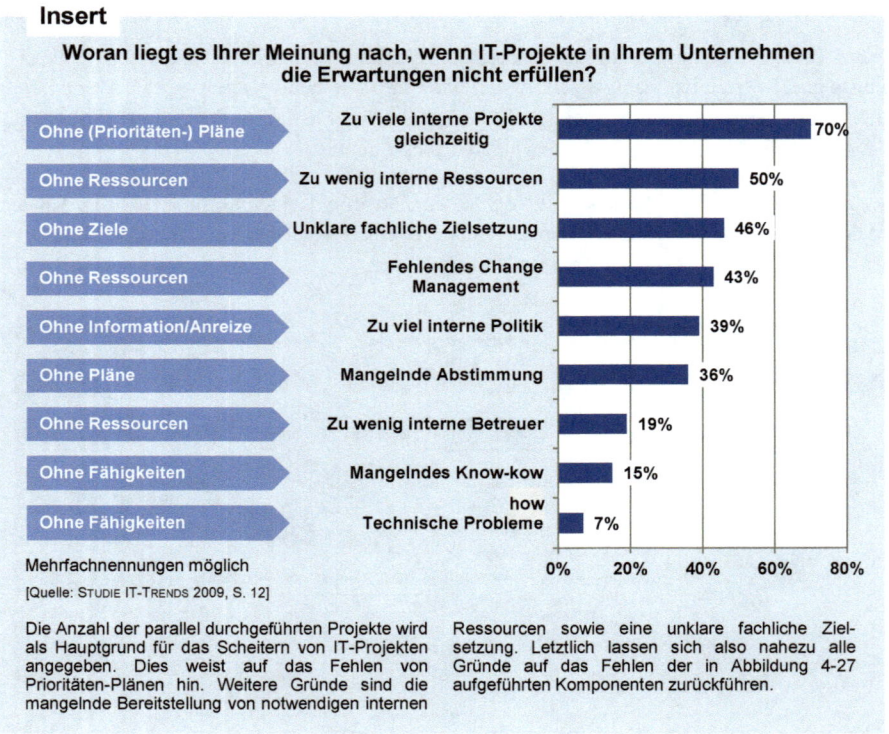

Insert

Woran liegt es Ihrer Meinung nach, wenn IT-Projekte in Ihrem Unternehmen die Erwartungen nicht erfüllen?

Ohne (Prioritäten-) Pläne	Zu viele interne Projekte gleichzeitig	70%
Ohne Ressourcen	Zu wenig interne Ressourcen	50%
Ohne Ziele	Unklare fachliche Zielsetzung	46%
Ohne Ressourcen	Fehlendes Change Management	43%
Ohne Information/Anreize	Zu viel interne Politik	39%
Ohne Pläne	Mangelnde Abstimmung	36%
Ohne Ressourcen	Zu wenig interne Betreuer	19%
Ohne Fähigkeiten	Mangelndes Know-kow how	15%
Ohne Fähigkeiten	Technische Probleme	7%

Mehrfachnennungen möglich

[Quelle: STUDIE IT-TRENDS 2009, S. 12]

Die Anzahl der parallel durchgeführten Projekte wird als Hauptgrund für das Scheitern von IT-Projekten angegeben. Dies weist auf das Fehlen von Prioritäten-Plänen hin. Weitere Gründe sind die mangelnde Bereitstellung von notwendigen internen Ressourcen sowie eine unklare fachliche Ziel-setzung. Letztlich lassen sich also nahezu alle Gründe auf das Fehlen der in Abbildung 4-27 aufgeführten Komponenten zurückführen.

Insert 4-05:   Ursachen fehlgeschlagener IT-Projekte

4.5   Agile Organisation

Veränderungen durch Digitalisierung, Vernetzung und Globalisierung schlagen sich im **VUCA-Modell** nieder. VUCA steht als Akronym für Volatility (Unbeständigkeit), Uncertainty (Ungewissheit), Complexity (Komplexität) und Ambiguity (Mehrdeutigkeit).

4.5.1   Softwareentwicklung als Modell für Organisationsentwicklung

Wenn es nun darum geht, entsprechende digitale Lösungen als Antwort auf die Anforderungen der VUCA-Welt zu entwickeln, wird **Agilität** zum Schlagwort. Veränderungen, die mit der Digitalisierung einhergehen, machen nicht nur agile Tools und Techniken erforderlich, sondern auch eine Anpassung der Arbeitswelt und damit der Organisation. Dabei geht es um mehr Flexibilität, Schnelligkeit und Vernetzung bei der Planung und Umsetzung von Projekten (siehe Insert 4-06).

Insert

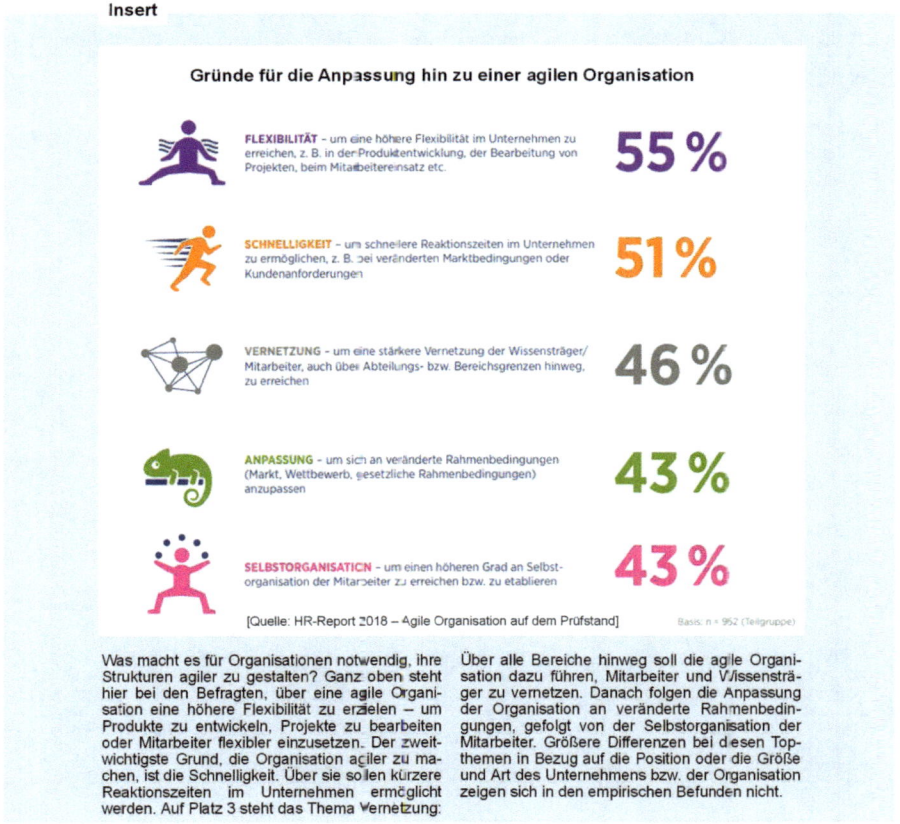

Gründe für die Anpassung hin zu einer agilen Organisation

FLEXIBILITÄT – um eine höhere Flexibilität im Unternehmen zu erreichen, z. B. in der Produktentwicklung, der Bearbeitung von Projekten, beim Mitarbeitereinsatz etc. **55 %**

SCHNELLIGKEIT – um schnellere Reaktionszeiten im Unternehmen zu ermöglichen, z. B. bei veränderten Marktbedingungen oder Kundenanforderungen **51 %**

VERNETZUNG – um eine stärkere Vernetzung der Wissensträger/ Mitarbeiter, auch über Abteilungs- bzw. Bereichsgrenzen hinweg, zu erreichen **46 %**

ANPASSUNG – um sich an veränderte Rahmenbedingungen (Markt, Wettbewerb, gesetzliche Rahmenbedingungen) anzupassen **43 %**

SELBSTORGANISATION – um einen höheren Grad an Selbstorganisation der Mitarbeiter zu erreichen bzw. zu etablieren **43 %**

[Quelle: HR-Report 2018 – Agile Organisation auf dem Prüfstand]   Basis: n = 952 (Teilgruppe)

Was macht es für Organisationen notwendig, ihre Strukturen agiler zu gestalten? Ganz oben steht hier bei den Befragten, über eine agile Organisation eine höhere Flexibilität zu erzielen — um Produkte zu entwickeln, Projekte zu bearbeiten oder Mitarbeiter flexibler einzusetzen. Der zweitwichtigste Grund, die Organisation agiler zu machen, ist die Schnelligkeit. Über sie sollen kürzere Reaktionszeiten im Unternehmen ermöglicht werden. Auf Platz 3 steht das Thema Vernetzung:

Über alle Bereiche hinweg soll die agile Organisation dazu führen, Mitarbeiter und Wissensträger zu vernetzen. Danach folgen die Anpassung der Organisation an veränderte Rahmenbedingungen, gefolgt von der Selbstorganisation der Mitarbeiter. Größere Differenzen bei diesen Topthemen in Bezug auf die Position oder die Größe und Art des Unternehmens bzw. der Organisation zeigen sich in den empirischen Befunden nicht.

Insert 4-06:   Gründe für die Anpassung hin zu einer agilen Organisation

Die agile Bewegung gründet auf der ursprünglichen Idee, bessere Software zu entwickeln. Inzwischen wird der agile Ansatz zu allen Arten von Entwicklungsarbeit wie etwa Design, Technik, Marketing und Management herangezogen und von der anfänglichen Fokussierung auf kleine selbstorganisierte, aber bereichsübergreifende Teams zur agilen Gesamt-organisation ausgeweitet. Auch die einstigen Grundwerte von Agilität wurden mehr und mehr abstrahiert, um im gesamten Unternehmen eine Kultur der Transparenz, Selbstorganisation und feedback-orientierten Zusammenarbeit zu schaffen [vgl. DMK e-Business 2017].

Für agile Organisation gibt es keine endgültige Definition. Zunächst muss man sich darüber im Klaren sein, dass wesentliche Impulse der agilen Planung und Organisation aus der **Software-entwicklung** kommen. Damit stellt sich zwangsläufig die Frage, was Softwareentwicklung mit Organisationsentwicklung zu tun hat. Beiden gemeinsam ist, dass es schwierig ist, von Anfang an Ziele spezifisch und messbar zu definieren und dass nicht vorhersehbare Probleme und Änderungen bei der Umsetzung von Zielen eher die Regel als die Ausnahme sind.

Aufgrund der **kurz-zyklischen** Vorgehensweise, bei der während der Umsetzung eines laufenden Zyklus keine Veränderungen vorgenommen werden dürfen, soll bei agilen Organisationsformen die Stabilität des Arbeitsprozesses sichergestellt werden.

Insert

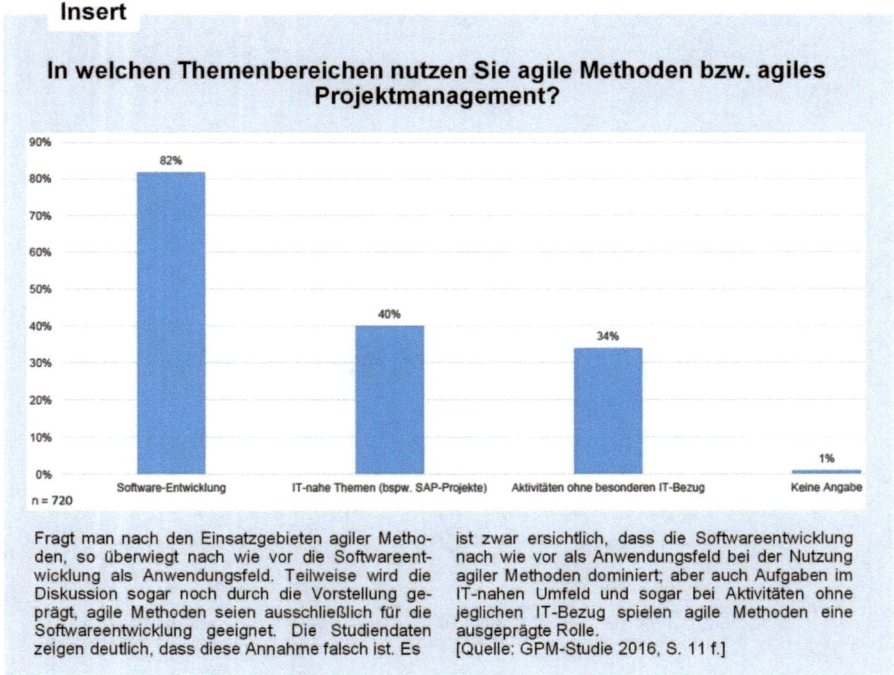

In welchen Themenbereichen nutzen Sie agile Methoden bzw. agiles Projektmanagement?

n = 720

Fragt man nach den Einsatzgebieten agiler Methoden, so überwiegt nach wie vor die Softwareentwicklung als Anwendungsfeld. Teilweise wird die Diskussion sogar noch durch die Vorstellung geprägt, agile Methoden seien ausschließlich für die Softwareentwicklung geeignet. Die Studiendaten zeigen deutlich, dass diese Annahme falsch ist. Es ist zwar ersichtlich, dass die Softwareentwicklung nach wie vor als Anwendungsfeld bei der Nutzung agiler Methoden dominiert; aber auch Aufgaben im IT-nahen Umfeld und sogar bei Aktivitäten ohne jeglichen IT-Bezug spielen agile Methoden eine ausgeprägte Rolle.
[Quelle: GPM-Studie 2016, S. 11 f.]

Insert 4-07: Einsatzgebiete agiler Methoden

Gemeinsame agile Werte wie zum Beispiel Commitment, Fokus, Offenheit oder Mut, die in der Praxis von jedem Team gelebt werden müssen, sind oft der Ausgangspunkt für die agile Organisationsentwicklung. Diesen Werten, die bei der agilen Softwareentwicklung eine große Rolle spielen, wird auch eine hohe Bedeutung für den Erfolg des Organisationsprozesses beigemessen.

Insert 4-07 zeigt, dass die Softwareentwicklung bei weitem nicht mehr das einzige Einsatzgebiet agiler Methoden ist. Im Gegenteil, gut ein Drittel aller befragten Unternehmen setzen agile Methoden in Anwendungsfeldern ohne besonderen IT-Bezug (und damit auch in der Organisationsentwicklung) ein [vgl. GPM-Studie 2017, S. 12].

4.5.2 Unterschiede zur klassischen Organisation

Aus klassischer Führungssicht zielt die agile Organisation auf eine **Selbstorganisation**, die ein Maximum an Delegation darstellt. Die Führung wird dabei temporär immer wieder von neuen Teammitgliedern übernommen und kann als „Führung on demand" bezeichnet werden. Bei einer ausgeprägten Selbstorganisation hat das Organigramm als Pyramide ausgedient. Gefragt ist eine breite Plattform, auf der die Mitarbeiter für das Unternehmen und auch im Sinne der Unternehmensziele erfolgreich sein können. Zudem sind Vorgesetzte nicht mehr für die Einteilung der Arbeit zuständig. In einer agilen Organisation regelt das jeder Einzelne in Abstimmung mit dem Team, und zwar nach inhaltlichen und motivationalen Gesichtspunkten. Viele Dinge werden transparenter und Herrschaftswissen nimmt ab [vgl. NOWOTNY 2017].

Eine agile Organisation muss eine hierzu passende Kultur haben. Für die Unternehmenspraxis bedeutet das: Die Kontroll- und Politikinstrumente treten in den Hintergrund. Transparenz und eine offene Diskussionskultur prägen die Organisation. Vornehme Zurückhaltung ist kontraproduktiv, da essenzielle Punkte so nicht auf den Tisch kommen. Auch der für agile Unternehmen wichtige Austausch von informellem Wissen wird sehr stark durch die Unternehmenskultur vorgegeben. Die Teamkultur, die Zusammenarbeit im Team und der Teamprozess selbst stehen im Vordergrund und werden immer wieder gezielt verbessert [vgl. NOWOTNY 2017].

Die **Unterschiede** zu hierarchischen oder Matrixorganisationen lassen sich wie folgt zusammenfassen [vgl. ALBERT/KRUMBIER 2014]:

- Die agile Organisation vermeidet Arbeitsteilung und Differenzierung.
- Für agile Organisationen sind Kräfte, die von außen kommen, wichtiger als Kräfte, die von oben – also vom Management – kommen.
- **Vernetzte Kommunikation** und **informelle Strukturen** treten bei agilen Unternehmen in den Vordergrund.
- Agile Organisationsentwicklung folgt dem Prinzip des **„test-driven-development"**. Dabei wird ein missglückter Testballon nicht als „Fehlschlag" bewertet, sondern als eine „hilfreiche Information".

- Agile Organisationen haben anders als hierarchische Organisationen eine **organische o-
der zellartige Struktur**. Sie bestehen durchgehend aus Teams, die eigenverantwortlich
und ohne klassische Führungskraft arbeiten.

- **Transparenz** im Vorgehen und in der Kommunikation ist eine der wichtigsten Voraussetzungen der agilen Organisationsentwicklung.

- Der **Informationsaustausch im Team** wird bei der agilen Organisation großgeschrieben
– das gilt sowohl bei den Inhalten als auch bei der Zusammenarbeit. Das Lernen ist Bestandteil des Prozesses.

- Agile Organisationsmodelle entsprechen in ihrer ausgeprägten Form dem **kooperativen
Führungsstil**. Allerdings sollte die Passung von Führungsstil und Organisationsform im
Kontext neuer Zusammenarbeitsmodelle immer wieder diskutiert werden. Denn es gibt
es einen Punkt, an dem der optimale Grad der **Mitbestimmung** für die jeweilige Organisation erreicht ist. Wird die Organisation über diesen Punkt hinaus demokratisiert, min-
dern negative Effekte den Erfolg.

Sind die Voraussetzungen gegeben, so sehen die Vertreter der agilen Organisationsentwicklung
folgende **Vorteile** im agilen Vorgehen [vgl. KASCH 2013, S. 49]:

- **Entscheidungsprozess:** Nach einer Übergangsphase werden Entscheidungen schneller
getroffen, da Flaschenhälse in der Kommunikation erkannt und beseitigt wurden.

- **Freiräume:** Das Unternehmen kann seine Attraktivität steigern, da die geschaffenen
Freiräume der zunehmenden Mündigkeit des Einzelnen entsprechen.

- **Kundenorientierung:** Produkte und Leistungen werden (wieder) kundenorientierter, da
durch die konsequente Ausrichtung am Markt der Dialog mit Kunden verstärkt wird.

- **Kommunikation:** Es ergeben sich eine verbesserte, in der Regel auf das Wesentliche
reduzierte Kommunikation und Koordination.

- **Transparenz:** Für alle Mitarbeiter wird eine sinnvolle Transparenz hergestellt, zum Beispiel sind die Unternehmenskennzahlen für alle ersichtlich. So stimmt der Kontext für
eigenverantwortliches Handeln.

- **Einbindung:** Es werden alle Beschäftigten an der Leistung und weiteren Entwicklung
des Unternehmens beteiligt.

4.5.3 Bewertung

Welche Methode eignet sich besser für die Organisationsentwicklung, die agile oder die klassische Methode? Eine Antwort darauf muss differenziert ausfallen:

Es gibt Projekte und Kundenumgebungen, bei denen sich die klassische Planung bewährt hat
und sich weiter bewähren wird. Methodik und Planung sollten zu den Strukturen und zur Kultur
einer Organisation oder eines Projekts passen, ebenso wie zum Charakter des Veränderungsprozesses selbst. Wenn ein Leitsatz der Organisationsentwicklung, nämlich *„Veränderung
braucht Stabilität"* zutrifft, dann werden sich die Verantwortlichen oder Beteiligten eines

Change Prozesses nicht so ohne Weiteres auf den Wechsel der methodischen Vorgehensweise einlassen. Mit anderen Worten, je aufwändiger ein organisatorischer Reformprozess und je höher das Risiko für die Beteiligten (insbesondere der Führungskräfte) ist, desto geringer wird in der Regel die Bereitschaft sein, sich auf eine experimentelle Methodik mit vielen ergebnisoffenen Iterationsschritten einzulassen. Deshalb muss der Einsatz agiler Methoden sorgsam überlegt und ggf. mit den bekannten Elementen linearer Planung wie z.B. Meilensteine, Berichte und Entscheidungsweichen ausbalanciert werden. Dies mag auch der Grund dafür sein, dass die durchgängige Nutzung agiler Methoden („nach Lehrbuch") eher die Ausnahme als die Regel ist (siehe Insert 4-08).

Insert

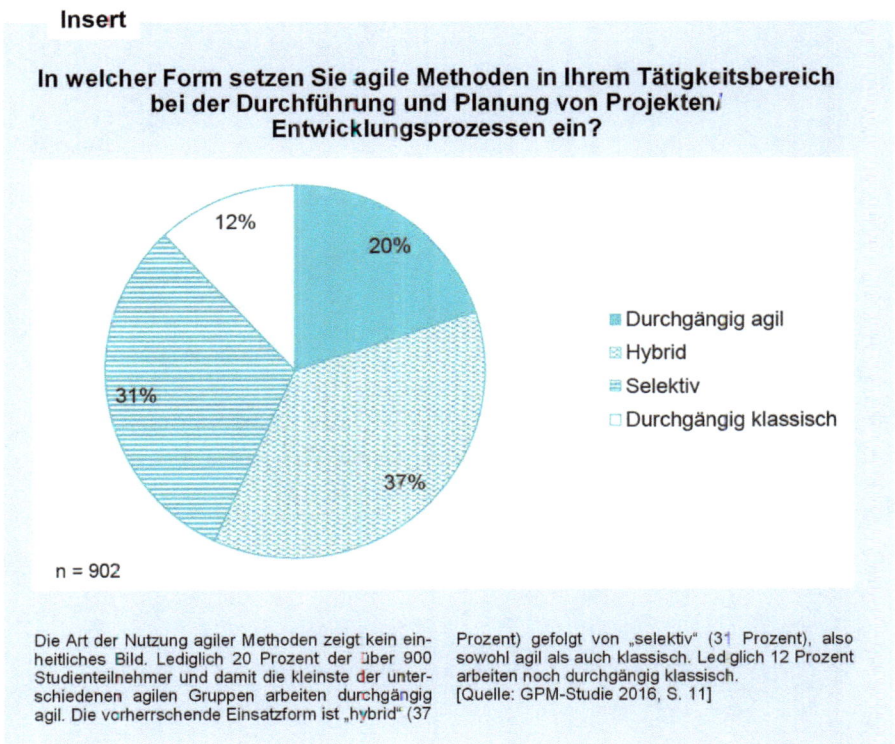

In welcher Form setzen Sie agile Methoden in Ihrem Tätigkeitsbereich bei der Durchführung und Planung von Projekten/ Entwicklungsprozessen ein?

- Durchgängig agil
- Hybrid
- Selektiv
- Durchgängig klassisch

n = 902

Die Art der Nutzung agiler Methoden zeigt kein einheitliches Bild. Lediglich 20 Prozent der über 900 Studienteilnehmer und damit die kleinste der unterschiedenen agilen Gruppen arbeiten durchgängig agil. Die vorherrschende Einsatzform ist „hybrid" (37 Prozent) gefolgt von „selektiv" (31 Prozent), also sowohl agil als auch klassisch. Lediglich 12 Prozent arbeiten noch durchgängig klassisch. [Quelle: GPM-Studie 2016, S. 11]

Insert 4-08: Art der Nutzung agiler Methoden

Andererseits zeigen die Ergebnisse der GPM-Umfrage zum Status-Quo der Verbreitung und Nutzen agiler Methoden, dass die Leistungsfähigkeit agiler Methoden deutlich höher eingeschätzt wird als die der klassischen Methoden. Allerdings basiert die hohe Erwartungshaltung gegenüber solch guten Ergebnissen auf eine Reihe von Voraussetzungen, die zwingend erfüllt sein müssen. Zu den wichtigsten Voraussetzungen zählen:

- **Agile Werte** (z.B. Commitment, Fokus, Offenheit, Mut), die von allen Teilnehmern gelebt werden

- Einheitliche und hohe **digitale Kompetenz** aller Teammitglieder

- Eine **Unternehmenskultur**, die agiles Denken und Handeln erlaubt und bei der Kontroll- und Politikinstrumente in den Hintergrund treten

- **Rollen- und Aufgabenklarheit**, klare Prioritäten sowie passende Meeting-Formate und Kommunikationsstrukturen.

Kontroll- und Vertiefungsfragen

(1) Welche drei organisatorischen Grundprinzipien werden nach dem heutigen Organisationsverständnis unterschieden?

(2) Welche Managementfunktionen beschreibt der sogenannte „Fünferkanon" der modernen Managementlehre?

(3) Worin unterscheiden sich Stelle, Instanz und Abteilung als Organisationseinheit?

(4) Inwiefern ist die Matrixorganisation eine Sonderform der Mehrlinienorganisation?

(5) Ist die funktionale Organisation für ein Ein-Produktunternehmen in jedem Fall die zweckmäßigste Organisationsform?

(6) Warum nehmen die Verfechter der Matrixorganisation die „vorprogrammierten" Konfliktfälle aufgrund der unklaren Weisungsbefugnisse bewusst in Kauf?

(7) Worin liegen die grundlegenden Unterschiede zwischen der Ablauforganisation und der Prozessorganisation?

(8) Worin besteht die grundsätzliche Prozessidee?

(9) Welche drei Rollen kommen jedem Prozess zu?

(10) Beschreiben Sie die Grundphilosophie des Business Process Reengineering.

(11) Welche Geschäftsprozesse beschreibt das Supply Chain Management?

(12) Von welchen Einflussfaktoren wird die Organisation des Personalsektors im Wesentlichen bestimmt?

(13) Welche Aktivitäten des Personalsektors sollten als Service Center organisiert werden, welche als Competence Center?

(14) Welche Ziele werden mit der Einrichtung eines Shared Service Center verfolgt?

(15) Welche Varianten bieten sich bei der geografischen Auslagerung eines Shared Service Center an?

(16) Warum bildet das Service Level Agreement eine wichtige Grundlage für den Betrieb eines Shared Service Center?

(17) Worin besteht der Unterschied zwischen X-Shoring und Outsourcing?

(18) Welche Kosten- und Qualitätsvorteile werden mit Self Services angestrebt?

(19) Warum sind Unternehmenszusammenschlüsse im Dienstleistungsbereich besonders schwierig?

(20) Welcher Zusammenhang besteht zwischen Veränderungsbedarf, -fähigkeit und -bereitschaft?

(21) Warum ist die Kommunikation so wichtig für die Umsetzung von Change Management-Projekten?

Literatur

AAKER, D. A. (1984): Strategic Market Management, New York 1984.

ACHOURI, C. (2015): Human Resources Management. Eine praxisbasierte Einführung, 2. Aufl., Wiesbaden 2015.

ADAMS, J.S. (1965). Inequity in social exchange. In: Berkowitz, L. (Ed.): Advances in experimental social psychology (Vol. 2, S. 267-299). New York: Academic Press 1965.

ANDLER, N. (2008): Tools für Projektmanagement, Workshops und Consulting. Kompendium der wichtigsten Techniken und Methoden, Erlangen 2008.

APPEL, W. (2011): HR-Serviceplattform HRdirekt. Standardisierung von Prozessen versus Serviceorientierung, Präsentationsvorlage BASF vom 31.03.2011.

APPELFELLER, W./FELDMANN,C. (2018): Die digitale Transformation des Unternehmens. Systematischer Leitfaden mit zehn Elementen zur Strukturierung und Reifegradmessung, Wiesbaden 2018.

ARON-WEIDLICH, M. (2018): Digitale Transformation – braucht es deshalb eine andere Führung? In: https://www.linkedin.com/pulse/digitale-transformation-braucht-es-deshalb-eine-martina-aron-weidlich/ (aufgerufen 04.04.2019).

ASHFORTH, B. E./MAEL, F. (1989). Social Identity Theory and the Organization. Academy of Management Review, 14, 20–39.

BACKHAUS, K. (1990): Investitionsgütermarketing, 2. Aufl., München 1990.

BARNARD, C. I. (1938): The Functions of the Executive. Harvard University Press, Cambridge (Mass.) 1938.

BARTHOLOMÄUS, N. (2018): Internationalisierung – neue Märkte, veränderte Strukturen, in: ARMUTAT, S./BARTHOLOMÄUS, N./FRANKEN, S./HERZIG, V./HELBICH, B. (Hrsg.): Personalmanagement in Zeiten von Demografie und Digitalisierung. Herausforderungen und Bewältigungsstrategien für den Mittelstand, Wiesbaden 2018.

BARTSCHER, T./STÖCKL, J./TRÄGER, T. (BARTSCHER et al. 2012): Personalmanagement. Grundlagen, Handlungsfelder, Praxis, München 2012.

BASS, B. (1985): Leadership and Performance Beyond Expectations, New York 1985.

BAUER, U./SOOS, J. (2017): Unternehmerische Kompetenzen von GründerInnen technologieorientierter Unternehmen. Eine Erhebung im österreichischen AplusB-Programm. BWL-Schriftenreihe Nr. 21 der Universität Graz, Graz 2017.

BAUMGARTEN, R. (1977): Führungsstile und Führungstechniken, Berlin-New York 1977.

BEA, F. X./HAAS, J. (2005): Strategisches Management, 4. Aufl., Stuttgart 2005.

BECK, C. (2008a): Personalmarketing 2.0. Personalmarketing in der nächsten Stufe ist Präferenz-Management, in: BECK, C. (Hrsg.) (2008b): Personalmarketing 2.0. Vom Employer Branding zum Recruiting, Köln 2008.

BECK, C. (Hrsg.) (2008b): Personalmarketing 2.0. Vom Employer Branding zum Recruiting, Köln 2008.

BECK, C. (Hrsg.) (2008c): Studie 2008 Arbeitgeberimage-Energie, Koblenz 2008.

BECKER, F. G. (2009): Führen mit Anreizsystemen. In: Digitale Fachbibliothek „Das flexible Unternehmen". Hrsg. v. ANTONI, C. H./EYER, E.: Düsseldorf: Symposium, Online-Publikation 2009 (http://www.sympsion.de/?autoren/250775_Prof_Dr_Fred_G_Becker, Online: 01.07.2009).

BECKER, G./SEFFNER, S. (2002): Erfolgsfaktor Personal – Wachstum und Zukunftsorientierung im Mittelstand, Kienbaum Consultants International.

BECKER, J. (1993): Marketing-Konzeption. Grundlagen des strategischen Marketing-Managements, 5. Aufl., München 1993.

BECKER, J. (2009): Marketing-Konzeption. Grundlagen des ziel-strategischen und operativen Marketing-Managements, 9. Aufl., München 2009.

BECKER, M. (2010): Personalwirtschaft. Lehrbuch für Studium und Praxis, Stuttgart 2010.

BERTHEL, J./BECKER, F. (2007): Personalmanagement. Grundzüge für die Konzeption betrieblicher Personalarbeit, 8. Aufl., Stuttgart 2007.

BEUGRÉ, C.D. (1998): Managing fairness in organizations, Westport1998.

BIDLINGMAIER, J. (1973): Marketing, Bd. 1, Reinbeck bei Hamburg 1973.

BIRKIGT, K./STADLER, M. M. (1992): Corporate Identity-Grundlagen, in: BIRKIGT, K./STADLER, M. M./FUNCK, H. J. (Hrsg.) Corporate Identity, 5. Aufl., 1992, S. 11-61.

BISANI, F. (1995): Personalwesen und Personalführung. Der State oft he Art der betrieblichen Personalarbeit, 4. Aufl., Wiesbaden 1995.

BLAU, P. M. (1964): Exchange und Power in Social Life, New York 1964.

BRIETZE, R./LIPPOLD, D. (2011): Gerecht und motivierend. Eine Fallstudie zur Vergütungsgerechtigkeit bei Führungskräften, in: Zeitschrift für Organisation (zfo), 04/11, S. 230-237.

BRÖCKERMANN, R. (2007): Personalwirtschaft. Lehr- und Übungsbuch für Human Resource Management, 4. Aufl., Stuttgart 2007.

BROWN, M./SIMMERLING, M./STURMAN, M. (BROWN et al. 2003): Compensation Policy and Organizational Performance: The Efficiency, Operational, and Financial Implications of Pay Levels and Pay Structure, Academy of Management Jornal, 46, 6, S. 752-762.

BRUHN, M. (2007): Kommunikationspolitik, 4. Aufl., München 2007.

BUNDESAGENTUR FÜR ARBEIT (Hrsg.) (2010): Der Arbeitsmarkt in Deutschland. Arbeitsmarktberichterstattung – Januar 2011.

BUSS, E. (2009): Managementsoziologie. Grundlagen, Praxiskonzepte, Fallstudien, 2. Aufl., München 2009.

CIESIELSKI, M.A./SCHUTZ, T. (2016): Digitale Führung. Wie die neuen Technologien unsere Zusammenarbeit wertvoller machen, Wiesbaden 2016.

Change Management-Studie (2008): Business Transformation – Veränderungen erfolgreich gestalten (hrsg. v. CAPGEMINI CONSULTING)

Change Management-Studie (2012): Digitale Revolution – Ist Change Management mutig genug für die Zukunft? (hrsg. v. CAPGEMINI CONSULTING)

CLASSEN, M./KERN, D. (2006): Studie HR Business Partner. Theorie und Praxis – Sichtweisen und Perspektiven (hrsg. v. CAPGEMINI CONSULTING).

CLASSEN, M./KERN, D. (2007): HR-Barometer 2007. Bedeutung, Strategien, Trends in der Personalarbeit (hrsg. v. CAPGEMINI CONSULTING).

CLASSEN, M./KERN, D. (2009): HR-Barometer 2009. Bedeutung, Strategien, Trends in der Personalarbeit (hrsg. v. CAPGEMINI CONSULTING).

COASE, R. H. (1937): The Nature of the Firm. In: Economica 4(1937)16, S. 386-405.

COLQUITT, J.A./GREENBERG, J./ZAPATA-PHELAN, C.P. (COLQUITT et al. 2005): What is organizational justice? A historical overview. In: Greenberg, J./Colquitt, J.A. (Hrsg.): Handbook of Organizational Justice, Mahwah 2005, S. 3-58.

CONRADI, W. (1983): Personalentwicklung, Stuttgart 1983.

CROPANZANO, R./RUPP, D.E./MOHLER, C.J./SCHMINKE, M. (CROPANZANO et al. 2001): Three roads to organizational justice. In: Research in Personnel and Human Resources Management, 20, S. 1-113.

DAHRENDORF, R. (1975): Gesellschaft und Demokratie in Deutschland, München 1975.

DEBA (2007): URL. http://www.employerbranding.org/employerbranding.php, letzter Abruf 14.04.2011.

DEBA (2012): URL. http://www.employerbranding.org/download_center.php, letzter Abruf 30.01.2012.

DEHNER, H./LABITZKE, F. (2007): Praxishandbuch für Verhaltenstrainer. Das wichtigste Knowhow für Akquisition, Konzeption und Intervention, Bonn 2007.

DGFP e.V. (Hrsg.) (2004): Wertorientiertes Personalmanagement – ein Beitrag zum Unternehmenserfolg. Konzeption – Durchführung – Unternehmensbeispiele, Düsseldorf 2004

DGFP e.V. (Hrsg.) (2006): Erfolgsorientiertes Personalmarketing in der Praxis. Konzept – Instrumente – Praxisbeispiele, Düsseldorf 2006.

DGFP e.V. (Hrsg.) (2010): Expat-Management. Auslandseinsätze erfolgreich gestalten, Düsseldorf 2010.

DOMSCH, M./GERPOTT, T. J. (1992): Personalbeurteilung. In: GAUGLER, E./WEBER, W. (Hrsg.): Handwörterbuch des Personalwesens, 2. Aufl., Sp. 1631-1641, Stuttgart 1992.

DOPPLER, K./LAUTERBURG, C. (2005): Change Management. Den Unternehmenswandel gestalten, 11. Aufl., Frankfurt/Main 2005.

DRUMM, H. J. (2000): Personalwirtschaft, 4. Aufl., Berlin – Heidelberg – New York 2000.

ECKARDT, A./LAUMER, S./MAIER, C./WETZEL, T. (ECKART et al. 2012): Bewerbermanagement-Systeme in deutschen Großunternehmen. Wertbeitrag von IKT für dienstleistungsproduzierende Leistungs- und Lenkungssysteme, in: Zeitschrift für Betriebswirtschaftslehre, Sonderheft 4/2012.

EDINGER, T. (2002): Cafeteria-Systeme. Ein EDV-gestützter Ansatz zur Gestaltung der Arbeitnehmer-Entlohnung, Herdecke 2002.

EIGLER, J. (1997): Transaktionskosten und Personalwirtschaft. Ein Beitrag zur Verringerung der Ökonomiearmut in der Personalwirtschaftslehre, in: Zeitschrift für Personalforschung (ZfP), H. 1/1997, S. 5-29.

ERNST & YOUNG (Hrsg.): EY-Absolventenstudie 2012-2013. Ergebnisbericht, Hamburg 2013.

ERPENBECK, J./HEYSE, V. (2007): Die Kompetenzbiographie: Wege der Kompetenzentwicklung, 2., Aufl., Münster 2007.

EVERS, H. (2009): Vergütungsmanagement, in: von Rosenstiel, L./Regnet, E./Domsch, M. (Hrsg.): Führung von Mitarbeitern, 6. Aufl., Stuttgart 2009, S. 519-528.

EYER, E./HAUSSMANN, T. (2007): Zielvereinbarung und variable Vergütung. Ein praktischer Leitfaden – nicht nur für Führungskräfte, 3. Aufl., Wiesbaden 2005.

FAHRNI, F./VÖLKER, R./BODMER, C. (FAHRNI et al. 2002): Erfolgreiches Benchmarking in Forschung und Entwicklung, Beschaffung und Logistik, München 2002.

FELDMANN, M. (2010): Die Wahrnehmung der Gerechtigkeit von Führungskräften in Arbeitssituationen - Ein kritischer Beitrag zur Messung und Analyse von Gerechtigkeitswahrnehmungen in Organisationen, Hagen 2009.

FEMERS, S. (2006): Wirtschaftskommunikation, Rinteln 2006.

FESTING, M./WEBER, W. (2000): Internationales Personalmanagement, In: WiSt, 2000, Heft 8, S. 428-433.

FESTING, M./DOWLING, P. J./WEBER, W./ENGLE, A.D. (FESTING et al. 2011): Internationales Personalmanagement, 3. Aufl., Wiesbaden 2011.

FIEDLER, F. E. (1967): Engineer the Job to Fit the Manager, in: Harvard Business Review 43 (5/1965), S. 115-122.

FIEDLER, F. E./CHEMERS, M. M./MAHAR, L. (FIEDLER et al. 1979): Der Weg zum Führungserfolg. Ein Selbsthilfeprogramm für Führungskräfte, Stuttgart 1979.

FREIBURG, S. (2005): Lohngerechtigkeit – Managergehälter in der Kritik, Trier 2005 (E-Book).

FRESE, E. (1988): Grundlagen der Organisation, 4. Aufl., Wiesbaden 1988.

FRINTRUP, A (2006).: (ohne Titel) Gastvortrag der HR Diagnostics an der Fachhochschule Pforzheim am 13.06.2006.

FRÖHLICH, W. (2004): Nachhaltiges Personalmarketing: Entwicklung einer Rahmenkonzeption mit praxistauglichem Benchmarking-Modell, in: FRÖHLICH, W. (Hrsg.): Nachhaltiges Personalmarketing. Strategische Ansätze und Erfolgskonzepte aus der Praxis, Frechen 2004, S. 15–49.

GADATSCH, A. (2008): Grundkurs Geschäftsprozess-Management. Methoden und Werkzeuge für die IT-Praxis. Eine Einführung für Studenten und Praktiker, 5. Aufl., Wiesbaden 2008.

GAITANIDES, M./SCHOLZ, R./VROHLINGS, A. (GAITANIDES et al. 1994): Prozessmanagement. Grundlagen und Zielsetzungen, in: Prozessmanagement. Konzepte, Umsetzungen und Erfahrungen des Reengineering, hrsg. von GAITANIDES et al., München 1994, S. 1-19.

GAY, f. (2006): Das DISG®Persönlichkeits-Profil: Persönliche Stärke ist kein Zufall, 34. Aufl., Remchingen 2006.

GIESEN, B. (1998): Personalmarketing – Gewinnung und Motivation von Fach- und Führungsnachwuchskräften, in: THOM, N./GIESEN, B. (Hrsg.): Entwicklungskonzepte und Personalmarketing für den Fach- und Führungsnachwuchs, 2. Aufl., Köln 1998, S. 86–101.

Globale Human Capital Trendstudien 2017 und 2018 (hrsg. von DELOITTE Consulting).

GÖBEL, E. (2006): Unternehmensethik – Grundlage und praktische Umsetzung, Stuttgart 2006.

GRÜNING, M. (2002): Performance-Measurement-Systeme. Messung und Steuerung von Unternehmensleistung, Wiesbaden 2002.

HAGMANN, C./HAGMANN, J. (2011): Assessment Center, 4. Aufl., Freiburg 2011.

HALPIN, A. W./WINER, B. J. (1957): A factorial study of the LBDQ, in: STOGDILL, P./COONS, A. (Hrsg.): Leader behavior: Its description and measurement, Ohio State University, S. 39-51.

HAMMER, M./CHAMPY, J. (1994): Business Reengineering. Die Radikalkur für das Unternehmen, Frankfurt-New York 1994.

HAUSER, M. (2000): Charismatische Führung: Fluch und Segen zugleich?, Frankfurter Allgemeine Zeitung, 42 (14.02.2000), S. 69.

HÄUßLER, T. (2011): Zeitliche Entwicklung von Netzwerkbeziehungen: Theoretische Fundierung und empirische Analyse am Beispiel von Franchise-Netzwerken Wiesbaden 2011.

HENTZE, J./GRAF, A. (2005): Personalwirtschaftslehre 2, 7. Aufl., Bern 2005.

HERSEY, P./BLANCHARD, K. H. (1981): So You Want to Know Your Leadership Style?, Training and Development Journal, June 1981, S. 34-54.

HERSEY, P./BLANCHARD, K. H. (1988): Management of Organisational Behavior, 5. Aufl., Englewood Cliffs 1988.

HILDEBRANDT, E./WOTSCHAK, P./KIRSCHBAUM, A. (HILDEBRANDT et al. 2009): Zeit auf der hohen Kante. Langzeitkonten in der betrieblichen Praxis und Lebensgestaltung von Beschäftigten, Berlin 2009.

HILL & KNOWLTON (Hrsg.) (2008): Reputation & the war for talent. Corporate Reputation Watch 2008.

HIMMELREICH, F.-H. (1989): Arbeitsmarktanalyse. In: STRUTZ, H. (Hrsg.): Handbuch Personalmarketing, Wiesbaden 1989, S. 25-37.

HOMBURG, C./KROHMER, H. (2006): Marketing-Management, 2. Aufl., Wiesbaden 2006.

HOMBURG, C./KROHMER, H. (2009): Marketingmanagement. Strategie – Umsetzung – Unternehmensführung, 3. Aufl., Wiesbaden 2009.

HOMANS, G. C. (1958): Social Behavior as Exchange, American Journal of Sociology, 63 3, S. 597-606.

HORVÁTH, P. (2002): Controlling, 8. Aufl., München 2002.

HOUSE, R. J. (1977): A Theory of Charismatic Leadership, in: HUNT, J. G./LARSON, L. L. (Hrsg.): Leadership. The Cutting Edge, Carbondale 1977, S. 189-207.

HOUSE, R. J./RANGES, P. J./JAVIDIAN, M./DORFMAN, P. W./GUPTA, V. (HOUSE et al. 2004): Culture, Leadership, and Organizations: The GLOBE Study of 62 Societies. Thousand Oaks, CA 2004.

HR-BAROMETER 2007, 2009 und 2011: Bedeutung, Strategien, Trends in der Personalarbeit (hrsg. v. CAPGEMINI CONSULTING).

HR-OUTSOURCING 2010: Akzeptanz und Umsetzungserfahrung deutscher Unternehmen nach der Rezession (hrsg. v. KIENBAUM MANAGEMENT CONSULTANTS).

HR-Trendstudien 2009 bis 2015 (hrsg. v. KIENBAUM Management Consultants).

HUNGENBERG, H./WULF, T. (2011): Grundlagen der Unternehmensführung. Einführung für Bachelorstudierende, 4. Aufl., Berlin-Heidelberg 2011.

ICR Recruiting Report 2011, hrsg. vom Institute for Competitive Recruiting, URL: http://www.competitiverecruiting.de/BewerbermanagementsystemeimKundentest.html

ICR Recruiter Survey 2012, hrsg. vom INSTITUTE FOR COMPETITIVE RECRUITING, URL: http://www.competitiverecruiting.de/Recruiter-Survey.html

IBM (Hrsg.) (1984): Das IBM-Kommunikationsmodell, in: Enzyklopädie der Informationsverarbeitung, Stuttgart 1984.

IKUD® Seminare 2008: Die Zukunft multinationaler Unternehmen: Internationales Personalmanagement, unter: https://www.ikud-seminare.de/LINKNAME.HTML (abgerufen am 09.03.2008).

IW-TRENDS – Vierteljahresschrift zur empirischen Wirtschaftsforschung aus dem Institut der deutschen Wirtschaft Köln, 36. Jahrgang, Heft 1/2009.

JACOBS, G./DALBERT, C. (2008): Gerechtigkeit in Organisationen. Zeitschrift für Wirtschafts-psychologie, 10 (2), S. 3-13

JÄGER, W. (2008): Die Zukunft im Recruiting: Web 2.0. Mobile Media und Personalkommu-nikation, in: BECK, C. (Hrsg.): Personalmarketing 2.0. Vom Employer Branding zum Re-cruiting, Köln 2008.

JÄGER, W./JÄGER, M./FRICKENSCHMIDT, S. (JÄGER et al. 2007): Verlust der Informationshoheit, in: Personal 02/2007, S. 8-11.

JAGO, A. G. (1995): Führungstheorien – Vroom-Yetton-Modell, in: Handwörterbuch der Füh-rung (hrsg. v. KIESER, A./REBER, G./WUNDERER, R.), Stuttgart 1995, Sp. 1063.

JANSSEN, O./VAN DE VLIERT, E. (1996). Concern for the other's goals: Key to (De-)escalation of conflict. The international Journal of Conflict Management, 1996, Vol. 7, No. 2, pp. 99-120.

JENSEN, M./MECKLING, W. (1976): Theory of the Firm: Managerial Behavior, Agency Costs and Ownership Structure, Journal of Financial Economics, 3, 4 (1976), S. 305-360.

JOCHMANN, W. (2019) in: https://www.linkedin.com/pulse/top-trends-hr-und-people-manage-ment-2019-dr-walter-jochmann/ (aufgerufen 02.02.2019)

JUNG, H. (2006): Personalwirtschaft, 7. Aufl., München 2006.

KAPLAN, R. S./NORTON, D. P. (1992): The Balanced Scorecard - Measures that Drive Perfor-mance. In: Harvard Business Review. 1992, January - February, S. 71-79.

KELLNER, H. (2000), Konflikte verstehen, verhindern, lösen. Konfliktmanagement für Füh-rungskräfte, München 2000.

KIEFER, B. U./KNEBEL, H. (2004): Taschenbuch Personalbeurteilung – Feedback in Organisa-tionen, 11. Aufl., Heidelberg 2004.

KLIMECKI, R. G./GMÜR, M. (2005): Personalmanagement, 3. Aufl., Stuttgart 2005.

KOFLER, T. (2018): Das digitale Unternehmen. Systematische Vorgehensweise zur zielgerich-teten Digitalisierung, Wiesbaden 2018.

KOLLMANN, T./SCHMIDT, H. (2016): Deutschland 4.0. Wie digitale Transformation gelingt, Wiesbaden 2016.

KOSUB, B. (2009): Personalentwicklung, in DGFP e.V. (Hrsg.): Personalcontrolling. Konzept – Kennzahlen – Unternehmensbeispiele, Bielefeld 2009, S. 109–128.

KOSIOL, E. (1966): Die Unternehmung als wirtschaftliches Aktionszentrum. Einführung in die Betriebswirtschaftslehre, Reinbek bei Hamburg 1966

KOTLER, P./KELLER, K. L./BLIEMEL, F. (KOTLER et al. 2007): Marketing-Management. Strate-gien für wertschaffendes Handeln, 12. Aufl., München 2007.

KOTLER, P./ARMSTRONG, G./WONG, V./SAUNDERS, J. (KOTLER et al. 2011): Grundlagen des Marketing, 5. Aufl., München 2011.

KRÜGER, K.-W. (2002): Personalauswahl: Angebotssichtung, Forschungsbericht, in: Bröckermann. R./Pepels, W. (Hrsg.): Handbuch Recruitment, Berlin 2002, S. 1992-227.

KRÜGER, W. (2002): Excellence in Change. Wege zur strategischen Erneuerung, 2. Aufl., Wiesbaden 2002.

KÜMMERLE, K./BUTTLER, A./KELLER, M. (KÜMMERLE et al. 2006): Betriebliche Zeitwertkonten. Einführung und Gestaltung in der Praxis, Heidelberg/München/Landsberg/Berlin 2006.

KUNERTH, B./MOSLEY, R. (2011): Applying employer brand management to employee engagement. Strategic HR Review, Vol. 10, Iss: 3, pp. 19-26.

KUß, A. (2013): Marketing-Theorie. Eine Einführung, 3. Aufl., Wiesbaden 2013.

KUTSCHKER, M./SCHMID, S. (2006): Internationales Management, 5. Aufl., München 2006.

LAMPERT, H. (1994): Lehrbuch der Sozialpolitik, Berlin 1994.

LANG, R./BALDAUF, N. (2016): Interkulturelles Management, Wiesbaden 2016.

LANG, R./RYBNIKOVA, I. (2014): Aktuelle Führungstheorien und -konzepte, Wiesbaden 2014.

LAUDON, S. (2017) in: http://www.cebit.de/de/news-archiv/digital-insights/moderne-mitarbeiterfuehrung-diese-5-chefs-machen-es-vor/ (aufgerufen 03.02.2017).

LIPPOLD, D. (1993): Marketing als kritischer Erfolgsfaktor der Softwareindustrie. In: U. ARNOLD, U./EIERHOFF, K. (Hrsg.): Marketingfocus: Produktmanagement, Stuttgart 1993, S. 223-236.

LIPPOLD, D. (1998): Die Marketing-Gleichung für Software. Der Vermarktungsprozess von erklärungsbedürftigen Produkten und Leistungen am Beispiel von Software, 2. Aufl., Stuttgart 1998.

LIPPOLD, D. (2010): Die Personalmarketing-Gleichung für Unternehmensberatungen, in: NIEDEREICHHOLZ et al. (Hrsg.): Handbuch der Unternehmensberatung, Berlin 2010.

LIPPOLD, D. (2012): Die Marketing-Gleichung. Einführung in das wertorientierte Marketingmanagement, München 2012.

LIPPOLD, D. (2017): Marktorientierte Unternehmensführung und Digitalisierung. Management im digitalen Wandel, Boston/Berlin 2017.

LIPPOLD, D. (2018a): Die Unternehmensberatung. Von der strategischen Konzeption zur praktischen Umsetzung, 3. Aufl., Wiesbaden 2013.

LIPPOLD, D. (2018b): Wie war das noch mal mit Weihnachten 4.0, in: https://lippold.bab-consulting.de/wie-war-das-nochmal-mit-weihnachten-4-0 (aufgerufen 08.04.2019)

LIPPOLD, D. (2018c): Wieviel Demokratie verträgt Mitarbeiterführung? In: https://lippold.bab-consulting.de/wieviel-demokratie-vertraegt-mitarbeiterfuehrung (aufgerufen 12.02.2019).

LIPPOLD, D. (2019a): Wer Erfolg haben will, muss sich verändern, in: https://lippold.bab-consulting.de/wer-erfolg-haben-will-muss-sich-veraendern-aber-nicht-um-jeden-preis (aufgerufen 27.03.2019)

LIPPOLD, D. (2019b): Mega-Bankenfusion: Warum die weichen Faktoren den Fusionserfolg bestimmen, in: https://lippold.bab-consulting.de/mega-bankenfusion-warum-die-weichen-faktoren-den-fusionserfolg-bestimmen (aufgerufen 27.03.2019)

LIPPOLD, D. (2019c): Was bei einer Führungskultur unverhandelbar sein sollte, in: https://lippold.bab-consulting.de/was-bei-einer-fuehrungskultur-nicht-verhandelbar-sein-sollte. (aufgerufen 08.04.2019)

LIPPOLD, D. (2019d): Führungskultur im Wandel, in: https://lippold.bab-consulting.de/fuehrungskultur-im-wandel (aufgerufen (27.03.2019)

LOCHER, A. (2002): Individualisierung von Anreizsystemen, Basel 2002.

MACHARZINA, K./WOLF, J. (2010): Unternehmensführung. Das internationale Managementwissen. Konzepte – Methoden - Praxis, Wiesbaden 2010.

MACKENZIE, R. A. (1969): The management process 3-D, in: Harvard Business Review 47, S. 81–86.

MARCH, J./SIMON, H. (1973): Organizations, New York 1973.

MARSTON, W. M. (1928): Emotions of Normal People, New York 1928.

MARTIN, A. (2001): Personal-Theorie, Politik, Gestaltung, Stuttgart, Berlin, Köln 2001.

MASLOW, A. (1970): Motivation and Personality, 2. Aufl., New York 1970.

MCCLELLAND, D. (1961): The Achieving Society, Princeton 1961.

MENTZEL, W. (2005): Personalentwicklung. Erfolgreich motivieren, fördern und weiterbilden, 2. Aufl., München 2005.

MM-GEHALTSREPORT 2009. Online-Umfrage im Juli/August des MANAGER MAGAZINS.

MÖLLER, J./SCHMIDT, C./LINDEMANN, C. (MÖLLER et al. 2015): Generationengerechte Führung beruflich Pflegender. In: ZÄNGL, P. (Hrsg.): Zukunft der Pflege – 20 Jahre Norddeutsches Zentrum zur Weiterentwicklung der Pflege, Wiesbaden (S. 117-130).

MYERS, D. G. (2010): Psychology, 9th ed., New York 2010.

NAGEL, K. (1994): Weiterbildung als strategischer Erfolgsfaktor. Der Weg zum unternehmerisch denkenden Mitarbeiter, 3. Aufl., Landsberg/Lech 1994.

NEUBERGER, O. (2002): Führen und führen lassen. Ansätze, Ergebnisse und Kritik der Führungsforschung, 6. Aufl., Stuttgart 2002.

OECHSLER, W. A./PAUL, C. (2019): Personal und Arbeit. Einführung in das Personalmanagement, 11. Aufl., Berlin/Boston 2019.

OERTEL, J. (2007): Generationenmanagement in Unternehmen, Wiesbaden 2007.

OLFERT, K. (2005): Personalwirtschaft, 11. Aufl., Ludwigshafen 2005.

O'REILLY, T. (2005): What Is Web 2.0: Design Patterns and Business Models for the Next Generation of Software. In: http://oreilly.com/web2/archive/what-is-web-20.html (aufgerufen 16.05.2013).

PERLMUTTER, H. (1969): The Tortuous Evolution of the Multinational Corporation, Columbia Journal of World Business, 4, 1, 9-18.

PETKOVIC, M. (2007): Employer Branding. Ein markenpolitischer Ansatz zur Schaffung von Präferenzen bei der Arbeitgeberwahl, München/Mering 2007.

PETRY, T./SCHRECKENBACH, f. (2010): Web 2.0 – Königs- oder Holzweg?, in: Personalwirtschaft 09-2010.

PETT, J./THIEME, P. (2012): Kompass Arbeitgebermarke. Kurs Fachkräftesicherung. In: FUNK, J./HUMMEL, N. (Hrsg.): Von Leuchttürmen, Nebelbänken und Eisbergen – Fachkräftesicherung braucht Weitsicht. 8. Wiesbadener Gespräche zur Sozialpolitik.

PORTER, M. E. (1986): Competition in Global Industries. A Conceptual Framework, in: PORTER, M. E. (Hrsg.): Competition in Global Industries. Harvard Business School Press, Boston, 1986, 15-60.

PREEN, VON A. (2009): Mitarbeiterentlohnung und Partnerschaftsmodelle in Unternehmensberatungen, Präsentationsvortrag KIENBAUM Unternehmensberatung v. 08.10.2009.

PREISSING, D. (2010): Kompetenzentwicklung im demografischen Wandel, in: (PREISSING, D. (Hrsg.): Erfolgreiches Personalmanagement im demografischen Wandel, S. 141-194.

PRUITT, D. G./RUBIN, J. Z. (1986). Social conflict: Escalation, stalement and settlement. New York 1986.

RATHENOW, M. (2011): Theorien der Allianzforschung: Inwiefern die relationale Perspektive und die soziale Austauschtheorie den Transaktionskostenansatz ergänzen, Hamburg 2011.

RATIONALISIERUNGSKURATORIUM DER DEUTSCHEN WIRTSCHAFT E.V. (RKW 1990): RKW-Handbuch Personalplanung, 2. Aufl., Neuwied 1990.

RAUSER TOWERS PERRIN (2006): Flexible Benefits im gesamteuropäischen Kontext. Trends und Potenziale, Studie Juli 2006.

REDDIN, W. J. (1981): Das 3-D-Programm zur Leistungssteigerung des Managements, Landsberg/Lech 1981.

RECRUITING STRATEGIEN 2018. Erfolgreiche Instrumente zur Bewerbersuche, hrsg. von der Zeitschrift Personalwirtschaft.

RECRUITING TRENDS 2010, hrsg. vom Centre of Human Resources Information Systems (CHRIS) der Otto-Friedrich-Universität Bamberg und der Goethe-Universität Frankfurt am Main.

RECRUITING TRENDS 2012, hrsg. vom Centre of Human Resources Information Systems (CHRIS) der Otto-Friedrich-Universität Bamberg und der Goethe-Universität Frankfurt am Main.

RECRUITING TRENDS 2013, hrsg. vom Centre of Human Resources Information Systems (CHRIS) der Otto-Friedrich-Universität Bamberg und der Goethe-Universität Frankfurt am Main.

RECRUITING TRENDS 2016 (Themenspecial: Bewerbung der Zukunft), hrsg. vom Centre of Human Resources Information Systems (CHRIS) der Otto-Friedrich-Universität Bamberg und der Goethe-Universität Frankfurt am Main.

REGER, G. (2009): Innovationsmanagement – Change Management. Präsentationsvorlage Potsdam 12.12.2009.

RIEDERLE, P. (2014) in: https://www.welt.de/debatte/kommentare/article135783672/Wie-Digital-Natives-veraendern-die-Welt.html (aufgerufen 03.02.2017).

RINGLSTETTER, M./KAISER, S. (2008): Humanressourcen-Management, München 2008.

RIZZARDI, S. (2005): Personalmarketing aus der Sicht der Studierenden. Konzeptionelle Grundlagen – Empirische Ergebnisse – ausgewählte Gestaltungsempfehlungen, Bern 2005.

ROSENSTIEL, VON L. (1975): Die motivationalen Grundlagen des Verhaltens in Organisationen, Berlin 1975.

ROSENSTIEL, VON, L. (2003). Führung zwischen Stabilität und Wandel, München 2003.

RUMP, J./EILERS, S. (2006): Managing Employability, in: RUMP, J./SATTELBERGER, T./FISCHER, H. (Hrsg.): Employability Management. Grundlagen, Konzepte, Perspektiven, Wiesbaden 2006, S. 13-76.

SACKMANN, S. A. (2004): Erfolgsfaktor Unternehmenskultur. Mit kulturbewusstem Management Unternehmensziele erreichen und Identifukation schaffen – 6 Best Practice-Beispiele, Wiesbaden 2004.

SAGIE, A./KOSLOWSKY, M. (1994): Organizational Attitudes and Behaviors as a Function of Participation in Strategic and Tactical Change Decisions: An Application of Path-Goal-Theory, Journal of Organizational Behavior, 15, 1, S. 37-47.

SATTELBERGER, T. (1999): Der "Neue Moralische Kontrakt": Nadelöhr für das strategische Management der Humanressourcen in Netzwerkorganisationen. In: SATTELBERGER, T. (Hrsg.): Handbuch der Personalberatung: Realität und Mythos einer Profession, München 1999, S. 59-95.

SCHAMBERGER, I. (2006): Differenziertes Hochschulmarketing für High Potentials, Schriftenreihe des Instituts für Unternehmensplanung (IUP), Band 43, Norderstedt 2006.

SCHANZ, G. (1991): Handbuch Anreizsysteme in Wirtschaft und Verwaltung, Stuttgart 1991.

SCHEIN, E. H. (1995): Unternehmenskultur. Ein Handbuch für Führungskräfte, Frankfurt/Main 1995.

SCHERER, T. J. (2018a): Die Utopie der sich selbst führenden Organisation – Teil 1, in: https://www.linkedin.com/pulse/die-utopie-der-sich-selbst-f%C3%BChrenden-organisa-tion-teil-scherer/ (aufgerufen 12.02.2019).

SCHERER, T. J. (2018b): Die Utopie der sich selbst führenden Organisation – Teil 2, in: https://www.linkedin.com/pulse/die-utopie-der-sich-selbst-f%C3%BChrenden-organisa-tion-teil-scherer/ (aufgerufen 12.02.2019).

SCHIRMER, U./WOYDT, S. (2016): Mitarbeiterführung, 3. Aufl., Wiesbaden 2016.

SCHMELZER, H. J./SESSELMANN, W. (2006): Geschäftsprozessmanagement in der Praxis. Kunden zufrieden stellen – Produktivität steigern – Wert erhöhen, 5. Aufl., München, Wien 2006.

SCHMIDT, H. (2018): Wie Maschinen die Arbeit übernehmen, in: https://www.linkedin.com/pulse/wie-maschinen-die-arbeit-%C3%BCbernehmen-dr-holger-schmidt/   (aufgerufen 08.04.2019).

SCHMIDT, S. (2004): Hochschulmarketing. Grundlagen, Konzepte, Perspektiven, Düsseldorf 2004.

SCHMITT, I. L./WERTH, K. (1998): Personalauswahl in Unternehmen. Zur Theorie der Auswahlpraxis, München 1998.

SCHMID-OERTEL, M./KRAUSE, T. (2007): Compensation & Benefits – Vergütungssystematik und Performance Management für Führungskräfte, Präsentationsvorlage ENBW vom 09.11.2007.

SCHNIEDER, A. (2004): Business Transformation: Ein umfassendes Modell zur Unternehmenserneuerung – ein Ansatz von CAP GEMINI ERNST & YOUNG, in: FINK, D. (Hrsg.): Management Consulting Fieldbook – Die Ansätze der großen Unternehmensberater, München 2004.

SCHOLZ, C. (2000): Personalmanagement. Informationsorientierte und verhaltenstheoretische Grundlagen, 5. Aufl., München 2000.

SCHOLZ, C. (2011): Grundzüge des Personalmanagements, München 2011.

SCHRIESHEIM, C./CASTRO, S./ZHOU, X./DECHURCH, L. (SCHRIESHEIM et al. 2006): An Investigation of Path-Goal and Transformational Leadership Theory Predictions at the Individual Level of Analysis, Leadership Quarterly, 17, 1, S. 21-38.

SCHRÖDER, W. (2002): Ergebnisorientierte Führung in turbulenten Zeiten, 2002, URL: http://www.dr-schroeder-personalsysteme.de/pdffiles/Artikel17/

SCHULER, H. (2000): Psychologische Personalauswahl, 3. Aufl., Göttingen 2000.

SCHULER, H. (2006): Lehrbuch der Personalpsychologie, 2. Aufl., Göttingen 2006.

SEIDEL, C. (1993): Top-Management-Entwicklung in der DRESDNER BANK, in: WÜRTELE, G. (Hrsg.): Lernende Elite: Was gute Manager noch besser macht, Frankfurt/Main 1993, S. 244-257.

SIMON, H. (1997): Administrative Behavior, 4 Aufl., New York 1997.

SIMON, H./WILTINGER, K./SEBASTIAN, K.-H./TACKE, G. (SIMON et al. 1995): Effektives Personalmarketing. Strategien, Instrumente, Fallstudien, Wiesbaden 1995.

SPRINGER, J./SAGIRLI, A.: Personalmanagement – Personalfreisetzung,
URL: http://www.iaw.rwth-aachen.de/download/lehre/vorlesungen/2006

STAEHLE, W. (1999): Management, 8. Aufl., München 1999.

STALDER, B. (1997): Frauenförderung konkret. Handbuch zur Weiterbildung im Betrieb, Zürich 1997.

Statistisches Bundesamt (2009): Frauendomäne Teilzeitarbeit - Wunsch oder Notlösung? Destatis, 28. April 2009.

Statistisches Bundesamt (2010): Befristete Beschäftigung: Jeder elfte Vertrag hat ein Verfallsdatum, Destatis, 16. März 2010.

STEINLE, M./THIES, A. (2008): Employer Branding in der Praxis: Nachhaltige Investitionen in die Arbeitgebermarke, in: Personalführung 5/2008.

STEINMANN, H./SCHREYÖGG, G. (2005): Management. Grundlagen der Unternehmensführung. Konzepte – Funktionen – Fallstudien, 6. Aufl., Wiesbaden 2005.

STEINMETZ, F. (1997): Erfolgsfaktoren der Akquisition von Führungsnachwuchskräften – eine empirische Untersuchung, Mainz 1997.

STOCK-HOMBURG, R. (2008): Personalmanagement: Theorien – Konzepte – Instrumente, Wiesbaden 2008.

STOCK-HOMBURG, R. (2013): Personalmanagement: Theorien – Konzepte – Instrumente,   3. Aufl., Wiesbaden 2013.

STOGDILL, R. (1948): Personal Factors Associated With Leadership: A Survey of the Literature, Journal of Psychology, 72, 3, S. 444-451.

STOGDILL, R. (1974): Handbook of Leadership: A Survey of Theory and Research, New York 1974.

STUDIE IT-TRENDS 2009: Zukunft sichern in der Krise (hrsg. v. CAPGEMINI).

SUTHERLAND, M. M./TORRICELLI, D. G./KARG, R. F. (SUTHERLAND et al. 2002): Employer-of-choice branding for knowledge workers. South African Journal of Business Management, 33, S. 13-20.

TALENTIAL & WIESBADEN BUSINESS SCHOOL (2011): Nutzung von Social Media im Employer Branding und im Online-Recruiting 2011,
URL: http://www.slideshare.net/talential/nutzung-von-social-media-im-employer-branding-und-im-onlinerecruiting

TANNENBAUM, R./SCHMIDT, W. H. (1958): How to Choose a Leadership Patter. In: Harvard Business Review, Heft 2/1958, S. 95–101.

TEETZ, T. (2008): Hochschulmessen: Markt für Karrieren? In: BECK, C. (Hrsg.): Personalmarketing 2.0. Vom Employer Branding zum Recruiting, Köln 2008, S. 142–149.

TEUFER, S. (1999): Die Bedeutung des Arbeitgeberimage bei der Arbeitgeberwahl. Mannheim 1999.

THIBAUT, J. W./KELLEY, H. H. (1959): The Social Psychology of Groups, New York 1959

THOMET, O. (2005): Relevante Merkmale des Personalimages für die individuelle Organisationsauswahl. Eine empirische Studie bei 1000 Wirtschaftsstudenten in der Schweiz, Zürich 2005.

THOM, N./FRIEDLI, V. (2004): Hochschulabsolventen gewinnen, fördern und erhalten, 3. Aufl., Bern/Stuttgart/Wien 2004.

TOKARSKI, K. O. (2008): Ethik und Entrepreneurship. Eine theoretische und empirische Analyse junger Unternehmen im Rahmen einer Unternehmensethikforschung, Wiesbaden 2008.

TOSI, H./WERNER, S. (1995): Other People's Money: The Effects of Ownership on Compensation Strategy and Managerial Pay, Academy of Management Journal, 38,6, 1672–1691.

TOWERS PERRIN (2007): Global Workforce Study 2007.

TROMMSDORFF, V. (1987). Image als Einstellung zum Angebot, in: HOYOS et al. (Hrsg.): Wirtschaftspsychologie in Grundbegriffen, 2. Aufl., München 1987, S. 117-128.

ULRICH, D. (1997): Human Resource Champions, Harvard Business School Press, Boston 1997.

UNKRIG, R. (2005): Business Partner Personalmanagement. Auf dem Weg von der Verwaltung zur Wertschöpfung, Präsentationsvortrag RWE SOLUTIONS, Pforzheim 27. April 2005.

VAHS, D. (2009): Organisation. Ein Lehr- und Managementbuch, 7. Aufl., Stuttgart 2009.

VOLLMER, R. E. (1993). Personalimage, in: STRUTZ, H. (Hrsg.): Handbuch Personalmarketing, 2. Aufl., Wiesbaden 1993, S. 179-204.

VROOM, V. H./YETTON, P. W. (1973): Leadership and Decision-Making, Pittsburg 1973.

WAITE, A. (2007): HR's Role in Audience Segmentation, Strategic HR Review, 6, 2, S. 16-19.

WALD, P. M. (2014): Virtuelle Führung, in: LANG, R./RYBNIKOVA, I. (Hrsg.): Aktuelle Führungstheorien und -konzepte, Wiesbaden 2014 (S. 355-386).

WEBER, M. (1976): Wirtschaft und Gesellschaft. Grundriss der verstehenden Soziologie, 5. Aufl., Tübingen 1976.

WEIDENEDER, M. (2001): Erfahrungsbericht: Personalvermittlung im Internet. In: Personal, 07/2001.

WEUSTER, A. (2004): Personalauswahl. Anforderungsprofil, Bewerbersuche, Vorauswahl und Vorstellungsgespräch, Wiesbaden 2004.

WILDEN, R./GUDERGAN, S./LINGS, I. (WILDEN et al. 2010): Employer branding: strategic implications for staff recruitment. Journal of Marketing Management, Vol. 26, Iss: 1-2, pp. 56-73.

WILLIAMSON, O. (1975): Markets and Hierarchies. Analysis and Antitrust Implications, New York 1975.

WILLIAMSON, O. (1975): The Economic Institutions of Capitalism. Firms, Markets, Relational Contracting, New York 1975.

WINTER, D. G. (2002): The Motivational Dimensions of Leadership: Power, Achievement, and Affiliation. In: RIGGIO, R. E./MURPHY, S. E./PIROZZOLO, F. J. (Hrsg.): Multiple Intelligences and Leadership, Mahwah, New York 2002, S. 119-138.

WISS-Autorenteam (WISS 2001): Prozessorganisation, URL.: http://bwi.shell-co.com/03-01-01.pdf.

WISWEDE, G. (2007): Einführung in die Wirtschaftspsychologie, 4. Aufl., Stuttgart 2007.

WOFFORD, J./LISKA, L. (1993): Path-Goal Theories of Leadership: A Meta-Analysis, Journal of Management, 19, 4, S. 857-876.

WOTTAWA, H. (2008): High Potentials – Die Condottieri unserer Zeit, Vortrag im Rahmen der Management Meetings-Konferenz „Talent Management in der Praxis" am 8. Mai 2008 in München.

WUNDERER, R.: Führung und Zusammenarbeit, 9. Aufl., Köln 2011.

YUKL, G. (1994): Leadership in Organizations, 10. Aufl., New Jersey 1994.

Sachwortverzeichnis

A

Abkürzungsverzeichnis

AC	Assessment Center
AFG	Arbeitsförderungsgesetz
AI	Artificial Intelligence
AIDA	Attention, Interest, Desire, Action
AltTZG	Altersteilzeitgesetz
ATZ	Altersteilzeit
AÜG	Arbeitnehmerüberlassungsgesetz
BA	Bundesagentur für Arbeit
BAG	Bundesarbeitsgesetz
BBiG	Berufsbildungsgesetz
BeschFG	Beschäftigungsförderungsgesetz
BetrVG	Betriebsverfassungsgesetz
BGB	Bürgerliches Gesetzbuch
BGH	Bundesgerichtshof
BPO	Business Process Outsourcing
BPR	Business Process Reengineering
CBT	Computer Based Training
CEO	Chief Executive Officer
CFO	Chief Financial Officer
CI	Corporate Identity
CIO	Chief Information Officer
CIM	Computer Integrated Management
COO	Chief Organizational Officer
CRM	Customer Relationship Management
CV	Curriculum Vitae
DEBA	Deutsche Employer Branding Akademie
DISG	Dominanz, Initiative, Stetigkeit, Gewissenhaftigkeit
DGFP	Deutsche Gesellschaft für Personalführung
EDV	Elektronische Datenverarbeitung
EG	Europäische Gemeinschaft
ERP	Enterprise Resource Planning
ESS	Employee Self Service
F&E	Forschung und Entwicklung
GB	Geschäftsbereich
GBL	Geschäftsbereichsleitung
GPO	Geschäftsprozessoptimierung
HCNs	Host Country Nationals
HR	Human Resources
HRM	Human Resources Management
IHK	Industrie- und Handelskammer
IS	Informationssystem(e)
IT	Informationstechnik/Informationstechnologie
KAPOVAZ	Kapazitätsorientierte variable Arbeitszeit
KI	Künstliche Intelligenz
KMU	Kleine und mittlere Unternehmen
KPI	Key Performance Indicator
KSchG	Kündigungsschutzgesetz

LPC	Least Preffered Coworker
MBA	Master of Business Administration
MbO	Management by Objectives
MSS	Management Self Service
M&A	Mergers and Acquisitions
OE	Organisationsentwicklung
OLG	Oberlandesgericht
PC	Personal Computer
PCNs	Parent Country Nationals
PLM	Product Lifecycle Management
PPS	Produktionsplanung und -steuerung
R&D	Research and Development
RSS	Really Simple Syndication
SCM	Supply Chain Management
SEA	Search Engine Advertising
SEM	Search Engine Marketing
SEO	Search Engine Optimization
SLA	Service Level Agreement
SSC	Shared Service Center
SWOT	Strengths, Weaknesses, Opportunities, Threats
TCNs	Third Country Nationals
TQM	Total Quality Management
TzBfG	Teilzeit- und Befristungsgesetz
WBT	Web Based Training
WF	Workforce
WFM	Workforce Management
WISS	Wirtschaftsinformatikschule Schweiz

Abbildungsverzeichnis

Insertverzeichnis